COMPLIANCE

공정거래 CP
& ISO 37301
실무가이드

일러두기

이 목차는 윤리경영에 대한 기본적인 이해부터 시작하여, ESG 경영과 Compliance의 중요성, 공정거래 CP와 ISO 37301의 적용, 성공적인 전략 구축, 다양한 사례 연구를 통해 실무적인 조언을 제공하며, 미래 지향적인 윤리경영 전략에 대해 논의합니다.

COMPLIANCE

공정거래 CP & ISO 37301 실무가이드

....

Compliance & Ethics

용석광 지음

맑은샘

　Compliance 분야에서 오랜 기간 다양한 컨설팅, 강의, 심사, 평가 등 실무를 경험하며 가장 절실하게 느낀 점은 실제 현장에서 적용할 수 있는 실질적인 Compliance 지침서의 부재였다. 실제 많은 현장에서 기업과 기업 담당자가 규범을 준수하고 윤리적 경영을 실현하려고 노력하지만, 이를 효과적으로 실행하기 위한 체계적인 가이드라인이 부족한 게 현실이다. 법^{law} 범위 내에서 법규를 나열하는 것이 아닌, 기업이 지속가능한 성장과 경쟁력을 유지하면서도 현실적으로 실천할 수 있는 체계적인 Compliance Program^{CP}과 Systems$^{ISO\ 37301}$에 대한 기준과 방법을 제시하는 가이드라인이 필요했다.

　그러던 중 2021년 ISO 37301$^{Compliance\ Management\ Systems}$(CMS)의 등장은 Compliance 분야에서 획기적인 변화를 가져왔다. 기업이 다양한 법적 요구사항 준수와 동시에 윤리적, 전략적 차원에서 준법경영을 체계적으로 운영할 수 있도록 글로벌 표준을 제공하는 최초의 Compliance 글로벌 스탠더드가 되었다. 특히 ISO 37301은 Compliance를 조직의 문화와 지속가능한 운영을 위한 핵심 요소로 보고 있다는 점에서 기존의 접근 방식과 매우 차별화된다.

　동시에 한국에서는 2000년대 초부터 공정거래위원회의 CP$^{Compliance\ Program}$(공정거래 자율준수 프로그램)가 지속적으로 강조되고 있었다. CP는 기업이 공정거래법을 준수하고 시장에서 공정한 경쟁 환경을 조성하기 위한 제도적 장치이다. 그러나 CP와 ISO 37301이 각각 별도의 시스템으로 운영되면서 중복과 비효율성이 발생하는 경우가 많아지고 있으며, 실질적인 효과를 극대화하기 어려운 한계가 분명히 있다.

　이 책은 ISO 37301과 CP를 체계적이고 통합적으로 운영하는 방법을 제시하는 데 초점을 맞추고 있다. 많은 기업이 CP와 ISO 37301을 각각 따로 운영하며, 두 프로그램과 시스템(이하 시스템) 간의 유사점과 차이점을 명확히 이해하지 못하고 있다. 그러나 두 시스템은 근본적으로 동일한 목적을 지향하며, 서로 연계하여 운영할 때 시너지를 극대화할 수 있다. ISO 37301의 체계적인 프레임워크 안에서 CP를 내재화하면, 보다 강력한 준법경영 체계를 구축할 수 있으며, 내부통제와 윤리경영의 실효성을 높일 수 있다.

이 책은 실무자, 경영진, 법무팀, 윤리경영 담당자들이 현장에서 직접 활용할 수 있도록 실질적인 지침과 사례를 제공하고자 한다. CP와 ISO 37301의 핵심 개념을 설명하는 것은 물론이고, 두 시스템을 효과적으로 통합하는 방법과 실제 기업에서 이를 운영하는 실무적 접근 방안을 제시한다. 또한, 미국 법무부[DoJ]의 기업 Compliance 평가 기준, 한국의 「상법」상 내부통제 제도, 글로벌 ISO 37301의 요구사항을 비교 분석하여 국제적 기준에 맞춘 전략적 Compliance 운영 방안을 탐색하고자 한다.

기업의 미래는 더 이상 매출과 같은 숫자로만 판단되지 않는다. ESG가 기업 경영의 패러다임이 된 지금 윤리경영과 Compliance는 지속가능한 성장을 이끄는 핵심 축이 되고 있다. 저자가 15여 년 전 한국공정경쟁연합회에서 근무하면서 유럽, 미국, 호주 등의 글로벌 Compliance 실무자들과 교류하면서 느낀 점이 이제야 한국에서도 반영되고 있다.

ISO 37301을 기반으로 CP, 내부통제, ESG 경영이 유기적으로 연결될 때 기업은 리스크 대응 능력을 높이는 것은 물론, 조직 운영 전반에 일관성과 책임성을 더할 수 있다. 이러한 통합적 접근은 시장 변화에 유연하게 대응할 수 있는 기반이 되며, 기업의 신뢰도를 높이고 지속가능한 성장 구조를 만들어 가는 데 중요한 역할을 한다.

이 책을 통해 Compliance를 법적 강제나 부담이 아닌, 조직의 지속가능한 성장과 혁신을 위한 전략적 도구로 활용하는 방법을 배울 수 있기를 바란다. 독자 여러분들이 이 책을 읽고 CP와 ISO 37301을 기업의 현실에 맞게 융합하고 실천하는 구체적인 방향성을 찾을 수 있기를 기대한다.

마지막으로, 이 책의 집필 과정에서 도움을 주신 한국준법진흥원의 많은 인증기업, 동료 심사원 및 전문가들, 기업의 Compliance 실무자들 그리고 항상 저를 지지해준 가족에게 깊은 감사를 표한다. 이 책이 기업의 Compliance & 윤리경영을 한 단계 더 발전시키는 데 기여할 수 있기를 희망하며, 여러분의 실무에 도움이 되는 실질적인 가이드가 되기를 바란다.

2025년 6월
저자 용석광

Unit 3: 공공기관: 청렴, 윤리경영 문화 그리고 Compliance

Unit 4: 윤리경영 트렌드

Part 2 ◦ 국내: CP의 핵심 요소 CDOE 및 실무적 접근

Unit 1: 공정거래법과 Compliance

Unit 2: CP 도입 필요성 및 효과

Part 4 ◦ CP와 ISO 37301 비교 및 연계방안

Part 5 ◦ Compliance IT: 디지털 혁신을 통한 준법경영 실현

Unit 1: Technology, Ethics and Privacy

Unit 2: 인공지능, 윤리와 Compliance

Unit 3: IT로 완성하는 Compliance 경영: 실적관리와 리스크 대응

Unit 4: CP 플랫폼 시대의 도래(CP-ON)

Part 6 ◦ Compliance와 ESG 경영의 통합

Unit 1 : ESG 경영의 이해와 실행 방안

Unit 2 : 지속가능 경영

Unit 3: 기업들의 ESG & Compliance 경영 사례

최근 사건들을 돌이켜보면, 우리 사회가 얼마나 '사후 대응' 체제에 익숙해져 있는지 여실히 드러나고 있다. 2023년 초 발생한 대형 치과 임플란트 회사의 횡령 사건은 기업 내부통제 시스템의 허술함을 적나라하게 보여주었다. 이 사건으로 해당 회사의 투자자들은 막대한 손실을 겪었고, 이후 다른 기업들도 앞다투어 유사한 리스크를 예방하기 위해 내부통제 시스템 구축에 나섰다. 또한, 2023년 한 해 동안 산업 스파이 사건이 약 23건 이상 발생했다는 사실은 우리 기술 보안 체계의 취약점을 여실히 보여준다. 정부가 뒤늦게 처벌 강화에 나섰지만, 이미 국가 핵심 기술이 유출된 후의 일이었다.

이러한 사건들은 우리 사회가 얼마나 '사후 약방문' 식 대응에 익숙해져 있는지를 보여준다. 그러나 이제는 변화가 필요한 시점이다. 공정거래 CP(자율준수 프로그램)와 ISO 37301^{Compliance Management Systems}은 바로 이 지점에서 중요한 의미를 갖는다. 그 중 ISO 37301은 법규를 준수하는 것 이상으로 조직이 능동적으로 Compliance 의무^{Obligation}와 리스크^{Risk}를 사전에 식별, 분석, 통제, 모니터링 및 기록하는 시스템을 구축하도록 요구한다. 이는 '사고가 터진 후 어떻게 대처할 것인가'가 아니라, '그 사고를 어떻게 예방할 것인가'에 초점을 맞추는 것이다.

더 이상 사고가 터진 후에야 움직이는 사회가 되어서는 안 된다. 기업과 기관이 먼저 나서서 리스크를 사전 식별하고, 대응 역량을 갖추는 것, 그것이 진정한 윤리 & 준법경영의 모범이 된다. Compliance 2가지 핵심 전략인 CP와 ISO 37301은 안정적 매출과 같은 지속가능한 성장뿐만 아니라 건강한 기업 문화를 만들 수 있다.

빠르게 변화하는 지금 법이 현실을 따라가지 못하는 시대에, 기업은 이러한 프로그램과 시스템을 통해 준법경영의 새로운 패러다임으로 이끌어야 한다. 기업윤리는 문화와 매우 밀접한 관련이 있다. 이제 기업은 법과 규정을 지키는 것은 기본이고, 적극적으로 Compliance 리스크를 관리하고 예방하는 문화를 만들어 가야 할 때이다.

기업이 지속가능한 성장을 이루기 위해서는 무엇이 가장 중요한지를 살펴보아야 한다. 많은 사람이 수익성, 혁신, 고객 만족을 떠올릴 것이다. 그러나 기업의 진정한 차별화된 경쟁력은 기존 방식의 매출 증가나 신기술 도입에 있지 않다. 오늘날 글로벌시장에서 기업의 생존과 발전을 결정짓는 중요한 요소는 바로 지속 가능하기 위한 전략적 요소인 윤리적 경영과 Compliance가 될 것이다. 즉 신뢰^{Trust}받고 그 가치^{Value}를 높이는 기업이 되는 것이다.

이제 Compliance는 기업의 신뢰와 가치를 결정하는 핵심 요소가 되었다. 한순간 조직 내 누구 한 명에 의한 법적 리스크나 윤리적 실패가 모두 노력하여 공들여 탑을 세운 기업을 무너뜨릴 수 있다. 최근 몇 년간 기업이 국가보다 거대해지면서 글로벌기업들이 부패, 내부통제 실패, 공정거래법 위반 등의 문제로 막대한 벌금을 물고, 브랜드이미지가 회복 불가능할 정도로 추락하는 사례를 수없이 목격해 왔다. 이처럼 기업은 부정, 부패와 같은 스캔들의 역사에서 벗어날 수 없다. 단 한 번의 위반이 기업의 생사를 가르는 위험으로 작용하는 시대, 기업이 직면한 현실은 명확하다. 이 책이 전달하고자 하는 메시지 또한 명확하다. 어차피 막을 수 없는 다양한 Compliance 리스크를 최소로 줄이고자 Compliance 실무자들에게 방향성을 제시하는 것이다.

"Compliance를 갖추지 않은 기업은 결코 지속가능할 수 없다."

그렇다면 우리는 기업의 윤리성과 법적 책임을 효과적으로 관리하기 위해 무엇을 해야 할까? 여기에서 등장하는 개념이 바로 CP와 ISO 37301이다. CP는 공정거래법을 포함한 기업의 준법경영을 위한 프로그램이며, ISO 37301은 국제표준에 맞춰 조직의 Compliance 경영시스템을 구축하는 인증이 가능한 글로벌 스탠더드이다.

많은 기업이 CP와 ISO 37301을 별개의 시스템으로 운영하고 있지만, 이는 비효율적일 뿐만 아니라 지속가능한 Compliance 체계를 구축하는 데 반드시 한계가 있다. 기업이 진정으로 효과적인 준법경영을 실현하기 위해서는 CP와 ISO 37301을 통합하고 연계하는 전략이 효과적이다. ISO 37301의 거버넌스 및 리스크 관리 체계 안에서 CP를 운영하는 방식은 이제 법적 요건을 충족함과 동시에 기업의 경쟁력을 강화하고 대한민국 기업이 글로벌시장에서 신뢰받는 조직으로 자리매김하는 강력한 도구가 될 것이다.

이 책을 집필하는 약 2년여 기간 동안 어떤 내용을 담을지 수많은 고민을 하였다. CP와 ISO 37301을 설명하는 데 그치지 않고 저자의 다양한 기업 실무자와의 접촉과 실무적 경험을 통하여 Compliance 실무자에게 도움이 될 수 있도록 하였다. CP와 ISO 37301을 어떻게 통합적으로 운영할 수 있는지, 실무적 연계 방안을 구체적으로 제시하는 데 초점을 맞추었다. CP와 ISO 37301의 핵심 공통점과 차이점, 미국 법무부(DoJ)의 기업 Compliance 평가 기준과 한국의 내부통제 시스템을 비교 분석하며, 국내외 기업들이 실제로 활용할 수 있는 전략을 제시하고 있다. 특히 기업 실무자, Compliance 전문가, 경영진, 법률 담당자들에게 실질적인 가이드라인을 제공하기 위해 표와 사례, 최신 글로벌 동향을 함께 담아냈다. 기업이 CP와 ISO 37301을 규제로 받아들이는 것이 아니라 미래를 대비하는 경쟁력 있는 Compliance 도구로 활용할 수 있도록 돕는 것이 이 책의 목표이다.

최근 상법 개정 논의와 같은 제도 변화 움직임을 보면, 이제 Compliance는 일상적인 기업 경영의 중요한 부분이 되어가고 있다. 조직을 지키고, 사람을 보호하며, 시장의 신뢰를 얻는 데 필요한 기준이자, 앞으로의 경영에서 결코 놓칠 수 없는 흐름이다.

이 책을 쓰면서 CP와 ISO 37301이라는 도구를 기업이 지켜야 할 Compliance 가이드라인으로 소개하고 싶지는 않았다. 오히려 이 시스템들이 어떻게 기업의 운영 방식에 자연스럽게 스며들고, 더 나은 방향으로 움직일 수 있도록 돕는지에 대한 현실적인 고민을 함께 나누고자 했다.

CP와 ISO 37301이 부재한 상황에서 무엇보다 이 책을 통해, Compliance 담당자가 자신만의 방식으로 조직의 Compliance 경영을 설계하고, 보다 현실적이고 지속가능한 경영시스템을 만들어 가는 데 작은 힌트라도 얻을 수 있기를 바란다. 법을 지키기 위해서가 아니라, 우리가 함께 일하고 싶은 기업을 만드는 데 공정거래 CP와 ISO 37301이 그 출발점이 되기를 바란다.

Part

1

. . . .

Compliance를
통한
ESG 경영전략

윤리경영

01. 윤리경영 철학과 기업 방향성

윤리에는 다양한 층위가 있다. 개인의 윤리, 조직의 윤리, 사회 전체의 윤리가 있다. 하지만 현실 속에서 가장 크게 작동하는 것은 언제나 '조직윤리와 사회윤리'다. 특히 동아시아, 즉 한국·일본·중국과 같은 문화권에서는 개인보다 조직과 집단이 우선시되는 경향이 뚜렷하다. 조직 내에서 한 개인이 뛰어난 성과를 내거나 윤리적 신념에 따라 목소리를 낼 경우, 주변에서는 그 사람 개인의 문제가 아니라 조직의 분위기를 흐린다는 시각으로 바라보는 일이 흔하다. 마치 두더지 게임처럼, 누군가가 튀어나오면 바로 망치가 내려치는 구조다. 개인의 목소리나 철학보다는, 조직 전체의 조화와 질서를 더 중요시하는 문화가 강하게 작동한다. 조직의 암묵적 규범이 개인의 윤리적 행동을 억누르고, 변화는 결국 전체 분위기가 함께 움직일 때만 가능하다는 사실을 우리는 자주 목격한다. 이러한 문화적 특성은 때로 기업의 윤리경영이나 Compliance 확산에 걸림돌이 되기도 한다. 아무리 한 개인이 '옳은 일'을 하려 해도, 그것이 조직의 암묵적 합의와 다르다면 받아들여지기 어렵기 때문이다. 그래서 중요한 것은, '전체 수준의 변화'다.

ESG 경영의 확산은 바로 이런 맥락에서 의미가 있다. 한 기업이 먼저 ESG를 시작하면, 다른 기업들이 저기는 하니까 우리도 해야겠다는 변화가 따라붙는다. '다른 조직들도 한다는 공감대', 이것이 집단문화 속에서 변화를 유도하는 가장 현실적인 메커니즘이다. 이는 '조직윤리의 평균값'을 끌어올리는 전략이기도 하다. 누구 한 사람의 의식이 아니라, 전체 조직이 함께 성장할 수 있도록 윤리의 기준선을 높여주는 것이다. 더불어, 우리는 이제 과거처럼 성과 중심, 약육강식 구조에만 머무를 수 없다. 조직이 진정한 변화를 이뤄내려면, 구성원 한 사람 한 사람의 인격과 목소리를 존중하는 구조로 나아가야 한다. ESG의 핵심 정신도 바로 그것이다.

기업은 사회적 책임을 다하는 조직이 되어야 하며, 구성원은 윤리적 사고를 할 수 있도록 지지받아야 한다. 그 변화는 거창한 선언이 아니라, 작은 공감에서 시작된다. 그리고 그 공감은 조직문화 전체의 수위를 바꾸기 시작한다.

윤리경영은 기업이 경영활동 전반에서 법Law과 규정Regulation만을 준수하는 것이라고 오해하는 사람들이 있다. 윤리경영은 기업이 반드시 지켜야 할 윤리적 가치와 도덕적 책임Responsibility을 중시하는 경영 철학을 의미한다. 이 철학은 현대 기업이 직면하는 다양한 의사결정과 행동 과정에서 올바른 윤리적 기준을 반영할 수 있다. 즉, 기업 최고의 자산인 사람(대표이사를 비롯한 모든 임직원)들이 윤리적 가치와 도덕적 책임을 자각하고 이를 실천하는 것을 포함할 수 있다. 최근 윤리경영은 ESG와 같은 이름으로 장기적 성공과 지속가능한 발전을 위한 필수 전략이 되고 있다. 또한, ESG는 기업경영의 공식 자체를 바꿔가고 있다. 기업경영 패러다임의 변화 속에서 규제 중심 정책이 아닌 기업 스스로 Compliance & Ethics 경영을 실천할 수 있는 경제형벌 규범의 합리화를 추진하고 있다. 과거 저자가 전 세계 Compliance 전문가들과 교류하면서 느낀 점이 지금이라도 반영되고 있어 다행이다.

빛나는 등대가 어두운 밤바다에서 배들의 길을 안내하는 것처럼, 윤리경영은 기업이 직면하는 다양한 의사결정과 기업행동에서 올바른 윤리적 행동 기준과 방향성을 제시하며, 윤리적 가치와 도덕적 책임을 자각하고 이를 실천하는 것을 의미한다. 각종 규제와 무한경쟁 그리고 빠른 경영 환경 속에서 윤리경영은 기업이 책임 있는 기업행동을 지속하도록 지향하는 것을 그 목표로 한다. 만약 내가 기업의 오너 또는 경영진이라면 기업이 일하는 방식에 있어서 불안한 것보다 조금은 불편하더라도 '올바른 기업경영 철학'이 얼마나 중요한지 보여주는 것이다.

이제 캐롤의 CSR 이론(1991)과 같이 기업은 경제적 책임에 그치지 않고, 법률 준수는 기본이고, 책임감 있는 윤리적 행동까지 한다는 것이다. 쉽게 말하면, 기업의 모든 의사결정에서 명확한 규칙이 없더라도 '이게 정말 옳은 일인가'를 기준 삼아 판단하고 행동하는 것이다.

어쩌면 기업규모와 상관없이 '그래서 뭐 어떻게 윤리경영을 실천해야 하는데?'라고 반응할 수 있다. 그만큼 쉽지 않은 선택일 수 있다. 입장 바꿔 생각한다면 윤리경영을 실천한다는 것은 마치 정글에서 나침반 없이 길을 찾는 것일 수도 있다. 물론 매출과 영업 걱정 등 쉽지 않은 일들에 의심할 수 있지만, 맞는 방향으로 가고 있다는 걸 알면, 그리고 그 성과가 나타난다면 더 자신감을 가지고 나아갈 수 있다. 이런 식으로 기업은 윤리적인 결정을 내리고, 그렇게 함으로써 고객이나 직원들에게 믿음을 줄 수 있다. 단기적으로 눈에 보이는 가시적인 재무적 성과보다 장기적인 ESG와 같은 비재무적인 성과가 더욱 중요해지는 지금과 같은 시기에 윤리경영은 더욱 중요하다.

그래서 Part 1에서는 윤리경영과 ESG 등을 전반적으로 다루고 이후 ISO 37301, CP, 윤리경영 표준모델, 윤리경영 CP 등과 같은 Compliance 제도와 체계 구축에 대해 자세하게 다루면서 이에 대한 방향성을 찾고자 한다.

윤리경영, ESG, 그리고 Compliance가 지향하는 철학은 공통된 요소가 있다. 그러나 이 요소들이 실제 조직 내에서 제대로 작동하지 못하는 경우가 종종 있다. 그 이유는 제도 미비가 아니라, 때때로 시스템 자체를 무력화시키는 '병리적 인물'의 존재 때문이다. 다음은, 조직을 흔드는 내부의 리스크–사이코패스와 소시오패스에 대해 살펴보자.

조직 내 사이코패스와 소시오패스(컴플라이언스의 장애물)

거대 기업이 될수록 기업은 시스템으로 움직인다. 그러나 시스템 위에서 그것을 작동시키는 것은 사람이다. 아무리 정교한 내부통제 시스템이 존재하더라도, 조직 내 고위직(이사회, CEO, 임원진급 등)이 반윤리적 성향을 지닌 인물이라면 기업은 쉽게 무너진다. 특히 사이코패스^{Psychopath}나 소시오패스^{Sociopath} 성향을 가진 인물이 조직 내 고위직에 위치하게 되면, CP든 ISO 37301이든 모든 제도가 무력화될 수 있다. 최근 윤리경영 실패가 반복되는 배경에는 이런 빌런 같은 '병리적 인물'이 있다는 점에서, 우리는 이 문제를 단순한 심리학이 아닌 기업 Compliance의 핵심 변수로 다뤄야 한다.

사이코패스는 선천적 요인에 의해 감정 공감 능력이 결여되고 죄책감을 느끼지 못하는 특성을 보인다. 이들은 극도로 계산적이며, 필요할 때는 매력적 언행과 논리를 동원해 타인을 조종하는 데 탁월하다. 반면 소시오패스는 불안정한 가정환경, 사회적 결핍 등 후천적 요인으로 반사회적 행동을 보인다. 충동적이고 감정 조절에 실패하는 경향이 강하며, 갑작스러운 분노나 비윤리적 결정으로 조직을 위협할 수 있다. 현재 정신의학에서는 DSM-5(정신질환 진단 및 통계 편람) 기준에 따라 ASPD로 진단하며, 사이코패스와 소시오패스를 구분하지 않는다. 많은 연구에 따르면 사이코패스는 두뇌의 편도체(감정 조절 담당) 기능 이상과 관련이 있으며, 소시오패스는 환경적 스트레스 요인과 밀접한 연관이 있다.

최근 대한민국에서는 잔혹한 살인 사건이나 대규모 사기 사건 등에서 사이코패스와 소시오패스의 특성이 자주 드러난다. 대표적으로 강력범죄에서 보이는 냉혹한 계획성과 감정 결여는 사이코패스로 분류될 수 있으며, 다단계 금융 사기나 권력형 비리는 소시오패스적 성향을 가진 개인들이 주도하는 경우가 많다. 이러한 인물들은 충격적인 신문 사회면에서만 볼 수 있는 건 아니다. 우리 주변에서 성과 중심주의, 결과 지상주의, 면죄부 문화 등에 편승하여 조직을 내부에서부터 좀먹는 존재가 되어 조직과 동료까지 망치게 된다. 실제로 윤리적 경영 실패가 반복되는 기업들에는 공통으로 리더의 강압적 권위주의, 회피형 책임 구조, 실적 만능주의가 자리하고 있으며, 이로 인해 반사회적 성향의 인물이 '성과형 리더'로 포장되기도 한다.

윤리경영 시스템은 정상적인 사람들을 전제로 설계된다. 그러나 실제 조직에는 그렇지 않은 인물이 반드시 존재하며, 이들은 경영 리스크의 가장 취약한 고리다. CP든 ISO 37301이든 실효성을 담보하기 위해선 제도만 갖출 것이 아니라, '사람'에 대한 감시와 조기 식별 시스템도 함께 설계되어야 한다. 이를 위해 기업은 다음과 같은 대응이 필요하다.

① 고위 관리자 대상의 심층 윤리성 검토: 단순한 범죄경력 조회가 아닌 가치관·공감 능력·리더십 유형을 진단하는 평가 도입

② 조직 내 이상행동 모니터링: 내부제보 시스템과 연계하여 '비정상적인 통제욕', '반복되는 갈등 유발' 등의 행동 유형을 분석

③ 윤리경영 실패의 심리학적 분석 도입: 조직범죄 발생 시 원인을 시스템 문제로 한정하지 않고, 인물 중심으로 원인을 분석하는 역량 강화

④ 고위층 대상 윤리·Compliance 맞춤형 교육: 권한이 클수록 더 높은 자기통제력이 요구됨을 전제로, 실제 판례와 사례 중심의 행동 변화 유도

⑤ CP 및 ISO 37301 기반의 제3자 인터뷰: 조직 내 권력형 리스크를 제3자가 정기 인터뷰와 다층 피드백을 통해 진단

이제 윤리경영은 제도가 아니라 사람의 문제다. 아무리 시스템을 정비하더라도, 그 시스템을 악용하는 인물이 하나라도 있다면 모든 Compliance는 허상에 불과하다. '기업은 사람이 만든다.'

기업은 왜 존재하는가?

과거에는 이 질문에 "이윤을 창출하기 위해서"라고 답하는 것이 자연스러웠다. 그러나 오늘날 기업의 존재 이유는 간단히 답하기 어렵다. 역사적으로 볼 때, 법과 윤리는 항상 일치하지 않았다. 미국의 흑인 노예제도는 당시 합법이었고, 유럽 열강들은 회사를 설립하여 아프리카인들을 무역 상품과 노동력으로 악용했다. 동인도 회사와 같은 거대 기업들이 식민지 착취의 도구로 활용되었던 역사는 기업이 언제나 윤리적일 수 없음을 보여준다.

그럼에도 최근 기업은 다양한 이해관계자들과의 관계 속에서, 이윤 추구뿐만 아니라 사회적 책임을 다해야 하는 존재로 새롭게 인식되고 있다. 주주의 권익 보호와 이

윤 창출은 기본이고, 직원과 고객, 언론, 규제기관, 지역사회, 환경, 그리고 미래세대까지 폭넓은 책임을 요구받고 있는 것이다.

이런 변화는 기업이 갖는 사회적 영향력과 권력이 커질수록, 그에 상응하는 책임 역시 커져야 한다는 인식에서 비롯된다. 오늘날 일부 다국적 기업의 규모는 국가보다 크며, 그들의 결정은 수많은 사람들의 삶에 직접적인 영향을 미친다. 이러한 환경에서 기업은 '책임Responsibility'이라는 단어를 중심에 두고, 그 의무를 다해야 할 존재로 거듭나고 있다.

특히 ESG와 Compliance, 윤리경영에서는 기업의 행동이 미치는 다양한 영향을 스스로 인식하고, 이에 대한 책임Responsibility을 요구한다. 기업을 둘러싸고 있는 수많은 이해관계자의 폭은 상당히 넓다. 예를 들어 제조기업은 소비자의 건강과 안전보건에 대한 무한 책임을 진다. 기업에 법적 책임은 당연한 의무이며, 제품의 설계부터 판매후 폐기까지 전 과정에 걸친 윤리적 책임을 의미한다.

기업의 정체성은 그 기업이 선택하는 가치와 행동을 통해 형성된다. 이를테면, 일부 글로벌기업들은 지속가능한 발전을 기업의 핵심 가치로 삼아 탄소 발자국 감소, 재활용 촉진, 임직원과 고객 만족, 인권 경영, 지역사회 기여, 지배구조 개선 등을 기업의 책임 운영 전반에 통합하고 있다. 이런 책임 있는 행동을 통해 사회와 자연환경에 기여하고자 하는 노력을 보이며, 매출 극대화보다 사회에 긍정적인 영향을 미치고자 하는 기업의 정체성을 구축할 수 있다. 기업이 거대해질수록 최대주주뿐만 아닌 모두의 기업이 되어야 한다는 것을 시사한다.

이러한 패러다임 전환은 최근 법적·제도적 변화로도 뒷받침되고 있다. 한국에서는 「기업지배구조 보고서」 의무화, 「공정거래법」 개정, 「중대재해처벌법」 제정 등을 통해 기업의 사회적 책임과 투명성을 강화하고 있다. 특히 2021년 1월 시행된 「중대재해 처벌 등에 관한 법률」은 기업과 경영책임자가 안전·보건 확보 의무를 다하지 않아 중대산업재해가 발생할 경우 처벌하는 내용을 담고 있으며, 이는 근로자의 생명과 안전에 대한 기업의 책임을 명확히 한 법적 진전이라 할 수 있다. 국제적으로도 UN의 지속가능발전목표SDGs, UN 글로벌 콤팩트UNGC의 10대 원칙, ISO 26000(사회적 책임에 대한 국제표준)과 같이 과거에는 법적 규제를 준수하는 것이 기업의 기본적인 의무였다면, 이제는 그 이상으로 기업의 자발적인 윤리적 의사결정이 요구된다.

ESG 평가가 투자의사 결정의 핵심 요소로 자리 잡으면서, 기업의 사회적·환경적 영향력은 재무적 성과만큼이나 중요한 지표가 되었다. 실제로 한국거래소가 운영하는 'KRX ESG 지수'는 기업의 ESG 성과와 주가 간의 상관관계를 보여주며, 지속가능한 비즈니스 모델을 구축한 기업들이 장기적으로 더 높은 성과를 내고 있음을 증명하고 있다.

이로써 Compliance와 ESG는 기업의 존재 가치와 정체성을 재정립하는 핵심 요소로 자리매김하고 있다. 한국의 대기업들도 ESG위원회 설치, ISO 37301 도입, 지속가능경영보고서 발간 등을 통해 책임경영을 실천하고 있으며, 이는 '이윤 창출의 도구'에서 '사회적 가치 창출의 주체'로 기업의 역할이 확장되고 있음을 보여준다.

「상법」 제382조의3에서는 이사의 충실의무를 규정하고 있는데, 이는 주주 이익만을 위한 것이 아니라 회사의 전체 이해관계자를 고려한 의사결정을 해야 함을 의미한다. 최근 대법원 판례에서도 "이사는 회사의 이익 극대화를 위하여 최선의 노력을 다할 의무가 있으나, 이는 단기적 이익만이 아닌 회사의 장기적·지속적 발전을 고려해야 한다"는 취지의 판결이 나오고 있다.

이제 기업은 경제적 가치와 사회적 가치의 균형을 통해 지속가능한 성장을 추구해야 하는 존재로 인식되고 있다. 「공정거래법」 제1조에서 명시한 "공정하고 자유로운 경쟁을 촉진함으로써 창의적인 기업활동을 조장하고 소비자를 보호함과 아울러 국민경제의 균형 있는 발전을 도모함"이라는 목적처럼, 기업은 혁신과 성장을 통해 경제 발전에 기여하되, 그 과정에서 공정함과 책임감을 잃지 않아야 한다. 이것이 바로 현대 기업이 존재해야 하는 이유이며, Compliance와 ESG 경영의 근본 철학이다.

윤리와 도덕: 현대 기업 경영의 핵심 축

윤리란 무엇인가? 가장 기본적인 정의에서 윤리는 '옳고 그름'을 판단하는 가치체계로, 개인과 조직의 행동에 대한 도덕적 지침을 제공한다. 기업 맥락에서 윤리는 조직이 사회적 책임을 어떻게 인식하고 실천하는지를 결정하는 근본 원칙이 된다. 최근 10년간 한국 기업환경에서 윤리경영에 대한 요구는 그 어느 때보다 강력해졌다. 국제표준화기구^{ISO}의 준법경영시스템^{ISO 37301}과 반부패경영시스템^{ISO 37001}이 글로벌 기준으로 자리 잡으면서, 국내 기업들도 이를 도입하고 있다. 특히 MZ세대의 부상과 함께 기업의 사회적 가치 창출에 대한 기대는 더욱 높아지고 있으며, 윤리적 딜레마 상황에서의 의사결정 역량이 기업 생존의 핵심 경쟁력으로 부상하고 있다.

이 장에서는 기업윤리의 역사적 배경부터 현대적 해석, 그리고 실무적 적용까지 폭넓게 살펴보며, 특히 한국의 법적·제도적 맥락 속에서 기업윤리가 어떻게 진화하고 있는지 분석하고자 한다.

윤리학은 크게 의무론적 윤리학, 결과주의적 윤리학, 그리고 덕 윤리학으로 나눌 수 있다. 의무론은 임마누엘 칸트의 사상에 기반하여 행위 자체의 도덕성을 중시하고, 결과주의는 공리주의^{Utilitarianism}에 기반하여 최대 다수의 최대 행복을 추구한다. 덕 윤리학은 아리스토텔레스의 사상에서 출발해 행위자의 인격과 덕성을 강조한다.

기업윤리에 이러한 철학적 관점을 적용해 보면, 의무론적 관점에서는 「부정청탁 및 금품등 수수의 금지에 관한 법률」(일명 '김영란법')의 준수가 그 자체로 중요하며, 결과주의적 관점에서는 ESG 경영을 통한 사회적 가치 창출의 결과가 중요하다. 덕 윤리학적 관점에서는 기업 문화와 리더십이 조직구성원의 윤리적 인격 형성에 미치는 영향이 중요하다.

한국 「상법」 제382조의3(이사의 충실의무)에서는 "이사는 법령과 정관의 규정에 따라 회사를 위하여 그 직무를 충실하게 수행하여야 한다."라고 규정하며 이사의 충실의무를 명시하고 있다. 이는 회사의 이익을 위한 행동뿐 아니라, 윤리적 의사결정을 통해 회사의 장기적 가치를 증진시켜야 함을 의미한다.

기업윤리의 현대적 개념은 1960년대 미국에서 시작되었다. 소비자 권리 운동, 환경 운동, 시민권 운동이 확산되면서 기업의 사회적 책임에 대한 요구가 높아졌다. 1970년대에는 밀턴 프리드먼^{Milton Friedman}의 "기업의 유일한 사회적 책임은 이윤 창출"이라는 주장이 지배적이었으나, 1980년대 이후 기업의 사회적 책임론이 점차 힘을 얻기 시작했다.

　한국에서는 1997년 외환위기 이후 기업 지배구조와 윤리경영에 대한 관심이 급증했다. 2000년대 들어 「부패방지법」(현 「부패방지 및 국민권익위원회의 설치와 운영에 관한 법률」)이 제정되었고, 기업의 사회적 책임(CSR)이 강조되기 시작했다. 2016년에는 「부정청탁 및 금품등 수수의 금지에 관한 법률」이 시행되며 공직자와 기업 간 관계의 투명성이 한층 강화되었다. 또한 「공정거래법」 제45조(불공정거래행위의 금지)에서는 불공정거래행위를 금지하고 있으며, 이는 기업이 시장에서 공정한 경쟁을 해야 함을 법적으로 규정한 것이다. 특히 2021년 개정된 「공정거래법」은 공정거래위원회의 조사권한을 강화하고, 기업집단의 지배구조 개선을 위한 규제를 강화했다.

　기업 현장에서는 법적으로는 문제없지만 윤리적으로는 문제가 될 수 있는 상황, 즉 윤리적 딜레마가 빈번히 발생한다. 예를 들어, 생산 비용 절감을 위해 환경 기준을 최소한으로만 준수할 것인지, 아니면 추가 비용을 들여 환경친화적 생산 방식을 도입할 것인지의 선택은 결과주의와 의무론 간의 충돌을 보여준다. 윤리적 의사결정 모델로는 로라 내쉬Laura Nash의 12가지 질문 모델, 켄 블랜차드Ken Blanchard와 노먼 빈센트 필Norman Vincent Peale의 윤리 체크 모델 등이 있다. 이러한 모델들은 의사결정 과정에서 고려해야 할 윤리적 측면을 체계적으로 검토할 수 있게 해준다.

　한국 기업의 윤리적 딜레마 해결을 위한 법적 지원책으로는 「공익신고자 보호법」이 있다. 이 법은 제1조에서 "공익을 침해하는 행위를 신고한 사람 등을 보호하고 지원함으로써 국민생활의 안정과 투명하고 깨끗한 사회풍토의 확립에 이바지함"을 목적으로 한다. 실제로 공익신고자 보호제도는 기업 내부의 비윤리적 행위를 방지하는 중요한 장치로 작용하고 있다.

　1980년대 초반부터 2000년대 초반에 태어난 밀레니얼세대와 Z세대(통칭 MZ세대)는 이전 세대와는 다른 가치관을 가지고 있다. 이들은 기업의 재무적 성과뿐만 아니라 환경적, 사회적 영향과 지배구조의 투명성을 중시한다. 최근 딜로이트 조사에 따르면, MZ세대의 76%가 자신의 가치관과 맞지 않는 기업의 제품이나 서비스를 의도적으로 구매하지 않는다고 응답했다.

MZ세대는 소비자로서뿐만 아니라 직원으로서도 기업의 윤리적 행동을 요구한다. 이들은 일과 삶의 균형, 다양성과 포용성, 환경보호, 사회 공헌 등을 중요시하며, 이러한 가치를 실천하는 기업에 더 높은 충성도를 보인다. 「근로기준법」 제76조의2에서는 직장 내 괴롭힘을 금지하고 있으며, 이는 MZ세대가 중시하는 존중과 평등의 직장 문화를 법적으로 보장하는 조항이다. 또한 「고용정책 기본법」 제7조에서는 "사업주는 근로자가 직장생활과 가정생활을 조화롭게 병행할 수 있도록 필요한 조치를 하여야 한다"고 규정하여 일·가정 양립을 지원하도록 하고 있다.

개인은 다양한 사회적 역할(가족 구성원, 직장인, 사회 구성원 등)에 따라 서로 다른 윤리적 기준을 가질 수 있다. 이를 '다중 윤리 자아Multiple Ethical Selves'라고 한다. 직장에서는 조직의 이익을 우선시하는 결정을 내리면서도, 가정에서는 가족의 행복을, 시민으로서는 사회 전체의 이익을 고려할 수 있다. 기업윤리는 이러한 다중 윤리 자아 간의 갈등을 최소화하고, 개인의 윤리적 가치관과 조직의 요구 사이의 조화를 이루는 데 중요한 역할을 한다. 이를 위해서는 윤리적 조직문화의 구축이 필수적이다.

윤리와 도덕은 현대 기업 경영의 핵심 축이 되어가고 있다. 특히 한국의 법적·제도적 환경이 빠르게 변화하면서, 기업들은 더 높은 수준의 윤리적 기준을 요구받고 있다.

ISO 37301과 같은 국제표준과 한국의 CP 제도는 기업이 체계적으로 준법경영을 실천할 수 있는 프레임워크를 제공한다. 그러나 진정한 윤리경영은 조직문화와 개인의 의사결정에 윤리적 가치가 깊이 내재화될 때 실현될 수 있다. MZ세대의 등장과 함께 기업윤리에 대한 기대치는 더욱 높아지고 있다. 이들은 기업이 사회와 환경에 긍정적인 영향을 미칠 것을 요구한다. 이러한 변화 속에서 기업은 다양한 윤리적 관점을 통합하고, 윤리적 딜레마 상황에서 균형 잡힌 의사결정을 내릴 수 있는 역량을 키워야 한다. 국제표준과 한국의 법규는 그 자체로 중요하지만, 궁극적으로는 이를 해석하고 적용하는 사람들의 윤리적 판단력이 더욱 중요하다. 따라서 기업은 임직원들이 윤리적 감수성을 키우고, 다양한 윤리적 관점에서 사안을 바라볼 수 있도록 지원해야 한다.

지속가능한 발전

실제 기업의 지속가능성을 위협하는 사건들은 끊임없이 반복되고 있다. ○○물산과 ○○ 합병을 둘러싼 지배구조 논란, ○○○○해양의 회계분식 사건, ○○○건설의 비자금 조성 의혹 등은 기업이 윤리적 통제를 상실할 경우 장기적으로 기업가치와 신뢰가 얼마나 빠르게 무너질 수 있는지를 잘 보여준다. 반면, 독일의 지멘스Siemens는 대형 부패 스캔들 이후 전사적인 Compliance 시스템을 구축하고, 글로벌 기준을 초과하는 윤리경영을 실현함으로써 브랜드 신뢰를 회복한 대표 사례로 자주 인용된다.

이처럼 기업이 윤리·준법경영을 실현하는 데 있어 핵심은 지속가능한 발전Sustainable Development이라는 경영 철학이다. 지속가능한 발전은 ESG, Compliance, CP 등 다양한 제도적 틀과 연결되어 있으며, 이들을 통합적으로 작동시키는 기업만이 장기적으로 시장에서 생존하고 존경받는 기업으로 자리매김할 수 있다.

윤리경영과 지속가능성의 연계 포인트	
철학적 기반	기업은 단기 이익보다 장기적 가치 창출에 초점을 맞춰야 함(이해관계자 고려)
실무적 연결	ESG·CP·ISO 37301 등 시스템을 통해 윤리경영을 구체화
리스크 요인	기업 스캔들, 환경파괴 등은 장기적 존속을 위협
기회 요인	지속가능성 투자, 이해관계자 신뢰는 기업 브랜드 가치 상승
글로벌 흐름	ISO, OECD, UNGC, World bank 등은 모두 지속가능성과 윤리경영을 강조

기업이 윤리경영을 실천한다는 것은 단기적 이익에만 집중하는 것이 아닌 장기적인 가치 창출에 중점을 두어야 한다. 물론 매출을 향상시키고 영업이익을 극대화하는 것도 기업경영에 있어 매우 중요한 요소임은 분명하다. 그러나 매출 극대화라는 가속패달이 단기적 성과라는 일부를 만족시킬 수는 있지만, 장기적 성과인 기업을 둘러싸고 있는 수많은 이해관계자 모두를 만족시킬 수는 없다. 즉, 윤리경영은 비용이 아니라 장기적 투자 관점이 되어야 한다. 많은 경영자들이 오해하는 것 중 하나가 윤리경영이 어느 한순간에 완성된다고 생각하는 것이다. 씨앗을 심고, 물과 거름을

주며 기다리는 정성이 필요하다. 그래야만 비로소 신뢰의 싹이 트고 기업도 건강하게 자라난다.

또한 법과 규정 준수에 대한 책임 인식은 기업경영에 있어 장기적인 가치를 창출하는 데에도 중점을 둔다. 기업이 이해관계자들의 요구를 충족시키고, 사회 및 도덕적 책임을 다하며, 환경을 고려한 활동을 지속하는 것은 장기적인 성장 기반을 마련할 수 있다. 예를 들어, 재생 가능 에너지를 채택하는 기업은 초기 비용이 많이 들지만, 장기적으로는 에너지 비용 절감과 함께 지속가능한 성장을 이루는 사례가 점점 늘어나고 있다. 비상식적 영업으로 인한 단기적 성과가 아닌 준법과 윤리경영 선포로 이해관계자를 만족시킬 수 있다. 이러한 지속가능성에 대한 투자와 책임 의식은 이해관계자들에게도 긍정적인 신호가 되어 기업의 가치 향상에 반드시 도움이 된다.

우리나라의 「기업활력 제고를 위한 특별법(시행 2024. 7. 17)」에서도 기업의 지속가능성과 사회적 책임을 강조하고 있으며, 이는 기업이 생존하고 번영하기 위한 필수 조건으로 인식되고 있다. 기업은 이제 '선량한 기업 시민Good Corporate Citizen'으로서 경제적 가치와 사회적 가치를 동시에 창출해야 하는 시대에 살고 있다. 윤리경영은 단기적으로는 비용처럼 보일 수 있으나, 장기적으로는 기업의 생존과 성장을 위한 가장 현명한 투자임을 명심해야 할 것이다. 이러한 패러다임 전환을 받아들이고 진정한 의미의 지속가능한 발전을 추구하는 기업만이 미래세대와 함께 번영할 수 있는 권리를 얻게 될 것이다.

이해관계자와의 관계

윤리경영 실천에서는 임직원, 노조, 소비자, 지역사회, 투자자, 협력사, 언론, 금융기관, 규제기관 및 정부 등에 대한 존중과 배려를 기반으로 한 이해관계자들과의 신뢰 관계 구축이 무엇보다 우선시되어야 한다. 이는 형식적인 절차나 구색 갖추기가 아닌, 진정성 있는 소통과 협력을 통해서만 달성될 수 있다. 기업의 의사결정 과정에서 다양한 이해관계자의 목소리가 반영되고, 그 결과가 투명하게 공유될 때 비로소 실질적인 신뢰가 형성된다. 특히 「상법」과 「자본시장법」에서 강조하는 기업의 정보공개 의무는 이해관계자와의 투명한 소통의 법적 기반이 된다. 신뢰 관계 없는 윤리경영 실천은 요란한 빈 깡통과 같을 수 있으며, 오히려 이해관계자의 불신만 키울 위험이 될 수 있다.

따라서 기업은 이해관계자 니즈 분석에 대한 포괄적 접근이 필요하다. 윤리경영의 이해관계자는 집단에 국한되지 않는다. 직원과 고객은 물론, 협력사, 투자자, 규제기관 및 정부, 지역사회 등 매우 다양한 집단에 대한 포괄적 접근이 필요하다. 이러한 관계가 두루 형성되지 않는다면 기업은 지속가능한 성장을 이룰 수 없다. 불안정한 특정 관계는 전체 조직의 부정적 리스크로 이어질 수 있다. 예를 들어, 협력사와의 공정한 계약 관계를 유지하지 않으면 공급망^{Supply chain}이 점차 걷잡을 수 없이 불안정해질 수 있고, 고객 신뢰를 잃게 되면 기업 이미지가 크게 손상될 위험이 있다.

특히 가장 중요한 내부 이해관계자인 직원과의 관계를 소홀히 하면 안 된다. 직원은 윤리경영의 가치를 실천하는 데 핵심적인 역할을 하는 존재들이기 때문이다. 이들이 윤리경영을 위한 행동강령과 가치관을 일상 업무에 적용하며, 이를 통해 기업의 문화와 신뢰를 형성해 나간다. 이들이 외부 이해관계자와 업무 관계를 형성해 나가고 곧 기업의 자산이 된다. 윤리경영을 실천하는 기업들은 직원들의 공정한 대우나 근로 조건, 교육 및 성장 기회에 주목하며, 이를 통해 직원들의 사기를 높이고 충성도를 높인다. 공정한 급여 체계를 유지하고 직원 복지에 신경 쓰는 기업이 낮은 이직률과 높은 생산성을 유지할 가능성이 높은 것과 같다.

윤리경영이란 결국 '사람과 사람 사이의 신뢰를 얼마나 공고히 쌓을 수 있느냐'에 대한 문제이며, 그것이 진정한 경쟁력으로 이어진다. 관계없는 윤리경영은 공허하고, 신뢰 없는 윤리경영은 무의미하다.

체계적 리스크 관리

윤리경영이 리스크를 줄인다는 사실은 이제 상식이 되었다. 하지만 실제로 어떤 리스크를 어떻게 줄일 수 있는지, 어떤 기준과 절차로 관리해야 하는지는 대부분의 기업이 막연하게 접근하고 있다. 윤리경영을 리스크 관리 전략에 내재화하려면 시스템적 접근 방법이 필요하다. 이러한 시스템 구축에는 국제표준인 ISO 31000(리스크 평가 관리 시스템)의 프레임워크를 참고하는 것이 효과적이다.

체계적인 리스크 관리를 위해서는 먼저 윤리경영 관련 리스크를 명확히 유형화하고, 각 유형별 대응 프로세스를 정형화할 필요가 있다. 리스크 식별부터 평가, 대응, 모니터링에 이르는 전체 사이클을 구조화함으로써 예측 가능하고 일관된 리스크 관리가 가능해진다. 특히「공정거래법」,「부정청탁 및 금품등 수수의 금지에 관한 법률」등 관련 법규의 요구사항을 체계적으로 반영한 리스크 대응 매트릭스를 구축하는 것이 중요하다.

첫 번째로 실무에서는 윤리경영과 관련된 리스크를 다음 4가지로 분류해 관리하는 것이 효율적이다. 이러한 분류를 통해 각 영역별 특성에 맞는 맞춤형 대응 전략을 수립하고, 자원을 효과적으로 배분할 수 있다.

리스크 유형 및 대응 방안		
리스크 유형	주요 사례	관리 방안
법적 리스크	공정거래법 위반, 하도급법 위반, 부패방지법 미준수	사전 법률검토체계 구축, 교육·서약, 규제 모니터링 등
재무 리스크	리콜, 과징금, 계약 해지, 고객 이탈	Compliance 점검 후 비용추정 시뮬레이션 반영 등
평판 리스크	SNS 불매운동, 내부고발, 언론보도	내부제보시스템, 평판관리 매뉴얼, 위기 커뮤니케이션팀 운영 등
ESG/비재무 리스크	공급망 인권침해, 탄소배출 지연	공급업체 평가체계, ESG KPI 도입 및 비재무 보고 등

이처럼 유형별 리스크를 분류해 리스크 매트릭스(5×5)에 반영하고, 각 리스크별로 담당 조직(담당자), 대응 매뉴얼, 의사결정 프로토콜을 정해 두는 것이 핵심이다.

둘째로 실무형 리스크 프레임을 만드는 것이다. '예측(식별, 분석, 평가) → 대응역량 구축 → 사전점검 → 사건대응' 4단계로 뼈대를 만들어서 엑셀, 워드, 한글 등에 표로써 대입하는 것이다.

대부분의 기업은 문제가 터지고 나서야 리스크에 대응하기 바쁘다. 그래서 지속가능한 리스크 관리는 아래 4단계로 체계화되어야 한다.

① 예측^{Predict}: 주요 이슈 및 법령 변화 트렌드 파악 → ESG 리스크 레이더 운용

② 대응역량 구축^{Prepare}: 윤리 행동강령·이해충돌지침 정비 → 내부 교육 및 계약서 반영

③ 사전점검^{Prevent}: 고위험 부서, 파트너, 지점에 대한 집중 점검 및 외부감사 연계

④ 사건 대응^{Respond}: 내부신고 활성화, 즉시보고 체계, 대응 메시지 시나리오 사전 구축

이러한 단계별 프레임은 ISO 37301의 리스크 기반 접근법$^{Risk-based\ approach}$(Clause 4.5, 6.1)과도 일치하므로 뒤에서 자세히 설명하겠다.

마지막으로 리스크를 통제하지 못한다면 '리스크^{Risk}'가 될 것이고, 통제하면 '기회^{Opportunity}'가 된다. 만약, 어떤 기업이 협력업체의 아동노동 문제로 글로벌 고객사의 납품계약을 하지 못하였다고 하자. 그 원인은 '부도덕한 협력사'의 원인이 아니라 '검증 시스템 없는 원청'에 있다. 반대로, 협력업체 실사$^{ESG\ Due\ Diligence}$를 도입해 선제적으로 리스크를 제거한 기업은 글로벌 브랜드 신뢰를 확보하고, 'ESG 우수 파트너 인증'을 통해 신규 수주까지 얻은 사례도 존재한다. 또한, 탄소배출 관련 규제를 모니터링하며 미리 탄소배출권을 확보한 기업은, 동일 업종 내에서 '규제회피 전략 자산'을 선점할 수 있는 성과를 이룰 수 있다.

리스크 관리는 법무실이나 Compliance 또는 감사팀의 전유물로 여겨지는 경우가 많아 안타깝다. 국내 주요 기업들의 Compliance 시스템을 구축하며 보아온 가장 큰 문제점이 바로 이 '부서 간 사일로^{Silo}' 현상이다. 실제로 리스크는 기업 전체에 퍼져 있다. 영업팀의 계약조건, 구매팀의 공급망 선택, 인사팀의 징계 프로세스, 심지어 홍보팀의 보도자료 한 줄까지도 중대한 리스크 요소가 될 수 있다.

한 대기업의 경우, 홍보팀에서 작성한 보도자료의 단 한 줄이 공정거래법상 부당한 표시·광고로 간주되어 수억 원의 과징금이 부과된 사례가 있었다. 또 다른 기업에서는 인사팀의 불분명한 채용(정치인 자녀)이 내부고발로 이어져 기업 이미지에 타격을 입기도 했다.

따라서 윤리경영 기반 리스크 관리는 반드시 전 부서 대상 역할과 책임R&R 기반의 리스크맵Risk Ownership Matrix으로 구축되어야 한다. 이는 「상법」 제542조의13에서 규정하는 내부통제시스템의 핵심 요소이기도 하다. 또한 리스크 관리가 정기적으로 KPI와 연동된 실적 점검이 병행되어야 한다. 최근 얼마 전 강의를 한 엔터테이먼트 대기업이 임원 KPI로써 이를 입증하고 있었다.

현장에서 직접 강의, 컨설팅을 수행하며 깨달은 중요한 교훈이 있다. 가장 성공적인 리스크 관리 체계는 '리스크 오너십'이 명확한 조직이었다. 리스크 관리를 '남의 일'로 여기는 순간, 아무리 정교한 시스템도 무용지물이 된다. 반면, 각 부서가 자신의 업무 영역에서 발생할 수 있는 리스크에 주인의식을 갖고 능동적으로 대응할 때, 진정한 의미의 윤리경영이 실현될 수 있었다.

지속가능한 경쟁우위

최근 윤리경영은 빠르게 변화하는 사회와 시장 환경 속에서 조직이 균형감 있게 움직일 수 있도록 돕는 내적 동력이 된다. 즉, 구성원 간의 신뢰를 바탕으로 조직의 결정과 행동을 이끌어 내는 토대가 되며, 기업이 외부의 기대에 진정성 있게 응답하고 내부의 가치 체계를 일관되게 유지할 수 있도록 연결해 주는 중요한 경영의 원리가 된다.

ESG와 Compliance가 법과 규정들로 긴밀하게 연결되어 있기에 기업은 지속가능한 경쟁우위를 확보하기 위해 두 가지를 반드시 필수로 연결시켜야 한다. 그 중심에 기업이 내외부의 다양한 요구에 유연하게 대응하면서도 핵심 가치와 원칙을 지키며 지속가능한 경쟁력을 확보하는 전략으로 윤리경영이 있다.

환경(E) 측면에서 기업이 친환경적 운영과 지속가능한 자원 활용을 도입하면, 단기적으로 비용이 들더라도 장기적으로는 에너지 절감, 탄소배출 감소, 자원 효율성 제고와 같은 경제적 이점을 가져온다. 글로벌 제조기업이 폐기물 재활용과 에너지 절감을 위한 시설을 구축함으로써 운영비용을 줄이고, ESG 평가에서 높은 점수를 획득한 사례가 늘고 있다. 이는 결과적으로 투자자들에게 긍정적인 신호를 주고 장기적으로는 기업이 안정적 성장을 할 수 있게 될 뿐만 아니라 임직원들이 믿고 신뢰할 수 있는 기업이 된다.

사회적 책임(S) 측면에서도 윤리경영은 중요한 역할을 한다. 공정한 노동 관행, 포용적 문화 조성, 지역사회와의 상생 활동 등은 기업의 사회적 평판을 높이는 데 크게 이바지한다. 특히, 포용성과 다양성을 존중하는 기업은 뛰어난 인재를 유지 및 영입하는 데 유리하며, 이는 혁신과 창의성을 촉진하는 중요한 자원이 된다. 가산디지털단지의 어느 IT 기업이 포용성과 다양성을 강조하는 문화를 만들어 가면서도, 이를 통해 다양한 관점을 반영한 혁신적인 제품과 서비스를 출시하여 시장 점유율을 크게 확대한 사례가 있다.

지배구조(G) 측면에서 규정을 준수하는 Compliance 경영은 기업의 신뢰성을 강화하고 외부 이해관계자에게 투명성과 안정성을 보여준다. 이는 투자자와 소비자 모두에게 신뢰를 심어주어 결과적으로 기업의 경쟁우위를 높인다. 또한, Compliance를 철저히 준수하는 기업은 규제 변화에 빠르게 대응할 수 있는 유연성을 확보하게 된다. 예를 들어, 유럽 GDPR과 같은 데이터 보호와 개인정보 관련된 규제가 강화되는 상황에서 Compliance 경영시스템을 준수하는 시스템을 일찍부터 갖춘 기업은 변화하는 법적 요건을 손쉽게 충족하며 데이터 유출 사고 등을 미연에 방지할 수 있다. 이는 법적 리스크를 줄일 뿐만 아니라 고객과의 신뢰 관계를 더욱 견고히 하는 기반이 된다.

기업에는 빠르게 변화하는 시대에 대해 발맞춘 유연한 대응과 혁신의 촉진이 필요하다. ESG와 Compliance 경영을 실천하는 기업은 급변하는 시대적 요구에 민첩하게 대응하면서도, 내부적으로는 지속가능한 원칙을 고수할 수 있는 혁신 역량을 키우게 된다. 이를 통해 새로운 트렌드와 기술 발전에 맞춰 운영 방식을 조정할 수 있는 유연성을 제공한다.

이같이 윤리경영, ESG, Compliance가 결합된 지속가능한 경쟁우위는 기업이 단기적인 수익에 얽매이지 않고, 장기적 가치를 창출하며 다양한 이해관계자들에게 긍정적인 영향을 미치는 접근방법이 된다. 이러한 접근은 마치 건강한 뿌리가 튼튼한 나무가 되는 것처럼 외부의 변화에도 기업이 흔들림 없이 성장할 수 있도록 지탱해 주는 역할을 한다.

이 책의 서두에서는 윤리경영이 무엇인지, 그리고 그 핵심 요소가 무엇인지를 명확하게 제시함으로써 경영 철학에 대한 기본적인 이해를 돕고자 한다. 이후, ESG와 Compliance 제도, 그리고 윤리경영의 실천이 기업에 어떠한 긍정적인 영향을 미치는지를 상세하게 탐구해 나갈 것이다. 독자들은 이를 통해 자신의 비즈니스 실천에 윤리경영을 적용함으로써 더 나은 미래를 위한 길을 개척하는 방법을 배울 수 있을 것이다.

윤리적 가치를 비즈니스의 핵심에 두는 것은 기업이 사회 및 도덕적으로 책임 있는 방식으로 운영될 뿐만 아니라, 시대 변화에 유연하게 대응하고 지속가능한 성장을 이루는 길을 제시할 수 있다. 이 책은 윤리경영이라는 주제를 통해, 기업이 어떻게 사회적 책임을 다하며 동시에 장기적인 성공을 달성할 수 있는지에 대한 깊은 통찰력을 제공하길 바라기 위함이다.

02. 기업윤리와 Compliance(Business Ethics and Compliance)

우선 윤리경영, ESG, Compliance의 관계에 대해 살펴보자. 기업경영에 있어서 윤리경영, ESG, Compliance는 서로 밀접하게 연결되어 있으며, 각 개념은 기업의 책임을 실현하는 데 중요한 역할을 한다. 그러나 이 세 가지 개념은 약간씩 다른 접근 방식을 통해 기업의 목표 달성을 도모한다. 윤리경영은 기업의 도덕적 기준과 철학적 기반에 중점을 두며, ESG는 환경, 사회, 거버넌스 영역에서 기업의 책임을 구체적으로 평가하는 기준이다. 반면, Compliance는 주로 자발적 윤리와 필수 법적인 사항을 포함하여 규범 준수를 강조한다. 각 개념의 목적과 주요 특징, 그리고 기업에서 어떻게 상호작용하며 시너지를 발휘하는지를 살펴보자.

간략히 윤리경영, ESG, Compliance 철학의 공통된 핵심 요소는 다음과 같다.

윤리경영, ESG, Compliance 비교			
구분	윤리경영	ESG	Compliance
개념	기업의 도덕적 기준과 사회적 책임을 지키는 경영 철학	환경, 사회, 지배구조를 종합적으로 평가하는 기준	법적 요구와 규제를 준수하는 활동
중점요소	윤리적 행동, 이해관계자와의 신뢰	환경보호, 사회적 참여, 투명한 지배구조	법적 준수, 내부통제 강화, 부패 방지 등
주요 대상	내부 임직원	환경(E), 사회(S), 지배구조(G) 관련 모든 이해관계자	내부 임직원(모든 기업 활동)
주요 목표	사회적 신뢰와 지속가능성 증대	지속가능한 경영	법적 안정성 확보와 리스크 예방
주요 활동	윤리강령 제정, 내부 윤리교육 등	지속가능 경영보고서, ESG 관련 전략, 인증, 평가 등	방침, 의무식별, 리스크 평가, 법적 준수 체계 구축, 내부제보 등
주요 평가	윤리적 성과, 사회적 인식	ESG 평가지표, 탄소배출량, 인권영향평가, ISO 등	ISO 37301, 공정거래 CP

❶ 윤리경영

윤리경영은 기업이 법적 요구는 기본이고 도덕적 기준을 지키며 경영하는 철학적 접근법이다. 이는 기업이 경제적 성과와 더불어 이해관계자와의 신뢰를 구축하고, 장기적으로 사회적 책임을 다하려는 노력으로 정의된다. 윤리경영은 기업 내부의 모든 활동이 공정하고 도덕적인 기준에 맞춰 이루어질 수 있도록 유도한다. 기업은 윤리강령을 통해 직원과 경영진이 올바른 윤리적 판단을 내릴 수 있도록 가이드라인을 제공하며, 윤리교육을 통해 직원들이 윤리적 기준을 실천하도록 돕는다. 그 예시로는 윤리경영을 중시하는 특정 기업의 경우 환경보호 활동이나 공정 무역 제품 개발과 같은 윤리적 활동에 투자하며, 이해관계자들과 신뢰를 쌓는 것이 목표이다.

❷ ESG(환경, 사회, 거버넌스)

ESG는 기업의 비재무적 성과를 측정하고, 이를 환경적, 사회적, 지배구조 측면에서 평가하는 기준이다. ESG는 특히 기업이 자원을 효율적으로 사용하고, 사회에 적극 참여하며, 투명한 지배구조를 운영하는 데 중점을 둔다. 투자자들이 기업의 지속가능성을 평가할 때 주요한 지표로 활용되며, 환경보호나 사회적 참여 및 가치 창출, 건강한 지배구조 사업 활동을 통해 기업이 ESG 성과를 증진할 수 있도록 유도한다. 그 예시로는 기업이 탄소배출량을 줄이기 위한 기술을 도입하거나, 공급망에서 인권을 보호하는 기준을 마련하는 활동을 포함한다. 이러한 ESG 지표를 통해 기업이 사회적 책임을 다하는지를 내외 평가를 통해 확인할 수 있다.

❸ Compliance

이 책에서는 '컴플라이언스Compliance'를 '규범준수' 같은 용어로 번역하여 사용하지 않았다. 마케팅Marketing을 굳이 '시장 전략'으로 옮기지 않고, 리더십Leadership을 '지도력'으로 바꾸어 쓰지 않듯이, Compliance 역시 이제 하나의 독립된 경영 기능이자 글로벌 표준어로 확고히 자리 잡고 있다.

특히 ISO 37301과 같은 국제표준에서도 이 용어를 그대로 사용하고 있으며, '법규준수' 이상으로 조직 내 윤리문화 조성, 리스크 관리, 이해관계자와의 신뢰 구축까지 포괄하는 종합적인 경영 개념을 담고 있다. 이러한 풍부한 의미를 온전히 담아내기 위해 국제적으로 통용되는 전문 용어로서 'Compliance'라는 표현을 그대로 사용하였다. 이러한 포괄적 개념을 제대로 전달하기 위해 원어 그대로의 표현을 채택하였음을 독자 여러분께 이해를 구한다.

Compliance는 규범을 준수하고 기업 내에서 발생할 수 있는 법적 리스크를 예방하는 활동을 포함한다. 이는 특히 공정한 거래와 윤리적 행동을 법적으로 보장하기 위한 시스템으로 작용하며, 기업은 내부통제를 통해 직원들이 법적 기준을 준수할 수 있도록 지원한다. Compliance 활동에는 부패방지 활동, 내부통제와 법적 준수 검토 등이 포괄적으로 포함되며, 이를 통해 불법적인 행위가 발생하지 않도록 사전에 예방한다.

처음 이 책을 처음 집필하고자 하였을 때 Compliance만을 중점으로 두었으나 윤리경영과 ESG를 연결하지 않고는 Compliance 설명하지 않을 수 없었다. 즉, 윤리경영, ESG, Compliance의 관계는 반드시 시너지 효과가 난다. 이 세 가지는 상호보완적인 관계이고 연결되기 때문이다. 윤리경영이 기업의 도덕적 방향성을 제시한다면, ESG는 구체적인 비재무적 성과 지표를 통해 기업의 사회적 책임을 평가하며, Compliance는 법적 규제와 내부통제를 통해 윤리적 행동을 강화하는 역할을 한다. 윤리경영을 통해 기업 내부에 올바른 문화가 형성되면, ESG 활동을 통해 구체적인 사회적, 환경적 성과가 향상될 수 있으며, Compliance는 이를 법적 기준에 맞춰 운영하도록 도와준다.

이러한 시너지 효과는 기업이 장기적으로 지속가능한 경영을 실현하는 데 중요한 요소가 된다. 특히 현대의 이해관계자들은 기업이 윤리적 기준을 지키고, ESG 성과를 실천하며, 법적 규제를 준수하는 것을 기업 평가의 주요 기준으로 삼고 있다. 따라서 윤리경영, ESG, Compliance, 이 세 요소가 통합적으로 운영될 때 기업은 진정한 사회적 책임을 다할 수 있다.

이제 기업들은 비즈니스 이윤 창출도 중요하지만 사회적 책임을 다하는 것이 필수인 시대에서 사업을 하고 있다. 특히 기후변화, 사회적 불평등, 노동 인권, 환경오염 등 다양한 글로벌 문제들이 부각되면서, 기업이 이에 대한 책임을 다해야 한다는 목소리가 높아지고 있다. 기업이 얼마나 책임감을 가지고 행동하는지에 따라 고객과 투자자, 직원 등 주요 이해관계자들의 신뢰와 지지를 얻을 수 있다.

이러한 사회적 요구는 ESG 경영과 CP 및 ISO 37301 시스템의 확산으로 구체화되고 있다. ESG는 기업의 비재무적 성과를 평가하는 핵심 지표로써, 기업의 경제적 성과뿐만 아니라 환경보호, 사회적 책임, 공정한 거버넌스를 통합적으로 고려한다. 기업이 사회적 가치를 창출하고 환경에 미치는 부정적 영향을 최소화하며, 직원과 지역사회의 복지 증진에 기여하는지를 측정하는 ESG는 투자자와 소비자에게 점점 더 중요한 기준이 되고 있다. 이는 기업 이미지 개선과 더불어 실제로 기업이 환경적·사회적 가치 창출에 적극 참여하고 있음을 증명하는 지표로 기능한다.

기업은 다양한 법률, 규제, 산업 기준과 관계 등으로 복잡하게 얽혀 있다. 즉, 법무팀 또는 Compliance 부서만으로 해결할 수 없다. 기업 전체가 일관된 기준과 문화를 바탕으로 리스크를 예방하고, 신뢰 기반의 지속가능한 운영을 가능하게 하는 시스템이 되어야 한다.

따라서 Compliance 시스템은 크게 세 가지 기능을 수행한다.

첫째, 법적 책임 회피를 위한 최소한의 기준으로서 기능한다. 이는 공정거래법, 개인정보보호법, 부패방지법 등 기업활동에 직접적으로 영향을 주는 규정을 준수하는 것을 의미한다.

둘째, 윤리경영의 실질적 실행 수단으로 작용한다. 법을 회피하기 위한 '수동적 장치'가 아니라, 기업이 자발적으로 사회적 책임을 인식하고 실천하는 '능동적 문화'의 기반이 된다.

셋째, 지속가능한 경영 안정성의 보증 장치로 기능한다. Compliance를 잘 갖춘 기업은 규제 리스크로부터 자유로울 뿐 아니라, 내부 부정 방지, 이해관계자와의 신뢰 확보, 투자 유치 등 경영 전반에서 경쟁우위를 확보할 수 있다.

제도적 장치(예: 내부통제 시스템, 교육훈련, 내부제보채널)와 문화적 요소(예: 윤리적 리더십, 정직한 커뮤니케이션)가 결합될 때, 기업은 장기적인 경영 리질리언스Resilience(회복탄력성)를 확보할 수 있다.

Compliance 핵심 요약	
정의	기업이 사전에 법적·윤리적 기준을 준수하고, 내부통제를 통해 리스크를 예방하는 활동 전반
핵심 기능	Compliance 리스크 예방, 윤리적 행동 유도, 내부 정책·지침 정비 및 실행 등
주요 수단	행동강령(Code of Conduct), 반부패 정책, 내부신고 시스템, 정기 심사
관련 경영 요소	– 윤리경영: 조직의 도덕적 방향성 제시 – ESG: 사회적 책임의 성과 지표 – Compliance: 실행과 통제 수단
상호관계	윤리경영 ↔ ESG ↔ Compliance는 상호보완적이며 통합 운영 시 시너지 극대화
최근 의미	준법경영은 기본이고 기업의 지속가능성과 이해관계자의 신뢰, 그리고 평판 리스크 관리를 위한 핵심 인프라 중요
경영 효과	위법 예방, 경영 안정성 확보, 대내외 신뢰도 향상, ESG 대응력 강화 등
적용 기준	CP, ISO 37301, ISO 37001 등과 연계 운용 필요

기업윤리Business Ethics는 이해관계자들에게 신뢰를 주고, 조직 내외의 공정성과 투명성을 유지하는 핵심 요소로서, 기업이 윤리적 기준을 따라 운영될 때 더 나은 사회적 성과와 경제적 가치를 창출할 수 있다는 사실이 다수의 연구에서 입증되고 있다. 이는 기업의 모든 구성원이 공유해야 하는 가치 체계로, 개개인이 기업의 윤리적 규범을 내면화하고 일상적인 의사결정에 반영할 수 있도록 돕는다.

주주 중심주의와 그 한계성

전통적으로 기업의 최우선 목표는 주주의 이익을 극대화하는 것으로 여겨져 왔다. 주주 중심주의란 기업이 최우선으로 주주의 가치 증진을 위해 운영되어야 한다는 경영 철학이다. 이는 기업의 주된 자금을 제공하는 주주들에게 이익을 돌려주어야 한다는 점에서 강력한 논거를 가지고 있다. 그러나 주주 중심주의는 본질적으로 단기적인 이익 창출과 주주 배당에 집중하게 만드는 문제를 안고 있다. 특히 ESG 시대에서는 다양한 이해관계자들이 기업의 윤리적 책임과 장기적 지속가능성을 요구하고 있어, 주주 중심주의의 단점이 더욱 두드러지고 있다.

많은 학자들은 주주 중심주의의 효율성을 주장하면서도, 현대 기업이 다양한 사회적 요구에 직면하면서 주주 가치를 극대화하는 데만 집중할 경우 생기는 한계를 논의해 왔다. 주주 중심주의는 기본적으로 주주의 재정적 이익을 최우선으로 하기 때문에 환경적 책임, 사회적 참여, 공정한 거버넌스와 같은 장기적 이슈를 간과할 수 있다. 이는 기업이 장기적으로 사회적 신뢰를 잃게 만들고, 더 나아가 ESG 이슈를 통해 강화되는 사회적 압력에 부응하지 못하는 결과를 초래할 수 있다.

최근 기업은 재무적 성과와 같은 주주 이익 극대화만을 추구해서는 안 된다. ESG 경영이 화두가 된 만큼 소비주들은 바이콧buycott, 보이콧boycott을 통해 기업에 투표하고 있다. 주주 이익 추구보다는 이해관계자의 기대와 요구사항을 반영하여야 한다. 즉, 지속가능한 기업이 되고자 하는 기업은 모든 이해관계자 주체가 기업의 의사결정 과정에 고려되어야 한다.

주주 중심주의의 한계는 ESG와 같은 장기적이고 복합적인 요구에 효과적으로 대응하지 못한다는 점에서 더욱 분명하게 드러난다. 즉, 기업윤리는 기업이 하나의 독립적이고 윤리적 행위자로서 사회적 책임을 다하는 것을 의미한다. 기업이 비록 개별 업무 구성원들의 활동으로 이루어지지만, 이 구성원들의 합이 아닌 독립된 조직체로서의 윤리적 정체성을 갖는 것이 중요하다. 이론적으로 기업윤리는 내부 직원과 외부 고객의 만족뿐만 아니라, 사회 전체에 미치는 영향과 그에 대한 책임까지도 포함한다. 즉, 기업이 지켜야 할 윤리적 기준은 기업의 이윤 극대화나 주주 가치 증진에만 국한되지 않으며, 더 넓은 사회적 영향력을 포괄하는 것이 바람직하다.

특히, 윌리엄 라우퍼William S. Laufer는 논문 「Corporate Culpability and the Limits of Law」에서 기업이 하나의 독립적인 윤리적 행위자로서 사회적 책임을 질 수 있는 존엄한 존재임을 주장하며, 전통적인 법적 책임을 뛰어넘는 기업의 역할을 강조했다. 전통적인 법적 체계에서 기업은 대리책임을 통해 직원들의 행동에 대한 법적 책임을 지는 것으로 간주하였다. 그러나 라우퍼는 이 대리책임만으로는 기업의 윤리적 책임을 충분히 반영하지 못한다고 지적한다. 대신, 기업은 개별 구성원들의 행동에 의한 것이 아니라 전체 조직 차원에서 독립적인 윤리적 판단을 통해 사회적 책임을 지는 방향으로 나아가야 한다고 주장한다.

또한 기업을 경제적 집합체로 보는 기존 관점이 아니라 조직적이고 자율적인 윤리적 행위자로 보는 시각을 제시한다. 기업은 독립적인 결정을 내릴 수 있는 구조적 기반을 가지며, 이를 통해 외부 이해관계자와의 관계에서 공정성과 책임을 다할 수 있는 주체가 될 수 있다. 이러한 시각은 기업이 내부적이든 외부적이든 사회적 책임을 지고 올바른 윤리적 행동을 추구해야 한다는 윤리경영의 중요성을 부각시킨다. 이는 특히 ESG 경영과 맞물려, 환경과 사회적 이슈에 대한 책임을 기업이 독립적으로 다해야 한다는 철학적 기반을 제공한다.

기업은 법인이지만, 최근 법만 지키는 존재로 머물기엔 영향력이 너무 거대해지고 있다. 라우퍼는 「Corporate Culpability and the Limits of Law」에서 기업은 직원들의 행동에 책임지는 대리인agent이 아니라, 스스로 판단하고 책임질 수 있는 윤리적 주체actor로 진화해야 한다고 말한다. 다시 말해, '법이 시키니까'가 아니라 '우리가 옳다고 믿으니까' 행동하는 조직이 되어야 한다는 뜻이다. 주주가치 중심주의가 흔들리는 지금, 기업의 존재 이유는 배당이 아니다. 환경을 해치지 않고, 사람을 해고하지 않고, 공정하게 거래하는 것이 중요 포인트다.

기업은 스스로 윤리적 결정을 내릴 수 있는 유기체다. 그 책임은 누구의 것도 아닌 '조직 전체 문화의 것'이며, 이를 회피하거나 분산시키려는 시도는 결국 사회적 신뢰를 무너뜨릴 뿐이다.

이해관계자 중심 경영의 필요성

이러한 이유로 최근에는 주주 중심주의를 벗어나 다양한 이해관계자를 고려하는 이해관계자 경영이 대두되고 있다. 이해관계자 경영은 주주뿐만 아니라 고객, 직원, 지역사회, 환경 등 기업활동에 영향을 받는 모든 집단의 이익을 고려하는 경영 방식이다. 기업은 장기적으로 지속가능한 경영을 위해 사회적 책임을 다하고, 다양한 이해관계자들에게 긍정적인 영향을 미치는 방향으로 운영되도록 한다.

이해관계자 경영은 특히 기업의 장기적 성공을 위해 필요하다. 고객은 윤리적이고 지속가능한 방식으로 제품을 생산하는 기업을 선호하고, 직원들은 공정한 대우와 안전한 근무 환경을 제공하는 기업에서 일하고 싶어 한다. 지역사회와 환경보호 또한 기업이 존속하는 한 반드시 지켜야 할 부분이다. 이 글을 읽고 있는 독자들은 자신의 가족이 안전하지 않은 작업 환경과 불합리한 근무 환경 등에서 일하는 것을 원하는 이는 없을 것이다. 즉, 기업은 이제 이해관계자를 만족시키는 경영 철학을 통하여 지속가능한 성장을 이루고, 사회적 신뢰를 얻어야만 장기적인 성공을 실현할 수 있다.

이해관계자를 만족시키는 경영 철학은 기업의 도덕적 의무를 강조하는 것보다는 오히려 이는 기업이 지속가능한 성장을 위해 전략적으로 선택해야 하는 방식이다. 주주 중심주의의 단기적 이익 창출에 집중한 경영 방식은 과거의 경영 방식이다. 이제는 ESG와 Compliance를 중시하고, 법적 준수 이상으로 사회적 책임을 다하려는 이해관계자 경영은 현대 기업이 사회적 책임을 다하고 장기적으로 안정적인 성장을 이루는 데 필요한 핵심 전략이다. 이는 주주 중심주의의 한계를 보완하는 이해관계

COMPLIANCE 공정거래 CP & ISO 37301 실무가이드

자 경영을 통해 실현될 수 있다. 기업이 돈만 밝히는 듯한 매출 증가와 같은 이익 추구보다 다양한 사회적 요구에 부응하고, 장기적인 신뢰를 얻기 위해서는 윤리적, 사회적 책임을 다하는 포괄적 경영이 효율성과 효과적인 면에서 도움이 된다.

윤리강령^{Code of ethics}의 진화

2008년 금융위기 이후 세계 주요 기업들은 단순히 '정직하게 행동하라'는 수준에서 그치지 않고 '어떤 상황에서 무엇을 어떻게 행동해야 하는지'를 명문화하기 시작했다. 그래서 원칙 중심 → 규정 중심 → 실행 중심으로의 전환이 되어 구체화 되었다.

과거 윤리강령은 선언적 수준에서 원칙을 제시하는 데 그쳤지만, 이제는 이해충돌 방지, 내부제보 절차, 데이터 프라이버시, 공급망 인권 실사 등 구체적인 상황별 가이드라인과 행동기준을 포함하고 있다. 다음과 같은 변화가 대표적이다.

윤리강령의 변화		
항목	과거 윤리강령	최신 윤리강령
서술 방식	추상적 가치 선언	구체적 사례 기반 지침
적용 범위	임직원 중심	전 이해관계자 포함
내용 구조	원칙 나열식	이슈별 행동 프로토콜
운영 체계	일방적 통보	교육, 피드백, 평가 연계
관리 주체	법무/감사 부서	윤리·Compliance 전담 조직

예를 들어, 과거에는 '공정하게 거래하라'는 문장이 주를 이뤘다면, 현재는 '협력사와 계약 시 서면 계약 의무, 공정거래위원회 표준 계약서 및 가이드라인 준수, 대금 지연금지, 접대 한도 명시' 등의 실질적 지침으로 구체화된다. 즉, 최근의 윤리강령은 경영과 조직문화 전반에 내재화되는 실천 규범화 되어가는 것이다.

핵심은 현장 적용성과 실행력 중심이 되어야 한다. 좋은 윤리강령은 이론적이고 아름다운 문장이 아니라, 실제로 현장에서 결정의 기준으로 작동하는 문서화된 정보^{Documented information}가 되어야 한다. 이를 위해 몇 가지 실무 요소를 제안하고 싶다. 첫째, 판단 가이드라인을 포함하여야 한다. 회식비 청구, 선물 수수, 내부정보 취급 등 사례별 판단 기준이 수록되어 임직원이 참고할 수 있는 바이블이 되어야 한다. 둘째, FAQ 및 시나리오를 제공하는 것이 좋다. 일상적 딜레마 상황에서 참고할 수 있는 예시를 제공하여 유사 사례를 학습하고 참고하는 것이다. 셋째, 교육 모듈과 연동하여야 한다. 많은 기업이 윤리강령은 잘 만들었지만, 실제 교육과 연계하는 경우는 거의 보지 못하였다. 윤리강령을 항목별로 만들어서 맞춤형 이러닝, 신입생 OT, 임직원 워크숍, 진급자 과정 등을 운영하여 교육훈련 시키는 것이다. 넷째, 다국어 번역 및 글로벌 버전 운영을 추천한다. 해외법인 및 파트너사까지 일관된 윤리기준을 유지하여 이해관계자의 신뢰를 높이는 것이다. 마지막으로 내부제보^{Whistleblowing} 관련 조항은 가장 진화된 영역 중 하나다. 원론적인 신고 경로 안내가 아닌 익명 보장, 보복 금지, 리니언시, 처리 시한, 결과 통지 의무, 제보자 보호 조치까지 구체화되어야 한다. 이를 강령에 명시하는 것은 법적 리스크 예방은 물론, 조직 신뢰 회복에도 실질적 효과가 있다.

법적 책임의 한계와 자율적 Compliance 경영의 필요성

전통적으로 기업은 법적 책임이라는 울타리 안에서 불법 행위를 통제하고, 사회적 비난을 피하는 수준의 윤리기준을 설정해 왔다. 그러나 현실은 법률로 모든 비윤리적 행위를 예방하거나 제어하기에는 구조적 한계가 존재한다. 규제는 사후적일 수밖에 없고, 법망을 피한 회색지대는 언제나 존재한다. 바로 이 틈에서 기업의 자율적 Compliance 경영의 실질적 필요성이 제기된다.

법적 책임은 최소한의 기준이다. 형식적으로는 합법일 수 있지만, 실제로는 사회적 기대를 위반하는 경우가 허다하다. 이를 두고 많은 학자들은 기존의 법적 대리책임 모델이 '누구에게 책임을 물을 것인가'에는 명확하지만, '조직이 어떻게 책임을 예방할 것인가'에는 무력하다고 지적한다. 이제 기업은 합법이냐 불법이냐를 논하는 것이 아니라 '책임질 수 있는가'라는 윤리적 판단 기준을 내부에 구축해야 한다. 즉, 경영 전반에 걸쳐 윤리적 의사결정 구조와 실천 문화가 작동하도록 설계된

Compliance 시스템이 필요하다.

자율적 Compliance 경영을 만들기 위해 최소한 다음 세 가지가 유기적으로 작동하는 통합 거버넌스 시스템이 필요하다.

자율적 Compliance 구성요소	
제도화	윤리강령, 행동강령, CP, ISO 37301, 내부감사체계, 제보보호제도 등 문서와 절차의 정비
운영 체계	준법책임자 지정, 리스크 매핑, 전사적 Compliance 계획 수립 및 실행 등
문화 내재화	전 직원 교육, 리더십 롤모델링, 인사평가 연계, 공정한 제보 처리와 피드백 등

이는 기업 내부에서 윤리적 의사결정과 행동을 실천할 수 있는 Compliance 경영시스템을 갖추고, 직원들이 이를 체화할 수 있도록 지원하는 것을 의미한다. 기업이 부패와 비윤리적 행동을 방지한다는 것은 내부감사를 강화하고, 윤리적 행동을 촉진하기 위한 교육과 규정 그리고 내부제보 규정 등을 강화하는 등의 사전 예방적 활동 조치를 한다는 것이다. 이러한 예방적 접근 방식은 기업이 법적 책임에만 의존하지 않고, 윤리적 행동을 실천할 수 있도록 독립적인 내부 Compliance 시스템을 구축하게 하여 기업의 윤리적 문화를 형성하는 데 도움을 준다.

법의 테두리 안에서만 움직이는 것으로는 기업의 사회적 책임을 다할 수 없다. 윤리적 기준 즉, Compliance를 기업 경영의 중심에 두어야 함을 강조한다. 즉, 기업이 스스로 자발적 윤리적 기준을 세우고 이를 실천해야 한다는 것이다. ESG 평가 지표의 상당 부분이 윤리경영·반부패·공정거래·노동 인권·환경 준수 여부에 기반하고 있는 현실에서, 자율적 Compliance 경영시스템은 기업 신뢰도와 투자 유치의 기준이 된다. 특히 이해관계자 자본주의Stakeholder capitalism가 부상하는 오늘날, 기업의 책임은 점점 더 법률보다 빠르고, 넓고, 깊게 요구되고 있다. 법적 책임이 '지나간 결과'를 묻는다면, Compliance는 '앞으로의 결정'을 설계하는 도구가 된다. 기업이 진정한 윤리적 행위자로 인정받기 위해서는 법의 요구보다 앞서 자발적 기준을 세우고, 이를 지속가능한 시스템과 문화로 정착시켜야 한다. 이는 단지 명분이 아니라 기업의 평판·지속가능성·생존 가능성을 좌우하는 실질적인 경쟁력의 문제다. 합법은 기본이다. 진짜 실력은 '스스로 기준을 만드는 기업'에 있다.

03. 윤리적 소비와 ESG 경영

소비자가 주권의 시대가 되었다. 이제 사람들은 필요한 물건을 사는 데 그치지 않고, 자신의 신념과 사회적 책임을 생각하며 소비를 통해 목소리를 낸다. 즉, 소비자 투표가 되어가고 있다. 한때 소비는 가격, 품질, 브랜드를 중심으로 판단되었지만, 지금은 그 기업이 환경을 얼마나 고려하는가, 노동자에게 정당하게 보상하는가, 사회를 위한 책임을 다하고 있는가가 핵심 기준으로 떠올랐다. 특히 MZ세대를 중심으로 한 소비자층은 ESG 요소를 기업 선택의 기준으로 삼는 가장 강력한 이해관계자가 되었다. 파타고니아, 바디샵, 유니레버 같은 글로벌기업이 ESG에 진심을 다하는 이유도 바로 여기에 있다. 그들은 소비자의 선택을 통해 사회적 신뢰와 시장 경쟁력을 동시에 얻는다. 이제 기업은 더 이상 좋은 제품만으로는 경쟁력이 없다. '좋은 제품을 어떤 방식으로 만들었는가', '그 과정에서 누구에게 어떤 영향을 주었는가'가 소비자의 판단 기준이 된다. 윤리적 소비는 ESG 경영의 거울이다. 이 거울에 제대로 비추지 못하는 기업은 결국 외면당하게 된다.

실제로 많은 기업들이 자사의 윤리강령에 '소비자 신뢰'라는 항목을 별도로 포함시키고, 제품 개발부터 마케팅까지 전 과정에 ESG 기준을 내재화하고 있다. 환경(E) 측면에서는 플라스틱 사용 감축, 탄소배출 라벨링, 그린 포장재 활용 등이 대표적이다. 사회(S) 면에서는 공정무역, 동물실험 배제, 여성 및 소수자 고용 확대 등이 있다. 물론 대한민국에서 소수자를 인정하지는 않지만, 미국과 유럽에서는 중요 요소로 보고 있다. 지배구조(G) 면에서는 윤리적 공급망 관리, 준법경영, 투명한 정보공개가 대표적이다. 이제 소비자는 고객이 아니라, 기업윤리의 감시자이며 동반자가 되고 있다.

윤리적 소비는 소비자가 값싸고 저렴한 소비에 지향점을 두지 않고 사회적 책임을 실천하는 방법으로 발전해 나가고 있다. 이들은 환경을 보호하고 공정성을 실천하는 기업을 지지하고, 비윤리적 행태를 보이는 기업에는 불매라는 방식으로 제재를 가한다. 윤리적 소비는 특히 환경과 사회적 이슈에 대한 소비자들의 관심이 증가하면서 큰 변화를 이끌고 있으며, 기업들은 이러한 소비자의 목소리에 더욱 귀를 기울이게 되었다. 이로써 ESG는 기업 운영 전반에 자연스럽게 스며든 경영의 핵심 축이 되었고, 조직의 지속성을 가늠하는 중요한 척도로 인식되고 있다. 우선 윤리적 소비와 ESG의 정의 및 필요성을 논할 필요가 있다. 윤리적 소비는 소비자들이 자신의 가치관과 신념을 반영하여, 환경이나 사회적 책임을 다하는 제품과 서비스를 선택하는 소비 행태를 말한다. 이는 환경보호, 노동권 보장, 공정거래, 친환경적 포장재 사용 등 다양한 분야에서 실천된다. ESG는 이러한 윤리적 소비의 배경이 되는 경영 프레임워크가 된다. ESG 경영은 기업이 지속가능한 경영을 실현하는 동시에 사회적 가치를 창출함을 목표로 한다. ESG는 소비자들에게 신뢰를 얻고 장기적인 성과를 창출하는 데 중요한 역할을 한다. 윤리적 소비는 이 세 가지 요소와 밀접한 관계를 맺고 있다. 소비자들은 ESG를 실천하는 기업을 선택해 지지함으로써 기업에 변화를 유도할 수 있다.

윤리적 소비와 ESG 경영이란

윤리적 소비와 ESG 경영 정의		
구성	정의	윤리적 소비와의 연계성
환경(E)	기업이 환경보호, 자원 절약, 탄소배출 저감 등을 실천하는 부분	친환경 제품 구매, 재활용 가능한 포장재를 사용한 제품을 선택해 소비자들이 환경보호에 참여
사회(S)	기업이 사회적 책임을 다하고, 공정한 노동환경과 지역사회 기여를 통한 사회적 가치 실천	공정무역 제품 구매, 사회적 약자나 취약계층을 보호하는 제품을 소비자들이 지지
지배구조(G)	기업의 투명하고 공정한 경영을 위해 지배구조를 개선	투명한 정보공개와 공정한 기업 운영을 실천하는 기업을 소비자들이 신뢰하고 선택

위 표 환경(E)과 윤리적 소비에서 보듯이 환경 요소는 기업이 환경을 보호하기 위

해 취하는 모든 활동을 포함한다. 자원 절약, 폐기물 감소, 친환경 기술 도입, 탄소 배출 감소 등이 여기에 해당할 수 있다. 예를 들어 플라스틱 사용을 줄이기 위한 생분해성 포장재 도입이나, 탄소배출을 줄이기 위해 재생 가능한 에너지로 전환하는 기업의 노력이 이에 포함된다. 윤리적 소비와의 연계성 측면에서 소비자들은 환경보호를 실천하는 기업을 지지하고자, 친환경 제품을 적극적으로 선택하는 경향이 있다. 재활용이 가능한 포장재를 사용하는 브랜드, 무농약이나 유기농으로 재배된 원재료를 사용하는 식품 브랜드가 이에 해당한다. 소비자들이 이런 제품을 선택하면, 기업은 환경친화적 경영이 긍정적인 반응을 얻고 있다는 사실을 인식하게 되며, ESG의 환경 요소를 더 적극적으로 실천 및 투자하게 된다. 또한, 소비자들은 생분해성 포장, 재활용 가능성 높은 소재 사용 등을 통해 지속가능한 소비를 지원하게 되며, 자신들이 환경보호에 동참하는 기업에 지지를 가치소비로써 표현하게 된다.

윤리적 소비에서 사회(S) 요소는 기업이 공정한 노동 조건을 제공하고, 지역사회와 협력하며, 사회적 약자를 지원하는 책임을 의미한다. 이는 기업이 생산 과정에서 노동자들에게 정당한 임금을 지급하고, 안전한 작업 환경을 제공하는지 여부를 포함할 수 있다. 또, 사회적 책임을 실천하기 위해 기업이 지역사회에 참여하는 활동도 여기에 속한다. 윤리적 소비와의 연계성 측면에서 윤리적 소비자들은 노동자와 지역사회에 긍정적 영향을 미치는 기업의 제품을 선택하려는 경향이 있다. 대표적인 예로 공정무역 인증 제품을 들 수 있다. 공정무역 제품은 개발도상국 노동자들에게 정당한 임금을 보장하며, 노동착취를 방지하는 것을 목표로 한다. 소비자들은 공정무역 커피, 초콜릿, 의류 등을 구매함으로써, 사회적 가치 창출과 같은 책임을 다하는 기업을 지지하고, 불공정한 노동환경을 개선하는 데 기여할 수 있다. 또한, 소비자들은 지역사회와 약자를 돕는 제품을 선택함으로써, 기업의 사회적 책임을 지지하고 확대하는 데 역할을 할 수 있다. 예를 들어, 일부 기업이 수익금 일부를 사회적 약자에게 환원하거나, 취약 계층을 돕는 프로그램을 운영하는 기업의 활동이 여기에 해당한다. 이러한 사회적 가치를 창출에 기여를 실천하는 기업을 지지하는 소비는 결국 기업들이 더 큰 사회적 책임을 실천하도록 압박을 가하게 된다.

지배구조(G) 요소는 기업 운영에서 투명성과 공정성을 유지하며, 경영진과 주주 간 책임감을 지니고 운영되는지를 포함한다. ESG에서 지배구조는 기업의 내부통제와 감독, 주주 권리 보호, 윤리적 경영의 실천을 의미한다. 특히 지배구조가 투명하게 운영될수록 이해관계자들로부터 신뢰를 얻을 수 있어 장기적인 성장에도 긍정적 영향을 미치게 된다. 윤리적 소비와의 연계성 측면에서 지배구조가 투명하고 공정하게 운영되는 기업은 소비자들의 신뢰를 얻어, 장기적으로 안정적인 성장을 이루게 된다. 최근 많은 연구에서와 같이 소비자들은 투명한 기업을 더 신뢰하고 선택하는 경향이 있다. 특히 재무 상태를 투명하게 공개하고, 윤리적 기준을 준수하며, 부패와 불공정을 배제하는 기업은 신뢰도 높은 소비자의 선택을 받게 된다.

지배구조는 기업의 위기를 대비하고 윤리적 사고를 예방하는 역할도 하므로, 소비자들은 이런 기업에 대한 지지를 통해 기업의 지속가능한 성장을 도울 수 있다. 투명한 경영 방침을 가진 기업이 주주의 이익을 공정하게 보호하고, 내부통제를 강화하여 윤리적 리스크를 최소화할 때 소비자들은 이러한 기업의 제품이나 서비스를 신뢰하게 된다. 소비자들이 투명한 기업을 지지하고 제품을 선택할수록, 기업들은 지배구조를 지속적으로 개선해야 하는 압력을 느끼게 된다.

이렇게 ESG와 윤리적 소비는 상호보완적으로 작용한다. 소비자가 ESG를 충실히 따르는 기업의 제품과 서비스를 선택할수록 기업들은 더욱 책임감 있게 운영될 수 있어 소비자들은 자신의 소비 선택을 통해 사회적, 환경적 가치를 반영할 수 있고, 이러한 윤리적 소비가 ESG 실천을 통해 기업경영을 변화시키는 선순환 구조를 만들어 내게 된다.

윤리적 소비가 ESG 경영에 미치는 영향

윤리적 소비자들은 자신의 구매 의사결정을 통해 기업에 사회적 책임을 요구하고 있으며, ESG 기준을 충족하지 못하는 기업에 대해 불매운동과 같은 경제적 제재를 가한다. 이런 소비자들의 압박은 기업들이 ESG 기준을 강화하고, 이를 적극적으로 실천하게 만드는 중요한 요인이다. 예를 들어 한 대형 의류 브랜드가 비윤리적 노동환경에서 생산된 제품을 판매하다가 불매운동에 직면하게 되면, 해당 기업은 이를 반성하고 노동환경을 개선하기 위한 노력을 기울일 가능성이 높아진다. 이는 불매운동 효과에 그치지 않고, 기업이 장기적으로 투명하고 윤리적인 경영방식을 도입하도록 유도하는 셈이다.

소셜미디어와 정치적 소비의 확대가 현대사회에서 더욱 두드러지고 있다. 지금까지 윤리적 소비가 빠르게 확산할 수 있었던 이유 중 하나는 소셜미디어의 영향력이다. 즉, 소셜미디어의 발달로 인해 윤리적 소비가 빠르게 확산될 수 있었다. 오늘날 소비자들은 상품을 구매하는 데 그치지 않고, 자신의 소비가 어떤 영향을 미치는지에 대해 깊이 고민한다. 그리고 이 고민은 소셜미디어를 통해 커다란 물결처럼 퍼져나가고 있다. 특정 기업이 환경을 오염시키거나 비인도적인 노동 조건에서 제품을 생산했다는 소식이 들리면, SNS에서는 즉각적으로 반응이 일어난다. 해시태그와 함께 불매운동이 시작되고, 소비자들은 하나의 목소리로 윤리적 소비의 중요성을 알리기 시작한다.

소셜미디어는 기업의 비윤리적 행동을 폭로하는 정보가 빠르게 퍼질 수 있는 완벽한 플랫폼이다. 한 사람이 비윤리적 기업의 실태를 알리는 글을 올리면 순식간에 수백, 수천 명에게 공유되며 강력한 파급효과를 불러일으킨다. 예를 들어, 환경을 파괴하면서 제품을 생산하는 기업의 경우, 소비자들은 이 사실을 알리기 위해 적극적으로 해시태그 운동을 벌이기도 한다. '#환경파괴 기업 불매' 같은 해시태그를 통해 기업의 문제점을 지적하고 보다 윤리적인 대안을 제시하는 식이다. 이러한 해시태그 운동은 누구나 참여할 수 있어 소비자들이 쉽게 자신들의 목소리를 낼 수 있게 해준다.

소셜미디어가 윤리적 소비를 장려하는 데 중요한 이유는, 소비자들이 자신만의 가치관을 반영할 수 있는 공간을 제공하기 때문이다. 소비자들은 각자의 입장에서 어떤 기업을 지지하고, 어떤 기업을 반대하는지에 대한 의견을 자유롭게 나누며, 다른 사람들과 공감대를 형성하게 된다.

소셜미디어의 가장 큰 장점은 빠르고 직접적인 피드백이 가능하다는 점이다. 더불어 기업의 문제점을 지적하는 데 그치지 않고, 더 나은 대안을 제시할 수 있는 공간이기도 하다. 어떤 사람이 윤리적 소비를 실천하고 싶은데 어디서부터 시작해야 할지 모른다면, SNS에서 다른 소비자들이 추천하는 제품이나 브랜드를 참고할 수 있다. 그리고 이러한 정보는 서로 공유되며 큰 반향을 일으키게 된다.

윤리적 소비는 더 이상 특별한 행동이 아니라, 사람들 사이에서 공유되고 실천되는 새로운 소비의 방식으로 서서히 일상의 일부가 되어가고 있다. 소셜미디어의 영향력 덕분에 소비자들은 이제 단순 소비자에 머물지 않고, 적극적인 윤리적 소비의 주체가 될 수 있다. 언제든 손쉽게 정보를 확인하고, 신념에 맞는 소비를 할 수 있는 시대가 된 것이다.

윤리적 소비 유형

윤리적 소비는 바이콧buycott, 보이콧boycott, 라이프 스타일 정치라는 세 가지로 구분될 수 있다. 바이콧은 소비자가 자신의 신념에 맞는 윤리적 기업을 지지하기 위해 제품을 구매하는 것이고, 보이콧은 반대로 비윤리적인 기업을 거부하는 방식이다. 라이프 스타일 정치는 개인의 일상생활에서 지속가능한 소비를 실천하는 것을 의미한다. 친환경 제품을 사용하고 플라스틱 사용을 줄이는 것 또한 윤리적 소비의 한 형태로 볼 수 있다.

윤리적 소비 유형		
윤리적 소비 유형	정의	사례
바이콧	윤리적 기준을 충족하는 제품이나 서비스를 지지하는 구매	공정무역 커피 구매, 친환경 제품 선택
보이콧	비윤리적 관행을 가진 기업의 제품을 거부하는 행위	불공정한 노동 조건의 의류 브랜드 불매
라이프 스타일 정치	일상생활에 윤리적, 정치적 가치를 녹여내는 소비 활동	친환경 라이프 스타일 실천, 지역 농산물 구매

소비자들이 주최가 되는 윤리적 소비는 기업이 ESG 경영 실천을 강화하는 데 강력한 영향을 미친다. 소비자들은 자신이 지지하는 가치에 맞는 기업을 선택하고, 이

를 통해 기업들이 지속가능하고 윤리적인 방식으로 운영되도록 요구한다. 이는 소비자들의 경제적 선택에 그치지 않고, 기업의 운영 방식에까지 변화를 일으킨다.

특히, 공정무역을 통한 윤리적 소비는 개발도상국의 노동자들에게 더 나은 삶의 질을 제공하며, 이를 통해 지역사회의 경제적 자립을 돕는다. 이러한 소비자들의 행동은 기업이 제품 생산의 모든 과정에서 윤리적 기준을 준수하도록 유도하며, ESG 경영의 실천을 강화하는 중요한 요인이 된다.

윤리적 소비와 ESG가 가져올 미래의 변화는 확실하다. 분명한 것은 앞으로 윤리적 소비와 ESG 경영이 더욱 확대될 것이다. 특히, 윤리적 소비를 실천하는 젊은 세대가 증가하면서 기업들은 ESG 경영을 채택하지 않으면 시장에서 도태될 가능성이 커진다. 윤리적 소비를 실천하는 소비자들은 환경보호, 사회적 정의, 공정거래 등 다양한 가치를 추구하며, 기업들도 이러한 소비자들의 요구를 충족하기 위해 더욱 윤리적이고 지속가능한 경영 방식을 채택할 것이다.

윤리적 소비와 ESG가 만드는 지속가능한 사회가 되어가고 있다. 윤리적 소비와 ESG는 기업의 이미지를 개선하는 데 그치지 않고, 기업이 사회적 책임을 다하고 지속가능한 미래를 만드는 데 기본적 행동방식이 되었다. 소비자들이 윤리적 소비를 실천함으로써 기업들은 이를 반영해 ESG 경영을 강화하고, 이를 통해 긍정적인 사회적 변화가 일어나게 된다. 궁극적으로 윤리적 소비와 ESG는 기업과 소비자가 함께 만드는 지속가능한 미래를 향한 중요한 길잡이로 작용하게 될 것이다. 소비자와 기업 모두가 사회적 책임을 다할 때, 진정으로 지속가능한 사회가 구현될 수 있을 것이다.

04. CEO의 윤리적 리더십이 임직원의 직무만족에 미치는 긍정적인 효과

내가 가장 멀리하고 싶은 사람이 있다. 입으로는 늘 윤리니 도덕이니, 준법정신을 외치면서도, 정작 자신의 행동은 그 말과는 전혀 다른 길을 걷는 사람이다. 겉으론 정의로운 척하지만, 속은 위선으로 가득 찬 그런 사람이다. 그런 사람을 볼 때면, 차

라리 아무 말 없이 조용히 자기 삶을 지키는 이들이 훨씬 더 믿음직스럽게 느껴진다.

겉모습으로 푸근하고 자상한 산타할아버지처럼 깨끗한 리더인 척하면서도, 중요한 순간마다 책임을 회피하고, 말로만 모든 일을 해결하려는 '위선적이고 가식적인 리더'다. 나는 그런 사람과 일한 적이 있다. 사람은 절대 변하지 않는다. 그리고 결심했다. 더 이상 그런 위선과 가식의 시스템에 얽매이지 않겠다고. 그래서 나는 독립했고, 나만의 방식으로 조직과 리더십을 다시 정의하기 시작했다. 그 경험 이후 나는 뼛속 깊이 깨달았다. 기업의 성패는 '말'이 아니라, '행동하는 경영'에 있다는 것을. 그리고 그 출발점은 바로 CEO, 즉 최고경영자의 진정성 있는 리더십에서 시작된다는 점이다.

윤리적 리더십을 가진 CEO는 기업의 방향뿐만 아니라, 조직문화와 신뢰까지 함께 만들어 간다. 그것은 곧 기업 문화를 형성하고, 조직의 공기처럼 구성원들의 일상과 정서를 지배한다. 진심으로 윤리와 정직을 실천하는 CEO가 있는 조직은 다르다. 직원들은 그런 리더를 보며 믿을 수 있는 곳에서 일하고 있다는 심리적 안정감을 갖게 되고, 자신의 일이 세상에 긍정적인 기여를 하고 있다는 자긍심을 품게 된다. 이러한 환경은 자연스럽게 높은 직무만족으로 이어진다. 하루하루의 일이 단순한 생계 수단이 아니라, 자신이 하는 일들이 가치 있는 활동으로 전환되기 때문이다. 공정하고 투명한 리더십은 이제 이상적인 가치가 아니라, 조직의 에너지와 충성도를 끌어올리는 실질적인 동력이다. 어느 스타트업을 자주 방문할 일이 있었는데 그때마다 젊은 CEO가 하는 행동들을 유심히 지켜봤다. 그의 말과 행동은 일치했고 구성원들은 그 리더를 멘토 또는 롤모델로 삼고, 전적으로 신뢰하였다. 그리고 그 조직은 심리적 안전지대처럼 모든 구성원이 서로 신뢰하고 있었다. 배려는 지능이라고 생각한다. 가끔 위선적이고 가식적인 지능이 낮은 리더들이 더러 있다. 특히 MZ세대를 비롯한 젊은 세대에게 윤리적 리더십은 선택 사항이 아니다. 조직을 선택하는 기준이며, 일할 만한 가치를 판단하는 기준이다. 그들에게 리더는 과거처럼 더 이상 권위의 상징이 아니라, 신뢰와 투명성을 기반으로 조직을 이끄는 파트너여야 한다. 부하직원이 아니라 동료라는 인식이 있어야 한다.

윤리적 리더십은 말이 아니라, 행동에서 시작되고 결과로 증명된다. 그리고 말로 일하는 것이 아니라 행동으로 일해야 한다. 저자는 그것을 절실히 경험했고, 지금도 실천하려 한다. 그리고 그 여정의 중심에는 언제나 사람이 있다. 기업의 최고 자산은 지적재산권, 건물과 같은 부동산이 아니라 직원이다. 직원 때문에 성공하고 직원 때문에 조직이 망한다. 직무만족이라는 것은 결국, 누군가와 함께 일하고 싶다는 마음에서 출발하는 것이기 때문이다.

CEO의 윤리적 리더십이 미치는 긍정적 변화

CEO가 윤리적 리더십을 통해 투명하고 공정한 의사결정을 내리는 모습은 직원들에게 '신뢰 바이러스'를 퍼뜨리게 된다. 윤리경영을 중시하는 CEO는 자잘한 사내 규정에서도 공정성을 추구하며, 이로 인해 구성원들이 회사 방침에 자발적으로 따르게 된다. 윤리적 리더십이 뒷받침된 환경에서는 직원들이 안심하고 자신의 의견을 말할 수 있으며, 회사의 성공에 동참하는 조직원 중 한 사람으로 존중받는 느낌을 받는다. 이러한 신뢰감이 깊어질수록 직무만족도도 함께 상승하는 경향을 보이며, 결과적으로 사내 분위기와 성과가 긍정적으로 변화한다.

또한 CEO의 윤리경영은 기분 좋은 직장생활과 활력 넘치는 일상을 만들 수 있다. 직원들의 감정에도 큰 영향을 미치는 셈이다. 윤리적 리더십이 잘 발휘되는 기업에서 일하는 직원들은 아침에 출근할 때 '오늘도 즐겁게 일할 수 있겠다'는 생각을 하는 반면, 윤리적 리더십이 부족한 기업에서는 불안과 스트레스를 느끼며 출근길이 무겁게 느껴질 수 있다. 윤리적 리더십이 잘 작동하는 기업에서는 직원들이 회사의 일원으로서 즐거움과 활력을 느끼며 일에 몰입할 수 있다. 이는 마치 친구와 마음 편히 시간을 보내는 것처럼 긍정적인 분위기를 만들어 낸다.

반면, 윤리적 리더십이 부족한 회사에서는 부정적인 감정이 증폭될 가능성이 매우 크다. 직원들이 회사의 불투명한 결정에 실망하거나 불만을 품게 되면 이러한 감정은 직무만족도를 크게 저하시키고, 업무 몰입도 역시 떨어지게 되며 이직과 함께 영업 비밀이 노출되게 된다. 그 영향은 이해관계자, 가장 중요한 소비자에까지 전달

된다. 따라서 CEO의 윤리적 리더십은 한 사람의 리더가 보여주는 행위가 아닌 회사 전체의 감정적인 색깔을 좌우하는 중요한 요소이다.

윤리경영 시스템이 필요

CEO의 윤리적 리더십에 대한 임직원 영향		
항목	윤리경영을 실천한 경우	윤리경영이 부족한 경우
직무만족	직원들이 자긍심과 동기부여를 느끼며 직무만족도가 높아짐	불만과 좌절감이 생겨 직무만족도가 떨어짐
긍정 정서	즐거움, 자신감이 생겨 헌신적인 업무 수행	불안, 불만이 생겨 조직에 대한 신뢰가 낮아짐
조직 몰입도	높은 신뢰감과 윤리적 기업 문화로 조직 몰입도 향상	낮은 신뢰와 비윤리적 문화로 조직 몰입도 하락

뒤에서 설명하겠지만 윤리경영, ESG, Compliance 시스템은 윤리적 리더십을 뒷받침하는 필수 기반이 된다. 윤리적 리더십의 효과를 극대화하려면 CEO의 윤리적 의지뿐만 아니라 이를 실행할 수 있는 체계적인 시스템이 필요하다. 이러한 윤리경영 시스템은 윤리강령, 행동강령 등을 통해 직원들이 무엇을 지켜야 하는지, 어떤 행동이 바람직한지 명확히 알려주게 된다. 윤리경영 시스템을 통해 직원들은 기업 내에서 윤리적인 행동이 보상받고 존중된다는 점을 알게 되며, 자긍심과 신뢰가 쌓이게 된다. 또한 윤리경영 시스템이 뒷받침된 회사에서는 직원들 스스로가 윤리적인 기준에 맞추어 행동하려는 동기를 가지게 되며, 이는 조직 전반에 걸쳐 건강한 문화와 환경을 만들어 낸다.

윤리경영의 실행 단계와 요소를 요약하면 다음과 같다.

❶ 윤리적 기준 설정

CEO는 자신의 가치, 원칙, 행동 기준을 명확히 정의해야 한다. 이러한 기준은 기업의 모든 결정과 활동에 영향을 미치며, 임직원들이 윤리적으로 행동할 수 있는 기준을 제공한다. 등대가 배를 안전한 길로 이끌 듯 윤리적 기준은 기업을 올바른 방향으로 인도한다.

❷ 윤리교육 및 훈련

CEO는 직원들에게 반복적이고 지속적인 윤리교육과 훈련을 제공하여, 그들이 윤리적 문제를 인식하고 올바르게 대응할 수 있도록 해야 한다. 이는 직원들이 윤리적 결정을 내릴 수 있는 능력을 개발하는 데 중요하다. 운동선수가 훈련을 통해 경기를 대비하듯 교육과 훈련으로 직원들은 윤리적 대응 능력을 갖추게 된다.

❸ 윤리적 리더십

CEO와 더불어 C-LEVEL 리더들은 윤리적 행동의 모범을 보여야 한다. 리더의 행동과 결정은 기업 문화의 중요한 부분을 형성하며, 직원들의 행동에 강력한 영향을 미치게 된다. 이는 마치 부모가 자녀에게 모범을 보이는 것과 같다. 리더의 행동은 조직에서 윤리적 행동의 기준을 제시한다.

윤리경영과 조직몰입의 관계에서 신뢰와 동기부여Motivation의 상승효과는 분명하다. 연구에 따르면, 윤리적인 환경을 갖춘 기업에서 직원들은 더 높은 만족감을 느끼고 자신의 일에 대한 주인의식을 갖게 된다고 한다. 특히 '과업 수행 적합성'과 '공동체 지향성'이 높은 조직에서 더욱 강력한 영향을 발휘한다. 직원들이 일하는 환경과 업무방식이 조직의 윤리적 기준에 맞춰 있다면, 윤리경영이 그들에게 강한 동기부여 요인으로 작용한다. 반대로, 환경적 적합성이 부족하거나 활기 요소가 약한 조직에서는 윤리경영의 효과가 제한될 수 있다는 점도 밝혀졌다.

윤리경영을 실천하는 CEO는 긍정적 성과와 지속가능한 성장으로 이어지는 본인의 직무만족을 느낄 수 있다. CEO가 윤리적 리더십을 보여주고, 이를 체계적으로 지원하는 윤리경영 시스템이 갖춰진 기업에서는 본인과 임직원의 직무만족이 지속적으로 상승하며, 이는 자연스럽게 회사 성과로 연결될 수밖에 없다. 직원들은 윤리적인 환경에서 더 높은 성과를 내기 위해 자발적으로 노력하며, 이는 회사의 안정적 성장과 같은 지속가능성에도 기여하게 된다.

　지속가능한 성장과 직무만족이 잘 결합된 기업에서는 직원들이 회사의 장기적인 비전을 이해하고, 이를 달성하기 위해 책임감 있게 일한다. 이러한 기업은 마치 풍요로운 토양을 가진 밭처럼 시간이 갈수록 건강한 열매를 맺게 되며, 직원과 기업이 함께 성장하는 구조를 만들어 나가게 된다.

Compliance

01. Compliance 제도

우리는 종종 법^{Law}을 '금지'나 '규제'로 인식하는 경우가 많지만, 본질은 그렇지 않다. 법은 조직과 개인이 무엇을 누릴 수 있는지(권리), 동시에 무엇을 이행해야 하는지(의무)를 정의하는 구조다. 반면, 윤리^{Ethics}와 도덕^{Moral}은 대부분 '의무'에 방점이 찍힌다. 사회적 기대와 공동체 구성원으로서의 책임을 중심으로 우리가 지켜야 할 행동 기준을 제시한다.

이 두 개념이 교차하는 지점에서 등장하는 것이 바로 Compliance다. 조직이 지켜야 할 법적·사회적·윤리적 의무를 체계적으로 인식하고, 실행가능한 구조로 설계하는 것이 Compliance의 본질이다. 즉, Compliance는 단순한 체크리스트나 사후 보고용 도구가 아니다. 조직이 '무엇을 해야 하는가'를 자각하고, 그것을 '어떻게 실천할 것인가'까지 연결하는 의무 중심의 경영시스템이다. 그리고 이 시스템은 외부 압력이 아니라 내부의 책임감과 판단력을 기반으로 작동할 때 비로소 효과를 발휘한다. 즉, Compliance는 법을 따르는 문제가 아니라 책임을 설계하는 방식이며, 조직의 윤리 수준은 규정이 아니라 실행의 정교함에서 드러난다.

법(Law) · 윤리(Ethics) · Compliance 비교표			
구분	법(Law)	윤리(Ethics)	Compliance
개념	국가 또는 공공기관이 제정한 강제 규범	사회와 공동체가 기대하는 도덕적 기준	법적·윤리적 기준을 조직이 체계적으로 실천하는 시스템
목적	권리 보장과 의무 이행, 사회 질서 유지	공동체 책임 수행, 도덕적 판단 기준 제시	법과 윤리를 통합적으로 준수하여 리스크 예방 및 신뢰 구축
기준 성격	외부 규정(법률, 규제 등)	내면의 양심 또는 사회적 기대	법+윤리 기준을 내재화한 실행 시스템
규율 대상	행위 그 자체	행위의 동기와 의도	행위의 정당성과 실행 절차의 적정성
제도	공정거래법, 개인정보보호법 등	환경보호, 인권존중, 행동강령, 윤리강령, ESG 등	ISO 37301, CP, 내부제보 등

이처럼 Compliance는 법을 지키는 행위에 그치지 않는다. 기업이 사회적 책임을 인식하고, 조직 내부의 윤리기준을 함께 갖춰가는 과정에서 Compliance는 점점 더 조직의 운영 방식과 경영 철학을 지탱하는 핵심 기준이 되고 있다. 법적 요구와 윤리적 가치가 함께 작동할 때, 기업은 비로소 신뢰받을 수 있고, 그 신뢰가 지속적인 성장을 가능하게 만든다.

'Compliance 제도'는 기업이 법적 · 윤리적 기준을 충족하며 지속가능한 경영을 실현하기 위해 구축하는 체계로, 이 제도를 통해 기업은 조직 내외부의 이해관계자들에게 신뢰를 제공하고, 법과 같은 필수적 의무사항Mandatory obligations과 윤리와 같은 자발적 의무사항Voluntary obligations을 식별하고, 리스크를 사전에 예방하며, 내부통제를 통하여 장기적인 경쟁력을 강화할 수 있다.

Compliance라는 단어 자체는 '준수하다'라는 뜻의 라틴어 'compliancia'에서 유래하였으며, 원래는 '법적 규제를 준수한다'는 의미로 사용되었다. 하지만 20세기 후반부터 Compliance는 법적 요구보다 윤리적, 도덕적 책임을 강조하는 개념으로 확장되기 시작했다. 이제 Compliance는 기업이 스스로 윤리적 기준을 세우고 책임을 다하는 경영 철학을 의미하게 되었고, 이를 위해 윤리 규범을 마련하고 리스크 관리 체계를 확립하며 내부통제를 강화하는 것이 기업 Compliance의 중요한 과제가 되었다.

미국, 일본, 독일 등 주요 선진국에서는 Compliance를 통해 기업들이 법적 책임과 동시에 ESG와 같은 비재무적 정보와 윤리 그리고 사회적 책임을 다할 수 있도록 유도하고 있다. 이러한 배경 속에서 한국도 공정거래 자율준수 프로그램인 CP와 글로벌 스탠더드인 ISO 37301[Compliance], ISO 37001[Anti-bribery] 등을 도입해 Compliance 체계의 효과성을 높이고 있다.

각국의 Compliance 제도 비교

Compliance 제도의 발전은 국가마다 여러 법적, 사회적, 문화적 그리고 시대적 상황에 따라 다양하게 변화했다. 공통적인 것은 각국은 기업들이 법적 의무와 사회적 책임을 다할 수 있도록 Compliance 규제를 강화하고 있으며, 이에 대한 대표적 사례로 미국, 영국, 일본, 독일, 한국의 사례가 있다. 아래는 각국의 Compliance 규제를 개괄하고 주요 법률과 원칙을 표로 요약하여 설명한다.

선진국의 Compliance 사례		
국가	주요 Compliance 법률 및 규제	주요 내용
미국	해외부패방지법(FCPA), 사베인스-옥슬리(SOX) 법, 도드-프랭크(Dodd-Frank) 법, 연방 양형 가이드라인	FCPA는 해외 뇌물 금지를 포함하여 글로벌 반부패 기준을 제공하며, SOX 법은 내부통제 강화와 회계 투명성을 강조. 또한 법적 준수 시 벌금 감경 혜택
영국	Bribery Act	뇌물수수 금지, 적절한 절차 요구
일본	금융상품거래법, 상법	준법지원인 제도 도입, 소비자 보호, 내부통제와 Compliance 시스템 구축 요구
독일	KonTraG(The Law on Control and Transparency in Business)	내부통제 강화, 이사회의 책임성 강조
프랑스	Sapin II Law	반부패 프로그램 운영, 내부제보 시스템 구축 요구
한국	공정거래법 제120조의 2(공정거래 자율준수 문화의 확산), 상법(준법지원인제도), 기타 청탁금지법 등	공정거래 자율준수 프로그램을 통해 기업이 자발적으로 Compliance Program을 운영하도록 장려하고, 청탁금지법과 금융소비자보호법을 통해 공공 및 금융 부문의 청렴과 투명성을 강조

❶ 미국United States

미국은 Compliance 모국이면서 그 체계가 발전한 국가 중 하나로 FCPA^Foreign Corrupt Practices Act(해외부패방지법), SOX 법^Sarbanes-Oxley Act, 도드-프랭크^Dodd-Frank 법과 같은 다양한 법적 규제를 통해 기업의 부패 방지와 내부통제 시스템을 강화하고 있다. 특히 1970년대 초, 미국에서 대규모 기업 부패 사건들이 연이어 발생하면서 기업들의 윤리경영이 큰 사회적 문제로 떠올랐다. 대표적인 사건 중 하나는 워터게이트 스캔들과 국제 기업들의 해외 뇌물 사건이다. 공공 신뢰와 글로벌경제 시스템에 악영향을 미쳤던 이 사건들을 계기로 미국은 1977년 세계 최초의 반부패 법률인 FCPA를 제정했다.

- FCPA(1977년 도입): 미국에서 시행되는 가장 대표적이고 강력한 반부패 법으로, 해외에서의 부패 행위를 방지하기 위한 기업의 책임을 강조한다. 이 법은 미국에 본사를 둔 기업뿐만 아니라 미국 주식시장에 상장된 모든 기업에 적용되며, 특히 해외 공무원에게 제공되는 부적절한 금전적 혜택을 금지하고 있다.

2020년 7월 3일, 미국 법무부^DOJ와 증권거래위원회^SEC는 「FCPA 가이드라인^A Resource Guide to the U.S. Foreign Corrupt Practices Act」의 개정판을 공동 발표하였다. 이는 2012년 초판 발간 이후 약 8년 만에 이루어진 개정으로, 그간 축적된 판례, 집행사례, Compliance 기준 변화 등을 반영하고 있다. 특히 이 개정판은 기업의 준법경영 시스템 운영 실태를 더욱 세밀하게 평가하고, 개인 및 해외법인에 대한 법 적용 범위에 대한 법리 판단을 명확히 하였다는 점에서 주목할 필요가 있다.

따라서 실무자들은 FCPA에 적용된다면 다음 표를 참고하여 점검할 수 있다.

FCPA 대응을 위한 Compliance 시스템 점검	
평가항목	점검 질문
설계(Design)	핵심 리스크를 반영한 규정·절차가 구비되어 있는가?
실행(Implementation)	충분한 예산, 인력, 권한이 부여되었는가?
모니터링 및 개선(Improvement)	감사, 모니터링, 피드백을 통해 지속적으로 보완되고 있는가?
글로벌 적용(Extraterritorial Scope)	해외 자회사·거래처도 Compliance 체계 안에 포함되어 있는가?

또한 2020년 6월의 개정에서는, IT Compliance를 효과적으로 이용한 CP의 중요성을 강조하고 있다. 예를 들어 Compliance 가이드라인 평가 관점에서 담당자는, '모니터링 등을 위해서 IT 데이터에 대한 충분한 액세스가 주어지고 있는가?' '계속해서 IT 데이터를 모니터링하는 구조가 존재하는가?'와 같은 사항을 제시하고 있다.

Compliance 가이던스는 어디까지나 미국 사법성의 검찰관 전용이었지만, 미국 사법성은 소추 연기 합의에 근거해 실시한 기업의 모니터링 결과 등도 근거로 하여 가이던스를 개정하고 있다. 그런 의미에서 단순히 미국 당국과의 관계에 문제가 되는 것이 아니라 효과적인 Compliance 체제 구축을 하여야 한다. 임직원의 전자메일 모니터링 등 IT 데이터를 효율적으로 감시하는 것의 중요성은 AI 등의 기술 진전과 함께 글로벌기업 내에서도 확산되고 있다.

- SOX 법(2002년 도입): 엔론Enron 사태 이후 내부통제 시스템의 중요성이 대두되면서 도입된 법이다. 기업의 재무보고 투명성을 강화하기 위해 강력한 내부통제 규정을 제정하고, CEO와 CFO에게 재무보고서의 정확성에 대한 책임을 부여한다.

- 도드-프랭크Dodd-Frank 법(2010년 도입): 글로벌 금융위기 이후 금융규제 강화를 위해 도입된 법이다. 이 법은 소비자 보호와 금융시장의 투명성 강화를 목적으로 하며, 특히 내부제보자 보호와 같은 Compliance 규제를 포함하고 있다.

- 연방 양형 가이드라인U.S. Federal Sentencing Guidelines for Organizations: 기업의 CP를 촉진하는 또 다른 중요한 도구다. 이 가이드라인은 기업이 자체적인 CP를 운영하도록 장려하며, 이를 통해 위법 행위 발생 시 벌금 감경 등의 혜택을 제공한다. 이 프로그램은 기업의 윤리적 행위를 촉진하고 사전 예방조치를 취할 수 있도록 유도한다.

❷ 영국The Bribery Act 2010

영국은 2010년 뇌물방지법The Bribery Act을 통해 기업과 개인이 공공 및 민간 부문에서 발생할 수 있는 모든 형태의 뇌물 수수 행위를 금지하고 있다. 특히, 영국 법은 기업이 부패를 예방하기 위한 '적절한 절차Adequate procedures'를 마련하지 않은 경우 기업에도 형사 책임을 지게 한다. 이를 통해 기업은 조직 내에서 발생할 수 있는 부패 위험을 예방하고 관리할 수 있는 체계를 구축하게 된다.

❸ 일본^{Japan}

일본의 Compliance 체계는 1990년대 후반부터 발전하기 시작했으며, 특히 주주권익 보호와 지배구조 개선을 중심으로 발전해 왔다.

- 기업 Compliance의 법적 기반: 일본은 기업의 지배구조를 개선하기 위해 회사법 및 금융상품거래법과 같은 다양한 법적 규제를 도입하였다. 특히 금융상품거래법은 금융기관의 내부통제와 준법감시 체계를 강화하는 데 중요한 역할을 한다.
- 주주총회 및 내부통제 시스템: 일본에서는 주주들이 기업의 주요 의사결정에 참여하고, 기업이 내부통제를 통해 법적 문제를 예방하도록 장려한다. 이러한 시스템은 기업의 투명성과 책임성을 강화하고 있다.

❹ 독일^{Germany}

독일은 기업의 법적 준수 및 내부통제 체계를 발전시키기 위해 독일 기업 지배구조 코드^{German Corporate Governance Code}와 업무 감독 체계를 강화하고 있다.

- 독일 기업 지배구조 코드: 2002년에 도입된 이 코드는 기업이 준수해야 할 윤리적 기준을 명시하고 있으며, 독일 기업들이 자발적으로 이를 준수하도록 유도한다. 또한, 이 코드는 기업 경영진이 이해관계자의 신뢰를 유지하기 위해 필요한 내부통제 절차와 규범을 명확히 제시하고 있다.
- 위험관리 시스템: 독일은 위험관리 및 내부통제 체계를 법적으로 강화하여 기업이 법적 리스크를 사전에 예방하고, 문제 발생 시 적절한 조치를 취할 수 있도록 지원한다.

❺ 프랑스^{France} 사핀 Ⅱ 법^{Sapin II Law}

사핀 Ⅱ 법은 모든 대기업에 내부제보 시스템을 구축하고, 반부패 프로그램을 운영할 것을 요구하고 있다. 또한, 프랑스 반부패기구AFA는 기업이 사핀 Ⅱ 법을 준수하도록 감독하며, 이를 통해 기업의 윤리적 기준을 유지하고 강화하는 역할을 한다. 사핀 Ⅱ 법은 프랑스의 모든 기업이 윤리적 기준을 충족할 수 있도록 엄격한 규정을 제시하고 있으며, 이를 통해 공공과 민간 부문에서의 부패를 예방하고 있다.

❻ 브라질 Clean Company Act

Clean Company Act는 공공 부문과의 계약 관계에서 발생할 수 있는 부패를 방지하기 위해 제정되었으며, 기업과 공공기관 간 거래에서 청렴성을 보장하는 것을 목표로 한다. 그 특징은 첫째 공공 계약 투명성이 중요하다. 브라질 내 기업은 공공기관과 계약할 때 모든 절차가 투명하게 이루어져야 하며, 뇌물이나 부패 행위를 통해 계약을 체결할 수 없다. 둘째로 엄격한 벌금 및 제재가 강력하다. 법 위반 시 기업은 막대한 벌금과 비즈니스 제한을 받을 수 있으며, 이는 공공 부문과의 계약에도 불리하게 작용한다.

❼ 중국 반부패법Anti-Corruption Law 및 국가감찰법

중국은 반부패법과 국가감찰법을 통해 공공 부문과 민간 부문에서의 부패 행위를 엄격히 단속하며, 국가 차원에서의 강력한 반부패 캠페인을 추진하고 있다. 전방위적 감시와 처벌 강화가 특징인 이 법은 특히공공기관과 민간 부문을 모두 포함하여 부패 행위를 엄격히 처벌하며, 고위 공무원에 대한 부패 조사는 독립적으로 이루어진다. 국가감찰위원회는 공공기관과 기업의 부패 행위를 모니터링하고 처벌할 수 있는 강력한 권한을 지닌다. 이 법은 중국 공공 계약과 인사 관리를 투명하게 관리하여 부패를 예방하고, 공공 부문의 청렴성을 강화한다.

❽ 캐나다 해외부패방지법CFAC

캐나다의 해외부패방지법CFAC은 캐나다 기업이 해외에서 부패 행위를 하지 않도록 규제하는 법으로, 외국 공무원에게 뇌물을 제공하는 행위를 금지한다. 캐나다 내 모든 기업의 해외 거래 시 부패 행위를 금지하며, 이를 위반할 경우 기업과 관련자에 대해 벌금 및 형사 처벌을 부과할 수 있다. 이 법은 엄격한 회계 관리를 요구하고 있다. 모든 거래에 대한 투명한 회계 관리가 요구되며, 위반 시 심각한 법적 처벌을 받는다. 캐나다 공정무역기구^{CFPB}는 공정한 비즈니스 관행을 촉진하며, 기업이 부패를 예방하고 청렴한 경영을 유지하도록 지원한다.

글로벌 반부패 정책과 Compliance 경영시스템의 미래는 밝다. 위와 같이 주요 국가들은 자국 내외의 공공기관과 기업이 윤리경영을 실천할 수 있도록 다양한 법적 규제와 CP을 마련하고 있고 지금도 마련 중이다. 이러한 법과 규제는 글로벌화된 경제 환경에서의 부패 리스크를 줄이고, 국제적으로 신뢰받는 경영을 실천하는 데 중요한 역할을 할 것이다.

Compliance 경영: ESG와의 연계성

경영진은 경쟁사 대비 우위를 확보하기 위해 차별화된 전략을 마련해야 한다. 그 중에서도 Compliance 중심의 경영 전환은 기업의 핵심 경쟁력으로 작동할 수 있는 강력한 경영 무기가 된다. 여기서 주목해야 할 부분은 영업 활동과 실적에 미치는 직접적 영향이다. 예를 들어, 공정거래법, 표시광고법, 하도급법, 의약품 리베이트 관련 규제 등은 자주 바뀌고 복잡한 구조를 띠고 있어, 현장에서는 이를 따라가기 쉽지 않다.

하지만 Compliance를 기반으로 한 리스크 대응과 사전 법률 검토 체계가 구축되어 있다면, 영업 사원은 실수 없이 빠르게 변화한 법규에 맞춰 전략을 세우고, 경쟁사 대비 신뢰받는 거래 파트너로 자리 잡을 수 있다. 즉, 경쟁사가 프로모션이나 가격 조건에서 규제 위반으로 제재를 받을 때, Compliance를 기반으로 영업 전략을 수립한 기업은 오히려 법적 안전지대에서 시장점유율을 빠르게 확대할 수 있다. '하지 말아야 할 것'의 리스트가 아니라 '어떻게 하면 제대로 잘할 수 있는가'를 알려주는 전략의 프레임워크다. 이를 통해 변화하는 법률 환경을 선제적으로 반영하고, 고객 및 파트너에게 신뢰를 제공하며, 실질적인 수익과 시장 점유율을 확보하는 것이 가능해진다.

오늘날 기업의 평판은 제품 품질이나 매출 수치보다 '윤리적 책임'과 '사회적 반응'에 의해 더 많이 좌우된다. 정보는 빠르게 공유되고, 소비자는 기업의 사회적 태도를 실시간으로 평가한다. 이때 기업이 보여줄 수 있는 가장 확실한 신뢰의 증표가 바로 Compliance 경영시스템이다. 공정거래, 정보보호, 인권보장, 내부고발 보호 등 다양한 분야의 규범을 체계적으로 관리하고 있음을 투명하게 공개할 수 있을 때 기업은 시장에서 신뢰받는 시민Corporate Citizen으로 인정받는다. 또한 비재무 리스크에서 전략 리스크로 Compliance를 활용하는 방안이다. 불과 몇 년 전만 해도 Compliance는 '리스크 회피' 수단 정도로 인식되었다. 그러나 이제 Compliance 부실은 곧 전략 실패로 직결된다. 글로벌 공급망에서 인권침해가 발생하거나 인공지능 활용에서 개인정보 보호 위반이 발생하면, 그 파장은 즉각적으로 매출 감소, 투자 철회, 사회적 보이콧으로 이어진다. 다시 말해, 기업의 생존 전략에서 Compliance를 뺀다는 것은, 엔진 없는 비행기를 띄우는 것과 다름없다.

전통적으로 Compliance는 ESG의 GGovernance(지배구조)에 포함된 개념이었다. 하지만 최근에는 환경(E)과 사회(S) 이슈에도 적극 개입한다. 예를 들어, 폐기물 처리법을 지키지 않으면 환경에 악영향을 미칠 뿐 아니라, 기업의 법적·윤리적 책임에도 큰 부담이 된다. 산업재해 발생 시 안전관리 실패가 아니라 중대재해처벌법 위반으로 형사적 책임으로까지 이어진다. 기업 내 장애인 차별, 성희롱 문제는 이제 HR 이슈가 아닌 윤리경영의 실패로 직결된다. 이처럼 Compliance가 ESG와 매우 밀접하게 연결되어 있다는 점이다.

마지막으로 투자자와 시장은 Compliance의 경영시스템화를 요구하는 트렌드이다. 글로벌 ESG 평가기관, 기관투자자, ESG 평가 컨설팅사들은 이제 준수 여부를 묻지 않는다. 오히려 다음과 같은 질문을 던진다.

① 윤리위험Compliance risk을 사전에 파악하고 통제하는 시스템이 있는가?

② 이사회 차원에서 주요 규범 리스크를 모니터링하고 보고받는 체계가 있는가?

③ 내부고발, 제보시스템, 인권침해 대응 프로세스가 실효적으로 작동하고 있는가?

이러한 요구에 응답하기 위해서는 Compliance 조직이 단순히 사후 대응이나 법무 검토만으로 운영되어서는 안 된다. 경영전략, 리더십, 조직문화의 핵심 요소로 내재화되어야 한다.

Compliance 제도의 핵심 구성요소

Compliance 제도는 의무 식별, 리스크 평가, 문화 촉진, 리더십, 내부통제 시스템, 리스크 관리 체계, 윤리강령, 내부제보, 모니터링, 경영진 검토 등의 요소로 구성되며, 서로 유기적으로 작용하여 법적, 윤리적 기준을 충족할 수 있도록 한다. 다음 사항들을 세부적으로 살펴보자.

❶ 의무 식별과 리스크 분석 Obligation Mapping & Risk Assessment

모든 시스템의 출발점은 '우리가 무엇을 지켜야 하는가?'에 대한 정확한 인식이다. 기업은 다음과 같은 기준에 따라 준수 의무를 체계적으로 정리해야 한다.

- 적용 법령: 공정거래법, 개인정보보호법, 산업안전보건법, 환경 관련 규제 등
- 계약상 의무: 협력사와의 공급계약, 위임계약 등
- 사회적 요구: ESG, 노동·인권, 기후 리스크, 젠더 이슈 등

이후 각 의무에 대한 위반 가능성과 발생 시 피해 규모를 기준으로 리스크 프로파일을 도출해야 한다. 이 분석이 제대로 이뤄져야 진짜 관리가 필요한 핵심 리스크를 선별하고 자원을 집중할 수 있다. ISO 37301에서는 이를 '맥락 이해(4.1~4.2)', '의무 식별 및 리스크 평가(4.5~6)', '리스크 기반 사고(6.1)'의 핵심으로 보고 있다.

❷ 윤리강령 및 실천규범 Code of Ethics & Conduct

윤리강령은 조직의 가치와 철학을 선언하는 선언문이며, 실천규범은 이를 구체화한 행동 지침이다. 단순히 문서로 존재하는 것이 아니라, 전 임직원이 이해하고 공감할 수 있도록 다음과 같은 조건을 갖춰야 한다.

- 실제 사례 기반 구성: '이럴 때는 어떻게 해야 하나요?'에 답하는 형태
- 모호성 제거: 회피 가능성이 있는 표현은 금지(예: '적절히 판단한다' → '상급자 승인 후 가능')
- 다국적 기업일 경우 다언어화, 문화 맞춤화 고려

윤리강령은 임직원들을 대상으로 교육과 훈련, 제재, 성과평가 등 전사적 시스템과 연결되어야 비로소 조직문화로 작동한다.

❸ 리더십과 조직 책임 Leadership & Governance

Compliance의 성패는 시스템보다 '사람'에게 달려 있다. 특히 경영진의 태도는 구성원 전체의 행동 기준을 결정짓는다. 다음과 같은 실무적 요소들이 반드시 동반되어야 한다.

- 이사회 보고 체계: 주요 Compliance 리스크 및 사고는 이사회에 정기 보고
- 경영진 책임 명시: CEO, CCO, 본부장 단위로 역할과 책임 문서화
- 부서별 KPI 연동: 영업, 구매, 인사 등 각 부서의 Compliance 책임을 정량 지표화

이러한 구조가 갖춰져야 Compliance는 기업경영의 부차적 기능이 아닌 '핵심 의사결정 기준'으로 작동할 수 있다.

❹ 내부통제 및 예방 프로세스 Internal Controls & Preventive Mechanisms

내부통제는 일종의 '자동 제동장치'라고 봐도 좋다. 조직 내 리스크 발생 가능성을 사전에 통제하기 위해 다음의 시스템이 필수다.

- 사전 승인 절차Pre-approval: 계약, 경비, 공여 관련 승인 단계 확보
- 권한분리 및 이중검토Segregation of Duties: 한 사람이 계획·집행·보고를 모두 하지 않도록 구조화
- 문서화 및 이력관리Traceability: 판단 근거와 행동이 남도록 시스템화

이러한 체계는 ISO 37301의 '운영단계 운영계획(8.1~8.4)'에서 핵심적으로 요구되는 부분이다.

❺ 모니터링, 감사 및 시정조치 Monitoring, Audit & Corrective Action

시스템은 구축보다 사후 점검이 더 중요하다. 정기적인 모니터링과 감사 없이는 Compliance는 껍데기에 불과하다.

- 리스크 기반 내부감사 계획 수립
- 자체 모니터링 도구 운영(예: Compliance 대시보드, 통계 모니터링)
- 위반사항 적발 시 개선조치 및 후속 교육 실시

특히 '되풀이되는 위반'에 대해서는 이사회 차원의 재발방지 대책이 요청되어야 한다.

❻ 내부 제보 및 보호 시스템 Whistleblower System & Retaliation Prevention

제보 없는 조직은 리스크가 안 보이는 게 아니라 '감춰진 상태'일 뿐이다. 실효성 있는 내부제보 시스템은 다음 조건을 갖춰야 한다.

- 비실명 또는 외부 채널 운영(제3자 위탁, 법률 대리인 등)
- 보복 금지 조항 명확화 및 징계 규정화
- 처리결과 피드백 의무화

위와 같은 Compliance 시스템은 뒤에서 자세히 소개할 것이며 윤리경영의 척도일 뿐 아니라, 실제 CP와도 연계되어 실무자가 업무를 효과적이고 체계적으로 운영할 수 있게 된다.

02. 대한민국 CP 도입 배경과 발전 과정

대한민국은 미국, 일본 그리고 호주의 AS/AZ 3806 Compliance 표준과 모델을 바탕으로 자체적인 Compliance Program을 공정거래법에 초점을 두어 발전시켜 왔다. 특히, 상법상 준법지원인 제도와 공정거래 자율준수 프로그램CP을 통해 기업의 법적 준수 및 윤리경영을 강조하고 있다. 그러나 뒤에서 설명할 CP 등급평가에서의 CP는 넓은 의미의 Compliance(준법감시, 자율준수)보다 범위가 좁으며 '공정거래위원회 약 13개 소관 법률과 관련법률'에 관한 범위(Scope 공정거래 CP)임을 참고할 필요가 있다.

그럼, 대한민국의 다양한 Compliance 제도에 대해 살펴보자.

- 준법지원인 제도: 2008년 이후 반복된 대기업의 법 위반 사례와 관련 임직원 형사처벌, 기업 신인도 하락은 기업 내 준법 기능 강화에 대한 사회적 요구로 이어졌다. 이에 따라 상법 개정을 통해 준법지원인 제도가 도입되었고, 이는 기업의 자율적 준법체계 구축을 제도적으로 지원하기 위한 토대가 되었다. 「상법」 제542조의13에 의거 2012년 개정되고, 2014년부터 본격 적용이 되었다. 그 적용 대상은 자산총액 1조 원 이상의 상장회사(2020년 이후 공공기관 및 공기업도 준법 관련 내부통제 기준 강화 추세)가 된다. 그 요지는 자산총액 1조 원 이상의 상장회사는 준법지원인을 선임해야 하며, 이 준법지원인은 이사회에 소속되어 이사회의 요청에 따라 회사의 업무 집행이 법령을 위반하지 않도록 지원하는 역할을 수행해야 한다. 즉, 준법지원인은 회사의 준법통제 기능을 갖춘 이사회 직속 역할을 부여받은 준법 전문가인 것이다.

준법지원인의 역할과 권한	
기능	이사의 법령 위반 방지, 법률 자문, 내부통제 체계 점검
권한	이사회 출석 및 의견 진술, 감사와의 협력, 조사 요청
지위	이사회 산하 독립적 기능 수행자
책임	회사 법령 위반 시 고의 · 중과실이 없는 한 형사책임 면제 가능성 있음

이처럼 「상법」 제542조의13 제3항은 준법지원인의 자율성과 실효성을 높이기 위해 이사회에 직접 소속되며 이사회로부터 독립된 의견 개진 가능함을 보장하고 있다.

- 준법감시인 제도: 금융산업은 자금의 흐름을 관리하는 국가 경제의 혈관과 같다. 이 구조가 무너지면 기업 차원의 문제가 아니라 전 사회의 금융 안정성과 공공 신뢰가 무너질 수 있다. 2008년 글로벌 금융위기 이후 전 세계적으로 금융기관에 대한 규제와 내부통제의 중요성이 대두되었고, 이에 따라 금융회사의 책임 있는 경영과 법규 준수를 보장하기 위한 제도적 장치로 '준법감시인 제도'가 강

COMPLIANCE 공정거래 CP & ISO 37301 실무가이드

화되었다.

우리나라에서도 「금융회사의 지배구조에 관한 법률」을 중심으로 준법감시인 제도를 법제화하여 운영하고 있으며, 이는 금융기관의 리스크 사전관리, 고객신뢰 확보, 대외평가 대응의 핵심 수단이 되고 있다.

「금융회사의 지배구조에 관한 법률」 제22조 및 「금융회사 지배구조 감독규정」 제11조, 제17조 그리고 금융감독원 고시 및 세부 지침에 따라 은행, 보험사, 증권사, 자산운용사 등 모든 금융회사가 그 적용대상이 된다. 특히 대형 금융기관은 상근 준법감시인 및 독립적 조직을 필수적으로 갖추어야 한다. 이 법률에 따라 준법감시인 선임(이사회 의결로), 준법감시부서^{Compliance Office} 설치, 연 1회 이상 이사회 및 감사위원회에 준법감시 실적 보고, 금융감독당국에 준법감시보고서를 정기적으로 제출하여야 한다.

준법감시인의 역할과 권한	
준법감시 업무 총괄	법령, 내부규정, 금융감독 규제 준수 여부 점검
사전 예방 활동	금융사고·비위·불공정 거래 예방 위한 시스템 설계
임직원 교육	금융사고·비위·불공정 거래 예방 위한 시스템 설계
위반행위 보고	중요 위반사항은 이사회·감사위원회·금융감독원에 보고
내부통제체계 검토	각 부서의 업무절차가 법규와 일치하는지 주기적 점검

특히, 준법감시인은 이사회 또는 감사위원회에 독립적 보고라인을 가지며, 내부에서 경영진의 법률위반 또는 불완전판매 등 문제 발생 시 직접 조치 요청 및 보고의무를 가진다.

- 공정거래 자율준수 프로그램^{CP}: 공정거래위원회가 운영하는 CP^{Compliance Program}는 기업(기관)이 공정거래법과 그 관련법률을 자발적으로 준수하도록 유도하며, 이를 통해 기업의 윤리적 경영을 촉진하고 있다. 특히 CP 등급평가를 통해 우수한 기업에게는 규제 혜택(과태료 최대 20% 경감, 직권조사 면제 등)을 부여함으로써

자율적 Compliance 운영을 장려하고 있다. 2025년 공정위는 CP의 실효성과 등급평가 제도를 전면 개편하고 있으며, 이는 기업이 공정거래 자율준수 문화확산 차원에서 내재화된 준법문화를 갖추도록 유도하는 흐름에 있다. 「독점규제 및 공정거래에 관한 법률」 제120조의2(공정거래 자율준수 문화의 확산)에 따라 공정거래위원회(공정거래조정원)에서 기업이 스스로 공정거래 관련 법령을 자율적으로 준수할 수 있는 내부준법체계 구축을 유도하고자 함이다.

적용 대상은 민간, 공공, 중소기업 등 상관없이 전 산업군이며 그 적용법률 또한 공정거래 13개 법률(공정거래법, 하도급법, 표시광고법) 및 관련법률(부정경쟁방지법 등)에 해당된다. 즉, CP는 '공정거래법 위반을 예방하는 기업 내부의 자율적 시스템'이며, 그 운영 수준은 공정위가 매년 CP 등급평가로 확인하는 것이다. 자세한 부분은 뒤에서 자세히 다루고자 한다.

한국 CP(공정거래 자율준수 프로그램)의 탄생

한국의 CP는 호주와 뉴질랜드의 표준인 AS/NZ 3806 Compliance를 기반으로 공정거래위원회의 주도하에 탄생했다. 2000년대 초 세계 각국은 자국의 상황과 필요에 맞는 다양한 Compliance 제도와 내부통제 시스템을 발전시켰는데, 미국은 반부패와 강력한 내부통제 중심의 규범 체계를 구축하여 당근과 채찍 정책으로 기업들에 적용했고, 일본과 독일은 기업 지배구조 개선과 자발적 준수에 중점을 두었다.

한국은 이러한 국제적 모델들을 참고하여 상법과 금융회사 지배구조법을 통해 독자적인 Compliance Program을 발전시켜 왔으며, 공정거래와 내부통제를 통해 기업의 윤리적 책임을 강화해 왔다. 한국 CP의 모델이 된 AS/NZ 3806은 호주와 뉴질랜드에서 개발된 자국 표준으로, 기업이 법규 준수와 윤리적 행동을 위한 체계적인 구조와 프로세스를 수립하는 데 초점을 맞추고 있다.

1990년대 중반, 호주와 뉴질랜드는 기업윤리와 Compliance의 중요성을 인식하고 이를 기업 운영의 핵심 요소로 통합하기 시작했다. AS/NZ 3806 표준은 기업이 법적 요구사항을 충족하고 윤리적 행동을 촉진하며 법률 리스크를 효과적으로 관리할 수 있는 체계를 제공하는 데 중점을 두었다.

이 시기 한국 기업환경은 급속한 경제성장과 함께 빠르게 변화하고 있었고, 국내외에서 발생한 여러 부정적 사건들로 인해 윤리적이고 투명한 경영의 필요성이 부각되었다. 이러한 배경 속에서 공정거래위원회는 AS/NZ 3806을 참고하여 연구 용역을 진행했고, 이를 기초로 한국형 CP를 개발했다.

이 연구의 주된 결과물은 기업이 법규를 준수하고 윤리적 의사결정을 내리는 과정을 표준화하는 것을 목표로 했으며, 기업 문화를 변화시키고 임직원들의 윤리의식을 제고하는 데 중점을 두었다. 이렇게 탄생한 한국의 CP는 기업들이 자율적으로 공정거래 관련 법규를 준수하는 내부 시스템으로 발전해 왔으며, 현재까지도 지속적으로 개선되고 있다.

한국 CP의 역사		
1998년 7월	AS/AZ 3806:1998	호주,소비자경쟁위원회(ACCP, Australian Competition and Consumer Commission)의 요청으로 호주표준협회 Compliance 프로그램 가이드라인 표준 최초 개발. 기업의 효과적인 법과 윤리적 의무 준수를 지원하며, 리스크 관리 및 조직문화 개선에 중점.
2001년 1월	CP 연구	공정위, 각국의 CP 관련 정책과 제도를 벤치마킹하기 위한 조사, 연구 진행 • 3월, 공정거래위원장 자율준수위원회 발족
2001년 7월	CP 도입	공정위, 「공정거래 자율준수규범」 제정·선포(7.5): 7대 핵심 요소와 실행지침
2001년 ~ 2005년	CP 확산	공정위 2002, CP를 2단계로 구분하여 과징금 감경 인센티브(혜택)제도 도입(단, 과징금 감경 목적 CP 악용 비판 지속) 1단계: 7대 요소 구축, 운용상황 공시, 실질 작동하면 과징금 20%까지 경감 등 2단계: 위반행위 자진신고 및 책임자 제재 시에는 과징금 50%까지 경감 등
2006년	CP 등급평가 제도 도입	공정위, 연합회(2006~2009), 1년 이상 CP를 운영한 회사에 한해 등급평가, 과징금 감경 목적 CP 제도 악용 비판 지속, 혜택 축소
2008년 10월	CP 규정 신설	공정위, 「CP 운영 및 유인 부여 등에 관한 규정」 최초 제정(산재되어 있는 CP 인센티브 규정 통합, CP 등급평가 결과 A 등급 이상 업체에만 인센티브 부여)

	한국 CP의 역사	
2014년 2월	과징금 혜택 폐지 ISO 19600:2014	공정위, CP 등급평가에 대한 과징금 인센티브 혜택 폐지(국정 감사 이슈. 2014. 8.) 국제표준화기구, 「Compliance 경영시스템 가이드라인」(지침) 제정. (법과 윤리적 요구사항을 이해하고 이를 준수하도록 설계)/ 폐지
2019년 9월	CP 규정 개정	공정위, CP의 7대 요소 → 8대 요소: CP 기준과 절차 마련 및 시행 추가
2021년 4월	ISO 37301:2021	국제표준화기구, ISO 19600을 대체하는 표준으로, 인증 가능 한 요구사항을 갖춘 첫 Compliance 표준(법, 윤리 포함)
2024년 6월	CP 법제화	2023년 6월, CP제도 및 과징금 감경인센티브 법적 근거 마련 (공정거래법 개정, 24년 6월 시행 예정) 공정위, CP 활성화를 위한 법제화 시행, 과징금 경감 혜택 등 법적 근거 마련
2025년 4월 23일	CP 등급 3단계화	CP 우수기업 지정제(AAA, AA, A)로 개편 및 등급보류제 폐지 등

　　한국에서의 CP 도입은 기업이 직면한 법적, 윤리적 도전에 대응하는 방법을 혁신적으로 변화시켰다. 이는 기업이 사회적 책임과 윤리적 가치를 실질적으로 실천하고 통합하는 데 중요한 기반을 마련했다. 한국은 CP를 통해, 법규 준수를 강화하고, 윤리적 리스크를 관리하며, 조직 내 윤리적 문화를 발전시키는 방향으로 나아갔다. 이러한 움직임은 한국 기업들이 국제 비즈니스 커뮤니티에서의 신뢰성을 높이는 데 중요한 역할을 했다. 윤리적 행동 기준을 높이고, 투명한 경영을 실천함으로써, 한국 기업들은 글로벌시장에서의 경쟁력을 강화할 수 있었다.

　　한국에서의 CP 도입과 발전은 글로벌 표준에 대한 적응과 함께, 국내 기업환경에 맞는 특화된 접근을 통해 이루어졌다. 이 과정에서 한국 기업들은 법무팀 등을 통해 자신들만의 Compliance 문화를 구축하고, 지속가능하며 윤리적인 비즈니스 모델을 발전시켰다. 이는 한국 기업들이 국제적으로 경쟁력을 갖추고, 매출 증가 등을 통해 지키면서도 발전하는 지속가능한 성장을 이루는 데 그 역할을 하였고 앞으로 더욱 중요해질 것이다.

변화하는 기업환경과 사회적 요구

20세기 후반, 특히 글로벌화가 가속화되면서 대한민국 기업들은 국제적인 법규와 규제, 그리고 다양한 문화적 및 사회적 기대치에 부합하는 경영에 대한 압박을 점점 더 받게 되었다. 이러한 환경에서 기업들은 윤리적 원칙과 사회적 책임을 기업 운영의 핵심 요소로 통합할 필요성을 느끼게 되었다. 이는 기업의 명성과 지속가능성, 그리고 이해관계자들과의 관계에 직접적인 영향을 미치는 중요한 요소로 인식되었다.

이제 기업은 과거 어느 때보다도 복잡하고 예측불가능한 사업 환경에 직면해 있다. AI와 같은 기술의 급속한 발전, 글로벌 공급망의 재편과 복잡화, 기후변화와 지속가능성 이슈, 다양성과 포용성에 대한 사회적 요구, 그리고 이해관계자 자본주의로의 전환은 단지 경영 철학의 변화에 그치지 않고, 기업 생존의 조건이 되었다. 특히 미국과 유럽 등에서는 윤리적 실패와 ESG 리스크가 단기 수익뿐 아니라 기업 전체 가치에 결정적 영향을 미친다는 실증 연구들이 축적되면서 Compliance 경영이 떠오르고 있다. 더불어 미국 등에서 공부한 2세, 3세 오너 경영으로 접어들면서 Compliance를 기업 법무에서 별도의 팀으로 조직화하고 기업 문화에 접목하고 있다. 이는 사전 예방적 차원으로 접근하고 있다는 반증이다.

사실 대한민국 CP의 탄생 배경에는 법률 준수의 실무적 필요와 함께, 반복되는 기업 비리와 윤리적 스캔들에 대한 사회적 피로감이 자리하고 있다. 최근 글로벌 경제 위기, 환경 재난, 오너리스크, 경쟁 심각화 등은 기업의 사업모델 자체를 뒤흔들고 있다. 대표적으로 나이키Nike의 동남아시아 하청공장 인권침해 문제, BP 석유 유출 사건, 웰스파고Wells Fargo의 유령계좌 스캔들 등이 있다. 이들은 모두 내부통제 실패와 기업문화의 부재 그리고 윤리기준의 미비로 연결된다.

과거의 CP는 대부분 준법 문서의 구비와 교육 이수율, 감사 체크리스트 등 정량적 관리에 치중했다. 그러나 최근에는 기업문화 기반의 CP가 강조되는 추세이다. 이는 ISO 37301의 요구사항이며, 리스크 기반 접근Risk-based approach, 최고경영자의 리더십, 조직의 맥락Context of the Organization 이해가 필수 전제가 된다. 다시 말해, CP는 윤리적 행동을 촉진하는 '조직 내 신호체계Signal system'로 작동해야 하며, 이는 규범준수 교육뿐만 아니라 직원의 가치판단과 일상적 의사결정에 영향을 주는 문화적 요소로 정착되어야 한다.

또한, 기업의 가치 창출은 더 이상 '주주만을 위한 이익 극대화'로 설명되지 않는다. 오늘날의 기업은 이해관계자[Stakeholder]의 요구에 민감하게 반응해야 하며, 이는 기업지배구조(G) 영역의 핵심인 CP와 직접 연결된다. 특히 다음과 같은 흐름은 CP가 기업의 전략적 운영 요소로 격상되는 배경이 된다.

ESG 흐름 속 CP의 위치		
변화 요인	기업의 대응 방향	CP 전략적 해석
글로벌 공급망의 인권·환경 이슈 증가(CSDD)	공급업체 실사 강화 (Due Diligence)	공급망 CP 문화확산 (운영 기준 수립)
ESG 평가의 정교화 및 상장사 공시 의무화	내부통제 고도화 및 위기관리 체계 구축	ESG-G 평가지표 내 CP 평가 대응
Whistleblower Directive	내부신고자 보호제도 강화	CP와 내부제보 연계 운영
디지털 전환과 사이버 윤리 문제	AI 윤리 가이드라인, 개인정보 보호 체계 구축	CP와 정보보호 지침 점검

미국의 존슨앤존슨[Johnson & Johnson]은 CP를 기업문화의 핵심 가치로 삼아 'Our Credo'를 중심으로 한 윤리강령을 내재화하고 있으며, 매년 전 세계 직원 대상 윤리 트레이닝을 통해 준법의 생활화를 실현하고 있다. 대한민국에서는 삼성E&A, GS리테일 등이 ISO 37301 인증을 통해 글로벌 수준의 Compliance 경영 체계를 구축하고 인증받았으며, 그룹 전반의 CP를 계열사별 리스크에 맞게 차별화하고 있다.

이처럼 CP는 더 이상 독립된 '법무 부서의 프로그램'이 아니라 HR, 재무, 구매, 전략 등 전 부서와 유기적으로 연결되는 조직 운영의 중심축으로 작동해야 한다. 이는 ISO 37301에서도 강조하는 "Compliance를 모든 비즈니스 기능과 통합하라[Integrate compliance into the organization's operations]"는 원칙과 정확히 일치한다(ISO 37301:2021, 5.3항).

변화하는 환경 속에서 CP는 법적 리스크를 줄이는 방어선임과 동시에 신뢰 기반의 경쟁우위를 확보하는 능동적 전략이 되어야 한다. 기업이 자발적으로 선택하는 '정체성'이 될 때 CP는 진정한 전략이자 문화로 자리매김할 수 있다.

03. 주요 국가별 CP 도입 사례

주요 국가별 Compliance Program[CP]의 도입과 기준, 그리고 효과적으로 이를 수행하고 있는 국가들의 비교 및 사례를 살펴보자. 앞서 각국의 Compliance 제도를 설명하였고 다음으로 기업의 도입 사례를 중점적으로 살펴보겠다. 그 중심엔 미국이 가장 대표적이라고 봐도 무방하다.

미국: Compliance의 모국, CP의 선구자

미국은 CP의 선도적인 국가이자 Compliance 모국이다. 미국의 CP 기준은 주로 연방 양형 가이드라인[Federal Sentencing Guidelines] 기반으로 그 책임을 다할 수 있도록 설계되었다. 미국 기업들은 법무팀이 아닌 자체적인 Compliance 부서를 두고, Compliance 리스크 평가, 교육, 실사, KPI, 내부감사 및 규제 준수 프로그램을 강화하는 데 중점을 두고 있다.

"기업 Compliance Program이 제대로 작동하는가?" 이 질문에 대한 해답은 문서화된 정책이나 교육 프로그램의 유무만으로는 충족시킬 수 없다. 기업 내부의 '커뮤니케이션 구조'가 그 핵심 열쇠다. ISO 37301:2021의 7.4(의사소통)과 같다. 기업은 Compliance 경영시스템에 관련된 내부 및 외부 의사소통을 a) 의사소통 내용, b) 의사소통 실시 시기, c) 의사소통 대상자, d) 의사소통 방법을 실행하여야 하는 것이다.

ISO 37301:2021 7.4(의사소통)
의사소통의 니즈를 고려할 때 다양성과 잠재적인 장벽의 측면을 고려 • 의사소통 프로세스를 수립할 때 이해관계자의 의견이 고려됨을 보장 • 의사소통 프로세스를 수립할 때: • 조직의 규범준수 문화, 규범준수 목표 및 의무에 대한 의사소통을 포함 • 의사소통되는 규범준수 정보가 규범준수 경영시스템 내에서 생성되는 정보와 일치하고 신뢰할 수 있음을 보장 • 조직의 규범준수 경영시스템에 대한 관련 의사소통에 대응 • 필요에 따라 조직의 의사소통의 증거로서 문서화된 정보를 보유 • 규범준수 경영시스템에 대한 변경을 포함한 조직의 다양한 수준과 기능 간에 규범준수 경영시스템에 관련된 정보를 필요에 따라 내부적으로 의사소통

- 조직의 의사소통 프로세스에 의해 인원이 규범준수 경영시스템의 지속적인 개선에 기여할 수 있음을 보장
- 조직의 의사소통 프로세스에 의해 인원이 우려사항을 제기할 수 있음을 보장(8.3 참조)
- 조직의 의사소통 프로세스를 통해 수립된 규범준수 경영시스템에 관련된 정보를 외부로 전달하고 규범준수 문화, 규범준수 목표 및 의무에 관한 의사소통을 포함

의사소통 방법에는 웹사이트와 이메일, 보도자료, 광고와 정기 뉴스레터, 연차(또는 다른 정기적인) 보고서, 비공식 토론, 공개일(일반 참관일), 포커스 그룹, 지역사회와의 대화, 지역사회 행사 참여와 전화 핫라인을 포함할 수 있다. 이러한 접근방법은 규범준수에 대한 조직의 의지 표명을 이해하고 수용하도록 촉진할 수 있다.
의사소통은 투명성, 적절성, 신뢰성, 대응성, 접근성 및 명확성의 원칙에 따라야 할 것이다.

실제로 미국 법무부DOJ와 증권거래위원회SEC가 Compliance Program의 효과성을 판단할 때 가장 중요하게 보는 요소 중 하나로 '내부 커뮤니케이션'을 꼽고 있다. 일률적이고 메시지 없는 Compliance 교육이 아니라, 일상적인 반복과 습관화를 통한 커뮤니케이션 전략이야말로 조직구성원들이 윤리적 판단을 체화하는 데 결정적 역할을 한다는 것이다. 대표적인 사례가 바로 모건스탠리Morgan Stanley다.

2012년, 모건스탠리는 중국 내 고위 임원의 뇌물수수 사건에 연루되었음에도 불구하고, 미국 DOJ와 SEC로부터 기소유예Declination 결정을 받았다. 이 판결을 세부적으로 살펴보면 결국 회사가 실효성 있는 Compliance 커뮤니케이션 시스템을 구축하고 있었기 때문이다. 모건스탠리는 해당 임직원Garth Peterson에게만 최소 35건 이상의 FCPA 관련 리마인드 메시지를 지속적으로 전달했고, 매년 전 직원으로부터 윤리강령 준수 서약을 받고, 방침 및 모니터링을 주기적으로 실시하는 등 지속적인 커뮤니케이션 프로세스를 운영하고 있었다. 법 집행기관은 이 점을 '예외적으로 우수한 사례'로 공식 인정했다.

그렇다면, 어떤 커뮤니케이션이 효과적인가? Compliance 커뮤니케이션은 정제된 언어와 가시성 그리고 간결함이 핵심이다. 교육 피로감에 시달리는 조직 임직원들에게 긴 문서는 오히려 역효과다. 대신 짧지만 자주 반복되는 메시지로써 슬로건, 카드

뉴스, 영상, 이메일 브리핑, 관리자 멘트 등이 지속적 Compliance 인식 향상을 유도한다. 혹여 Compliance 커뮤니케이션 교육의 연장선으로 생각하면 안 된다. 커뮤니케이션은 인간의 행동 변화를 이끄는 '설득의 기술'이다. '왜 이게 중요한가'를 설명하고, '어떻게 하면 법적 위험을 줄일 수 있는가'를 구체적으로 안내하는 것이 핵심이다. 또한, 직원별 학습 스타일에 맞춰 커뮤니케이션 형식을 다양화해야 한다. 영상, 퀴즈, 챗봇, 토론, CP 골든벨, SONG, SNS, 만화, 게임형 콘텐츠 등은 MZ세대 직원들의 감각에 맞는 접근이다. 저자의 경험상 한국 기업들도 최근 윤리경영 포스터, Code of Conduct 퀴즈 이벤트, 카카오톡 알림 메시지 등을 적극 활용하며 이러한 흐름에 발을 맞추고 있다. 또한 모건스탠리는 글로벌기업답게 거래 관계에서뿐만 아니라 글로벌 임직원들에게 Compliance 준수를 필수 KPI 교육, 서명과 실사^{Due diligence}로써 의무적으로 요구하고 있다.

한국의 제약업계도 마찬가지다. 한국제약바이오협회는 윤리규정과 행동기준 외에도 실제 상황에 맞춘 커뮤니케이션 Q&A와 운용지침을 별도로 운영하고 있다. 더불어 공정거래 실천, 자율준수관리자 모임 등 다양한 직급과 기능에 맞는 네트워크 체계를 구축하고 있다. 한국준법진흥원에서도 Compliance협의체(실무자 모임), Compliance 오픈채팅방 등에서 다양한 정보를 제공한다. 이처럼 자율점검표, 교육 콘텐츠, 거래처 전달 메시지까지 포함된 이 통합 커뮤니케이션 체계는 실무 가이드로 작동하게 된다.

글로벌 수준의 기업들은 문서를 만드는 데서 멈추지 않고, 이를 조직문화로 내재화하기 위한 커뮤니케이션 전략을 병행한다. 그리고 이 모든 시스템의 기반은 다음의 원칙이 있다.

- 메시지는 짧고 반복적으로
- 전사 커뮤니케이션 루틴을 내재화
- 고위 경영진이 메시지를 직접 전달
- 위반 사례와 예방 사례를 함께 공유
- 커뮤니케이션 성과를 정기적으로 분석

따라서 교육이 아닌 커뮤니케이션 중심의 패러다임 전환이 필요하다. Compliance 실무 경험을 돌이켜보면, 제도는 있으나 문화가 없다는 기업이 너무도 많다. 실제로 CP 등급평가, ISO 37301 시스템 구축 및 인증, 내부통제 매뉴얼 등 제도는 정비했지만, 실질적으로 조직의 일상에 윤리적 판단 기준이 녹아들지 않는 기업들은 여전히 많다. 그 이유는 교육은 했지만 커뮤니케이션은 부족했기 때문이다. 교육은 필수지만 일회성이다. 커뮤니케이션은 반복성과 체감성을 기반으로 한다. 조직문화는 커뮤니케이션이 없으면 절대 만들어지지 않는다. 앞으로의 Compliance는 더 이상 정책과 프로세스 중심이 아닌, 커뮤니케이션 중심의 문화 정착 방식으로 진화해야 한다. 한국 기업들도 이제 "어떻게 가르칠 것인가"에서 "어떻게 계속 기억하게 할 것인가 그리고 어디서 참고할 수 있는가"로 전략의 중심을 옮겨야 할 시점이다. Compliance 는 규제의 문제가 아니다. 조직문화의 문제다. 그리고 그 해답은 커뮤니케이션 실행에 있다.

영국: 법률과 윤리의 조화

영국의 기업들은 오래전부터 조직의 윤리적 정체성Ethical Identity을 Compliance(Anti-bribery, Anti-corruption)를 통해 설계하고 내재화하는 데 주력해 왔다. 법률 준수와 더불어 우리는 어떤 방식으로 비즈니스를 할 것인가라는 본질적 질문에 Compliance가 답을 제시하는 구조라고 봐도 좋다.

그 사례로 살펴볼 첫 번째 기업은 스탠다드차타드Standard Chartered이다. 스탠다드차타드는 영국 런던에 본사를 둔 다국적 금융그룹으로, 아시아·중동·아프리카 등 60여 개국에 지사를 운영한다. 이 회사는 2012년 미국에서 이란 제재 위반으로 수십억 달러의 벌금을 부과받은 후, 전사적 Compliance 체계의 재구축에 나섰다. 핵심은 윤리적 기준을 전 세계 직원에게 통일된 언어로 전달하는 것이었다. 이를 위해 회사는 다음과 같은 전략을 실행했다.

① 'Conduct Framework' 도입: 기업의 핵심 가치인 'Do the Right Thing'을 중심으로 직원 행동기준을 표준화하였는데, 이는 의사결정에서 윤리적 판단을 할 수

있는 준칙을 의미한다.

② 리더십 책임 명문화: 모든 지점장은 해당 지점에서 Compliance 교육의 직접 책임자로 지정되어 실질적인 의무를 진다. '윤리책임의 수직적 이관'이 아닌 '수평적 내재화'를 시도한 것이다.

③ 행동 패턴 분석 도입: 내부 데이터 분석을 통해 이상 거래나 윤리 리스크를 탐지하고 선제적으로 대응한다. 이는 ISO 37301이 요구하는 '리스크 기반 접근 RBA'의 대표 사례로 꼽힌다.

④ 윤리센터 설립: 런던 본사 내에 'Ethics & Conduct Centre'를 운영, 전사 윤리 프로그램의 설계·교육·성과관리를 총괄한다.

현재 스탠다드차타드는 글로벌 Compliance report에서 '윤리경영 우수사례'로 자주 인용된다.

두 번째로 살펴볼 기업은 롤스로이스Rolls-Royce이다. 롤스로이스는 부패사건 이후의 구조적 개혁을 한 대표적 사례로 봐도 좋다. 2017년, 세계적인 항공기 엔진 제조기업 롤스로이스는 인도네시아·중국 등 다수 국가에서 뇌물 제공 혐의로 영국 중대부정수사청SFO에 의해 기소되었고, 미국·영국·브라질에서 총 6억 7천만 파운드 이상의 벌금을 납부했다. 이후 회사는 내부감사 강화에 그치지 않고, 전사적으로 Compliance 체계를 재정비하고 윤리경영시스템을 새롭게 구축했다. 핵심은 회계 기반의 내부통제에서 '행동 기반의 윤리 통제'로의 전환이었다.

① 윤리 및 Compliance 위원회 신설: CEO 직속의 독립 위원회를 구성하여 모든 사업부의 윤리 리스크를 정기적으로 모니터링한다. 위원회에는 사외이사·감사·노조대표도 참여하여 이해관계자 관점을 반영한다.

② Compliance 제도 도입 추진: 글로벌 거래선과의 계약 프로세스 전반에 부패 리스크 평가 및 사전 실사due diligence 절차를 의무화하였다.

③ 공급망 윤리 리스크 시스템 구축: 하청업체 및 협력사 대상으로도 윤리 평가 도구를 적용했다. '협력사 행동강령'을 전 세계적으로 표준화하였다.

④ Speak-Up 정책 강화: 내부고발자 보호시스템을 완전히 재정비하고, 고발이 실

제로 조직 변화를 만들어 내는 구조를 설계했다.

롤스로이스는 이 일련의 조치를 '기업의 도덕적 회생^{Moral Rehabilitation}'이라고 표현했으며, 현재는 '윤리 중심 기술기업'을 표방하며 이미지 회복에 성공했다는 평가를 받고 있다.

호주: AS/AZ 3806 표준

호주는 오스트리아 및 뉴질랜드 국가 표준인 AS/AZ 3806을 통해 CP를 강화하였다. AS/AZ 3806은 대한민국 CP의 모태이자 ISO 37301 유사 내용을 담고 있다. 이 표준은 기업이 법적 준수뿐만 아니라 윤리적 책임을 다하도록 돕는다. 호주의 기업들은 이 표준에 따라 리스크 평가와 윤리교육에 중점을 두고 있다.

호주의 한 대형 소매업체는 AS/AZ 3806을 기반으로 한 CP를 도입하여 공급망 관리 및 고객 서비스에서의 윤리적 기준을 강화하였다. 이 회사는 공급업체 선택과 관리 과정에서 엄격한 윤리적 기준을 적용하고, 이를 통해 공급망 전반의 투명성을 증진시켰다.

한국: 글로벌 표준과의 조화

한국의 공정거래위원회는 AS/AZ 3806 및 ISO 37301을 참고하여 자체 CP를 발전시켰다. 한국의 CP는 특히 공정거래법에 적용되는 기업에 중점을 두고 있으며, 이들 기업은 비즈니스 환경에서의 공정거래법에 대한 자율준수를 강조한다. 다양한 기업들 사례는 이미 공정거래조정원에서 CP 등급평가 설명회, 관련자료 및 한국준법진흥원의 CmP(CP 등급평가) 민간자격을 참고하면 다양한 우수기업 사례를 경험할 수 있다.

한국의 주요 이차전지 제조기업은 글로벌시장에서의 신뢰성을 높이기 위해 철저한 CP를 실시하고 있다. 이 회사는 윤리적 경영을 회사 문화의 핵심으로 삼고, 이를 통해 국제적인 비즈니스 파트너십을 강화하고 있다.

각국의 CP 도입 효과 비교

미국과 영국은 각각의 법률 및 엄격한 표준을 통해 CP를 선도적으로 도입하고 발전시켰다. 두 국가 모두 법률 준수와 윤리적 책임을 강조하고 있으며, 이를 통해 기업의 신뢰성과 지속가능성을 증진시키고 있다. 호주는 AS/AZ 3806 표준을 통해 CP를 구체화하고, 한국은 이러한 글로벌 표준과 자국의 법적 환경을 조화시켜 자체적인 공정거래 자율준수 프로그램인 CP를 발전시켰다. 이러한 접근 방식은 각 국가의 비즈니스 문화와 법적 환경에 맞게 조정되었으며, 기업들이 글로벌시장에서 경쟁력을 갖추는 데 중요한 역할을 하고 있다.

이러한 다양한 국가별 사례를 통해 CP의 중요성과 효과적인 도입 방법에 대한 이해를 넓힐 수 있다. CP는 기업 문화를 변화시키고, 윤리적 가치를 실현하는 핵심 도구로 자리 잡고 있다.

04. ISO 37301의 전신, ISO 19600

ISO 37301의 전신인 ISO 19600은 국제적인 Compliance 경영시스템에 관한 표준 가이드라인이다. 지금은 ISO 37301로 대체되었지만, 저자가 2012년 처음 이 표준에 대해 관심을 갖고 Draft 버전부터 번역을 시작했던 기억을 거슬러 올라가 자세히 설명하고자 한다. 이 표준 가이드라인의 역사와 발전 과정을 살펴보는 것은 ISO 37301을 이해하는 데 중요한 기초가 될 수 있기 때문이다. 다음은 ISO 19600의 탄생 배경과 발전 과정을 정리한 것이다.

ISO 19600의 탄생 배경

ISO 19600의 탄생은 글로벌 비즈니스 환경의 복잡성 증가와 국제적인 Compliance 요구의 상승에 기인한다.

2010년대 초반, 글로벌기업들은 다국적 규제 확대 (예: 미국 FCPA, 영국 Bribery Act) 의무화 추세에 직면하며 체계적인 Compliance 관리의 필요성을 절감하게 됐다. 이에 ISO(국제표준화기구)는 2014년 ISO 19600: Compliance Management Systems - Guidelines를 발표하며 최초로 Compliance 경영시스템^{CMS}에 대한 국제적 가이드라인을 제시했다. CMS란 조직이 법적 의무, 산업 표준, 내부 윤리강령 등을 준수할 수 있도록 정책·프로세스·감시 체계를 구조화한 관리 체계를 의미한다.

여기서 주목할 점은 각 국가 전문가와의 미팅과 여러 논의 끝에 요구사항^{Requirement}이 아닌 지침서^{Guideline} 형태로 Compliance를 도입하는 기업들에 가이드라인으로 도움을 주고자 하였다. 당시 Compliance를 제3자 인증이 가능한 요구사항이 아닌 가이드라인으로 제정한 배경에는 각 국가의 법, 관습, 규범, 문화 등이 달라 통일화된 표준으로 만들기 어려운 점을 고려한 것이다. 가이드라인은 참고 자료이다. 각국의 전문가들은 요구사항으로 추진하기에는 부담이 있었고 선진국이 아닌 개발도상국들에 대한 표준화 제정 참여와 관심을 이끌기에 부족하였다. 따라서 가이드라인이 가장 적합한 선택이었다.

당시 ISO 19600 초안 번역 작업에서 가장 혁신적이었던 점은 Compliance가 법무팀의 업무가 아니라 경영시스템$^{Management Systems}$ 전략이라는 패러다임이 명문화된 것이었다. 당시 Draft(초안) 4.2항에서는 "조직의 의사결정 프로세스에 Compliance 요소를 통합하라"는 구체적 지침이 담겨 있었는데, 이는 이후 본 ISO 37301 표준에서 톱다운$^{Top-Down}$ 접근의 기반이 되었다.

ISO 19600의 개발 과정

ISO 19600은 2014년 2월에 국제표준화기구^{ISO}에서 발표했다. 2010년 이전부터 각국의 Compliance 전문가들은 위원회$^{Technical Community}$(TC)를 구성하여 표준화 개발을 논의하였다. TC 309라는 지배구조 위원회에서 논의 되었고 의장국은 영국이었다. 기존의 국가별·지역별 Compliance 표준을 취합 및 통합하고, 범세계적으로 적용가능한 Compliance 경영시스템의 기준을 가이드라인으로 제공하는 것을 목표로 했다. ISO 19600은 기업이 다양한 법적 요구사항을 파악하고 준수하며, 윤리적·사회적 책임을 다할 수 있도록 지침을 제공했다. 그 내용을 살펴보면 강제적 요구사항이 아닌 참고할 수 있는 가이드라인으로 기업이 부담 없이 Compliance 체계를 구축하는 데 근간을 이룰 수 있게 되었다.

TC 309 위원회 설립 및 초안 개발	
연도	주요 활동
2011년 5월	ISO Compliance 경영시스템 전담위원회 설립
2012년 8월	WG(Working Group) 1 "Guideline" 초안 작업 시작
2013년 3월	여러 차례 DIS(Draft International Standard), CD(Committe Draft) 회의 개최
2013년 말	CD 2차 초안 배포 및 전 세계 전문가 검토 및 의견수렴

관련 특징으로 살펴보면 세계 최초의 Compliance 경영시스템으로써 '규제 준수'뿐 아니라 윤리·투명성 등 광의의 원칙을 제시하였다. 엄격한 인증^{Certification} 요구사항 대신 '가이드라인'으로 제안되었으며 Plan – Do – Check – Act^{PDCA} 사이클에 기반한 관리체계의 구조가 되었다.

ISO 19600에서 ISO 37301으로의 발전

ISO 19600은 지침 표준$^{Guideline\ standard}$의 성격을 가지고 있어 기업이 Compliance 경영에 대한 지침서로 활용할 수 있었다. 기업이 자발적으로 따를 수 있는 권고사항을 제공했지만, 강제적인 요구사항은 아니었다는 것을 의미한다. 이에 반해, ISO 37301은 기존 19600을 업그레이드하여 2021년에 발표되며 제3자 인증 가능한 요구사항을 갖춘 표준으로 발전했다. ISO 37301은 ISO 19600의 기본 원칙을 유지하면서도, 보다 구체적이고 엄격한 규정을 포함하여 기업의 Compliance 경영시스템을 더욱 강화했다. 특히 Compliance 문화로써 ISO 37301 제5장(리더십)과 부속서에 이사회, 대표이사, 경영진, 기능에 대한 Compliance에 대한 장려, 지원 등을 강조하였다. 2021년 이후 전 세계 많은 기업들은 ISO 37301 인증^{Certification}을 통하여 입증가능한 글로벌 스탠더드를 받게 되었다.

ISO 19600의 영향력

2014년 당시 ISO 19600은 국제적으로 Compliance 경영에 대한 인식을 높이는 데 중요한 역할을 했다. 이 표준은 당시 많은 기업들에 Compliance 경영의 중요성을 강조하고, 효과적인 Compliance 경영시스템 구축을 위한 명확한 지침을 제공했을 뿐만 아니라 인식을 높이는 계기가 되었다. 특히, 수출 중심의 우리나라 기업들에는 법적·규제적 요구사항을 통합적으로 관리할 수 있는 프레임워크를 제공함으로써, 국경을 넘는 비즈니스 활동에서의 리스크를 줄이고, 윤리적 기준을 준수하는 데 도움을 주었다. 다만, 일부 인증기관에서는 ISO 19600 가이드라인을 제3자 인증 서비스로 기업들에 제공함으로써 Compliance의 실효성에 대한 안타까움을 보게 되었다. 국제표준화기구와 IAF(인정기구협의체)에서는 ISO 제정된 가이드라인은 인증할 수 없음을 지속적으로 표현하였고 반대하였음에도 불구하고 대한민국에서만 ISO 19600 인증이 된 것이다.

그럼에도 불구하고 ISO 19600은 기업이 직면한 다양한 Compliance 문제에 대응하는 방법을 모색하는 데 중요한 단계였다. 이렇게 짧게 ISO 19600의 역사를 통해 현재와 미래의 Compliance 표준이 어떻게 발전해 나갈지에 대한 통찰력을 얻을 수 있다. 다음으로는 ISO 19600이 폐지되고 ISO 37301이 제정된 세부사항을 설명하겠다.

05. ISO 37301 표준의 개발 과정과 표준화

ISO 37301은 모든 기업 및 기관의 Compliance 경영시스템에 대한 제3자 인증이 가능한 국제표준으로, 2021년에 발표되었다. 이 표준은 ISO 19600:2014 'Compliance 경영시스템 가이드라인'을 기반으로 그 내용이 세부적으로 고도화되었다. 당시 대한민국에서는 ISO 19600은 '인증 대상이 아닌 가이드라인'으로서 많은 기업이 참고용으로만 활용해 왔다. 앞서 설명한 바와 같이 대한민국에서만 일부 기업들이 ISO 19600을 인증을 받았다. 당시 무모함에 필자는 TC 309 의장에게 직접 메일을 보내고 확인 결과 전 세계적으로 많은 기업들이 실제 더 명확하고 제3자 인증이 가능한 시스템 요구가 증가하고 있다고 하였다. 이에 따라, ISO는 7년 만에 이를 반영하여 ISO 37301을 제3자 '인증 가능한 Compliance 경영시스템 표준'으로 개발하게 되었다.

ISO 37301의 개발은 국제적인 Compliance 전문가 그룹, 각국의 표준화기구, 실무자와 학계 전문가들의 협력을 통해 추진되었다. 특히 ISO 산하의 TC 309(거버넌스 표준을 다루는 TC)가 주축이 되어 초안 마련, 국제 의견 수렴, 기술 검토를 거쳐 최종 표준안FDIS을 확정하였다. 표준화 과정은 다음과 같은 단계로 진행되었다.

① 기존 ISO 19600에 대한 실무적 한계 검토
② 국제 워킹그룹을 통한 초안 작성Committee Draft(CD)
③ 국제 회원국의 의견 수렴Draft International Standard(DIS)
④ 최종 국제표준안 확정Final Draft International Standard(FDIS)
⑤ 2021년 4월 ISO 37301 공식 제정 및 발행

ISO 37301은 조직의 Complaicne 문화, 리더십, 리스크 기반 사고, 실사, 모니터링, 성과지표 지속적 개선 등의 요소를 포괄하는 종합적인 시스템 접근법을 제시한다. 특히 다른 경영시스템과 다르게 문화까지 포함되어 있다. 또한 ISO 9001(품질), ISO 14001(환경), ISO 37001(부패방지) 등 기존 경영시스템 표준들과 구조가 동일High Level Structure하여 통합 운영이 용이하다는 점도 큰 특징이다. 즉, 언어, 체계가 동일한 구조이다.

특히 이 표준은 조직이 자율적으로 Compliance 문화를 내재화하고, 외부 이해관계자의 신뢰를 얻기 위한 강력한 도구가 될 수 있다. 국내에서는 점차 ISO 37301을 도입하여 기존 공정거래 자율준수 프로그램CP과 연계 및 통합하는 방식이 강조되고 있으며, 향후 기업의 ESG 경영 및 내부통제 시스템과의 통합 기반으로 확산될 전망이다.

ISO 37301 개발 배경

전 세계 수많은 기업들이 기존의 준법경영 활동으로는 실질적인 효과성을 거두지

못하거나, 입증이 가능하지 않은 수준에서 머무르는 등 어려움을 겪으며 Compliance 에 대한 국제 표준화의 절실함이 공감되면서 ISO 37301이 개발되기 시작하였다. 특히 글로벌기업 부패, 내부통제 실패, 뇌물공여, 공정거래 위반 등으로 막대한 법적 책임과 평판 손실이 발생하는 스캔들이 연이어 발생하면서, 기업의 Compliance 경영을 체계적으로 운영할 수 있는 제3자 인증이 가능한 국제표준의 필요성이 대두되었다.

기존 ISO 19600은 참고용 가이드라인에 불과하여 실효성이 떨어지고, 기업 외부에서 신뢰받기 어렵다는 한계가 있었다. 이에 따라 실질적인 인증이 가능한 표준으로 전환하고자 한 것이 ISO 37301 개발의 직접적 동기다. 또한, Compliance는 법률 등으로써 ESG 각 평가지표와 밀접하게 연결될 뿐만 아니라 의무식별과 리스크 평가의 필수 수단, 기업문화 내재화 과제로 그 중요성은 점점 부각될 예정이다. 즉, 기업의 차별화된 경쟁력을 좌우하는 요인으로 접근하는 것이다.

ISO 37301은 기업의 Compliance 경영에 대한 Best practice, 법적 요구사항, 윤리적 책임 등이 종합적으로 고려되었다. 기업이 규범을 준수하고, 윤리적으로 행동하며, 관련 위험을 관리하는 방법에 대한 명확한 지침을 제시한다. ISO는 이러한 변화에 대응하여 기업이 글로벌 수준의 Compliance 경영시스템을 구축하고, 자율적이고 예방 중심의 조직 운영체계를 확립할 수 있도록 하기 위해 ISO 37301을 2021년도에 제정하였다. 이는 조직의 책임성과 투명성을 높이고, 이해관계자의 신뢰를 확보하기 위한 전략적 수단으로서 국제적으로 요구되는 흐름에 부합하는 결과물이다.

ISO 37301 표준의 주요 특징

ISO 37301은 조직의 Compliance(준법경영) 체계를 구축하고 운영하며, 이를 지속적으로 개선할 수 있도록 설계된 국제표준이다. 2021년 4월 정식 발행된 이 표준은 기업의 법규 준수뿐 아니라 윤리적 책임까지 포괄하며, 다음과 같은 7가지 주요 특징을 갖고 있다.

① 제3자 인증이 가능한 국제표준 – Scope, 서문 및 Annex A

ISO 37301은 기존의 지침형^{Guide-type} 표준이었던 ISO 19600을 대체하여 요구사항을 명시한 인증형^{Management System standard} 표준이다. 즉, 외부 인증기관에 의해 적합성을 평가받고 공식 인증^{Certification}을 받을 수 있어, 조직은 대내외 이해관계자에게 자사의 Compliance 체계에 대한 객관적 신뢰성과 책임성을 입증할 수 있다.

② 리스크 기반 사고^{Risk-based Thinking} – 4.1~4.6(조직의 맥락, 의무 식별, 리스크 평가), 6.1(리스크 및 기회의 조치)

ISO 37301은 조직이 법적·규제적·계약적·자발적 요구사항에 대한 이행 여부를 리스크 관점에서 사전에 식별·분석·통제할 것을 요구한다. 이는 사후적 법규 준수에서 벗어나, 사전 예방^{Prevention}과 전략적 대응^{Strategic compliance}을 통해 지속가능한 조직 운영을 가능하게 한다.

③ 조직문화와 윤리 내재화 강조 – 5.1~5.3(리더십 및 책임, 문화), 7.3(인식), 7.4(의사소통), 7.5(문서화된 정보)

ISO 37301은 Compliance를 조직문화^{Culture}와 윤리적 기준^{Ethics}의 정착을 목표로 한다. 이를 위해 최고경영자의 리더십^{Leadership}, 내부 커뮤니케이션, 전 직원의 인식 향상 및 교육 체계 구축이 요구되며, 전사적인 행동 규범^{Code of conduct}의 확산이 핵심이다.

④ 고수준 구조^{High-Level Structure}(HLS) 기반 – ISO 공통 구조^{HLS}, Annex SL 기반 구성

ISO 37301은 ISO 9001(품질), ISO 14001(환경), ISO 45001(안전보건), ISO 37001(부패방지) 등과 동일한 구조의 '고수준 구조(HLS)'를 채택하고 있다.

이로써 다양한 경영시스템 간 통합 운영^{Integrated Management System}을 용이하게 하며, 중복적인 업무 제거와 운영 효율성을 높이는 데 유리하다. 대부분 ISO 37001과 ISO 37301을 통합하여 시너지 효과를 내고 있다.

⑤ PDCA 기반의 지속적 개선 시스템 – 9(성과평가), 10(개선)

ISO 37301은 Plan-Do-Check-Act^{PDCA} 사이클을 중심으로 조직의 Compliance 경영시스템을 지속적으로 점검하고 개선하는 구조를 갖고 있다. 일

회성 규정 제정이나 형식적 교육이 아닌, 성과 기반^Performance-based^의 Compliance 운영을 요구한다.(예: 모니터링 및 내부심사 → 부적합 도출 → 시정조치 및 재발방지 대책 수립)

⑥ 이해관계자 요구 반영 및 사회적 책임성과 연계 – 4.1(조직의 맥락), 4.2(이해관계자의 요구사항)

ISO 37301은 내부 규정의 틀을 벗어나 외부 이해관계자의 기대^Expectations^지 반영해야 한다고 명시한다. 이는 투자자, 고객, 규제기관, 시민사회 등 다양한 이해관계자들의 신뢰 확보를 위한 필수 조건이며, 조직의 사회적 책임^CSR^과도 직접적으로 연결된다.(예: ESG 평가 대응, 글로벌 공급망 계약조건 대응 등)

⑦ 유연성과 확장성 높은 설계 원칙 – 서문 및 조항 4.1(조직의 맥락)

ISO 37301은 업종, 조직 규모, 운영 환경, 리스크 특성에 따라 유연하게 맞춤형 설계가 가능하도록 되어 있다. 표준은 모든 조직에 적용 가능한 보편적 프레임워크를 제공하지만, 구체적인 운영 방식은 조직의 맥락^Context^에 따라 달라질 수 있다고 명시한다.(예: 중소기업 맞춤형 CP, 다국적기업용 글로벌 Compliance 프레임 구성 등)

글로벌 비즈니스에 미치는 영향

우선, ISO 37301은 국제적으로 통용되는 'Compliance 경영시스템의 신뢰 보증 수단'이 될 수 있다. 글로벌기업이나 다국적 바이어들이 이제 제품이나 기술만으로 기업을 선택하지 않는 것은 독자들도 알고 있을 것이다. 2000년대 들어 공급망 전체의 법규 준수 수준과 윤리경영 체계를 요구하고 있다. 특히 ESG 확산 이후 글로벌기업들은 협력사에 Compliance 및 윤리기준 준수 요구를 계약 조건화하고 있다. 이때 ISO 37301 인증은 글로벌 공급망 참여의 자격 요건처럼 작동하며, 해외수출, 글로벌 입찰, 해외 JV 설립 등에서 기업의 투명성과 신뢰도를 입증하는 핵심 자산이 된다.

둘째, ISO 37301 인증은 글로벌 리스크 대응 역량의 입증 자료가 된다. 해외사업에서 가장 문제가 되는 것이 현지 법령 미준수, 부패 리스크, 인권침해, 경쟁법 위반 등의 이슈다. 특히 한국 기업은 빠른 의사결정과 높은 성과 중심의 문화로 인해 종종 'Compliance 리스크 관리'가 사후 통제로 운영되는 경우가 많다. ISO 37301은 이러한 리스크를 선제적으로 관리할 수 있는 구조를 만들어 주고, 해외 이해관계자에게 '이 기업은 사전 리스크 통제 능력을 갖춘 파트너'라는 신호를 보낸다.

셋째, 글로벌 브랜드 가치가 향상된다. 오늘날 기업의 평판은 재무성과만으로 결정되지 않는다. ISO 37301 인증은 글로벌 고객과 투자자, 미디어, ESG 평가기관 등 외부 이해관계자에게 '이 기업은 윤리성과 법적 책임을 경영의 핵심 가치로 삼는다'는 이미지를 전달하는 신뢰 레버리지다. 특히 ESG 등급에 영향을 미치는 지배구조(G) 영역의 핵심 관리지표로 ISO 37301 도입 여부가 반영되는 경우도 늘어나고 있다. 이처럼 ISO 37301 시스템 도입과 인증을 통해 임직원의 인식 전환과 기업문화 정착까지 유도하는 구조적 강점을 제공한다. 이는 한국 기업으로써 글로벌기업들이 중요시하는 '내부통제의 실질성' 확보 측면에서 매우 중요한 차별화 요소다.

마지막으로, 지속가능한 글로벌 성장 전략의 기초 인프라로 기능한다. 과거에는 가격 경쟁력과 기술력이 글로벌 진출의 주요 요소였다면, 지금은 '윤리적 기업 운영 체계'가 신뢰 기반의 비즈니스 파트너십 형성에 핵심 조건이 되었다. ISO 37301은 이러한 변화 속에서 한국 기업이 글로벌시장에서 법적 리스크를 줄이고, 윤리적 신뢰를 확보하며, 파트너의 선호 대상이 되도록 만드는 핵심 장치가 된다. 결국 ISO 37301 인증은 법을 지켰다는 선언이 아니라, '이 기업은 글로벌 기준에 부합하는 경영시스템을 갖추고 있으며, 함께할 가치가 있다'는 메시지다. 한국 기업이 글로벌 공급망 속에서 전략적 위치를 확보하고, 지속가능한 경쟁력을 키우기 위해 반드시 고려해야 할 전략적 선택지이다.

공공기관: 청렴, 윤리경영 문화
그리고 Compliance

01. 공공기관의 청렴, 윤리경영

우선 공공기관의 윤리경영 필요성과 중요성에 대하여 설명할 필요가 있다. 오늘날 공공기관과 그 임직원들은 청렴, 윤리경영에 최선을 두어야 한다. 국민을 위한 공적 서비스를 제공하는 조직으로 사회적 가치와 공익을 실현하는 것을 목적으로 하는 공공기관에 대한 국민의 윤리경영 눈높이는 민간기업보다 높다. 공공기관의 윤리적 책임은 윤리적 기준을 지키며 국민의 신뢰에 부응하는 데 있다. 민간기업과 달리 공공기관은 이윤 창출이 최우선 목표가 아니며, 그보다는 공정하고 투명한 운영을 통해 국민의 신뢰를 얻고, 더 나아가 국민 삶의 질 향상에 충족하여야 한다. 대한민국뿐만 아니라 전 세계 모든 시민은 공공기관이 공정하고 청렴하게 운영되기를 기대한다. 이러한 기대가 충족되지 못할 경우 공공기관에 대한 불신이 높아지고, 이는 공공서비스 전체의 신뢰도에도 부정적인 영향을 미친다. 과거 백성들이 난을 일으키는 이유는 배고파서가 아니라 공정하고 공평하지 못해서였다.

오늘날 공공기관은 전반적으로 청렴과 윤리경영을 실천해야 하는 위치에 있다. 공공기관의 임직원들은 법 준수 이상의 높은 윤리적 책임을 다하며, 공공의 이익을 위해 봉사해야 한다. 이는 투명성과 책임감을 기본 가치로 삼고 윤리경영을 실천할 때만 가능하다. 특히 공공기관의 투명성은 민간과 차별화되는 본질적 특성 중 하나로, 국민의 세금으로 운영되는 조직이기에 모든 정책과 사업에서 불필요한 비밀을 배제하고 국민과 적극적으로 소통해야 한다.

또한, 공공기관의 활동은 경제적 이해관계보다 훨씬 광범위한 이해관계자들에게 영향을 미친다. 공공기관의 결정은 국민뿐만 아니라 지역사회, 국가 전반에 걸쳐 큰 파급효과를 불러일으킬 수 있다. 이러한 파급효과를 고려해 공공기관은 사회적 책임을 다하며 국민의 요구와 기대에 부응하는 윤리적 기준을 준수해야 한다. 이러한 측면에서 공공기관의 윤리경영과 청렴 문화는 국민의 신뢰를 받기 위한 기본적인 요건이 된다. 따라서 많은 공공기관들은 기획재정부, 국민권익위원회, 감사원, 각 소관부처와 상위기관에서 다양한 청렴, 윤리경영에 대한 경영평가를 받아야 한다. 경영평가에서 높은 점수를 받은 기관은 상을 받고 낮은 점수를 받는 기관은 예산과 기관장과 임직원 성과평가에 반영될 수 있기 때문이다. 일부 기관에서는 너무 많은 유사 평가제도 때문에 평가를 받기 위해 일해야 하는 상황이다. 이러한 사항은 탁상행정으로 실패한 청렴, 윤리경영이 될 수 있다.

이미 수많은 사례들이 우리에게 교훈을 주었다. LH 사태와 같은 부동산 투기 사건은 공공기관의 윤리적 위기가 국민의 분노를 불러일으킨 대표적인 사례다. 국민의 생계 중 가장 중요한 것이 집값인데, LH 일부 임직원들의 내부정보를 이용한 부동산 투기 사건은 공공기관 윤리경영의 실패를 보여준다. 국민적 신뢰 상실, 대규모 사회적 반발이 일어났으며, 이로 인해 공공기관의 투명성과 윤리경영 필요성이 더욱 강조되었다. 이처럼 공공기관 임직원이 윤리기준을 위반할 경우, 조직 내부의 문제가 아니라 사회 전체에 부정적 영향을 미친다. 국민의 신뢰를 회복하기 위해 공공기관은 윤리 리스크 관리체계를 강화하고, 전 직원이 윤리적 책임을 실천할 수 있도록 환경을 조성해야 한다.

다시 언급하지만 국민이 바라보는 공공기관 윤리경영의 눈높이는 매우 높다. 따라서 공공기관의 윤리경영 문화 구축과 실천은 매우 수준 높은 차원에서 필수적이고 효과적이어야 한다. 따라서 공공기관의 청렴, 윤리경영 문화를 구축하는 것은 매우 중요한 과제이며, 이를 위한 경영진의 의지와 실천이 우선 필요하다. 공공기관의 리더는 스스로가 윤리경영의 모범이 되어야 하며, 조직구성원들에게 윤리적 책임감을 심어주는 리더십을 발휘해야 한다.

공공기관의 윤리경영 환경 조성

공공기관의 청렴, 윤리경영 사례		
요소	세부 내용	사례
경영진 리더십	최고경영진이 윤리적 리더십을 강력히 실천하며, 윤리경영의 중요성을 직원들에게 지속적으로 강조한다.	CEO가 윤리경영 원칙을 공식적으로 선언하고, 윤리적 행동강령을 준수하는지 정기적으로 모니터링
전담 조직의 구성	윤리경영을 담당하는 전담 부서 및 인력을 배치하여, 윤리경영 실천을 체계적으로 관리한다.	윤리위원회 구성, 윤리 담당관 지정, 내부 감사팀에서 정기적으로 윤리경영 평가 및 개선 방안 도출
정책 및 절차 규정	윤리경영을 위한 명확한 정책과 절차가 규정되어야 하며, 모든 임직원이 쉽게 접근할 수 있도록 한다.	반부패 정책 수립, 윤리규정 전자 시스템으로 직원들에게 공유, 교육 실시
대내외 소통 강화	윤리경영에 대한 정보를 내부 직원 및 외부 이해관계자와 적극적으로 공유하여 투명성을 제고한다.	정기 뉴스레터 발송, 윤리경영 워크숍 개최, 윤리경영 성과를 연례 보고서에 포함해 공개

참고표준: ISO 37301, ISO 37001, 윤리경영 CP, 윤리경영 표준모델, 공공기관 경영평가, 청렴도 평가 등

위 표과 같은 요소들은 공공기관의 윤리경영 성과에 중요한 영향을 미치며, 윤리적인 조직문화를 구축하는 데 중요한 기반이 된다. 구체적으로 공공기관의 윤리경영 환경 조성 방안은 아래와 같다.

❶ 경영진의 리더십

공공기관에서 윤리경영을 성공적으로 실천하기 위해 가장 중요한 것은 경영진의 리더십이다. 기관의 고위층은 대부분 정권이 바뀌거나 임기 만료 등에 따라 자주 바뀌게 된다. 안타깝게도 주요 이슈는 경영진 측에서 종종 일어나곤 한다. 이들이 모범을 보이고 실천해야 하는 것이 윤리경영인 것이다. 즉, 최고경영진은 윤리경영이 조직의 핵심 가치로써 기업문화가 될 수 있도록 주도해야 한다. ISO 37301과 ISO 37001에서는 5장(리더십)에서 경영진의 리더십이 중요한 역할을 한다고 명시하고 있

으며, 이는 공공기관 경영평가의 윤리적 리더십 항목에서도 확인된다.

한 공공기관의 사장이 직접 청렴, 윤리경영 원칙을 전 임직원 앞에서 공식적으로 선언하고, 모든 임직원이 이를 철저히 준수하도록 지속적으로 메시지를 전달하는 방식이 이에 해당한다. 이 기관에서는 1층 로비에 상영하는 대표이사의 청렴 메시지 동영상, 사진과 명함 등에 의지 표명, 반복적인 경영진 회의 등 윤리경영의 목표를 전사적 목표로 삼고 있다. 이처럼 경영진들은 윤리적 의사결정의 중요성을 강조하여 임직원들이 올바른 가치관을 가지고 업무에 임할 수 있도록 유도해야 다른 후배 임직원도 따라 올 수 있다. 윗물이 맑아야 아랫물도 맑다.

❷ 전담 조직의 구성

공공기관 내 윤리경영을 효과적으로 추진하기 위해서는 윤리경영을 전담할 조직과 인력을 체계적으로 배치해야 한다. ISO 37301은 준법 통제 부서의 중요성을 강조하고 있으며, 기획재정부 윤리경영 표준모델에서도 윤리위원회 운영을 권장하고 있다. 특히, 국민권익위원회 윤리경영 CP에서는 윤리와 Compliance 운영을 전담하는 부서의 역할을 강조한다. 전담 조직은 윤리적 이슈를 즉각적으로 식별하고 관리하며, 주기적인 윤리경영 평가와 개선 방안을 제시하는 역할을 한다.

○○기관은 윤리위원회를 내외부 투명한 위원회로 구성하고 그들에게 역할, 책임 및 권한을 부여한다. 또한, 주니어급이 아닌 시니어급의 윤리 담당관을 지정하여 내부감사팀과 협력해 정기적으로 윤리경영 평가를 실시하는 공공기관이 있다. 이러한 기관에서는 윤리경영 개선 방안을 도출하여 실행하는 과정을 통해 투명성과 공정성을 높여가고 있다.

❸ 정책 및 절차 규정

윤리경영을 실천하기 위해서는 모든 직원이 준수해야 할 정책과 절차가 명확히 규정되어야 한다. ISO 37001은 반부패 정책을, ISO 37301은 Compliance 정책을 강조하고 있으며, 공공기관 경영평가에서도 준법 정책의 중요성이 평가된다. 공공기관은 반부패 및 윤리 관련 정책을 모든 직원이 쉽게 접근하고 이해할 수 있도록 해야 하며, 이를 통해 임직원들이 윤리적 기준을 지키며 일할 수 있는 환경을 조성해야 한다.

한 공공기관은 "청렴한 공기업, 윤리경영 정책"을 수립하고 이를 전자 시스템으로 모든 직원이 쉽게 접근할 수 있도록 공유하며, 매년 윤리교육을 각 직급과 기능별로 지속적이고 반복적으로 KPI와 연계하여 실시한다. 직원들은 이 시스템을 통해 정책과 절차를 명확히 이해하고 윤리적 행동을 실천할 수 있다. 이러한 체계적인 접근은 윤리적 사고를 예방하는 데 중요한 역할을 한다.

❹ 대내외 소통 강화

윤리경영을 성공적으로 실천하기 위해서는 내부 직원뿐 아니라 외부 이해관계자들과의 적극적인 소통이 필요하다. 청렴도 평가에서는 이러한 내부 소통의 중요성을 강조하고 있으며, 윤리경영 CP 역시 교육과 의사소통의 중요성을 다루고 있다. 윤리경영에 대한 정보를 적극적으로 공유하고, 성과를 외부에 공개함으로써 투명성을 제고할 수 있다. 이를 통해 공공기관은 국민과의 신뢰를 강화하고, 내부적으로는 직원들이 윤리적 기준을 내면화할 수 있는 환경을 조성할 수 있다.

한 공공기관은 정기적으로 가독성 있고 재미있는 청렴 뉴스레터를 발송하여 윤리경영의 중요성과 주요 성과를 공유하며, 연례 보고서를 통해 윤리경영 성과를 대외에 공개한다. 또한, 윤리경영 관련 워크숍을 개최하여 직원들의 인식을 높이고, 국민과의 소통을 강화하는 데 주력하고 있다. 또한 상벌 정책을 명확히 하여 퀴즈 및 각 청렴 리더에게 역할과 책임을 강조한다.

체계적인 Compliance 경영시스템의 구축

윤리경영을 강화하기 위한 두 번째 요소는 체계적이고 효과적인^{Effective} Compliance 경영시스템의 구축이다. Compliance 경영시스템은 법적 기준을 준수하는 것은 물론, 윤리적 책임을 실천하는 방식을 명확히 정의해 준다. 공공기관의 모든 절차와 운영 방식이 법적, 윤리적 기준에 맞도록 지속적으로 검토되고 개선되는 것이 Compliance 문화가 될 수 있다. 이를 위해 내부통제 시스템과 외부감사 제도를 강화해 공정성과 투명성을 유지하는 한편, 윤리적 리스크를 사전에 예방하고 관리하는 체계를 갖춰야 한다. 특히 공공기관에서는 임직원들이 윤리적 의사결정을 할 수 있도록 돕기 위해 윤리강령과 행동강령을 명확히 제시하고, 모든 임직원에게 지속적 교육과 훈련을 제공하게 되면 인식이 변화하게 된다.

대부분의 공공기관에서는 임직원들이 공정하게 업무를 수행할 수 있도록 익명 신고 제도를 운영하고 있다. 익명 신고 제도는 임직원들이 윤리적 기준을 위반하는 상황을 목격했을 때, 불이익에 대한 두려움 없이 신고할 수 있는 안전한 환경을 제공한다. 또한 외부감사 및 인권 프로그램을 통해 정기적으로 기관의 윤리경영을 검토하고, 그 결과를 알리오를 통해 국민에게 공개함으로써 투명성과 신뢰를 더욱 강화할 수 있다. 이러한 체계적인 접근은 윤리적 문제를 사전에 차단하고, 문제가 발생하더라도 즉각적으로 해결할 수 있는 기반을 마련하는 데 도움이 된다.

또한, 공공기관의 윤리경영과 청렴 문화를 지속적으로 발전시키기 위해서는 임직원들이 자발적으로 윤리적 가치를 내면화할 수 있도록 해야 한다. 앞서 설명한 바와 같이 공공기관의 청렴, 윤리경영 등에 대한 다양한 평가와 준비사항은 너무도 많다. 따라서 하나의 준법 및 윤리경영을 하나의 Compliance 경영시스템으로 통합하여 일관성을 유지하고 각종 평가에 대응하는 것을 추천한다. 그리고 각 기관의 기능^{Function} 차별화를 통해 평가에서 고득점을 노릴 수 있다. 그 예로 어느 공공기관은 다양한 윤리교육 프로그램을 통해 임직원들에게 윤리적 행동과 청렴의 중요성을 지속적으로 알리는 노력을 하고 있다. 일부 기관에서는 신입 직원에게 윤리경영에 대한 기본 교육을 제공하며, 정기적으로 모든 임직원에게 윤리적 이슈에 대한 업데이트와 사례 분석을 통해 윤리적 경각심을 높이는 프로그램을 운영하고 있다.

공공기관의 윤리경영 문화는 외부 이해관계자, 특히 국민과 정부와의 관계에서 신뢰의 연결고리가 될 수 있다. 공공기관이 지역사회와 긴밀히 협력하며 신뢰를 구축하는 것은 지역사회의 경제적, 사회적 발전에 기여할 수 있는 기회가 된다. 공공기관

경영평가 지표에서와 같이 지역사회와 투명하고 공정한 관계를 유지하는 것은 공공기관의 청렴성을 높이고, 지역사회로부터 긍정적인 평가를 얻을 수 있다.

결론적으로 공공기관 윤리경영의 지속가능성과 미래 방향은 분명하다. 윤리경영을 실천하는 공공기관은 국민의 신뢰를 얻으며, 사회적 가치 실현을 위해 나아갈 수 있는 기반을 마련하게 된다. 특히, 공공기관이 청렴과 윤리적 기준을 중심으로 운영된다면, 이는 국민과 사회 전체에 긍정적인 영향을 미치며, 공공기관의 신뢰도와 사회적 지지를 이끌어 낼 수 있다. 향후 공공기관은 윤리경영을 강화하기 위해 계속해서 투명성과 책임을 중심으로 한 시스템을 발전시켜 나가야 한다. 이를 위해 공공기관의 모든 임직원은 지속적인 윤리교육과 Compliance 교육훈련을 통해 윤리적 책임을 다하고, 스스로가 공공의 이익을 위한 봉사자라는 인식을 가져야 한다. 더 나아가 공공기관은 윤리적 리스크 관리 체계를 더욱 강화하고, 내부적으로는 임직원들이 윤리적 가치관을 내면화할 수 있는 조직문화를 구축해야 한다.

공공기관의 윤리경영 문화와 Compliance 경영시스템은 국민과의 신뢰 관계를 유지할 수 있는 차별화 요소임이 분명하다. 공공기관이 청렴하고 공정하게 운영될 때 그 사회적 가치는 무궁무진하게 확대될 수 있다. 또한, 공공기관의 경영평가 제도, 감사원의 내부통제와 윤리경영 및 Compliance 성과도 연계하여야 한다. 공공기관의 윤리경영 실천 여부는 정기적인 경영평가와 청렴도 평가를 통해 측정된다. 기획재정부의 경영평가와 국민권익위원회의 청렴도 평가는 공공기관이 투명성과 윤리성을 유지하는 데 강력한 동기를 부여한다. 또한, 높은 청렴도 평가는 공공기관의 대내외 신뢰를 높이며, 기관 전체의 윤리 문화를 증진하는 역할을 한다. 뒤에서 설명하겠지만 기재부 윤리경영 표준모델과 윤리경영 CP 또한 만만치 않은 준비가 된다.

02. 권익위, 윤리경영 자율준수 프로그램 CP(윤리경영 Compliance Program)

공공기관은 국민을 위한 공적 서비스를 제공하는 기관으로서 사회적 책임과 공익 실현을 최우선 과제로 삼아야 한다. 이러한 측면에서 국민권익위원회가 윤리경영을 실천하는 주무 부처이다. 최근 국민권익위가 제시한 윤리경영 Compliance Program(윤리경영 CP)은 공공기관의 청렴한 운영을 지원하는 Compliance 시스템이라 할 수 있다.

공공기관이 국민의 세금으로 운영되는 조직인 만큼 투명성과 청렴성을 유지하는 것은 그 자체만으로도 매우 중요한 의무사항이다. 윤리경영 CP는 공공기관의 이러한 요구를 충족시키기 위해 기관 내 부패 리스크를 체계적으로 관리하고 예방하는 데 큰 역할을 한다. 즉, 윤리경영 CP의 도입과 실행은 공공기관이 국민의 신뢰를 받는 데 중요한 기초가 된다. 청렴 문화를 내재화하고, 직원들이 윤리적 기준을 스스로 실천하도록 하는 것이 윤리경영 CP의 주요 목적이다. 특히, 윤리경영 CP는 임직원들이 공공기관의 청렴 가치에 따라 행동하도록 유도하며, 공공서비스 제공의 신뢰성을 높이는 데 충족할 수 있다.

윤리경영 CP의 주요 구성요소와 운영 방식

윤리경영 CP의 주요 구성요소와 운영 방식은 공공기관이 자율적으로 청렴 및 윤리경영을 실천할 수 있도록 지원하는 체계적인 프로그램이라는 점이다. 윤리경영 CP의 주요 구성요소와 운영 방식은 다음과 같다.

국민권익위원회 윤리경영 CP 요소 및 사례			
구성요소	세부 요소	세부 내용	사례
I. 환경 조성	리더십	경영진의 윤리적 리더십을 통해 윤리경영의 중요성을 강조하고, 윤리적 의사결정 체계를 확립한다.	경영진이 연례 보고서나 내부 회의에서 윤리경영의 중요성을 강조하고, 각 부서에 윤리 책임자를 임명한다.
	CP 전담조직		
	정책·절차		
	대내·외 소통		
II. 부패 리스크 매핑	부패리스크 식별	공공기관의 다양한 업무 영역에서 발생할 수 있는 부패 리스크를 분석하고 이를 체계적으로 관리한다.	공공 조달, 계약 및 발주 과정에서 발생할 수 있는 리스크를 평가하고, 위험 요소에 대한 조기 경보 체계를 구축한다.
	부패리스크 평가		
	리스크 경감조치		
	잔여 리스크 평가		
	부패 리스크 맵 구축		
	부패 리스크 맵 공개		

국민권익위원회 윤리경영 CP 요소 및 사례			
구성요소	세부 요소	세부 내용	사례
III. 부패 예방 및 관리	위험신호 감지·대응	내부통제 시스템을 구축해 부패 가능성을 사전에 예방하고, 윤리적 행동강령을 정립하여 직원들이 이를 준수하도록 한다.	공공기관에서 반부패 캠페인을 실시하고, 전 직원이 참여하는 윤리교육 프로그램을 정기적으로 운영한다.
	제3자 관리		
	교육		
	신고		
	조사		
	조사 후속조치		
IV. 모니터링 및 개선	효과성 평가 체계 구축	윤리경영의 실천 여부를 지속적으로 모니터링하고, 문제 발생 시 이를 개선하기 위한 대응책을 마련한다.	내부감사팀이 정기적으로 윤리경영 실천 결과를 평가하고, 개선 사항을 보고서로 제출하여 경영진이 검토한다.
	효과성 평가·분석		
	개선		
V. 제재 및 인센티브	제재	윤리경영을 잘 실천한 직원에게는 인센티브를 제공하고, 반대로 위반한 직원에게는 제재를 가한다.	윤리적 행동을 인정받은 직원에게는 성과 보상을 하고, 반부패 정책을 위반한 직원에게는 징계를 부여한다.
	인센티브		

　해당 프로그램은 총 5개 요소와 55개의 세부 진단지표로 구성되어 있으며, 이는 공정거래위원회가 수년간 운영해 온 공정거래 자율준수 프로그램CP과 구조적·철학적으로 매우 유사하다. 그리고 ISO 37301, ISO 37001과도 그 맥락을 같이 한다. 그러나 아쉽게도, 권익위의 일부 관계자는 윤리경영 CP와 공정위 CP가 "완전히 다른 체계"라고 강한 선을 긋는다. 물론 적용 대상 법령이 좁거나 다를 수 있다. 그러나 Compliance라는 본질, 즉 조직 내 윤리·법적 리스크를 식별하고, 사전 예방 중심으로 체계를 설계해 내부통제를 정착시키는 목적은 동일하다. 4개 요소와 44개 공정위 CP와 권익위 5개 요소와 55개 세부 진단지표는 그 체계가 매우 유사하다. 그럼에도 불구하고 일부 행정기관이 탁상행정으로 CP의 유사성과 접점을 인정하지 않고, 마치 부처간의 충성경쟁과 자부심 자랑하듯 평가하려는 태도는 문제라고 본다. 정책의 중요성을 '공정거래냐, 청렴윤리냐'로 이분화할 것이 아니라 기업과 기관이 '무엇을 위반했는가', '그 위반을 어떻게 예방할 것인가'라는 관점에서 접근해야 한다. 공공기

관은 청렴, 윤리, 준법, 인권 등 각 부처와 기관의 평가에 대한 업무 피로도가 굉장히 높다.

이 책의 저자로서, 나는 Compliance를 행정 실적이나 권한 경쟁의 관점이 아니라, 공공기관과 민간기업이 실제로 신뢰하고 따를 수 있는 일관된 기준으로 자리 잡게 하고 싶었다. 그래서 이 내용을 꼭 쓰고 싶었다. 기준은 하나의 부처가 독점할 수 있는 것이 아니라 공정위, 권익위, 감사원, 금융위, 산업부 등 상호 연계해 나가야 할 공동 영역임을 분명히 밝히고 싶다.

❶ 경영진의 리더십

윤리경영 CP에서 경영진의 리더십은 Compliance 프로그램의 성공적인 실행을 위해 가장 중요한 요소 중 하나이다. 최고경영진이 윤리적 리더십을 발휘하며, 조직의 청렴 문화를 직접적으로 이끌어가야 한다. 이는 형식적인 선언에 그치지 않고, 실제로 공공기관의 청렴 목표를 설정하고, 이를 조직 전반에 걸쳐 내재화할 수 있도록 지속적으로 독려하는 방식으로 이루어진다.

【예시】한 공공기관의 장이 윤리경영의 중요성을 강조하며 매년 청렴 목표KPI를 설정하고, 그에 따른 성과를 전 직원과 공유하는 것이다. 이를 통해 임직원들은 경영진의 청렴 경영 의지를 체감하고, 자발적으로 윤리적 행동을 실천하게 된다.

❷ 부패 리스크 평가

윤리경영 CP는 부패와 관련된 리스크를 사전에 파악하고 이를 예방하는 접근 방식을 취한다. 공공기관의 업무는 특성상 조달, 계약, 인사 등 여러 부문에서 부패 리스크가 존재할 수 있다. 부패 리스크 평가를 통해 특정 부서나 업무에서 발생할 수 있는 윤리적 문제를 예측하고, 이를 방지할 수 있는 사전 조치를 마련하는 것이 중요하다.

【예시】공공기관에서 조달 부문은 부패 리스크가 높은 영역으로 인식되며, 윤리경

영 CP를 통해 조달 절차에 대한 정기적인 모니터링과 평가를 실시한다. 또한, 높은 리스크가 감지되면 즉각적인 관리 방안을 마련해 청렴성을 확보한다. 한 에너지 공기업은 리스크가 높은 부서를 대상으로 집중적인 교육과 테스트 후 재교육뿐만 아니라 실사, 모니터링 등을 실시한다.

❸ 내부통제 시스템

윤리경영 CP는 내부통제 시스템을 통해 공공기관 내의 비위 행위와 부패 발생을 미연에 방지할 수 있다. 내부통제 시스템은 모든 임직원이 윤리적 기준을 준수하며 업무를 수행할 수 있도록 돕는 중요한 체계다. 내부통제는 감시와 감사, 그리고 비위 행위 신고 체계 등을 포함하며, 공공기관의 윤리적 기준을 유지하는 핵심 요소로 작용한다.

【예시】대부분의 공공기관에서는 철저한 내부제보 시스템을 도입하여 임직원들이 비위 행위를 목격했을 때 두려움 없이 신고할 수 있도록 지원한다. 이를 통해 내부통제 시스템을 강화하고, 윤리적 기준을 지키지 않는 행위에 대해 철저히 대응할 수 있다.

❹ 교육 및 소통 강화

윤리경영 CP를 실천한다는 것은 윤리경영에 대한 필요한 지식과 태도를 임직원들에게 지속적으로 교육하는 것이다. 이를 위해 공공기관은 정기적인 청렴 교육과 반부패 캠페인을 실시하여 임직원들이 윤리적 기준을 내면화하고 이를 실천할 수 있도록 해야한다. 이를 통해 대외적으로도 청렴 경영에 대한 정보를 공유하며 국민과의 신뢰를 형성하게 된다.

【예시】대부분의 공공기관에서는 청렴 교육을 정기적으로 실시하고 있다. 또한 고위험 부서(인허가 등)는 집중도 높은 청렴 교육으로 그 책임과 권한에 대한 교육을 강조한다. 이러한 교육을 통해 직원들이 공공기관의 청렴 가치와 윤리 기준을 잘 이해할 수 있도록 돕는다. 또한, 공공기관의 윤리경영 성과를 외

부에 공개함으로써 투명성을 높이고, 국민과의 신뢰를 강화할 수 있게 된다.

❺ 감사 및 개선 조치

감사 및 개선조치는 윤리경영 CP의 마무리 단계 요소이다. 정기적인 감사와 CP 운영 상태 평가를 통해 청렴·윤리경영 실천 여부를 지속적으로 점검한다. 감사를 통해 발견된 문제점은 신속히 개선하며, 청렴 문화를 유지하고 강화할 수 있는 방안을 마련하게 된다. 특히, 부패 리스크가 높은 고위험 부서나 업무에 대해 특별 감사를 실시하여 윤리적 리스크를 체계적으로 관리할 수 있게 된다.

【예시】 실제 윤리경영 CP를 운영하는 한 공공기관은 감사 결과에 따라 부패 리스크가 높은 부서의 정책을 개선하고, 외부 기관과 협력하여 감사를 더욱 철저히 실시한다. 이를 통해 청렴 문화를 강화하고, 공공기관 운영의 투명성을 확보한다.

윤리경영 CP와 글로벌 Compliance 경영시스템[ISO 37301]과의 연계

윤리경영 CP는 공공기관의 투명성, 청렴성, 윤리성을 강화하기 위한 체계적 프로그램이다. 이 프로그램은 공공기관이 자율적으로 윤리적 기준을 준수하도록 유도하며 청렴 문화를 정착시킬 수 있는 기틀을 마련한다. 윤리경영 CP는 국제적으로 인정받는 Compliance 경영시스템과 반부패 표준인 ISO 37001(부패방지)의 주요 요소들과도 깊은 연관성을 가지고 있다. 이들 글로벌 표준은 공공기관이 투명성과 청렴성을 갖추기 위한 국제적인 기준을 제공하여, 윤리경영 CP와 연계하여 도입할 경우 공공기관의 청렴 경영을 더욱 강화하는 기반이 될 수 있다.

윤리경영 CP와 ISO 37301 및 ISO 37001의 연계 구조			
요소	윤리경영 CP	ISO 37301	ISO 37001
리더십	경영진이 윤리적 리더십을 발휘하여 청렴 문화를 주도하고 임직원들이 윤리적 기준을 따르도록 유도한다.	경영진의 리더십과 적극적인 참여를 강조하여 조직의 규범 준수 문화를 확립한다.	경영진이 반부패 정책을 수립하고, 이를 강력히 지지하는 리더십을 발휘하도록 요구한다.

윤리경영 CP와 ISO 37301 및 ISO 37001의 연계 구조			
요소	윤리경영 CP	ISO 37301	ISO 37001
부패 리스크 평가	공공기관의 주요 부패 리스크를 식별하고, 이를 사전에 예방하기 위한 조치를 마련한다.	조직의 리스크 평가를 통해 규범 준수와 관련된 리스크를 체계적으로 파악하고 관리한다.	부패 리스크 평가를 통해 조직 내 발생할 수 있는 부패 요소를 분석하고 이를 제어하는 조치를 취한다.
정책과 절차	윤리경영 및 청렴 관련 정책을 수립하고, 직원들이 이를 준수하도록 명확히 정의한다.	Compliance 관련 정책과 절차를 수립하여 조직 내 규범 준수 문화를 조성한다.	반부패 정책과 절차를 명확히 수립하고 모든 임직원이 이를 준수하도록 요구한다.
교육 및 인식 제고	청렴·윤리교육을 통해 임직원들이 윤리적 기준을 이해하고 내재화할 수 있도록 돕는다.	규범 준수와 관련된 교육을 제공하여 모든 임직원이 준수 의식을 갖추도록 지원한다.	반부패 교육을 통해 뇌물 방지와 부패 예방에 대한 직원들의 인식을 높인다.
모니터링 및 감사	윤리경영 실천 여부를 정기적으로 점검하고, 감사 결과에 따라 개선 조치를 취한다.	Compliance 준수 여부를 지속적으로 모니터링하고, 문제 발생 시 즉각적인 개선 조치를 마련한다.	반부패 시스템의 효과성을 주기적으로 평가하고, 개선이 필요한 사항을 수정한다.
제재 및 인센티브	청렴 경영 실천자에게 인센티브를 부여하고, 반대로 윤리 규정을 위반한 직원에게는 제재를 가한다.	규범 준수 성과에 따른 인센티브 제공과 규정 위반에 대한 제재 방안을 명확히 규정한다.	반부패 규정을 준수한 성과에 따라 인센티브를 제공하고, 규정을 위반한 경우 적절한 징계를 실시한다.

윤리경영 CP와 ISO 37301(Compliance 경영시스템)의 관계는 매우 밀접한 관계를 가진다. 규범 준수, 즉 Compliance 경영시스템은 조직이 규범을 준수하는 문화를 확립하고, 이를 체계적으로 관리하기 위한 프레임워크를 제공하는 국제표준이다. ISO 37301의 주요 목적은 조직 내 모든 절차와 운영 방식이 규범을 따르도록 관리하고, 규범 준수 문화를 통해 조직의 신뢰도를 높이는 데 있다. 윤리경영 CP와 ISO 37301은 공공기관의 투명성과 윤리성을 유지하기 위한 중요한 수단으로, 두 시스템은 다음과 같은 방식으로 유사한 목표를 가지고 있다.

❶ 리더십과 경영진의 책임

ISO 37301은 조직의 최고경영진이 규범 준수 문화를 선도해야 한다고 명시하고 있으며, 이는 윤리경영 CP에서도 동일하게 요구되는 요소다. 윤리경영 CP에서는 경영진이 윤리적 리더십을 통해 청렴 문화를 이끌고, 모든 임직원에게 윤리적 행동을 요구한다. 경영진이 윤리적 행동의 본보기를 보임으로써, 조직 내 청렴성이 확립되고 직원들이 스스로 규범을 준수하도록 유도할 수 있다.

❷ 리스크 평가

ISO 37301은 규범 준수와 관련된 의무를 식별 및 리스크를 파악하고 이를 체계적으로 관리하도록 권장한다. 윤리경영 CP에서도 부패 리스크 평가를 통해 조직 내 윤리적 위험 요소를 식별하고 예방조치를 마련할 것을 강조한다. 공공기관의 계약 및 조달 과정에서 발생할 수 있는 리스크를 분석하고 관리하는 과정은 윤리경영 CP와 ISO 37301 모두에서 중요한 부분으로 다뤄진다.

❸ 정책과 절차 수립

윤리경영 CP와 ISO 37301은 모두 명확한 규범 준수 정책과 절차를 수립하는 것을 필수로 한다. ISO 37301에서는 조직이 준수해야 할 규범을 문서화하고, 이를 모든 직원이 이해할 수 있도록 명확히 정의해야 한다고 강조한다. 윤리경영 CP 역시 윤리경영 및 청렴 관련 정책을 수립하고 이를 조직 전체에 공유하며, 임직원들이 이를 준수할 수 있도록 한다.

❹ 교육 및 인식 제고

ISO 37301에서는 규범 준수 교육을 통해 직원들이 규범을 준수할 수 있도록 지원해야 한다고 명시하고 있다. 이는 윤리경영 CP에서도 중요한 요소로, 청렴 윤리교육을 통해 공공기관 직원들이 윤리적 기준을 내재화하도록 돕는다.

❺ 모니터링 및 감사

ISO 37301과 윤리경영 CP 모두 Compliance Program의 실천 여부를 정기적으로 점검하고 감사하는 것을 권장한다. 이는 조직이 규범 준수 문화를 유지할 수 있도록 도와주며, 필요시 즉각적으로 개선 조치를 취할 수 있는 기반을 제공한다.

윤리경영 CP 도입을 통한 공공기관 청렴 문화 확립의 효과는 분명하다. 윤리경영 CP를 통해 공공기관은 청렴하고 투명한 문화를 정착시킬 수 있다. 청렴 문화는 공공기관의 모든 구성원이 청렴을 개인적 가치로 내면화할 수 있도록 돕는다. 윤리경영 CP는 공공기관의 모든 직원이 자발적으로 윤리적 기준을 준수하도록 하는 문화 조성에 부합하며, 이는 국민의 공공기관에 대한 청렴과 윤리 신뢰도를 높이는 데 역할을 할 수 있다. 또한 윤리경영 CP와 ISO 37301과의 연계를 통해 공공기관은 국내외에서 인정받을 수 있는 청렴성과 투명성을 확보할 수 있다. 국민 신뢰를 향상하여 공공기관의 국제적 윤리기준을 준수함으로써 국민에게 투명하고 공정한 이미지를 심어줄 뿐만 아니라 부패 예방 및 리스크 통제를 강화한다. 체계적인 리스크 평가와 내부통제를 통하여 부패 발생 가능성을 사전에 차단하고 청렴성을 유지할 수 있다. 윤리경영 CP는 ISO 37301과 같은 국제적인 Compliance 경영시스템과 연계하여 공공기관이 청렴성과 투명성을 강화할 수 있도록 지원한다. 이를 통해 공공기관은 국민에게 신뢰받고, 글로벌 기준을 충족하는 조직으로 거듭날 수 있다.

03. 기재부, 윤리경영 표준모델(청렴과 투명성의 기반)

이제 공공기관의 윤리경영은 국민 신뢰와 사회적 책임 실현의 중요한 요소임은 모든 독자들이 이해하고 있을 것이다. 공익을 우선시하는 특성을 지닌 만큼 투명성과 책임감을 최우선 경영 가치로 삼아야 한다. 특히, 공공기관의 경영 방식이 국민의 삶에 직결되고, 공공 자원을 관리하는 역할을 담당하고 있어 윤리경영의 필요성은 나날이 커지고 있다. OECD와 국제투명성기구Transparency International(TI) 등 국제기구들도 공공 부문에서의 윤리적 책임과 청렴성이 전 세계적으로 강조되고 있음을 나타내고 있다.

공공기관이 공정성을 바탕으로 대국민 서비스의 질을 높여 국민의 신뢰를 확보하기 위한 필요성을 충족시키기 위해 국민권익위원회(윤리경영 CP)와 기획재정부는 2021년 공공기관 윤리경영 표준모델을 제안하였다. 이 표준모델은 공공기관이 내부적으로 윤리 문화를 정착시키고, 외부적으로는 국제적 윤리 기준에 부합하도록 독려한다. 이를 통해 윤리경영 목표를 명확히 설정하고, 체계적인 윤리경영 활동을 지원하는 데 초점을 맞춘다. 이러한 모델의 시행은 단기적 성과에만 의존하지 않고 장기적 신뢰를 쌓고, 공공기관의 운영 효율성과 생산성 향상에도 긍정적인 영향을 미칠 수 있다.

기획재정부 역시 공공기관의 윤리경영 표준모델은 국제표준인 ISO 37301 (Compliance 경영시스템) 및 ISO 37001(부패방지 경영시스템)과도 깊은 연관성을 가진다. ISO 37301은 공공기관을 포함한 모든 조직이 규범 준수 문화를 체계적으로 관리할 수 있는 프레임워크를 제공하며, ISO 37001은 부패 방지 경영시스템을 통해 뇌물 수수 등 비윤리적 행위를 예방할 수 있도록 돕는다. 이러한 국제표준을 기반으로 한 공공기관 윤리경영 표준모델은 공공기관이 부패 리스크를 체계적으로 평가하고, 이를 관리할 수 있는 구조적 기반을 제공하여 윤리적 경영을 통해 사회적 신뢰를 강화하는 데 이바지한다.

윤리경영 표준모델의 핵심 요소와 공공기관 운영의 필수적 요건

윤리경영 표준모델의 6대 핵심 요소와 10대 추진 원칙은 공공기관의 운영 구조와 깊이 맞물려 있다. 특히, 경영진의 윤리적 리더십은 공공기관 윤리경영의 근본적인 요소로서, 최고경영진이 윤리경영 목표를 설정하고 이를 전사적으로 공유함으로써 조직 전체의 청렴성을 강화한다. 경영진은 윤리경영 목표를 공개적으로 선언하고 이를 실천하는 리더십을 통해 모든 직원이 청렴 문화를 자연스럽게 내면화할 수 있도록 유도해야 한다.

공공기관 지속가능 윤리경영 문화를 조성하기 위한 목표로 6대 핵심요소와 10대 추진원칙은 아래와 같다.

윤리경영 표준모델		
	6대 핵심요소	10대 추진원칙
표준 모델	윤리의식 확립	① 윤리의식 확립: 최고경영진 주도 윤리경영 시스템 구축
	관리체계 구축	② 관리체계 구축: 적절한 권한위임과 감독책임 강화
	윤리위험 파악	③ 윤리위험 식별: 위험요인을 식별하고 위험도를 계량화 ④ 환경변화 대응: 외부변화에 민감, 리더십 변화에 안정
	윤리위험 통제활동	⑤ 통제활동 수립: 윤리위험별로 적절한 대응방안 서례 ⑥ 통제절차 선택: 통제활동 선택과 주기적 유효성 평가
	내·외부 신고제도	⑦ 내부 의사소통: 비밀이 보장된 비밀고발제도 정비 ⑧ 외부 의사소통: 외부관계자에 의사소통채널 개방
	윤리경영 모니터링	⑨ 윤리경영 모니터링: 객관적이고 독립적인 모니터링 ⑩ 윤리경영 개선활동: 적시에 윤리경영상 문제점 개선

공공기관 윤리경영 표준모델의 10대 원칙은 공공기관이 윤리적이고 투명하게 운영될 수 있도록 설계된 필수 요소들로, 공공기관의 사회적 책임과 대국민 신뢰를 강화하는 데 그 역할을 한다. 여기서는 각각의 원칙을 자세히 설명하며 공공기관이 이를 통해 어떻게 윤리경영을 실현할 수 있는지에 대해 구체적으로 살펴본다.

❶ 윤리의식 확립: 최고경영진의 윤리적 리더십과 강력한 윤리 의지

최고경영진이 윤리경영의 중요성을 명확히 인식하고, 이를 직원들에게 전달하는 것은 윤리경영의 시작이다. 즉, 최고경영진의 리더십이 조직 내 윤리경영 문화를 형성하는 데 중심적인 역할을 한다는 것이다. 구체적으로 윤리강령을 명확히 설정하고 이를 일관되게 실천하는 모습을 보여줌으로써, 임직원들이 윤리적 행동의 중요성을 자발적으로 내면화할 수 있도록 유도한다.

생선은 머리부터 썩는다는 말이 있듯이 윤리경영 실천은 조직문화의 상층부에서 시작된다. 최고경영자가 올바른 윤리 의식을 갖고 직접 행동으로 보여주는 것이 모든 조직구성원에게 가장 강력한 메시지가 된다. 말이 아닌 '행동의 일관성'이 조직문화에 스며드는 출발점이다. 윤리경영은 결국 톱다운$^{Top-down}$ 구조에서 시작해야 한다.

CEO가 단 한 번이라도 윤리적 기준을 무시하거나 회피하면, 하위 조직은 모두 무너진다. 최고경영진의 침묵은 부패를 방조하는 계기가 될 수 있다. 따라서 경영진의 윤리적 리더십은 강령 선언이 아니라 실천과 피드백을 동반하는 지속적 메시징 시스템이어야 한다.

❷ 관리체계 구축: 윤리경영 전담 조직구성과 책임 강화

효과적인 윤리경영을 위해서는 조직 내에 전담 부서와 명확한 책임 체계를 구축해야 한다. 각 부서별로 윤리경영과 관련된 역할을 부여하고, 이들의 독립성과 전문성을 보장해야 한다. 이를 통해 윤리경영 활동이 실질적으로 이루어질 수 있도록 하는 관리체계가 마련된다.

윤리경영을 시스템적으로 추진하려면 '조직화'가 필수다. 책임 주체가 명확하지 않으면 윤리경영은 메아리에 그친다. 전담 부서, CCO^Chief Compliance Officer, 전문 담당자, 각 부서의 Key-man, 윤리위원회 등 충분한 예산과 인력이 구조적으로 뒷받침되어야 한다. 전담 조직은 다른 부서에 자문^Advice을 줄 수 있어야 하는 위치에 있으면서 책임과 권한 있는 전략 부서로 위상을 높여야 한다. 또한 CEO 직속 보고 체계를 유지하고, 인사권과 예산 편성권 일부를 보장해야 실질적인 영향력을 갖는다. Compliance는 조직 내 사후에 일어난 일을 처리하는 '경찰^Police'이 아니라 사전에 예방할 수 있는 '내비게이터'가 되어야 한다.

❸ 윤리위험 식별: 잠재적 윤리위험의 사전적 평가

윤리적 리스크는 공공기관의 다양한 부서와 업무에서 발생할 수 있으며, 사전에 이를 식별하고 대응 전략을 마련하는 것이 필요하다. 공공기관의 내부 및 외부 환경을 고려해 윤리적 위험 요소를 식별하고, 이를 핵심 위험과 일반 위험으로 구분하여 관리한다. 예를 들어, 부정 청탁이나 비위 행위 등 공공기관 특성에서 빈번히 발생할 수 있는 리스크를 중심으로 위험을 평가하고 예방 방안을 마련해야 한다.

윤리위험은 '문제가 터진 후'가 아니라 사전 예측과 구조적 제거가 핵심이다. 부패, 이해충돌, 내부정보 남용 등 유형별 리스크 매핑과 업무 프로세스 기반 진단이 필요하다. 민족적 특성일지는 모르나 우리는 대부분 리스크 대응이 사후 중심이라는 점이다. 이슈가 일어나기 전에 식별, 분석하고 미리 대응해야 한다. 윤리적 리스크는 영업활동과 같이 업무 성과와 연계되어 발생하므로, 성과지표와 윤리지표의 통합관리 시스템이 필요하다. 리스크 식별은 일방적 점검이 아닌 기업문화 진단과 연계되어야 한다.

❹ 환경변화 대응: 리더십과 외부 변화에 대한 유연한 적응력

공공기관은 사회적 요구와 환경변화에 민감하게 반응해야 하며, 특히 윤리경영에 관한 외부적 변화에 대해 선제적으로 대응할 필요가 있다. 외부의 법적, 정책적 변화에 맞춰 윤리경영 시스템을 조정하고, 내부의 리더십 변화를 적절히 관리함으로써 조직의 윤리적 기준이 유지될 수 있도록 해야 한다.

법령, 정책, 사회적 기대는 끊임없이 변화한다. 특히 윤리경영은 사회적 감수성과 민감하게 연결되어 있기에 정적 시스템이 아닌 유연한 시스템 설계가 필수다. 저자의 경험상 공공기관은 리더십과 담당자의 교체 때마다 윤리경영 체계가 무너지는 조직이 많다. 평가를 대응하기 위해 윤리경영이 작동된다. 이는 제도 내재화가 약한 증거다. 윤리경영은 인물 중심이 아닌 시스템 중심으로 구축되어야 하며, 리더 교체 리스크를 대비한 윤리경영 연속성 관리계획Continuity Plan이 필요하다.

❺ 통제활동 수립: 윤리적 위반행위 방지와 통제 절차

공공기관의 윤리적 목표를 달성하기 위해 윤리 위험에 대한 통제 활동을 구체적으로 설계하고, 이를 주기적으로 평가해야 한다. 이를 통해 윤리적 위험이 발생할 가능성을 최소화하고, 발생 시 신속히 대응할 수 있는 체계를 갖추는 것이 중요하다.

윤리 위험을 식별했다면, 이에 따른 통제조치가 병행되어야 한다. 내부 프로세스 내에서 '무의식적 위반'도 발생할 수 있으므로, 행위 기준과 절차기준을 통합한 행동 기반 통제 매뉴얼이 필요하다. 통제는 징벌이 아닌 구조 설계의 문제다. 위반행위 발생 시에도 책임자 색출이 아니라 시스템 결함 분석이 먼저다. 윤리경영의 통제 활동은 '사람을 바꾸는 것'이 아니라 '환경과 문화를 바꾸는 것'이라는 관점이 필요하다.

❻ 통제절차 선택: 유효성 검토와 지속적 개선

윤리경영 통제 활동의 유효성은 지속적으로 검토되어야 하며, 이 과정에서 필요한 경우 절차의 수정과 보완이 이루어져야 한다. 특히, 정기적인 감사를 통해 통제 절차가 효과적으로 운영되고 있는지를 확인하고, 필요시 개선하여 윤리경영의 효율성을 높여야 한다.

윤리경영 시스템은 '설계보다 운영', '운영보다 개선'이 중요하다. 통제 절차는 정기적으로 효과성을 평가받고, 내부환경 변화에 맞춰 지속적으로 개선되어야 한다. 공공기관은 평가를 위한 형식에 집중하는 경우가 많다. 진짜 중요한 건 "통제가 실제로 작동했는가?", "현장에서 불편 없이 받아들여지는가?"이다. 고정된 규범적 접근 방식에서 벗어나 변화에 대응하는 살아있는 규범이어야 한다. 마치 법이 고정되지 않은 것처럼 재개정되는 등 시대의 변화를 따라가야 한다.

❼ 내부 의사소통: 비밀보장이 강화된 내부신고제도

내부신고제도는 임직원들이 윤리적 위반 사항을 자유롭게 보고할 수 있는 중요한 도구다. 이 제도는 철저한 비밀보장을 통해 신고자의 신변을 보호하고, 신고 내용이 실질적인 개선 활동으로 이어질 수 있도록 한다. 이는 조직 내 윤리경영 문화를 강화하고 임직원들이 윤리적 책임을 인식하도록 돕는 중요한 역할을 한다.

내부신고제도는 윤리경영의 '최전선'이다. 그러나 제보자 보호가 미흡하거나 불이익 우려가 크면 조직문화는 오히려 위축된다. 비밀보장, 후속조치 공개, 보복 방지 조항이 핵심이다. 내부신고제도는 조직 신뢰의 바로미터이므로 '신고가 많아야 좋은 조직'이라는 인식 전환이 필요하다. 제보는 조직에 문제가 있다는 게 아니라 조직이 건강하다는 증거다. 따라서 신고자 보호 시스템은 '제보자 보호'가 아니라 '조직 보호' 전략이다.

❽ 외부 의사소통: 외부 이해관계자와의 소통 채널 개방

공공기관의 윤리경영은 외부 이해관계자와의 원활한 의사소통을 통해 더 강화될 수 있다. 이를 위해 공공기관은 외부 관계자에게 윤리경영의 성과와 계획을 투명하게 공유할 수 있는 소통 채널을 운영해야 한다. 예를 들어, 공식 홈페이지나 연례 보고서를 통해 외부에 윤리경영 실천 사항을 공개함으로써 공공기관의 신뢰성을 높인다.

윤리경영은 내부만으로 완성되지 않는다. 시민사회, 고객, 협력사와의 신뢰 네트워크가 중요하다. 지속가능경영보고서, 인권영향평가, 홈페이지 공시, 윤리강령 공유 등은 신뢰 자산이자 평판 관리 수단이다. 윤리경영은 '보여주기'가 아니라 '공유하기'다. 기업은 윤리성과 투명성을 '시장 언어'로 말할 줄 알아야 한다. 특히 ESG 시대에는 윤리경영 활동이 투자자와 고객의 판단 기준으로 작용한다. 외부 커뮤니케이션은 곧 기업의 윤리 브랜드다.

❾ 윤리경영 모니터링: 독립적이고 객관적인 평가 시스템

윤리경영의 효과성을 높이기 위해서는 성과검토 차원의 모니터링 시스템이 필요하다. 이 시스템을 통해 윤리경영 활동이 잘 이루어지고 있는지, 개선할 부분은 없는지를 정기적으로 점검하고 평가할 수 있다. 성과검토 후 개선 이루어지면 윤리경영 시스템이 더욱 공정하고 투명하게 유지될 수 있다.

내부 모니터링은 성과검토 후 개선하여 성장할 수 있게 된다. 그러나 평가 주체가 조직 내부에 종속되면 윤리경영은 형식으로 전락한다. 따라서 독립된 감사위원회, 외부 전문가 참여, 제3자 검증 등이 보완책이 되어야 한다. 모니터링은 비판이 아니라 부패 등에 대한 건강검진이다. 윤리경영 평가 결과는 경영진에게만 보고할 것이 아니라 조직 전체와 공유되어야 한다. '은폐'보다 '공유'가 윤리경영의 생명이다. 투명한 피드백 구조가 없다면 시스템은 결국 무력화된다.

❿ 윤리경영 개선 활동: 문제 발생 시 즉각적 대응과 시정

윤리경영 시스템에서 발견되는 문제점에 대해 신속히 대응하고 시정하는 절차가

COMPLIANCE 공정거래 CP & ISO 37301 실무가이드

마련되어야 한다. 공공기관 내에서 윤리적 위반이 발생하면 이를 숨기지 않고 투명하게 처리하여, 다시 발생하지 않도록 예방하는 것이 중요하다. 이를 통해 윤리적 기준이 지속적으로 유지되며, 대국민 신뢰를 확보할 수 있게 된다.

윤리경영의 궁극적 가치는 "문제가 생겼을 때 어떻게 대응했는가"에 달려 있다. 위반사례 발생 시 책임자 문책보다 더 중요한 것은 재발방지 프로세스의 구축과 실행력이다. 윤리경영은 완벽한 예방보다 빠른 회복력이 더 중요하다. 문제 발생 시 투명하게 공개하고, 학습하고, 다시는 반복되지 않게 만드는 '윤리적 회복 시스템'이 성숙한 조직의 척도다. 조직은 실수보다 은폐로 더 무너진다.

이러한 10대 원칙은 공공기관의 윤리적 기반을 강화하고, 투명성과 책임성을 유지하는 데 없어서는 안 될 필수적 원칙이다. 이를 통해 공공기관은 국민에게 신뢰받는 조직이 될 수 있으며, 사회적 책임을 다하는 본연의 역할을 충실히 수행할 수 있다. 기획재정부 공공기관의 윤리경영 표준모델은 윤리적 행위 기준을 설정하는 데 그치지 않는다. 조직 전체에 청렴 문화를 내재화하고, 국민 신뢰를 구축하는 데 중요한 역할을 한다. 윤리경영의 기초가 되는 국제표준과의 연계를 통해 공공기관은 국제적인 윤리경영 수준에 부합하게 되며, 국내외적으로 신뢰받는 공공기관이 될 수 있다.

04. Compliance 관련 국제기구

오늘날 Compliance는 모든 조직(기업, 공공기관 등)이 실천하여야 하는 글로벌 비즈니스의 공통 규범이 되고 있다. 특히 복잡하게 얽힌 글로벌 공급망과 다국적 기업 간 거래 환경에서는 기업이 자국의 법만 지킨다고 안전하지 않다. 국제사회가 정한 준법·윤리의 기준에 맞추어야만 진정한 신뢰와 경쟁력을 확보할 수 있다. 이러한 흐름의 중심에는 바로 Compliance 관련 국제기구들이 있다. 이들은 기업과 정부가 자국 법과 규범을 준수함과 동시에 윤리, 투명성, 반부패를 기업경영 DNA에 심을 수 있도록 돕고 있다.

Compliance 분야에서 국제기구들은 선언적 기준과 평가결과를 제시하고 구체적인 가이드라인, 자율규범, 실효성 평가기준, 행동규범 Code of Conduct까지 제공하고 있다. 특히, OECD, UNGC, Transparency International, World Bank, ISO, G20/ACWG 등은 전 세계 모든 조직에 '어떻게 윤리경영을 설계하고, 실행하며, 감시할 것인가'에 대한 국제적 Compliance 표준을 제공하고 있으며, 이는 권고사항이 아닌 실제 거래 관계상의 계약조건, 투자심사 기준, ESG 평가 요소로 활용되고 있다. 예를 들어, OECD의 반부패 가이드라인은 세계 각국의 기업이 해외 부패 리스크를 사전에 차단하는 실무 기준이 되었고, UNGC는 다국적 기업이 인권·노동·환경·반부패 영역에서 글로벌 책임을 다하도록 요구하는 프레임워크를 제공한다. 또한 Transparency International은 각국의 청렴지수를 통해 윤리경영 수준을 외부 이해관계자에게 투명하게 보여주는 지표 역할을 한다.

이러한 Compliance 관련 국제기구의 역할은 글로벌 신뢰 인프라를 만들어 가고 있다고 볼 수 있다. 이들은 법률 이상의 기준을 제시하고, 세계 공통의 가치와 윤리기준을 기업과 공공기관에 확산시키는 역할을 한다. 따라서 오늘날 Compliance를 제대로 이해하고 실천하고자 하는 기업이나 공공기관이라면, 반드시 국제기구들이 제시하는 규범의 방향과 원칙을 이해하고 내재화해야 한다. 그것이 바로 글로벌 신뢰를 확보하는 가장 빠르고 가장 확실한 길이다.

이 장에서는 우리가 반드시 주목해야 할 주요 국제기구들을 하나씩 소개하고, 각 기구가 어떤 역할을 하며 어떤 Compliance 기준을 제시하는지 구체적으로 살펴볼 것이다.

국제기구의 역할과 주요 Compliance 특징들은 다음과 같다.

OECD의 반부패 및 청렴 가이드라인Guidelines on Anti-Corruption and Integrity in State-Owned Enterprises

국제사회의 윤리경영 거버넌스를 선도하는 대표 기구가 바로 OECD(경제협력개발기구)Organization for Economic Co-operation and Development이다. 1961년 설립된 이래 OECD는 세계 경제 발전을 위한 정책 협력을 추구함과 동시에 기업윤리, 부패 방지, 공공기관 투명성, 내부통제 시스템 구축 등의 글로벌 표준을 제시하는 규범 중심의 조직으로 발전해 왔다.

OECD는 전 세계 경제 통계를 발표하거나 정책 권고뿐만 아니라 각국의 기업과 공공기관이 국제사회가 요구하는 윤리기준을 실천하고, 글로벌 수준의 Compliance 체계를 갖출 수 있도록 설계도와 방향을 제시하는 역할을 수행하고 있다. 특히 1997년 채택된「해외공무원에 대한 뇌물공여행위 방지를 위한 OECD 협약 OECD Anti-Bribery Convention」은 국제사회의 반부패 시스템 정착에 결정적인 전환점을 만들어 낸 국제 규범이다. 이 협약은 기업이 자국 내에서만 법을 지키면 되는 시대는 끝났음을 선언한 첫 국제적 약속이었으며, 이후 각국은 자국 기업의 해외 부패행위에 대해서도 책임을 묻는 입법을 가속화하게 되었다.

이러한 OECD의 접근은 Compliance를 하나의 경영철학이자 시스템으로 끌어올린 핵심 기반이 되었고, 이후 글로벌 스탠더드로 정착된 수많은 윤리경영 및 내부통제 가이드라인의 모태가 되었다.

OECD가 제시하는 Compliance 프레임워크의 핵심은 조직 내부에 윤리적 사고와 예방 중심의 내부통제 시스템을 내재화하라는 데 있다. 이는 다음과 같은 철학을 기반으로 한다.

① "사후 처벌보다 사전 예방이 중요하다."

② "윤리경영은 CEO의 철학이 아닌, 시스템의 문제다."

③ "신뢰는 투명성과 평가로 입증되어야 한다."

OECD는 각국 정부와 기업들이 실제로 실천 가능한 행동 지침 Code of Conduct, 내부통제 시스템 설계 매뉴얼, 리스크 평가 프로세스, 교육훈련 모듈 등을 구체화할 수 있도록 다양한 실무 가이드라인을 꾸준히 제시해 왔다.

OECD가 제시한 주요 윤리경영·Compliance 구성요소는 다음과 같이 크게 4가지로 분류된다.

❶ 리스크 평가 및 내부통제 시스템 구축

OECD는 모든 윤리경영의 시작은 리스크 기반 접근^{Risk-based Approach}이라고 강조한다. 즉, 조직이 윤리경영을 규범 준수로 보는 것이 아니라, 경영 리스크로 보고 체계적으로 식별, 분석, 대응해야 한다는 것이다.

- 리스크 매트릭스 수립
- 부패취약 포인트 식별
- 리스크별 대응 매뉴얼 작성
- 각 부서별 내부통제 체크리스트 운영

그 예시로 OECD는 공공조달 분야를 가장 위험도가 높은 영역으로 분류하고, 조달 업무 흐름에 맞춘 부패취약 리스크 진단 모델을 제시하고 있다. 각 단계별로 어떤 이해충돌, 유착, 뇌물 가능성이 있는지를 식별한 뒤 이에 대한 통제 포인트를 구체화한다.

OECD가 강조하는 내부통제는 감시를 위한 감시가 아니라 조직이 사전에 스스로 윤리적 사고를 예방하고 대응하도록 만드는 설계도라고 봐도 좋다.

❷ 윤리적 리더십과 전사적 교육 훈련

OECD는 윤리경영에서 리더의 행위가 조직문화를 결정한다고 강조한다. CEO가 어떻게 행동하느냐가 조직 전체의 윤리 감수성을 좌우하며, 교육은 일회성 훈련이 아닌 조직문화 전환 프로그램이라고 한다.

- CEO 윤리 선언 및 메시지 발신
- 직급별·업무별 맞춤형 교육 콘텐츠
- 온라인 지속교육 플랫폼 구축

그 예시로, OECD는 교육훈련이 현장 상황 중심의 시나리오 기반 교육과 실시간 피드백 학습을 권장하고 있다. 특히 시뮬레이션과 워크숍 등을 통해 윤리적 딜레마 상황 속에서 조직의 의사결정의 질을 바꾸는 노력을 권고하고 있다.

윤리경영 교육은 의사결정의 질을 바꾸는 사고 훈련으로 조직 전체가 Compliance

에 반응하는 감도를 높이는 전략적 도구가 될 수 있다.

❸ 외부감사(심사)와 독립적 평가 체계

내부감사만으로는 윤리경영의 효과성과 투명성을 담보하기 어렵다. 따라서 외부 이해관계자에 의한 독립 감사(심사) 시스템과 성과평가 시스템을 병행하는 것이 좋다.

- 감사위원회 외부 전문가 구성
- 정기 감사결과 외부 공시
- 평가기준 표준화 및 공개
- 피드백 기반 개선활동 제도화

OECD는 특히 '평가의 독립성'과 '성과의 측정 가능성'을 강조한다. 내부감사 보고서를 바탕으로 실질적인 제도 개선이 이루어지는 피드백 루프를 요구한다. 저자의 경험상 윤리경영은 자기검열이 아닌 외부 검증이 핵심이다. 평가가 있어야 개선이 생기고, 개선이 있어야 조직은 살아 움직이는 윤리문화를 가질 수 있게 된다. 간혹 스스로를 들여다보는 거울 앞에서도, 정작 자신의 결함은 보지 못하는 경우가 있다.

❹ OECD 반부패 가이드라인의 실효성 확보 전략

OECD는 실행력 중심의 윤리경영을 강조한다. 실행력을 확보하기 위한 전략으로 다음 요소를 제시하고 있다.

- 예방 – 탐지 – 조치의 3단계 시스템 구축
- 조직 전반의 윤리기준 내재화Embedding Integrity
- 성과지표KPI에 윤리경영 포함
- 직무별 윤리 리스크 통합 관리체계 구축
- 윤리경영 책임자Compliance Officer의 독립성과 권한 보장

특히 윤리경영은 시스템과 조직문화가 함께 움직일 때만 지속가능하다고 강조하며, 그 어느 것도 선언이나 형식만으로는 실현되지 않는다는 점을 거듭 지적한다.

OECD가 제시한 방향은 전략적 시스템으로서의 윤리경영이다. 특히 해외 시장에 진출하거나 글로벌 파트너와 협력하는 기업이라면, OECD의 다양한 Compliance 가이드라인을 조직운영의 기본 프레임으로 내재화하지 않는다면 거래 자체가 배제되는 시대에 직면할 수 있다. 또한, 한국 공공기관의 내부통제 시스템은 여전히 '감사와 징계 중심 그리고 평가 대응'에 머물러 있는 경우가 많다. 이제는 OECD 기준에 맞춘 사전 예방형 내부통제, 경영 연계형 리스크관리, 투명한 평가 시스템으로의 전환이 필요하다.

UNGC 반부패 및 청렴 가이드라인

1999년, UN 전 사무총장 코피 아난^{Kofi Annan}은 세계경제포럼(다보스포럼)에서 전 세계 기업들에 다음과 같은 제안을 던졌다.

"지속가능한 세계를 만들기 위해 기업이 UN의 가치와 기준을 자발적으로 실천하자."

이 제안이 바로 오늘날 UN Global Compact^{UNGC}의 출발점이다. 2000년 공식 출범 이후 UNGC는 전 세계 160여 개국, 2만 개 이상의 기업과 기관이 참여하는 세계 최대의 자발적 기업 지속가능성 이니셔티브로 성장했다.

UNGC는 기업이 어떻게 인권, 노동, 환경, 반부패의 4대 분야에서 책임을 다할 것인지에 대한 국제사회의 윤리적 약속이자 실행 프레임워크이다. UNGC는 총 4개 분야, 10개의 보편적 원칙^{Universal Principles}을 중심으로 구성되며, 이 중 마지막 제10원칙이 '반부패^{Anti-Corruption}' 영역이다.

제10원칙: "기업은 모든 형태의 부패, 특히 뇌물과 갈취를 근절하기 위해 노력해야 한다."

이 원칙은 권고사항이 아니라는 데 주목할 필요가 있다. UN은 이를 통해 윤리적 기업 운영은 경제활동의 기본 전제이며, 반부패는 지속가능경영의 핵심 조건이라는 글로벌 합의를 선언한 것이다. 특히 UNGC는 부패 문제를 인권침해, 경제 불균형, 자원 남용, 사회적 신뢰 붕괴 등 광범위한 리스크의 출발점으로 인식한다. 따라서 기업이 반부패에 실패하면, 법적 처벌은 당연하고 사회적 책임 상실, 투자 위축, 브랜드 평판 하락, 글로벌 거래 차단이라는 치명적 결과로 이어질 수 있다는 경고 메시지를 중요 요소로 담고 있다.

UNGC의 반부패 가이드라인은 다음의 목적을 중심으로 설계되어 있다.

- 기업 내부 시스템을 통한 부패 예방 메커니즘 구축
- 윤리적 기업 문화를 위한 행동 기준과 원칙 내재화
- 공공부문 및 이해관계자와의 투명한 협력 강화
- 글로벌 공급망 내 반부패 기준 확산 및 파트너 관리

UNGC는 기업이 내부의 법적 위험을 피하는 대신 윤리적 책임을 지속가능한 경쟁력으로 전환하라는 전략적 메시지를 담고 있다.

UNGC 반부패 가이드라인의 주요 특징은 다음과 같다.

❶ 자율적 참여, 그러나 국제적 책임

UNGC는 법적으로 반드시 따라야 하는 의무가 아닌 자발적 이니셔티브다. 그러나 그 자발성은 기업에 높은 도덕적 책임과 국제적 평가 기준이라는 이중의 무게를 부여한다. 특히 대다수 ESG 평가기관은 기업의 UNGC 가입 여부와 실천 보고서를 평가 지표로 활용하고 있다.

❷ 내부통제와 행동기준 설정을 요구

UNGC는 참여기업에게 실질적 내부통제 시스템, 윤리강령 Code of Conduct, 행동지침 Code of Practice 등을 구축하고 운영할 것을 요구한다. 이는 UNGC의 상징적 참여가 아니라 조직 전반의 시스템 재설계를 필요로 한다.

- 부패리스크 진단 및 평가 체계
- 윤리헌장 및 행동강령 정비
- 내부제보 제도와 제보자의 보호체계
- 고위험 직무 통제 매뉴얼

❸ 공급망^{Supply chain} 관리까지 포함하는 글로벌 책임성

UNGC는 기업 자체뿐 아니라 협력사, 공급망 전체에 걸쳐 반부패 기준을 확산할 것을 강조한다. 다시 말해 "당신의 파트너가 부패하면, 당신도 책임을 피할 수 없다"는 메시지다.

- 협력사 윤리경영 평가 시스템
- 하도급 계약 시 반부패 조항 삽입
- 공급망 윤리 점검 체크리스트
- 교육훈련 확산 프로그램

2000년대 들어 단일 기업의 윤리경영이 아닌 공급망 전반의 윤리경영 시대가 되었다. 기업은 파트너의 청렴 수준까지 통제할 수 있는 시스템을 구축해야 한다.

❹ 투명한 커뮤니케이션과 실천보고 요구

UNGC는 참여 기업에 COP^{Communication on Progress} 보고서를 매년 제출하도록 요구한다. 이는 해당 기업의 실제 변화와 이행 수준을 외부에 투명하게 공유하는 책무성 건강검진 보고서가 된다.

- 반부패 정책 및 제도 도입 현황
- 리스크 평가 및 대응 시스템
- 내부·외부 이해관계자와의 협력 내용
- 주요 성과지표^{KPI} 및 개선 방향

이제 "윤리경영을 하고 있는가?"에서 벗어나 "그 내용을 누구에게, 얼마나, 어떻게 투명하게 공개하고 있는가?"가 평가의 기준이다. 또한 보고는 윤리경영의 종착지가 아니라 출발점이라는 점이다.

UNGC 반부패 프레임워크 적용 사례로 국내 제약사 A사는 UNGC 가입 후 내부 윤리경영 시스템을 전반적으로 개편함과 동시에 ISO 37001과 ISO 37301을

한국준법진흥원으로부터 제3자 인증에 이어 현재는 CP 등급평가까지 준비하고 있다. 또한, 공급망 전 협력사에 윤리강령 준수 계약을 의무화하여 동참을 권고했다. 그 결과, 글로벌 RFP 입찰에서 가산점을 확보하여 시장 점유율 확대에 성공했다. 공공기관 B사는 UNGC를 기반으로 반부패 행동강령을 정비하고, 고위험 사업 부서에 윤리 전담 책임관을 지정하였다. 이후 부패 관련 감사 적발 건수가 60% 감소했고, 청렴도 평가와 경영평가에서도 기관 신뢰도가 2년 연속 상승했다.

Transparency International(국제투명성기구) 청렴 측정

오늘날 기업과 공공기관은 Compliance를 이야기할 때 주로 법률을 중심에 둔다. 그러나 Compliance의 진정한 목적은 규범을 지키는 것뿐만 아니라 조직이 사회적 신뢰를 어떻게 확보하고 유지할 것인가에 대한 구조적 해답이다. 이때 '투명성'은 그 신뢰의 전제이며, 동시에 조직이 가장 먼저 마주해야 할 경영 인프라다.

이 투명성을 국제적으로 측정하고, 사회 전반에 걸쳐 반부패 운동을 주도하는 대표적인 국제기구가 바로 Transparency International[TI]이다. TI는 반부패 분야에서 가장 영향력 있는 글로벌 시민사회 기구이자 국가·기업·정부·시민을 통합적으로 연결하여 투명성을 촉진하는 국제적 허브 역할을 수행하고 있다.

TI가 제시하는 핵심 메시지는 "투명한 사회 없이 지속가능한 경제는 없다"이다. TI는 1993년 독일 베를린에 본부를 두고 설립되었다. 설립자 피터 아이겐[Peter Eigen]은 세계은행에서 근무하던 중 국가 개발 실패의 본질적 원인이 부패에 있음을 절감하고, 이를 개선하기 위한 구조적 대응의 필요성을 제기했다. 사실 TI는 초창기부터 부패 감시단체는 아니었다. 그들은 청렴을 사회 시스템에 내재화된 구조적 가치로 접근하였으며, 공공 부문, 민간 부문, 시민사회, 국제기구의 상호 연결고리를 통해 통합적 해결책을 추구했다.

TI의 핵심 철학은 다음과 같다.

"부패는 개인의 일탈이 아니라 시스템의 부재 또는 있다고 하여도 설계의 실패다."

"청렴은 보여주기식 캠페인이 아니라 측정되고 평가되어야 할 조직의 운영 품질이다. 따라서 조직의 투명성은 윤리적 경영 성과의 필수 요건이다."

TI가 Compliance 분야에서 독보적인 존재감을 가지는 이유는, 윤리와 청렴을 전 세계 모든 이들에게 평가 결과를 수치화하고 공론화하며 개선 방향을 제시한다는 점 때문이다. TI는 말 그대로 전 세계 청렴을 평가하고, 사회에 경고하며, 실천을 촉진하는 국제기준 관리자다. 그들의 주요 활동은 다음과 같다.

❶ 부패인식지수 Corruption Perceptions Index(CPI)

TI가 각국의 부패에 대한 현황 지도와 순위를 공개함으로써 세계적으로 유명하게 만든 가장 대표적인 반부패 지표이다.

CPI는 매년 180여 개국을 대상으로 정부·공공기관의 부패 수준을 측정하여 100점 만점 기준으로 점수를 부여하고 순위를 공개한다. 이는 점수가 낮을수록 부패 인식이 높다는 의미이며, ESG 평가기관, 국제 투자자, 글로벌기업들이 국가 리스크 판단 기준으로 활용한다.

기업과 공공기관이 해외사업 진출 시 부패 방지에 대한 참고 자료로 이용하는 CPI는 해당 국가의 리스크 기준으로 작용할 수 있다. 따라서 CPI가 낮은 국가에 진출한 기업은 더 높은 내부통제와 윤리리스크 대응체계를 요구받는다.

❷ 부패방지 행동지침 Global Anti-Corruption Guidelines

TI는 국가뿐 아니라 기업과 기관이 부패 예방을 위한 구체적인 행동규범 Code of Conduct 을 수립할 수 있도록 아래와 같이 다양한 가이드라인을 제공한다.

- 윤리적 리더십 실천방안
- 리스크 기반 내부통제 매뉴얼
- 고위험 거래 모니터링 기준
- 내부제보 제도 설계 지침
- 공급망 청렴성 관리 체크리스트

TI의 행동지침은 실제로 다국적 기업의 글로벌 윤리 규범, NGO의 자금관리 지침, 공공기관의 청렴 시스템 매뉴얼의 설계 기준으로 사용된다.

❸ 청렴계약제 Integrity Pact

청렴계약제는 TI가 제안한 세계 최초의 부패예방 계약 메커니즘이다. 대규모 공공 조달, 인프라 사업, 정부 계약에서 계약 당사자 모두가 부패 없는 거래를 약속하고, 독립 감시기구가 이를 검증하는 제도가 된다.

- 계약에 부패 방지 조항 포함
- 제3자 감시인 Independent Monitor 지정
- 계약 이행 전 과정의 투명성 확보

한국 정부의 청렴계약제, 공공기관 입찰 청렴서약서는 모두 TI의 Integrity Pact를 기반으로 발전한 제도라고 봐도 좋다. 따라서 기업도 해외 대형 수주 시 청렴서약서, 이해충돌 방지약정서 등을 도입해야 실질적 리스크 관리가 가능하다.

❹ 부패방지 툴킷 및 평가 모델 개발

TI는 다양한 산업과 조직 규모에 맞춘 Anti-Corruption Toolkits를 제공한다. 특히 중소기업, 공공기관, 금융기관, 시민사회단체를 위한 맞춤형 청렴성 자가진단 모델, 정책 설계 템플릿, 교육자료를 지원한다.

그 예는 다음과 같다.

- Business Integrity Country Agenda BICA
- Anti-Corruption Ethics and Compliance Handbook for Business
- Transparency in Corporate Reporting TRAC

위와 같이 TI는 법을 만드는 기관도, 국제조약을 강제하는 정부의 성격도 가지고 있지 않다. 하지만 TI는 국제사회가 윤리경영과 투명성을 실질적으로 요구하고 있다는 사실을 수치화하고 공개하며 행동으로 촉구하는 권위 있는 심판자다.

기업의 Compliance 경영시스템은 이와 같은 자사의 수준을 공개하여야 하며 사회적 감시와 평가의 구조적 흐름을 따를 수밖에 없게 된다. TI는 그 감시 흐름을 선도하고 있으며, 이는 ESG 투자, 글로벌 파트너십, 국제 입찰, CSR 활동 등 모든 분야에 실질적으로 영향을 미친다. 한국은 매년 CPI에서 중상위권을 기록하고 있으나, 공공 부문 불투명성, 로비 활동, 이해충돌 구조, 내부신고제도 미비 등 구조적 문제가 지적되고 있다. TI는 우리 국가 그리고 조직이 지금 이 순간 얼마나 청렴한 시스템을 가지고 있는가를 보여주는 거울이자 경고등이 된다.

따라서 기업과 기관은 TI 기준을 활용하여 다음과 같은 방향으로 Compliance 전략을 재정비해야 한다.

- 내부 리스크 진단체계 고도화(CPI 기준 반영)
- 윤리규범 실천 점검도구 정비(TI 툴킷 적용)
- 외부 커뮤니케이션 수준 강화(TRAC 기준 기반 공개)
- 부패취약 업무 및 고위험 거래 대응체계 강화
- Integrity Pact 유사 제도 도입 및 계약서 정비

여기서 저자는 독자들에게 질문하고 싶다. 속해 있는 기업의 반부패 지도와 평가 순위를 매긴다면 당신의 조직은 지금 몇 점에 해당하는가?

World Bank(세계은행) – 개발과 청렴의 균형

세계은행World Bank을 국제금융기관이라고 오해하면 안 된다. 전 세계 개발사업과 공공정책의 방향을 결정하는 거대한 정책 리더이자, 국제사회에서 투명성과 반부패의 기준을 설정하는 가장 영향력 있는 기관의 성격을 띠고 있으면서 그 위상이 매우 높다.

기업이나 공공기관이 국제 개발 프로젝트, 공공 인프라 사업, 글로벌 기금운용 등에 참여하고 싶다면, World Bank의 Compliance 기준을 충족해야만 입찰 자격을 얻고 자금을 조달할 수 있다. 즉, 세계은행의 반부패 정책과 내부통제 가이드라인을 이해하는 것은 정보 습득뿐만 아니라 글로벌시장에서 거래와 협력을 가능하게 하는 기본 전제조건이 되는 것이다.

COMPLIANCE 공정거래 CP & ISO 37301 실무가이드

세계은행이 강조하는 Compliance의 핵심 철학은 다음과 같다.

"개발이 지속가능하려면, 반드시 투명하고 책임 있는 시스템 위에서 이루어져야 한다."

World Bank의 반부패 및 Compliance 정책의 주요 배경은 다음과 같다.

① 글로벌 개발자금과 부패의 악순환 차단

과거 세계은행은 주로 개발도상국과 신흥국에 대규모 금융 지원과 프로젝트 자금을 제공하는데, 문제는 이 자금이 비효율적으로 사용되거나 부패를 통해 유출되는 사례가 빈번했다는 점이다. 따라서 World Bank는 돈을 빌려주는 기관이 아니라 자금이 투명하게 집행되도록 감시하는 기구로서 역할을 확장했다.

② 공공조달 및 대규모 프로젝트에서의 반부패 요구 증가

세계은행은 글로벌 인프라 사업, 공공조달, 사회개발 프로그램 등을 주도하며, 이를 위한 기업과 정부의 반부패 메커니즘Integrity Mechanisms을 요구한다. 예를 들어 도로 건설, 에너지 프로젝트, 수도 공급망 확충, 공공병원 건립 등 대규모 공공사업에 참여하는 기업들은 세계은행의 엄격한 Compliance 기준을 충족해야 한다.

③ 세계은행의 반부패 스캔들 대응

과거 세계은행이 자금을 지원한 여러 프로젝트에서 부패 스캔들이 발생했고, 이에 따라 내부적으로 Compliance를 더욱 강화했다. 특히 2006년 '산토스-바뇨스 사건' 이후, 세계은행은 부패 리스크를 근본적으로 차단하는 전략을 본격적으로 수립했다.

세계은행의 반부패 정책과 Compliance 시스템은 크게 4가지 축으로 구성된다.

① Integrity Compliance Guidelines

세계은행이 금융을 지원하는 프로젝트에 참여하는 모든 기업과 기관은 투명한 Compliance 경영Integrity Compliance 원칙을 준수해야 한다. 이 가이드라인의 핵심 원칙은 다음과 같다.

- 반부패 행동강령Anti-Corruption Code 수립
- 리스크 기반 내부통제 시스템 구축
- 부패 발생 시 강력한 제재 및 보고 의무화
- 독립적인 내부감사 및 외부감사 체계 도입
- 세계은행 규정 위반 시 금융 지원 및 입찰 자격 박탈

세계은행 프로젝트에 참여하는 기업은 기술력과 가격 경쟁력뿐만 아니라 반
부패 및 내부통제 수준이 세계은행의 요구를 충족하는지 여부가 중요한 평가
기준이 된다.

② World Bank Sanctions System(제재 시스템)

세계은행은 반부패 규정을 위반한 기업과 기관을 강력하게 제재한다. 특히 부
정행위Fraud, 뇌물Bribery, 담합Collusion, 강압Coercion, 방해Obstruction 등의 행위를 저
지른 기업은 세계은행 입찰에서 영구 배제될 수 있다.

- 기업 블랙리스트Sanctioned Firms & Individuals List 운영
- 부패행위 적발 시 입찰 자격 즉시 정지
- 5개 국제개발은행MDBs과 공동 제재 시스템 운영(ADB, AfDB, EBRD, IDB와 협력
  하여 글로벌 블랙리스트 공유)

기업이 국제 개발사업에 참여하려면 반드시 내부적으로 세계은행의 부패 리스
크 기준을 만족하는 Compliance 시스템을 운영해야 한다.

③ Integrity Vice PresidencyINT – 부패 감시 및 조사 기구

세계은행 내에는 부패 감시 및 조사 전담 기구인 Integrity Vice PresidencyINT가
존재한다. INT는 세계은행이 자금을 지원하는 모든 프로젝트의 부패 리스크를
감시하고, 문제가 발생하면 독립적인 조사와 제재를 수행하는 기구다.

- 세계은행 프로젝트 관련 비리 및 부패 감시
- 내부 신고 시스템 운영 및 제보 보호
- 공공조달 및 계약의 투명성 확보 감시
- 부패가 의심되는 사업 및 기업에 대한 직접 조사

세계은행의 반부패 규정은 실제로 독립적인 감시기구를 통해 실행되는 강력한 제도라는 점이다.

④ 세계은행의 ESG 및 투명성 연계 정책

최근 세계은행은 반부패 정책과 동시에 ESG 기준과 연계한 Compliance 정책을 강화하고 있다. 즉, 기업이 세계은행 프로젝트에 참여하려면 반부패뿐만 아니라 ESG 경영 수준까지 평가받아야 한다.

- 환경 지속가능성 기준 충족 필요(탄소배출, 생태계 보호 등)
- 사회적 책임(공정노동, 인권 보호, 지역사회 영향 분석 등) 강화
- 지배구조(윤리적 의사결정, 공공 감사, 투명성 관리 등) 평가

최근 기업이 글로벌 개발 프로젝트에서 차별화된 경쟁력을 갖추려면 ESG를 포함한 거버넌스(Compliance 시스템) 전체를 정비해야 한다. 세계은행의 Compliance 기준을 따르는 것이 곧 글로벌 신뢰 확보의 시작이다. World Bank의 반부패 기준은 국제 사회가 요구하는 글로벌 신뢰 시스템의 핵심 인프라가 되는 것이다. 기업이나 공공기관이 국제개발 사업, 공공 조달, ESG 금융 등과 연계된 글로벌 시장에 진입하고 싶다면 반드시 세계은행의 청렴경영 기준을 내재화해야 한다. 최근 세계은행은 Compliance를 지속가능한 개발과 글로벌 신뢰의 핵심 요소로 바라보고 있으며, 이는 향후 모든 국제 금융 및 공공 조달 프로젝트의 필수 기준이 될 것이다.

G20 반부패 실무그룹ACWG

G20은 세계 주요 20개국의 경제·금융 정책 협력을 위한 정상회의 체제다. 지난 10여 년 동안 G20은 경제 논의체에서 글로벌경제의 질서와 지속가능성을 위한 윤리적 기반 구축에 앞장서고 있다. 그 중심에 바로 G20 반부패 실무그룹Anti-Corruption Working Group(ACWG)이 있다. ACWG는 '건전한 경제는 청렴한 시스템 위에서만 지속가능하다'는 G20의 선언적 약속을 실질적 행동으로 전환하기 위해 설립된 국제 협력체다. 특히 다국적 기업, 공공기관, 글로벌 투자자, 정부 등 모든 이해관계자가 직면

하는 부패 리스크를 줄이고, 이를 제도화하기 위한 글로벌 차원의 정책 협력 체계로 기능하고 있다.

G20 반부패 실무그룹은 2010년 캐나다 토론토 G20 정상회의에서 정식 출범했다. 그 배경에는 다음과 같은 국제적 위기와 구조 변화가 있었다. 먼저, 2008년 글로벌 금융위기 이후 시스템 투명성 강화라는 국제적 공감대가 형성되었다. 다국적 기업의 해외 부패 사건 증가로 국제적 위신이 하락하자 OECD와 UN 등 국제기구들이 제시한 반부패 표준을 국가정책에 반영할 필요성이 높아졌다. 이렇게 G20 국가들이 자국 기업에 대한 반부패 통제 요구에 직면하게 된 것이다. 결국 G20 ACWG는 경제성장과 청렴성장이 결코 분리될 수 없다는 새로운 글로벌 규범 질서의 상징이 되었다.

이 그룹은 다음과 같은 4가지 매우 구체적인 목표와 정책 실행 프로그램을 가지고 움직인다.

❶ 글로벌 반부패 정책 가이드라인 수립

G20 국가들이 공통적으로 지켜야 할 반부패 원칙, 정책 프레임워크, 거버넌스 지침을 제시한다. 여기에는 공공 부문 윤리, 정치자금 투명화, 공공 조달 통제, 이해충돌 방지 등 다양한 Compliance 분야가 포함된다.

❷ 국가별 반부패 이행 평가 Peer Review

각 회원국은 ACWG에서 정한 가이드라인의 이행 상황을 정기적으로 보고하고, 다른 회원국의 평가 Peer Review를 받는다. 이는 국가 단위의 '윤리경영 진단 시스템'이라 볼 수 있으며, 국제 신뢰도 확보의 수단이기도 하다.

❸ 민간 부문 반부패 참여 촉진

G20 ACWG는 정부 차원의 반부패만을 다루지 않는다. 오히려 기업의 참여를 적극 장려하고 있는데, 특히 중소기업, 공기업, 다국적 기업의 내부통제 강화, 행동강령 구축, 부패 리스크 통합관리 체계 수립 등을 가이드라인으로 제시하고 있다.

❹ 국제기구와의 협력

G20 ACWG는 OECD, UNODC, FATF, Transparency International 등과 긴밀하게 협력하여 각 국제기구의 기준을 G20 정책에 내재화하고, 상호 연결된 국제 규범 체계를 형성하고 있다.

G20 ACWG(반부패 실무그룹) 지침은 다음 표와 같은 실무 전략으로 이어질 수 있다.

G20 ACWG(반부패 실무그룹) 실무 전략	
적용 영역	실무 전략
공공 조달	입찰 투명성 강화, 청렴계약제 도입
정치자금	정치활동 보고서 공개, 자금 흐름 감사 시스템
민간 부문	반부패 행동강령 수립, 내부제보자 보호 체계
기업 거버넌스	독립 감사위원회 운영, 반부패 KPI 설정
글로벌 거래	해외 뇌물방지 프로그램, 공급망 윤리경영 진단

한국은 2024년 기준 경제규모 12위권의 선진국 중 G20 국가 중 하나이며, G20 ACWG의 모든 지침을 수용하고 이행할 책무가 있다. 따라서 한국 기업과 공공기관은 다음과 같은 대응이 필요하다. 우선 정부는 G20 기준에 부합하는 고도화된 Compliance 시스템을 구축해야 한다. 이후 기획재정부, 국민권익위원회, 공정거래위원회, 조달청과 같은 각 부처에서는 내부통제 체계에 G20 행동강령, 공공 조달 투명성 기준, 이해충돌 방지 프로세스 반영하여야 한다. 마지막으로 CPI·G20 정책문서·OECD 가이드라인을 연동한 내부평가 시스템을 운영할 필요가 있다.

G20 ACWG는 국제경제 질서를 지탱하는 윤리 플랫폼이라고 봐도 좋다. Compliance 전문가라면 반드시 그 내용을 정교하게 분석하고 실무에 적용해야 한다. 이제는 어떠한 정부가 들어서도 새롭게 인식할 필요가 있다. 국가 간 신뢰 경쟁, 글로벌 입찰 경쟁력, 국가의 지속가능경영 핵심역량이 중요한 시대가 되었다.

윤리경영 트렌드

01. 윤리경영과 글로벌 거버넌스

한때 기업의 윤리경영은 '착한 기업이 하는 일'로 여겨졌다. 도덕적 가치를 중시하는 일부 기업들이 추구하는 부가적인 활동, 혹은 기업 이미지를 개선하기 위한 홍보 수단으로 인식되었다. 그러나 21세기 글로벌 비즈니스 환경에서 윤리경영의 위상은 근본적으로 변화했다. 이제 윤리는 이미지 메이킹이라기보다 사업을 지속하기 위한 필수적인 기업활동의 전제조건이 되었다.

거버넌스와 윤리경영의 접점		
이해관계자	윤리경영에 대한 기대	기업에 미치는 영향
국제 투자자	ESG 등급, 리스크 회피	투자 유치 여부에 결정적
글로벌 소비자	노동, 인권, 환경 가치 중시	브랜드 이미지와 직결
정부 및 국제기구	CSDD, FCPA, UNGC 등	제재, 규제 강화 가능성

윤리경영과 글로벌 거버넌스는 기업이 이해관계자들을 대상으로 신뢰를 구축하고, 책임 있는 방식으로 운영되고 있음을 입증하는 데 더욱 부각되고 있다. 두 요소는 기업의 의사결정과 경영전략 전반에 깊이 관여하며, 다양한 이해관계자와의 관계에서도 중심축이 된다. 특히 투자자, 이사회, 경영진을 압박하는 위기인 동시에 경쟁사 대비 차별화 전략으로 기회가 될 수 있다는 점을 간과해서는 안 된다.

무엇보다 대한민국 기업은 수출 중심으로 국제적인 비즈니스 환경에서 윤리적 책임과 투명성이 강조된다. 이에 최근 들어 기업들은 법적 요건뿐만 아니라 윤리적 가치와 사회적 책임을 조직 운영의 필수 요소로 받아들이고 있다. 과거 기업경영에서 윤리적 문제는 부차적인 요소로 취급되었지만, 글로벌시장에서 기업의 신뢰도를 높이고 지속가능한 경쟁력을 확보하기 위해 윤리경영은 이제 선택이 아닌 필수이다. 세계 경제가 거미줄처럼 복잡하게 점점 더 연결되고, 다양한 이해관계자들의 요구가 커짐에 따라 윤리적 거버넌스의 중요성은 더욱 강조되고 있다.

특히 대기업, 공공기관 등 일정 규모 이상 되는 기업이 직면한 가장 큰 과제 중 하나는 변화하는 환경 속에서 윤리적 경영을 실현하는 것이다. 이제 기업은 법 준수는 기본이고 이해관계자들에게 신뢰를 주고, 사회적 가치를 창출하며, 장기적인 지속가능성을 보장하는 방식으로 운영되어야 한다.

법률 또한 어느 나라에서는 허용되는 관행이 다른 나라에서는 법적, 윤리적 문제로 직결되기도 한다. 일본에서는 기업 접대가 사회관례로 용인되지만, 미국 FCPA 기준에서는 뇌물로 간주될 수 있다.

법률과 윤리의 지리적 다양성		
국가	대표 규범	윤리 리스크 사례
미국	FCPA (Foreign Corrupt Practices Act)	접대, 커미션, 뇌물
영국	UK Bribery Act	부패방지 실패죄, 적절한 절차 불비
프랑스	Sapin II	부패방지 시스템 미비 시 과태료
브라질	Clean Company Act	공무원 매수 시 기업도 직접 책임
대한민국	청탁금지법, 공정거래법	'접대·로비' 관행이 법 위반 가능성 내포

이제 윤리경영과 글로벌 거버넌스는 '해도 되고 안 해도 되는 것'이 아닌 '안 하면 탈락하는 것'이 되었다. 글로벌 공급망 진입, 투자 유치, 소비자 신뢰 확보, 규제 대응 등 기업활동의 모든 영역에서 윤리경영은 필수 요건으로 자리 잡았다. 특히 한국 기업들은 급변하는 글로벌 윤리기준에 발맞추어 선제적 윤리경영 체계 구축이 시급

하다. 이사회 차원의 윤리경영 거버넌스 강화, 공급망 전반의 ESG 관리 체계 구축, 투명한 정보 공시 등은 더 이상 선택이 아닌 필수다.

「자본시장과 금융투자업에 관한 법률」에 따른 지속가능경영보고서 공시 의무화 등 관련 규제는 앞으로 더욱 강화될 전망이다. 따라서, 글로벌화된 경제 환경에서 기업은 다양한 국가와 지역에서 사업을 운영하며, 각 지역의 법률과 윤리적 기대치가 다르기에 보다 포괄적인 윤리경영전략이 요구된다. 이를 위해 기업들은 윤리경영과 거버넌스를 강화하고, 조직 내에서 윤리적 의사결정 문화를 정착시키며, 글로벌 규제 변화에 적절히 대응해야 한다.

윤리경영의 시대, 변화하는 시장

디지털 전환이 가속화되면서 윤리적 문제는 더욱 복잡해지고 있다. 데이터 보호, 개인정보 유출, 인공지능AI 활용 등의 문제는 기업이 윤리적으로 책임을 다해야 할 중요한 영역으로 떠오르고 있다. 특히, 유럽연합EU의 일반 데이터 보호 규정GDPR은 기업이 고객 데이터를 어떻게 수집하고 사용하는지에 대한 새로운 윤리적 기준을 제시하며, 기업들이 데이터 보호 정책을 강화하도록 압박하고 있다. 기업들이 데이터 보호와 개인정보 관리에 실패할 경우, 심각한 법적 책임과 더불어 거래관계 단절, 소비자의 신뢰를 상실할 위험이 있다. 이에 따라 글로벌기업은 투명한 데이터 관리 정책을 수립하고, 개인정보 보호를 최우선 과제로 삼고 있다.

AI와 같은 디지털 자동화 기술의 발전도 윤리적 거버넌스의 주요 과제로 떠오르고 있다. 모든 하드웨어와 소프트웨어에 AI 기반 의사결정 시스템이 확대됨에 따라, 알고리즘의 편향성과 윤리적 문제를 해결해야 하는 과제가 등장했다. 앞으로 일어날 수 있는 일이지만 금융기관에서 AI를 활용한 신용 평가 시스템이 인종이나 성별 그리고 종교에 따라 차별적인 결과를 초래하는 경우, 이는 기업의 윤리적 책임 문제로 연결될 수 있다. 이에 따라 기업들은 AI 윤리 가이드라인을 수립하고, AI 시스템의 투명성과 공정성을 보장하기 위한 노력을 기울이고 있다. 마이크로소프트Microsoft, 구글Google 등 글로벌 IT 기업들은 AI의 책임 있는 사용을 위해 AI 윤리위원회를 운영하며, AI의 윤리적 영향을 검토하는 체계를 마련하고 있다.

윤리경영은 지속가능성과도 밀접한 관계가 있다. ESG 기준이 강화되면서, 기업들은 환경적 책임을 다하고, 사회적 영향을 고려하며, 투명한 거버넌스를 구축하는 것이 핵심 과제가 되었다. 애플Apple은 2030년까지 공급망 전체에서 탄소중립Net Zero을 달성하겠다는 목표를 발표하며, 지속가능한 비즈니스 모델을 구축하고 있다. 이러한 환경보호 노력은 기업의 윤리경영전략과 결합해 소비자와 투자자들에게 긍정적인 영향을 미치고 있다.

MZ세대를 중심으로 윤리적 소비자 행동이 증가하면서 기업은 더 이상 이윤 창출만을 목표로 삼을 수 없다. 소비자들은 착한 소비와 같이 기업의 윤리성을 고려하여 제품과 서비스를 선택하는 경향이 강해지고 있으며, 이는 기업이 사회적 책임을 다하지 않을 경우 시장에서 도태될 수 있음을 의미한다. 스타벅스Starbucks는 윤리적으로 조달된 커피 원두를 사용하고, 지속가능한 농업 관행을 지원함으로써 소비자들의 신뢰를 얻고 있다. 반면, 과거 노동착취 문제로 비판받았던 나이키Nike는 노동환경 개선과 ESG 기준 준수를 강화함으로써 브랜드 이미지를 회복하고 있다.

윤리경영을 실천하기 위해서는 글로벌 윤리기준과 규제를 철저히 준수해야 한다. 유엔 글로벌 콤팩트UN Global Compact, 경제협력개발기구OECD의 다국적 기업 가이드라인, 국제표준화기구ISO의 윤리경영 국제표준(ISO 37301, Compliance) 등은 기업이 윤리적 책임을 다하도록 유도하는 주요 프레임워크다. 각국 정부도 기업의 윤리적 책임을 강화하기 위해 법적 규제를 도입하고 있다. 일례로 독일의 공급망 실사법Supply Chain Due Diligence Act(2023)은 기업이 공급망 전반에서 인권 보호와 환경보호를 준수하도록 요구하고 있으며, 이를 준수하지 않는 기업에는 강력한 제재가 가해진다. 이에 따라 글로벌기업은 공급망 투명성을 높이고, 윤리적 경영을 위한 내부 시스템을 구축하는 노력을 강화하고 있다.

기업의 윤리적 리더십 또한 윤리경영을 성공적으로 실천하는 데 첫 단추가 된다. 첫 단추부터 끼워 넣지 않거나 잘못 끼우게 된다면 안 하느니 못하다. 이처럼 최고경영진이 윤리적 가치를 적극 실천하고 조직 내 윤리적 문화를 조성하는 것은 조직 내 임직원들에게 윤리적 동기부여가 되느냐 안 되느냐의 결정 요소가 된다. 기업 리더가 윤리적 기준을 명확히 설정하고 직원들에게 이를 준수하도록 독려할 때, 조직 전반에 걸쳐 윤리적 의사결정 문화가 정착될 수 있다. 메타^{Meta} 같은 글로벌 IT 기업들은 내부 윤리 신고 시스템을 운영하여 직원들이 불법 행위나 비윤리적 행동을 익명으로 신고할 수 있도록 지원하고 있으며, 이를 통해 조직의 투명성을 강화하고 있다.

윤리경영의 글로벌 트렌드는 지속가능성과 사회적 책임을 다하는 방향으로 변화하고 있다. 디지털 시대의 새로운 윤리적 도전에 대응하기 위해 기업들은 데이터 보호, AI 윤리, 지속가능한 공급망 관리 등의 영역에서 적극적으로 정책을 수립해야 하며, 글로벌 규제 환경을 철저히 준수해야 한다. 또한, 윤리적 소비자 행동이 증가함에 따라 기업들은 브랜드 신뢰도를 높이기 위해 사회적 가치 창출에 집중해야 한다. 윤리적 거버넌스를 강화하고 조직문화를 윤리적으로 변화시키는 것은 기업의 장기적인 성공과 글로벌시장에서의 경쟁력 확보에 전략적으로 큰 도움이 된다. 기업이 변화하는 시대에 대응하고 지속가능한 미래를 위한 길을 개척하기 위해서는 윤리경영이 필수적인 생존 전략임을 인식해야 한다.

시대 변화에 유연하게 대응하고 새로운 길을 모색하는 기업이 살아남을 수밖에 없다. 그러기 위해 누구보다 지배구조(이사회, 경영진 등)는 윤리경영을 더 이상 비용과 같은 부가적인 활동으로 여겨서는 안 된다. 조직의 방향성과 신뢰를 뒷받침하는 핵심 가치이면서 경영의 중심축이 되어야 한다.

02. ESG 및 Compliance의 국제적 변화

비즈니스 환경은 항상 규제보다 빠르게 변화한다. 시장이 먼저 움직이고, 법과 제도는 그 뒤를 따르는 것이 일반적인 흐름이다. 과거에는 법규 위반이 벌금 납부나 일시적 기업 이미지 하락 정도로 그 영향이 제한적이었다. 그러나 현재의 비즈니스 환경은 근본적으로 달라졌다. 규제 준수에 실패한 기업은 행정처분을 넘어 시장 자체에서 퇴출되거나 투자자, 금융기관, 거래처로부터 외면당하는 현실적인 불이익을 직면하게 될 수 있다.

실사 기반 책임체계		
변화 흐름	기존	현재
ESG 공시	자율적 보고 중심	법적 의무화 + 제3자 검증
공급망 관리	계약서 수준	실사(Due Diligence) 의무화
Compliance	법률준수 위주	윤리, 인권, 환경 포함 포괄적 체계
책임 주체	기업 본사	전사적 + 협력사까지 확대

가장 대표적인 예가 EU를 중심으로 Green deal 전략으로 실시되는 공급망 실사 지침[CSDDD]과 탄소국경조정제도[CBAM]이다. 이는 유럽에 납품하거나 유럽 투자자를 상대하는 모든 기업에 적용된다. 지금 당장의 문제가 된다. 이미 CBAM은 2024년부터 시행되었고 CSDD 또한 2027년부터 한국 기업들에 적용된다. 결국 ESG 이슈는 '내부'에서 시작하는 게 아니라 '외부'로부터 기업을 흔드는 거대한 파도라는 점을 실무자는 직시해야 한다.

ESG와 Compliance 관점에서 법을 지키는 데 그치지 않고, 기업의 의사결정 과정에서 윤리적 기준을 앞세워야 한다. 또한 비즈니스와 관련된 모든 의무사항과 법적 요건을 꼼꼼히 살피고, 잠재적인 리스크를 미리 점검하는 노력이 필요하다.

최근 글로벌 벤더 공급자들은 입증 가능한 문서화된 정보를 요구하고 있다. 물론 공시나 보고서도 중요하지만, 회사의 ESG와 Compliance에 대한 입증 가능한 문서로써 어떻게 작동되고 어느 정도 효과성이 있는지를 판단하고 있다. 이에 정부가 실시하는 CP 등급평가와 글로벌 스탠더드가 인증하는 ISO 37301 인증 보유 여부를 확인한다. 또한 공공기관 입찰 시 윤리, 인권 실사체계 여부를 평가하기도 한다. 모두 CP와 ISO에 담겨 있다. 이처럼 실제 사업과 계약의 입장권이자 통과의례처럼 되어가고 있다는 점에서 다른 차원의 접근이 필요하다.

과거에는 제도가 기업을 움직였지만, 이제는 신뢰가 없는 기업은 아무리 법을 지켜도 살아남기 힘든 비즈니스 환경이 되어가고 있다. 즉 실적이 아니라 태도[Attitude],

시스템이 아니라 문화Culture, 보고가 아니라 진정성Authenticity을 입증해야 하는 시기이다. 이제 ESG와 Compliance의 변화가 기업에 미치는 영향을 살펴볼 필요가 있다.

ESG 정보 공개 의무화와 투명성 강화

- 유럽연합EU의 기업 지속가능성 보고 지침Corporate Sustainability Reporting Directive(CSRD)이 2023년부터 시행되면서, 5만 개 이상의 기업이 ESG 정보공시를 의무적으로 수행해야 한다.
- 미국 증권거래위원회SEC 역시 ESG 공시 규제를 강화하면서 기업들이 기후변화 대응 및 탄소배출량 정보를 명확히 공개하도록 요구하고 있다.
- 일본과 한국 역시 기업지배구조 보고서를 강화하고 있으며, 국내 대기업들은 ESG 정보공시를 필수적으로 진행해야 한다.

ESG 정보 공시가 강화됨에 따라 기업들은 ESG 성과를 체계적으로 관리해야 하며, 기업의 지속가능성과 관련된 데이터를 투명하게 공개하는 것이 필수다. 이러한 변화는 기업이 ESG 전략을 내재화하고, 실질적인 ESG 경영을 실천할 수 있도록 압박하는 역할을 하고 있다.

공급망 실사 의무CSDD와 Compliance

- 독일의 기업 공급망 실사법Supply Chain Due Diligence Act은 이미 독일 내 3,000개 이상 기업에 인권 및 환경보호를 위한 공급망 실사를 의무화하고 있으며, 2024년부터는 1,000명 이상 고용 기업으로 적용 대상이 확대된다.
- EU 차원에서는 기업 지속가능성 실사 지침Corporate Sustainability Due Diligence Directive(CSDD)을 통해 대기업들의 공급망 전반에 걸친 ESG 실사를 법제화하고 있다.
- 프랑스는 이미 기업 의무 실사법Loi de Vigilance을 통해 대기업이 글로벌 공급망의 인권과 환경 문제를 적극적으로 감시하고 예방하도록 요구하고 있다.

한국의 EU 수출의존도는 2024년 기준 9.1%이며 점차 증가하는 추세이다. 주요 수출품목으로는 반도체, 자동차 및 부품, 석유화학제품, 철강 등이 있다. 이에 EU 공급망 실사법은 2027년부터 한국 기업들에 본격적으로 역외 적용되어, 관세와 같은 전통적 무역장벽을 넘어선 새로운 형태의 시장진입 장벽으로 작용할 것이다. 이러한 변화에 따라 글로벌기업들은 ESG 리스크를 관리하기 위한 체계적인 시스템을 갖추는 것이 필수가 되었다. 이제 1차 협력업체뿐 아니라 2차, 3차 협력업체 등 공급망 전체에 걸쳐 ESG Compliance를 준수하도록 압박하고 있다. 이제 기업들은 공급업체와의 관계에서도 ESG 원칙을 적용해야 하며, 이를 준수하지 않을 경우 거래관계 단절, 각종 인허가 취소, 심각한 법적 책임과 평판 리스크를 감수해야 한다.

ESG 평가와 투자자들의 압력

글로벌 자산운용사들은 ESG 평가를 투자의사 결정의 주요 요소로 삼고 있다. 블랙록BlackRock, 뱅가드Vanguard, 스테이트 스트리트State Street와 같은 대형 글로벌 투자기관들은 기업이 ESG 기준을 준수하지 않을 경우 투자를 제한하는 방침을 강화하고 있다.

- MSCI ESG Ratings, FTSE4Good Index, Sustainalytics 등의 글로벌 ESG 평가기관들은 기업의 ESG 성과를 평가하며, 기관 투자자들은 이를 투자의사 결정에 적극 활용하고 있다.
- 한국에서도 국민연금이 ESG 요소를 고려한 책임 투자 확대 방침을 발표하면서 국내 기업들의 ESG 기준 준수를 강하게 요구하고 있다. 국민연금의 정책 변화는 장기적 투자 수익 제고와 사회적 책임 이행이라는 복합적 목표를 반영하고 있다.

최근 글로벌 투자 환경에서 ESG 성과 개선에 대한 압박은 더욱 구체화되고 있다. ESG는 기업 가치 평가의 새로운 패러다임으로 자리 잡았으며, 재무적 성과와 더불어 기업의 지속가능성을 평가하는 핵심 지표로 기능하고 있다.

ESG와 Compliance 전략

실제로 많은 기업들이 ESG를 지속가능경영보고서에만 집중하고 있다. 그 과정에 대한 각 ESG는 놓치는 경우가 많다. 여전히 ESG와 Compliance는 '보고' 중심, '외부 평가' 중심의 하위 시스템으로 운영되곤 한다. 이렇게 된다면 뿌리 없는 더 이상 자라날 수 없는 나무와 같다. ESG와 Compliance는 경영의 원칙이 아니라 장기적 관점에서 모든 임직원들이 따라야 할 경영 그 자체가 되어야 한다.

비록 팀은 분리되어 있어도 기업은 ESG와 Compliance를 연계하여 시너지 효과를 내야 한다. 그 이유는 현실의 리스크는 늘 '복합적'이기 때문이다. ESG 위반으로 발생한 환경 문제, 사회적 문제, 거버넌스 문제 등이 결국 내부고발처럼 환경법, 인권 관련법, 중대재해처벌법, 공정거래법, 부패방지법 등의 법률 위반으로 이어진다. 즉, 모든 리스크는 법적 책임과 평판 리스크 그리고 영업 기회 상실이란 복합적 구조로 발생한다. 따라서 ESG와 Compliance는 이제 하나의 통합 리스크 매니지먼트 체계로 구성된다면 그 효과성을 높일 수 있다.

'Compliance(법적 의무) + ESG(사회적 책임) + Stakeholder Trust(이해관계자 신뢰)의 통합 프레임워크 = 통합 매니지먼트 체계'

이러한 복합 리스크 구조에서 중요한 건 조직을 합치자는 것이 아니다. 임직원의 사고방식과 의사결정 과정 전체를 바꾸는 것, 바로 '내재화^{Internalization}'다. ESG와 Compliance는 이제 별도의 팀이나 보고서의 이름이 아니라 경영 판단의 기준, 전략 수립의 논리, 그리고 조직문화의 언어가 되어야 한다. 예컨대, 구매부서가 협력사와 계약을 맺을 때 '단가'만이 아니라 '노동권 보장 여부'를 묻고, 제품 개발팀이 신제품 기획 시 환경 영향을 고려하며, 인사팀이 평가 체계에 윤리적 행동을 반영하는 것이다. 이것이 바로 ESG와 Compliance가 경영에 통합된 상태다.

기업은 이제 '팀 간 협업'이 아니라 전사적 판단 기준의 통합을 고민해야 한다. 그 방법은 어렵지 않다.

첫째, 전략 차원에서 ESG와 Compliance 경영을 명시적으로 통합하라.

둘째, Compliance^{Risk} 위원회, 내부통제 조직, ESG 위원회를 유기적으로 연결하라.

셋째, 조직 내 모든 의사결정에 이 세 가지 축인 법적 의무, 사회적 책임, 이해관계자 신뢰처럼 이 적용되는 구조를 만들면 그 효과성을 높일 수 있게 된다.

이러한 시스템이 자리 잡히면, 기업은 더 이상 규제를 복종하고 따르는 존재가 아니라 기준을 선도하는 기업으로 올라설 수 있다.

"Compliance는 윤리의 최저선이고, ESG는 기업 존재 이유다. 이 둘이 연결되지 않는다면 기업의 지속가능성은 허상에 불과하다."

이제 기업은 스스로에게 질문해야 한다.

"우리는 ESG와 Compliance를 어떻게 연결하고 있는가? 그리고 그 연결은 효과적인가? 경영진은 지원하고 장려하고 있는가? 진짜로 작동하고 있는가?"

ESG 및 Compliance를 고려한 기업 의사결정 모델

박사 논문을 준비하던 중 ESG 및 Compliance를 고려한 기업 의사결정 모델과 관련된 글을 쓰게 되었다. 현재 우리는 기술 발전과 국제적인 협력이 증가함에 따라 윤리적 의사결정의 방향과 접근 방식도 빠르고 다양하게 변화하고 있다. 이 장에서는 이러한 미래 동향을 탐구하고, 비즈니스 리더들을 위한 윤리적 의사결정 가이드라인을 제공하고자 한다.

ESG와 Compliance는 기업이 장기적인 경쟁력을 확보하고, 이해관계자와의 신뢰를 구축하며, 지속가능한 성장 전략을 수립하는 데 핵심적인 역할을 한다. 특히 ESG 중심의 의사결정 모델은 기업이 환경적 책임을 다하고, 사회적 가치를 창출하며, 윤리적 거버넌스를 강화할 수 있도록 지원한다.

❶ 의사결정의 첫 단계, 기업의 환경적^{Environmental} 요소

현대의 비즈니스 환경에서는 기업이 기후변화 대응, 자원 절약, 에너지 효율성 증대, 폐기물 관리, 탄소배출 감축 등 다양한 환경적 이슈를 적극적으로 고려해야 한다. 기업이 친환경적인 경영을 실천하지 않으면, 규제 당국의 제재를 받을 가능성이 커지고 소비자와 투자자로부터 부정적인 평가를 받을 수 있다. 따라서 기업이 환경적 요소를 고려하여 의사결정을 내릴 때는 다음과 같은 사항을 점검해야 한다.

첫째, 기업의 생산 공정과 공급망에서 발생하는 환경적 영향을 분석해야 한다. 이를 위해 기업은 지속가능한 자원 사용 전략을 마련하고, 친환경 기술을 도입하며, 온실가스 배출량을 감축하기 위한 목표를 설정해야 한다. 특히, 글로벌시장에서 활동하는 기업은 각국의 환경 규제를 철저히 준수해야 하며, 환경보호를 위한 국제 표준을 충족할 필요가 있다. 예를 들어, EU의 탄소 국경 조정세Carbon Border Adjustment Mechanism(CBAM)와 같은 새로운 규제는 기업이 생산 및 공급망 관리에서 탄소배출을 고려하도록 요구한다.

둘째, 기업이 ESG 투자를 할 때 환경적 지속가능성을 고려한 전략을 수립해야 한다. 재생 가능 에너지를 활용하고, 친환경 제품 및 서비스를 개발하며, 지속가능한 경영을 위한 투자를 확대하는 것이 중요하다. 기업이 친환경 혁신을 통해 지속가능한 제품을 개발하면, 장기적으로 기업 가치가 상승하고 새로운 시장 기회를 창출할 수 있다.

셋째, 환경 관련 리스크를 평가하고 대응하는 체계를 마련해야 한다. 기업이 환경적 리스크를 사전에 식별하고 효과적으로 대응하기 위해서는 데이터 기반의 의사결정 시스템을 구축해야 한다. AI 및 빅데이터 분석을 활용하면 기업은 환경적 리스크를 조기에 감지하고, 이에 대한 대응 전략을 신속하게 수립할 수 있다.

❷ 기업 의사결정의 두 번째, 사회적Social 요소

사회적 요소는 기업이 직원, 고객, 협력업체, 지역사회 등 다양한 이해관계자들과 어떻게 관계를 형성하고 유지하는지를 의미한다. 특히 기업의 노동 정책, 인권 보호, 다양성 및 포용성Diversity & Inclusion, 윤리적 공급망 관리, 사회적 가치 창출 등의 요소가 중요하게 고려되어야 한다.

첫째, 기업은 윤리적인 노동환경을 조성하고, 직원들의 복지를 향상시키는 정책을 시행해야 한다. 이를 위해 기업은 공정한 채용 및 보상 정책을 마련하고, 직원들의 근로 환경을 개선하며, 차별 및 괴롭힘을 방지하는 제도를 도입해야 한다. 예를 들어, 글로벌기업들은 직원들의 업무 환경을 개선하기 위해 유연 근무제, 원격 근무제, 워크 라이프 밸런스를 고려한 정책 등을 시행하고 있다.

둘째, 공급망 관리에서 윤리적 기준을 적용해야 한다. 기업이 지속가능한 공급망을 구축하기 위해서는 협력업체가 노동 기준과 윤리적 경영 원칙을 준수하도록 요구해야 한다. 이를 위해 공급업체 평가 및 감사 시스템을 운영하고, ESG 기준을 충족하지 못하는 협력업체와의 계약을 재검토해야 한다. 또한, 기업이 공정무역 원칙을 준수하고, 노동착취 및 아동노동을 방지하는 정책을 마련하여야 한다

셋째, 기업은 지역사회와의 협력을 강화하고, 사회적 가치를 창출하는 활동을 수행해야 한다. 예를 들어, 지속가능한 CSR^{Corporate Social Responsibility} 전략을 통해 지역사회 발전에 기여하고, 사회적 문제 해결에 적극 참여할 수 있다. 최근에는 ESG 경영을 실천하는 기업들이 다양한 사회 공헌 활동을 통해 긍정적인 브랜드 이미지를 구축하고 있으며, 이러한 활동이 소비자의 브랜드 충성도와 매출 증가로 이어지는 사례도 많다.

❸ 기업 의사결정의 세 번째, 거버넌스^{Governance}

기업 거버넌스는 기업의 투명한 경영, 윤리적 의사결정, 내부통제 및 리스크 관리 등을 포함한다. 특히 기업이 ESG 및 Compliance를 고려하여 의사결정을 내릴 때는 다음과 같은 사항을 점검해야 한다.

첫째, 기업의 최고경영진^{CEO}과 이사회^{Board of Directors}는 윤리적 리더십을 발휘해야 한다. 윤리적 리더십은 모든 조직의 임직원들이 방향성을 설정하고, 기업문화 조성에 모범이 될 수 있다. 이를 위해 기업은 ESG 및 Compliance를 고려한 경영 목표를 수립하고, 지속가능한 성장 전략을 실행해야 한다.

둘째, 기업은 내부통제 시스템을 강화하여 법적 리스크를 줄이고 투명한 의사결정 과정을 보장해야 한다. 이를 위해 기업은 ISO 37301 준법경영 시스템을 도입하여 내부감사를 정기적으로 수행하고, 리스크를 사전에 예방하는 프로세스를 마련해야 한다. 특히, 내부신고 시스템^{Whistleblowing System}을 활성화하여 윤리적 문제가 조기에 해

결될 수 있도록 해야 한다.

셋째, 기업은 ESG 데이터 관리를 체계적으로 수행해야 한다. ESG 및 Compliance를 고려한 의사결정이 효과적으로 이루어지려면 기업의 ESG 성과를 측정하고 보고하는 프로세스가 필요하다. 이를 위해 ESG 리포팅 시스템을 구축하고, 기업의 지속가능성과 관련된 정보를 정기적으로 공개해야 한다. 최근 글로벌기업들은 ESG 데이터 관리를 위해 AI 및 빅데이터 분석을 활용하며, 이를 통해 기업의 지속가능성을 평가하고 개선하는 전략을 수립하고 있다.

ESG 및 Compliance를 고려한 의사결정 모델은 기업이 글로벌경제에서 신뢰를 확보할 수 있다. 기업이 ESG 및 Compliance를 핵심 경영전략으로 통합할 때, 법적 리스크를 줄이면서도 경쟁력을 강화하고 브랜드 가치를 극대화할 수 있다. 따라서 기업은 ESG 및 Compliance를 장기적인 경영전략으로 인식하고, 윤리적 리더십을 바탕으로 지속가능한 성장 모델을 개발해야 한다.

03. 윤리적 리더십의 중요성

조직문화는 종종 윤리경영의 실현을 돕는 중요한 토대가 되지만, 때로는 그 반대 방향으로도 작용한다. 바로 비윤리적 행위를 '정상적인 관행'으로 규범화시키는 힘 때문이다. 많은 조직들은 내부에서만 통용되는 암묵적 규범을 만들어 낸다. 대표적인 예가 군 조직이다. 특히 해병대와 같은 특정 집단은 기수 문화와 명확한 위계 속에서 독자적인 규범 체계를 형성하고, 그 안에서 벗어나는 행동을 '이질적인 행위'로 간주한다. 조직구성원들은 순응을 통해 생존과 인정, 충성 경쟁, 성과, 승진을 위해 개인의 윤리 기준보다는 집단 내부의 암묵적 질서가 우선시되는 문화를 만들어 낸다.

필자 역시 해병대에서 4년 6개월간 복무하며 그러한 문화의 특성과 장단점을 몸소 경험한 바 있다. 그 시절, 공동체 중심의 사고와 조직 내 질서의 중요성을 체득했고, 무엇보다도 지금의 활동을 가능케 한 끈기와 지속성을 그 군생활을 통해 배웠다. 참고로 이 글은 특정 조직을 비판하기 위한 것이 아니라, 조직문화가 개인의 윤리적 판단과 행동에 어떤 영향을 미치는지를 설명하기 위한 맥락이므로 오해 없기를 바란다.

다시 본론을 이어가면 조직 상층부로 갈수록 이러한 규범에 대한 동조는 더욱 강해진다. 그들은 바로 그 규범 속에서 성공했기 때문이다. 이 구조는 때로는 강한 소속감과 팀워크를 형성하기도 하지만, 동시에 부당한 지시나 위법 행위마저도 '조직문화'라는 이름으로 정당화되는 위험을 내포하고 있다. 조직폭력배 집단이 내부 규율을 근거로 범죄를 정당화하는 방식이나, 정치권에서 정책보다 충성을 우선시하는 구조는 이와 유사하다. 누구도 책임지지 않는 시스템, 비판이 억제되고 침묵이 미덕처럼 여겨지는 환경은 결국 조직 전체를 비윤리적 방향으로 끌고 간다. 이러한 현실은 윤리적 경영시스템만으로는 해결되지 않는다. 이럴 때 필요한 것이 바로 윤리적 리더십이다.

윤리적 리더십은 단순히 개인의 청렴함이나 도덕성만을 말하지 않는다. 그것은 조직 내부의 비정상적 규범을 성찰하고, 그 질서를 바꾸려는 용기 있는 행동이다. 윤리적 리더는 단지 규정을 준수하는 사람이 아니다. "우리가 늘 이렇게 해왔으니까"라는 말을 경계하고, "그렇게 하는 것이 진정 옳은가"를 질문하는 사람이다. 이런 리더는 조직 내 무비판적 동조 문화를 깨고, 건강한 이견과 건설적 반론이 살아있는 조직을 만들어 낸다. 더 나아가 윤리적 리더는 조직의 규범을 새롭게 디자인하는 역할을 한다. 조직의 암묵적 행동 기준을 바꾸고, 소수의 윤리적 행동이 다수의 관행으로 자리 잡을 수 있도록 지속적인 방향성을 제공한다. 이것이 바로 윤리적 리더십이 단순한 인성의 문제가 아니라 전략적 경영 역량인 이유다.

제도가 아무리 잘 갖춰져 있어도, 그 제도를 제대로 작동시키는 리더가 없다면 조직은 변화하지 않는다. 윤리적 리더십은 제도를 바꾸는 데 그치지 않고, 조직문화를 근본적으로 변화시키는 힘이다. 진짜 윤리경영은 리더 한 사람의 말이 아니라 그 리더가 어떤 규범을 조직 안에 심고 있는가에서 시작된다. 그리고 그 규범이 '사람을 향한 존중'과 '공동체를 위한 책임' 위에 세워질 때 비로소 윤리경영은 조직의 체질이 된다.

지금 우리는 그 어느 때보다도 불확실하고 다층적인 시대를 살고 있다. 기술이 사람을 앞지르고, 단기 성과가 장기 책임을 덮으며, 수많은 규범과 가치들이 충돌하는 이 시점에서, 결국 조직의 방향을 결정짓는 것은 한 사람, 한 사람의 윤리적 태도다.

윤리적 리더십이란 그렇게 거창한 개념이 아니다. 매일 반복되는 일상 속 선택이라고 봐도 좋다. "지금 이 결정이 조직과 사회에 어떤 메시지를 줄까?", "내가 침묵할 때 누군가는 피해를 입는 건 아닐까?"라는 스스로 자문에서 시작된다. 조직문화는 왠지 그렇게 해야 할 것 같은 그런 분위기처럼 모든 구성원의 행동 누적으로 만들어진다. 특히 경영진의 역할이 무엇보다 그 역할을 한다. 즉 그 행동은 리더의 '태도'에서 시작된다. 당신이 조직의 최고경영자든, 신입 구성원이든, 중요한 것은 역할의 높낮이가 아니다. 지금 서 있는 자리에서 윤리적인 선택을 할 수 있는가? 그 한 걸음이 결국 조직 전체의 윤리성과 신뢰를 형성하게 된다. 윤리적 리더십은 리더의 몫이자 모두의 책임이다. 그 책임은 규칙으로 강요되는 것이 아니라 스스로 기꺼이 선택하는 것에서 진짜 힘을 발휘한다.

윤리적 리더십의 4대 핵심 원칙

윤리적 리더십은 조직 전반에 걸쳐 실질적 기준과 행동 양식을 형성하는 기반이 된다. 아래 네 가지 원칙은 실무에서 반드시 구조화되고 평가되어야 할 리더십 요건이다.

❶ 정직Integrity

정직은 모든 리더십의 출발점이다. 이는 사실 기반의 의사결정, 불편한 진실을 직시하는 용기로 구체화되어야 한다. 실제로 ISO 37301은 조직의 윤리기준으로서 'Integrity'를 반복적으로 강조하며, 내부 정책과 절차 전반에 이를 통합할 것을 요구한다(5.1.2 조항: Compliance Culture). 리더는 민감한 정보(예: 내부제보, Compliance 리스크 등)에 대해 정직하게 의사결정 내리고, 회피적 보고 문화를 없애야 한다. 이는 ISO 37301의 whistleblowing 관련 조항(8.3 Raising concerns)과도 직결된다.

❷ 책임감^{Accountability}

책임 있는 리더는 결과뿐 아니라 과정에도 응답한다. 특히 법적 책임이 아닌 '문화적 책임' 개념이 중요하다. 공정거래 CP에서도 고위 경영진의 책임을 중심축으로 하는 평가요소가 존재한다. 이는 CP 등급평가 기준에서 '경영진의 관여와 책임'이 독립지표로 설정되어 있으며, 효과성 평가 시 핵심으로 간주된다. 리더가 잘못된 결정에 대한 책임을 회피하면, 조직은 반드시 윤리적 기준이 무너진다. 반대로, 자발적 사과와 책임 표명은 조직 내 Compliance tone from the top을 실현하는 가장 효과적인 방식이다.

❸ 공정성^{Fairness}

공정성은 누구에게나 같은 기준과 누구에게도 불합리한 차별이 없도록 하는 정교한 설계다. 예를 들어, 내부 고발자 보호 제도의 실질적 작동 여부, 인사 평가 기준의 투명성 등은 조직 내 공정성의 척도다. ISO 37301 7.2항에서는 '고용 프로세스와 교육, 역량관리 등에서 공정하고 투명한 절차'를 요구하며, 특히 규율 관리^{Disciplinary process}의 형평성 보장을 강조한다. 공정한 리더십은 조직 내 심리적 안전지대를 만든다. 이는 구성원이 문제 상황을 숨기지 않고 보고하게 하며, 내부통제를 선제적으로 작동시킨다.

❹ 투명성^{Transparency}

투명성은 신뢰 가능한 커뮤니케이션이다. 단지 수치와 지표를 나열하는 것이 아니라 왜 그런 결정을 내렸고 어떤 과정이 있었는지를 조직구성원과 공유하는 리더십이 요구된다. ISO 37301은 전반적으로 문서화된 정보^{Documented Information}와 보고체계^{Reporting}를 의무화하고 있으며(7.5, 9.1.4), CP 역시 내부심사 결과 및 후속조치 과정을 명확히 문서로 남기고 공유하도록 요구한다. 내부보고 회의, 윤리위험 관리 미팅, 이사회 보고서에서 결정 과정이 드러나지 않는다면 그건 투명성이 없는 것이다. '보고'보다 '해석'과 '소통'을 중시하여야 한다.

리더십 체크리스트, CP 및 ISO 37301 기준 기반			
항목	ISO 37301 조항	CP 등급평가 기준	실무 적용 가이드
Integrity (정직)	5.1.2(문화), 8.3(우려제기)	C1(도입 및 운영 방침의 수립)	내부고발·이해상충 기준 준수
Accountability (책임감)	5.3(역할, 책임, 권한), 9.3(경영검토)	C2(최고경영진의 지원)	리스크 대응에 대한 명시적 책임 구분
Fairness (공정성)	7.2.2(고용 프로세스), 8.4(조사 프로세스)	O2(인사제재/인센티브)	평가 및 보상 체계 내 공정성 검토
Transparency (투명성)	7.5(문서화된 정보), 9.1.4(보고)	O1(사전감시 체계)	감사 결과 공유 및 후속조치 피드백 체계

핵심은 시스템은 기본일 것이고 결국 '사람', 그중에서도 '리더'에게서 출발한다. 시스템은 도구일 뿐이며, 그 도구를 어떻게 쓰는지는 리더의 신념, 말, 행동이 결정한다. ISO 37301과 CP 모두 리더의 참여와 책임을 핵심 축으로 요구하고 있다. 이는 리더가 '관여했다'는 등급평가 결과로 끝나는 것이 아니라, 조직 전반의 윤리 문화를 실질적으로 이끄는 수준으로 높여야 한다. 이 원칙들이 제대로 작동할 때 조직은 모든 이해관계자로부터 신뢰받는 리더로 자리매김할 수 있다.

윤리적 의사결정의 효과적 실행을 위한 요소들

윤리적 의사결정이라는 말은 대부분 회사의 행동강령에 들어가 있다. 하지만 실제 조직 안에서 매출 같은 압박이 심한 상황 속에서 그 '윤리'가 살아서 움직이고 있는지는 전혀 다른 문제다. 저자가 경험한 대부분의 기업에서는 매출과 같은 숫자가 모든 판단을 압도하기 때문이다.

그럼에도 불구하고 윤리적 의사결정이 조직에서 실질적으로 기능하려면, 윤리를 선택할 수 있는 '시간', '기준', '보호장치', 그리고 그것을 실행하는 '문화'까지 갖춰져야 한다. 이 네 가지는 분리된 것이 아니라, 하나로 연결되어야 작동될 수 있다. 의사결정 테이블에서 윤리적 질문이 사라지는 가장 큰 이유는 생각보다 단순하다. 그 질문을 던질 시간이 없거나, 던져도 받아줄 구조가 없기 때문이다. 임원과 팀장들은 대부분 '일단 매출부터 맞추고 보자'는 압박 속에서 움직인다. 여기서 윤리가 개입할 틈이 없다. 윤리적 판단은 시간이 필요하고, 숙고가 필요하고, 때로는 불편한 대화도 수반하기 때문이다. 이걸 조직이 공식적으로 보호해 주지 않으면, 윤리는 늘 '나중에 생각할 문제'로 밀려난다.

실제 한 제조기업에서 있었던 일이다. 해외 파트너사가 공급하는 부품의 품질 문제가 반복됐지만, 담당자는 이를 문제 삼지 않았다. 문제를 지적하면 납기 지연이 발생하고, 실적과 본인의 실력 그리고 이미지상 타격이 생기기 때문이다. 그 결과, 후속 제품의 리콜이 발생했고 수십억 원의 손실이 발생했다. 이 경우 '문제를 몰랐다'기보다 알면서도 말하지 않은 것이 문제였다. 윤리적 의사결정이 실패했다기보다 애초에 윤리를 말할 수 없는 구조였던 것이다.

현장에서 가장 자주 나오는 말이 "그건 상황 봐서…"다. 그 말은 결국 기준이 없다는 뜻이다. 조직 내에서 윤리적 딜레마는 대부분 '회색지대'에서 벌어진다. 그 회색지대에서 판단을 도와주는 건 추상적인 사명이 아니라 구체화된 윤리적 판단 기준이 된다. 이 기준을 'YES or NO' 체크리스트로 접근법은 약하다. 예를 들면 직무 연관성과 대가성 그리고 상식적인 과도한 선물 여부에 있어서 외부 이해관계자에게 선물을 받았을 때 "받아도 되는가"가 아니라 "받은 이후, 나는 업무에서 같은 의사결정, 즉 판단을 공정하게 내릴 수 있는가?", "내 결정이 왜곡되었다는 오해를 받을 여지는 없는가?" 등의 질문들이 붙어 있어야 한다. 또한 뒤에서 자세히 설명할 CP와 ISO 등을 통하여 외부 건강검진을 받는 것이다. 정리하면 윤리적 의사결정이 작동하는 조직은 아래 조건을 충족한다.

윤리적 의사결정 충족 조건			
조건	내용	결과	방법
타이밍 확보	의사결정 과정에서 윤리 검토 시점 포함	윤리적 고려가 실시간 반영되고 모니터링됨	담당 조직 체계화, IT
기준의 구체성	현실 기반의 명확한 판단 잣대	딜레마 상황에서 일관된 판단 가능	교육, 훈련, 담당자 Advice

윤리적 의사결정 충족 조건			
조건	내용	결과	방법
구성원 보호	윤리적 선택을 인정하고 보상	반복가능한 시스템 형성	KPI, 결재라인
문화의 정비	윤리적 태도가 존중받는 분위기	자율적 실천 유도, 리스크 사전 통제	리스크 평가, 경영진의 적극적 의지 표명

저자의 경험상 Compliance 팀 등을 보호하지 않으면 다음의 기업은 없다. 만약 의사결정자가 윤리적 이유로 이익을 포기했을 때, 그걸 인정해 주지 않는 조직은 다음 선택에서 무너진다. "군이 나만 원칙 지킬 필요 있어?"라는 말이 나오는 순간부터 조직은 '비윤리'를 정상으로 받아들이기 시작한다. 때문에 성과평가에 윤리기준이 들어가야 하고, 실제 매출을 포기하고도 기준을 지킨 직원에게 인센티브가 주어져야 한다. 이런 구조를 만들지 않으면 윤리는 생존 본능에 밀려 매번 우선순위에서 제외된다. 따라서 구조가 어긋나는 조직은, 매번 반복되는 윤리 실패를 피할 수 없다.

윤리적 리더십이 조직에 미치는 실질적 영향

몇 년 전, 지방의 한 제조회사에서 CP 컨설팅을 하던 중이었다. 커피 자리에서 한 간부가 웃으며 말했다.

"우리 회사는 법도 잘 지키고 윤리경영을 하고 있습니다. 지금까지 단 한 번도 사업을 하면서 이슈가 있었던 적이 없었습니다. 대표이사의 의지도 강합니다. 직원들도 착해서 다들 알아서 잘 따라와요. 뭐, 윗사람이 하자고 하면 안 할 수 없는 거죠. 대략 알아서 분위기 맞추는 거죠. 걱정하실 것 없습니다."

그 말을 듣는 순간 깊은 생각에 잠겼다. 조직에서 '윤리'란 결국 윗사람의 진정성에 달려 있다는 점. 회사 벽에는 윤리헌장이 걸려 있었고 내부제보시스템도 갖춰져 있었지만, 직원들은 그저 '형식적인 것'으로만 받아들이는 듯했다. 그 간부는 회사가 모든 걸 잘하고 있다고 자신감 있게 말했지만, 과연 윤리경영이 조직문화로 정착되고 있는지는 의문이었다.

윤리적 리더십은 결코 말로 시작되지 않는다. 그것은 후배와 동료들이 리더의 모범적 행동을 보고 자연스럽게 따르게 되는 것이다. 결국 조직은 리더가 허용한 만큼만 윤리적이며, 그 기준은 언제나 물처럼 위에서부터 아래로 흘러간다. 윤리적 리더십은 리더의 개인적 성향이나 이상적 행동의 문제가 아니다. 그것은 조직이 지속가능하고 신뢰받는 체계로 성장하기 위한 핵심적인 운영 인프라이며, 기업의 가치 창출 능력에 직접적으로 영향을 미치는 전략적 리더십 모델이다. 특히 급변하는 경영환경 속에서 조직이 외부 리스크에 대응하고, 내부 시스템을 정렬하며, 사회적 책임을 실천하려면 윤리적 리더십이 반드시 중심축 역할을 해야 한다.

윤리적 리더십의 역할을 좀더 살펴보자. 첫째, 윤리적 리더십은 조직문화의 본질을 형성하는 근원적 힘이다. 조직의 구성원은 리더가 강조하는 가치, 보여주는 태도, 내리는 결정에서 조직이 지향하는 방향성을 감지하고 이를 내면화하게 된다. 리더의 말 한마디, 실천 하나하나가 곧 조직 전체의 비공식 규범Informal norms으로 명사화되고, 이는 곧 조직의 문화로 정착된다. 윤리적 리더가 정직, 공정, 책임, 투명성과 같은 가치를 일관되게 실천한다면, 직원들도 그러한 기준에 맞춰 자신의 업무방식, 동료 간의 커뮤니케이션, 조직에 대한 태도를 재정립하게 된다. 이처럼 윤리적 리더십은 조직문화의 뿌리를 윤리적 가치에 두게 함으로써 도덕적 해이를 예방하고, 팀워크와 협업을 강화하며, 조직의 건강한 성장 기반을 마련한다.

둘째, 윤리적 리더십은 조직 외부 이해관계자들과의 신뢰 구축 및 명성 향상에 결정적인 역할을 한다. 오늘날 기업은 고객, 투자자, 정부, 지역사회, 시민단체 등 다양한 이해관계자들과 지속적으로 상호작용하고 있으며, 그 중심 기준은 재무성과가 아니라 윤리성과 투명성이다. 특히 ESG 경영이 글로벌 스탠더드가 되어가는 지금, 윤리적 리더십은 기업의 지속가능성을 판단하는 핵심 평가 항목으로 기능하고 있다. 윤리적 리더가 중심을 잡고 기업의 치체계를 명확히 전달한다면, 이해관계자들은 해당 기업에 대해 더 높은 신뢰를 가지게 되며, 이는 긍정적인 브랜드 이미지, 투자 유치, 평판 자산 형성 등으로 직결된다.

셋째, 윤리적 리더십은 기업의 리스크를 줄이고, 법적·규제적 대응 역량을 근본적으로 강화한다. 실제 많은 조직이 내부통제 시스템을 갖추고 있음에도 불구하고, 윤리적 리더십이 부재한 경우에는 통제가 형식에 그치고, 비윤리적 행위가 구조 속에 잠복하게 된다. 윤리적 리더는 조직 내 윤리적 의사결정 시스템을 선제적으로 정립하고, 구성원들의 행동 기준을 명확히 하여 불필요한 법적 분쟁, 내부제보, 공정거래법 위반, 이해충돌 문제 등을 미연에 방지할 수 있다. 이는 조직의 Compliance 경영시스템을 내실화하고, 규제기관과의 관계에서도 긍정적인 시그널을 제공하는 역할을 한다.

결국 윤리적 리더십은 조직의 내면(문화)과 외면(신뢰), 그리고 시스템(리스크 관리)을 동시에 변화시키는 핵심 축이다. 좋은 리더가 되는 법이 아니라 조직의 전략적 생존력과 지속가능경영의 토대를 다지는 실질적 리더십 역량이다. 리더의 행동 하나가 조직을 이끌기도 하고 무너뜨리기도 한다는 현실 속에서 윤리적 리더십은 기업의 미래를 결정짓는 가장 강력한 통제력이며, 가장 신뢰할 수 있는 성장엔진이 될 수 있다.

윤리적 리더십의 성공 사례

실제 경영 현장에서는 대부분 리더들이 공리주의적 판단 기준에 따라 행동한다. 사업성과, 매출 확대, 시장 점유율 등 결과 중심의 KPI가 기업 운영의 중심에 놓이기 때문이다. 따라서 윤리적 딜레마가 발생했을 때조차도 '그 결정이 회사에 이익을 가져오는가'가 판단 기준이 되는 경우가 흔하다. 그러나 문제는 이와 같은 결과 중심적 사고가 단기적 이익만을 추구하게 만들고, 장기적으로는 조직의 신뢰·명성·지속가능성에 악영향을 미칠 수 있다는 점이다. 즉, 당장의 이익을 위해 윤리적 기준을 무시하거나 편의적으로 해석하게 되면, 결국 기업의 내구성과 생존력은 점점 약화될 수밖에 없다.

윤리경영이 중요한 이유는 바로 여기에 있다. 기업은 '성과 중심의 공리주의'를 넘어 그 과정의 정당성과 책임성을 함께 고려하는 윤리적 프레임을 갖추어야 한다. 결과가 좋더라도 그 과정이 정당하지 않다면, 그것은 지속가능한 경영이라고 보기 어렵다. 따라서 조직은 단순히 결과만이 아닌 어떤 방식으로 그 결과에 도달했는가, 그 과정에서 법과 윤리를 어떻게 지켰는가를 함께 평가해야 한다. 이는 결국 공리주의적 접근과 의무론적 윤리Deontology 간의 균형을 기업이 얼마나 잘 유지하는지가 윤리경영의 실질적 성공을 결정짓는 핵심이 된다.

윤리적 리더십이 그렇게 중요하다면, 왜 대체 조직은 잘 안 바뀌는 걸까? 이 질문에는 실제 실무자들의 경험에서 우러난 답답함이 담겨 있다. 사내 윤리헌장, 행동강령, 내부제보 시스템까지 다 갖췄는데도 조직은 늘 제자리일 수 있고 실무자들은 회의감이 들을 수 있다. 답은 의외로 간단하다. 제도는 있는데 그걸 진심으로 대하는 리더가 없기 때문이다. 리더가 윤리를 말하면서도 숫자만 강조하고, Compliance를 귀찮은 절차로 취급하면 조직은 그 신호를 정확히 읽는다. 그리고 그 순간, 아무리 훌륭한 시스템도 종이 한 장만도 못 한 게 된다. 사실 윤리적 리더십은 거창한 언어가 아니다. 권한을 가진 사람이 어떤 기준으로 결정하고, 그 결과에 어떻게 책임지는가에 관한 문제다. 그리고 조직은, 그 사람을 본다. 즉, 말이 아니라 행동을 본받게 된다. 사실 윤리적 리더십은 따로 존재하지 않는다. 그건 늘, 조직 안의 '누군가'로부터 시작되는 변화다.

다음은 조직 회복탄력성Organizational Resilience을 끌어올리는 실제 사례를 살펴보기로 하자. 가장 대표적인 사례 중 하나가 마이크로소프트Microsoft다. 마이크로소프트는 과거 강한 독점 이미지와 내부 권위주의적 문화로 비판받던 시기를 지나 CEO 사티아 나델라Satya Nadella의 부임 이후 완전히 다른 조직으로 탈바꿈했다. 나델라는 윤리적 리더십을 조직문화 혁신의 중심축으로 내세운 윤리 실천형 CEO였다. 그는 성공보다 배려가 먼저라는 메시지를 통해 포용, 공감, 존중이라는 윤리적 가치로 조직을 재정렬했고, 특히 AI 개발 과정에서의 윤리, 데이터 프라이버시 보호, 투명한 내부 거버넌스를 강화함으로써 글로벌시장에서 기술기업의 책임성 모델을 선도했다.

이러한 윤리적 리더십은 단지 내부 조직의 만족도를 높이는 수준을 벗어나 마이크로소프트가 ESG 투자 대상 1순위 기업이 되는 데 결정적 원인이 되었다. 신뢰 기반 기술기업이라는 브랜드 이미지는 결국 시장 점유율 확대, 우수 인재 확보, 정부 협력사업 우선 참여로 이어졌다. 윤리적 리더십이 조직 내부의 분위기를 바꾸는 것이 아니라 기업 외부의 신뢰 자본을 축적하는 가장 강력한 자산임을 입증한 사례다.

또 하나의 사례는 유니레버^{Unilever}다. 유니레버는 글로벌 소비재 산업에서 지속가능한 성장의 모델을 보여준 기업이며, 그 이면에는 CEO 폴 폴먼^{Paul Polman}의 철학 중심의 윤리적 리더십이 있었다. 폴먼은 단기 이익을 추구하지 않겠다는 선언으로 유명하다. 그는 윤리적 리더십은 수익을 초월한 가치 기반 경영이며, 이는 오히려 장기적 수익성으로 되돌아온다는 철학을 실현했다. 그는 공급망 전반에 걸쳐 윤리기준을 적용하고, 저소득 국가와의 상생 파트너십을 체결하며, 제품 개발 단계에서부터 ESG 원칙을 통합했다. 그 결과 유니레버는 투자자들 사이에서 가장 신뢰할 수 있는 지속가능 소비재 기업으로 성장할 수 있었고, 브랜드 신뢰도 또한 글로벌 상위권으로 도약했다.

윤리적 리더십은 이처럼 브랜드가 갖는 무형의 자산, 곧 '신뢰'와 '존경'이라는 질적 경쟁력을 창출하는 원동력이 된다. 단지 도덕적으로 '좋은 사람(리더)'이 되자는 것보다 조직의 생존을 가능케 하는 전략이고 시스템이며 성장의 엔진이다. 신뢰는 숫자로 계산되지 않는다. 하지만 신뢰는 숫자를 움직이게 만든다. 그리고 그 신뢰의 시작은 항상 윤리적 리더십에서 비롯된다.

04. 윤리적 딜레마와 해결 전략

누구나 윤리적 딜레마를 겪게 된다. 하물며 수십 명, 수백 명 이상 모인 기업은 하루에도 수많은 의사결정을 하며 윤리적 딜레마를 겪을 수밖에 없다. 이처럼 윤리적 딜레마는 기업이 직면하는 가장 어려운 문제 중 하나이며, 경영진과 임직원들이 신중하게 접근해야 하는 중요한 주제다. 이는 '옳고 그름'을 판단하는 것이 아니라 다양한 이해관계자의 이익과 장기적인 지속가능성을 고려해야 하는 복잡한 과정이다. 윤리적 딜레마를 해결하지 못하면 기업의 명성과 신뢰도가 심각하게 훼손될 수 있으며, 이는 법적 리스크뿐만 아니라 재무적 타격으로 이어질 수 있다. 따라서 기업은 윤리적 의사결정 프레임워크를 통해 체계적으로 문제를 해결할 수 있도록 해야 하며, 윤리적 기준과 기업의 가치관을 기반으로 한 결정을 내려야 한다.

윤리적 딜레마의 여러 유형

윤리적 딜레마는 조직이 효율과 원칙 사이에서 무엇을 우선할 것인지 결정해야 하는 상황에서 자주 발생한다. 그중에서도 가장 흔한 유형은 비용 절감과 노동 윤리 간의 충돌이다. 글로벌기업들은 생산비를 줄이기 위해 개발도상국의 하청업체에 제조를 맡기는 경우가 많지만, 이 과정에서 비인간적인 노동환경이나 아동노동, 안전 미준수 등의 문제가 반복적으로 발생한다.

대표적인 사례가 2013년 방글라데시에서 발생한 라나 플라자 붕괴 사고다. 다국적 의류 브랜드들의 하청공장이 입주해 있던 8층짜리 건물이 하루아침에 무너졌고, 1,134명이 사망하고 2,500명 이상이 다쳤다. 이는 단일 산업재해로는 세계 최악 규모였으며, 방글라데시 사회뿐 아니라 전 세계 소비자와 기업들에 깊은 충격을 안겼다. 사고 당시, 건물에는 명백한 구조적 결함이 있었고, 붕괴 위험이 감지되었음에도 불구하고 공장 관리자들은 작업을 강행했다. 기업들은 직접적인 가해자가 아니었지만, 그들이 선택한 하청구조와 윤리적 무관심이 이 비극의 배경이 되었음은 부인할 수 없다. 이 사건은 '눈앞의 단가 절감이 사람의 생명을 위협할 수 있다'는 사실을 전 세계에 각인시켰고, 공급망 관리의 윤리성과 책임에 대한 기준을 근본적으로 바꾸는 계기가 되었다. 기업은 이러한 문제들을 해결하기 위해 공정 노동 기준을 수립하고, 투명한 공급망 관리 시스템을 구축하는 등의 조치를 취해야 한다.

또 다른 윤리적 딜레마는 데이터 프라이버시와 비즈니스 경쟁력 사이의 균형이다. 디지털 시대에서 기업은 고객 데이터를 활용하여 맞춤형 서비스를 제공하고 비즈니스 경쟁력을 높이지만, 동시에 데이터 보호에 대한 책임도 부담해야 한다. 메타와 같은 글로벌 IT 기업이 사용자 데이터를 무단으로 활용하거나 개인정보를 보호하지 못해 거대한 사회적 반발을 일으킨 사례는 윤리적 딜레마의 대표적인 예시다. 기업이 데이터 프라이버시를 보호하는 것은 법적 의무뿐만 아니라 윤리적 책임이기도 하며, 장기적으로는 소비자의 신뢰 확보와 브랜드 가치 제고에 기여할 수 있다.

05. 윤리적 의사결정 실무 적용 사례

윤리적 의사결정은 기업의 전반적인 경영전략에 내재화되어야 하며, 이를 실천하기 위한 명확한 프로세스와 교육 프로그램이 필요하다. 특히, 글로벌시장에서 기업이 경쟁력을 유지하려면 윤리적 기준을 강화하고 이를 조직문화에 반영해야 한다.

기업이 윤리적 의사결정을 실무적으로 적용하는 과정에서 가장 중요한 요소는 명확한 프로세스 구축이다. 윤리적 의사결정 프로세스는 기업이 직면하는 복잡한 상황에서 구체적인 가이드라인을 제공하는 역할을 한다. 효과적인 윤리적 의사결정 프로세스는 다음과 같은 단계를 포함할 수 있다.

윤리적 의사결정 절차 요약표		
단계	핵심 내용	핵심 포인트
① 문제 인식	윤리적 딜레마 상황 파악	Compliance 리스크 동시 고려
② 이해관계자 분석	영향 범위 식별	내부(직원 등), 외부(정부, 고객 등)
③ 윤리적 기준 및 법적 규제 검토:	관련 규범 점검	윤리강령, ISO 37301, CP 등 대조
④ 대안 평가	선택지 비교	비용·신뢰·장기 리스크 종합 판단
⑤ 실행 결정	실행 방향 수립	책임 주체 명확히 설정, 절차화
⑥ 사후 평가	효과성 측정 및 학습	결과 분석 → 조직 내 피드백 공유

① 문제 인식 및 이해: 윤리적 딜레마가 발생하면, 해당 문제의 본질과 영향을 분석한다. 이 단계에서는 법적, 사회적, 경제적 요소를 종합적으로 고려해야 한다.

② 이해관계자 분석: 해당 의사결정이 기업 내부 직원, 고객, 투자자, 지역사회, 정부 등 다양한 이해관계자에게 미치는 영향을 평가한다.

③ 윤리적 기준 및 법적 규제 검토: 기업의 윤리강령, ISO 37301, CP, 공정거래 관련 법규 등과의 정합성을 검토한다.

④ 대안 분석 및 평가: 여러 가지 해결책을 도출하고, 각각의 장점과 단점을 비교한다. 이때 장기적인 관점에서 기업의 지속가능성을 고려해야 한다.

⑤ 최종 결정 및 실행: 의사결정을 내리고, 이를 효과적으로 실행하기 위한 방법을 설정한다.

⑥ 결과 평가 및 피드백: 결정이 실행된 후 윤리적, 재무적, 사회적 측면에서 그 효과를 분석하고, 향후 유사한 상황에서 참고할 수 있도록 피드백을 제공한다.

다음으로 각 산업별 윤리적 의사결정 실무 적용 사례를 표로 살펴보자.

산업별 윤리적 의사결정 적용 사례 요약				
산업	주요 윤리 이슈	핵심 의사결정	대응전략	기대 효과
제약	임상시험 중 부작용 축소 보고 시도	환자 안전 vs 매출 증가	안전성·효과성 투명 공개, 윤리검토 프로세스 적용	의료계·소비자 신뢰 확보, 장기 평판 강화
IT·기술	AI 채용 시스템에서의 성·인종 편향	자동화 편의 vs 알고리즘 공정성	윤리적 AI 프레임워크 수립, 내부 감시 체계 구축	기술 신뢰성 제고, 사용자 수용성 향상
금융	내부정보 이용 시도 감지	단기 이익 vs 법적·윤리적 리스크	거래 감시 시스템 도입, 윤리교육 강화, 제보채널 운영	규제기관 신뢰 확보, 내부 부정 예방
소비재	협력공장의 노동착취 문제 제기	단가 절감 vs 공급망 윤리	공급계약에 윤리기준 반영, 외부감사 정례화	브랜드 신뢰 회복, 지속가능 경영 체계화
자동차	배출가스 조작 사건 이후 시스템 붕괴	기술 왜곡 vs 신뢰 기반 경영	윤리위 신설, 전기차 전략 전환, 내부 감사 확대	시장 신뢰 회복, 친환경 산업 리더십 강화

제약산업: 윤리적 의사결정과 환자 안전

제약산업에서는 신약 개발 및 임상실험 과정에서 윤리적 의사결정이 중요한 역할을 한다. 신약을 개발하는 과정에서 기업은 치료 효과와 부작용, 시장 출시 시점, 가격 책정 등 다양한 윤리적 문제에 직면한다. 한 글로벌 제약회사는 임상실험에서 일부 부작용을 축소해 보고하려는 내부 논의를 경험했다. 이는 신약의 상업적 성공을 앞당길 수 있지만, 환자의 안전을 위협할 가능성이 있었다. 윤리적 의사결정 프로세스를 도입한 결과, 해당 기업은 신약의 안전성과 효과성을 투명하게 보고하기로 결정했고, 이를 통해 장기적으로 신뢰받는 글로벌 제약기업이 되었다. 결과적으로 해당 제약사는 기업의 책임성을 강화하고, 소비자와 의료계의 신뢰를 얻었다.

IT 및 기술 산업: AI와 데이터 윤리

디지털 시대에서 데이터 활용과 AI 알고리즘의 윤리적 문제는 기업들이 해결해야 할 중요한 과제다. 한 글로벌 IT 기업은 AI 기반 채용 시스템을 도입했지만, 특정 성별과 인종에 불리한 결과를 초래하는 문제를 발견했다. 이 문제를 해결하기 위해 기업은 윤리적 AI 프레임워크를 구축하고, 알고리즘의 투명성과 공정성을 보장하는 프로세스를 개발했다. 이를 통해 AI 기술이 공정한 방식으로 사용되도록 보장하고, AI 의사결정 시스템의 신뢰성을 높일 수 있었다. 또한, 직원과 사용자들에게 AI의 작동 방식을 설명하는 교육 프로그램을 도입하여 윤리적 의사결정에 대한 인식을 제고했다.

금융산업: 내부정보 활용과 윤리적 의사결정

금융산업에서는 내부정보를 이용한 거래Insider Trading와 같은 윤리적 문제가 빈번하게 발생한다. 한 글로벌 투자은행에서는 임직원들이 내부정보를 이용하여 부당한 이익을 취하려는 시도가 감지되었고, 윤리적 의사결정 모델을 적용하여 이를 예방하는 시스템을 도입했다. 해당 기업은 내부정보 보호 정책을 강화했다. 직원들에게 정기적인 윤리교육을 제공하고, 금융거래 감시 시스템을 도입하여 이상 거래를 자동으로 탐지하도록 했다. 또한, 내부제보 시스템을 활성화하여 윤리적 문제가 발생할 경우 신속하게 대응할 수 있도록 조치를 취했다. 이로 인해 해당 기업은 금융 규제기관의 신뢰를 얻고, 장기적으로 안정적인 기업 운영을 이어갈 수 있었다.

소매 및 소비재 산업: 윤리적 공급망 관리

글로벌 소매업체들은 원자재와 제품을 생산하는 과정에서 윤리적 공급망 관리가

COMPLIANCE 공정거래 CP & ISO 37301 실무가이드

중요한 이슈로 떠오르고 있다. 한 다국적 소매 기업은 의류 생산 공장에서 열악한 노동환경이 유지되고 있다는 비판을 받았다. 이 문제를 해결하기 위해 기업은 공급업체와의 계약에 윤리적 노동 기준을 포함하고, 정기적인 감사Audit 시스템을 도입했다. 또한, 소비자들에게 윤리적 소비를 장려하기 위한 캠페인을 진행하고, 지속가능한 패션 라인을 도입하여 윤리적 의사결정이 브랜드 전략과 연계될 수 있도록 했다. 이를 통해 기업은 소비자들의 신뢰를 회복하고, 지속가능한 비즈니스 모델을 구축할 수 있었다.

자동차 산업: 환경 규제와 지속가능한 경영

자동차 산업에서는 환경 규제 준수와 지속가능한 제조 과정이 중요한 요소다. 한 글로벌 자동차 제조사는 배출가스 조작 스캔들 이후 윤리적 의사결정을 강화하기 위해 내부 시스템을 전면 개편했다. 기업은 ESG 요소를 반영한 윤리적 경영전략을 도입하고, 환경친화적인 전기차 개발을 가속화했다. 또한, 경영진의 윤리적 책임을 강화하기 위해 윤리위원회를 신설하고, 내부감사 기능을 확대했다. 이를 통해 기업은 글로벌시장에서 신뢰를 회복하고, 지속가능한 모빌리티 산업을 선도하는 기업으로 성장하고 있다.

기업은 윤리적 의사결정을 조직문화에 내재화하기 위해 명확한 윤리 행동 강령Code of Conduct을 개발해야 한다. 이를 통해 직원들이 업무 중 직면하는 윤리적 문제를 해결할 수 있는 기준을 제공할 수 있다. 또한, 윤리적 의사결정 교육 프로그램을 도입하여, 직원들이 실무에서 윤리적 문제를 해결할 수 있는 역량을 기를 수 있도록 해야 한다. 교육 방식으로는 사례 연구, 시뮬레이션, 인터랙티브 워크숍 등이 효과적일 수 있다.

예를 들어, 한 글로벌 컨설팅 제조기업은 직원들에게 윤리적 딜레마를 직접 체험할 수 있는 가상현실VR 기반 윤리교육 프로그램을 도입했다. 이를 통해 직원들은 실제 상황과 유사한 환경에서 윤리적 의사결정을 연습할 수 있었으며, 조직 전체의 윤리적 사고방식을 강화하는 효과를 거두었다.

06. 디지털 AI 시대, 기술 발전과 윤리경영의 조화

얼마 전 한 국내 유통기업에서 AI 기반 고객 맞춤 추천 시스템을 도입했다. 처음엔 매출이 늘어나는 것처럼 보였지만, 예상치 못한 문제가 터졌다. 특정 연령대와 성별의 소비자들에게 추천이 거의 이뤄지지 않았다는 항의가 이어졌고, 곧 내부에서도 알고리즘에 편향이 있는 것 아니냐는 우려가 나왔다. 사실 문제는 기술적 오류가 아니었다. 의사결정권자 누구도 알고리즘이 어떻게 결정을 내리는지 모른다는 사실이 더 큰 문제였다.

우리는 지금, 기술을 신뢰하면서도 그 기술이 윤리적이길 바라는 시대에 살고 있다. 하지만 기술은 스스로 윤리적이지 않다. 윤리적 시스템을 설계하는 사람과 조직, 그것을 책임지는 리더십이 있어야 기술도 사회적 신뢰를 얻는다. 기업이 AI를 도입하면서 마주치는 윤리적 딜레마는 단순하지 않다. 데이터를 수집하는 방식부터 알고리즘이 내리는 판단 기준, 자동화된 의사결정의 책임 소재까지 무엇이든 하나하나가 리스크(위험)이면서 동시에 기회가 된다. 그걸 구분하고 정비하는 역할이 바로 Compliance이고 기준을 만드는 것이 '윤리적 리더십'이다.

다음은 ESG가 어떻게 디지털 AI와 연결되는지 볼 수 있다.

❶ E, 환경적 지속가능성

기업은 친환경 기술을 활용하여 환경보호에 이바지하여야 한다. 예를 들어, 클라우드 컴퓨팅을 운영하는 기업은 데이터센터의 에너지 효율을 높이기 위해 친환경 기술을 도입해야 한다. 아마존 웹 서비스[AWS]와 마이크로소프트 애저[Azure]는 탄소배출량을 줄이기 위한 친환경 클라우드 기술을 도입하고 있으며, 이를 ESG 경영의 핵심 요소로 활용하고 있다.

❷ S, 사회적 책임을 고려한 기술 개발

기업은 AI 및 데이터 분석 기술을 활용하여 사회적 문제 해결에도 적극 참여할 수 있다. AI를 활용해 원격으로 의료 접근성이 낮은 지역 사람들에게 보다 나은 의료 서비스를 제공할 수 있으며, 빅데이터 분석을 통해 글로벌 빈곤 문제 해결을 위한 정책을 설계하는 것도 가능하다.

❸ G, 지배구조와 기술 윤리

기술을 활용한 기업 거버넌스Governance 강화도 윤리경영의 중요한 요소다. 블록체인Blockchain 기술을 활용하면 기업의 재무 거래와 공급망 관리에서 투명성을 높일 수 있으며, 스마트 계약Smart Contract을 통해 공정한 계약 실행을 보장할 수 있다. 글로벌 대기업들은 블록체인 기술을 활용하여 공급망의 공정성을 강화하고, ESG 평가 기준을 만족시키는 데 집중하고 있다.

기업의 디지털 윤리 리스크 대처

글로벌기업들의 사례를 보면 OpenAI는 ChatGPT의 폭발적 성장 이후 정보 조작·허위 생성물에 대한 책임 문제가 대두되며 'AI 투명성과 통제 구조' 구축이 요구되고 있다. 구글은 2018년 'AI 원칙AI Principles'을 발표하고, 공격적 기술 개발보다 사회적 수용성과 장기적 책임을 우선하겠다고 선언하였다. 마이크로소프트는 'AI for Good' 전략을 통해 공공 정책, 교육, 노동 등 영역에서 AI가 사회에 미치는 영향을 주기적으로 평가하고, 내부 'AI 윤리 위원회'로 리스크 통제 중이다. 이제는 기업의 기술 자체보다, 그 기술을 사회에 어떻게 적용하고 책임 있게 운영하는지가 중요한 평가 요소가 되고 있다.

그러나 대다수 국내 기업은 아쉽게도 AI를 '도입'의 문제로 다루고 있다. 글로벌 투자자나 파트너들은 "이 기술이 어떻게 효과적이고 윤리적으로 운영되고 있느냐"를 묻는다. 다음 세 가지를 통해 보완되어야 한다.

- 개인정보 보호 이슈는 브랜드 신뢰의 핵심이다.
- 알고리즘은 설명 가능성Explainability이 없으면 소송의 원인이 된다.
- 자동화는 사람을 대체하는 것이 아니라, 사람이 의사결정에 책임을 질 수 있게 보완하는 구조로 설계돼야 한다.

디지털 윤리 리스크의 핵심 4가지			
구분	주요 이슈	실질적 위협	대응 전략
데이터 보호	무단 수집, 과도한 저장, 탈취	GDPR, 개인정보보호법 위반 → 벌금, 고객 이탈	데이터 최소화, 활용 목적 명확화, 암호화 및 로그 관리
AI 알고리즘 편향	차별적 결과, 대표성 결여	채용·대출·의료 분야에서 법적/사회적 비난	정기적 알고리즘 점검, 편향 제거 툴 적용
의사결정 책임성	결과에 대한 설명 불가	소비자·고객 불신, 기업 이미지 훼손	'설명 가능한 AI' 설계, 책임 주체 명확화
기술 남용의 경계	감시·추적·자동화 남용	노동권, 프라이버시 침해	윤리 가이드라인 제정, 외부 독립 검토 기구 도입

시간의 문제일 뿐 모든 기업은 AI가 업무와 연결될 수밖에 없다. 그렇다면 우리는 무엇부터 시작해야 할까? 제일 먼저 해야 할 것이 비용도 들지 않는 AI 윤리 정책을 별도로 선언하는 것이다. 조직 차원에서 AI 윤리는 우리 회사의 경영 철학임을 선언하는 것부터 시작하는 것이다. ISO 42001(AI 경영시스템), ISO 37301(준법경영시스템) 기준 5.1항은 최고경영자가 조직의 가치와 윤리 기준을 선언하고 실천할 것을 요구한다. 그다음으로 AI 관련 윤리 리스크를 정기적으로 점검하는 것이다. 기술팀, 법무팀, Compliance팀이 공동으로 알고리즘의 공정성과 데이터 수집·활용 과정의 법적 리스크를 진단해야 한다. 마지막으로 기술, 경영, 윤리가 분리되지 않는 구조를 설계하는 것이다. 이상적일 수는 있지만 CIO, CCO 책임자 간 정례 협의체를 구성하고, AI 도입과 운영 전 과정에 윤리·사회적 영향 분석^{Ethical Impact Assessment}(EIA)을 포함시켜야 한다. 아직은 해당되지 않을 수 있다. 다만 준비는 해야 한다.

기술은 언제나 우리가 생각하는 것보다 빠르게 진화한다. 중요한 건 그 기술을 누가, 어떤 기준으로 운용하느냐이다. AI 시대의 윤리경영은 이제 '기술을 멈추게 하는 규제'가 아니다. 오히려 기술을 지속가능하게 만드는 유일한 구조이자 기업 신뢰의 마지막 방어선^{Defence line}이다. 앞으로 기업이 윤리를 설계하지 않으면, 기술이 기업을 해석하게 될 것이다. 그리고 그 해석은, 언제나 신뢰를 기준으로 평가된다.

COMPLIANCE 공정거래 CP & ISO 37301 실무가이드

Part

2

. . . .

국내: CP의
핵심 요소 CDOE
및 실무적 접근

공정거래법과 Compliance

01. 공정거래위원회의 역할 및 법적 규제

헌법과 법률에 따른 독립적 행정기구

공정거래위원회(이하 '공정위')는 대한민국의 공정한 시장경제 질서 확립을 위해 설치된 중앙행정기관으로, 헌법적 가치와 법률적 근거에 따라 특수한 지위를 가지는 독립적 경쟁당국^{Competition Authority}이다.

형식적으로는 국무총리 소속의 중앙행정기관이지만(정부조직법 제2조, 중앙행정기관의 설치와 조직 등) 실질적으로는 준사법적 기능과 고도의 전문성을 바탕으로 독립성과 자율성을 부여받은 독립적 위원회형 행정기관에 해당한다.

대한민국 헌법 제119조 "① 대한민국의 경제질서는 개인과 기업의 경제상의 자유와 창의를 존중함을 기본으로 한다 ② 국가는 균형있는 국민경제의 성장 및 안정과 적정한 소득의 분배를 유지하고, 시장의 지배와 경제력의 남용을 방지하며, 경제주체 간의 조화를 통한 경제의 민주화를 위하여 경제에 관한 규제와 조정을 할 수 있다"고 규정하고 있다. 이 조항은 공정위의 존재 이유를 뒷받침하는 헌법상 경제질서의 대원칙이다. 특히 제2항에서 강조되는 자유와 창의를 존중하되 공공복리를 위한 규제 가능성은 시장감시기관으로서 공정위의 법적 정당성을 제공한다.

공정거래위원회 개요	
구분	주요 내용
법적 근거	공정거래법 및 관련 시행령(대통령령), 하위 규정
설치 근거	대통령 직속 중앙행정기관으로 조직법 및 법률로 규정
기관 성격	독립적 조사 및 심판 기능을 가진 반사법적 행정기구
권한 범위	시장 조사, 법 위반 심사, 시정 명령 및 과징금 부과 권한

공정위는 다른 행정기관과 달리 독립적인 행적 및 법적 결정 권한을 가지며, 위원회의 회의에서 합의제 의사결정을 내린다. 또한, 심사와 심판을 아우르는 특수성을 갖고 있어 행정 기능과 준사법 기능이 결합된 형태이다. 이를 통해 불공정 행위 및 시장질서 교란에 대해 신속하고 공정한 결정을 내릴 수 있다.

공정거래위원회의 주요 역할

공정위는 최근 시장 경쟁 촉진과 소비자 권익 보호를 위해 다음과 같은 역할을 수행한다.

① 시장 경쟁 질서 유지 및 촉진

구분	시장 경쟁 질서 유지 및 촉진
주요 내용	공정위는 기업 간의 공정한 경쟁을 촉진하기 위해 독과점 규제 및 카르텔 단속을 시행한다. 이는 시장지배적 사업자의 남용 행위를 규제함으로써 시장 내 독과점 구조를 개선하기 위함이다.
주요 역할	- 기업결합 심사: 대규모 인수합병(M&A)이 시장 경쟁에 미치는 영향을 평가해 승인 또는 시정조치 부과 - 카르텔 및 담합 규제: 사업자 간 가격 담합, 시장 분할 행위 등을 조사해 시정조치 및 과징금 부과 - 온라인 플랫폼 공정화: 디지털 경제에서 플랫폼 사업자의 시장지배적 지위 남용 방지
최근 사례	대형 플랫폼의 수수료 정책 조정 및 검색 알고리즘 조작에 대한 시정명령

② 소비자 권익 보호

구분	소비자 권익 보호
주요 내용	공정위는 소비자를 보호하기 위해 불공정거래 행위를 규제하고, 소비자 피해를 최소화하는 다양한 정책을 시행한다.

구분	소비자 권익 보호
주요 역할	– 허위·과장 광고 단속: 잘못된 정보로 소비자를 현혹하는 광고 행위를 규제 – 부당 약관 시정: 소비자에게 불리하거나 불공정한 약관을 검토하여 시정명령 부과 – 대형 유통업체 규제: 대형마트 및 온라인 쇼핑몰의 갑질 행위를 단속
최근 사례	– 부당 약관 시정: 표준약관에 어긋나는 소비자 불리 조항 시정(OTT 서비스 해지 시 불이익 약관 개정) – 광고 규제: 제품 정보의 과장 및 허위광고 단속(건강보조식품 효능 허위광고 적발) – 가격 투명화: 온라인 및 오프라인 가격 비교 및 기만적 할인 방지 조치(빅세일 기간 중 가짜 할인 적발)

③ 중소기업 및 소상공인 보호

구분	중소기업 및 소상공인 보호
주요 내용	공정위는 불공정거래로 인한 중소기업과 소상공인의 피해를 방지하기 위해 하도급법, 대리점법, 가맹사업법 등 공정거래 관련 특별법을 시행하고 있다.
주요 역할	– 하도급 계약 검토 및 시정: 원사업자의 불공정한 거래 조건을 방지 – 대리점 보호: 대리점의 가격 강제나 과도한 판매 목표 설정 방지 – 가맹점 계약 조건 개선: 본사–가맹점 간 필수품목 지정 및 비용 전가 문제 점검
최근 사례	– 불공정거래 피해상담센터 설치 및 운영: 프랜차이즈 가맹점주인 본사의 불공정한 물품 강매로 어려움을 겪었으나, 상담센터의 도움으로 문제를 해결 – 공정거래 분쟁조정제도 개선 – 선량한 소상공인 보호를 위한 법률 개정

④ 대기업집단 규제 및 경제력 집중 억제

구분	대기업집단 규제 및 경제력 집중 억제
주요 내용	공정위는 경제력 집중을 방지하기 위해 대기업 집단을 관리하며, 내부거래 및 지배구조 투명성을 확보하도록 감독한다.
주요 역할	– 대기업 집단 지정 및 공시 관리: 자산총액 5조 원 이상 기업 집단에 대해 정보공개 의무화 – 내부거래 규제: 특수관계인 간의 부당 내부거래 및 사익편취 방지 – 지주회사 규제: 순환출자 및 지배구조 복잡화를 방지하기 위한 규제
최근 사례	– 대기업집단 지정 및 공시제도 개선 – 경제력 집중 억제를 위한 법 개정 – 대기업집단 지정에서의 가상자산거래업 포함

공정위의 심결은 행정심판이 아닌 준사법적 결정으로 행정소송의 대상이 될 수 있

다(대법원 판례 다수 참조). 또한 독립성에 대한 논의와 실질 구조를 살펴보면 공정위는 외형상 국무총리 소속이지만, 그 결정과정은 위원회 합의체(위원장+상임위원 6인+비상임위원)를 통해 이뤄지며, 위원 임명 절차와 임기 보장, 위원회 의결 중심 구조 등을 통해 상당 수준의 정책적·절차적 독립성을 유지한다. 또한, 공정거래법 개정(2021년) 이후에는 전속고발권 폐지, 사인의 금지청구 확대, 과징금 상한 상향 조정 등을 통해, 공정위의 법 집행 강도와 독립성은 더욱 강화되었다.

공정거래위원회의 조사 및 심사 권한

공정거래위원회가 가진 고유한 힘은 조사권과 심사권이 하나의 연속된 시스템으로 작동한다는 데 있다. 공정위의 조사권은 「독점규제 및 공정거래에 관한 법률」에 근거한다. 공정거래법 제80조부터 제101조에 이르는 조항은 공정위가 현장 조사, 자료 요구, 진술 청취 등의 강제권을 갖는다는 사실을 명시하고 있다. 여기서 핵심은, 이 권한이 단순한 조사 요청이 아니라 준사법적 강제력이라는 점이다. 법에서 정한 바와 같이 공정위는 기업의 사무실을 예고 없이 방문해 현장 조사를 실시할 수 있고, 전자문서 시스템에 접근해 이메일과 내부 기록 등을 전부 확인할 수 있다. 이때 기업이 자료 제출을 거부하거나 고의로 은폐할 경우, 과태료 부과는 물론 형사 고발 대상이 될 수 있다. 즉, 공정위의 조사는 행정처분의 전 단계가 아니라 이미 법적 압력이 작동하는 수단이다.

공정위의 조사 절차는 다음 표와 같이 크게 5단계로 구성된다. 조사 개시부터 사후 점검까지 하나의 패키지로 이어진다. 기업 입장에서는 이 전체 흐름을 이해해야만 실질적인 대응 전략을 세울 수 있다.

공정위 조사 및 심사 절차 요약		
단계	설명	기업 대응 포인트
1. 조사 개시	혐의 인지 후 사무국 판단에 따라 조사 개시	Compliance팀, 법무팀 등 즉각 TF 가동
2. 현장 조사	사업장 출입, 전산자료 등 문서화된 정보 확보	전산보안 점검, 협조 및 대응 시나리오 마련

공정위 조사 및 심사 절차 요약		
단계	설명	기업 대응 포인트
3. 보고서 작성	위반사실 요약, 법 내용 정리, 피심인에 통지	법률 검토 후 의견서 제출
4. 심결(의결)	위원회 의결로 과징금, 시정명령, 고발 여부 확정	시정조치 이행계획 수립, 항고 여부 판단
5. 사후 점검	시정명령 이행 여부 정기 모니터링	CP, ISO 37301 등 개선

이 표에서 보듯, 공정위 조사는 구조적 조사 절차 프로세스로 강제적권을 갖고 있다. 실제로 기업은 초동 대응 실패로 인한 손실보다 후속 절차에서 실질적인 경영 손실을 경험하는 경우가 더 많다.

위의 표 2번 현장 조사는 공정위 조사관이 예고 없이 사업장에 출입해 자료를 확보하는 가장 직접적인 방식이다. 이 과정에서 조사관은 공정거래법 제81조[② 공정거래위원회는 이 법의 시행을 위하여 필요하다고 인정할 때는 소속 공무원(제122조에 따른 위임을 받은 기관의 소속 공무원을 포함한다)으로 하여금 사업자 또는 사업자단체의 사무소 또는 사업장에 출입하여 업무 및 경영 상황, 장부·서류, 전산자료·음성녹음자료·화상자료, 그 밖에 대통령령으로 정하는 자료나 물건을 조사하게 할 수 있다]에 명시되어 있는데, 사실상 모든 영역에 접근할 수 있다.

실제로 한 유통 대기업은 내부 전자결재 시스템에서 '가격 담합 정황'이 담긴 이메일이 발견되어 과징금 500억 원을 부과받은 바 있다. 당시 해당 기업은 "조직 전체가 문제는 아니다"라고 주장했지만, 공정위는 '조직적 묵인'으로 판단했다. 이 사례는 공정위 조사가 얼마나 디지털 증거 중심으로 흘러가는지를 보여준다. 즉, 단순한 법무팀 대응 차원을 넘어서는 IT·전산 보안 부서와 연계된 '위기 대응체계'가 없으면 실제 조사에서 무력화될 수 있다.

위 표의 3번 보고서 작성 과정에서 기업은 첫 번째 기회를 가질 수 있다. 공정위는 조사 이후 심사보고서를 작성해 피심인에게 통지한다. 이 문서는 공정위가 판단한 위법 사실 요지, 법 적용 조항, 관련 증거를 종합한 것이다. 보고서를 받은 기업은 의견서를 제출하거나, 구술심리에서 소명기회를 얻는다. 기업에 이때의 대응이 매우 중요하다. 심사보고서가 곧 심결의 기초자료가 되기 때문이다. 한 대형 가맹본부는 가맹점 광고비를 부당하게 부담시킨 사실이 심사보고서에 기재되었지만, 구체적인 산출 근거와 업계 관행을 근거로 반론을 제시했고, 과징금이 당초 예정보다 60% 경감된 사례도 있었다. 즉, 공정위가 '결론을 내린 것'처럼 보이는 시점에서도, 충분한 소명과 구조개선 방안 제시를 통해 판단을 바꿀 수 있는 여지는 존재한다.

표의 4번 심결은 위원회의 의결을 통해 이루어지며, 시정명령·과징금 부과·검찰 고발 등의 처분이 확정된다. 그러나 여기서 끝이 아니다. 공정위는 '시정조치가 실제로 이행되고 있는가'를 추적 관리한다. 특히 반복 위반 기업에 대해서는 가중 제재가 가능하고, 시정명령 불이행 시에는 이행강제금 제도를 통해 추가 과징금을 부과할 수 있다. 대부분의 기업들이 공정위 조사 직후 '일단락되었다'고 생각하는 데 반해, 실제로는 공정위와의 관계가 본격적으로 시작되는 지점이 바로 이 시점이다.

여기서 공정위의 조사는 사후 대응이 아니라 사전 훈련과 시뮬레이션이 핵심이다. 반드시 기업 내부에는 늘 위험도가 높은 부서가 존재한다. 법무팀이 모르는 거래 구조, 현장 직원도 애매하게 알고 있는 갑을 계약, 본사 영업정책에서 벌어지는 관행적 행위들 등이 실제 공정위 조사 대상이 된다.

저자는 이 점에서 한국준법진흥원이 제공하는 실제 공정위 조사처럼 구성한 '공정거래 리스크 모의점검 컨설팅'을 제안한다. 오랫동안 해당 업무영역에서 활동한 퇴직자 및 변호사 등 공정거래법률 전문가가 기업 현장을 방문해 조사 – 심사 – 심결 등 프로세스를 그대로 재현하는 것이다. 특히 리스크가 높은 영업·가맹·하도급·광고 부서 등을 대상으로 모의조사, 문서요구, 인터뷰 등 공정거래법 적용 가능성, 시정조치 리스크, 방어 논리 부재 여부 등을 심결서 기준으로 분석한다. 또한 그 결과를 기반으로 한 부서별 리스크 보고서, 개선 매뉴얼을 제공하여 사전 Compliance 활동을 한다.

이 컨설팅은 단지 공정거래법 리스크를 찾는 게 아니라 CP의 실질 운영을 촉진하는 데 목적이 있다. 그리고 마지막은 반드시 공정거래 CP 도입 및 등급평가 대응 전략으로 이어져야 한다. 공정위의 CP등급 평가는 기업의 리스크 통제 역량을 외부에 입증할 수 있는 가장 확실한 수단이다. 사후 제재보다 앞선 예방이 중요하다. 그 출발점이 바로 이 모의점검과 CP 도입이다.

02. 공정거래법의 주요 내용 및 발전 과정

대한민국 공정거래법, 정식 명칭은 「독점규제 및 공정거래에 관한 법률(공정거래법)」 이다. 1980년대 초반, 산업화 과정에서 생겨난 재벌 중심 구조와 독과점 폐해를 해소하기 위한 수단으로 도입되었으며, 그 이후로 시대적 요구에 맞춰 지속적으로 개정되며 진화해 왔다. 대한민국은 급격한 경제적 성장 속에서 중소기업과 같은 약자에 대한 배려는 없었다. 수출주도형 산업화 과정에서 대기업집단이 성장하였고 독점 및 불공정거래 행위가 심화되었다. 공정거래법은 기업 간 공정한 경쟁 환경을 조성하고 소비자 보호를 실현함으로써, 궁극적으로 시장의 효율성과 투명성을 제고하는 것을 목적으로 한다.

주요 연혁과 발전 과정을 보면 아래 표와 같다.

공정거래위원회 주요 사건 및 개정내용		
연도	주요 사건 및 개정 내용	설명
1981년	공정거래법 제정 및 공정거래위원회 출범	공정한 경쟁 촉진 및 소비자 권익 보호 목적으로 공정거래법 처음 도입
1990년대	경제력 집중 억제 정책 강화	대기업 지배구조 개선 및 내부거래 규제 강화, 기업결합 심사제도 도입
2000년대	공정거래법 관련 특별법 제정	하도급법, 가맹사업법, 대규모유통업법 등 중소기업 및 소상공인 보호를 위한 특별법이 신설
2010년대	온라인 시장 및 디지털 경제 규제 강화	플랫폼 사업자의 시장지배적 지위 남용 방지 및 개인정보 보호 강화
2020년대	공정거래법 전면 개정 및 플랫폼 규제 도입	공정거래법 내 카르텔 단속 및 공정화 가이드라인 강화, 디지털 플랫폼 독점 방지를 위한 법령 도입

공정거래위원회에서 운영하는 공정거래 관련 법률은 총 13개로 다음과 같다.

1. 가맹사업거래의 공정화에 관한 법률

2. 대규모유통업에서의 거래 공정화에 관한 법률

3. 대리점거래의 공정화에 관한 법률

4. 독점규제 및 공정거래에 관한 법률

5. 방문판매 등에 관한 법률

6. 소비자기본법

7. 소비자생활협동조합법

8. 약관의 규제에 관한 법률

9. 전자상거래 등에서의 소비자보호에 관한 법률

10. 제조물 책임법

11. 표시광고의 공정화에 관한 법률

12. 하도급거래 공정화에 관한 법률

13. 할부거래에 관한 법률

이 법률들은 각각 특정 산업과 분야의 공정거래와 소비자 보호를 목적으로 하며, 공정거래위원회의 다양한 부서에서 담당하고 있다.

공정거래법의 작동 원리

다음으로 공정거래법의 실질적인 작동 원리를 살펴보자. 6가지 주요 규제 영역으로 구분되는데, 크게 경쟁정책과 소비자 보호 정책으로 구분되며, 이를 실현하기 위해 분야별 법률이 존재한다. 다음은 공정거래법 체계의 핵심 내용을 설명한 것이다.

❶ 「독점규제 및 공정거래에 관한 법률」 – 공정거래법의 모법母法

공정거래법은 자유롭고 공정한 경쟁을 촉진하고, 시장지배적 사업자의 남용 행위와 불공정 거래를 제한하기 위해 제정되었다. 공정거래법의 핵심 규제 항목은 크게 세 가지로 나뉜다.

- 시장지배적 지위 남용 금지: 시장 점유율이 높은 기업이 경쟁자를 배제하거나 거래처에 불이익을 주는 행위(가격 남용, 끼워팔기, 기술탈취 등)를 규제한다. 예를 들어 A 기업이 자사 제품과 함께 경쟁사 제품 취급을 금지하는 조건으로 공급하는 행위는 위반에 해당한다.
- 기업결합 규제: 인수·합병M&A이 경쟁을 제한할 가능성이 있을 경우 공정위의 사전 심사를 받아야 한다. 시장 점유율이 일정 기준을 초과하거나 수평·수직적 결합이 우려되는 경우 조건부 승인 또는 금지가 가능하다.
- 불공정거래행위 금지: 거래상 우월적 지위를 이용한 거래 거절, 부당한 조건 강요, 보복성 거래 중단 등이 이에 포함된다. 특히 대기업과 중소기업 간 거래에서 자주 발생하는 분쟁 영역이다. 참고로 CP 등급평가 시 이 법의 이해와 적용 수준은 핵심 평가지표다. 기업의 내부교육, 거래절차 설계, 위반 모니터링 시스템에 직접 반영해야 한다.

❷「하도급거래 공정화에 관한 법률」 및 「가맹사업거래의 공정화에 관한 법률」

두 법률 모두 원청 – 하청, 본사 – 가맹점 간 불균형 거래 관계에서 발생하는 불공정 행위를 규제하는 역할을 한다.

하도급법은 원사업자(대기업)가 하도급업체(중소기업)에 부당한 요구를 하거나 대금을 늦게 주거나 계약서 미작성, 부당 반품 등 불공정한 사항을 강요하거나 방해하는 등의 행위를 방지한다. 그 예가 B 대기업이 단가 인하를 강제로 강요하고, 작업 완료 후 납품 대금을 고의로 지연하는 행위는 하도급법 위반에 해당한다.

가맹사업법은 본사가 가맹점주에게 물품 강매, 판촉비용 부담 전가, 일방적 계약 해지 등의 행위를 못 하도록 규정하고 있다. 특히 정보공개서 및 예상매출 자료 허위 제공 등은 최근 분쟁에서 자주 등장하는 위반 유형이다.

참고로 하도급의 경우 대부분의 제조 및 공공 등 상관없이 전 산업 분야에서 일어날 수 있기에 CP 등급평가에서 위험성 평가를 다루어야 하고, 가맹 관련업은 가맹계약서 검토와 가맹사업자의 정보공개 시스템 개선이 CP 등급평가에 필수 영역에 해당한다.

❸ 「대규모유통업에서의 거래 공정화에 관한 법률」 및 「대리점거래의 공정화에 관한 법률」

이 두 법은 유통업계의 대표적인 갑을관계를 다룬다. 대규모유통업법은 대형마트, 백화점, TV홈쇼핑 등 대형 유통사가 납품업체에 불공정한 요구를 하는 것을 방지한다. 그 예로는 부당한 반품 요구, 판촉비용 전가, 납품대금 지연 지급, 불공정 계약 조건 부여 등에 해당하는 범위이다. 실제로 C 유통기업이 납품업체에 100% 판촉비를 떠넘겼다가 공정위로부터 과징금을 부과받은 사례도 존재한다.

대리점법은 본사와 대리점 간의 거래에서 발생하는 부당한 판매목표 설정, 일방적 계약 변경, 경제적 불이익 제공 등의 행위를 규제한다. 특히 매출 부족을 이유로 부당한 해지를 유도하거나 추가 매입을 강요하는 것은 위반 소지 크다.

참고로 CP 등급평가에 대응에 해당하는 산업은 계약서 표준화, 판촉비 분담 기준 명확화, 거래기록 관리가 핵심 대응전략이다.

❹ 「전자상거래 등에서의 소비자 보호에 관한 법률」 및 「약관의 규제에 관한 법률」

이 두 법은 현대 디지털 시대에 있어서 소비자 권익 보호의 핵심 법률에 해당한다. 먼저 전자상거래법은 온라인 쇼핑몰, 플랫폼 사업자가 환불 지연, 구매 취소 불가, 가격 오기 등으로 소비자에게 피해를 주는 것을 방지한다. 사업자는 상품정보, 배송조건, 청약철회 규정 등을 명확히 의무적으로 필수적으로 고지해야 하며, 불이행 시 강한 제재를 받을 수 있다.

약관법은 사업자가 소비자에게 불리한 내용을 일방적으로 약관에 삽입하는 것을 금지한다. 금융상품, 통신, 교육, 렌탈 등 약관사용 업종에서 매우 광범위하게 적용되며, 약관 조항 중 '소비자의 권리를 제한하거나 부당하게 사업자에게 유리한 조항'은 무효 처리된다.

CP 등급평가 준비에 있어서는 약관 심사 프로세스, 고객불만 이력 분석, CS 프로토콜 정비가 중요하다.

❺ 「표시·광고의 공정화에 관한 법률」

표시광고법은 소비자를 기만하는 허위·과장·비교 광고를 규제하는 법률이다. 표시광고법의 주요 위반 유형은 다음과 같다.

- 실제 성능보다 과장된 광고
- 소비자 오인 유도 이미지 사용
- 경쟁사 제품과의 부당한 비교 광고
- '최고', '국내 1위' 등의 입증 불가능 표현

D 식품회사가 무첨가를 강조했으나 실제로는 보존료가 포함되어 있어 과징금 부과 사례 발생한 사례가 있다. 공정위는 매년 온라인 광고, 홈쇼핑, 유튜브 협찬광고 등 새로운 광고 유형에 대한 감시를 강화하고 있다.

CP 등급평가를 준비하는 기업은 광고 심의 사전 프로세스 및 내부표기 가이드라인 수립이 기업 Compliance 대응의 핵심이다.

❻ 「소비자기본법」 및 「제조물책임법」

이 두 법은 소비자 권리 보호를 위한 기본 틀을 구성하는 법률들이다. 소비자기본법은 소비자의 안전, 정보 제공, 청약 철회, 피해 구제 등의 권리를 보장하고, 기업의 소비자 보호 의무를 명문화한다. 기업은 제품 안내서, A/S 시스템, 피해보상기준 고지를 반드시 의무화해야 한다.

제조물책임법(PL법)은 제조물에 결함이 있고 이로 인해 소비자에게 인명 또는 재산 피해가 발생한 경우, 제조·유통업체가 무과실 책임을 진다. 불량 전자제품 화재, 유해 성분이 포함된 식품으로 인한 건강 피해 등이 이에 해당한다.

이 두 법은 CP 영역에서 제품안전관리체계, 리콜 프로세스, 고객클레임 대응 매뉴얼과 직접 연결되어 있다.

위 공정거래법에 따른 제재 사례를 잠깐 살펴보면, 시장지배력 남용 A사는 거래 거절과 리베이트 강요로 700억 과징금을 받았다. 가맹사업법 위반 B 프랜차이즈는 허위 정보 제공 및 부당 장비 강매로 시정명령 및 과징금을 받은 것이 대표적이다. 유통업법 위반 C 대형마트는 판촉비 100% 부담 전가로 제재에 해당한다. 약관법 위반 D 금융사는 위약금 과다 조항 포함하여 과태료 및 시정명령을 받았다. 표시광고 법 위반 E사는 건강기능식품 회사, 과장표현 사용으로 과징금 및 공표명령을 받아 언론사에 공표하게 되었다.

대한민국의 공정거래법 체계는 단일한 법이 아닌 여러 개의 특별법으로 구성되어 있으며, 각 법률은 특정 분야에서 공정성을 보장하고 소비자를 보호하는 역할을 한다. 즉, 공정거래법 체계는 경쟁 촉진, 소비자 보호와 경제적 약자의 권리 보장을 위한 다면적인 접근을 취하고 있다. 이러한 법체계는 ESG 경영 중 사회(S)와 거버넌스(G) 요소로 연결되며, 기업이 투명하고 공정한 경영을 통해 지속가능한 경쟁력을 갖추도록 돕는다. 따라서 공정거래 관련 법률들은 대한민국 경제질서를 유지하고 공정한 경쟁을 보장하기 위한 기틀이다. 법무, 감사, 준법, ESG 및 Compliance 전문가들은 각 법률의 주요 내용을 이해 및 적용하여 법적 리스크를 예방하고 기업의 신뢰성을 높이는 데 노력하여야 한다.

03. 최근 공정거래법 주요 이슈 및 트렌드

변화하는 시장과 진화하는 규제

공정거래법의 주요 이슈 및 트렌드에 앞서 변화하는 시장과 진화하는 규제, 공정 거래 Compliance에 있어서 공정거래 4대 분야를 살펴보자.

최근 공정거래법의 정책 방향은 위법 행위 억제에 그치지 않고, 시장 생태계 전반의 구조개선과 지속가능한 경쟁 질서 확립으로 확장되고 있다. 특히 공정거래위원회는 실효성 있는 법 집행과 예방 중심의 제도 개선을 병행하며, 규제의 미시성과 거버넌스의 구조화를 동시에 추진하고 있다. 이러한 흐름은 크게 4대 정책 분야에서 뚜렷하게 나타난다. 이 4대 분야는 오늘날 기업의 공정거래 CP 전략 수립에 있어 반드시 고려해야 할 핵심 방향이다. 4대 분야는 시장 경쟁 촉진, 소비자 권익 보호, 중소기업 및 소상공인 보호, 대기업집단 규제이다.

❶ 시장 경쟁 촉진

- 독점과 담합 방지를 위해 기업결합 심사, 카르텔 규제 등 시행
- 주요 사례: 플랫폼 기업의 시장지배적 지위 남용에 대한 시정조치

시장 경쟁 촉진의 최근 트렌드는 디지털 플랫폼 시대의 새로운 경쟁규율이다. 급변하는 디지털 경제 환경에서 시장 경쟁을 왜곡하는 행위에 대한 감시 강도는 더욱 높아지고 있다. 특히 공정위는 전통적 제조·유통 분야뿐 아니라 플랫폼 산업에 대한 규제 역량을 강화하고 있다.

대표적 이슈는 시장지배적 사업자의 남용행위와 기업결합 심사 강화다. 예컨대, 대형 플랫폼 기업이 검색 알고리즘을 자사에 유리하게 조작하거나, 독점적 데이터 접근권을 통해 경쟁업체의 진입을 차단하는 행위는 시장 경쟁을 위협하는 요소로 간주한다. 이에 따라 최근 공정위는 플랫폼 내 자사 우대, 이중 플랫폼 운영, 입점 수수료 부당 인상 등에 대한 시정조치를 연달아 발표하고 있다.

또한, 기업결합 심사제도의 실질화도 중요한 변화이다. 시장 점유율뿐 아니라 데이터 통합 효과, 잠재 경쟁자 제거 여부 등 비정량적 요소까지 심사 기준에 반영되며, 실무적으로 M&A 전략 수립 시 사전 리스크 검토가 필수가 되었다.

❷ 소비자 권익 보호

- 허위광고와 부당 약관 등을 규제하여 소비자의 피해를 최소화
- 공정거래위원회는 SNS 뒷광고, 다크패턴 등의 기만적 상술을 시정하고 가이드 라인을 배포

공정위는 소비자 권익 보호로써 '기만적 상술'과의 전면전을 펼치고 있다. 소비자

보호는 공정거래 정책의 핵심 축에 해당한다. 최근 이슈는 일반적 허위광고뿐만 아니라 디지털 환경에서의 기만적 소비자 유인 행위, 이른바 '다크 패턴Dark Pattern'에 대한 규제 강화다. 예를 들어, 숨겨진 수수료 고지, 자동결제 유도 버튼 배치, 청약철회 방해 UI 구성 등이 소비자를 오도하는 새로운 유형의 위반행위로 분류되며, 공정위는 이를 강하게 제재하고 있다. 또한 SNS 뒷광고(협찬 표시 누락), 후기 조작 등은 표시광고법 위반으로 간주되어 사업자 제재로 이어진다. 이외에도 공정위는 약관심사 시스템을 고도화하고, 전자상거래 플랫폼 사업자에 대해 소비자 보호 가이드라인을 직접 배포하는 등 사전 예방적 규제에 집중하고 있다.

❸ 중소기업 및 소상공인 보호

- 하도급법 및 가맹사업법 등을 통해 거래상 지위 남용 방지
- 가맹본부의 필수품목 지정 제도 개선 및 대형 유통업체의 불공정행위 감시 강화

최근 공정위는 구조적 갑질 개선 중심으로 중소기업과 소상공인 보호로 집중 전환하고 있다. 공정거래법은 중소기업과 소상공인의 거래 안정성을 보장하기 위한 구조적 개선에도 초점을 두고 있다. 하도급법, 가맹사업법, 대리점법 등 개별 법률은 이제 거래 공정성 보장에서 '상생구조 확립'으로 역할이 확대되고 있다. 특히 하도급 대금 직불제 확대, 가맹본부 필수품목 지정제도 개선, 대리점 실질 권익 보호조치 강화 등이 주요 정책이다.

예를 들어, 가맹사업법에서는 예상매출액 정보의 객관성 확보와 허위자료 제공 시 처벌 강화가 이뤄졌고, 대리점법에서는 과도한 판매목표 설정 행위가 부당 행위로 명확히 규정되었다. 하도급 분야에서는 납품단가 연동제 도입 등 중소기업 보호를 위한 제도 혁신이 추진되고 있다.

❹ 대기업 집단 규제

- 공시제도 강화와 내부거래 규제 등을 통해 경제력 집중 억제
- 지주회사제도 운영을 통해 대기업의 투명성을 높임

마지막으로 공정위는 경제력 집중 억제와 내부거래 투명화를 주요 정책으로 하고 있다. 즉, 공정위는 지속적으로 대기업집단의 경제력 집중 해소와 지배구조 투명화를 핵심 과제로 추진 중이다. 최근 가장 주목할 변화는 공시의무 강화와 내부거래 감시제도 정비다. 비상장 계열사 거래내역 보고 확대, 총수 일가 사익편취 규제 강화, 일감 몰아주기 실태 조사 상시화 등이 이에 해당한다. 또한 지주회사제도 운영과 관련하여 자회사·손자회사 보유 지분요건 강화, 비영리 계열사 관리 규제 도입 등 구조적 투명성 확보를 위한 제도 개편도 병행되고 있다.

CP를 도입 및 등급평가를 준비하는 기업 입장에서는 주요 정책과의 연결성을 고려해야 한다. 최근 공정위는 CP 평가제도의 고도화를 추진하면서 정책 변화에 따라 기업의 사전 대응 역량을 더욱 엄격히 평가하고 있다.

첫 번째 시장 경쟁 분야는 기업결합 사전 리스크 분석, 시장지배력 남용 체크리스트 등을 하여야 함이 CP 등급평가 시 고점 포인트가 될 수 있다. 두 번째 소비자 보호 분야에서 대부분의 CP 등급평가를 신청하는 기업이 이에 해당한다. 표시광고 사전 심의 프로세스, 다크패턴 차단 설계, 약관관리 시스템 운영 여부가 평가 항목으로 반영된다. 세 번째로 중소기업·소상공인 보호 분야는 하도급·가맹거래 자율준수 매뉴얼, 협력사 ESG·공정거래 실사 프로세스 유무가 중요 차별화 지표가 된다. 마지막 대기업집단 규제 분야는 내부거래 모니터링 시스템, 총수일가 거래감시체계, 공시정보 통제 프로세스가 평가지표에 직접 반영된다.

즉, CP는 이제 정책 트렌드에 맞춘 전략적 ESG·공정거래 대응 시스템으로 진화해야 한다. 앞으로의 CP 등급평가는 '제도가 있는가'보다 '제도가 실질적이고 효과적으로 작동하는가'에 초점이 맞춰질 것이며, 이 변화에 대비하지 않는 기업은 시장에서 '공정거래법 위반 리스크'라는 가장 치명적인 비용을 떠안게 될 것이다.

디지털 플랫폼 규제 강화와 공정거래법

이제 본격적으로 최근 공정거래법 주요 이슈 및 트렌드 중 디지털 플랫폼 규제 강화와 위반 강화를 중심으로 살펴보자. 디지털 경제의 발전과 소비자 권익 보호의 중요성이 부각되면서 대한민국의 공정거래법은 다양한 이슈와 변화의 중심에 있다.

❶ 주요 동향과 트렌드

- 플랫폼 공정 경쟁 촉진법 추진: 최근 공정거래위원회는 디지털 플랫폼 기업의 시장지배력 남용을 방지하고 공정한 경쟁 환경을 조성하기 위해 '플랫폼 공정 경쟁 촉진법'을 추진하고 있다. 이 법안은 연매출, 시장 점유율, 이용자 규모 등을 기준으로 '지배적 플랫폼 사업자'를 지정하여 사전 규제하는 것을 핵심으로 한다.
- 온라인 플랫폼 공정화법 제정: 온라인 플랫폼 중개 거래의 공정성을 확보하기 위한 법률안이 국회에 다수 발의되었다. 이는 플랫폼과 입점업체 간의 불공정거래 관행을 개선하고, 소비자 보호를 강화하는 데 목적이 있다.

❷ 공정거래법 개정 및 시행

- 기업결합 심사제도 개선: 2024년 8월 7일부터 시행된 공정거래법 개정안은 경쟁 제한 가능성이 낮은 기업결합에 대한 신고 의무를 면제하고, 시정방안 제출 제도를 도입하는 등 기업결합 심사제도를 개선하였다.
- 대규모유통업법 개정: 대규모 유통업자가 납품업자의 경영활동을 간섭하는 행위를 금지하고, 그 세부 유형을 마련한 대규모유통업법 및 시행령이 2024년 2월 6일부터 시행되었다.

❸ 공정거래법 위반 기업에 대한 제재 강화

- 상습 위반 기업에 대한 과징금 부과: 최근 5년간 공정거래 관련 법률을 5회 이상 위반한 대기업이 16곳에 달하며, 특히 쿠팡은 과징금 액수가 1,662억 원으로 최대였다. 이는 제재의 실효성을 높이기 위해 과징금 가중 규정 등의 강화 필요성을 시사한다.

- 민생 밀접 분야 집중 단속: 공정위는 갑을 분야 및 금융·통신 등 민생과 밀접한 분야에 대한 역량을 집중하여 불공정 행위를 단속하고 있다.

❹ 소비자 보호 및 중소기업 지원 강화
- 납품단가 연동제 도입: 중소기업과 소상공인의 공정한 거래 기반 강화를 위해 납품단가 연동제를 도입하여, 원자재 가격 변동에 따른 납품단가 조정을 지원하고 있다.
- 가맹 필수품목 관행 개선: 가맹본부의 필수품목 강매 등 불공정거래 관행을 개선하여 가맹점주의 권익을 보호하고 있다.

❺ 공정거래법 집행의 디지털화
- 전자심판시스템 도입: 최근 공정위는 전자심판시스템을 도입하여 공정거래법 집행의 효율성과 투명성을 높이고자 노력하고 있다.

최근 대한민국의 공정거래법은 시대 변화에 발맞춰 지속적으로 개정되고 있다. 특히 디지털 플랫폼에 대한 규제 강화, 소비자 보호 및 중소기업 지원 정책의 강화, 그리고 법 집행의 디지털화 등이 주요 트렌드로 부각되고 있다. 기업들은 이러한 변화를 주시하여 기업의 법적 리스크를 예방하고 공정한 시장 경쟁을 촉진하는 데 긍정적 노력을 다하여야 할 것이다.

04. 기업의 이해관계자와 공정거래법의 적용 사례

기업은 다양한 이해관계자들과 상호작용하며 성장해 나간다. 고객, 협력업체, 경쟁사, 계열사, 그리고 임직원 등 각 이해관계자와의 관계에서 공정거래법이 다르게 적용되는데, Compliance 경영은 기업의 경쟁력과 지속가능성을 위한 필수 전략이다. 특히, 공정거래법은 거래 관계의 공정성과 투명성을 보장하며, 이해관계자 간 신뢰 구축의 기반이 된다.

다음은 이해관계자별 공정거래법의 주요 적용 사항을 표로 정리하고, 사례를 통해 이해를 돕겠다.

이해관계자	적용법률	주요 규제 및 제한사항	세부 내용 및 사례
고객 (소비자)	표시광고법	허위·과장 광고 금지	소비자를 현혹할 수 있는 허위 정보 제공 및 기만적 표현 금지
	전자상거래법	환불 및 교환 방해 금지	온라인 거래에서 청약 철회 방해 및 환불 절차 지연 금지
	약관법	불공정 약관 시정	일방적으로 사업자에게 유리한 조항을 포함한 약관 금지
협력업체 및 거래처	하도급법	기술자료 요구 및 부당 단가 인하 금지	원사업자가 기술자료를 요구하거나 부당한 단가 인하 금지
	대리점법	부당한 판매 목표 설정 및 조건 강요 금지	대리점주에게 과도한 판매 목표 설정 강제 금지
	가맹사업법	필수 물품 강매 및 일방적 계약 변경 금지	가맹본부가 가맹점주에게 물품 강매 및 불리한 조건 변경 금지
경쟁사	공정거래법	가격 담합 및 시장 분할 금지(부당 공동행위)	경쟁사 간 가격 담합, 입찰 담합 및 시장 분할 행위 금지
		경쟁사 노출 제한 및 자사 우대 금지(시장지배적 지위 남용 규제)	검색 알고리즘 조작을 통한 경쟁사 배제 및 자사 상품 우대
계열사	공정거래법(내부거래 규제)	계열사 간 부당 지원 금지	계열사 간 부당 내부 거래를 통해 총수 일가에 이익 제공 금지
	대규모유통업법	특혜 거래 및 불공정거래 금지	계열사를 통한 불공정한 거래 및 지배 구조 왜곡 방지
임직원	공정거래법	부당한 지시, 부당 인센티브 수령 및 판촉 비용 부담 전가	내부거래 시 부당한 압박과 지시, 부당 인센티브 수령 및 영업 극대화
	부정경쟁방지법	영업비밀 유출 방지 및 내부제보자 보호	영업비밀 보호 및 내부 제보자 보호를 위한 규정
	공익신고자보호법	보복 인사 및 불이익 처분 금지	내부제보자의 보호와 보복 인사 방지

※ 일부 대표적 적용 법률과 규제 및 제한사항으로 하였으며 추가 사항은 공정거래위원회 홈페이지 참조

고객(소비자)과의 관계

- 적용법률: 표시광고법, 전자상거래법, 약관 규제법
- 사례: 한 건강보조제 회사는 "이 제품을 섭취하면 2주 만에 10kg 감량"이라는 문구로 허위광고를 진행하여 공정위로부터 시정명령을 받았다.
- 분석: 공정거래법은 소비자가 객관적인 정보를 바탕으로 합리적인 소비를 할 수 있도록 보호하며, 전자상거래법은 온라인 거래 과정에서의 불공정성을 규제하여 소비자의 권리를 강화한다.
- 시사점: 기업은 광고와 상품 정보 제공 시 과장이나 허위 표현이 아닌 사실에 기반한 정보를 제공해야 하며, 공정한 환불 및 반품 절차를 마련해야 한다.

협력업체 및 거래처와의 관계

- 적용법률: 하도급법, 대리점법, 가맹사업법
- 사례: 대형 프랜차이즈 본사가 가맹점주에게 고가의 필수 물품을 강제로 구입하도록 요구해 공정위의 조사를 받았다.
- 분석: 하도급법은 원사업자의 불공정한 요구를 규제하여 하도급업체의 권익을 보호하며, 가맹사업법은 가맹점주가 합리적인 조건에서 운영할 수 있도록 계약 조건의 공정성을 보장한다.
- 시사점: 본사와 가맹점 간의 거래는 상생 협력에 기반하여야 하며, 불필요한 부담을 가하는 행위를 철저히 금해야 한다.

경쟁사와의 관계

- 적용법률: 공정거래법
- 사례: 한 IT 플랫폼 기업이 자사 제품을 상단에 노출하고 경쟁사 제품을 하위로 배치해 공정위로부터 과징금을 부과받았다.
- 분석: 부당 공동행위는 경쟁자 간 담합을 통해 시장 경쟁을 왜곡하는 대표적인 위반 사례이다. 시장지배적 지위 남용은 기업의 지배력이 소비자 및 경쟁사에

부정적인 영향을 미칠 경우 규제된다.

- 시사점: 공정한 경쟁 환경을 조성하기 위해 기업은 시장지배적 지위의 남용을 방지하고, 투명한 경쟁 전략을 수립해야 한다.

계열사와의 관계

- 적용법률: 공정거래법(내부거래 규제), 대규모유통업법
- 사례: 대기업 A그룹이 계열사를 통해 특정 자회사를 과도하게 지원해 문제가 된 사례
- 분석: 대기업집단의 경제력 집중과 사익편취를 방지하기 위한 규정으로 내부거래 규제가 있으며, 공시제도는 자산총액 5조 원 이상의 대기업집단이 공정성을 확보하도록 의무화되어 있다.
- 시사점: 계열사 간 거래는 반드시 합리적인 기준에 따라야 하며, 외부 이해관계자의 신뢰를 얻기 위해 투명하게 공개되어야 한다.

임직원과의 관계

- 적용법률: 공정거래법, 부정경쟁방지법, 공익신고자보호법
- 사례: ○○○기업에서 내부제보자를 대상으로 부당한 인사조치를 시행한 사건이 공익신고자보호법 위반으로 제재를 받았다.
- 분석: 내부제보자 보호는 공정거래법 준수를 위한 중요한 내부통제 요소이다. 부정경쟁방지법은 영업비밀 보호와 공정한 경쟁을 위해 기업 내부 보안 시스템을 강화하도록 한다.
- 시사점: 기업은 내부제보자를 보호함으로써 내부 투명성을 확보해야 하며, 이를 통해 공정한 기업문화를 조성할 수 있다.

공정거래법은 기업의 모든 이해관계자와의 관계에서 투명하고 공정한 거래를 보장하는 중요한 규제 장치다. 기업은 공정거래법을 규제 차원으로 접근하여 법률 방

어형 동원보다 ESG와 Compliance 경영의 핵심 요소로 자발적 동참으로 이해해야 하며, 이를 통해 지속가능한 성장과 이해관계자의 신뢰를 확보해야 한다.

05. 산업별 공정거래법 위반 및 주요 사례 TOP 8

공정거래법은 대한민국의 다양한 산업 분야에서 공정하고 자유로운 경쟁을 촉진하며, 소비자와 사업자의 권익을 보호하는 핵심적인 법률이다. 각 산업은 고유한 시장구조와 비즈니스 모델을 가지고 있어 공정거래법의 적용 방식과 위반 사례 또한 산업별로 차이가 있다. 이러한 산업별 특성을 이해하고, 주요 위반 사례를 분석하는 것은 기업이 법적 리스크를 최소화하고, 공정한 시장 질서를 유지하고 이해하게 된다. 아래 표는 주요 산업 분야에서의 공정거래법 적용 내용과 대표적인 위반 사례를 요약한 것이다.

산업분야별 공정거래법 적용				
산업 분야	주요 위반 유형	대표 위반 사례	적용법률	실무적 시사점
제조업	가격 담합, 기술자료 유용	아이스크림 제조사 가거 담합, 대형 전자기술자료 탈취	공정거래법, 하도급법	하도급 계약 시 서면화, NDA 체결
유통업	거래상 지위 남용, 판촉비 전가	온라인 플랫폼 광고비 강제, 마트 판촉비 강요	대규모유통업법	납품조건의 서면화 및 불이익 전가 금지
IT·게임산업	검색 알고리즘 조작, 하도급 계약서 미발급	플랫폼 자사 우대, 게임사 서면계약 미체결	공정거래법, 하도급법	알고리즘 공정성 관리, 계약서 사전 작성 필수
물류산업	입찰 담합, 시장 분할	공공입찰 사전 낙찰자 결정 담합	공정거래법	입찰내역 투명화, 담합 방지 가이드라인 필요
금융산업	금리 담합, 불공정 약관	시중은행 대출·예금 금리 담합	공정거래법, 약관법	금리 산정 기준 명시 및 약관 공정성 확보
건설업	입찰 담합, 하도급 대금 미지급	대형 건설사 팔각회 담합, 대금 부당감액	공정거래법, 하도급법	전자 입찰 시스템, 하자 기준 명문화

산업분야별 공정거래법 적용				
산업 분야	주요 위반 유형	대표 위반 사례	적용법률	실무적 시사점
제약·의료	리베이트, 약가 담합	제약사 의약품 담합	공정거래법, 약사법	가격 산정 프로세스 투명화, 윤리 가이드라인 필요
에너지업	가격 담합, 소비자 약관	정유사 휘발유 담합	공정거래법, 약관법	가격 공시제도 강화, 약관 공정성 제고

제조업: 가격 담합과 하도급 불공정 행위

제조업 분야에서는 시장지배적 지위 남용, 가격 담합, 하도급 거래에서의 불공정 행위가 주요 규제 대상으로 관리되고 있다. 대형 제조업체들은 수백 개의 협력업체와 복잡한 공급망을 형성하고 있어, 특히 하도급법 위반 리스크가 상당히 높은 편이다.

① 주요 위반 사례분석

- 가격 담합 사례: 국내 유력 아이스크림 제조 3개 사가 원자재 가격 상승을 이유로 제품 판매가를 동일한 시기에 비슷한 수준으로 인상한 사건이 적발되었다. 조사 결과, 해당 기업들은 비공식 모임을 통해 가격 인상 폭과 시기를 사전에 조율한 정황이 드러났다. 공정거래위원회는 소비자 피해와 시장 경쟁 저해를 근거로 시정명령과 함께 총 약 132억 원의 과징금을 부과했다.

- 기술자료 유용 사례: 국내 대형 전자업체 A사는 중소 협력사 B사에 신제품 개발을 위한 기술자료 제출을 요구했다. A사는 기술 검토를 명목으로 핵심 기술정보를 요구했으나, 이후 해당 자료를 기반으로 자체 기술로 특허를 출원하고 B사와의 거래를 중단했다. 이는 「하도급거래 공정화에 관한 법률」 제12조의3(기술자료 제공 요구 금지 등)을 위반한 사례로, 공정위는 시정명령과 함께 A사에 하도급법 사상 최대 규모의 과징금을 부과하였다.

② 실무적 시사점

제조업에서는 특히 단가 인하 강요, 기술자료 유용, 부당 발주 취소가 주요 위반 유형으로 집계된다. 이를 방지하기 위해서는 다음의 사항이 이행되어야 한다.

- 모든 하도급 거래에서 공정거래위원회 권장 표준계약서 활용
- 기술자료 요청 시 목적과 범위를 구체적으로 명시한 별도 비밀유지계약[NDA] 체결
- 단가 조정, 납품 일정 변경 등의 모든 거래조건을 반드시 서면으로 기록
- 내부 구매담당자 대상 정기적인 하도급법 교육 실시

위와 같은 예방조치는 법적 리스크 관리뿐만 아니라 장기적으로 건전한 공급망 생태계 구축에도 기여할 것이다.

유통업: 대규모 유통업체의 거래상 지위 남용

유통 분야에서는 대형 유통업체가 시장 우위와 거래상 지위를 이용하여 납품업체에 불리한 조건을 강요하거나 판촉비 전가, 부당 반품, 입점비 강요 등의 행위가 주요 규제 대상이다. 특히 「대규모유통업에서의 거래 공정화에 관한 법률」은 이러한 불공정 행위를 구체적으로 규정하고 있다.

① 주요 위반 사례분석

- 온라인 플랫폼의 우월적 지위 남용 사례: 국내 주요 온라인 오픈마켓 A사는 자사 플랫폼 내 판매자들에게 '프리미엄 노출 패키지' 광고 상품을 판매하면서, 이를 구매하지 않을 경우 검색 결과 하단에 배치하는 방식으로 사실상 강제로 광고비를 부담하게 했다. 또한 판매 목표치 미달 상품에 대해 일방적으로 '저성과 패널티'를 적용하여 판매자 계정을 제한하고 강제 반품을 요구했다. 공정위는 이를 「전자상거래 등에서의 소비자보호에 관한 법률」 제20조 위반으로 판단하고, 시정명령과 함께 약 27억 원의 과징금을 부과했다.
- 대형마트의 판촉비용 전가 사례: 대형마트 B사와 C사는 정기 할인행사 기간에 납품업체들에게 '의무 할인 참여'를 요구하며, 할인에 따른 매출 손실의 70~80%를 납품업체가 부담하도록 강제했다. 또한 자체 브랜드[PB] 상품 출시를 위한 기획 비용을 중소 제조업체에 부당하게 전가하고, 매장 내 특별 행사공간 입점을 조건으로 별도 '프로모션 참가비'를 요구했다. 이는 「대규모유통업에서

의 거래 공정화에 관한 법률」제1조(경제적 이익 제공 요구 금지) 및 제11조(판매촉진 비용의 부당전가 금지) 위반으로, 두 기업은 각각 시정명령과 함께 총 35억 원의 과징금을 부과받았다.

② 실무적 시사점

유통업계에서는 특히 판촉비용 부담, 광고비 전가, 반품 비용 전가, 입점비 강요가 주된 문제점으로 드러나고 있다. 공정위는 이러한 불공정 행위에 대한 감시와 제재를 지속적으로 강화하고 있으며, 유통업체들은 다음과 같은 대응이 필요하다.

- 납품업체와의 모든 거래조건을 명확히 서면화하고 표준계약서 활용
- 판촉 행사 진행 시 비용 분담 기준을 사전에 명확히 합의하고 문서화
- 반품 정책 및 기준을 구체적으로 명시하고 자의적 반품 지양
- 대규모유통업법 준수를 위한 내부 가이드라인 수립 및 정기 교육 실시
- 협력업체 대상 공정거래 자율준수 프로그램CP 운영 및 고충처리 채널 구축

이러한 선제적 준법 경영은 단기적인 규제 리스크를 방지할 뿐만 아니라, 장기적으로 건전한 유통 생태계 조성과 기업 평판 관리에도 기여할 것이다.

IT 및 게임 산업: 플랫폼 사업자의 시장지배적 지위 남용

IT 및 게임 산업에서는 플랫폼 사업자의 검색 알고리즘 조작, 자사 서비스 우대, 특정 서비스 이용 강제, 하도급 계약서 미발급, 개발자에 대한 과도한 수수료 부과 등이 주요 규제 대상이다. 디지털 환경의 특성상 시장지배력이 빠르게 확대되고, 그 남용 행위의 입증이 어려운 점이 규제의 특수성으로 꼽힌다.

① 주요 위반 사례분석

- 검색 알고리즘 조작 사례: 국내 대형 전자상거래 플랫폼 A사는 소비자 검색 결과에서 자사의 PB상품 및 제휴 판매자 상품을 인위적으로 상위에 노출하고, 경쟁사 제품은 검색 결과 하단에 배치하는 알고리즘을 적용했다. 내부 문건에서는 "자사 상품 우대 노출을 위한 알고리즘 최적화"라는 지침이 발견되었다. 공정위

는 이를 「독점규제 및 공정거래에 관한 법률」 제3조의2(시장지배적 지위의 남용 금지) 제1항 제5호의 '경쟁사업자를 배제하기 위한 행위'로 판단하여 시정명령과 함께 약 112억 원의 과징금을 부과했다.

- 게임 개발 하도급 불공정 거래 사례: 국내 주요 게임 개발사 B사와 C사는 다수의 외주 개발업체와 협업하면서 개발 초기에는 구두 합의만으로 작업을 진행하고, 개발이 상당 부분 진행된 후에야 계약서를 작성하거나 아예 서면 계약 없이 프로젝트를 진행했다. 또한 개발 도중 사양 변경을 빈번하게 요구하면서도 추가 비용을 지급하지 않고, 지식재산권을 일방적으로 귀속시키는 조건을 요구했다. 공정위는 이를 「하도급거래 공정화에 관한 법률」 제3조(서면 발급 및 서류의 보존) 및 제10조(부당한 대금 결정 금지) 위반으로 판단하여 시정명령과 함께 두 회사에 각각 5억 원, 3억 원의 과징금을 부과했다.

② 실무적 시사점

IT 및 게임 산업에서는 디지털 서비스의 특성상 알고리즘 편향, 불투명한 계약 관행, 기술자료 유용 등이 주요 Compliance 리스크로 확인된다. 이에 대한 효과적인 대응 방안은 다음과 같다.

- 알고리즘 공정성 검증 시스템 구축 및 정기적 모니터링 실시
- 모든 협력업체와의 거래 시 개발 착수 전 명확한 서면 계약서 작성 의무화
- 개발 사양 변경 시 추가 비용 산정 기준을 명확히 하는 변경 관리 프로세스 도입
- 지식재산권 귀속 및 사용 범위에 대한 합리적 계약 조항 설계
- 플랫폼 내 입점 업체 또는 개발사에 대한 투명한 수수료 정책 수립 및 공개

디지털 환경에서의 불공정 행위는 그 입증과 규제가 전통 산업에 비해 어려운 측면이 있으나, 최근 공정위의 디지털 시장 감시가 강화되고 있어 관련 업계의 선제적 CP 체계 구축이 필수적이다.

물류 및 운송업: 입찰 담합과 시장 분할

물류 및 운송업 분야에서는 입찰 담합, 운송 계약에서의 불공정거래 관행, 가격 담합, 시장 지역별 분할 등이 주요 규제 대상이다. 특히 공공 조달 과정에서의 담합 행위는 공정거래법상 중대 위반 사항으로 취급되며, 과징금 외에도 형사처벌 대상이 될 수 있다.

① 주요 위반 사례분석

- 물류업체 간 입찰 담합 사례: 국내 5개 주요 물류 업체들은 2018년부터 2020년까지 공공기관 물류 서비스 입찰에서 사전에 낙찰 예정자를 정하고 투찰 가격을 조정하는 방식으로 담합했다. 조사 결과, 이들 기업은 입찰 전 비공식 모임을 통해 '이번에는 A사가, 다음에는 B사가' 식으로 낙찰자를 순번제로 정하고, 들러리 업체들은 고의로 높은 가격을 제시하는 방식으로 담합했다. 공정위는 「독점규제 및 공정거래에 관한 법률」 제40조(부당한 공동행위의 금지) 위반으로 판단하여 5개사에 총 178억 원의 과징금을 부과하고, 담합 주도 업체 2곳은 검찰에 고발했다.

- 지역별 시장 분할 사례: 국내 화물 운송업체 6개 사는 전국을 5개 권역으로 나누어 각 회사별로 사실상 독점적 영업 지역을 설정하고, 타 지역 진입을 자제하는 '지역 존중' 합의를 했다. 이들은 정기적인 '지역조정위원회'를 통해 영업 지역 침범 시 페널티를 부과하고, 운임 기준도 공동으로 결정했다. 공정위는 이를 「독점규제 및 공정거래에 관한 법률」 제40(시장 분할 및 가격 공동 결정 위반)으로 판단하여 시정명령과 함께 6개 사에 총 92억 원의 과징금을 부과했다.

② 실무적 시사점

물류 및 운송업에서는 입찰 담합, 시장 분할, 운임 공동 결정 등의 위반행위가 지속적으로 적발되고 있다. 이러한 리스크를 관리하기 위한 실무적 대응 방안은 다음과 같다.

1. 입찰 과정의 투명성 및 독립성 보장을 위한 내부통제 시스템 구축
   - 입찰 담당자 권한 분산 및 상호 견제 체계 마련

- 입찰 관련 내부 결재 과정의 다단계화
2. 경쟁사 접촉에 대한 명확한 가이드라인 수립
    - 업계 모임 참석 시 논의 가능 주제와 금지 주제 명확화
    - 경쟁사 접촉 후 내용 기록 및 법무·Compliance 부서 보고 의무화
3. CP 도입 및 정기적 교육 실시
    - 특히 영업, 입찰, 계약 담당자 대상 집중 교육
    - 실제 사례 중심의 시뮬레이션 교육 실시
4. 내부고발 제도 활성화 및 공정거래 위반 징후 모니터링 시스템 구축
    물류 산업의 공정경쟁 환경 조성은 산업 전체의 효율성과 지속가능성을 높이는 핵심 요소임을 인식하고 선제적인 CP 체계 구축이 필요하다.

금융업: 불공정 약관과 담합

금융업에서는 금융상품 판매 과정에서의 불공정 약관 사용, 금리 담합, 중요 정보 제공 미비, 부당한 수수료 부과 등이 주요 규제 대상이다. 특히 「금융소비자 보호에 관한 법률」과 「독점규제 및 공정거래에 관한 법률」이 금융 분야 공정경쟁의 핵심 법적 근거로 작용한다.

① 주요 위반 사례분석

- 금리 담합 사례: 2019년, 국내 5개 주요 시중은행들이 주택담보대출 금리와 정기예금 금리를 사전에 협의하여 거의 동일한 시점에 유사한 수준으로 조정한 사실이 적발되었다. 해당 은행들은 '금리협의회'라는 비공식 모임을 통해 금리 변동 폭과 시기를 조율했으며, 금융당국의 금리 인하 권고에 대한 대응 방안도 함께 논의했다. 공정거래위원회는 이를 「독점규제 및 공정거래에 관한 법률」 제40(가격을 결정·유지 또는 변경하는 행위)에 해당하는 부당한 공동행위로 판단하여 5개 은행에 총 530억 원의 과징금을 부과했다.
- 불공정 약관 사례: 국내 대형 신용카드사 A사는 신용카드 약관에서 "카드 회원의 책임 없는 사유로 인한 카드 부정사용의 경우에도 회원이 일부 금액을 부담

한다"는 조항을 포함시켰다. 또한 카드이용대금 연체 시 '연체료'와 별도로 '지연배상금'이라는 명목의 추가 수수료를 부과하는 조항을 두어 사실상 이중 부담을 강제했다. 금융감독원과 공정거래위원회는 이를 「약관의 규제에 관한 법률」 제6조(불공정 약관 조항의 무효) 및 제7조(면책조항, 책임의 배제 금지)에 위반되는 불공정 약관으로 판단하여 시정명령을 내렸다.

- 중요 정보 제공 미비 사례: 주요 증권사 B사는 고위험 파생결합증권^{ELS} 상품을 판매하면서 상품의 원금 손실 가능성과 기초자산의 변동성에 관한 정보를 충분히 제공하지 않았다. 특히 노년층 고객에게 판매 시 상품의 복잡한 구조와 위험성을 명확히 설명하지 않고 "원금 보장형에 가깝다"고 오인하게 하는 표현을 사용했다. 금융감독원은 이를 「금융소비자 보호에 관한 법률」 제19조(설명의무) 및 제21조(부당권유행위 금지) 위반으로 판단하여 과태료와 함께 영업 일부 정지 조치를 부과했다.

② 실무적 시사점

금융업계에서는 금리 산정의 투명성, 공정한 약관 설계, 정확한 상품 설명이 법적 의무사항으로, 다음과 같은 Compliance 강화 방안이 필요하다.

1. 금리 결정 과정의 투명성 및 객관성 확보
   - 금리 결정 위원회의 독립성 보장
   - 금리 산정 기준의 명문화 및 문서화
2. 약관 설계 시 법률 검토 프로세스 강화
   - 「약관의 규제에 관한 법률」 준수 여부 사전 검토
   - 소비자 관점에서의 약관 이해도 테스트 실시
3. 금융상품 판매 프로세스 개선
   - 「금융소비자 보호에 관한 법률」 제17조(적합성 원칙)에 따른 고객 맞춤형 상품 추천 시스템 구축
   - 핵심설명서 및 위험고지 내용의 표준화

4. 내부통제 시스템 강화

- 금융상품 개발 – 판매 – 사후관리 전 과정에 걸친 Compliance 검토 의무화
- 영업 실적과 분리된 독립적 Compliance 평가 체계 구축

금융업은 소비자 보호와 공정경쟁이 특히 중요한 분야다. 기업의 지속가능성을 위해서는 규제 준수뿐 아니라 윤리적 금융 문화를 조성하는 것으로 인식해야 한다.

건설업: 입찰 담합과 하도급 대금 미지급

건설업에서는 공공 공사 입찰 담합, 하도급 대금 미지급 및 부당 감액, 기술자료 유용, 부당특약 설정 등이 주요 규제 대상이다. 특히 대형 건설사와 하청업체 간의 불공정 거래 관계는 건설산업 생태계의 지속가능성을 저해하는 핵심 요인으로 지적된다.

① 주요 위반 사례분석

- 대형 건설사들의 입찰 담합 사례: 2017년부터 2019년까지 국내 8개 대형 건설사들은 총 37건의 공공기관 발주 공사(총공사액 약 2조 원)에서 사전에 낙찰 예정자를 결정하고, 들러리 업체들은 높은 가격을 써내는 방식으로 담합했다. 이들은 비공식 모임인 '팔각회'를 통해 공사 물량을 배분하고, 낙찰 순번을 정하는 등 조직적인 담합을 진행했다. 공정거래위원회는 이를 「독점규제 및 공정거래에 관한 법률」 제40조 제1항 제8호(입찰 또는 경매에 있어 낙찰자, 경락자, 투찰가격, 경락가격 등을 결정하는 행위)에 해당하는 부당한 공동행위로 판단하여 8개 사에 총 1,320억 원의 과징금을 부과하고, 그중 4개 사는 검찰에 고발했다.

- 하도급 대금 미지급 및 부당 감액 사례: 국내 주요 건설사 A사는 다수의 하청업체들과 거래하면서 하도급 대금을 지연 지급하거나, 현장의 추가 작업 요구에도 정당한 대가를 지급하지 않았다. 특히 공사 완료 후 하자를 이유로 대금의 10~15%를 일괄 공제하는 관행을 유지했으며, 하자 보수 완료 후에도 보증금을 돌려주지 않는 사례가 다수 발견되었다. 공정거래위원회는 이를 「하도급거래 공정화에 관한 법률」 제3조(서면 발급 및 서류의 보존), 제13조(하도급대금의 지급 등) 및

제11조(부당감액의 금지) 위반으로 판단하여 시정명령과 함께 42억 원의 과징금을 부과했다.

- 기술자료 유용 사례: 건설사 B사는 특수 교량 공사의 설계를 위해 협력업체 C사에 기술자료 제출을 요구한 후, 이를 활용해 자체 기술로 개발하고 다른 공사에도 적용했다. 또한 해당 기술을 토대로 특허를 출원하여 원천 기술을 보유한 C사의 사업 기회를 제한했다. 공정거래위원회는 이를「하도급거래 공정화에 관한 법률」제12조의3(기술자료 제공 요구 금지 등)을 위반한 행위로 판단하여 시정명령과 함께 18억 원의 과징금을 부과했다.

② 실무적 시사점

건설업계의 공정거래 준수를 위해서는 다음과 같은 시스템 및 프로세스 구축이 필요하다.

1. 입찰 과정의 투명성 확보
   - 전자 입찰 시스템 도입 및 입찰 전 과정의 기록 보존
   - 입찰 담당자 정기 로테이션 및 내부 감사 강화
   - 입찰 관련 내부 결재 시스템의 다단계화

2. 하도급 계약 및 대금 지급 관리 시스템 구축
   - 「하도급거래 공정화에 관한 법률」제13조 및 제13조의2에 따른 대금 지급 기일 준수 모니터링 시스템
   - 추가 공사 지시에 대한 공식 문서화 및 보상 체계 마련
   - 하자 판단 기준의 객관화 및 명문화

3. 기술자료 관리 체계 수립
   - 협력업체 기술자료 요청 시 공식 절차 및 서면 계약 의무화
   - 기술자료 접근 권한 제한 및 사용 내역 추적 시스템 도입

4. 내부 신고 및 모니터링 시스템 강화
   - 하도급법 위반 가능성에 대한 내부 신고 채널 구축

• 정기적인 하도급 거래 실태 조사 및 개선 활동 실시

건설업의 지속가능한 발전을 위해서는 단기적 이익을 추구하는 불공정 행위보다 장기적 관점에서의 동반성장이 중요하다는 인식 전환이 필요하며, 이는 결국 기업의 평판과 경쟁력 향상으로 이어질 것이다.

의료 및 제약산업: 리베이트와 약품 가격 담합

의료 및 제약산업은 공공성과 안전성이 동시에 요구되는 분야로, 공정한 가격 형성 및 투명한 유통구조가 무엇보다 중요하다. 그러나 일부 제약회사들이 고질적인 리베이트 관행과 약가 담합, 불공정 거래 조건 설정 등을 통해 시장 경쟁을 저해하고 소비자 피해를 유발한 사례가 반복적으로 발생하고 있다. 이러한 행위는 공정거래법 뿐만 아니라 약사법, 건강보험 관련 법률 등과도 중복 적용될 수 있어, 업계 전반의 Compliance 리스크가 높은 영역으로 분류된다.

① 주요 위반 사례분석

• 약가 담합 및 공공 입찰 왜곡 사례: 국내 A제약사를 포함한 복수 제약사들이 특정 전문의약품을 병원·공공기관 입찰에서 공급하면서 사전에 공급 가격을 합의하고 담합한 사건이 적발되었다. 이들은 유사한 가격으로 응찰해 입찰을 왜곡하였고, 일부 기업은 비공식 모임을 통해 낙찰 순번까지 사전 조정하였다. 공정거래위원회는 이를 「독점규제 및 공정거래에 관한 법률」 제40조(부당한 공동행위) 위반으로 판단해 시정명령과 함께 60억 원 이상의 과징금을 부과하였다.

• 의료기관 대상 리베이트 제공 사례: B제약사는 자사 약품의 처방을 유도하기 위해 병원 의사들에게 일정 금액의 금전, 고가의 해외학회 참가 지원, 상품권 등을 제공하였다. 이는 「약사법」 제47조의2(의약품 판매촉진 행위의 금지) 및 「공정거래법」상 불공정거래 행위(부당한 고객 유인)에도 해당되어, 해당 제약사는 보건복지부로부터 건강보험 급여 정지 처분과 함께 과징금 15억 원을 부과받았다.

② 실무적 시사점

의료 및 제약업계의 공정거래 준수를 위해서는 다음과 같은 사전적 관리 체계가 필수적이다.

1. 가격 결정 구조의 투명화
   • 의약품의 정가, 납품가, 리베이트 등을 분리 관리하고 내부적으로 근거 자료를 전산 관리할 필요
   • 약가 정책 결정 시 법무·Compliance 팀의 사전 검토 절차를 의무화

2. 대외 접촉 기록 및 리스크 관리
   • 의료기관 관계자와의 접촉 내역을 '영업 리스크 보고서' 형태로 관리하고, 사내 감사 또는 준법감시 기능에서 분기 단위로 표본 점검을 실시

3. 리베이트 방지를 위한 내부통제 강화
   • 리베이트 리스크가 있는 분야(대형 종합병원, 도매상 등)에 대한 영업 활동 가이드라인을 제정하고, 준수 서약서를 사전에 징구
   • 리베이트 발생 시 회사 내부 조사 절차와 징계 규정을 명확히 하여 '조직 전체의 책임 회피 방지' 조항을 포함한 행동강령을 도입

4. 공정거래법 및 약사법 교육의 병행 시행
   • 영업, 마케팅, 의약사무 담당 부서에 대해 공정거래법과 약사법 관련 교육을 연 1회 이상 의무화하며, 주요 리베이트 사건에 대한 시뮬레이션 사례를 중심으로 구성

에너지 산업: 가격 담합과 소비자 약관 문제

에너지 산업은 소비자 일상생활과 국가경제의 기초 인프라를 책임지는 핵심 산업군이다. 하지만 이처럼 필수적인 산업 특성을 악용하여, 정유사 간 가격 담합이나 소비자에게 불리한 불공정 약관을 일방적으로 설정하는 행위가 반복적으로 문제가 되어 왔다. 특히 시장 점유율이 높은 소수 정유사의 담합은 소비자에게 직접적인 부담을 전가한다는 점에서 공정거래위원회의 집중 감시 대상이 되고 있다.

① 주요 위반 사례분석

• 정유사 휘발유 가격 담합 사건: 국내 4대 정유사들은 2014년부터 2017년까지 수도권 주요 지역에서 휘발유 및 경유 가격을 담합한 사실이 공정거래위원회 조사로 밝혀졌다. 이들은 자사 직영 주유소의 리터당 판매가를 비슷한 수준으로 유지하며, 가격 인하 경쟁을 방지하는 방식으로 지역 소비자들의 선택권을 제한했다. 공정위는 이를 「독점규제 및 공정거래에 관한 법률」 제40조(부당한 공동행위) 위반으로 판단하고, 총 1,073억 원의 과징금을 부과하였다. 또한 담합 정보를 공유한 관련 임직원에 대해서는 검찰 고발 조치도 병행되었다.

• 소비자에 대한 불공정 약관 적용 사례: C 정유사는 특정 멤버십 프로그램 가입자에게 할인 조건을 제공하면서, 약관에는 '정유사 내부 사정에 따라 예고 없이 혜택 변경 가능'이라는 불공정 조항을 삽입했다. 실제로 수차례에 걸쳐 할인폭을 줄이거나 적립 조건을 강화하면서도 사전 고지 없이 일방적으로 시행한 사례가 다수 접수되었다. 공정위는 이를 「약관의 규제에 관한 법률」 제6조(불공정 약관조항의 무효) 및 제17조(사전 설명 의무 위반) 위반으로 보고 시정명령을 내리고 해당 약관의 무효 처리를 명령했다.

② 실무적 시사점

에너지 산업에서의 공정거래 리스크는 다음과 같은 영역에서 집중적으로 발생한다. 이를 예방하기 위한 실효적 대응 방안은 아래와 같다.

1. 가격 결정의 독립성과 사내 모니터링 강화

• 각 영업본부나 지사 단위의 가격 결정 권한을 분산하고, 본사 및 Compliance 팀이 이를 정기 모니터링하여 '암묵적 담합' 가능성을 차단

• 유류 가격 산정의 기준(국제유가 연동 등)을 문서화하고, 내부 시뮬레이션 기준표를 사전에 구축해 담합 개연성 지표로 활용

2. 약관 운영의 공정성과 변경 이력 관리

• 소비자 대상 할인, 적립 등 멤버십 약관은 반드시 법무 부서 사전 검토를 거쳐

야 하며, 공정거래위원회의 불공정 약관 판단 기준에 적합한지를 검증

- 약관 변경 시 반드시 사전 공지 및 사용자 동의 절차를 거쳐야 하며, 변경 이력을 웹사이트 및 고객센터에 투명하게 공개

3. 공정거래 교육 및 내부 신고 활성화

- 가격 관련 업무에 종사하는 직원(유류 가격 관리팀, 영업소장 등)을 대상으로 공정거래법상 담합 유형과 사례 중심의 교육을 분기별 실시
- 담합 가능성 발견 시 익명 제보 시스템을 통해 조기 탐지할 수 있는 내부 신고 채널을 구축하고 운영

4. 시장감시 로직과 외부 전문가 검토 도입

- 본사 CP팀은 빅데이터 기반의 가격변동 감시 시스템을 활용하여 직영주유소 및 가맹점 간 가격 군집화 현상을 분석하고, 이상 징후를 조기 탐지
- 필요시 외부 회계법인이나 경제전문가를 통한 '가격행태 분석 자문'을 정기 수행하여 담합 리스크를 객관적으로 평가

산업별 공정거래법 적용 사례는 해당 산업의 특성과 시장 구조에 따라 다양하게 나타난다. 기업들은 자신의 산업군에 특화된 의무식별 리스트(라이브러리) 및 리스크 평가표를 체계적으로 관리할 필요가 있다. 더불어 공정거래법 조항을 숙지하고, 사전 예방적 성격인 CP 및 ISO 37301 시스템을 강화함으로써 불공정 행위를 예방해야 한다. 특히, ESG 경영의 사회(S)와 거버넌스(G) 요소로서 연결된 공정거래법 준수는 기업의 경쟁력과 신뢰를 확보하는 필수 요소이다. 이를 통해 기업은 이해관계자 간의 공정한 거래를 보장하고, 지속가능한 성장의 기반을 마련할 수 있다.

CP 도입 필요성 및 효과

01. CP^{Compliance Program}

앞서 설명한 바와 같이 공정거래 자율준수 프로그램^{Compliance Program}(CP)은 기업이 공정거래 관련 법규를 준수하기 위해 자체적으로 제정·운영하는 교육, 감독 등 내부의 준법경영 시스템이다. CP는 임직원 모두에게 공정거래법 준수의 중요성을 인식시키고, 위반행위를 예방할 수 있도록 실효성 있는 내부 통제·지원 체계를 구축하는데 그 목적이 있다. 공정거래법과 예규에 근거를 두고 있고, 여기서 CP의 정의와 도입 요건, 평가 기준이 명확히 규정되어 있다. 특히 공정거래위원회에서 CP 등급평가 시 적용하는 범위는 글로벌 Compliance보다 좁게, 경쟁질서 확립 등 공정거래위원회 소관 13개 법률 및 업종별 관련 법규로 한정되어 있다. 따라서 기업은 해당 산업에 속한 법률을 중심으로 CP를 설계·운영하고 1년간의 실적으로 등급평가를 신청할 수 있다. 만약 법 위반이 발생한 이후에도 조직이 이를 외면하거나 숨기는 것이 아니라, 재발 방지를 위한 구조적 개선과 지속적 노력한다면 또 다른 기회가 될 수 있다. 다시 말해, CP는 사전 예방, 사후 재발방지라는 이중 구조를 통해 그 기능을 한다. 이는 법 위반이 있었지만, 다시는 반복되지 않도록 조직 전체가 고민하고 실천하는 것이 CP의 진정한 목적이다. 본 장에서는 CP의 개념과 도입 배경, 필요성 및 효과를 중심으로 설명한다.

CP의 개념 및 도입 배경

기업경영 환경이 날로 복잡해지고 규제가 강화되는 현대사회에서, CP는 기업 자율준수 문화의 근간을 형성하는 핵심 요소로, 기업이 공정거래 관련 법규를 자발적으로 준수하기 위해 체계적으로 구축·운영하는 내부통제 시스템이다.

2001년 공정거래위원회가 한국형 공정거래 자율준수 모델을 발표한 이후, CP는 한국 기업들 사이에서 점진적으로 확산되었다. 특히 2012년 이후 공공 입찰 카르텔에 대한 조사가 강화되면서 다수의 건설사와 대기업들이 대규모 과징금을 부과받는 사례가 발생했고, 이는 기업들이 CP의 중요성을 재인식하는 계기가 되었다. 「공정거래 자율준수 프로그램 운영 및 유인 부여 등에 관한 규정」(공정거래위원회 예규)에 CP의 정의와 도입 요건, 평가 기준이 명시되어 있으며, 2024년에는 자율준수 문화 확산을 위한 법제화가 이루어져 평가와 보고 시스템이 더욱 체계화되었다.

CP 도입의 주요 목적은 공정거래법 위반으로 인한 리스크 관리에 있다. 기업은 CP를 통해 법률 위반 가능성을 최소화하고, 임직원들의 공정거래 의식을 높이며, 과징금 부과나 기업 이미지 실추 등의 부정적 결과를 사전에 방지할 수 있다. 또한 CP는 기업의 경쟁력 강화에도 기여한다. 윤리적 비즈니스 문화를 구축함으로써 거래 상대방, 소비자, 투자자 등 다양한 이해관계자들로부터 신뢰를 얻을 수 있기 때문이다.

공정거래위원회의 CP 등급평가 적용 범위는 경쟁질서 확립 등 공정거래위원회 소관 13개 법률 및 업종별 관련 법규로 한정되어 있다. 따라서 기업들은 자사가 속한 산업 분야의 특성을 고려하여 관련 법규를 중심으로 CP를 설계하고 운영해야 한다. 기업은 1년간의 CP 운영 실적을 바탕으로 등급평가를 신청할 수 있으며, 우수한 평가를 받은 기업에는 다양한 인센티브가 제공된다.

CP 도입 기업 수 및 등급평가 기업 현황

2025년 3월 현재 약 800개 이상의 기업이 CP를 도입하여 운영 중이다. 이는 지속적인 CP 홍보와 법적 인센티브 정책 덕분에 확대된 수치다. 특히 ESG 경영의 사회(S) 및 거버넌스(G) 요소와 연결됨에 따라 CP 도입에 대한 관심이 더욱 증가하고 있다. 물론 800개 기업 중 아직도 과거 CP 7대 요소로 규정하고 운영하지 않는 기업도 많으나 CP가 법제화된 만큼 CP의 파급효과는 더욱더 커질 것으로 예상한다.

다음 표는 공정거래 백서에 기재된 연도별 CP 등급평가 신청기업 수와 주요 등급평가 결과를 나타낸다.

CP 등급평가 도입기업							
연도	2006	2010	2020	2021	2022	2023	2024
도입기업	193	377	709	717	734	742	860
신청기업	60	44	7	10	16	28	58
A 이상 기업	33	29	4	9	12	28	53

2006년 CP 등급평가 제도가 처음 도입되면서 60개 기업이 평가에 참여했으며, 6개 기업이 AA 등급, 17개 기업이 A 등급을 부여받았다. 2023년에는 CP 관련 법적 근거 마련 후 28개 기업이 신청하여 AAA 등급 3개, AA 등급 23개, A 등급 2개가 선정되었다. 2024년도는 58개 기업이 신청하고 약 53개 기업이 A 등급을 받았다. 2025년 실적으로 2026년 등급평가 결과를 받는 만큼 앞으로 기업들은 차별화되고 전략적 CP 체계를 구축하여야 높은 등급을 받을 수 있다.

최근 5년간 CP 등급평가 신청기업은 8배 증가하였다. CP 등급평가 신청 기업기관 119개 중 106개가 A 등급 이상을 취득했으며, 인센티브 부여 기준에 따라 공표명령 감경 등의 혜택을 받았다. 즉, CP 등급평가 A 등급 이상 취득 기업이 89%에 해당한다. 최근 신청기업이 꾸준히 증가하면서 평가 경쟁이 치열해지고 있으며, 2025년 등급평가 점수 기준 개정과 심사 강화로 기업의 CP 운영 수준이 더욱 중요해지고 있다. 앞으로 CP 평가 기준은 점차 강화될 것으로 예상된다.

2024년 6월 21일 CP가 공정거래법 120조 2(120조의2(공정거래 자율준수 문화의 확산)에 포함되어 법제화되면서 CP 우수 운영기업에는 과징금 감경 등의 혜택이 부여되었다. 이에 CP 법제화로 등급평가 신청기업의 꾸준한 증가가 예상되며 2025년 평가 점수 개정으로 인한 기업의 부담이 증가하고 있는 추세이다. 향후 CP 등급평가 기준이 더욱 강화될 가능성이 높은 만큼 기업들은 선제적으로 CP 운영 전략을 재정비하고 사전 대비책을 마련해야 한다.

뒤에서 자세히 설명하겠지만 CP 등급평가는 기업의 공정거래법 준수 수준을 보여주는 지표로 작용하며, A 등급 이상을 받은 기업들은 정부로부터 여러 인센티브를 제공받는다. 대표적인 인센티브로는 직권조사 면제와 공표명령 감면, 위원장 표창 등이 있으며 최대 20%의 과징금 감경 혜택도 주어진다.

CP의 주요 요소 및 운영 방식

CP 운영은 4개 CDOE(Construction – Diffusion – Operation – Evaluation) 평가 차원의 순환 구조를 따르며, CP 등급평가 차원으로 나뉜다.

CP 주요 평가 차원	
평가 차원	주요 평가 내용
구축(Construction)	자율준수 프로그램 정책 수립 및 자율준수 관리자의 임명
확산(Diffusion)	전 직원 교육 및 CP 관련 지침 제공
운영(Operation)	내부 모니터링 및 감사 시스템 구축
평가(Evaluation)	프로그램 운영 결과를 평가하고 개선사항 반영

CP는 구축Construction, 확산Diffusion, 운영Operation, 평가Evaluation라는 네 가지 주요 평가 차원으로 구성된 순환구조를 통해 효과적으로 운영된다. 구축Construction 차원에서는 기업의 최고경영진이 자율준수 의지를 천명하고, 구체적인 CP 정책을 수립하며, 적절한 권한과 책임을 갖춘 자율준수 관리자를 임명하는 과정이 포함된다. 이는 CP의 기반을 마련하는 단계로, 실효성 있는 프로그램 운영의 토대가 된다. 확산Diffusion 차원은 임직원들에게 CP의 중요성과 관련 법규를 인식시키기 위한 전 직원 교육과 명확한 행동지침 제공에 중점을 둔다. 이를 통해 공정거래 자율준수 문화가 조직 전반에 확산될 수 있도록 한다. 운영Operation 차원에서는 내부 모니터링과 감사 시스템을 구축하여 법규 위반 가능성을 사전에 탐지하고 예방하는 활동이 이루어진다. 위반

행위 발생 시 이를 보고하고 적절히 제재하는 프로세스도 이 단계에 포함된다. 마지막으로 평가Evaluation 차원은 CP 운영 결과를 객관적으로 평가하고, 미비점을 파악하여 개선사항을 도출하는 과정이다. 이를 통해 CP가 지속적으로 발전하고 실질적인 효과를 거둘 수 있도록 한다.

공정거래법과 CP의 관계

CP는 공정거래법, 표시광고법, 하도급법 등 공정거래 관련 13개 법률을 포함한 규제 시스템 내에서 운영된다. 따라서 CP는 기업이 스스로 법 준수를 통해 공정거래 정책을 효과적으로 실현하도록 지원한다.

주요 법규 예시를 다음과 같이 정하고 있으며 운영Operation의 O1.1 위험평가Risk Assessment 지표에서 기업의 제품 및 서비스와 관련된 위험성 평가표로서 공정거래관련법 리스크를 관리해야 한다.

- 하도급법: 원사업자가 하도급업체에 부당한 거래 조건을 제시하지 않도록 방지
- 가맹사업법: 가맹본부가 가맹점에 일방적인 계약 변경을 요구하지 않도록 규제
- 대리점법: 본사가 대리점에 과도한 판매 목표를 부과하지 않도록 감시

CP는 법적 리스크 관리와 기업 경쟁력 강화를 위한 필수 요소이다. 기업 내부적으로 체계적인 준법 문화를 정착시키고, 이를 통해 법적 규제 대응력을 높이며, ESG 경영을 실천할 수 있는 기반을 마련한다. 기업들은 CP 도입을 통해 법적 리스크를 최소화하고, 이해관계자들에게 신뢰를 주는 경영 모델을 실현해야 한다.

공정거래법 제1조의 목적은 다음과 같다.

"사업자의 시장지배적 지위의 남용과 과도한 경제력의 집중을 방지하고, 부당한 공동행위 및 불공정거래행위를 규제하여 공정하고 자유로운 경쟁을 촉진함으로써 창의적인 기업활동을 조성하고 소비자를 보호함과 아울러 국민경제의 균형 있는 발전을 도모함을 목적으로 한다."

이처럼 시장의 질서를 세우고, 공정한 경쟁을 유도하며, 결국 소비자의 이익을 보

호하기 위한 실현 장치다. 이러한 공정거래법의 목적은 자율과 책임 기반의 기업활동을 촉진하는 것에 있다. 그러나 현실의 기업 환경은 과도한 경쟁, 빠르게 변화하는 환경, 정치적 이슈 등 복잡하고 치열하다. 경쟁이 과열될수록 편법과 탈법의 유혹은 커진다. 이때 기업이 자율적으로 법규를 지키고 위험을 사전에 차단할 수 있도록 돕는 내부 시스템이 필요하다. 바로 이 지점에서 CP가 공정거래법과 연계된다.

CP는 법을 지키는 장치가 아니다. 기업이 시장 규범을 내면화하고, 이해관계자들과의 신뢰를 구축하며, 시대에 걸맞는 비즈니스 연속성을 실현하는 수단이다. 따라서 CP는 단일법을 다루는 시스템이 아니라 공정거래법을 정점으로, 그 하위 영역의 총 13개 관련 법률을 포괄한다. 아래는 그 주요 내용을 정리한 것이다.

공정거래관련법과 CP의 적용 영역		
구분	관련 법령	주요 규범 이슈
독점규제 및 공정거래에 관한 법률	공정거래법	시장지배력 남용, 담합, 불공정거래행위
하도급거래 공정화에 관한 법률	하도급법	부당 단가 인하, 기술자료 요구, 대금 미지급
가맹사업거래의 공정화에 관한 법률	가맹사업법	부당 단가 인하, 기술자료 요구, 대금 미지급
대리점거래의 공정화에 관한 법률	대리점법	판매목표 강제, 보복조치, 계약 해지 제한
표시·광고의 공정화에 관한 법률	표시광고법	허위·과장광고, 소비자 오인 유도

이러한 법들은 대부분 기업의 거래상 우월적 지위 남용을 규제하는 데 초점이 있다. CP는 바로 이 법적 규제 요건을 기업 내부에 녹여내어, 자체적인 '리스크(위험성) 식별 → 분석 → 평가 → 예방 → 교육 → 개선'의 사이클을 만드는 것을 목표로 한다.

2024년 개정된 「공정거래법 시행령」과 「CP 운영고시」를 보면 다음과 같은 변화가 있다. 자율준수관리자 선임 및 역할 명확화, 문서화된 CP 운영 절차의 공식 의무화, 임직원 교육 실적 관리 요구, CP 등급평가 체계화가 변경되었다. 이는 ISO 37301과 ISO 37001이 매우 밀접하게 연결되어 있으나 대부분 7대 요소에서 8대 요소로 변경될 때 ISO를 반영하게 되었다. 이처럼 CP는 ISO 37301과 법적, 규제적, 계약적, 윤리적 의무에 대한 준수로 경영시스템과 연계성이 있다. 특히, ISO 37301 조항 6.1에서는 다음과 같이 요구한다.

"조직은 Compliance 의무에 따른 리스크를 식별하고, 분석하며, 이를 통제할 방안을 수립해야 한다."

이는 CP의 O1.1 위험성 평가 항목과 정확히 맞닿아 있다. 예를 들어 하도급법 관련 리스크로 평가한다면 단가 후려치기 관행을 계약 검토 프로세스 도입, 자동경고 시스템 적용하면 리스크가 경감된다. 또한 가맹사업법 관련 리스크를 평가한다면 가맹점주에게 광고비 전가가 리스크 평가 대상이 된다. 이때 경감하기 위해 사전동의서 관리, 점주협의회 운영, 표준계약, 윤리&준법 교육, 지원 등으로 리스크를 줄일 수 있게 된다. 이처럼 ISO 기준의 위험성 기반 접근법은 CP 실무의 정교화를 유도한다. 단순히 법을 외워서 지키는 방식이 아니라, 조직 맞춤형 리스크 대응전략을 수립하고, 그 실효성을 문서로 입증하는 구조다. 법이 통과된 만큼 공정거래법은 CP를 통해 살아 숨 쉬는 법이 될 것이고, CP는 공정거래법을 실효적으로 작동시키는 엔진이 될 것이라 기대한다.

02. CP 도입의 필요성 핵심 5가지

지금까지 수많은 기업을 방문하며 CP와 ISO의 필요성을 설명해 왔다. 특히 CP 등급평가제도가 본격화된 이후 대기업은 물론이고 중견·중소기업의 대표와 실무자들까지 CP에 관심을 가지기 시작했다. 그리고 상담이든 강의든 자문이든 만날 때마다 가장 자주 받는 질문은 이렇다.

"우리가 지금 꼭 지금 도입해야 하나요?"

"법에 도입 의무는 없잖아요?"

"도입하면 뭐가 그렇게 좋아요?"

"얼마 정도 예산이 들어가요?"

"경영진을 어떻게 설득해야 하죠?"

마치 건강을 말하면서 운동은 안 하는 것과 같다. 어차피 정답은 정해져 있다.

'필요하다. 반드시 해야 한다.'

다만 대부분의 기업은 아직 이걸 '언제', '어떻게', '얼마에' 도입할 것인가를 두고 고민하고 있을 뿐이다. 그 고민, 매우 현실적이다. CP는 아무리 좋은 제도라 해도 인사·총무처럼 '눈에 보이는 운영 부서'도 아니고, 매출을 직접 만들어 내는 부서도 아니다. 그런데도 예산이 들고, 사람을 써야 하고, 이사회 보고 체계까지 만들어야 한다고 하면 당연히 경영진은 속으로 계산기를 두드린다. 이런 맥락을 모르고 "법 위반 예방에 좋습니다"라고만 답변드리면, 대부분 CEO는 고개만 끄덕이고는 실제론 움직이지 않는다.

그렇다면 진짜 이유는 무엇일까? CP를 도입한 기업과 도입하지 않은 기업의 차이는 시간이 흐를수록 명확해진다. 한 기업은 위법 행위로 인해 공정거래위원회의 조사를 받으며 수십억 원의 과징금을 내고, 평판이 바닥까지 추락한다. 또 다른 기업은 CP 운영 실적을 근거로 과징금을 감경받고, ESG 평가 상위 기업으로 외부 투자자와 언론의 긍정적 조명을 받는다. 두 기업 모두 같은 시장에서, 같은 조건에서 출발했지만 CP라는 '준법경영 시스템'이 기업의 운명을 가른 것이다.

저자는 기업들에게 자주 이렇게 설명하곤 한다.

"CP는 비용이 아니라 기업을 지키는 건강검진과 보험이며, 때로는 가속페달보다 더 중요한 브레이크가 될 것입니다."

2024년 기준 대한민국에는 코스피^{KOSPI} 상장기업 약 839개, 코스닥^{KOSDAQ} 약 1,778개, 공공기관 약 327개, 기타 공공기관 2,000개 이상 그리고 중소·중견기업은 약 60만 개 이상일 수 있다. 이 기업들 모두가 공정거래법에 적용되며 도입은 '의무'가 아니라 '선택'일 수 있다. 그러나 이제는 '언제 하느냐'의 문제일 뿐 하지 않을 수는 없다. 즉, 법제화가 된 만큼 자율준수를 하지 않을 이유는 없다. 경쟁업체가 먼저 CP를 도입하고, ISO 인증을 받고, 등급평가에서 좋은 점수를 받고 있다면 이제는 '도입하지 않는 것 자체'가 리스크로 내외부에 평가된다.

공정거래위원회는 CP 도입을 통해 기업들이 사전에 공정거래법 위반을 예방하고,

내부통제 시스템을 강화할 수 있도록 지원하고 있다. 특히 최근 ESG 경영평가에서 공정거래와 윤리경영 항목이 강조되면서 CP 도입의 중요성은 더욱 커졌다. CP를 도입하지 않은 기업들은 종종 법적 리스크와 과징금 부과, 시장 신뢰도 하락이라는 심각한 문제에 직면한다. 반면, CP를 도입한 기업들은 공정위로부터의 직권조사 면제, 과징금 감경 등의 인센티브를 받을 수 있다. 이러한 점을 고려하면 CP는 기업의 경쟁력 확보 도구라 할 수 있다.

이 장에서는 CP를 왜 도입해야 하는지를 5가지 핵심 키워드로 나눠 설명한다. 단순히 법적 설명이나 공정위의 주장만이 아니라, 실제 기업 현장에서 내가 보고 듣고 느낀 경험을 바탕으로, 실무자와 경영진이 공감할 수 있도록 서술하려 한다. 지금부터 설명할 이 5가지는 CP 도입의 '이론적 이유'가 아니라 기업이 '살아남기 위해' 반드시 알아야 할 현실적 이유들이다.

CP 도입의 필요성 5가지

❶ 법적 리스크 예방 및 과징금 감경 효과

아직도 많은 기업들이 CP 도입을 망설인다. 2024년부터 법제화가 되었지만 강제사항이 아니기 때문이다. 하지만 실제 위반 사례들을 살펴보면 CP 유무가 기업의 명운을 가를 수 있다는 사실을 금방 알 수 있다.

CP는 기업이 공정거래법, 하도급법, 대리점법 등 주요 법령을 위반하지 않도록 사전에 위험을 식별하고 차단하는 실질적 내부통제 장치다. 대표적으로 하도급 대금 미지급, 기술자료 요구, 판매목표 강제 등은 모두 공정위가 집중단속하는 불공정 행위다. 이러한 위반은 적발 시 수십억에서 수백억 원대의 과징금으로 이어질 수 있다.

공정거래법 위반 시 부과되는 과징금은 통상 매출액의 최대 10%까지 가능하다. 이는 행정처분 수준이 아니라 기업의 손익계산서에 직접적인 타격을 입힐 수 있는 규모다. 더구나 법 위반 사실이 언론에 보도되거나 투자자에게 알려질 경우, 기업의 평판·신뢰도는 회복하기 어려울 정도로 무너질 수 있다.

더 심각한 문제는 '이사의 책임'이다. 2022년 대법원은 내부통제 시스템(CP 포함)이

미비한 상황에서 위법행위가 발생한 경우, 경영진(특히 이사진들)은 손해에 대해 직접 배상 책임을 질 수 있다고 명확히 판결하였다. 즉, '몰랐다'거나 '직원 선에서 벌어진 일'이라는 해명은 더 이상 통하지 않는다. 이제는 'CP를 마련해 예방했는가?'가 이사의 책임을 가늠하는 기준이 되고 있는 것이다.

공정거래법 위반과 CP 등급평가 연계성			
기업	위반 사례	과징금 부과액	CP 등급평가
A사	하도급 대금 미지급	약 200억 원	미도입
B사	대리점법 위반	약 100억 원	A 등급

위 사례에서 보듯, CP를 도입한 기업(B사)은 동일한 법 위반에도 불구하고 과징금이 상대적으로 적었으며, 이후 공정위의 CP 등급평가에서도 긍정적인 평가를 받았다. 반면 CP를 도입하지 않았던 A사는 업계 1위로써 과징금은 물론 평판 리스크까지 고스란히 떠안아야 했다. CP 등급이 우수한 기업은 직권조사 면제, 과징금 감경 등에서 실질적인 혜택을 받을 수 있으며, 향후 입찰·인증 등 다양한 연계 제도에서도 가점을 부여할 예정이다.(출처: 공정거래위원회, CP 운영고시(제정안), 2024.03.)

다만 무엇보다 예방 관점에서 CP를 도입하여야 한다. 사후 감경'이 아니라 '사전 예방' 차원으로 접근해야 한다. 많은 기업이 사고가 터진 뒤 뒤늦게 CP를 도입하려 하지만, 이는 병이 난 뒤에야 건강보험을 드는 격이다.

실제로 한국준법진흥원에서 ISO 37301과 ISO 37001을 인증받고 CP를 오랫동안 도입한 ○○제약사는 AAA 등급을 취득하면서 Compliance를 꾸준히 강화하면서도 매출이 증가해 동시에 성장한 사례가 있다. 법을 지키면서도 성장할 수 있다는 실례다. 이 기업의 관계자는 다음과 같이 말했다.

"CP는 단지 규제 대응 수단이 아니다. 오히려 직원들이 불확실한 의사결정에서 명확한 기준을 가지고 움직일 수 있게 만든 일종의 안전벨트다. 소비자도, 전문의료인도, 정부도 우리를 더 신뢰하게 되었다."

❷ ESG 경영과의 연계성

앞서 언급한 바와 같이 CP는 ESG 경영의 사회(S) 및 거버넌스(G) 요소와 직·간접적으로 연결된다. ESG 평가에서는 기업이 Compliance 경영시스템을 얼마나 체계적으로 운영하는지가 중요하게 평가된다.

그러나 기업들은 "우리도 ESG 잘하고 있습니다"라고 말한다. 그런데 그 말에 '내용'을 묻는 순간 대답은 흐릿해진다. ESG의 S와 G는 결국 기업이 법과 윤리를 기반으로, 누구와 어떻게 거래하고, 내부를 어떻게 통제하는지에 달려 있다. 그 구체적 실행 수단이 바로 CP와 ISO다. 즉, 두 시스템 모두 목적이 아니라 수단이라는 것이다.

- E(환경): 환경법과 규제 준수
- S(사회): 협력업체 및 고객과의 공정한 관계 유지, 불공정 계약, 갑질 리스크 사전 예방
- G(지배구조): 자율준수관리자 이사회 보고 체계, 내부통제 문서화, 임직원 교육 등

이뿐만 아니라 포괄적인 Compliance 측면에서 보면 국내외 법, 규정, 계약, 정책, 원칙, 코드, 표준, 인허가, 명령, MOU, 확약 등이 ESG와 밀접하다고 볼 수 있다. 이 중 공정거래법이 CP로써 적용된다. 많은 국내외 ESG 평가 지표(MSCI, DJSI, CSDD, KCGS, SASB, TCFD, CDP, EcoVadis 등) 중 사회(S)와 거버넌스(G)에서 공정거래 관련 사항을 다루고 있다. 사례를 보더라도 공정위의 CP 등급평가를 받은 기업 중 ESG 평가 상위권에 오른 기업들은 공정위 제재 건수는 눈에 띄게 적었다.

❸ 내부통제 시스템 강화 및 투명성 확보

불공정행위는 언제나 현장에서 발생한다. 법무팀이나 경영진이 일일이 현장을 다 들여다볼 수는 없다. 그래서 필요한 게 사전 리스크 감지와 예방이 가능한 내부통제 체계다. CP 도입은 내부통제 시스템을 통해 불법 행위를 사전에 방지하고 투명한 업무 수행을 촉진한다. 내부감사 및 보고 절차를 통해 임직원의 법규 준수 여부를 주기적으로 점검한다. 주요 요소로는 윤리강령^{Code of Ethics} 및 행동강령^{Code of Ethics} 마련, 내

부 제보 채널 운영 및 신고자 보호 시스템 운영 등이다.

최근 저자가 Compliance 심사 중 경험한 바에 따르면 한 대형 프랜차이즈 기업은 가맹점주의 내부 제보를 통해 본사의 가맹사업법 위반행위를 사전에 발견하고 그에 따른 적절한 시정조치를 즉시 하고, 사후 공정위 조사를 면할 수 있었다. 즉, CP는 내부제보 체계, 교육훈련, 보고 체계 등 유기적으로 연결되어 살아있는 Compliance 가 되어 기업을 지켜주는 조기 경보 장치로써 도움을 줄 수 있다. 임직원들의 법 준수 태도를 측정하고 개선할 수 있는 구조적 수단이 되는 것이다.

❹ 기업 평판 및 신뢰도 향상

신뢰를 잃은 기업은 결국 시장에서 퇴출된다. 반대로 말하면, 신뢰를 쌓는 기업은 시간이 갈수록 더 강해진다. 불공정 거래를 하지 않는다는 '명확한 증거', 투명한 통제를 하고 있다는 '구체적 체계', 위반 발생 시 바로 시정할 수 있는 '조직적 대응력'. 이 모든 것은 소비자, 협력업체, 투자자에게 신뢰로 전해진다.

이처럼 CP를 도입한 기업은 이해관계자와의 관계에서 신뢰를 확보할 수 있다. 투자자들은 기업이 공정하고 윤리적으로 운영될 때 신뢰를 가지고 장기적으로 투자한다. 소비자와 협력업체는 불공정거래가 없는 기업과의 거래를 선호한다.

기업 평판 변화 비교		
항목	CP 미도입 기업	CP 도입 기업
법 위반 건수	연평균 4건	연평균 0.5건
ESG 등급	A 이하	A 이상
고객 신뢰도 조사	67%	92%
투자자 평판 점수	60점	85점

※ 출처: 한국학술지 인용 색인(기업 평판의 가치관련성 등), 공정거래위원회, 공정거래조정원, 한국준법진흥원(2020~2024년 CP 등급평가 자체 분석)

CP는 '눈에 보이지 않는 무형자산'인 기업의 평판을 관리하는 가장 효과적인 도구다.

❺ 글로벌 규제 대응 및 경쟁력 확보

수출을 하든, 글로벌기업과 계약을 맺든, 해외 투자자를 만나든 가장 먼저 확인받는 건 "당신 회사는 법을 얼마나 제대로 지키고 있는지 입증할 문서화된 정보가 있습니까?"라는 질문이다. FCPA(미국 해외부패방지법), UKBA(영국 뇌물방지법), EU CSDD(지속가능성 실사지침) 등 글로벌 준법 기준은 해마다 더 강력해지고, 실제 처벌도 늘고 있다. 한국 기업도 예외가 아니다.

CP를 도입하는 기업은 글로벌시장 진출 시 신뢰도와 경쟁력을 확보할 수 있다. 대표적으로 승강기 관련 제조기업인 ○○○○○사는 ISO 37301 도입 및 인증을 통해 글로벌 규제 위반 리스크를 줄이고 신규 해외 시장 진출에 성공하였다. 규제 대응은 물론이고, 시장진입 장벽도 함께 넘은 셈이다.

기업(기관)의 CP는 기업 내부 시스템에 그치지 않는다. 정부 입장에서도 사후 제재에 행정력을 낭비하는 대신 사전에 위법 행위를 예방할 수 있다면 훨씬 효율적인 행정 운영이 가능해진다. 나아가 기업들이 스스로 법을 지키는 문화를 정착한다면 국가 전체의 신뢰 수준과 대외 경쟁력도 함께 높아질 수 있다. 그런 점에서 CP는 결국 국가 경제 전반에도 긍정적인 영향을 미치는 중요한 기반이 된다.

CP 도입을 통해 기업은 법적 리스크를 예방하고, 이해관계자들과의 신뢰 관계를 형성할 수 있다. 특히, ESG 경영 강화 추세에 따라 CP는 기업의 사회적 책임과 투명성을 입증하는 중요한 지표로써 전략적 법률을 준수하는 기업이 될 수 있다. 기업들은 내부통제 시스템을 강화하고 지속적으로 프로그램을 개선함으로써 공정한 경쟁 문화 조성에 앞장서야 한다. 이를 통해 기업은 시장에서의 경쟁력을 유지할 뿐만 아니라 글로벌시장에서도 신뢰받는 파트너로서 사업관계에 신뢰를 쌓고 매출과 같은 재무적 성장을 할 수 있다.

03. CP 도입을 위한 8대 요소

많은 기업들이 CP 도입의 필요성에는 공감한다. 하지만 실제 도입과정에서 가장 많이 부딪히는 벽은 "어디서부터, 어떻게 시작해야 하는가"다. 그리고 도입은 했지만 아직도 7대 요소를 가지고 있는 기업들이 많다. CP 제도는 도입된 지 오래됐지만, 시대의 변화, 기업의 다양성, 규제의 진화에 따라 요소도 진화하고 있다. 공정거래위원회는 CP 등급평가 제도 도입 이후, 기존 7대 요소에 '⑧ 효과성 평가와 개선조치'를 추가하여 CP의 '완결성'을 강조하고 있다. 이는 운영하는 데 그치지 않고, 계속해서 개선하고 실질적 효과를 입증해야만 제대로 된 CP로 인정하겠다는 의미다.

최근 한 대기업 계열사는, CP를 수년간 유지하고 컨설팅만 3번 받아왔지만 운영 매뉴얼이 분실되고 담당자가 이직하면서 핵심 문서(운영규정, 편람 등)와 교육 등 기록이 사라진 사례가 있었다. 결국 처음부터 다시 ESGi(주)에 컨설팅을 의뢰했고, 이번에는 CP 전 과정을 아마존웹서버^{AWS} 기반 클라우드에 전산화해 관리하는 'IT Compliance 시스템'까지 구축하게 되었다. 담당자의 말이 인상 깊었다.

"우리가 CP 시스템을 몰라서 무너진 게 아니라 사람과 문서에만 의존했던 구조가 문제였어요."

또 다른 중견기업은, 공정거래법 위반으로 50억 원대 과징금을 부과받고 난 후, 즉각 전사적 CP 8대 요소를 도입했다. 이 기업은 CEO가 직접 CP 선언문을 발표했고, 위반부서 실무자뿐 아니라 임원까지 포함된 교육 프로그램을 설계하면서 '그때부터 진짜 CP가 시작됐다'는 평가를 받는다.

이렇듯 CP는 한 번 도입했다고 끝나는 시스템이 아니다. 구조가 명확하고, 운영이 지속가능하며, 성과가 입증가능해야 진짜로 작동한다. 그 기준이 되는 것이 바로 공정위가 제시한 'CP 8대 요소'다.

CP의 성공적인 도입과 운영을 위해서는 8대 핵심 요소를 충족하고 이를 체계적으로 실천하는 것이 중요하다. 이 8대 요소는 공정거래위원회가 기업의 CP 운영 실태를 평가할 때 주요 기준으로 활용되며, 기업이 스스로 내부통제 시스템을 강화해 공정거래법 위반을 예방할 수 있도록 지원한다.

특히 이 8대 요소는 공정거래법뿐만 아니라 하도급법, 대리점법, 가맹사업법 등 공정거래 관련 특별법에 대한 전사적인 CP를 구축하는 데 핵심적 역할을 한다. 다만, 중소기업은 중소기업법상의 CP 요건 5가지를 권장 사항으로 둘 수 있다.

이 장에서는 각 요소가 왜 필요한지, 실무에서 어떻게 적용해야 하는지, 그리고 실제 기업들은 이 요소들을 어떻게 도입·운영하고 있는지 구체적으로 살펴볼 것이다.

❶ 기준과 절차 마련 및 시행

CP에서 가장 먼저, 그리고 가장 중요하게 자리 잡아야 할 것은 기준과 절차의 마련이다. 소속 임직원들이 업무와 관련된 공정거래 관련 법규 준수사항을 명확히 인지하고 이를 실천할 수 있도록 필요한 기준과 절차를 마련하고 시행하여야 한다. 즉 임직원들이 이해하기 쉽도록 명확한 지침과 절차를 수립해야 한다.

기준이 없으면 교육도 없고, 감시도 흐릿하고, 징계도 불가능하다. 그럼 "왜 기준과 절차가 중요한가?"를 우리는 생각해 봐야 한다. 기업의 위반은 대부분 의도성을 가지는 것이 아니라 몰라서 그리고 명확한 지침이 없어서 발생한다. 즉, 의도성을 가지고 담합, 갑질을 하지 않는다.

기준이 없으면 직원은 판단을 회피하고, 조직은 책임을 나눈다. 이때 필요한 것이 바로, 업무별, 부서별로 실제 적용가능한 구체적 기준[Rule]과 상황별, 단계별로 따라야 할 실행 절차[Flow]다. 특히 CP에서는 다음과 같은 구조가 필요하다.

기준과 절차의 구성 체계		
구분	구성항목	예시
기준	준수해야 할 원칙 및 규정	• 하도급계약 체결 시 서면발급 의무 • 가맹계약 갱신 시 180일 전 통지 규정
절차	업무 수행 시 따라야 할 단계	• 협력업체 계약 → 리스크 평가 체크리스트 작성 → 법무 검토 → 계약서 작성 및 관리 • 광고자료 배포 전 표시광고법 적합성 검토 프로세스 운영
문서화 수준	제도화 절차의 명문화 및 매뉴얼화	• CP 운영편람(전체 시스템 설명) • 업무지침서(SOP 형태의 상세 프로세스) • 부서별 체크리스트 및 양식 파일

Policy(이사회) – Manual(대표이사) – Procedure(임원) – Process(팀장) – From Process(실무자)

공정위가 제시한 기준을 정리하면, CP의 '기준과 절차'는 다음 세 가지를 충족해야 한다.

① 문서화: 말로만 전해지는 사내 규범은 효력이 없다. 기준과 절차는 반드시 문서화되어야 하며, 공정거래 가이드북, 편람, 매뉴얼 등의 형태로 전사적으로 공유되어야 한다.

② 이해가능성: 법조문 그대로 옮겨 적는 방식은 무의미하다. 직원들이 이해할 수 있는 표현과 사례 중심으로 구성되어야 한다. 특히 판매, 구매, 광고, 계약, 하도급 등 위험업무 군에 맞춤화되어야 한다.

③ 접근성: 기준은 책상 서랍에 들어 있어서는 안 된다. 사내 인트라넷, 전자결재 시스템, 모바일 앱 등에서 쉽게 검색하고 바로 활용가능해야 한다.

실제로 제약회사 A 기업은 제품 리베이트 이슈로 공정위 조사를 받은 후, 의약품 유통담당 부서에 특화된 '영업준수 매뉴얼(편람, 가이드북 등)'을 제작하고, 5단계 계약점검 프로세스와 거래 중지 사전검토 체크리스트를 포함했다. 또한 중견식품기업 B사는 대리점 불공정 해지 문제가 발생하자 CP 재정비를 통해 표준계약서를 도입하고 계약 갱신 알림시스템을 연계해 결과적으로 유사 사건 재발건수가 제로였다.

명확한 기준 없이 공정거래법을 지키기란 불가능하다. 기업이 CP를 제대로 운영하기 위해서는 법을 지키려는 마음만큼이나 법을 지키게 해주는 기준과 절차가 먼저다.

❷ 최고경영자의 자율준수 의지 및 지원

CP는 조직 전반에 공정거래 자율준수 문화를 바꾸는 일이며, 문화는 위에서 아래로 흐른다. 아무리 훌륭한 운영규정과 편람 그리고 가이드라인이 있고, 교육이 잘 돼 있어도, CEO가 무관심하거나 실무자에게만 책임을 넘기면 CP는 '있으나 마나 한 시스템'으로 전락한다.

경험상 CP를 도입하든 등급평가를 하든 간에 최고경영자의 의지가 정말 중요하다. 상징적으로는 CEO의 선언은 조직문화의 신호탄이다. 홈페이지를 통해 전달하는 방식은 의미가 없으며 형식적이 될 수밖에 없다. 반복적이고 지속적으로 임직원들에게 알려야 한다. 그러면 행동이 곧 기준이 된다. 전략적 의미로는 CEO가 지원하면 예산이 붙고, 인력이 배정되며, 부서 간 협조가 가능해진다. 결국 실무자는 열심히 움직이지만 시스템은 위에서 만들어진다. 실무자가 아무리 움직여도 CEO가 움직이지 않으면 안 된다. 그리고 CP 등급평가 점수 중 가장 많이 차지하는 부분이 경영진의 지원이다. 마지막으로 책임의 공유가 된다. 공정거래법 위반은 사내외 이사 책임까지 연계된다. 의지를 공식화하는 것은 향후 기업의 법률 리스크 차원에서 관리하는 전략이기도 하다.

경영진의 CP 도입 의지 및 지원		
활동유형	구체적 실행방안	목적 및 효과
선언	CEO의 자율준수 선언문 발표, 대외 홈페이지 및 사내 게시판 공개	대내외에 회사 방침 천명, 임직원 인식 제고
가시화	윤리·CP 슬로건 전사 게시, 사무실 포스터 비치, 회사 로비 선포 공개, 언론 보도자료 등	메시지의 일상화 및 조직문화 조성
행동화	CEO의 CP 캠페인 참여, 윤리·공정거래 교육 직접 참석, 이사회 CP 논의, 각 CP 캠페인 참여	임직원 신뢰 확보, 상징성과 실질성 부여
보고체계	자율준수관리자의 이사회 보고 정례화, CEO 주재 윤리경영 회의	제도운영의 통제력 확보 및 경영 연계성 강화

실제로 제약회사인 A 기업은 매년 공정거래 자율준수의 날을 선정하고, CEO가 직접 '자율준수 서약서'를 낭독하고 전 직원이 서명하였다. 이후 CP 교육 수강률이 60%에서 98%로 상승했다. 중견화학기업 B사에서는 CP를 법무 업무로 보던 문화를 바꾸기 위해 CEO가 'CP는 리스크 관리이자 성장전략'이라는 표현을 내세우며 연간 윤리경영 예산을 2배로 증액했다. IT 기업 C사에서도 CEO가 사내 게시판에 직접 글을 올려 "공정하지 않은 거래는 단기 실적을 얻더라도 장기 생존을 해치게 된다"는 메시지를 전달했는데, 이후 하도급 계약 검토 절차가 전 부서 표준화되었다.

❸ CP 운영을 담당하는 자율준수 관리자 임명

CP는 제도이지만, 결국 그것을 움직이는 사람이 필요하다. 그 사람이 바로 자율준수 관리자Compliance Officer이다. 공정거래위원회는 CP 8대 요소 중 하나로 자율준수 관리자 제도를 명시하고 있고, 실질적으로 제도가 작동하는지를 판단하는 핵심 지표로 이 역할을 중시한다. 자율준수 관리자는 명함상 직책이 아니라, 기업 내부에서 준법 리스크를 관리·감독하고 조직 전체에 CP의 엔진을 돌리는 실무 책임자다.

이사회 등 최고 의사결정기구는 조직 내 자율준수 관리자를 임명하고, 자율준수관리자에게 효과적인 CP 운영에 대한 책임을 부여하여야 한다. 자율준수 관리자는 CP 운영을 총괄하며, 부서 간 협력 및 감독 역할을 수행한다.

자율준수 관리자의 핵심 역할		
역할 영역	구체적 업무	실효성 확보 포인트
운영 총괄	CP 연간 계획 수립, 교육 운영, 리스크 진단 및 대응체계 구축 등	연간 운영계획 문서화, 부서별 협업 체계 등
감시 및 보고	위반 사례 모니터링, 위법 정황 보고 및 시정조치 요청 등	위반 보고 체계 수립, 이사회 보고 이력 등
문화 확산	사내 캠페인 기획, CP 인식 제고 활동 추진 등	윤리 슬로건 기획, 내부 커뮤니케이션 운영 등
연계 조정	구매, 영업, 마케팅 등 고위험 부서와의 협업체계 유지 등	부서별 준수담당자 지정, 정례회의 운영 등

여기서 중요한 점은 이름만 있고 실질 권한이 없으면 안 된다. 직책만 부여하고 예산, 인력, 보고 권한을 주지 않는다면 책임만 있는 자율준수 관리자 구조로 전락해 평가받기 위한 일을 하게 된다. 자율준수 관리자는 겸직이 가능해 중소·중견기업은 감사팀장, 법무실장 등이 겸직하는데, 업무 시간의 우선순위에서 밀리는 경우가 많다. 조직의 규모와 기능에 맞게 설계되고 운영될 필요가 있다. 다만, 중요한 것은 실질적인 역량과 전문성, 독립성이 핵심이다.

CP 등급평가에서는 최고경영자 또는 이사회에 정기적으로 보고됨을 명확히 평가한다. 공식 조직도상 관리자 보고라인은 위로 연결되어 회의에 정례적으로 참석하고 목소리를 낼 수 있어야 한다.

❹ 자율준수편람의 제작·활용

자율준수편람은 자율준수 관리자의 책임하에 작성된 것으로 공정거래 관련 법규 및 CP 기준과 절차 등을 포함한다. 편람은 모든 임직원이 쉽게 접근하여 활용할 수 있는 문서 혹은 전자파일 등의 형태로 제작되어야 한다. 즉, 임직원들이 언제 어디서든 쉽게 참고할 수 있는 CP 운영 방침을 포함한 편람을 인지시켜야 한다.

CP 운영에 있어서 자율준수편람은 기업의 법과 윤리에 대한 입장, 기준, 대응방식이 집약된 공식 매뉴얼이자 실무를 움직이는 작동 설명서다. 많은 기업이 "우리는 CP 편람이 있다"고 말한다. 하지만 실제로 그 문서를 보면, 3년 전 외부 컨설팅 때 받은 PDF 한 개 정도이다. 누구도 보지 않고 업데이트되지 않은 자료, 법조문 복사본과 원론적 설명만 나열된 수준인 경우가 많다. 그건 '편람 보유'이지 '편람 운영'이 아니다. 그렇다면 편람에는 어떠한 내용이 담겨야 하는지 아래 표를 통해 살펴보자.

자율준수편람 필수사항		
구성항목	세부 내용	작성 팁
1. 자율준수 방침	CEO 선언문, CP 운영 철학, 조직 차원의 준법 의지	회사의 언어로 명문화, CP의 미션처럼 작성
2. 공정거래 관련 주요 법령 요약	공정거래법, 하도급법, 표시광고법 등 핵심 규정과 주의사항	실무 중심 용어와 사례로 쉽게 설명
3. CP 기준과 절차	CP 8대 요소에 따른 회사 내부 기준, 보고·교육 절차 등	부서별 적용 방안 포함, 흐름도 활용
4. 위반행위 대응 절차	위반 의심 시 내부 보고 및 대응 흐름, 시정조치 단계 등	신고부터 조사, 징계까지 절차화
5. 위반 사례 및 예방 가이드	업종별, 부서별 실제 위반 사례와 예방 팁	판례 및 공정위 보도자료 인용 가능 가이드북, 매뉴얼 등
6. Q&A 및 참고자료	자주 묻는 질문, 참고 링크, 교육자료 목록 등	내부 교육자료와 연동하면 효과적

※ 편람을 1개로 만들 필요는 없다. 각 부서(영업, 구매 등) 기준에 맞게 차별화하여 여러 개로 만들면 각 부서원들이 편람을 인지할 수 있게 된다.

COMPLIANCE 공정거래 CP & ISO 37301 실무가이드

편람은 실효성 있게 만들어야 된다. 최근 1년 이내 반복적이고 지속적인 업데이트 (개정일, 버전 등)가 이루어져야 하는데, 핵심은 접근성이 있어야 한다. 전 직원이 접근 가능한 전자파일 혹은 종이 등 시스템으로 작동되어야 한다. 또한 실용성 차원에서 법령 해설 위주가 아니라 사례와 지침, 절차가 포함되어 있어야 한다. 그리고 교육에 활용하여 편람을 기반으로 한 CP 교육이 실제 운영되어야 한다. 자율준수편람은 공정거래법이라는 추상적인 규범을 실무 현장에서 누가, 언제, 어떻게 행동할지로 구체화하는 것이 편람의 역할이다.

❺ 지속적이고 체계적인 자율준수 교육 실시

교육은 CP의 조직원 전체에 Compliance DNA를 주입하는 수단이다. 그러나 대부분 기업이 교육을 연 1회 의무교육 또는 각 직급과 기능을 고려하지 않은 교육 콘텐츠 정도로 생각하거나, 형식적인 PPT만 넘기며 수료 처리에만 집착한다.

CP 운영규정, 편람과 가이드라인 및 공정거래 관련 법규 준수 사항 등에 대하여 최고경영자 및 영업, 구매 등 부서에 맞게 교육이 실시되고 효과성 평가가 되어야 한다. 또한 공정거래 관련 위반 가능성이 높은 분야의 임직원을 대상으로 효과적인 교육을 실시하여야 한다. 공정거래 교육 프로그램을 주기적으로 운영하여 임직원들의 법규 이해도를 높이는 것이 핵심이다.

효과적인 CP 교육		
핵심요건	설명	실무 포인트
지속성	일회성 교육이 아니라, 연중 계획과 피드백을 반영한 순환교육	연간교육 로드맵 수립, 월간 콘텐츠 업데이트
타깃화	부서별, 직급별, 업무 유형별 리스크 맞춤형 교육	구매부서: 하도급법 / 마케팅팀: 표시광고법 중심
사례중심	단순 법령 암기가 아닌 실제 위반 사례 기반 교육	공정위 판례, 자사 사례, 유사 업계 사례 분석
다채널	대면, 온라인, 워크숍 등 상황과 환경에 맞는 복합형	본사-지사 간 동일 교육 효과성 확보 위한 이러닝 병행
성과 연계	교육 결과를 평가·기록하고, 승진·성과와 연동	교육 이수율, 법령 이해도 평가를 KPI화 가능

CP 교육이 실질적 효과를 거두기 위해서는 일방적 지식 전달이 아닌 '문화확산'의 관점에서 접근해야 한다. 공정위에서도 '자율준수 문화 정착 정도'를 주요 평가지표로 설정하고 있다. 이러한 문화 정착의 핵심 전략으로 '내부 확산형 재교육 모델'이 차별화가 될 수 있다. 내부 확산형 재교육 모델은 기존 교육을 이수한 구성원 중 우수 참여자를 선별해 'CP 전도사'로 육성하고, 이들이 다시 현장에서 동료들에게 CP의 의미를 설명하고, 사례를 공유하며, 실천을 독려하는 순환적 교육 구조를 말한다. 이는 국제표준 ISO 37301 7.3항의 "인식 및 교육훈련"에서 강조하는 Compliance 문화의 내재화 원칙과도 일맥상통한다. 따라서 내부 확산형 재교육 모델의 작동 메커니즘은 CP 전도사 육성이 제일 첫 번째가 된다. 정기 CP 교육 이수자 중 평가를 통해 우수 참여자를 선발하여 심화 교육을 제공한다. 이들에게는 실제 위험 사례분석, 교수법, 조직 내 영향력 행사 기술 등을 추가로 교육한다. 이후 CP 전도사들은 각 부서 및 팀 단위에서 15~20분 분량의 짧은 사례 중심 미팅을 주기적으로 진행한다. 이때 중요한 것은 실제 업무 상황과 연계된 구체적 사례를 다루는 것이다. 현장에서 발견되는 새로운 리스크나 질문들은 CP 담당자에게 전달되어 공식 교육 내용을 지속적으로 업데이트하는 자료로 활용된다. 마지막으로 CP 전도사 활동은 개인 성과평가에 반영되며, 우수 전도사에게는 인사상 인센티브를 제공한다. 이는 평가 지표상 '자율준수프로그램 운영 성과의 평가'와 연계될 수 있다. 이 모델의 효과성은 교육심리학의 '학습 피라미드' 이론에 기반한다. 사람은 강의를 통해 배운 내용의 5%만 기억하지만, 타인에게 가르치는 과정에서는 90%까지 기억하는 것으로 알려져 있다. 또한 조직행동론의 '사회적 학습 이론'에 따르면, 구성원들은 공식 교육보다 동료들의 행동을 관찰하고 모방하는 과정에서 더 효과적으로 학습한다. 향후 공정위의 CP 등급평가 기준은 교육실시 여부가 아닌, 얼마나 효과적으로 자율준수 문화가 확산되었는지를 중시하는 방향으로 진화할 것으로 예상된다. 이러한 변화에 선제적으로 대응하기 위해서는 지금부터 내부 확산형 재교육 모델의 도입과 정착에 투자해야 할 것이다.

A 제약사는 매분기별 4회에 걸쳐 'CP 리스크 집중교육 주간'을 운영하고, 영업부

COMPLIANCE 공정거래 CP & ISO 37301 실무가이드

서 대상 '리베이트 실무사례 시뮬레이션 워크숍'을 개최했다. 이는 실제로 내부 고위험 행위를 사전에 포착하는 계기가 되었다. 선택과 집중을 통하여 정례화하고 문화화하는 것이다.

중견기업 B사는 자사 내부 발생 사례를 중심으로 스토리텔링 방식으로 콘텐츠를 제작해 이를 영상으로 만들어 전사 포털에 상시 노출했다. 또한 매년 1개 이상의 CP 설명 콘텐츠를 5분 영상으로 제작하고 이해관계자에게 배포하였다. 더불어 외부 CP 자문기관 ESGi(주)과 협력하여 분기별 대면교육 + 분기말 퀴즈 테스트(CP 골든벨) + 부서별 공정거래 모의점검 실습을 진행했다.

자율준수 교육에서 담당자는 연간교육 계획을 수립하여 교육 일정 및 대상자를 정의하고 협의하여야 한다. 각 콘텐츠는 부서별, 직급별 맞춤 콘텐츠를 구성하여 관심도를 끌어올리고 실제 공정위 제재사례와 판례 등 최신 사례를 반영하여야 한다. 교육 방식에 있어서도 e-러닝, 집체교육, 워크숍, 모의점검 등을 병행하여 교육의 효과성을 높여야 한다. 교육 후 효과성 평가로써 이해도, 수료율, 피드백 기록 등을 데이터화로 정량화하여 향후 교육훈련을 개선하는 것이 중요하다. 여기서 더 중요한 것은 경영진들이 참여하는 교육이다. CEO 및 임원진의 교육 메시지 전파와 참여 이력이 존재여부가 CP 등급평가의 고득점 포인트가 된다. 그래서 교육은 지속적이고, 실질적이며, 행동적으로 사람을 바꿀 수 있도록 구조화되어 습관처럼 운영하여야 한다.

❻ 내부감시체계 구축

대부분의 위반은 '몰라서'도 일어나지만 '방치하기' 때문에 자주 일어난다. 과거 공정거래법 위반 사건은 대부분 내부에서 신호가 있었다. 그래서 CP 장치 중 하나가 '내부감시체계'다. 이 체계는 사후 감사가 아니라 '실시간 리스크 감지 → 위반 조짐 포착 → 즉시 대응 → 보고 체계 연계'로 이어지는 기업 내 경보시스템이자 조기진단 기능이다.

CP를 도입하려는 기업은 위법 행위의 예방 또는 조기 발견을 위해 합리적으로 계획된 감시 및 감사 시스템을 구축하여 운용하여야 한다. 감시 및 감사 결과는 주기적으로(최소 연 2회 이상) 이사회 등 최고 의사결정기구에 보고되어야 한다. 위반행위를 예방하거나 조기에 발견할 수 있는 경보 장치로서 감사 및 모니터링 체계를 효과적으로 구축하여야 한다.

내부감시체계의 구성 방향		
감시 항목	설명	운영 포인트
정기감사	연 2회 이상, 공정거래·하도급·표시광고법 관련 법령 위반 여부 점검	사전 감사계획 수립 및 리스크 우선순위 고려
사전 컨설팅형 감사	위반 리스크가 높은 거래 또는 신규사업에 대한 사전 리뷰	영업부서, 구매부서 중심 사전점검 프로세스 구축
모니터링 시스템	계약서, 광고자료, 가맹점 해지, 대리점 거래 조건 등 실시간 감시 체계	체크리스트 자동화, 이상 거래 알림 기능 도입
이사회 보고 체게	감사 결과를 최고경영진에 보고 → 시정조치 권고 또는 승인 요청	지율준수 관리자 또는 준법감시인의 분기 보고 필수화

감사 절차와 CP 통합의 흐름은 대략 다음과 같다.

감사계획 수립 → 감사정보 수집 및 모니터링 → 위험업무 감지 → 사전 감사 또는 컨설팅 → 위반 의심 사항 포착 → 감사 보고서 작성 및 시정조치 요청 → 이사회, CEO 보고 → CP 편람 반영 및 제대 개선

담당자는 연간 감사계획에 공정거래 관련 항목을 포함하여 점검한다. 무엇보다 리스크 발생 전 사전 컨설팅 또는 검토 절차를 운영하여 사전 감사를 시행하고 감사 결과는 최고경영자와 이사회에 정기적으로 보고하여야 한다. 사건 적발이 일어났다면 독립적이고 체계적인 감사를 실시해 기록하고 판단하여 즉시 시정조치를 요구하고 동일선상에서 발생할지 모르는 사항에 대비하여 교육과 재발 방지까지 연계된 사후관리 체계를 점검한다. 감사 결과는 문서화하여 보관하고, 추적가능하며 반복적 리스크 평가에 반영하여 분석, 평가가 이뤄져야 한다.

내부감시체계는 조기에 문제를 발견하고 개선하는 구조를 만들기 위한 전략적 수단이다. 기업은 언제나 위반보다 위반의 징후가 먼저 온다. 그 징후를 포착하는 매의

눈 같은 체계적 구조가 있어야 한다.

❼ 공정거래 관련 법규 위반 임직원에 대한 제재

CP는 기본적으로 예방에 초점을 맞춘 내부통제 시스템이다. 하지만 예방이 항상 성공하진 않는다. 위반이 발생했을 때 그에 대해 단호하고 일관된 제재가 없다면, 앞선 교육도, 편람도, 감사도 모두 공허한 절차로 전락하게 된다. 실제 공정위는 CP 등급평가 운영의 실효성을 판단할 때 법 위반 시 제재가 있었는가, 그 제재가 규정에 명시돼 있었는가, 일관되게 집행되었는가를 확인한다.

제재 시스템의 구성 핵심		
구성항목	주요 내용	실무 포인트
징계기준 명문화	위반유형별, 경중별 징계 수위 명시 (예: 경고/감봉/해임 등)	사규 또는 CP편람에 징계기준표 포함
규정 연동	내부감사 결과 → 인사위원회 또는 윤리위원회 판단 연계	감사 결과 자동 통보 구조 설계 필요
재발 방지 조치 병행	징계 후 추가 교육, 부서 프로세스 개선까지 포함	징계 + 교육 + 시스템 개선의 3단계
사례 공유	익명화된 내부 사례를 전사 공유 → 조직적 경각심 환기	전사 이메일, 사내 교육 자료에 반영

공정거래 관련 법규 위반 책임이 있는 임직원에 대하여 그 위반 정도에 상응하는 제재 조치를 규정한 사규를 마련·운용하여야 한다. 또한 임직원의 법 위반행위 발견 시 적극적으로 대응하고 추후 유사한 행위가 재발하지 않도록 예방하여야 한다. 즉, 법 위반 임직원에 대해 징계 규정을 마련하여 공정거래법 등 위반 시 책임을 묻고 재발 방지를 위한 조치이다.

제재는 원칙에 따라야 한다. 필자가 경험한 어느 기업은 법 위반은 아니었지만 영업 실적이 우수하다는 이유로, 담당자의 징계 없이 주의 조치만 시행한 결과 다른 부서에서도 유사 사건이 재발하였다. 이는 징계에 대한 불이익이 없다는 조직 인식이 확산되는 문화가 작동하게 된다.

반드시 감사와 징계규정이 위반행위 유형별로 기준이 문서화된 정보로 있어야 하며, 감사 결과가 인사위원회나 윤리위원회에서 자동으로 보고되는 징계기구와 연계되어 있어야 한다. 징계 후 교육은 필수이며 징계 결과는 조직 전파로써 타 부서에 공유되고 재발 방지를 막아야 한다. 예방조치 차원에서 징계는 명확한 제재 기준과 더불어 일관된 집행으로 조직 내 경각심을 높이고, CP의 실효성을 뒷받침한다.

❽ 효과성 평가와 개선 조치

기존 CP의 7대 요소에서 8대 요소 중 추가된 한 가지가 효과성 평가와 개선 조치이다. CP는 설계(기준과 절차)하고, 교육하고, 감시하고, 제재한다고 끝나는 게 아니다. 이 모든 것이 실제로 작동하고 있는지를 '정기적으로 점검'하고, 부족한 부분을 '즉시 개선'하는 일이다. 이 효과성 평가와 개선의 고리가 없으면, CP는 1~7대 요소가 아무리 잘 설계되어 있어도 그 자리에 그대로 머물게 된다.

효과성 평가의 핵심 구조		
평가 항목	설명	운영 포인트
운영 평가	교육 이수율, 제보 건수, 감사 횟수, 위반 감지 및 처리 사례 등	수치 기반의 KPI 도출 → CP 활동 지표화
리스크 평가	부서별·업무별 법 위반 리스크 분석 재점검	사업 변화 반영(신제품 출시, M&A 등)
제대 개선 도출	교육 커리큘럼 변경, 감사 체크리스트 보완, 보고체계 정비 등	내부 피드백 반영한 제도 설계 개편
성과 보고 및 환류	경영진 보고 → 부서 피드백 회수 → 시스템 개선	전사 커뮤니케이션으로 연결해야 효과 발생

효과성 평가에 대한 실제 기업 사례를 살펴보면 다음과 같다. A 제약사는 각 1~7대 지표마다 효과성 평가를 연계하여 실시하고 CP 등급평가 보고서에 반영한다. 또한 자율준수 관리자 중심으로 매년 'CP 효과성 자체평가 보고서'를 작성하고 이사회에 보고하여 미흡 부문에 대한 교육 콘텐츠를 개편, 윤리위원회에 상설화한다. B 건설은 리스크 평가 항목을 반기마다 업데이트하고, 협력업체 기술자료 요구 관련하여

COMPLIANCE 공정거래 CP & ISO 37301 실무가이드

이슈를 반영해 하도급 리스크 평가 항목을 신설한다. 또한 외부 컨설팅을 통하여 다양한 설문 분석을 실시한다. 그 예로 편람을 정기적으로 개정하고 관리하며, 교육 이수율이 낮은 부서의 교육 콘텐츠를 맞춤형 워크숍으로 개선한다. 즉, 효과성 평가와 개선 조치는 무엇이 부족했는지를 밝히고 그것을 개선하는 조치이다.

각 8대 요소가 유기적으로 연결되면서, 조직 내에 '무엇을 지켜야 하고, 어떻게 지켜야 하며, 누가 지키는지를 명확하게 만드는 구조'를 형성한다. 이 구조를 통해 기업은 공정거래 자율준수 문화를 뿌리내리고, 내부통제 시스템을 현실적이고 지속가능하게 구축하게 된다.

이와 같은 CP의 8대 요소들은 조직 전반에 공정거래 문화를 확산시켜 내부통제 시스템을 더욱 견고히 하며, 기업의 지속가능한 성장 기반을 마련해 준다. 이를 통해 기업은 법적 리스크를 줄이고 ESG 평가에서도 긍정적인 평가를 받을 수 있다. 또한 공정거래법 관련 위반 사례를 방지함으로써 신뢰받는 기업이 될 수 있다.

잘 갖추게 된다면 Compliance 인프라가 되어 향후 CP 등급평가 점수에서 고득점을 노릴 수 있게 된다. 이제 남은 건 도입 여부가 아니라, '어떻게 우리 조직에 맞게 이 8대 요소를 설계하고 운영할 것인가'의 문제다.

04. ISO 37301을 활용한 CP 효과성 극대화

저자의 경험상 ISO 37301의 도입 및 통합 운영은 기업이 성공적인 CP를 운용하는 데 효과적이면서도 매우 효율적인 방법이다. 특히 공정거래, 부패 방지, 개인정보 보호, 노동 및 환경 등 다차원 리스크가 동시다발적으로 요구되는 상황에서, 실질적인 CP의 운영은 시스템화 없이는 불가능하다. 여기서 주목할 것이 바로 ISO 37301Compliance Management Systems이다. 이 표준은 기존의 불완전한 Compliance 운영 구조에서 벗어나 리스크 기반 접근, 관리 사이클 통합, 실행과 모니터링 체계의 정합성 확보라는 측면에서 CP를 전사적으로 통합할 수 있는 최고 수준의 국제관리 표준이다. 이 장에서는 ISO 37301이 CP의 '운영 실행력'과 '조직 내 확산성'을 어떻게 극대화시키는가를 구조적으로 분석하고, 실무에서 이를 어떻게 구현할 수 있는지를 개괄적으로 설명한 것이다.

CP와 ISO 37301의 구조적 접점 → 도입을 넘은 '내재화' 전략

기업이 CP를 효과적으로 운영하기 위해서는 구조화된 관리 시스템이 존재해야 하며, 그 시스템은 반드시 다음 3가지 축을 내포해야 한다.

① 정책과 조직^{Policy & Governance}

② 실행과 모니터링^{Implementation & Monitoring}

③ 평가와 개선^{Evaluation & Improvement}

ISO 37301은 이러한 CP 운영구조를 국제적으로 검증된 '관리시스템 표준의 프레임'으로 정형화해 준다. 단순히 "자율준수 관리자가 있다", "CP 운영규정이 있다"는 수준의 Compliance로 접근하는 것보다 '조직 내부의 전사적 관리 사이클로 통합된 구조'로 전환하는 것이 ISO 37301의 진정한 가치다.

이를 위해 ISO 37301 기반으로 CP의 차별화 효과를 고려할 수 있다. 기업이 ISO 37301을 내재화한 CP를 운용하면 구조적 경쟁력을 확보할 수 있다. 예를 들면 내부 의사결정 과정에서 신뢰성 확보와 동시에 공정거래법률 위반을 사전에 예방할 수 있다. 이는 임직원의 의사결정 판단 기준이 정립되는 것이다. 그리고 공정거래 CP, 반부패, 개인정보 등과의 통합 관리가 가능하다. 즉, 시스템 효율성이 증가하여 2~3개를 각 부서에서 나눠 시행하지 않아 업무 피로도를 최소화할 수 있다. 또한 ESG 평가 시 Governance 영역의 핵심 평가자료로 활용이 가능하다. M&A, IPO, 공급망 평가 시 기업 신뢰도 증명자료로도 활용이 가능하다.

ISO 37301의 핵심 체계와 CP 연계 포인트 → 구조 해부

2021년 제정된 ISO 37301^{Compliance Management Systems - Requirements with guidance for use}은 전사적 경영시스템과 통합가능한 구조적 Compliance 경영 체계를 제시함으로써, 글로벌 스탠더드로 급부상하고 있다.

이 국제표준은 총 10개 조항Clause으로 구성되며, 각각이 명확한 시스템 구축의 논리적 흐름을 담고 있다. ISO 37301은 단일한 인증 목적의 규범이 아니라 리스크 기반의 지속가능한 Compliance 경영을 위한 경영 인프라의 설계 지침서에 가깝다. 실제로 이 표준은 다음과 같은 특징을 지닌다.

PDCA 연계 구조			
PDCA 단계	ISO 37301 조항	주요 특징	CP 등급평가 핵심 항목
PLAN	Clause 4. 조직의 맥락	조직의 내부·외부 환경, 이해관계자 요구 분석, 리스크 평가	C1.2 운영의 기준과 절차의 수립 D2.2 법위반 가능성이 큰 부서 관련 O1.1 위험평가 체계 구축
	Clause 5. 리더십	최고경영자의 준법 방침 선언, 조직 내 책임 지정	C1.1 CEO 의지 천명 C1.3 회사 내외부 공시, 공표 C2.1 자율준수 관리자 임명 O1.3 직접 보고체계
	Clause 6. 기획	리스크 평가, 규제 요구사항 반영한 목표 수립	C1.2 운영의 기준과 절차의 수립 O1.1 위험평가 및 체계 분류
DO	Clause 7. 지원	자원, 역량, 인식, 커뮤니케이션, 문서화 등 인프라	C2.2 예산과 인력의 지원 D1.1 내용의 충실성, 편의성, 개선 D2.1 정기 CP교육
	Clause 8. 운영	리스크 통제 활동 실행, 절차 운용, 문서 기반 실행	O1.4 내부고발 시스템 O2.1 인사제재 시스템 O2.2 인센티브 시스템 E1.1 효과성 평가
CHECK	Clause 9. 성과평가	성과 측정, 내부심사, 모니터링 및 분석	O1.4 내부고발 시스템 E1.1 효과성 평가 E1.2 지속적 개선 및 경영에 반영
ACT	Clause 10. 개선	시정조치, 부적합 원인 분석, 지속 개선 프로세스	D.13 지속적 개선 여부 E1.1 효과성 평가 E1.2 지속적 개선 및 경영에 반영

계획으로써 Plan 단계(Clause 4~6)는 CP를 '전략'으로 설계하기 위한 기반이다. 사업 환경·이해관계자·의부식별 및 리스크 평가에 기반한 CP 전략 정렬이 이뤄져야 한다. 그다음으로 실행인 Do 단계(Clause 7~8)는 조직의 리소스를 활용한 CP 시스템 실행 인프라 구축, 실질적 행동절차, 행동규범, 내부보고체계 등을 포함한다. 다음

Check 단계(Clause 9)는 성과평가로써 교육 수료율이나 운영유무 체크에 그치지 않고, KPI 기반 효과성 분석, 감사 및 시정이행률 분석까지 포함한 성과평가 구조이다.

마지막 개선인 Act 단계(Clause 10)는 반복과 학습을 통해 CP 시스템을 진화시킬 수 있도록 설계하는 구조화된다. '한 번 만든 CP'가 아니라 '지속적으로 개선되는 CP'가 돼야 함을 명확히 한다.

이 표를 중심으로 ISO 37301 각 조항별 내용을 하나씩 해부하고, CP와 어떤 식으로 연계 설계해야 하는지 다음 절에서 구체적으로 이어서 설명하면 아주 강력한 실무형 콘텐츠가 될 수 있다. 자세한 사항은 뒤에서 관련 실무사례와 지표로써 설명하고자 한다.

Clause 4: 조직의 맥락 이해 → ISO & CP의 전략적 정렬

ISO 37301에서 가장 먼저 다루는 항목은 '조직의 맥락 이해'다. 이는 조직이 왜 ISO를 운영해야 하는지, 그리고 어떤 구조로 설계해야 실효성을 갖출 수 있는지를 판단하는 출발점이다. ISO 4항은 조직의 전략, 산업환경, 이해관계자의 기대, 그리고 조직 내부의 문화와 시스템을 종합적으로 고려한 결과물이어야 한다. 즉, 법만 보는 게 아니라 전체적인 구조와 환경을 보자는 것이다. 이 시스템은 서양인이 만든 제도로 동양인이 이해하기에는 다소 이해가 가지 않는 부분이 있다. 나 또한 15년 전에 처음 접했을 때 전혀 와닿지 않은 용어와 내용에 대해 이해하기 어려웠다.

자 그럼 예를 들어 CP와 연계하여 설명하면 중소 제조기업이라면 대기업과의 하도급 구조 속에서 부당 단가 인하, 납품 기한 단축 요구 같은 리스크가 항상 존재한다. 프랜차이즈 본사는 가맹점 해지, 광고비 전가, 정보공개서 미고지 등 대리점법과 가맹사업법 위반 가능성이 상존한다. 이런 사업 환경의 차이를 이해하고 ISO와 CP를 하나의 통합된 템플릿으로 운영한다면, 효과성을 높일 수 있게 된다.

또한 ISO 37301은 조직이 처한 법적 요구사항뿐 아니라 사회적 기대와 이해관계자의 신뢰까지 포괄적으로 분석하라고 요구한다. 실제로 최근 ESG 흐름 속에서 국내외 투자자들은 기업의 준법 리스크 관리를 'G(거버넌스)'의 핵심 항목으로 평가하고 있으며, 협력사는 공정거래 CP 운영 여부를 납품 조건으로까지 고려하고 있다.

여기에 더해 조직 내부의 맥락도 점검해야 한다. "자율준수관리자는 실질적 권한과 독립성을 갖고 있는가?" "준법 관련 보고 체계는 CEO까지 연결돼 있는가?" "기존 편람이나 체크리스트는 현실적인 실행력을 담보하는가?" 이런 구조적 진단 없이는 어떤 ISO & CP도 작동하지 않는다. 도입하려는 기업은 가장 중요한 Compliance 의무식별과 리스크 평가 그리고 범위Scope까지 고려하여 조직의 맥락을 이해하여야 한다.

제대로 된 CP는 법률 전문가 혼자 만들지 않는다. 현장의 리스크, 조직의 구조, 리더의 의지, 외부의 눈을 한눈에 조망하고 구조화할 수 있어야 한다. 그게 바로 ISO 37301 Clause 4가 요구하는 'Context'다.

Clause 5: 리더십 → ISO & CP의 경영진 소유권 확보

ISO와 CP가 조직에 정착하지 못하는 가장 흔한 원인은 간단하다. 이사회, CEO, 담당 임원이 관심이 없기 때문이다. 형식적으로 CEO가 '자율준수 선언문'에 서명하고, 교육 때 잠깐 등장해 한두 마디 하는 것으로는 아무 효과가 없다. 여기서 ISO 37301은 이 문제를 정면으로 짚는다. Clause 5는 최고경영자가 스스로 방침을 세우고, 자원을 배분하고, 조직의 문화와 프로세스를 Compliance 중심으로 끌고 갈 책임과 권한을 행사할 것을 요구한다. 말로 끝내는 게 아니라 '체계적으로 보여주는 구조'를 갖춰야 한다는 것이다.

예를 들어, ISO 37301 및 공정거래 CP 운영기업이라면 CEO가 단순히 선언문에 서명하는 것에 그치지 않고, 준법 방침이 경영전략 문서에 포함되어야 하며, 연간 ISO & CP 성과를 CEO 또는 이사회가 직접 보고받고, 전사 KPI에 준법 요소가 포함되어야 하며, 자율준수 관리자가 경영진과 독립적으로 소통할 수 있는 구조가 확보되어야 한다.

실제 컨설팅 과정에서 보면, 경영진의 참여가 있는 조직과 그렇지 않은 조직의 ISO & CP는 그 '질'이 다르다. 한 제약사는 CEO가 매 분기 직접 'CP 실적 브리핑'을 받고 피드백을 준다. 교육 이수율, 위반 리스크 보고, 편람 개정 이력까지 꼼꼼히 본다. 이 회사는 CP AAA 등급을 5년째 유지 중이다. 반면, 어떤 기업은 "CP는 법무팀 일이다"라는 인식에서 벗어나지 못해, 시스템은 만들었지만 아무도 그걸 조직문화로 인식하지 못한다. CP가 '살아 있느냐'는 결국 리더십이 숨을 불어넣는가의 문제다.

ISO 37301은 이와 같은 구조를 리더십에 대한 책임Accountability으로 명확히 규정한다. 리더십의 역할은 단지 '위에서 승인'하는 것이 아니라 방향을 제시하고, 자원을 뒷받침하고, 지속적으로 모니터링하고, 문화를 만드는 것이다. 다시 말해 CP는 경영의 일부가 되어야 한다.

CP 등급평가 기준에서도 C1.1 CEO 의지 천명, C1.3 회사 내외부 공시, 공표, C2.1 자율준수 관리자 임명, O1.3 직접 보고체계 항목은 경영진의 CP에 대한 의지를 형식이 아닌 실천 구조로 평가한다. 선언문 하나가 아니라 경영진의 메시지가 반복되고, 조직의 제도에 녹아 있고, 실제로 운영이 되는지를 따지는 것이다.

저자의 경험상 고득점 등급을 노린다면 경영진을 설득하여야 한다. 경영진이 CP를 종교의 신념처럼 말하고 행동하지 않으면 조직은 절대 따라오지 않는다.

Clause 6: 계획 → ISO & CP 리스크 분석의 정교화

경영진이 준법에 대한 의지를 밝혔다면, 다음 단계는 그 의지를 구체적인 실행 목표 및 계획으로 번역하는 것이다. ISO 37301 Clause 6은 이를 위해 조직이 반드시 자신에게 내재된 Compliance 리스크를 체계적으로 식별하고, 우선순위를 설정하며, 실행가능한 대응 계획을 수립해야 한다고 강조한다. 이게 바로 리스크 기반 접근법의 핵심이다. 또한 공정거래 CP에서도 가장 실효성 있는 시작점은 리스크 분석이다. 실제로 CP 등급평가 기준에서도 가장 핵심이 되는 항목 중 하나가 O1.1 '위험평가 체계 구축'이며, 이 항목은 조직의 실질 리스크를 계량화하고 우선순위를 설정했는가를 평가한다.

많은 기업이 "공정거래법, 하도급법, 표시광고법이 중요합니다"라는 식의 선언은 하지만, 정작 리스크를 정량화하거나, 부서별로 세분화하거나, 발생 가능성(빈도)·영향도 기반으로 우선순위를 설정하지는 않는다. ISO 37301은 이 문제를 해결하기 위해 조직의 성격과 산업 구조, 법적 의무와 이해관계자의 기대, 과거 위반 이력과 미래 확장 전략, 이 세 가지를 모두 반영한 통합적 리스크 분석 체계를 갖추도록 요구한다. 예를 들어, 유통 프랜차이즈 기업이라면, 가맹사업법 위반 가능성(정보공개서 미기재, 계약 불공정성)을 과거 공정위 제재 이력, 가맹점 수, 해지 건수 등과 결합해 '발생 가능성×영향도' 기준의 수치화된 리스크 맵으로 도출할 수 있어야 한다. 이 리스크 매트릭스는 이후 모든 ISO & CP 운영의 교육 대상자 선정, 집중 감사 범위 설정, 편람 구성, 모니터링 대상 결정, 자원 배분 등의 기준점이 된다. 실제 ISO & CP를 제대로 운영하는 기업은 대부분 이 구조를 갖추고 있다. 결국 Clause 6은 전반적인 전략으로 리스크 기반의 목표와 계획을 세우는 것이다.

Clause 7: 지원 → ISO & CP 시스템화의 실행력 확보

좋은 계획이라도 실행 없이는 아무 의미가 없다. Clause 7은 ISO 37301에서 조직이 수립한 Compliance 경영시스템이 현장에서 실제로 작동하기 위한 지원을 명확히 제시하는 조항이다. 여기서 말하는 지원Support은 전담자를 지정하거나 교육을 몇 번 하는 수준이 아니다. 시스템이 조직 전체에서 자율적이고 일관되게 작동할 수 있도록 인적 · 물적 인프라를 체계적으로 갖추는 것이다.

공정거래 CP에서도 마찬가지다. 많은 기업이 CP를 구축하고도 실효성을 확보하지 못하는 이유는 형식만 갖추고 시스템화하지 않았기 때문이다. 예를 들어, 자율준수 관리자를 임명하되 권한과 예산 및 인력 등 자원이 없거나, 편람을 만들었지만 사내에 배포되지 않거나, 교육을 진행했지만 실적 관리가 되지 않는 경우가 그렇다. 이 모두가 '지원'이 부실한 상태다.

ISO 37301은 실행력 확보를 위해 다음의 구체적 기반을 요구한다.

첫째, 적절한 자원 배정. 여기서 자원이란 예산과 인력은 물론 IT 시스템, 교육 플랫폼, 외부 전문 인력 활용도 포함된다. 준법 관련 이슈가 생겼을 때 내부에서 대응 가능한지, 아니면 모두 외부에 의존하고 있는지부터 점검해야 한다.

둘째, 문서화된 정보와 시스템 구축. CP 편람, 내부 절차서, 계약서 체크리스트, 교육자료, 제보 절차 등은 단순 보관이 아닌 '문서화된 정보화'가 되어야 한다. 특히 최근에는 CP 문서를 전자 문서화하고 클라우드 기반으로 운영하는 사례도 늘고 있다.

셋째, 내부 커뮤니케이션 구조와 인식 관리. 준법은 경영진부터 현장 직원까지 각자의 언어와 맥락에서 메시지를 받아들이도록 설계해야 한다. 이를 위해선 정기적인 사내 캠페인, CP 관련 메일링 시스템, 뉴스레터, 전자게시판 등을 활용한 상시 커뮤니케이션 체계가 필요하다.

마지막으로, 직원 인식 제고와 교육 시스템의 체계화다. Clause 7은 교육의 설계, 내용, 대상자 구분, 교육 결과 피드백, 재교육 프로세스까지 포함해 전사적 인식개선 체계를 갖출 것을 요구한다. 특히 공정거래법상 고위험 부서(영업, 마케팅, 구매, MD, 가맹관리 등)에 대해서는 맞춤형 콘텐츠가 필수다. 실제로 CP 등급평가 항목 중 C2.2 예산과 인력의 지원, D1.1 내용의 충실성, 편의성, 개선, D2.1 정기 CP 교육은 바로 이 Clause 7과 밀접히 연결되어 있다. 이 항목은 교육 내용의 내실, 자원 운영 방식, 직원의 실질 인식 수준까지 점검하는 항목이다.

Clause 8: 운영 → ISO & CP 절차화와 실행구조 명문화

실행이 없으면 아무리 훌륭한 계획과 시스템도 종이 위의 선언에 불과하다. Clause 8은 ISO 37301에서 조직의 Compliance 경영시스템이 실제 업무에서 '어떻게 작동해야 하는지'를 구체적으로 실행 절차화할 것을 요구하는 핵심 조항이다. 다시 말해, 전략과 방침이 일상적인 행동으로 연결되는 접점이다.

마찬가지로 공정거래 CP에서 이 조항은 연결된다. 대부분 기업이 실제 업무 수준에서는 "이건 하면 안 되는 건지 몰랐다", "계약서에 무슨 조항이 있는지 확인하지 않았다"는 식의 실행 부재가 위반으로 이어진다. 결국 CP는 "어떤 행위를 해야 하고, 무엇은 금지되고, 문제가 생기면 어디에 보고해야 하는지"가 명확한 실행 절차로 정리되어 있어야 한다.

Clause 8은 다음과 같은 요소들을 포함해, 실행구조를 명문화하도록 요구한다.

첫째, 행동규범^{Code of Conduct} 또는 업무수칙의 구체화. Compliance는 말보다 구체적 지침이 실효성 있는 행동을 이끈다. 즉, 영업·구매·광고·유통·표시광고 등 관련 부서별로 준수해야 할 업무절차 속 준법 포인트가 명문화돼야 한다.

둘째, 법령별·업무별 체크리스트 및 문서화된 절차서 구축. 예를 들어 하도급법 대응체계는 '납품대금 감액 시 기준과 사전 통보 절차', 표시광고법은 '광고 문안 사전 심의 프로세스', 대리점법은 '계약 해지 전 적법한 절차 및 서면 고지 여부 확인' 등의 형태로 실무 문서(내부 지침서, 결재 체크리스트, 사내 포털 게시 항목 등)로 구현되어야 한다.

셋째, 보고 및 대응 절차의 시스템화. 리스크가 감지되었을 때 누가 보고를 받고, 어느 부서가 검토하고, 어떤 조치가 내려지는지 등 이 일련의 프로세스가 문서로 존재하고, 실제로 가동돼야 한다. 많은 기업에서 이 부분이 없거나 약해서 보고 누락, 늑장 대응, 책임 회피가 발생하고, 이는 공정거래법 위반으로 직결된다.

넷째, 실행 가능성을 고려한 업무 연계 설계. CP가 실효성을 갖기 위해선 기존 조직의 ERP, 계약관리시스템, 전자결재, 인사평가와 유기적으로 연결돼야 한다. 예컨대, 광고 집행 승인 시 자동으로 CP 점검 항목이 표시되거나, 계약서 검토 시 자동경고가 뜨는 구조는 실제 준법을 업무 루틴에 통합한 좋은 사례다.

Clause 9: 성과평가 → ISO & CP의 실효성 측정 기준 확보

이제 점검 단계로써 실제로 효과가 있었는가를 평가하여야 한다. Clause 9는 ISO & CP가 실제로 작동하고 있으며, 그 결과를 수치와 근거로 증명할 수 있는가를 확인하라는 요구사항이다.

공정거래 CP 관점에서도 이 조항은 매우 중요하다. 예를 들어 CP 등급평가에서 O1.4 내부고발 시스템, E1.1 효과성 평가, E1.2 지속적 개선 및 경영에 반영 등이 연계되어 있고, 정기적이고 구조화된 평가와 피드백 시스템이 존재하는지를 본다.

ISO 37301이 요구하는 성과평가는 다음과 같은 수준의 정량·정성 통합 기준이 필요하다.

① KPI 기반 준법 성과 측정

위반행위 발생 건수 추이, 제보시스템 활용률, 리스크 감지 및 사전 대응률, 교육 후 이해도 평가 결과 등을 점검한다. 여기서 고도화로 가려면 같은 정량지표와 내부 피드백 등 정성지표를 통합해 평가해야 한다. CP와 연계하면 3년간 가맹사업법 관련 이슈가 지속적으로 감소했는지, 교육 이수율이 높아졌는지, 내부감사 결과 시정이행률이 올라갔는지를 분석하는 것이다.

② 내부 심사와 시정조치 이행 분석

ISO & CP 운영은 내부심사와 감사를 통해 제대로 이행되고 있는지를 확인하고, 위반이 발견됐을 경우 얼마나 빠르고 철저하게 시정되었는지까지 관리해야 한다. 심사 또는 감사에서 해결 과정까지 추적하는 것이 평가의 핵심이다. 실제로 CP 등급평가 우수 기업들은 감사보고서에 위반유형별 통계, 담당자 대응 속도, 재발 방지 조치 현황, 이행 완료 확인 여부까지 정리하여 경영진에게 보고하고, 향후 개선 방향에 반영한다.

③ 성과 피드백 구조화와 환류^{Feedback Loop}

성과평가 결과를 기반으로 한 교육 콘텐츠 수정, 행동강령 개정, 리스크 평가 항목 보완 등 전사적 ISO & CP 개선 사이클로 이어져야 한다. 이렇게 되면 일회성 제도가 아니라 '운영 → 측정 → 피드백 → 개선'이라는 살아 있는 시스템이 된다.

담당자가 이직 또는 부서 이동으로 바뀌어도 시스템은 살아서 PDCA 사이클을 통해 반복적으로 성장하여야 한다. 조직 전체가 ISO & CP를 운영하고, 평가하고, 개선하는 살아있는 루프 속에 있을 때만 시스템이 작동하게 된다. 인증을 받았다면 인증기관에서 그 사이클이 돌아갈 수 있도록 도와준다.

Clause 10: 개선 → ISO & CP의 지속가능성 확보

시스템 운영 중 발견된 문제를 그대로 두거나 법령과 비즈니스 환경이 바뀌어도 아무런 조치를 하지 않는다면, 그 ISO & CP는 결국 시간이 갈수록 돈만 쓰고 직원들만 괴롭히는 비효율적인 시스템으로 전락하게 된다.

ISO 37301 Clause 10은 바로 이 지점을 정확히 짚고 있다. 시정조치^{Corrective Actions}, 근본원인 분석^{Root Cause Analysis}, 시스템 개선^{Systemic Improvement}이라는 세 단계 접근을 통해 Compliance 경영시스템이 반복적으로 학습하고 진화하는 구조를 갖출 것을 요구한다.

CP에서도 실제 운영기업에서 자주 나타나는 문제는 대략 감사에서 반복되는 동일 위반행위에 관한 교육만 하고 제도 자체는 바꾸지 않는 점, 편람·행동강령·체크리스트 등이 수년째 개정되지 않고 방치되는 구조 등이 대표적이다. 이는 모두 Clause 10 개선의 부재에서 비롯된다. 즉, 개선 루프가 없다는 뜻이다.

ISO 37301 10항 개선은 시정조치와 재발 방지를 설명한다. 문제 발생 시 단순한 처벌이나 교육 조치로 끝내지 않고, 그 원인을 조직 구조, 절차, 인력, 리더십, 교육 설계 등 근본적 관점에서 재분석해야 한다. 예를 들면 CP와 연계하면 하도급 대금 지연 문제가 반복된다면, 단순 경고가 아니라 계약관리 시스템 자체의 개선으로 이어져야 한다.

다음으로 구성요소를 주기적으로 개정해야 한다. CP와 연계하여 편람, 체크리스트, 업무 지침, 교육자료 등은 법령 개정, 시장 변화, 조직 구조 변화에 따라 정기적으로 업데이트돼야 한다. CP 등급평가 D1.3 자율준수 편람의 지속적 개선 여부 항목에서도 편람 개정 이력, 제도 개선 실적을 중점적으로 본다. 편람 개선 전에 어떤 문제가 있었는지, 어떤 절차를 거쳐 바뀌었는지, 개선 이후 실제 효과가 있었는지를 정량·정성 평가체계와 연결하여 환류^{feedback}시켜야 한다.

CP 등급평가

01. CP 등급평가 절차

공정거래 자율준수 프로그램Compliance Program(CP) 등급평가는 대한민국 공정거래법 집행체계 안에서 기업의 Compliance 경영 수준을 공식적으로 진단하고, 그 결과를 등급이라는 명확한 지표로 환류하는 유일한 공정거래 평가 제도다. 이 평가 절차는 기업의 CP 운영 실태를 다각도로 검토하며, 평가 등급에 따라 과징금 감경 등 다양한 인센티브를 제공한다.

이 제도는 기업이 실제로 준법경영을 '얼마나 체계적으로 설계하고, 일상에 내재화했는지'를 정량·정성 평가하는 시스템으로 진화하고 있다. 특히 2025년부터는 등급평가가 다음과 같은 방향으로 본격적으로 개편되었다. CP 운영의 실효성 중심 평가로 강화되었다는 점이다. CP가 실질적으로 작동하고 있는지, 위반 예방과 내부통제에 기여하고 있는지를 중심으로 평가한다.

가장 먼저, CP 활성화를 위해 등급별 기준점수의 상향 없이 현행 6등급(AAA, AA, A, B, C, D)을 3등급(AAA, AA, A)의 CP 우수기업 지정제로 개편하고, A등급에 부여되던 직권조사 면제 등의 인센티브는 폐지하였다. 다만, A등급에 대한 인센티브는 2026년까지는 유지된다. 평가는 '1단계(서류/가점평가) — 2단계(대면평가) — 3단계(현장평가)'의 정밀한 절차화로 개선되었다.

CP 평가 단계	
평가 단계	세부 내용
1단계(서류평가)	평가기준을을 중심으로 기업의 CP 운영자료를 바탕으로 평가위원이 평가
2단계(대면평가)	1단계 서류평가 결과를 바탕으로 자율준수관리자 등을 대상으로 평가위원이 대면평가
3단계(현장평가)	평가위원이 기업 현장을 방문하여 평가서류 및 대면평가 결과와 실제 일치하는지 여부 등을 평가

기존에는 CP 평가를 신청한 기업이 공정거래 관련 법규 위반으로 과징금·조사방해 등에 따른 과태료, 고발처분을 받게 되면 기계적으로 최대 2단계까지 등급이 하향되었지만, 앞으로는 평가점수에서 5점 감점한다.(CP 등급평가를 최초로 신청하는 기업에 대해서는 감점하지 아니한다.) 다만, CP 제도의 신뢰성을 저해할 우려가 있는 경우에는 평가심의위원회의 결정을 거쳐 등급을 하향하거나, CP 우수기업 지정에서 제외할 수 있다. 이는 법 위반 사업자의 CP 등급평가 신청 부담을 줄이는 한편 정성적 평가를 도입하여 CP 제도의 신뢰성을 유지하기 위함이다. 또한, 혐의가 확정되지 않은 기업에 대한 등급보류제를 폐지하여 앞으로는 평가과정에 있는 기업에 대한 심사보고서가 상정되더라도 평가등급을 부여받을 수 있게 된다.

아울러 평가 직전 연도에 공정위 협약이행평가에서 우수 이상 등급을 받은 기업은 CP 등급 평가에서 최대 1.5점의 가점을 주기로 했다. 공정위 관계자는 "개정안을 통해 CP 도입·운영이 활성화되고 내실 있는 평가가 이뤄져 공정거래 자율준수 문화가 확산할 것"이라고 밝혔다. 즉, 기업 스스로 진단하고 사전 대응할 수 있도록 구조화된 것이다. CDEO 8대 요소와의 연계성이 강화되어 기존 ISO 37301 및 공정위 CP 평가모형과의 정합성이 증대된 것이다. 마지막으로 인센티브와 연계된 차등화된 실익을 제공한다. 과징금 감경은 물론, CP 인증·우수기업 공표 등 기업 평판에 영향을 미칠 수 있는 실익 구조 확립한 것이다.

이제 막 도입을 준비하는 기업 입장에서 CP 등급평가가 부담이 될 수 있다. 다만, CP를 그 자체로 기업의 리스크를 관리하고 거버넌스의 성숙도를 입증하는 평가 도구로 생각하면 정말 좋은 제도이다. 다만 실무자가 경영진을 설득하는 과정이 어려울 뿐이다.

실제로 평가를 준비하며 CP 체계를 점검하고 개선한 기업들은 이후 공정거래법 리스크 대응뿐만 아니라, ESG 평가 등급, 투자자 신뢰도, 내부 직원의 윤리 인식도까지 동시에 개선되는 효과를 체감하고 있다. 그리고 실무자들은 CP 업무를 너무 재미있어하고 더 영역을 넓히고 싶어 한다. 다만, 일련의 과정을 조직 내부 역량으로 소화할 수 있는지가 기업의 경쟁력으로 연결된다.

CP 등급평가 절차의 주요 단계

CP 등급평가 절차는 다음과 같은 4단계로 구성된다.

등급평가 절차		
단계	설명	시기
1단계: 평가신청	CP 도입기업 중 공정거래조정원이 안내한 기준에 맞추어 정해진 기간 내에 CP 운영 현황을 증빙할 수 있는 자료를 제출하여야 한다.(실적총괄표 포함)	3~4월
2단계: 평가 실시	서류/가점평가, 대면(면접) 평가 및 현장평가로 구성된다. • 대면(면접) 평가: 전 기업 대상 • 현장평가: 서류 가점 및 대면평가 결과 80점 이상이 되거나 현장평가가 필요하다고 평가위원이 확인한 기업 등	5~10월 (6~7월 집중)
3단계: 등급 보고	평가 결과를 바탕으로 보고서를 작성하여 기업에 통보한다.	9월
4단계: 등급 수여 및 인센티브	기업에 등급을 부여하고 혜택을 제공한다.	11~12월

먼저 등급평가 1단계인 신청 단계에서 가신청 및 자료 제출을 기업이 공정거래조정원에 제출하여야 한다. 이때 신청서, 평가자료 제출(실적보고서 등), 평가비용 납부가 이뤄지며 사업부 단위는 신청이 불가하고 법인별로 신청을 받는다. 추가로 사업자등록증, 법인등기부등본, 자율준수 관리자 확인서, 서약서, 손익계산서 사본 등을 2월 중순 공고 후 3월에 접수를 받는다. 2025년부터는 실적보고서의 가독성 및 서류

평가의 효율성 개선을 위한 실적총괄표가 도입되었다. CP 실적을 세부평가 지표별로 대기업과 공공기관은 12페이지 이내이며, 중견기업과 중소기업은 10페이지 이내로 제출하여야 한다. 이때 페이지는 최대 분량이므로 해당 분량 이내일 경우 작성량에 따른 불이익은 없다. 이와 같이 주요 내용 작성 후 실적보고서와 함께 제출하여야 한다. 이때 실적보고서 분량을 초과하거나 증빙자료 및 글자 크기 등 가독성 문제로 내용 확인이 어려운 경우 평가에 불이익이 있을 수 있으며, 실적보고서 양식 및 분량을 반드시 준수해야 하고, 증빙자료 크기를 과도하게 축소하는 등 가독성을 저해하지 않도록 유의하여야 한다.

2단계 평가에서 서류·가점평가는 공정거래조정원과 평가위원이 평가 기준을 중심으로 기업 CP 운영자료를 바탕으로 평가위원이 평가한다. 이때 평가위원이 추가자료 제출을 요청할 가능성이 있으며, 현장평가 일정 통보 후 가점평가가 포함된다. 대면(면접) 평가는 1단계 서류평가 결과를 바탕으로 신청한 전 기업을 대상으로 현장을 직접 방문하여 자율준수 관리자 등과의 면접, CP 운영에 대한 실사 등을 통해 평가위원이 평가(질의응답 및 현장실사 등 보고서 진위 여부)하며 마찬가지로 평가위원의 추가자료 요청이 있을 수 있다. 이때 4개 그룹(C, D, O, E)으로 나누어 평가를 실시한다. 공정거래조정원에서는 기업(기관)별 대면(면접) 평가시행일 최소 7일 전까지 평가 일정 및 참석자 등 세부 내용을 안내하며, CP 담당자 대상 질의응답을 통해 CP 운영 상황 및 실적보고서 진위 여부 등을 세부적으로 확인하는 절차이다.

자율준수 관리자 및 CP 담당 실무자는 반드시 참여하여야 하며, 최고경영자, CP 부서 외 일반 부서 실무자 등(사전 안내)의 참석을 추천한다. 총소요 시간 최대 90분으로 하며 15분 동안 평가위원이 도착하여 사전회의를 진행한다. ISO의 시작회의와 같이 회사소개 및 기업(기관)의 CP 소개를 진행한다. 이후 10분 동안 최고경영자, 자율준수 관리자, 관련 임원 등이 배석하여 C, D, O, E에 대해 전반적 의지, 방향, 지원, 경영정책 등을 심층 인터뷰한다. 이후 45분 동안 자율준수 관리자 및 CP 담당자를 집중 인터뷰하여 자료 증빙 대비 타 부서 협조사항을 묻는다. 이는 대면(면접) 평가 결과 논의 및 의견서 작성 후 등급에 대해 상향, 유지, 하향 여부의 수준을 결정하는 데 활용한다. 여기서 최고경영자 및 관련 임원의 인터뷰는 필수사항은 아니지만 가급적 배석하도록 한다. 경영진의 의지 표명과 CP에 대한 장려, 지원 등에 대한 리더십이 중요한 가점 포인트가 된다.

2단계의 마지막 현장평가는 서류가점 및 및 대면(면접) 평가 점수 산출 결과 AA 등급 이상(805점 이상)인 기업 등에 주어진다. 자율준수 관리자, CP 실무자 등 평가신청 기업 등의 임직원에 대해 평가위원이 현장면접 평가를 추가로 실시하며 진행사항 등 상세 내용은 현장평가 이후 별도 안내를 한다.

3단계 등급 보고 이전 공정거래조정원은 평가점수 및 등급 결과를 분석하기 위하여 각 단계별 평가점수를 산출하고, 등급으로 환산하여 기업별, 항목별 결과 분석·법 위반 하향 여부를 조정한다. 이후 공정위에 점수(서류＋대면＋현장＋가점) 대상을 확정 후 위원장 1인을 포함하여 등급평가 심의위원회에서 최종등급 확정 후 기업에 안내한다.(2025년 CP 등급평가 중 등급보류 및 미부여 대상은 폐지되었다.) 4단계는 등급 수여 및 인센티브로써 공정거래위원회는 최종등급을 통보하고 우수기업(기관)에 11월 평가증을 수여한다.

CP 등급평가는 기업의 공정거래법 준수 수준을 종합적으로 평가하여 Compliance 경영 문화를 촉진하는 중요한 제도이다. 평가 절차를 통해 기업은 자체적인 공정거래법 리스크 관리 및 통제 능력을 점검할 수 있으며, 이를 통해 법적 리스크를 예방하고 공정한 경쟁 문화를 조성할 수 있다. 특히, 등급평가를 통해 우수한 성과를 낸 기업은 ESG 평가에서 높은 점수를 받을 가능성이 커지며 대외 신뢰도를 향상시킬 수 있다. 따라서 기업들은 CP 운영체계를 지속적으로 강화하고, 등급평가 절차에 따른 피드백을 반영하여 자율준수 문화를 정착시켜야 한다.

02. CP 등급평가 기준 및 주요 지표

CP 등급평가와 관련된 법령은 공정거래법 제120조의2(공정거래 자율준수 문화의 확산) 및 시행령 제91조의2 제1항에 따른다. 정식 명칭은 공정거래 자율준수 제도이며,

ISO 심사^Audit와 달리 공정거래 자율준수에 대한 평가^Assessment이다. 추가 규정은 공정거래 자율준수 프로그램 운영 및 유인 부여 등에 관한 규정(24. 2. 29. 시행)이며, 한국공정거래조정원 CP 등급평가 운영지침(24. 3. 29. 시행)을 참고하면 된다.

CP 등급평가 제도가 2006년 도입된 후 약 18년 만에 CP 등급평가 제재 감경규정 체계가 다음과 같이 마련(24. 6. 21. 시행)되었다.

CP 등급평가 제재 감경규정	
법률 구분	정의
법 / 독점규제 및 공정거래에 관한 법률 제120조의 2	시정조치 또는 과징금 감경을 위한 근거 마련
시행령 / 동법 시행령 제91조의2 제1항	시정조치 또는 과징금 감경에 대한 기준 규정 → 과징금 감경 상한, 감경 요건(감경을 받을 수 있는 CP 등급, 자율준수 노력 등)
기준 / CP 등급평가 운영기준	감경대상 법 위반 행위, CP 등급별 구체적인 감경 정도, 세부 운영절차, 자율준수 노력 여부에 대한 판단기준(행위 중단 지시 여부 등) 등을 명시

CP 등급평가

CP 등급평가는 법률에 따라 공정거래위원회가 한국공정거래조정원에 위탁하여 평가절차를 주관한다. CP 등급평가 위원은 법령에 따라 공정거래 관련 분야 또는 CP에 관한 경험 또는 전문지식이 있는 사람으로 구성된 평가위원회(20~60인 이하)가 담당하여야 한다. 대상은 관련 분야 전공자, 변호사, 외부단체(대한상공회의소, 중소기업중앙회, 소비자단체협의회)의 추천인(총 6명 포함)이며 기타 인정자 구성이 가능하다.

등급평가를 신청하고자 하는 기업은 CP를 도입한 지 1년 이상 경과한 기업(기관) 중 한국공정거래조정원에 평가신청한 기업(기관)을 대상으로 CP 운영실적 등을 평가하여 공정거래위원회가 기업(기관)별로 등급을 부여하는 제도(1년 미만이라도 상당 기간 운영실적이 있다면 신청 가능)이다.

2025년 기준으로 신청 기준이 변경되어 법인 내 사업부별(사업자) 등급평가 신청을 허용하였다. 즉, 1개 법인이 여러 사업체를 운영하는 경우 각 사업체는 CP 등급평가를 신청할 수 있게 되었다. 단, 사업부별 CP 운영조직이 존재하지 않거나 자율준수 관리자가 실질적으로 해당 사업부 전체에 대한 책임과 권한이 없는 등은 평가가 불가능하거나 평가 결과에 영향을 미칠 수 있음을 유의해야 한다.

더불어 등급평가 후 최근 2년간 공정거래 관련 법규 위반 확인 시, 최종 산출된 종합평가 등급에서 최대 2단계 하향(과태료·과징금 1단계, 고발 2단계 조정)이 있다. 다만, 2025년 CP 등급평가 기준에서는 등급 조정 제도는 폐지되었으며 점수 감점제로 조치 수준과 관계없이 3점 감점으로 개선되었다. 공정위의 일방적 CP 등급평가 제도 개정으로 일부 기업에서는 희비가 엇갈릴 수밖에 없는 상황이 된 것이다.

CP 등급 및 인센티브					
CP 평가등급 (유효기간: 2년)	과징금 감경(최대) 등급 유효기간 내 1회에 한함	직권조사 면제	시정조치 공표 명령	평가증 수여	위원장 표창
AAA(최우수) (90~100)	15%(20%)	2년	2단계 하향조정	○	2년 연속 취득 시
AA(우수) (80~90)	10%(15%)	1년 6개월	1단계 하향조정 (단축)	○	
A(비교적 우수) (70~80)					

CP 등급평가는 총 6등급 절대평가로 나뉘며 AAA 기준은 CP 구성 및 운영, CP 문화확산, 평가와 개선 등 "모든 부문에서 체계적인 시스템을 갖추고 매우 높은 성과를 시현"하면 된다. AA는 거의 모든 부문에서 체계적인 시스템을 갖추고 높은 성과를 시현하면 해당된다. 위 표 시정조치 공표명령에서는 두 가지로 나뉜다. 간행물 공표 크기 및 매체 수를 정하는 부분은 AAA 단계에서는 2단계 하향 조정이 되며 AA는 1단계 하향 조정 인센티브가 주어진다. 또한 사업장 공표, 전자매체 공표기간은 AAA와 AA 등급 기업은 단축된다.

기업의 과징금 감경의 경우 "조사 개시 전 당해 법 위반을 탐지하여 중단"하였음을 사업자가 입증한 경우 5% 범위에서 추가 감경을 받는다. 등급을 받은 기업이 직권조사 적용제외 사유가 발생하는 부분에 있어서는 최근 2년간 조사 활동 방해로 처벌받은 경우, 직권조사 관련 법규 위반 신고(인터넷 신고 포함)나 민원이 상당한 신빙성이 있는 경우, 마지막으로 명백한 직권조사 관련 법규 위반혐의가 있다고 인정되는 경우에는 적용제외 사유가 발생한다.

또한 자세한 시정조치 공표지침는 공정거래위원회로부터 시정명령을 받은 사실의 공표에 관한 운영지침을 따른다. 직권조사 관련 법규는 공정거래법, 표시광고법, 방판법, 전자상거래법, 소비자법, 약관법, 할부거래법, 시지남용기준 등이 적용된다.

따라서 CP 등급평가 신청기업은 아래와 같은 등급이 최종 산정된다.

CP 평가등급 기준			
CP 평가등급 (유효기간: 2년)		정의	최종 평가 점수
AAA	최우수	CP 구성 및 운영, CP 문화확산, 평가와 개선 등 "모든 부문에서 체계적인 시스템을 갖추고 매우 높은 성과를 시현"	90 ~ 100
AA	우수	거의 모든 부문에서 체계적인 시스템을 갖추고 높은 성과를 시현	80 ~ 90
A	비교적 우수	각 부문에서 비교적 우수한 시스템을 갖추고 비교적 우수한 성과를 시현	70 ~ 80

※ 최종점수 = (각 평가지표별 점수 × 각 지표별 가중치 = 최대 100점) + 가점(최대 8점)
※ 최근 2년 내(예: 2025. 1. 1. ~ 2026. 12. 31.) 공정거래 관련 법규 위반(의결일 기준/과징금, 고발, 조사거부·방해 또는 기피에 따른 과태료 조치) 확인시, 최종 산출된 종합평가 등급에서 최대 2단계 범위 내 하향 조정
※ AAA~A: 등급평가증 수여 및 인센티브 부여 등급

등급평가 지표

CP 등급평가는 해당 조직이 실제로 어떻게 운영하고 있는지를 입체적으로 들여다보는 3단계 계층형 지표체계로 설계되어 있다. 평가항목[Category]은 평가의 큰 범주를 의미하며, 평가지표[Criteria]는 각 항목을 보다 구체적으로 나눈 영역이고 세부 측정지표[Indicators]는 실질적으로 기업의 CP 운영 수준을 확인하는 실행 수준의 세부항목이다. 이러한 구조는 ISO 37301 및 공정위의 CP 8대 요소[CDEO]와도 정합성을 갖춘 체계로 '정책 → 제도 → 실행 → 효과'까지 모두 확인하는 방식으로 설계되어 있다.

- 대기업/공공기관: 7개 평가 항목, 22개 평가지표, 66개 세부 측정지표

- 중소/중견기업: 7개 평가 항목, 17개 평가지표, 54개 세부 측정지표

구분	평가항목	평가지표	세부 측정지표
대기업 (공정거래법 제14조 제1항에 따른 상호출자제한 기업집단 또는 채무보증제한 기업집단에 속하는 기업으로, 중소기업이 아닌 기업)	7개 (C, D, O, E)	20개	48개
공공기관 (공공기관법 제4조 내지 제6조 규정에 따라 지정 및 고시된 기관 및 지방공기업법에 따른 지방공기업		20개	47개
중소·중견기업 (중소기업법 제2조 해당하는 기업 및 중소기업성장특별법 제2조)		17개	40개

※ C(Construction), D(Diffusion), O(Operation), E(Evaluation & Feedback)

등급평가 점수 및 등급산정 방법

CP 등급평가는 수학적으로 정의된 계량 모델을 바탕으로 한 정량화된 평가 체계를 가지고 있다. 이는 기업의 Compliacne 경영 수준을 객관적으로 비교 가능하게 만들고, 평가의 일관성과 공정성을 확보하는 데 핵심적인 역할을 한다.

평가 점수는 다음과 같이 산출한다.

평가점수 = 각 지표별 평가점수 × 각 지표별 가중치 + 가점

$$\overline{X}(지표점수) = \frac{1}{n} \sum_{i=1}^{n} X_i$$

- X_i: 각 세부측정지표에 대한 점수(0~5점 범위, 평가위원의 채점값)
- n: 해당 평가항목에 배정된 세부 측정지표의 총개수
- $\overline{X}$: 해당 항목의 평균 점수(즉, 해당 평가항목의 정량 점수)

이 식은 각 평가항목(C, D, O, E)의 하위 세부 측정지표 점수를 산술평균으로 산출

하는 구조로, 편중되지 않고 고르게 운영된 CP에 점수를 더 잘 반영하는 구조다.

우선 등급평가의 평가 기준은 각 기업(기관)별 평가 기준 및 가이드라인을 참고할 필요가 있다. 대기업, 공공기관, 중견·중소기업별 평가기준이 위 등급평가 지표와 같이 다르다. 1단계 각 평가위원은 7개 평가항목별 정해진 구간에 따라 세부 측정지표별 점수를 아래와 같이 부여한다.

7단계 척도의 점수 구간						
S	A	B	C	D	E	F
90~100 이하	80~90 미만	70~80 미만	55~70 미만	40~55 미만	1~40 미만	0

※각 지표별 평가점수는 평가위원이 부여한 척도 점수 구간의 중간값으로 반영

$$\overline{X}(\text{지표점수}) = \frac{1}{n}\sum_{i=1}^{n} X_i$$

- X: 세부측정지표 점수(평가그룹 내 산술 평균값)
- n: 지별로 배정된 세부측정지표의 총 개수

먼저 첫 번째로 정량평가는 정성의 구조 위에 세워진다. 수식 자체는 단순 평균이지만, 문제는 X(세부지표 점수)가 어떻게 부여되느냐이다. X는 '제도가 존재한다'는 이유만으로 만점을 주지 않는다. CP의 실행 여부, 운영 실적, 조직 내 확산 정도, 최근 개정 이력 등을 종합 판단하여 0점~5점 사이로 배점된다. 즉, 문서화 + 운영 증빙 + 성과까지 확인돼야 고득점을 받을 수 있다.

두 번째로 평가위원의 전문가적 판단이 중요하다. 각 세부지표 점수는 평가위원이 해당 기업의 자체 제출자료 + 질의응답 + 현장 확인을 통해 판단하며, 가이드라인에서 제시된 정성적 기준(예: '정기적으로', '최근 2년 이내', '사내 시스템화된' 등)을 토대로 점수를 결정한다. 그러므로 단순 실적 제출하는 것에 그치지 않고, 평가위원이 신뢰할 수 있는 증빙자료를 미리 준비하는 것이 중요하다.

세 번째로 지표별 점수는 항목별 평균점수로 전환되어 등급평가에 반영된다. 이렇게 산출된 각 항목별 평균점수는 C, D, O, E 4개 영역별로 종합되고, 결국 최종 CP 등급 산정 시 총점, 영역별 편차, 실행 실적 등을 반영한 종합평가 등급(A~C등급)으로 환산된다. 따라서 단일 항목에서 고득점을 받더라도, 다른 항목이 극단적으로 낮으면 종합평가에서 낮은 등급이 나올 수 있다.

마지막으로 기업 유형별 세부 측정지표 개수의 차이는 결국 평가 집중도의 차이가 된다. 대기업은 세부지표가 더 많기 때문에 더 높은 수준의 조직적 완성도와 제도운영이 요구되며, 중소·중견기업은 상대적으로 항목 수는 적지만 각 항목에 대한 실효성 입증의 밀도가 중요하다.

아쉬운 점이 있다면 CP 등급평가 위원이 이 제도와 취지, 즉 CP 제도를 모르고 평가하는 경우가 최근 자주 발생하여 기업의 불만이 높아지고 있다. 실제 운영 증거를 기반으로 평가위원의 전문성이 투입되어야 하는 고도화된 심사 모델임에도 부족함이 있다고 본다.

이후 각 등급표가 아래와 같이 구분된다.

AAA	AA	A
최우수	우수	비교적 우수
90 ~ 100	80 ~ 90	70 ~ 80

2단계로 개별 평가위원이 부여한 세부 측정지표별 점수를 산술 평균하여 평가지표별 점수를 도출한다.

- 일반평가점수 $= \sum_{j=1}^{20} w_j \overline{X_j}$ + 가점(CP의 지속적 운영 및 확산을 위해 노력하는 기업 등)
(대기업 및 공공기관)

- 일반평가점수 $= \sum_{j=1}^{17} q_j \overline{X_j}$ + 가점(CP의 지속적 운영 및 확산을 위해 노력하는 기업 등)
(중소·중견기업)

(w = 대기업 및 공공기관 가중치, q = 중소·중견기업 가중치)

4개 평가 차원	7개		20개 평가지표	지표별 국지가중치(Default)		
	평가항목	항목별 가중치		대기업용	중소·중견 기업용	공공 기관용
I. CP의 구축 (C)	C1. CP의 도입 및 운영 방침의 수립	0.135	C1.1 최고경영자의 CP 도입 및 자율준수 실천 의지의 천명	0.674	0.674	0.674
			C1.2 CP 운영의 기준과 절차의 수립	0.191	0.171	0.191
			C1.3 CP 운영에 관한 사항의 회사 내·외부공시·공표	0.135	0.135	0.135
	C2. 최고경영진의 지원	0.326	C2.1 자율준수 관리자의 임명	0.423	0.423	0.423
			C2.2 예산과 인력의 지원	0.577	0.577	0.577
II. CP 문화의 전파와 확산 (D)	D1. 자율준수편람	0.061	D1.1 내용의 충실성	0.440	0.440	0.440
			D1.2 활용 편의성	0.372	0.372	0.372
			D1.3 지속적 개선 여부	0.188	0.188	0.188
	D2. 교육훈련 프로그램	0.124	D2.1 정기 CP교육	0.171	−	0.171
			D2.2 법위반 가능성이 큰 부서나 관련자에 대한 집중교육	0.384	0.563	0.384
			D2.3 최고경영자 및 임원을 대상으로 한 교육	0.274	0.437	0.274
			D2.4 CP교육 훈련의 효과성 평가	0.171	−	0.171
III. CP의 운영 (O)	O1. 사전감시체계	0.125	O1.1 위험평가 (Risk Assessment)	0.229	0.229	0.229
			O1.2 사전업무 협의제도	0.367	0.367	0.367
			O1.3 직접보고체계	0.208	0.208	0.208
			O1.4 내부제보 시스템	0.196	0.196	0.196
	O2. 제재 및 인센티브 시스템	0.145	O2.1 인사제재 시스템	0.584	1.000	0.584
			O2.2 인센티브 시스템	0.416	−	0.416
IV. 평가와 피드백 (E)	E1. 프로그램 효과성 평가와 개선	0.084	E1.1 CP 운영의 효과성 평가(정기 감사)	0.504	0.504	0.504
			E1.2 프로그램의 지속적 개선 및 경영에의 반영	0.496	0.496	0.496
합계		1		7	7	7

※ 평가지표별 가중치는 항목별 국지 가중치와 지표별 국지 가중치의 곱으로 계산한다 (항목별 국지가중치 × 지표별 국지가중치 = 평가지표별 가중치).

3단계로는 도출된 평가지표별 점수에 지표별 국지 가중치, 항목별 국지 가중치를 곱한 뒤, 결과값을 합산하여 기업(기관)별 총점(100점 만점)을 도출한다.

마지막으로 4단계는 위 3단계의 평가점수에 가점평균 점수 합산으로 최종 결정된다. 이에 따라 요약된 CP 등급평가에 대한 세부 평가지표는 아래와 같다.

평가 차원	평가항목	평가지표	세부 측정 지표
I. CP의 구축 (C)	C1. CP의 도입 및 운영 방침의 수립	C1.1 최고경영자의 CP 도입 및 자율준수 실천 의지의 천명	3
		C1.2 CP 운영의 기준과 절차의 수립	3
		C1.3 CP 운영에 관한 사항의 회사 내외부 공시·공표	2
	C2. 최고경영진의 지원	C2.1 자율준수 관리자의 임명	3
		C2.2 예산과 인력의 지원	2
II. CP 문화의 전파와 확산 (D)	D1. 자율준수편람	D1.1 내용의 충실성	3
		D1.2 활용 편의성	1
		D1.3 지속적 개선 여부	1
	D2. 교육훈련 프로그램	D2.1 정기 CP 교육	4(공공 기관 3)
		D2.2 법 위반 가능성이 큰 부서나 관련자에 대한 집중교육	3
		D2.3 최고경영자 및 임원을 대상으로 한 교육	1
		D2.4 CP교육 훈련의 효과성 평가	1
III. CP의 운영 (O)	O1. 사전감시체계	O1.1 위험평가(Risk Assessment)	2
		O1.2 사전업무 협의제도	3
		O1.3 직접보고체계	1
		O1.4 내부제보 시스템	5(중소· 중견 4)
	O2. 제재 및 인센티브 시스템	O2.1 인사제재 시스템	2
		O2.2 인센티브 시스템	1
IV. 평가와 피드백 (E)	E1. 프로그램 효과성 평가와 개선	E1.1 CP 운영의 효과성 평가(정기 감사)	4(중소· 중견 3)
		E1.2 프로그램의 지속적 개선 및 경영에의 반영	3

가장 많은 점수평가 차원인 'Ⅰ. CP의 구축(C)'은 C1 14점, C2 33점으로 배점 47점에 해당한다. 'Ⅱ. CP 문화의 전파와 확산(D)'은 D1 6점, D2 12점으로 배점 18점이며, 'Ⅲ. CP의 운영(O)'의 O1 13점, O2 15점으로 배점 28점에 해당한다. 마지막으로 'Ⅳ. 평가와 피드백(E)'의 E1은 8점에 해당하여 종합 점수는 총 100점 만점에 해당한다.

다음 장에서는 각 C, D, O, E 요소별로 세분화하여 전략 및 방향을 찾고자 한다.

가점평가 기준

가점평가 기준은 서류평가, 대면(면접) 평가 및 현장평가를 거쳐 산정된 평가점수에 가점평균 점수를 별도 합산한다. 평가진행 중 가점평가 관련 기업(기관) 의견 조회 절차 있으며 기업(기관)들은 기간 내 회신하여야 가점을 최대 8점까지 받을 수 있다.

구분	최대 가점	내용	기준	배점
연속평가 신청기업 등	1점	제3조 제6호에 따른 연속평가 신청기업인 경우	2년 연속	0.3점
			3년 연속	0.5점
			4년 연속 이상	1점
다른 업체 CP 도입 및 운영 지원	4점	평가신청 기업 등의 협력업체가 평가 신청년도 기준 직전 연도에 평가신청 기업 등의 CP도입 및 운영 지원을 받아 공정거래 자율준수 평가를 신청하여 평가를 받은 경우 확인된 협력업체의 수에 따라 가점 부여	대상 업체 수 1개당	0.7점
CP 확산 기여	3점	[참여] CP 행사(예: CP 포럼, CP 등급평가 설명회, CP 간담회 등)에 참여하고 CP 관련 설문조사에 응답문을 제출	참여	0.2점
		[사례발표] CP 행사에서 기업의 CP 운영 우수사례 등을 직접 발표	사례발표	0.4점
		[자료협조] CP 행사에서 CP 운영 사례 등 기업자료 제공, 각종 CP 관련 교육자료 제작·CP 등급평가 실적보고서 외부 공개(최종등급 A등급 이상인 기업만 해당) 등을 위한 자료협조	자료협조	0.4점
		[운영실적] 기업 등의 내부에 또는 독립적인 자율분쟁조정기구를 설치하고 운영한 실적을 제출	분쟁조정기구 설치	0.4점

구분	최대 가점	내용	기준	배점
CP 확산 기여	3점	[운영실적] 기업 등의 내부에 또는 독립적인 자율분쟁조정기구를 설치하고 운영한 실적을 제출	분쟁 관련 의견접수	0.2점
			분쟁 처리 실적	0.4점
	1.5점	2025년 협약이행평가 우수기업에 대한 가점 신설	최우수	1.5
			우수	1

CP 확산기여라 함은 공정거래위원회가 인정하는 CP 확산기여 활동에 한한다. 별도 공지가 없는 한 오프라인 참석만을 인정하며, 설문지 응답까지 기한 내 완료해야 가점이 부여된다. 동일기업(기관)이 하나의 행사에서 복수의 CP 확산 기여 활동을 수행한 경우, 가점이 높은 활동을 기준으로 가점이 부여되며 중복인정은 불가하다.

또한, 기업 등의 내부에 또는 독립적인 자율분쟁조정기구를 설치하고 운영한 운영 실적을 제출한 경우 최대 설치 0.7점과 더불어 분쟁 관련 의결 점수 및 처리 실적은 최대 0.3점이 추가 부여된다. 자율분쟁조정기구 설치 및 운영일적의 증빙자료는 자율분쟁조정기구 절차도 및 관련 규정, 자율분쟁조정기구 절차 마련을 위한 내부결재 문서 및 기준, 제·개정시 결재받은 품의서, 자율분쟁조정기구 내 조정위원의 구성 관련 자료, 자율분쟁조정기구 실적증빙자료, 분쟁조정 신청내용 관계서류, 분쟁조정 심의건 등 안건서류, 위원들의 의결서, 회의록, 경영진 보고 결재서류 및 기타 실적 증빙자료 등을 포함한다.

따라서 6개 등급은 절대평가로 최종점수는 아래와 같이 계산된다.

최종점수 = (각 평가지표별 점수 × 각 지표별 가중치 = 최대 100점) + 가점(최대 8점, 2025년 변경: 협약이행평가 최대 1.5 추가 신설)

아울러, 최근 2년 내(예: 2024. 1. 1. ~ 2025. 12. 31.) 공정거래 관련 법규 위반(의결일 기준/과징금, 고발, 조사거부·방해 또는 기피에 따른 과태료 조치) 확인 시, 최종 산출된 종합평가 등급에서 최대 2단계 범위 내 하향 조정됨을 유의하여야 한다.

COMPLIANCE 공정거래 CP & ISO 37301 실무가이드

등급평가 비용

CP 등급평가를 신청한 기업에서는 공정거래조정원에 아래 표와 같은 비용을 납부하여야 한다. 다만, 연속 신청기업(기관)은 아래 기준에 따른 평가비용에서 1/3 감면받고, 직전년도 AAA 취득 기업(기관)에서는 평가비용을 면제받는다.

등급평가 비용	
구분	비용(VAT 포함)
대기업 (공정거래법 제14조 제1항에 따른 상호출자제한 기업집단 또는 채무보증제한 기업집단에 속하는 기업으로 중소기업이 아닌 기업)	660만 원
공공기관 (공공기관법 제4조 내지 제6조 규정에 따라 지정 및 고시된 기관 및 지방공기업법에 따른 지방공기업	평가신청 직전년도 기준 매출액 3천억 원 이상 > 660만 원
중견기업 (중견기업 성장촉진 및 경쟁력 강화에 관한 특별법 제2조)	17개
중소기업 (중소기업법 제2조/중소기업 확인서 제출)	평가비용 면제

※ 유의사항: 비용 기준과 평가 기준은 별개 - 대기업은 [대기업 평가 기준], 공공기관은 [공공기관 평가 기준], 중소·중견기업은 [중소·중견기업 평가 기준]에 따라 평가

CP 등급평가는 기업의 공정거래 자율준수 수준을 종합적으로 평가하여 법적 리스크 예방과 공정한 거래 문화를 조성하는 데 중요한 역할을 한다. 특히, 최고경영진의 자율준수 의지와 운영체계를 평가함으로써 조직문화의 투명성과 책임성을 강화한다.

등급평가 절차를 통해 우수 등급을 획득한 기업들은 과징금 감경 및 조사 면제 등 실질적인 혜택을 누리며, 이해관계자들로부터 신뢰를 얻을 수 있다. 또한, 이러한 평가 결과는 ESG 평가에서도 긍정적인 요소로 작용하여 글로벌 경쟁력을 높일 수 있게 된다.

궁극적으로, 기업들은 CP 등급평가 결과를 바탕으로 자율준수 프로그램을 지속

적으로 개선하여 법적 리스크를 방지하고, 기업의 신뢰도와 지속가능성을 강화해야
한다.

03. 실적보고서 작성 Tip

CP 실적보고서는 기업이 공정거래법을 준수하고 자율준수 문화를 구축하기 위한 기업의 공정거래 자율준수 프로그램에 대한 건강검진 보고서이다. 특히 대한민국 공정거래위원회의 CP 등급평가에서 중요한 자료로 활용되며, 기업의 준법경영 및 ESG 경영의 가치를 강화하는 역할을 한다. 또한, ISO 37301과의 조화로운 배치를 통해 CP 실적보고서를 작성하면 글로벌 기준을 충족하면서도 대한민국 공정거래법에 부합하는 평가를 받을 수 있다.

CP에 대한 1년간의 운영 실적보고서는 'CP 운영 및 유인 부여 등에 관한 규정(개정 2025.4.23. 공정거래위원회 고시 제2025-3호)'에 따라 공정거래위원회로부터 위탁받은 한국공정거래조정원에 제출하여야 한다. 이때 CP 등급평가 사업의 운영에 필요한 'CP 등급평가 운영지침' 제15조(실적보고서 작성)의 규정에 의해 CP 등급평가 신청기업이 입증서류를 갈음하는 'CP 등급평가 실적보고서'의 형식과 작성 방법을 참고하여 한국공정거래조정원원에 제출하여야 한다. 즉, CP 실적보고서는 기업이 공정거래 관련 법규를 준수하기 위해 운영한 CP 활동을 정리하고, 그 효과를 평가하는 1년간의 실적 문서이다. 이를 통해 기업은 대내외적으로 투명성을 강화하고, 규제 당국에 준법 의지를 입증할 수 있어야 한다. 실적보고서는 기업의 공정거래 문화 정착과 개선 방향을 제시하는 데 목적이 있다.

보고서는 가로 21cm × 세로 29.7cm(A4용지 크기)의 규격으로 좌철하며, 전체를 하나의 보고서로 편집한다. 보고서의 여백의 경우 위쪽 15mm, 아래쪽 10, 머리말(워드의 경우 머리글) 10mm, 꼬리말(워드의 경우 바닥글) 0mm, 왼쪽 20mm, 오른쪽 20mm로 설정한다. 글씨 크기는 본문은 휴먼명조(13pt), 제목의 경우(20pt)를 넘지 않도록 하여야 한다. 보고서 분량은 본보고서 기준으로 아래의 기준으로 한다.

유형별 보고서 분량		
구분	**CP 등급신청 기업**	
	신청기업(일반)	연속신청 기업
대기업	300페이지 이내	250페이지 이내
중견·중소기업	250페이지 이내	200페이지 이내
공공기관	300페이지 이내	250페이지 이내

※ CP 등급평가 연속신청 기업이라 함은 평가를 신청한 기업 중에서 평가 신청년도를 포함하여 2개년도 이상 연속 신청한 기업을 말한다.

그 내용은 평가위원회의 평가대상 기간이 평가 신청년도 기준 직전년도 1월 1일부터 12월 31일까지의 CP 운영실적에 해당하므로 이를 중심으로 작성하여야 한다. 보고서에는 평가지표와 관련되는 실적을 요점 위주로 압축하여 수록하고, 실적 이외에 QR코드 등 불필요한 사항의 기재를 하지 말아야 한다. 세부 지표별 보고서 작성 시 사실관계에 대한 근거 자료 및 사진 등을 수록하여야 한다.

표기 또한 보고서는 국문으로 표기하되 제목, 전문용어, 고유명사, 부각시켜야 할 단어, 자료해석상 필요한 경우 등에 한정하여 한자 또는 영문을 함께 병기하여야 한다.

금액의 단위는 '천원'을 원칙으로 한다. 다만, 필요한 경우 지표의 성격에 따라 단위를 변경할 수 있다. 소수점 처리는 소수점 이하 2자리에서 반올림하여 1자리까지 기재하여야 한다.

한국공정거래조정원에서 양식을 제공하고 있으므로 표지 및 본문에 별도 디자인 없이 〈실적보고서 양식〉에 따라 작성해야 한다. 표지 및 본문 도안에 따른 시간 및 예산 지출을 최소화하기 위하여 양식을 통일화한 것이다. 보고서는 컬러 인쇄가 가능하며, 글씨는 검정 글씨를 사용하여야 한다.

가장 중요한 실적보고서는 사실에 입각하여 작성하는 것이 원칙이다. 서류평가 이후 CP 등급평가 위원회로부터 별도의 소명이나 입증서류 제출 요구 시 담당자는 지체 없이 제출해야 한다. CP 등급평가 실적보고서와 평가위원의 입증서류에 대한 제출 요구 시 제출하지 아니하거나 거짓으로 작성·제출한 경우에는 관련되는 지표의 평가를 중단하며, 허위 또는 오류에 대한 정도를 감안하여 CP 등급평가 위원회의 심의·의결을 거쳐 최종평가 처분을 결정하고 있다. CP 등급평가 신청기업은 실적보고서의 신뢰성을 제고하기 위해 실적보고서에 기재된 내용의 정확성에 대한 자율준수 관리자의 확인(별지 제7호 서식)을 받아 이를 실적보고서에 첨부하여 한국공정거래조정원에 제출하여야 한다.

실적보고서 작성 팁은 다음과 같다.

첫째, 실적보고서는 명확하고 간결한 표현으로 구성되어야 한다. 불필요한 수식어나 복잡한 문장 구조를 지양하고, 각 CP 활동의 목표, 내용, 결과를 명확히 구분하여 논리적 흐름을 확보해야 한다.

둘째, 객관적 데이터를 체계적으로 제시하여 보고서의 신뢰성을 확보해야 한다. 교육실시 횟수, 참석 인원, 법 위반 리스크 감소율 등 정량적 지표와 함께 구체적 사례분석을 통한 정성적 데이터를 균형 있게 포함시켜야 한다.

셋째, 단순 성과 나열보다는 실질적 개선점을 강조하는 접근이 필요하다. 성과만을 부각시키기보다 현 CP 운영상의 한계점을 식별하고, 이에 대한 구체적 개선 계획을 제시함으로써 평가Evaluation 단계의 순환적 연계성을 강화해야 한다.

넷째, 효과적인 비주얼 요소를 전략적으로 활용해야 한다. 단순 텍스트 중심의 보고가 아닌, 핵심 성과와 현황을 도표, 차트, 인포그래픽 등을 통해 시각화함으로써 정보 전달력과 이해도를 제고해야 한다.

CP 실적보고서 작성 시에는 공정거래법 체계에 부합하는 내용 구성이 필수적이다. 특히 세부 측정지표 작성 시 공정거래 질서 확립이라는 CP 제도의 본질적 취지를 반영하여, 해당 업종별 관련 법규 범위 내에서 실적 자료를 체계화해야 한다. 이팁을 무시한다면 등급이 낮을 수밖에 없다.

CP 실적보고서 작성의 기본 원칙

CP 실적보고서는 1년간의 CP 활동 기록이 아닌 조직의 준법경영 체계를 입증하

COMPLIANCE 공정거래 CP & ISO 37301 실무가이드

는 전략적 문서와 기록 차원으로 접근하여야 한다. 실적보고서 작성 전, 실무자는 자사의 CP 성숙도와 현재 위치를 객관적으로 GAP 분석툴로써 셀프 진단할 필요가 있다. 이를 위해 지난 기간의 CP 운영 데이터를 체계적으로 지표에 맞게 정렬하여 수집하고, 법규 위반 리스크 요소별 분석을 통해 핵심 개선 영역을 도출해야 한다.

특히 중요한 것은 CP가 단일 부서의 업무가 아닌 전사적 과제라는 인식이다. 따라서 실적보고서는 CP 전담 조직의 활동만이 아닌, 각 사업부와 유관부서의 자율준수 노력과 성과를 포괄해야 한다. 실적보고서 구성 시에는 단기(1년), 중기(2~3년), 장기(5년) 관점의 CP 발전 로드맵을 제시하고, 현재 실적이 이 로드맵상 어느 위치에 해당하는지 명확히 해야 한다. 연속평가 대상 기업의 경우, 전년 대비 개선된 CP 운영 현황을 구체적 지표와 사례를 통해 입증해야 하며, 특히 이전 평가에서 지적된 취약점에 대한 개선 노력과 그 결과를 강조할 필요가 있다. 궁극적으로 실적보고서는 공정거래 리스크 관리의 실효성과 조직 내 CP 체계의 지속가능성을 설득력 있게 전달하는 데 초점을 맞춰야 한다.

❶ 배점이 높은 항목에 집중하라

"점수를 만드는 구간에 집중하여야 한다. 평가위원은 논리보다 증거를 본다."

CP 등급평가는 항목별 가중치가 다르게 적용되므로 실적보고서 작성 시 배점이 높은 항목을 우선적으로 강조하여야 한다. 즉 '어디를 잘했는지'보다 '어디서 점수를 잃었는지'가 전체 등급을 좌우하는 구조다. 따라서 실적보고서를 작성할 때는 배점이 높은 항목부터 체계적으로 설계하고 서술해야 한다.

가중치 기반 구성 전략			
항목구성	평가명	배점 비율	주요 내용
C(Construction)	구축	46.1점	최고경영자 의지, 제도 설계, 자원 배분 등
D(Diffusion)	전파	18.5점	편람, 교육, 캠페인, 전사 커뮤니케이션 등
O(Operation)	운영	27.0점	절차 실행, 내부통제, 위반 대응 등
E(Evaluation & Feedback)	평가	8.4점	자체점검, 감사, 제도 개선 등

C(구축) 항목에 가장 많은 리소스를 투입하여야 한다. CEO 선언문, 방침, 예산 확보, 자율준수편람 등은 필수 첨부 자료로 내고, 조직문화로서 CP가 스며든 사례(전사 회의에서 준법 보고, 자율준수의 날 등)를 구체적이고 반복적으로 강조하여야 한다. 즉, '제도가 있다'가 아니라 '조직이 이 제도를 중심으로 움직인다'는 흐름을 보여줘야 한다.

D(전파)는 스토리텔링과 실적 증빙이 병행돼야 한다. 교육 횟수, 참여율, 설문 결과, 캠페인 예시(뉴스레터, 포스터, 보도자료, 영상 등)를 숫자, 이미지 그리고 제도와 연결된 설명으로 풀어야 한다. 교육 실적 나열보다 교육이 제도운영과 리스크 예방에 어떤 영향을 줬는지를 반드시 작성하여야 한다.

O(운영)는 현장 실행 증빙이 핵심이다. 계약서 검토 체크리스트, 리스크 대응 프로세스, 위반 조치 사례, 실제 운영 중 개선 사례 등 실제 문서화된 증거와 현장 실행 흐름을 함께 설명해야 점수를 받을 수 있다.

E(평가)는 약점 보완용이자 차별화 포인트가 된다. 감사 보고서, 자체점검표, 개선 이력 등이 없으면 점수도 없다. CP를 단순히 유지하는 게 아니라 주기적으로 리뷰하고 고도화하는 시스템이 있다는 것을 강조하여야 한다.

❷ 공정거래위원회 소관 법률에 초점 맞추기

실적보고서는 Compliance 전반을 다루는 보고서가 아니다. 실적보고서의 주요 목적은 공정거래위원회 13개 소관 및 관련 법률에 대한 사전 예방 중심의 준수활동을 어떻게 운영했는지를 평가받는 것에 있다. 따라서 ISO 37301 등과의 조화를 고려하되, 보고서의 중심축은 반드시 공정거래 관련 법률이어야 하며, 기업의 사업 특성과 연계된 법령별 리스크 인식과 대응 활동이 구체적으로 드러나야 한다.

따라서 보고서에는 산업별·업무별로 중점관리 대상이 되는 공정위 소관 법률을 명확히 식별하고, 이에 대한 리스크 대응 활동을 중심으로 구성해야 한다. 각 법령별로 '리스크를 어떻게 평가했는가', '어떤 통제 절차를 수립했는가', '어떤 방식으로 임직원을 교육하고 사전 예방조치를 취했는가', '사건 발생 시 어떤 프로세스로 조치했는가'가 논리적으로 연결되어야 한다.

중점적으로 다뤄야 할 공정거래위원회 소관 법률 목록		
분류	주요 법령	핵심 리스크 이슈
거래 제한/불공정거래	공정거래법	시장지배적 지위 남용, 부당 공동행위(카르텔), 불공정 거래행위
납품·위수탁	하도급법	부당 대금 감액, 서면 미발급, 기술자료 요구 등
가맹사업	가맹사업법	정보공개서 미기재, 부당한 계약해지, 광고비 전가 등
대리점	대리점법	판매목표 강제, 불이익 제공, 서면 미발급 등
유통·납품	대규모유통업법	판촉비용 부담 강요, 반품 강제 등
표시·광고	표시광고법	허위·과장광고, 비교광고 위반, 소비자 오인 유도

이와 같은 리스크 중심 구성이 없는 실적보고서는 설득력을 얻기 어렵다. 다음과 같은 질문을 스스로 점검하며 작성하는 것이 바람직하다.

"우리 조직은 어떤 공정거래법 위반 가능성을 내재하고 있는가?"

"그 리스크를 어떻게 식별하고 분석했는가?"

"어떤 정책과 통제로 대응하고 있는가?"

"예방 효과를 어떻게 측정하고 개선했는가?

요약하자면, 실적보고서에 "우리는 ISO 37301 인증도 받았고, 내부신고제도도 있어요"라고 서술하면 낮은 등급이 된다.

❸ 실적의 객관적 증빙자료 포함

"CP 등급평가 이건 어떤 것이든 말은 점수를 주지 않는다. 증거가 점수를 만든다."

CP 등급평가는 기본적으로 실적보고서와 증빙자료를 함께 제출하도록 요구하며, 실적의 신뢰성은 내용보다 증거의 정합성에서 결정된다. 많은 기업이 "우리는 교육을 열심히 했습니다", "내부통제를 강화했습니다"라고 보고서에 쓰지만, 실제로 첨부된 자료가 빈약하거나, 문서와 내용이 따로 노는 경우 점수를 받기 어렵다.

따라서 실적보고서는 구체적 데이터와 객관적 증빙자료를 첨부해야 신뢰도를 높일 수 있다. 증빙자료에는 CP 운영 내규 및 지침, 교육 이수 보고서, 내부감사 지원 보고서, 공정거래법 위반 예방 활동 기록, 사내 규정 개정 사례 등이 포함될 수 있다.

증빙자료가 중요한 이유는 3가지로 요약된다. 첫 번째로 정성적 실적은 믿을 수 없고, 정량적 실적은 믿을 만하다. "우리가 잘했다"는 진술은 누구나 할 수 있다. 하지만 이를 입증할 수치, 문서, 절차 흐름, 시스템 캡처 화면이 있어야 점수화가 가능하다. 두 번째로 평가지표와 실적보고서의 '1:1 대응 구조'를 완성해 준다. 평가위원은 각 세부 측정지표에 해당하는 실적과 증빙이 명확히 연결되어 있는지를 중시한다. 세 번째로 CP 운영의 형식이 아닌 실효성을 입증하는 것이 열쇠다. 형식적 규정이 아니라, 운영되고 있는 시스템이라는 걸 보여주는 핵심 수단이 된다.

항목별 주요 증빙자료 예시		
평가항목	실적 서술 예시	첨부 가능한 증빙자료
최고경영자의 의지 표명	CEO 메시지, 방침 수립	이사회 회의록, 언론보도, 공문, 이메일 전사 발송 캡처, 사내 포스터 이미지, 각 결재 문서 등
CP 편람 운영	각 부서별 맞춤 자율준수 편람 2025년	편람 파일, 개정 이력표, 배포 확인서, 테블릿 PC화면, 편람 비치 확인 사진
공정거래 교육 실천	연간 6회, 부서별 맞춤 교육	교육 계획서, 이수 명단, CmP(한국준법진흥원) 공정위 승인 민간자격, 수료증, e-러닝 이력 캡처
계약서 검토 절차 운영	광고 계약 사전 법무 검토 실시	계약서 체크리스트, 검토 기록, 검토 결재사항
내부 감사 수행	리스크 정기점검	감사계획서, 감사보고서, 감사위원회 이력, 시정조치 이행 보고서
제도 개선	리스크 대응 절차 개정	리스크 평가표, 개정 전·후 비교표, 내부 회의록, 사내 공지 메일

여기서 실무자가 꼭 기억할 3가지 팁을 설명하면 다음과 같다.

첫 번째로 문서 파일만 던져주지 말고, 핵심 내용을 보고서 본문에 요약 · 인용하여야 한다.

"첨부1. CP 편람(개정일: 2025.3.31/총 86쪽 중 리스크 매뉴얼 22쪽 구성)" → 이처럼 문서 내용 중 어떤 부분이 해당 지표와 연결되는지 명확히 밝히는 것이 핵심이다.

두 번째로 수치화된 데이터는 신뢰도를 극대화한다.

"교육을 했다" → 연간 520명 참여 / 총 이수율 98.3% / 대상자별 이해도 향상 22%

"감사를 했다" → 하도급 위반 위험 3건 발견 → 시정조치 완료 3건 / 재발 없음

세 번째로 캡처 화면·이미지도 '운영 증거'로 유효하다.

사내 시스템 내 교육 이력, 제보 창구, 계약 검토 내역 등은 이미지로 증거력 확보한다. 단, 날짜, 대상, 내용이 명확하게 드러나야 한다.

❹ CP 데이터의 체계적 관리(Risk 등)

CP 등급평가는 점점 더 정성적 스토리에서 정량적 구조로 진화하고 있다. 이제는 실적 데이터를 체계화하고, 리스크 기반으로 구조화한 시스템으로 관리되고 있는가가 A등급 이상의 관건이다.

모든 실적은 증빙자료와 함께 제출해야 신뢰도가 높아진다. 타사 대비 자사만의 모범사례를 토대로 차별화된 프로세스와 시스템 등이 있어야 A 등급 이상을 받기가 수월하다. 가능하면 IT 시스템을 만들어서 관리하거나 임직원의 동원보다 동참을 얻기 위한 KPI, 인센티브, 상벌 규정, CP Song, CP 만화 등을 도입할 필요가 있다. 특히 공정거래 리스크 식별 및 평가를 우선하여 해당 리스크를 예방하기 위한 교육, 감사, 사전 협의 항목 등을 정해야 한다.

예를 들면 실적은 다음과 같이 세 가지 차원에서 데이터로 관리되어야 한다.

첫 번째, 운영 실적 데이터이다.

• 교육 횟수, 참여율, 이해도 점수
• 감사 수행 건수, 위반 적발 건수 및 유형별 통계
• 제보 접수 건수, 처리 기한, 사후 조치 내역

위 사항들을 최대한의 숫자, 날짜, 부서, 대상, 성과 요약의 형태로 정리하여 보고 서화하여야 한다.

두 번째, 정책 및 프로세스를 이력 데이터로 구조화하여야 한다.

- CP 편람 개정 이력, 체크리스트 업데이트 내역, 업무 매뉴얼 변경
- 제도 개선 회의록, 시정조치 이행 기록 등

위 사항들을 변화의 근거를 추적 가능한 형식으로 남겨야 CP의 지속가능성을 인정받을 수 있다.

세 번째, 리스크 식별 및 대응 데이터이다.

- 연간 리스크 평가 결과표, 식별된 법적 리스크 분류표
- 리스크별 대응 전략(예: 사전 검토, 감사 항목 포함, 별도 교육 등)

위 사항들은 리스크 분석이 교육계획, 점검 항목, 감사 기준으로 이어졌음을 근거 있게 연결해야 한다.

여기서 추천하고 싶은 부분은 IT 기반 시스템화로 운영의 신뢰성을 확보하는 것이다. 고득점 기업들은 단순히 엑셀 파일로 자료를 관리하는 수준을 벗어나, IT 시스템을 활용해 CP를 체계적으로 운영하고 있다는 공통점이 있다. 간단히 한국준법진흥원에서 운영하는 IT 시스템을 소개한다.

- 교육이력 관리 시스템: 누가 언제 어떤 교육을 수강했는지 자동 기록
- 위험평가 시스템: 부서별 리스크 수준 자동 분석, 취약지점 자동경고
- 보고·제보 플랫폼: 익명 제보 → 자동 분류 → 실시간 처리 상태 공개
- 전자결재 내 CP 체크 연동: 계약, 광고, 가맹점 개설 시 CP 체크리스트 자동 노출

이런 구조를 통해 CP는 사람이 직접 "주의하세요" 외치는 게 아니라 업무 시스템 안에 준법 장치가 내장된 형태로 진화한다.

최근 구조가 잘 작동하고 있다는 걸 보여주는 가장 강력한 도구가 바로 IT 시스템 화된 CP 운영 인프라다. 만약 A등급 이상을 목표로 한다면, 평가위원에게 이 기업은 자사만의 시스템을 만들었다"는 인상을 주어야 한다. CP Song, CP 웹툰, 사내 SNS 캠페인과 같은 것이 대표적일 것이다. 또한 조직문화와 연결된 Compliance 활동으로 KPI 반영, 인센티브 제도 그리고 상벌 규정 연계되어 임직원 동참을 문화로 끌어낸 구조를 만드는 것이다.

위의 IT CP Dashboard를 운영하여 교육률, 위반 건수, 리스크 지수 등을 시각화해 서 경영진에게 정기 보고하게 되면 신뢰가 쌓이게 된다. 예를 들어 한 제약회사는 사 전 광고심의와 CP교육 수료가 완료되지 않으면 광고 실행 승인 자체가 불가하도록 시스템화해 '프로세스 속 준법 내재화'를 실현했다. 이런 방식은 평가위원에게 큰 인상을 주며, 효과성 평가에서 높은 점수로 연결된다.

❺ 입장 바꿔 생각(평가위원 입장)

"평가위원은 글을 읽지 않는다. 구조를 본다."

실적보고서는 글을 '잘 쓰는' 것이 아니라 정보를 '잘 보이게' 체계적으로 전달하는 기업 Compliance 보고서다. 그리고 그 평가대상은 대부분 40대 후반에서 70대에 이르는, 법률·행정·학계 경력을 20년 이상 가진 베테랑 평가위원들이다. 이들은 공정위, 학계, 법조계, 공공기관 출신으로서 공문서, 정책자료, 법령 요약본, 보고서 구조에 대해 가장 엄격한 감각을 갖고 있다. 그렇기 때문에 실적보고서는 다음 세 가지를 반드시 충족해야 한다.

첫째, 정보의 요약성Condensed Summary으로 핵심 메시지는 한두 문장 또는 한두 줄 요약으로 보여줘야 한다. 페이지당 1 메시지를 기본으로, 스토리라인이 명확해야 한다. 둘째는 구조적 전달력Structural Logic이다. 목차 흐름, 항목별 소제목, 번호 붙임이 명확해야 한다. '어떤 법령에 대한 리스크였고, 어떤 예방조치를 했으며, 어떤 결과가 있었는가'가 한눈에 드러나야 한다. 마지막으로는 가장 중요한 증빙의 연결성 Evidence Mapping이다. '붙임 자료', '내부 규정', '교육안', '점검표', '화면 캡처' 등 구체적 증빙 문서의 존재 유무가 명확해야 한다.

이 글을 읽는 독자가 평가위원이라면 어떤 생각이 드는지 고민해 봐야 한다. 만약 글씨가 작고, 빽빽하게 채워진 문서, 한눈에 구조가 안 보이고, 어디가 핵심인지 모호한 흐름, '표현'은 많고 '증거'는 적은 서술식 설명, 사내 홍보용처럼 보이는 디자인이나 비즈니스용 감성 이미지 등은 모두 낮은 등급을 줄 수밖에 없다. 따라서 다음 보고서 작성 팁을 고려하여 체계적 구조를 나열하여야 한다.

보고서 작성 실무 팁	
항목	실무 팁
글씨 크기	본문은 10pt 이상, 절대로 9pt 이하 사용 금지
표 작성	표 간 간격 확보 필수, 줄 간 여백은 피로 방지 장치

보고서 작성 실무 팁	
항목	**실무 팁**
도식화	도형, 아이콘, 흐름도 사용 OK. 쓸데없는 이미지 NO
템플릿 통일성	공정거래조정원에서 제공한 템플릿을 반드시 준수하되, 구분 라벨이나 색상 톤에 자사 브랜드 감각을 약간 반영
정보 배치 방식	글보다 '표, 목록, 요약박스' 중심 구성
평가자 관점 구성	체계적 흐름 구성도 ① 어떤 법 위반 리스크를 사전에 식별했는가? ② 어떤 조치를 했는가? ③ 증거는 무엇인가? ④ 효과성은 있었는가?

실적보고서는 요약 중심의 구조적 전달이 되어야 한다. 그리고 반드시 증빙이 있어야 믿을 수 있다. 이 세 가지가 문서 전체에, 한눈에 보이도록 구성할 필요가 있다. 글이 아니라 구조와 설계로 승부하는 문서가 바로 실적보고서이다.

❻ CP 실적을 수치화하라

CP 운영 성과를 보고할 때는 반드시 정량화된 수치로 실적을 설명해야 설득력과 신뢰도를 확보할 수 있다. 당연히 "잘 운영했다"는 표현보다는, "연간 5회 교육 실시 / 이수율 95% / 미이수자 사유: 퇴사·출장"처럼 구체적인 데이터를 제시하는 것이 평가위원에게는 훨씬 명확하게 다가온다.

예를 들어, 내부감사 실적도 "공정거래법 위반 예방을 위한 감사 3회 / 위험사례 2건 사전 조치 완료 / 사내 포스터 및 인트라넷 공지로 재발방지 활동 실시"와 같이 숫자, 조치, 인식 제고 노력까지 함께 기술하면 실효성을 입증하는 강력한 서술 방식이 된다.

핵심은 실적 나열이 아니라, 수치로 말하고, 조치로 입증하고, 변화로 설득하는 것이다. 이 구조를 기억하자. '실적 → 수치 → 조치 → 변화'. 이 흐름이 실적보고서의 골격이다.

❼ 실질적인 변화를 강조하라

여기서 포인트는 'CP를 했는가?'가 아니라 '무엇이 바뀌었는가?'가 이다. 운영 결과로 조직 안에서 어떤 실질적인 변화가 있었는지를 보여줘야 한다. 예를 들어, "CP 도입 이후 내부거래 검토 프로세스가 사전 심의 절차로 정착되었으며, 협력업체 불공정 신고 건수가 전년 대비 30% 감소함." 이처럼 성과를 수치로 표현하고, 그 변화의 흐름을 함께 제시해야 평가위원은 실효성을 높게 본다.

또한 보고서 작성이 완료된 후에는 공정거래조정원이 제공하는 채점 가이드에 맞춰 자가 점검 시뮬레이션을 해보는 것이 좋다. 이 과정을 통해 자사 실적의 상대적 위치, AAA 기업의 기준과의 간극, 연도별 변화 추이를 시각화하면 보고서의 전략성과 설득력이 한층 강화된다. 예시로는 다음과 같은 방식이 효과적이다.

CP 변화 추이(예)					
구분	2023	2024	2025	변화율	목표
CP 교육 이수율	87.3%	92.5%	95.1%	▲7.8%	96%
예산 변화	5억	6억	7억	+1억	10억 이상
담당자	1명	2명	3명	+1명	5명 이상
내부감사 횟수	2회	3회	3회	유지	3회 이상
위반 예방조치	1건	2건	5건	▲7.8%	5건 이상

이처럼 실적 → 수치 → 변화 → 전략 흐름으로 구성하면 CP가 조직 내에서 어떻게 정착되었고, 지속적으로 개선되고 있는지를 명확히 보여줄 수 있다.

결론적으로, 실적보고서는 '무엇을 했는가'보다 '무엇이 달라졌는가'를 중심으로 구성되어야 한다. 변화의 근거, 추이, 목표 대비 실적을 세 가지 키워드로 기억하자.

항목별 작성 TIP

항목		세부측정지표	AA기준	작성 TIP(결과 중심)
1. 구축(46.1점)				
C1. CP의 도입 및 운영 방침의 수립 (점수 13.5)	C1.1 최고경영자의 CP 도입 및 자율준수 실천의지의 천명(점수 9.10)	최고경영자가 CP 행동강령, CP 방침 선언, CP 도입 선포식 또는 이와 유사한 취지의 내용을 활용하여 확고한 CP 실천의지를 공개적으로 표명하였는지 여부	연중 3회 이상	• 최고경영자는 연 4회 이상 자율준수 실천 메시지를 그룹웨어, 사내메일, 게시판 등을 통해 전사에 표명하고, 자율준수관리자 보고를 통해 정기적으로 CP 운영 현황을 검토하였다. • CP 관련 목표는 사업계획 및 전사 KPI에 반영되어, CP 부서를 포함한 주요 조직 단위에 실행과제 및 이행 책임이 명확히 부여되었다. • 공정거래 관련 행동강령은 사업 특성과 위반 유형을 반영한 실천 지침 형태로 구체화되었으며, 전사 배포 및 직원 교육에 활용되었다. • 실적보고서는 공정거래법 중심 리스크에 기반한 예방활동, 교육, 모니터링 실적 중심으로 구성되어 있으며, 각 활동의 증빙자료가 체계적으로 첨부되었다. • 최고경영자와 자율준수관리자, 주요 임원이 연 4회 이상 CP 관련 회의, 교육, 메시지 발표 등에 실질적으로 참여하였다. • 자율준수 서약서는 전 임직원 대상 연 1회 이상 징구되었고, CEO 명의의 선포문은 상시 열람 가능하도록 내부시스템에 게시되었다. • 대표이사는 CP 실적보고를 직접 받고 서면 결재 또는 회의 참여를 통해 경영 검토에 관여하였으며, 관련 회의록과 서명이 보존되어 있다. • 상생협력 실천을 위해 협력업체 대상 CP 설명회, 공동서약 캠페인 등에 최고경영진이 직접 참여한 사례가 존재한다.
		최고경영자가 조직의 CP 운영 현황 및 성과에 대해 주기적으로 검토하였는지 여부	연 4회	
		최고경영자가 CP 실천의지를 CP 관련 사업 목표에 반영될 수 있도록 지시하였는지 여부(기업의 KPI 등)	사업부 전체에 KPI 설정	
		최고경영자가 CP 문화촉진 활동에 직접 참여하였는지 여부(캠페인, 행사, 선포식, 표창 등)	연간 3~4회	
	C1.2 운영의 기준과 절차(점수 2.58)	CP 운영에 관한 기준과 절차가 포함된 문서가 있는지 여부 및 대표이사 보고 여부(지침서, 절차서 등)	CP 관련 사규	• CP 운영을 위한 기준과 절차는 윤리강령, 행동강령, 준법통제 기준, CP 운영 규정, 내부거래 준칙, 업무별 지침 및 편람 등 관련 사규에 문서화되어 있으며, 정기적으로 개정 및 고지되고 있다. • 실적보고서에는 모든 CP 활동에 대해 관련 규정 명칭을 명시한 후, 해당 규정에 따라 상시적으로 실행된 이행 실적을 서술함으로써 제도 운영의 일상성과 제도 내재화를 강조하였다. • 임직원 대상 CP 정보는 그룹웨어, 사내공지, 온라인 학습 플랫폼 등을 통해 정기적·반복적으로 제공되고 있으며, 정보 전달 후 정기 테스트, 설문조사, 피드백 회수 등을 통해 이해도 및 인식 수준을 점검하는 체계가 마련되어 있다.
		CP 운영에 관한 기준과 절차가 주기적으로 수정 및 보완되고 있는지 여부	연 2회	
		CP 운영에 관한 목표가 측정 가능하고 정량화된 지표로 관리되는지 여부	CP 운영 정량화된 지표	

항목		세부측정지표	AA기준	작성 TIP(결과 중심)
1. 구축(46.1점)				
		최고경영자에서 일선 관리자까지의 CP 운영에 대한 책임과 권한이 구체적으로 명시되었는지 여부	책임, 권한 명시, 보고 여부	• 실적보고서 내 정량적 지표(예: 교육 이수율, 위반 건수, 자가점검률 등)는 표, 그래프 등 시각화 방식으로 구성하여 가독성과 전달력을 높였다. • CP 운영 기준과 절차는 단순 규정 나열이 아니라 위반예방 및 대응에 실질적으로 활용되고 있는지 여부, 예컨대 해당 규정에 따른 사전점검, 승인 절차, 위반 시 조치 기준 등 실행 연계성을 중심으로 구성하였다. • 각 부서별 세부지침, 내부거래 승인 절차, 윤리경영 행동지침 등이 CP 운영의 실효성을 높이는 핵심 기반으로서 전체 시스템 안에 유기적으로 통합되어 있음을 강조하였다.
		개정된 CP 운영기준 및 절차를 임직원들에게 배포하고, 개정 관련 정보의 이해를 도모하였는지 여부(개정 교육, 인터뷰 등)	배포, 교육, 인터뷰 등	
C2. 최고경영진의 지원 (점수 32.6)	C2.1 자율준수 관리자의 임명(점수 13.79)	최고의사결정기구(이사회)가 CP 관리자를 임명하였는지 여부	임명 여부	• 자율준수 관리자는 최고경영자 명의의 임명장 및 사규상 직제 규정을 통해 정식 임명되었으며, CP 관련 책임과 권한, 독립성이 문서로 명시되어 있다. • 자율준수 관리자는 영업, 구매 등 CP 독립성에 영향을 줄 수 있는 부서와 조직적으로 분리되어 있으며, 해당 부서에 소속되지 않음을 사규 및 조직도에 명문화하였다. • 임명자는 법무·컴플라이언스·공정거래 분야의 경력, 자격, 내부 CP 교육 이수 이력 등을 기반으로 선임되었으며, 역량 검토 및 내부평가 보고서를 통해 자격 타당성이 입증되었다. • 자율준수 관리자는 내부심사, 교육계획 수립, CP 운영 검토 등 주요 활동에서 전사 대상 지시·조정 권한을 행사하고 있는 실적이 있으며, 이에 대한 이행 기록과 사례가 보고서에 포함되었다. • 임명 사실은 사내 공지, 그룹웨어, 전사 메일 등을 통해 전 직원에게 전파되었으며, 역할과 책임에 대한 안내자료가 배포되어 조직 전체의 인식 제고를 유도하였다. • CP 관련 회의, 교육, 이사회 보고 등 핵심 활동에서 자율준수 관리자가 정기적으로 주도하거나 참여한 증적(회의록, 배포자료 등)을 확보하여 실질적 운영주체로서의 역할을 강조하였다.
		임명된 CP 관리자는 CP의 기획, 감독, 성과보고 등과 같은 책임과 권한을 부여받았는지 여부	책임, 권한 근거	
		임명된 CP 관리자의 독립성을 보장할 수 있는 근거가 마련되었는가? – 절차서, 지침서 등	문서화	
		CP 관리자의 임명 사실 및 역할 등에 관한 사항이 임직원들에게 명확히 공표되었는가? – 이메일 통지 및 발령 사실 통보 등	임명 사실, 역할 공표	
		임명된 CP 관리자가 그 역할과 임무에 상충되는 직위와 무관한 부서에 종사 여부 * 구매, 판매, 영업, 조달, 입찰 또는 수주 등 외부 이해관계자와 계약을 체결하는 등의 행위를 통해 기업의 매출 및 이익 변동에 영향을 발생시키는 부서	독립성 정도	

항목		세부측정지표	AA기준	작성 TIP(결과 중심)
1. 구축(46.1점)				
C2.2 예산과 인력의 지원(점수 18.81)	CP 운영을 위한 필요 인력과 예산 확대 추이 변화율		인력 예산 사항	• CP 전담 조직의 인원수 및 예산은 전년도 대비 증가한 추이를 보이고 있으며, 조직 확대 및 실효성 강화를 위한 지속적 지원이 이뤄지고 있음을 수치로 제시하였다. • 연간 CP 운영 예산은 별도 항목으로 회계시스템상 분리 관리되고 있으며, 예산 항목별 집행 내역(예: 교육, 진단, 외부자문, 시스템 운영 등)은 실제 집행내역과 연계한 증빙자료로 명확히 뒷받침된다. • 예산 수립은 사전계획 → 경영진 보고 → 타당성 검토의 프로세스를 통해 승인되며, 이와 관련된 기안서, 결재문서, 예산검토 회의록 등을 통해 절차적 정당성을 확보하였다.
	CEO가 지정한 CP 관리자의 운영을 위한 전담조직을 구성하였거나 이를 전담할 수 있는 부서를 지정하고 있는지 여부		전담 조직	• 인력 규모는 조직도 및 인사기록 기준으로 확인 가능하며, 인력 배치 및 역할 분장표, 업무현황 보고서 등을 통해 실질 투입 여부를 명확히 확인할 수 있다. • 예산의 사용 계획 대비 실제 집행률, 부서별 집행 실적, 잔액 관리 현황 등을 수치화하여 CP 활동이 단발성이 아닌 상시적이고 지속적인 조직관리 체계 하에 운영되고 있음을 실증하였다.
2. 전파(18.5점)				
D1. 자율준수 편람 지원 (점수 6.10)	D1.1 내용의 독창성 (점수 0.81)	CP 운영기준(자율준수편람 등)을 조직 규모, 구조, 의사결정 구조, 사업모델 및 부서 특성, 조직의 다수 이해관계자를 종합적으로 고려하여 작성하였는지 여부	이해 관계자 (고객, 협력사, 정부, 포함 3개 이상)의 의견을 반영한 경우	• 자율준수편람은 조직의 규모, 계열사 구조, 의사결정 절차, 사업모델, 부서별 업무 특성을 반영하여 표준화된 외부 서식이 아닌 자체 제작된 문서로 구성되었다. • 내부직원(영업, 구매, 생산 등) 대상 인터뷰 및 실무자 피드백을 반영하여 각 부서별로 발생 가능한 리스크 유형과 예방조치 항목을 분리 제시하였다. • 고객, 협력사, 정부 등 3개 이상의 외부 이해관계자 의견을 수렴한 결과를 반영하여, 편람 내 '이해관계자와의 공정거래 기준'과 '공동준수 항목'을 별도로 정리하였다. • 이해관계자 의견은 설문조사, 간담회, VOC 데이터 분석 등 실증자료를 통해 수집되었으며, 그 결과 반영된 편람개정 이력과 내용의 변화 내역을 함께 기록하여 제도 반영의 실효성을 입증하였다. • 자율준수편람은 CP 규정, 윤리강령, 내부통제 지침, 자가점검 리스트 등과 연계되어 하나의 통합

항목	세부측정지표	AA기준	작성 TIP(결과 중심)
2. 전파(18.5점)			
			문서군으로 기능하고 있으며, 각 항목은 조직 특유의 리스크 구조에 맞춰 재정렬된 구성으로 독창성을 확보하였다.
D1.2 내용의 충실성 (점수 1.60)	CP 운영기준(자율준수편람 등), 업계가 준수해야 하는 공정거래 법규 및 필수 법규 개요와 제재기준이 소개되었는지 여부	필수 법규, 제재 기준 소개	• 자율준수편람에는 「공정거래법」 등을 중심으로, 해당 조직의 사업 특성상 필수적으로 준수해야 할 관련 법규 개요 및 주요 제재기준이 항목별로 명확히 정리되어 있다. • 각 법령별로 위반 시 발생 가능한 리스크, 과징금 부과기준, 형사처벌 가능성 등 실질적 제재정보를 도표 및 정리표 형태로 수록하여 임직원 이해를 높였다.
	임직원 이해를 돕기 위해 사례, 판례, 행동강령, 질의응답 등 수록되었는지 여부	사례, 판례, 행동강령, 질의응답(FAQ 포함)이 모두 포함되어 있는 경우	• 자율준수편람에는 각 부서별 CP 운영 기준이 분리 구성되어 있으며, 업무 유형별로 자율점검 항목과 점검 방법(체크리스트, 사전질문 등)이 상세히 안내되어 있다. • 임직원 실무 적용을 지원하기 위해 업계에서 실제 발생한 위반사례와 공정거래위원회 판례, 내부 Q&A와 행동강령 해설을 함께 수록하여 학습과 실천을 동시에 유도한다. • 사례는 유형별(예: 불공정거래, 기술자료 요구, 판촉비 전가 등)로 정리되어 있으며, 각 사례별로 위반 내용, 관련 법 조항, 사내 예방 포인트가 병기되어 교육·진단 도구로 활용 가능하다.
	CP 운영기준(자율준수편람 등)이 각 업무 또는 부문별로 구분되고, 각 분야별 자율점검을 위한 구체적인 방법이 제공되는지 여부	조직별 구분	• 편람에는 자주 묻는 질문(FAQ), 판단이 애매한 상황에 대한 가이드라인 등을 포함시켜, CP 운영기준이 일회성 문서가 아닌 일상적 업무 기준으로 활용될 수 있도록 체계화하였다.
D1.3 가독성 (점수 1.47)	CP 운영기준(자율준수편람 등), 다양한 사용자를 감안하여 이해하기 쉽게 제작되었는지 여부	동영상 매체, 간행물, 홈페이지 게시용 전자파일 형태로 모두 제작된 경우	• 자율준수편람은 책자, 핸드북, 전자파일(PDF), 모바일 뷰어용 요약본, 동영상 매체 등 다양한 사용자 접근 경로를 고려하여 멀티 포맷으로 제작되었다. • 주요 법령 요약, 업무별 체크포인트, 자가점검 절차 등은 도표, 프로세스 흐름도, 아이콘, 컬러 시각요소를 적극 활용하여 시각적 이해도를 높였다. • 실무 적용이 잦은 내용은 A5 사이즈 핸드북, 사내 게시용 포스터, 모바일 알림용 콘텐츠로도 배포되어 현장 접근성과 반복 노출이 가능하도록 구성되었다. • 영상자료는 5분 내외의 주제별 마이크로러닝 형식으로 제작되어 전사 LMS와 연계되며, 이해도 제고를 위해 자막, 예시 삽화, 요점 정리 화면이 포함되었다. • 모든 자율준수 자료는 사내 인트라넷과 그룹웨어를 통해 임직원이 언제든지 검색·열람할 수 있도록

항목		세부측정지표	AA기준	작성 TIP(결과 중심)
2. 전파(18.5점)				
				게시되어 있으며, 관련 콘텐츠는 연 1회 이상 업데이트되어 최신성이 유지된다. • 시각자료와 문서 구성은 시니어 직원, 신입사원, 협력사 등 다양한 독자층의 가독성 수준을 고려하여 구성되었으며, 색상 대비, 문단 간격, 인포그래픽 중심 설계로 정보 전달력을 극대화하였다.
	D1.4 활용의 편의성 (점수 1.43)	CP 운영기준(자율준수 편람 등), 공정거래 법 규위반 가능성이 높은 부서에 우선 배포하여 이를 적극 활용하였는지 점검 여부	높은 접근성	• 편람은 공정거래법규 위반 리스크가 높은 부서(예: 영업, 구매, MD, 협력사 관리 부서 등)를 우선 대상으로 하여 배포되었으며, 부서별 맞춤형 버전으로 제작되었다. • 위반 우려가 큰 부서에는 업무별 체크리스트, 절차 흐름도, 판단 기준 요약본이 포함된 편람이 제공되어 현장 업무 중 실시간으로 참고할 수 있도록 구성되었다. • 자율준수편람은 인쇄본 외에도 모바일 문서 뷰어, 그룹웨어 링크, 인트라넷 게시판 등에서 손쉽게 접근 가능하도록 시스템화되어, 접근성과 실사용률을 제고하였다. • 반기 1회 이상 부서별 활용 실적을 점검하고, 그 결과를 관리부서가 종합하여 이행현황 보고서 및 문서관리기록으로 유지하고 있다.
		임직원들이 CP 운영기준을 시간과 제약 없이 접근하여 쉽게 활용할 수 있는지 여부		
	D1.5 지속적 개선 여 부(점수 0.79)	CP 운영기준의 개정주기 – 검토하여 개정소요가 없는 경우도 포함	분기 1회 개정	• 자율준수편람은 활용 부서로부터의 피드백, 법령 개정사항, 공정위 유권해석 등을 반영하여 매년 1회 이상 정기적으로 개정되고 있으며, 개정 이력은 별도 문서로 관리된다. • 부서별 자율점검 결과, 사내 교육 중 제기된 질의사항, 내부 감사결과 등을 수집하여 편람 개선 요구사항으로 정리한 후 운영기준에 반영하였다. • 편람 개정 시 각 부서에 변경 사항 요약본과 개정 대비표를 함께 제공하여 현장 적용의 혼란을 방지하였으며, 개선 전후 비교가 가능한 버전 관리 체계를 유지하고 있다. • 법령 변경이나 공정위 위반사례 발생 시, 해당 이슈를 신속히 반영하여 개정판을 배포한 이력이 있다.
		CP 운영기준이 해당 업계가 준수해야 하는 공정거래 법규 및 필수 법규 관련 정책의 최근 변경사항을 반영하여 개정하였는지 여부	최신 법 규/사례 반영	
D2. 교육 훈 련 프 로그램 (점수 12.40)	D2.1 정기 CP 교육(점 수 2.12)	임직원에 대한 연간 CP 교육 계획 유무	전임직원 대상 분기 단위 교육 계획	• 자율준수 교육은 전사 대상 연간 교육계획에 따라 사전에 편성되며, CP 전담 예산은 전년도 대비 증가한 수치를 유지하고 있다. • 교육비 항목은 회계시스템 내에서 별도 코드로 관리된다.

항목	세부측정지표	AA기준	작성 TIP(결과 중심)
2. 전파(18.5점)			
	계층(신입, 중간관리자, 임원), 부서(법규 위반 가능성이 높은 부서 등)별로 차별화 된 교육 유무	계층별, 부서별, 업무 관련성별로 구분하여 수립된 경우	• 교육 강사는 공정거래위원회, 공공기관 및 민간 인증기관 출신 전문가 또는 관련 실무경력 5년 이상 보유자를 기준으로 선정되며, 강사 이력과 검토 기준이 문서화되어 있다.
	CP 교육 예산이 충실히 반영되고 집행되는지 여부	예산진행 여부 (증가율)	• 교육 내용은 ISO 37301/37001 등 일반 컴플라이언스 이론뿐 아니라 공정거래법, 하도급법, 표시광고법 등 법령 중심의 CP 특화 콘텐츠로 구성되며, 법 위반 유형별 사례, 판례, 내부 행동기준을 중심으로 정리되어 실무 활용성이 높다.
	교육 강사 선정에 필요한 기준을 구체적으로 마련하고, 그에 따라 선정하였는지 여부	선정 기준 보고 후 강사 선정	• 교육 후에는 만족도 조사, 이해도 테스트, 설문 기반의 효과성 분석이 실시되며, 각 부서별 평가 결과와 피드백을 반영하여 차년도 계획에 반영된다.
	CP 교육 수립 시, 이전에 시행한 교육의 효과성 평가 결과 및 임직원 VOC, 해당 업계가 준수해야 하는 필수 법규 및 개정사항 등의 반영 여부	3가지 이상 반영	• 임원 및 경영진 대상 CP 교육은 연 1회 이상 별도로 편성되며, CEO·임원 전원이 수료한 기록(출석부, 수료증, 교육 보고서 등)이 실적보고서에 증빙으로 첨부된다. • 교육 결과는 연간 교육훈련 결과보고서로 작성되어 자율준수 관리자에게 보고되며, 교육 횟수, 대상자, 수료율, 부서별 이수율 등의 지표가 정량적으로 관리된다.
	CP 교육 계획에 따라 교육이 충실히 수행되었는지 여부	평가자 종합평가	• 전사 CP 교육 실적은 LMS(사내학습관리시스템) 화면캡처, 수료증 발급 기록, 교육용 콘텐츠 배포 내역 등으로 가시화되어 있고, 실적보고서에는 실제 이행 실적을 항목별로 명확히 기재한다.
D2.2 법 위반 가능성이 큰 부서 집중 교육(점수 4.76)	CP 교육 미이수자 및 CP 위반자에 대한 특별(보수)교육을 반드시 시행하도록 정하고 있는지 유무	특별교육 / 패너티 운영 여부	• 공정거래법 및 하도급법 등 위반 가능성이 높은 부서(예: 영업, 구매, 협력사 관리 등)를 사전에 식별하여, 해당 부서를 대상으로 별도 맞춤형 집중 교육을 연 1회 이상 실시하였다.
	공정거래 관련 법규 위반 가능성이 높은 부서나 CP 위반자를 대상으로 하는 교육에 활용되는 교재가 최신 법 위반 사례 및 사전 예방 방법 등을 충실히 포함하는지 여부	특별 교육 교재 제작	• 집중 교육 교재는 공정위 제재사례, 최근 유권해석, 판례, 업계 이슈 등을 반영하여 연 1회 이상 개정되며, 교재 개정 이력과 최신성 확보 내역이 함께 관리되고 있다. • 교육 대상자 중 미이수자에 대해서는 소속 부서장에 통보되고, 인사 평가 또는 교육 이수 관리 지표에 반영되는 등 제재 또는 경고성 패널티를 사내 규정에 따라 적용하고 있다. • 집중 교육은 부서 실무상황을 반영한 실전 사례 중심의 워크숍 형식으로 진행되며, 교육 후 테스트 및 피드백을 통해 이해도와 적용 가능성을 점검하였다.
	CP교육 후 교육 이해도 등의 측정 여부(예)시험 및 인터뷰)	CP 위반자 별도 교육 및 의견 청취	• 교육 실적은 수료자 명단, 시험 결과, 피드백 기록, 교재 배포 내역 등으로 구성된 반기 단위의 결과보고서로

항목	세부측정지표	AA기준	작성 TIP(결과 중심)
2. 전파(18.5점)			
			정리되어 자율준수 관리자에게 보고되었다.
			• 해당 교육자료는 내부 포털 및 그룹웨어를 통해 수시로 열람 가능하도록 게시되며, 최신 자료 반영을 위해 버전 번호 및 개정일자를 명시하였다.
D2.3 최고경영자 및 임원 대상 교육 (점수 3.40)	최고경영자 및 임원이 CP교육 참여 의무화 및 참여실적 – 회의, 세미나, 워크샵 등	규정, 임원 CP교육 계획 및 참여율	• 최고경영자 및 임원 대상 CP 교육은 연 1회 이상 전담 편성되었으며, 이사회 또는 경영전략회의 등 최고경영자가 참석하는 정기 회의체를 적극 활용하여 교육을 병행 실시하였다. • 교육은 일반 준법교육과 차별화된 심화 과정으로 구성되었으며, 내용에는 공정거래법 위반 시 CEO · 임원의 법적 책임, 최근 기업 제재사례, ESG와의 연계, 리스크 관리 전략이 포함되었다. • 강사는 외부 공정거래 전문가 또는 법조인, 공정위 출신 강사로 선정되었으며, 최고경영진의 경영 판단에 필요한 최신 이슈와 의사결정 포인트 중심으로 강의가 진행되었다. • 교육자료는 최고경영자용 요약본, 기업위험 진단사례, 내부통제 점검 포인트 등 전략적 의사결정 중심 콘텐츠로 별도 구성되었으며, 교육 후에는 간략한 리더십 메시지 전파도 유도하였다. • CEO 및 임원 교육 참석 실적은 회의록, 출석부, 수료증, 배포자료 목록으로 구성되어 증빙자료로 확보되었으며, 해당 기록은 CP 실적보고서에 포함되었다. • 교육 이수 결과 및 경영진 피드백은 차년도 CP 추진전략 및 예산 배분 등 의사결정 과정에 반영되어 교육 효과의 실질성을 확보하였다.
	CP교육 후 효과성 평가 절차가 수립되었는지 여부	평가 절차	• 모든 CP 교육 종료 후, 참석자 대상 사후 테스트 및 설문조사를 실시하여 이해도 · 만족도 · 적용 가능성 등에 대한 평가 결과를 수치화하였다.
D2.4 효과성 평가 (점수 2.12)	효과성 평가를 위한 지표가 구체적으로 마련되었는지 여부 – 참석률, 학습자 만족도, 이수율, 불만건수, 학습성과 달성 정도	참석률 등 평가지표 4개 이상 포함	• 부서별 교육 이수율, 이해도 평균 점수, 우수 부서 랭킹 등을 포함한 효과성 분석 리포트를 정기적으로 작성하여 자율준수 관리자 및 경영진에게 보고하였다. • 임직원 의견을 수렴한 설문조사 자유서술 항목, 제안사항, 현장 애로사항은 다음 교육 콘텐츠 개편에 반영되었으며, 개선 이력을 함께 기록하였다. • 교육 후 3개월 이내에 실시된 내부 CP 자가점검 및 법 위반 리스크 진단 결과와 연계하여, 교육이 실제 위반 예방 효과로 이어졌는지 간접 검증하였다. • 반복 교육을 통한 이해도 상승 추이, 제보 · 상담 건수의 변화, 주요 부서의 체크리스트 이행률 변화 등을 함께 분석하여 정성 · 정량 통합형 효과성 평가를 실시하였다.

항목	세부측정지표	AA기준	작성 TIP(결과 중심)
2. 전파(18.5점)			
			• 효과성 결과는 연 1회 CP 교육 성과보고서로 통합 정리되어 실적보고서에 첨부되며, 차년도 교육계획 수립 시 핵심 참고자료로 활용되고 있다.
3. 운영(27점)			
O1. 사전 감시체계 (점수 12.50)	O1.1 위험성 평가(점수 2.86)	CP 관련 위험성 평가 기준 마련 여부 – 법 위반 가능성을 점검하고 결과에 따라 조치하는 기준	평가 기준 및 세부 평가 지표	• 당사는 공정거래 리스크에 대한 정기적 위험성 평가 프로세스를 구축·운영하고 있으며, 다음과 같은 절차에 따라 실시되었다: ① 공정거래 관련 법령 식별: 「공정거래법」, 「하도급법」 등 당사 사업에 적용되는 관련 법규를 전사적으로 식별하였다. ② 리스크 점검 활동: 부서별 인터뷰, 현장 업무 실사, 제보 분석을 통해 위반 가능성이 높은 업무 및 프로세스를 도출하였다. ③ 리스크 평가 기준 수립: '법 위반 시 사업영향도'와 '업무상 발생 가능성'을 기준으로 영향도·발생도 5단계 등급 체계를 설정하였다. ④ 위험도 수준별 통제방안 정의: 고위험 영역에 대해서는 사전 교육, 사전승인, 업무 프로세스 변경, 점검 주기 강화 등의 통제방안을 설계하였다.
		위험성 평가 결과, 최소 3단계 (상,중,하) 구분	최소 상 중 하 3 단계	
		위험성 평가를 분기 1회 이상 수행, 중간 이상 위험성 발견 시, 경감 조치	분기 1회, 경감 조치	• 20245 기준 위험성 평가 결과, 영업/구매/마케팅 부서에서 불공정거래(예: 대금 감액, 판촉비 전가), 표시광고법 위반(과장 표현) 관련 리스크가 '중~고위험' 수준으로 도출되었다. • 이에 따라, 관련 부서 대상 분기별 사전점검 활동, 담당자 교육, 리스크 자가점검 체크리스트 운영, 거래 검토 시스템 로그 기록 점검 등의 위험 맞춤형 통제 활동이 수행되었다.
		위험성 경감을 위해 수행한 조치의 적정성 및 효과를 검토하고, 이를 위험성 평가 기준 개선에 반영	좌동	• 통제 활동 실적은 다음과 같이 관리되었다: ① 교육 실적: 공정거래법 고위험 부서 3개소 대상, 총 5회 교육, 수료율 100% ② 사전점검: 구매 부서 계약 프로세스 12건 사전승인 ③ 사후 감사: 2차 정기 점검을 통해 1건의 경미한 절차 누락 발견, 즉시 시정조치 ④ 시스템 점검: 계약서 자동검토 시스템 내 공정거래 조항 포함 여부 로그 분석 완료
	O1.2 사전업무 협의제도(점수 4.59)	공정거래 관련 법규 위반소지가 있는 행위를 검토할 때, 사전업무 협의제도 구축 여부 – 자율준수 관리자 또는 타 전문 감독부서와 미리 협의를 거치는 업무협의제도	좌동	• 공정거래 위반 리스크 예방을 위해 사전업무 협의제도를 정식 프로세스로 내재화하고 있으며, 다음 세 가지 형태로 운영 중이다: ① 자율준수 운영위원회를 통한 주요 거래, 계약 사전 심의 ② 자율준수 관리자 또는 CP팀을 통한 실무단계 사전 검토

항목		세부측정지표	AA기준	작성 TIP(결과 중심)
3. 운영(27점)				
		사전업무협의를 위한 협의체 역할, 운영방법 등 관련 기준 마련 여부	좌동	③ 법무팀, 감사실 등 관련 부서와의 협업 기반 사전 협의 채널 운영 • 모든 사전업무 협의 요청은 공정거래 관련 사안, 대상 부서, 검토일, 회신 내용, 최종 조치 결과를 포함하여 목록화되어 체계적으로 관리되고 있으며, 연도별 통계 자료 및 대표 사례가 별도로 정리되어 있다.
		협의체 운영 기록 관리 여부 – 회의록, 의사결정 보고서, 업무 체크리스트 등	좌동	• 협의 결과는 내부 승인 문서, 회의록, 그룹웨어 회신 로그 등으로 보존되며, 동일 유형의 재발 방지를 위한 FAQ화 및 내부 DB 연계도 추진하고 있다.
		사전업무협의체 활용, 임직원의 법규 위반행위를 연 2회 이상 예방 실적	연 2회 이상	• 아래와 같은 사전업무 협의 프로세스를 도식화하여 보고서에 수록하면 평가에 유리하다.(부서 요청 → CP 팀 접수 및 분류 → 자율준수 관리자 검토 → 관련 부서(법무, 감사 등) 협의 → 조치 가이드 회신 → 결과 저장 및 목록 등록)
	O1.3 직접보고 체계(점수 2.6)	자율준수 관리자 또는 이에 준하는 자, 공정거래 관련 법 위반 발견 시 최고경영진에게 독립적으로 보고할 수 있는 책임 및 권한 부여	좌동	• 자율준수 관리자는 공정거래 관련 법령 위반 사항을 인지한 경우, 중간관리자나 부서 승인 없이 최고경영자에게 직접 보고할 수 있는 권한과 책임을 사규상 명시적으로 부여받고 있다. • 해당 권한은 「자율준수 관리자 직무규정」 및 「CP 운영규정」에 명문화되어 있으며, 이사회 또는 CEO 직속 보고 체계도를 통해 구조적으로도 독립성이 확보되어 있다. • 실제 보고 경로는 자율준수 관리자가 작성한 위반 또는 위험 인지 보고서를 CEO에게 직접 보고하거나, 정기 리스크 보고회의, 자율준수 운영위원회, 경영진 대상 내부통제 브리핑을 통해 이뤄진다. • 최근 1년간 보고 실적 예시로는, 부당한 기술자료 요구 사안에 대해 자율준수 관리자가 직접 CEO에게 보고하여, 해당 절차를 중단하고 사내지침을 개선한 사례가 포함되었다. • 이러한 체계는 명목상 보고권한이 아닌, 위반 예방 및 내부통제 기능의 독립적 운영 실효성을 확보하기 위한 구조적 장치로 기능하고 있음을 보고서에 명확히 서술해야 한다.
	O1.4 내부고발 시스템(점수 2.45)	해당 업계가 준수해야 하는 공정거래 법규 및 필수 법규 위반행위 방지 등에 대한 내부고발 시스템 마련 및 시행	좌동	• 익명 기반의 내부고발 시스템(예: 온라인 제보센터, 그룹웨어 익명 신고창구 등)을 상시 운영하고 있으며, 임직원이 언제든지 접근·작성·제출할 수 있도록 전사 커뮤니케이션 채널을 통해 안내하고 있다. • 익명신고 시스템에 대한 임직원 대상 윤리의식 및 CP 인식 설문조사 결과를 통해, 실제 시스템 인지도와 활용 실태를 정기적으로 점검하고 있으며, 조사

항목		세부측정지표	AA기준	작성 TIP(결과 중심)
3. 운영(27점)				
		임직원, 내·외부에서 상시 접근이 가능하고, 고발 요건에 제한 없는 지 여부	좌동	결과에 따라 시스템 개선 또는 리마인드 캠페인이 진행되었다. • 전사 대상 내부고발제도 안내자료(포스터, 사내메일, 전자매뉴얼)를 연 2회 이상 배포하였고, 제보자의 신원 보호 및 불이익 금지 원칙을 반복적으로 교육하였다. • 내부 제보가 없더라도 감사팀 또는 자율준수 관리자가 식별한 사안이 CP팀에 보고되어, 공정거래 리스크 요인으로 분류된 후 내부 규정 개선이나 교육 확대 등의 후속조치가 실제로 수행된 실적이 존재한다. • 제보 접수, 처리, 결과 회신까지의 프로세스(접수–분류–조사–조치–종결)는 내부 지침에 따라 문서화되어 있으며, 제보 내용은 주기적으로 분류 분석되어 CP 운영 전략 수립에 반영되고 있다.
		내부고발자에 대한 권리보호(보복 금지, 익명성 등) 및 불이익 없음을 투명하게 보장하는 지 여부	좌동	
		내부고발에 대한 조사팀 구성 및 권한 부여 기준/절차 마련 여부	좌동	
		조사 경과 및 결과, 이사회 등 최고의사결정 기구에 주기적으로 보고되도록 규정하는지 여부	연 2회 이상 정기 보고	
		조사 결과가 자율 준수 관리자에게 보고되어 CP 운영에 기여한 사례 유무	사례 2회 이상	
O2. 제재 및 인센티브 시스템 (점수 14.50)	O2.1 인사제재 시스템(점수 8.47)	공정거래법 및 필수 법규위반자에 대한 인사제재 유형 및 정도 명문화 규정	좌동	• 공정거래법을 포함하여 하도급법, 상생협력법, 상법상 내부거래 제한 조항, 형법 및 조세범처벌법 등 관련 필수 법규 위반 시 무관용 원칙에 따라 제재하는 사내 규정을 명문화하고 있다. C– P 운영규정 및 인사규정에 따라, 공정거래 관련 법규 위반 시 경고, 감봉, 전보, 징계위원회 회부 등 단계별 인사제재 프로세스가 적용되며, 위반 사례에 따른 사례별 제재 기준표를 별도로 운영하고 있다. • 전 임직원을 대상으로 한 CP 교육 과정에서 위반 시 인사상 불이익 및 처벌 가능성에 대한 내용을 구체적으로 설명하였으며, 내부 교육자료 및 LMS 콘텐츠에 관련 내용이 포함되어 있음을 기록하였다. • 최근 1년간 공정거래 관련 경미한 위반사례에 대해 경고 및 교육 이수 명령 조치가 실제로 이행된 실적이 있으며, 해당 조치 이후 관련 부서의 내부통제 프로세스가 개선되었다. • 제재와 연계된 재발방지 활동으로는 사후 교육 실시, 업무 절차서 개정, 자율점검표 보완 등 후속조치가 실행되었으며, 해당 이력은 자율준수 관리자 보고 체계 내에 보존되어 있다.
		법 위반자에 대한 인사제재 및 재발방지 활동 연 2회 이상 실시	연2회 이상	

항목		세부측정지표	AA기준	작성 TIP(결과 중심)
3. 운영(27점)				
				• 제재는 단순 징벌이 아니라, CP 시스템 신뢰도와 조직 내부 규범 확산을 위한 핵심 운영수단으로 기능하고 있음을 실적보고서에서 명확히 서술해야 한다.
O2.2 인센티브 시스템(점수 6.03)		공정거래 법규 준수 및 CP 확산 기여에 대한 포상 또는 인센티브 등의 포상방안 마련하고, 매년 예산 규모가 증가	좌동	• CP 활동 우수자 및 공정거래 리스크 예방 기여 부서를 대상으로 하는 자율준수 포상제도를 매년 운영 중이며, 관련 포상 예산은 최근 3년 연속 증가 추세를 유지하고 있다. • 포상 예산은 2023년 200만 원 → 2024년 300만 원 → 2025년 500만 원으로 증액되었으며, 회계시스템상 별도 예산코드로 편성·집행되고 있는 내부 보고자료 및 집행내역표를 확보하여 실적보고서에 첨부하였다.
		공정거래 법규 준수 및 CP 확산 기여에 대한 포상 또는 인센티브 2회 이상 제공	연 2회 이상	• 포상은 대표이사가 직접 수여하는 'CP 우수 실천상' 시상식 형태로 진행되며, 전사 임직원 앞에서 대표이사가 자율준수 메시지를 함께 발표하는 행사 사진 및 회의록이 존재한다. • 포상 대상자는 부서 추천 및 자율준수 관리자 심사를 통해 선정되며, 기준에는 리스크 자가점검 우수 수행, CP 캠페인 참여, 위반 예방 제안 채택 등 실질적 활동 성과가 포함된다. • 포상 결과는 전사 공지 및 그룹웨어 게시를 통해 조직 전체에 공유되며, 자율준수 문화 확산과 모범사례 전파 효과를 함께 거두고 있다. • 일부 우수부서에는 포상 외에도 다음 연도 교육 면제 혜택, 내부 감사 면제 등의 실질적 인센티브도 부여하여 자발적 CP 참여를 유도하고 있다.
4. 평가(8.4점)				
E1. 프로그램 효과성 평가와 개선 시스템(점수 8.4)	E1.1 CP 운영의 효과성 평가 (정기감사) (점수 4.23)	효과성 평가 및 감사 관련 절차를 수립하여 연 2회 이상 운영	연 2회 이상	• CP 운영에 대한 정기감사는 연 1회 이상 자율준수 관리자 주관으로 실시되며, 필요시 외부 전문가 또는 독립된 감사팀과 공동으로 운영하여 객관성을 확보하고 있다. • 감사 담당 인력은 내부 CP 규정에 따라 지정된 CP 감사 전담자 또는 지정 감사 인력으로, 이들의 업무 범위, 책임, 평가기준은 「자율준수 감사지침」에 구체적으로 명시되어 있다.
		효과성 평가 자격(전공, 공정거래 법규 관련 업무 경험, 감사 업무 수행 경험, 외부 자격증 보유 여부 등), 공정한 업무 범위 정의(자신 및 소속 부서에 관한 업무감사 배제 여부 등) 기준	인적자원 자격 기준 유무	• 감사는 CP 운영 전반에 대한 문서 점검, 인터뷰, 실무 이행 확인 등 정성·정량 방식으로 구성되며, 그 결과는 효과성 평가보고서로 작성되어 경영진에 보고되고 있다.

항목	세부측정지표	AA기준	작성 TIP(결과 중심)
4. 평가(8.4점)			
	조직의 정기감사계획에 CP 운영 관련 감사계획을 타 감사 사항과 구분하여 독립적으로 수립	좌동	• 감사에서 식별된 개선사항은 CP 운영계획, 교육자료, 제보시스템, 자율점검 체크리스트 등 주요 항목에 대한 후속조치 이행 여부까지 추적 관리되며, 실적보고서에 명확히 기술된다.
	계획서, 결과보고서, 감사노트, 인터뷰 명단, 지적사항 등을 관리	좌동	• 감사 관련 문서는 일반 CP 운영자료와 분리된 별도 폴더 또는 관리체계(예: 감사 폴더, G드라이브 분리 권한 등)로 저장·보존되고 있으며, 이력 추적이 가능하도록 문서번호와 감사일자를 체계적으로 관리하고 있다.
			• 최근 1년 내에는 외부 CP 컨설팅 기관으로부터 운영 실태 진단 및 제도 개선 자문을 받은 이력이 있으며, 해당 컨설팅 결과에 따라 정기감사 체크리스트 개정 및 내부통제 항목 강화 등의 조치가 이행되었다.
E1.2 프로그램의 지속적 개선 및 경영에의 반영(점수 4.17)	운영에 대한 효과성 평가 및 정기감사 결과를 최고경영진(최고경영자나 임원진 회의) 또는 이사회에 분기별로 보고	반기별 보고	• 정기 CP 감사 결과 식별된 주요 이슈에 대해 문제 원인 분석(Root Cause Analysis)을 실시하고, 분석 결과에 따라 제도 개선 및 경영 의사결정 반영 사례를 도출하였다.
	CP의 효과성에 대한 평가 및 감사를 연 2회 이상 시행한 경우	연 2회 이상 효과성 평가	• 예시: 2025년 정기감사에서 영업부서의 사전승인 미이행 사례 3건이 확인되었으며, 원인분석 결과 사전 업무 협의제도에 대한 인식 부족 및 문서 접근성 미흡이 주요 원인으로 파악되었다.
	CP 운영에 대한 효과성 평가 및 정기감사를 연 2회 이상 시행하였고, 발견된 문제점에 대한 제도개선 또는 시정조치를 연 2회 이상 실시	평가/시정조치 연 2회 이상	• 이에 따라 CP팀은 ▲사전협의 요청 프로세스 재정비, ▲직관적 온라인 신청 화면 개편, ▲교육 콘텐츠에 사례 반영 등의 제도 개선 조치를 즉시 시행하였다. • 감사 결과 및 조치계획은 자율준수 관리자가 CEO 및 임원 대상 보고회의에서 직접 발표하였으며, 다음 연도 CP 추진계획 및 예산 편성 시 관련 항목을 우선 반영하였다.
	효과성에 대한 평가 및 감사 결과를 최고경영진에게 보고한 경우(보고 내용/시정조치/CP 반영)	최고경영진 보고	• 개선 사항은 자율준수 편람 개정, 체크리스트 항목 보완, 교육 커리큘럼 조정 등으로 연결되었으며, 이행 완료 여부는 다음 감사 및 실적보고서를 통해 주기적으로 확인된다. • 이처럼 감사 → 원인분석 → 제도 개선 → 경영 반영 → 재점검의 선순환 구조를 실적보고서에 명시함으로써, CP가 조직 내 지속적으로 진화하는 시스템임을 강조하였다.

출처: 한국준법진흥원 CmP 강의자료 및 전문 컨설턴트 등

COMPLIANCE 공정거래 CP & ISO 37301 실무가이드

운영상 핵심 포인트를 요약하면 다음과 같다.

❶ **구축**(46.1)

• CP 도입 및 운영 방침 수립(13.5점)

• 최고경영진의 지원(32.6점)

  – 대표이사 의지 선언 및 행동강령 등에서 회사 내부 외 제3자에 대한 실천 전
    파 내용 포함(하도급 거래 시 법 준수 등)

  – CP 운영 목표를 최대한 정량화하여야 함(건수, 비율 등)

  – 최고경영자 및 이사회 등에 보고한 실적을 중요하게 여기므로 보고 프로세스,
    근거 규정, 보고 실적을 많이 확보

  – C 파트의 구성: 경영이념 → CEO인사말(메시지) → KPI로 연결

❷ **전파**(18.5점)

• 자율준수편람(6.1점)

• 교육·훈련 프로그램(12.4점)

  – 편람은 앞부분에 공정거래 실천 CEO 선언문, 행동강령 등 나오고 본 내용 배치

  – 전자파일, 책자, 동영상, 모바일 등 다양한 형태 및 방법으로 배포하여 활용

  – 공정거래 소식지, CP 뉴스레터 등을 개성 있는 실적으로 보기 때문에 최대한
    활용(대표이사 의지 표명 등 포함)

❸ **운영**(27점)

• 사전감시체계(12.5점)

• 제재 및 인센티브(14.5점)

  – 사전협의제도에서 자율준수 관리자의 역할을 제시할 수 있어야 함

  – 제재 실적이 없는 경우 굳이 무리하게 넣기보다 "몇 회를 점검해서 어떤 재발
    방지 활동을 수행한다" 식으로 기술

❹ 평가(8.4점)

- 프로그램 효과성 평가 및 개선(8.4점)

    – 효과성 평가 및 감사를 수행하여 개선한 실적(횟수) 등이 중요

    – CP 운영 효과성 평가의 객관성 확보를 위한 외부 기관의 검증(용역)이 수행된 경우 평가 시 유리

    – 대표이사에 대한 견제 또는 CP 운영 독려를 할 수 있는 별도 기구(자율준수협의회, 감사위원회 등)

위와 같이 배점이 높은 항목을 우선 서술하고, 실적을 객관적으로 수치화하며, 구체적인 증빙자료를 첨부하는 전략이 필요하다. 이를 통해 공정거래 CP 등급평가에서 높은 점수를 받을 수 있으며, ESG 경영과 준법경영의 가치를 더욱 강화할 수 있다.

공정거래 CP 실적보고서는 기업 내부의 공정거래 성과를 평가함과 동시에 기업의 윤리경영에 대한 공정성과 투명성을 대외적으로 입증하는 강력한 수단이 될 것이며, 규제 당국과의 신뢰 관계를 구축하는 핵심 자료로 활용될 수 있다. 즉, 공정거래법에서 정의하는 공정거래 자율준수 문화를 실천하고 있음을 입증하는 핵심 자료이다.

04. 등급평가 대비 체크리스트

CP 등급평가는 형식적 운영 실적만으로 높은 평가를 받기는 어렵다. 특히 AAA 등급을 목표로 하는 기업이라면, 무엇을 했는가보다 어떻게 했으며, 그 결과가 조직에 어떤 실질적 변화를 만들어 냈는가에 대한 증명력이 요구된다. 이때 실무자가 의지와 실행을 시스템으로 연결하는 가장 실용적인 도구가 바로 다음에 설명할 등급평가 대비 체크리스트이다.

이 체크리스트는 공정거래조정원이 제시한 세부 측정지표(항목별 질문 목록)에 기반하여 구성되었으며, 특히 AAA 등급 수준의 심화 질문을 중심으로 구성되어 있다. 이를 통해 실무자는 CP 구축(C), 전파(D), 운영(O), 평가(E)의 각 영역에서 어떤 기준으

로 무엇을 점검하고 증빙해야 하는지를 사전에 체계적으로 확인할 수 있다.

다음에 설명할 체크리스트의 장점은 명확하다. 첫째, CP 추진 순서를 구조화할 수 있다. 실무자가 어디서부터 시작할지 막막할 때, AAA 기준에 따라 CP 구축 과정을 단계별로 따라갈 수 있다. 둘째, 미비점이나 사각지대의 발견이 쉽다. 눈에 보이지 않던 누락 요소나 '형식만 있고 실질이 없는' 항목을 진단하는 데 유용하다. 셋째, 실적보고서의 설계 방향을 잡아준다. 항목별 점검 포인트가 곧 보고서의 목차와 증빙 리스트의 뼈대가 된다. 넷째, 내부 교육과 컨설팅에도 활용 가능하다. 각 항목의 질문들은 CP 관련 부서나 실무자에게 준법 의식을 내재화시키는 학습 자료로도 적합하다. 다섯째, 평가자의 관점에서 CP를 역설계하는 기회를 제공한다. "이 기준을 평가자가 본다면 어떤 자료, 어떤 구조, 어떤 메시지를 기대할까?"라는 질문을 실무자가 스스로 던지게 해준다.

특히 2025년 개정된 등급평가 지침에서는 각 항목별 현장 인터뷰 기반 평가의 비중이 높아졌고, 운영의 실효성과 문화 확산이 강조되면서 형식적 시스템보다 일상 업무에 내재된 CP의 작동 메커니즘이 주요 평가 요소로 부각되었다. 이러한 변화에 대응하려면 기업은 '운영 중이다'라는 주장만이 아니라 '이만큼 작동하고 있으며, 이 정도 효과를 냈다'는 수치와 사례 중심의 증명 전략을 마련해야 한다.

이 장에서는 Construction(C) 영역을 시작으로 등급평가 기준의 AAA 수준에 해당하는 질문 항목을 기반으로 기업이 자체 점검할 수 있도록 구체적인 체크리스트를 제시한다. 각 항목은 단순히 질문을 나열하는 데 그치지 않고, 평가 항목의 본질적 취지를 이해하고 실무적으로 적용할 수 있도록 설계되었다. 이 체크리스트를 통해 실무자는 CP 운영의 누수를 예방하고, 평가자의 눈높이에 맞는 고도화 전략을 세울 수 있을 것이다.

C^{Construction} – CP의 구축(AAA 기준)

세부 측정지표	등급평가 대비 체크리스트(현장 인터뷰 위주)
C1.1.1 최고경영자가 CP 행동강령, CP 방침 선언, CP 도입 선포식 또는 이와 유사한 취지의 내용을 활용하여 확고한 CP 실천 의지를 공개적으로 표명하였는가?	1. 최고경영자가 CP 행동강령, CP 방침 선언, CP 도입 선포식 또는 유사한 방식으로 CP 실천 의지를 공식적으로 표명하였습니까? 2. 최고경영자의 CP 실천 의지는 공식 문서(예: 행동강령, 선언문)로 작성되었습니까? 3. CP 실천 의지 표명이 임직원 전체에게 전달되었습니까? 4. CP 실천 의지는 외부 이해관계자(협력업체, 고객, 투자자 등)에게도 공개되었습니까? 5. CP 실천 의지는 다음 중 어떤 방법으로 표명되었습니까? • ( ) CP 행동강령 발표 • ( ) CP 방침 선언 • ( ) CP 도입 선포식 개최 • ( ) 임직원 대상 서한 발송 • ( ) 사내 인트라넷 공지 • ( ) 회사 홈페이지 및 공식 자료 게시 • ( ) 기타 (구체적으로 작성: _____) 6. CP 실천 의지는 정기적으로(예: 연 1회) 최고경영자가 재확인하고 있습니까? 7. CP 실천 의지 표명 이후, 조직 내 공정거래 준수를 위한 구체적인 조치(예: 교육 강화, 내부 감사 시행 등)가 이루어졌습니까?
C1.1.2 최고경영자가 조직의 CP 운영 현황 및 성과에 대하여 주기적으로(예: 분기, 반기) 검토하였으며, 조직의 CP 실천 의지를 CP 관련 사업목표(예: 핵심성과지표(KPI))에 충실히 반영될 수 있도록 지시하였는가?	1. 최고경영자가 조직의 CP 운영 현황 및 성과를 주기적으로 검토하고 있습니까? 2. CP 운영 현황 및 성과 검토 주기는 어떻게 설정되어 있습니까? • ( ) 분기별 • ( ) 반기별 • ( ) 연 1회 • ( ) 필요 시 비정기적 검토 • ( ) 검토한 적 없음 3. 최고경영자가 CP 운영 현황 및 성과 검토 결과를 보고받는 방식은 무엇입니까? • ( ) 공식 보고서 제출 • ( ) 이사회 또는 CP위원회 회의 참석 • ( ) 사내 보고 시스템 활용 • ( ) 기타 (구체적으로 작성: _____) 4. 최고경영자가 CP 실천 의지를 사업 목표(예: 핵심 성과 지표(KPI))에 반영하도록 지시하였습니까? 5. CP 관련 성과 지표(KPI)가 설정되어 있습니까? 6. CP 실천 의지가 반영된 핵심 성과 지표(KPI)의 항목은 무엇입니까? • ( ) 공정거래법 및 내부 CP 준수율 • ( ) 공정거래 교육 이수율 • ( ) 내부 신고 활성화 및 리스크 감축 노력 • ( ) CP 관련 개선 활동 및 리스크 점검 실적 • ( ) 기타 (구체적으로 작성: _____)

COMPLIANCE 공정거래 CP & ISO 37301 실무가이드

세부 측정지표	등급평가 대비 체크리스트(현장 인터뷰 위주)
	7. 최고경영자가 CP 운영 성과 및 리스크 평가 결과를 반영하여 조직 내 개선 조치를 지시한 사례가 있습니까?
	8. 최고경영자의 CP 운영 성과 검토 및 지시 사항이 임직원의 준법 의식 및 업무 수행 방식에 영향을 미쳤다고 판단하십니까?
	9. 최고경영자의 CP 운영 성과 검토 및 지시가 공식적으로 기록되고 공유되었습니까?
	• ( ) 내부 회의록 및 문서화
	• ( ) 임직원 대상 공지 또는 교육 반영
	• ( ) 회사 공식 보고서 반영
	• ( ) 기타 (구체적으로 작성: _____)
C1.1.3 최고경영자가 조직의 CP 문화 촉진을 위한 활동(예: 캠페인, 행사, 선포식, 표창 등)에 직접 참여하였는가?	1. 최고경영자가 조직의 CP 문화 촉진을 위한 활동에 직접 참여하였습니까?
	2. 최고경영자가 참여한 CP 관련 활동 유형은 무엇입니까?
	• ( ) CP 선포식
	• ( ) CP 캠페인
	• ( ) CP 관련 내부 행사
	• ( ) 공정거래 준수 임직원 표창
	• ( ) CP 교육 및 워크숍
	3. 최고경영자가 CP 문화 촉진 활동에서 직접 연설, 메시지 전달 또는 선언을 하였습니까?
	4. CP 문화 촉진 활동이 전 임직원에게 공유되었습니까?
	5. 최고경영자의 참여가 임직원의 CP 실천 의지 및 인식 개선에 기여했다고 판단하십니까?
	6. CP 문화 촉진 활동이 주기적으로(예: 연 1회 이상) 이루어지고 있습니까?
	7. 최고경영자의 CP 촉진 활동 참여 여부가 공식적으로 기록되었으며, 내부 또는 외부에 공표되었습니까?
	8. CP 촉진 활동 이후, 조직 내 공정거래 준수를 위한 추가적인 조치(예: 교육 강화, 내부 감사 시행 등)가 이루어졌습니까?
C1.2.1 CP 운영에 관한 기준(자율준수편람 등)과 절차가 포함된 문서(지침서, 절차서 등)가 있는가?	1. CP 운영과 관련된 기준(예: 자율준수편람, CP 가이드라인)이 문서화되어 있습니까?
	2. CP 운영 절차가 포함된 공식 문서(예: 지침서, 절차서)가 존재합니까?
	3. CP 운영 문서는 다음 중 어떤 형태로 제공됩니까?
	• ( ) 자율준수편람
	• ( ) CP 운영 지침서
	• ( ) CP 절차서
	• ( ) 내부 규정 문서
	• ( ) 기타 (구체적으로 작성: _____)
	4. CP 운영 관련 문서가 최신 법령 및 규정을 반영하여 정기적으로 업데이트되고 있습니까?
	5. CP 운영 관련 문서는 임직원이 쉽게 접근할 수 있도록 배포되었습니까?
	6. CP 운영 문서는 신입 및 기존 임직원 교육 과정에서 활용되고 있습니까?

세부 측정지표	등급평가 대비 체크리스트(현장 인터뷰 위주)
	7. CP 운영 관련 문서가 내부 감사를 통해 적절하게 관리되고 있습니까? 8. CP 운영 기준 및 절차에 대한 개선 또는 변경 사항이 발생할 경우, 이를 반영하는 체계적인 절차가 마련되어 있습니까?
C1.2.2 CP 운영에 관한 목표가 측정 가능하고 정량화된 지표로 관리되었는가?	1. CP 운영에 대한 명확한 목표가 설정되어 있습니까? 2. CP 운영 목표는 측정 가능하도록 정량화되어 있습니까? 3. CP 운영 목표는 어떤 기준으로 설정됩니까? • ( ) 공정거래법 준수율 • ( ) 공정거래 교육 이수율 • ( ) 내부 신고 건수 및 처리율 • ( ) CP 관련 내부 감사 결과 • ( ) CP 운영 개선 조치 실행율 • ( ) 기타 (구체적으로 작성: _____) 4. CP 운영 목표는 연간 또는 정기적인 주기로 관리되고 있습니까? 5. CP 운영 목표 달성 여부를 평가하는 체계(예: KPI, 내부 감사, 성과 보고)가 마련되어 있습니까? 6. CP 운영 목표의 달성 여부 및 성과가 최고경영자 또는 CP위원회에 보고되고 있습니까? 7. CP 운영 목표는 회사의 전반적인 사업 전략 및 윤리경영 정책과 연계되어 있습니까? 8. CP 운영 목표 미달성 시 보완 조치를 시행하는 절차가 마련되어 있습니까?
C1.2.3 최고경영자에서 일선 관리자까지의 CP 운영에 대한 책임과 권한이 구체적으로 명시되어 있는가?	1. 최고경영자의 CP 운영에 대한 책임과 권한이 공식적으로 문서화되어 있습니까? 2. CP 운영에 대한 임원 및 경영진의 역할과 책임이 명확하게 규정되어 있습니까? 3. 일선 관리자의 CP 운영 책임과 역할이 구체적으로 정의되어 있습니까? 4. CP 운영에 대한 책임과 권한이 포함된 문서는 무엇입니까? • ( ) CP 행동강령 • ( ) CP 운영 매뉴얼 • ( ) 내부 직무 지침서 • ( ) 기타 (구체적으로 작성: _____) 5. CP 운영 책임과 권한이 조직 내 계층(최고경영자, 임원, 관리자, 일반 직원)별로 명확히 구분되어 있습니까? 6. 각급 책임자의 CP 관련 의무(예: 교육 참여, 준수 모니터링, 보고 의무)가 구체적으로 정의되어 있습니까? 7. CP 운영 책임과 권한에 대한 사항이 공식적인 교육 또는 지침을 통해 임직원에게 전달되고 있습니까? 8. CP 운영 책임과 권한이 실질적으로 이행되고 있는지 점검하는 내부 감시체계가 마련되어 있습니까?
C1.3.1 CP 운영에 관한 사항이 내용, 방법, 주체 등에	1. CP 운영 사항이 공식적으로 외부에 공시 · 공표되고 있습니까? 2. CP 운영 사항이 공표되는 채널은 무엇입니까? • ( ) 회사 홈페이지

COMPLIANCE 공정거래 CP & ISO 37301 실무가이드

세부 측정지표	등급평가 대비 체크리스트(현장 인터뷰 위주)
제한 없이 공시·공표되고 있는가?(예: 홈페이지, SNS, 동영상사이트, 내부 공시 등)	• ( ) SNS(예: 유튜브, 페이스북, 링크드인 등) • ( ) 동영상 사이트 • ( ) 사내 인트라넷 • ( ) 공식 보도자료 또는 공문 • ( ) 기타 (구체적으로 작성: _____) 3. CP 운영 사항이 임직원뿐만 아니라 협력업체 및 외부 이해관계자에게도 공개되고 있습니까? 4. CP 운영 관련 공시·공표 내용은 정기적으로 업데이트되고 있습니까? 5. 공시·공표되는 CP 운영 내용은 다음을 포함합니까? • ( ) CP 방침 및 운영 지침 • ( ) CP 활동 현황 및 성과 보고 • ( ) CP 교육 프로그램 안내 • ( ) CP 위반 사례 및 개선 조치 사항 • ( ) 기타 (구체적으로 작성: _____) 6. CP 운영 공시·공표 내용이 일반인이 쉽게 접근하고 이해할 수 있도록 구성되어 있습니까? 7. CP 공시·공표 방법에 대한 내부 기준(예: 주기, 검토 절차, 승인 과정)이 마련되어 있습니까?
C1.3.2 CP 운영에 대한 사항과 개정된 CP 운영기준 및 절차가 회사의 임직원들에게 올바르게 전달되고 있는가?(배포, 교육, 전달 수준 확인)	1. CP 운영 사항과 개정된 CP 운영 기준 및 절차가 임직원에게 공식적으로 전달되고 있습니까? 2. CP 운영 사항 및 개정 내용은 어떤 방식으로 전달되고 있습니까? • ( ) 사내 이메일 • ( ) 사내 인트라넷 게시 • ( ) 공식 문서 또는 공문 배포 • ( ) 사내 교육 및 워크숍 • ( ) 내부 회의 및 보고서 • ( ) 기타 (구체적으로 작성: _____) 3. 임직원이 CP 운영 기준 및 절차 변경 사항을 쉽게 확인할 수 있도록 안내하고 있습니까? 4. CP 운영 사항 및 개정 내용이 모든 부서와 임직원에게 동일하게 전달되고 있습니까? 5. CP 관련 교육이 정기적으로 시행되고 있으며, 개정된 내용이 교육 과정에 반영되고 있습니까? 6. CP 운영 사항과 개정 내용을 이해했는지 확인하는 절차(예: 퀴즈, 테스트, 피드백 수집 등)가 마련되어 있습니까? 7. CP 운영 사항 및 개정 내용을 전달받은 임직원의 이해도와 인식 수준을 평가하는 체계가 존재합니까? 8. CP 운영 사항 및 개정 내용 전달 과정에서 임직원의 질문이나 피드백을 수렴할 수 있는 시스템(예: Q&A 세션, 피드백 설문조사 등)이 마련되어 있습니까?
C2.1.1 최고의사결정기구(이사회,	1. 최고의사결정기구(이사회 또는 최고경영자)가 공식적으로 CP 관리자를 임명하였습니까?

세부 측정지표	등급평가 대비 체크리스트(현장 인터뷰 위주)
이사회가 없는 회사의 경우에는 최고 영자)가 CP 관리자를 임명하였는가?	2. CP 관리자의 임명은 공식 문서(예: 임명장, 공문, 내부 규정 등)로 기록되었습니까? 3. CP 관리자 임명 과정이 내부 규정 또는 절차에 따라 이루어졌습니까? 4. CP 관리자의 역할과 책임이 명확하게 정의되어 있습니까? 5. CP 관리자의 임명 사항이 임직원에게 공식적으로 공지되었습니까? 6. CP 관리자는 최고경영자 또는 이사회에 직접 보고할 권한을 가지고 있습니까? 7. CP 관리자의 임명 이후, 해당 관리자가 CP 운영 및 관리 업무를 수행할 수 있도록 필요한 지원(예: 예산, 인력, 교육)이 제공되고 있습니까? 8. CP 관리자 임명 후, 해당 관리자의 역할과 책임을 주기적으로 검토 및 평가하는 절차가 마련되어 있습니까?
C2.1.2 임명된 CP 관리자는 CP의 기획, 감독, 성과 보고 등과 같은 책임과 권한을 부여받고 독립성을 인정받고 있는가?	1. 임명된 CP 관리자가 CP의 기획, 감독, 성과 보고 등의 역할을 수행할 책임과 권한을 부여받았습니까? 2. CP 관리자의 책임과 권한이 공식 문서(예: 임명장, 내부 규정, 직무 기술서)로 명확하게 정의되어 있습니까? 3. CP 관리자는 독립적으로 CP 운영 및 관리 업무를 수행할 수 있도록 조직·인사·예산상의 독립성을 보장받고 있습니까? 4. CP 관리자는 최고경영자 또는 이사회에 직접 보고할 수 있는 체계를 가지고 있습니까? 5. CP 관리자가 공정거래법 및 CP 운영과 관련된 사항을 독립적으로 점검하고 조사할 권한을 가지고 있습니까? 6. CP 관리자의 직무 수행 과정에서 외부의 부당한 간섭이나 영향력을 차단할 수 있는 제도적 장치가 마련되어 있습니까? 7. CP 관리자의 역할 수행을 위해 필요한 교육, 자원, 인력이 충분히 지원되고 있습니까? 8. CP 관리자의 성과 및 활동이 정기적으로 평가되고 있으며, 그 결과가 CP 운영 개선에 반영되고 있습니까?
C2.1.3 CP 관리자의 임명 사실 및 역할 등에 관한 사항이 임직원들에게 명확히 공표되었는가?(예: 공표 사실, Email 통지 및 발령 사실 통보 등)	1. CP 관리자의 임명 사실이 공식적으로 공표되었습니까? 2. CP 관리자의 임명 사실은 어떤 방식으로 임직원에게 전달되었습니까? • ( ) 사내 이메일 공지 • ( ) 인트라넷 또는 사내 게시판 게시 • ( ) 공식 발령 공문 배포 • ( ) 내부 회의 또는 보고를 통한 안내 • ( ) 기타 (구체적으로 작성: _____) 3. CP 관리자의 역할과 책임이 명확하게 정의되어 임직원에게 전달되었습니까? 4. CP 관리자의 업무 범위(기획, 감독, 성과 보고 등)가 공표된 자료에 포함되어 있습니까? 5. 임직원들이 CP 관리자에게 문의하거나 지원을 요청할 수 있는 공식적인 연락 경로(예: 이메일, 핫라인, 내선번호 등)가 제공되었습니까? 6. CP 관리자 임명 및 역할 공표 이후, 관련 내용을 임직원들이 충분히 이해하고 있는지 확인하는 절차(예: Q&A 세션, 피드백 수집 등)가 마련되어 있습니까? 7. CP 관리자 임명 및 역할 공표가 신규 임직원 교육 또는 정기 교육 과정에도 반영되고 있습니까?

COMPLIANCE 공정거래 CP & ISO 37301 실무가이드

세부 측정지표	등급평가 대비 체크리스트(현장 인터뷰 위주)
C2.2.1 CP 운영을 위해 필요한 인력과 예산이 회사로부터 충분히 지원·집행되었는가?	1. CP 운영을 위해 회사로부터 충분한 인력이 지원되었습니까? 2. CP 운영을 위한 인력 규모가 조직의 CP 업무 수행에 적절한 수준입니까? 3. CP 운영 담당자의 역할과 업무가 명확하게 정의되어 있습니까? 4. CP 운영을 위한 예산이 별도로 책정되어 있습니까? 5. CP 운영 예산은 다음 항목을 충분히 지원할 수 있도록 확보되었습니까? 　• (　) CP 교육 및 연수 비용 　• (　) 내부 감사 및 모니터링 시스템 구축 　• (　) 외부 전문가 자문 및 법률 검토 비용 　• (　) 공정거래 준수 관련 자료 제작 및 배포 　• (　) 기타 (구체적으로 작성: ＿＿＿＿＿) 6. CP 운영 예산이 실제로 적시에 집행되고 있습니까? 7. CP 운영 인력 및 예산에 대한 정기적인 검토 및 조정 절차가 마련되어 있습니까? 8. CP 운영 인력 및 예산이 부족할 경우, 추가 지원을 요청할 수 있는 체계가 존재합니까?
C2.2.2 CP 운영을 위한 전담 조직을 구성하였거나 이를 전담할 수 있는 부서를 지정하고 있는가?	1. CP 운영을 위한 전담 조직이 구성되었습니까? 2. CP 운영을 전담하는 부서가 지정되어 있습니까? 3. CP 전담 조직 또는 부서의 명칭은 무엇입니까? (구체적으로 작성: ＿＿＿＿＿) 4. CP 전담 조직 또는 부서의 주요 역할이 명확하게 정의되어 있습니까? 5. CP 전담 조직 또는 부서는 다음과 같은 업무를 수행하고 있습니까? 　• (　) CP 운영 기획 및 실행 　• (　) 공정거래 준수 모니터링 및 감사 　• (　) CP 교육 및 내부 홍보 　• (　) 내부 신고 및 보호 시스템 운영 　• (　) CP 관련 법률 검토 및 개선 　• (　) 기타 (구체적으로 작성: ＿＿＿＿＿) 6. CP 전담 조직 또는 부서에 충분한 인력과 자원이 배정되었습니까? 7. CP 전담 조직 또는 부서의 운영 성과를 평가하는 절차가 마련되어 있습니까? 8. CP 전담 조직 또는 부서가 최고경영자 또는 이사회에 직접 보고할 수 있는 체계를 가지고 있습니까?

D^{Diffusion} – CP 문화의 전파와 확산(AAA 기준)

세부 측정지표	등급평가 대비 체크리스트(현장 인터뷰 위주)
D1.1.1 CP 운영기준(자율준수편람 등)에 해당 업계가 준수하여야 하는 공정거래 법규 및 필수 법규의 개요와 제재기준이 소개되어 있는가?	1. CP 운영 기준(자율준수편람 등)에 해당 업계가 준수해야 하는 공정거래 법규가 명시되어 있습니까? 2. CP 운영 기준에 필수적으로 준수해야 하는 법규 목록이 포함되어 있습니까? 3. CP 운영 기준에서 공정거래법 및 기타 관련 법규의 개요가 설명되어 있습니까? 4. CP 운영 기준에 공정거래법 위반 시 적용되는 제재기준이 명확하게 제시되어 있습니까? 5. CP 운영 기준에서 법규 위반 사례 및 시정조치에 대한 설명이 포함되어 있습니까? 6. CP 운영 기준이 최신 법률 개정 사항을 반영하여 정기적으로 업데이트되고 있습니까? 7. CP 운영 기준(자율준수편람 등)이 모든 임직원에게 배포되었거나 접근 가능한 상태입니까? 8. 평가대상 기간 동안 작성되거나 개정된 CP 운영 기준 문서가 존재합니까? 9. CP 운영 기준에서 해당 업계(제약, 제조, 유통 등)의 특수성이 반영된 공정거래 준수 사항이 포함되어 있습니까? 10. CP 운영 기준의 법규 및 제재기준이 CP 교육 및 내부 가이드라인에서 활용되고 있습니까?
D1.1.2 CP 운영기준(자율준수편람 등)에 임직원의 이해를 돕기 위해 사례/판례, 행동지침, 질의응답 등 이 수록되어 있는가?	1. CP 운영 기준(자율준수편람 등)에 임직원의 이해를 돕기 위한 사례 또는 판례가 포함되어 있습니까? 2. CP 운영 기준에 임직원이 따라야 할 행동 지침이 명확하게 수록되어 있습니까? 3. CP 운영 기준에 공정거래 관련 질의응답(Q&A) 항목이 포함되어 있습니까? 4. CP 운영 기준에 실제 기업 내 발생할 수 있는 공정거래 관련 위반 사례가 설명되어 있습니까? 5. CP 운영 기준 내 사례 및 행동 지침이 최신 공정거래법 및 관련 규정을 반영하여 정기적으로 업데이트되고 있습니까? 6. CP 운영 기준의 사례/판례 및 행동 지침이 임직원의 일상 업무와 관련성을 고려하여 작성되었습니까? 7. CP 운영 기준의 내용이 임직원 교육 및 내부 가이드라인으로 활용되고 있습니까? 8. CP 운영 기준(자율준수편람 등)이 모든 임직원에게 배포되었거나 접근 가능한 상태입니까? 9. CP 운영 기준 내 사례, 행동 지침, 질의응답(Q&A)이 공정거래 리스크 예방을 위한 실질적인 가이드 역할을 하고 있다고 판단하십니까?
D1.1.3 CP 운영기준(자율준수편람 등)이 각 업무 또는 부문별로 구분되고, 분야별 자율점검을 위한 구체적인	1. CP 운영 기준(자율준수편람 등)이 각 업무 또는 부문별로 구분되어 있습니까? 2. CP 운영 기준에서 부문별(예: 영업, 마케팅, 구매, 연구개발, 유통 등)로 준수해야 할 사항이 명확하게 제시되어 있습니까? 3. 각 부문별로 공정거래 리스크 예방을 위한 가이드라인이 제공되고 있습니까?

세부 측정지표	등급평가 대비 체크리스트(현장 인터뷰 위주)
방법이 제공되어 있는가?	4. CP 운영 기준에서 임직원이 스스로 점검할 수 있는 자율점검 체크리스트가 포함되어 있습니까? 5. CP 운영 기준에서 제공하는 자율점검 방법이 실제 업무에서 적용 가능한 수준으로 구체적으로 설명되어 있습니까? 6. 부문별 자율점검이 정기적으로 이루어지고 있으며, 그 결과를 보고할 수 있는 체계가 마련되어 있습니까? 7. 자율점검을 위한 구체적인 절차(예: 점검 주기, 보고 방식, 후속 조치)가 포함되어 있습니까? 8. CP 운영 기준이 부문별 공정거래 리스크를 반영하여 정기적으로 업데이트되고 있습니까? 9. CP 운영 기준에서 자율점검 결과를 토대로 개선 조치가 이루어질 수 있도록 가이드라인이 마련되어 있습니까? 10. CP 운영 기준(자율준수편람 등)이 모든 부서의 임직원에게 배포되었거나 접근 가능한 상태입니까?
D1.2.1 임직원들이 CP 운영기준(자율준수편람 등)을 시간과 장소의 제약 없이 접근하여 쉽게 활용할 수 있도록 되어 있고, 그 활용 여부를 점검하고 있는가?	1. 임직원들이 CP 운영 기준(자율준수편람 등)에 시간과 장소의 제약 없이 접근할 수 있습니까? 2. CP 운영 기준은 어떤 방식으로 제공되고 있습니까? 　• (　) 간행물(인쇄본) 　• (　) 전자파일(PDF, Word 등) 　• (　) 사내 인트라넷 게시 　• (　) 회사 홈페이지 게시 　• (　) 기타 (구체적으로 작성: _____) 3. CP 운영 기준(자율준수편람 등)은 국내외 임직원이 동일하게 접근할 수 있도록 제공되고 있습니까? 4. CP 운영 기준(자율준수편람 등)에 대한 접근 제한이 있습니까? 5. 임직원이 CP 운영 기준을 쉽게 검색하고 활용할 수 있도록 사용자 친화적인 접근 방식이 제공되고 있습니까? 6. CP 운영 기준의 전자파일이 게시된 위치(홈페이지, 인트라넷 등)와 접근 방식을 안내하는 자료가 존재합니까? 7. CP 운영 기준의 활용 여부를 점검하는 절차(예: 활용도 조사, 임직원 설문, 내부 점검 등)가 마련되어 있습니까? 8. CP 운영 기준의 활용 현황(예: 다운로드 횟수, 조회수, 교육 자료 활용도 등)이 정기적으로 점검되고 있습니까? 9. CP 운영 기준이 임직원의 업무 수행에 실질적으로 도움이 되는지에 대한 피드백을 수집하고 있습니까? 10. CP 운영 기준 활용 여부를 점검한 결과를 토대로 개선 조치가 이루어지고 있습니까?
D1.3.1 CP 운영기준(자율준수편람 등)이 해당 업계가 준수하여야 하는 공정거래 법규 및 필수 법규, 관련	1. CP 운영 기준(자율준수편람 등)이 공정거래법 및 관련 법규의 변경 사항을 반영하여 정기적으로 개정되고 있습니까? 2. CP 운영 기준에 최신 공정거래법, 필수 법규, 관련 정책 변경 사항이 반영되었는지 확인할 수 있는 개정 이력이 존재합니까? 3. CP 운영 기준이 최근 몇 년간 몇 회 개정되었습니까?

세부 측정지표	등급평가 대비 체크리스트(현장 인터뷰 위주)
정책의 최근 변경사항을 지속적으로 반영하여 개정되었는가?	4. CP 운영 기준의 개정 이력(예: 개정 날짜, 주요 변경 사항 등)이 공식적으로 기록되고 있습니까? 5. CP 운영 기준 개정 시, 변경된 내용을 임직원에게 공식적으로 안내하고 있습니까? 6. CP 운영 기준의 개정 사항을 확인할 수 있는 문서(예: 개정 공문, 개정 요약본, 개정 이력서)가 존재합니까? 7. CP 운영 기준 개정이 공정거래위원회, 산업협회 등 외부 기관의 가이드라인 변경을 반영하여 이루어졌습니까? 8. CP 운영 기준 개정이 이루어질 경우, 임직원이 이를 쉽게 파악할 수 있도록 공지(예: 이메일, 인트라넷, 사내 교육 등)가 제공됩니까? 9. CP 운영 기준 개정이 조직 내 실질적인 공정거래 준수 강화에 기여하고 있다고 판단하십니까? 10. CP 운영 기준 개정 이후, 이를 반영하여 내부 교육 또는 운영 절차가 수정된 사례가 있습니까?
D2.1.1 조직의 CP 교육계획에 계층(예: 신입, 중간 관리자, 임원), 부서(예: 해당 업계가 준수하여야 하는 공정거래 법규 및 필수 법규 위반 가능성이 큰 부서 및 낮은 부서), 관련성(예: CP 위반 여부) 별로 차별화된 교육체계가 마련되어 있는가?	1. 조직의 CP 교육계획이 계층(신입, 중간 관리자, 임원)별로 차별화되어 있습니까? 2. CP 교육이 부서별(공정거래 법규 및 필수 법규 위반 가능성이 높은 부서와 낮은 부서)로 차별화되어 제공되고 있습니까? 3. CP 교육이 직원의 관련성(예: 과거 CP 위반 여부 등)에 따라 맞춤형으로 제공되고 있습니까? 4. CP 교육 대상 및 교육 내용이 공식적으로 문서화된 교육 계획(예: 연간 교육 계획서, 내부 교육 가이드라인)으로 수립되었습니까? 5. CP 교육 계획에서 다음과 같은 교육 대상을 명확히 구분하고 있습니까? • ( ) 신입 직원 대상 CP 기본 교육 • ( ) 중간 관리자 대상 CP 심화 교육 • ( ) 임원 대상 CP 정책 및 리스크 관리 교육 • ( ) 법규 위반 가능성이 높은 부서(예: 영업, 마케팅, 구매) 대상 교육 • ( ) 법규 위반 가능성이 낮은 부서 대상 교육 • ( ) CP 위반 사례가 있는 임직원 대상 추가 교육 • ( ) 기타 (구체적으로 작성: _____) 6. CP 교육이 대상자별 맞춤형 학습 자료(예: 온라인 강의, 사례 중심 교육, 그룹 토론 등)로 제공되고 있습니까? 7. CP 교육이 정기적으로(예: 연 1회 이상) 시행되고 있습니까? 8. CP 교육계획의 수립 여부 및 교육 대상이 문서화되어 있으며, 이를 확인할 수 있는 자료(예: 교육 일정, 참가자 명단, 교육 평가 결과 등)가 존재합니까? 9. CP 교육 후 교육 효과(참가율, 평가점수, 피드백 등)를 점검하는 절차가 마련되어 있습니까?
D2.1.2 CP 교육계획에 필요한 예산이 충실히 반영(예: 교육 콘텐츠 개발비, 전문가	1. CP 교육 계획에 필요한 예산이 별도로 편성되어 있습니까? 2. CP 교육 예산은 기업의 연간 예산에서 명확하게 CP 교육 목적으로만 편성된 총액이 확인됩니까? 3. CP 교육 예산이 전년도 대비 동일하게 유지되거나 증가하였습니까?

세부 측정지표	등급평가 대비 체크리스트(현장 인터뷰 위주)
강의료, 교육 대관료, 교육 주관부서 운영 경비 등)되고 집행되었는가?	4. CP 교육 예산의 주요 항목이 명확하게 정의되어 있습니까? • ( ) 교육 콘텐츠 개발비 • ( ) 외부 전문가 강의료 • ( ) 교육 대관료 • ( ) 교육자료 및 시스템 운영 비용 • ( ) 교육 주관 부서 운영 경비 • ( ) 기타 (구체적으로 작성: _____) 5. CP 교육 예산이 실제로 적시에 집행되었으며, 그 내역을 확인할 수 있는 자료(예: 예산집행 내역서, 결산 자료)가 존재합니까? 6. CP 교육 예산의 사용 내역이 투명하게 관리되고 있으며, 내부감사를 통해 검토된 적이 있습니까? 7. CP 교육 예산이 부족할 경우 추가적인 예산 지원을 요청할 수 있는 체계가 마련되어 있습니까? 8. CP 교육 예산이 적절하게 집행되었으며, 그 결과 교육이 계획대로 실행되었습니까? 9. CP 교육 예산 반영 및 집행 여부를 확인할 수 있는 공식 문서(예: 교육 예산 계획서, 집행 내역 보고서)가 존재합니까?
D2.1.3 CP 교육계획 수립 시 이전에 시행한 교육의 효과성 평가 결과 및 임직원 VOC, 해당 업계가 준수하여야 하는 공정거래 법규 및 필수 법규 개정사항 방향 등을 충실히 반영하였는가?	1. 교육계획 수립 시 이전에 시행한 CP 교육의 효과성 평가 결과가 반영되었습니까? 2. CP 교육의 효과성을 평가하기 위한 기준(예: 교육 만족도 조사, 학습 평가, 실무 적용도 조사 등)이 마련되어 있습니까? 3. 임직원의 의견(VOC, Voice of Customer) 및 피드백을 수집하여 CP 교육계획에 반영하고 있습니까? 4. CP 교육계획 수립 시, 해당 업계가 준수해야 하는 공정거래법 및 필수 법규 개정 사항이 반영되었습니까? 5. CP 교육계획이 최신 공정거래법 및 필수 법규의 변화에 맞춰 정기적으로 개정되고 있습니까? 6. CP 교육계획 수립 시 다음과 같은 요소들이 반영되었습니까? • ( ) 이전 교육 효과성 평가 결과 • ( ) 임직원 VOC(교육 개선 요청, 피드백 등) • ( ) 최신 공정거래법 및 필수 법규 개정 사항 • ( ) 업계 동향 및 공정거래위원회의 가이드라인 • ( ) 기타 (구체적으로 작성: _____) 7. CP 교육계획 수립 관련 내용을 구체적으로 확인할 수 있는 공식 문서(예: 교육 계획서, 효과성 평가 보고서, VOC 분석 자료 등)가 존재합니까? 8. CP 교육계획 수립 후, 계획의 타당성을 점검하고 개선하는 프로세스가 마련되어 있습니까?
D2.1.4 조직이 수립한 CP 교육계획에 따라 교육이 충실히	1. 조직이 수립한 CP 교육계획에 따라 교육이 실제로 수행되었습니까? 2. CP 교육 수행 내역을 확인할 수 있는 공식 문서(예: 교육 완료 보고서, 출석부, 교육 수행 기록 등)가 존재합니까? 3. CP 교육 예산이 계획에 따라 적절하게 집행되었습니까?

세부 측정지표	등급평가 대비 체크리스트(현장 인터뷰 위주)
수행 되었는가?(교육완료 보고서, 출석부 등 교육 수행기록 포함)	4. CP 교육 강사가 선정 기준에 따라 적절하게 선정되었습니까? 5. CP 교육 시행 시 임직원의 의견(VOC)이 반영되었습니까? 6. CP 교육에 최신 공정거래법 및 필수 법규 개정 사항이 반영되었습니까? 7. 법 위반 가능성이 높은 부서 및 CP 위반자를 대상으로 특별 교육(보수 교육 포함)이 시행되었습니까? 8. CP 교육계획에서 수립한 목표(예: 교육참가율, 만족도, 실무 적용률 등)를 달성하였습니까? 9. CP 교육 시행 실적(예: 참석률, 교육 완료율, 교육 후 평가 결과 등)을 종합적으로 검토할 수 있는 자료가 존재합니까? 10. CP 교육의 효과성을 평가하고, 향후 교육 개선을 위한 피드백을 수집하는 절차가 마련되어 있습니까? 11. 법 위반 가능성이 높은 부서 및 CP 위반자를 대상으로 한 특별(보수) 교육의 성과가 평가되었습니까? 12. CP 교육계획에 반영된 내용이 실제로 추진되었으며, 그 결과가 보고 및 기록되었습니까? 13. CP 교육 이행 실적이 최고경영자 또는 CP위원회에 보고되었습니까? 14. CP 교육 시행 후, 추가적인 개선 조치(예: 교육 보강, 추가 세션 등)가 이루어졌습니까? 15. CP 교육 이행 결과가 조직의 준법경영 및 공정거래 준수 문화 확산에 기여하고 있다고 판단하십니까?
D2.2.1 CP 교육계획에 미이수자 및 CP 위반자에 대한 보수교육 또는 특별교육을 반드시 시행하도록 정하고 있는가?	1. CP 교육계획에 교육 미이수자 및 CP 위반자에 대한 보수 교육 또는 특별 교육이 반드시 시행되도록 규정되어 있습니까? 2. CP 교육 미이수자 및 CP 위반자를 주기적으로(예: 월 단위) 확인하는 절차가 마련되어 있습니까? 3. CP 교육 미이수자 및 CP 위반자를 대상으로 한 보수 교육 또는 특별 교육이 의무 사항으로 규정되어 있습니까? 4. CP 교육 미이수자 및 CP 위반자가 보수 교육을 이수하지 않을 경우 불이익(예: 경고, 평가 반영 등)이 적용되도록 규정되어 있습니까? 5. CP 교육 미이수자 및 CP 위반자를 대상으로 한 교육 프로그램이 별도로 운영되고 있습니까? 6. CP 보수 교육 또는 특별 교육이 정기적으로 시행되고 있으며, 그 실적이 기록되고 있습니까? 7. CP 교육계획 및 추진 실적을 확인할 수 있는 내부 보고자료(예: 교육 이수 현황, 미이수자 명단, 보수 교육 진행 내역 등)가 존재합니까? 8. 보수 교육 및 특별 교육의 효과성을 평가하는 체계(예: 교육 후 테스트, 피드백 수집 등)가 마련되어 있습니까? 9. CP 위반자의 재발 방지를 위한 추가 교육 및 후속 조치(예: 멘토링, 사례분석 교육 등)가 시행되고 있습니까? 10. CP 교육 미이수자 및 CP 위반자에 대한 보수 교육 시행이 조직의 준법 문화 정착에 실질적으로 기여하고 있다고 판단하십니까?

COMPLIANCE 공정거래 CP & ISO 37301 실무가이드

세부 측정지표	등급평가 대비 체크리스트(현장 인터뷰 위주)
D2.2.2 해당 업계가 준수하여야 하는 공정거래 법규 및 필수 법규 위반 가능성이 큰 부서나 CP 위반자를 대상으로 하는 교육에 활용되는 교재가 최신 법 위반 사례 및 사전예방 방법 등을 충실히 포함하고 있는가?	1. 공정거래법 및 필수 법규 위반 가능성이 높은 부서(예: 영업, 마케팅, 구매 등)와 CP 위반자를 대상으로 별도의 교육이 제공되고 있습니까? 2. 해당 교육에 활용되는 교재가 별도로 제작되었습니까? 3. CP 교육 교재에 최신 공정거래법 및 필수 법규 변경 사항이 반영되어 있습니까? 4. CP 교육 교재에 최신 법 위반 사례가 포함되어 있습니까? 5. CP 교육 교재에 법 위반 예방을 위한 구체적인 지침 및 모범사례가 포함되어 있습니까? 6. CP 교육 교재가 해당 업계(제약, 제조, 유통 등)의 특성을 반영한 내용으로 구성되어 있습니까? 7. CP 교육 교재가 사례 중심으로 구성되어 있어 실무 적용이 용이합니까? 8. CP 교육 교재는 정기적으로 업데이트되며, 최신 법규 및 판례를 반영하고 있습니까? 9. CP 교육 교재가 임직원들이 쉽게 접근할 수 있도록 배포되거나 디지털 형태로 제공되고 있습니까? 10. CP 교육 계획 및 추진 실적을 확인할 수 있는 내부 보고자료(예: 교육 일정, 참여 현황, 교육 내용 등)가 존재합니까? 11. CP 위반자를 대상으로 하는 교육 교재가 실제 교육에서 효과적으로 활용되고 있다고 판단하십니까?
D2.2.3 해당 업계가 준수하여야 하는 공정거래 법규 및 필수 법규위반 가능성이 큰 부서와 CP 위반자를 대상으로 하는 교육 후 교육 이해도 등을 측정하였는가? (예: 시험, 인터뷰 등)	1. 공정거래법 및 필수 법규 위반 가능성이 높은 부서(예: 영업, 마케팅, 구매 등)와 CP 위반자를 대상으로 별도의 교육이 시행되었습니까? 2. 해당 교육 후 교육대상자의 이해도를 측정하는 절차(예: 시험, 평가, 퀴즈 등)가 시행되었습니까? 3. CP 교육 후 대상자들을 대상으로 인터뷰 또는 설문조사를 통해 교육 이해도를 확인하였습니까? 4. CP 교육 후 평가 결과가 정량적(예: 점수, 통계) 또는 정성적(예: 피드백 분석)으로 기록되고 있습니까? 5. CP 교육 후 평가 결과를 토대로 교육 프로그램의 개선이 이루어졌습니까? 6. CP 교육 후 의견 수렴 절차(예: 만족도 조사, 피드백 수집 등)가 마련되어 있습니까? 7. CP 교육 후 이해도 측정 결과를 CP위원회 또는 경영진에게 보고하는 체계가 마련되어 있습니까? 8. CP 교육 후 이해도 평가에서 일정 기준 미달 시 보충 교육 또는 추가 교육이 제공됩니까? 9. CP 교육 계획 및 추진 실적을 확인할 수 있는 내부 보고자료(예: 교육 일정, 참여 현황, 평가 결과 등)가 존재합니까? 10. CP 교육 후 이해도 평가 및 의견수렴이 공정거래 리스크 예방 및 준법 문화 정착에 기여하고 있다고 판단하십니까?
D2.3.1 CP 교육계획에 최고경영자 및 임원이 CP와 관련한	1. CP 교육계획에 최고경영자 및 임원이 CP 관련 교육(회의, 세미나, 워크숍 포함)에 반드시 참여하도록 규정되어 있습니까?

세부 측정지표	등급평가 대비 체크리스트(현장 인터뷰 위주)
(회의, 세미나, 워크샵 등도 포함)에 반드시 참여하도록 정하고 그에 따라 임원이 CP와 관련한 교육에 참여한 사실이 있는가?	2. CP 교육계획에서 최고경영자 및 임원의 교육 참여가 의무 사항으로 명시되어 있습니까? 3. 최고경영자 및 임원의 CP 관련 교육 참여율이 50% 이상입니까? 4. 최고경영자 및 임원이 참석한 CP 관련 교육 유형은 무엇입니까? • ( ) 사내 CP 교육 • ( ) 외부 기관 주관 CP 교육 • ( ) 공정거래위원회 또는 관련 협회 주최 세미나 • ( ) CP 관련 워크숍 또는 컨퍼런스 • ( ) 기타 (구체적으로 작성: _____) 5. 최고경영자 및 임원의 CP 교육 참여 실적을 확인할 수 있는 근거 자료(예: 교육 참석 명단, 보고서, 인증서 등)가 존재합니까? 6. 최고경영자 및 임원이 CP 교육에서 배운 내용을 조직 운영에 반영할 수 있도록 별도 보고 또는 피드백 절차가 마련되어 있습니까? 7. CP 교육계획에 최고경영자 및 임원의 외부 교육 참여 계획이 포함되어 있습니까? 8. CP 교육 참여가 최고경영자 및 임원의 성과 평가 또는 책임 이행 항목에 반영되고 있습니까?
D2.4.1 CP 관련 교육의 효과성을 평가하기 위한 절차와 지표(예: 참석률, 학습자 만족도, 이수율, 불만건수, 학습성과의 달성 정도 등)가 구체적으로 마련되어 있고, 교육의 효과성이 평가되고 있는가?	1. CP 교육의 효과성을 평가하기 위한 공식적인 절차가 마련되어 있습니까? 2. CP 교육 효과성 평가의 대상이 명확하게 정의되어 있습니까? 3. CP 교육 효과성을 평가하기 위한 주요 지표가 설정되어 있습니까? 4. CP 교육 효과성을 평가하는 지표 중 다음 항목이 4가지 이상 포함되어 있습니까? • ( ) 교육 참석률 • ( ) 학습자 만족도 • ( ) 교육 이수율 • ( ) 불만 건수 및 개선 요청 수 • ( ) 학습 성과(테스트 점수, 실무 적용도 등) • ( ) 기타 (구체적으로 작성: _____) 5. CP 교육 효과성을 평가한 결과를 분석하고 문제점을 개선하는 절차가 마련되어 있습니까? 6. CP 교육 효과성 평가 결과가 내부 보고자료로 작성되며 공식적으로 검토되고 있습니까? 7. CP 교육 효과성 평가 후, 개선된 사항이 다음 교육 계획에 반영되고 있습니까? 8. CP 교육 효과성 평가 결과가 최고경영자 또는 CP위원회에 보고되고 있습니까? 9. CP 교육 효과성을 평가한 후, 이수율이 낮거나 효과가 부족한 교육에 대해 추가적인 보완 조치(예: 보충 교육, 커리큘럼 개선)가 시행되고 있습니까?

O^{Operation} – CP의 운영(AAA 기준)

세부 측정지표	등급평가 대비 체크리스트(현장 인터뷰 위주)
O1.1.1 CP 관련 위험성 평가 (예: 회사의 업무사항을 조사하여 법 위반행위의 가능성이 농후한 취약 분야를 식별하고 법 위반행위 가능성을 점검하고 그 결과에 따라 조치하는 사전 예방 행위) 기준을 마련하고 평가 결과를 최소 2단계(상, 하)로 구분하고 있는가?	1. CP 관련 위험성 평가 기준이 별도로 마련되어 있으며 시행되고 있습니까? 2. CP 위험성 평가 기준이 공식 문서(예: 내부 규정, 절차서, 운영 매뉴얼 등)로 정리되어 있습니까? 3. CP 위험성 평가를 수행할 때 회사의 업무 사항을 조사하여 법 위반 가능성이 높은 취약 분야를 식별하고 있습니까? 4. CP 위험성 평가 시 법 위반행위 가능성을 점검하는 절차가 마련되어 있습니까? 5. CP 위험성 평가 결과가 최소 2단계(상, 하)로 구분되어 있습니까? 6. CP 위험성 평가 결과가 3단계(상, 중, 하)로 구분되어 있습니까? 7. CP 위험성 평가 기준이 다음과 같은 요소를 포함하고 있습니까? • (　) 법 위반 가능성이 높은 부서 및 업무 식별 • (　) 법 위반 가능성 평가 항목(예: 내부 프로세스, 계약체결 방식 등) • (　) 위험 수준에 따른 대응 조치 수립 • (　) 평가 주기 및 점검 방식 명시 • (　) 기타 (구체적으로 작성: _____) 8. CP 위험성 평가 결과를 반영하여 사전 예방조치(예: 내부감사, 교육강화 등)를 시행하고 있습니까? 9. CP 위험성 평가 결과 및 추진 실적을 확인할 수 있는 내부 보고 자료(예: 평가보고서, 리스크 분석 자료 등)가 존재합니까?
O1.1.2 CP 관련 위험성 평가 결과 중간 이상인 위험성을 경감하기 위한 조치를 수행하였는가?	1. CP 관련 위험성 평가를 분기별 1회 이상 수행하고 있습니까? 2. CP 위험성 평가 결과에서 중간 이상(중~상)으로 분류된 위험 요소를 식별하고 있습니까? 3. 중간 이상 위험성을 경감하기 위한 조치를 수행하도록 내부 규정에 명시되어 있습니까? 4. 위험성 평가 결과를 기반으로 한 조치가 다음과 같이 수행되었습니까? • (　) 내부감사를 통한 점검 강화 • (　) 추가 교육 시행 • (　) 내부 프로세스 개선 • (　) 경고 및 시정 조치 • (　) 기타 (구체적으로 작성: _____) 5. CP 위험성 평가 및 경감 조치 수행 내역이 공식 문서(예: 내부 보고서, 조치 내역서)로 기록되고 있습니까? 6. 중간 이상 위험성이 발견된 경우, 이에 대한 조치가 적절하게 실행되었으며, 그 결과가 보고되고 있습니까? 7. CP 위험성 평가 후 수행된 경감 조치의 실효성을 측정하는 절차가 마련되어 있습니까? 8. 위험성 평가 및 경감 조치 과정에서 경영진 또는 CP위원회가 관여하고 있습니까? 9. CP 위험성 평가 기준 및 추진 실적을 확인할 수 있는 내부 보고자료(예: 평가보고서, 리스크 분석 결과, 조치 이행 보고서)가 존재합니까?
O1.2.1 해당 업계가 준수하여야 하는 공정거래 법규 및	1. 공정거래 법규 및 필수 법규 위반 소지가 있는 행위를 검토할 때, CP 관리자 또는 감사실 등 전문 감독부서와 사전협의를 거치는 절차가 마련되어 있습니까?

세부 측정지표	등급평가 대비 체크리스트(현장 인터뷰 위주)
필수 법규 위반 소지가 있는 행위를 검토할 때 CP 관리자 또는 감사실 등 타 전문 감독부서와 미리 협의를 거치는 사전업무 협의제도가 구축되어 있는가?	2. 사전업무 협의제도가 공식적인 규정 또는 운영 지침으로 문서화되어 있습니까? 3. 사전업무협의 대상의 범위(예: 계약체결, 가격 정책, 유통 조건 등)가 명확하게 정의되어 있습니까? 4. 사전업무 협의제도의 협의 주기가 설정되어 있습니까? 5. 사전업무협의 시 검토해야 하는 법규의 범위가 명확하게 정해져 있습니까? 6. 사전업무협의 절차를 통해 법 위반 소지가 발견된 경우, 이를 수정하거나 예방하기 위한 조치가 마련되어 있습니까? 7. 사전업무 협의제도가 실제로 운영되었으며, 협의내역이 공식적으로 기록되고 있습니까? 8. 사전업무 협의제도의 효과성을 평가하고 개선하기 위한 절차가 마련되어 있습니까? 9. 사전업무 협의제도 구축 내용 및 추진 실적을 확인할 수 있는 내부 보고자료(예: 협의 내역, 검토 보고서, 회의록 등)가 존재합니까?
O1.2.2 사전업무 협의제도의 운영과 관련된 기록을 관리하고 있는가?(예: 회의록, 의사결정 보고서, 업무 체크리스트 등)	1. 사전업무 협의제도의 운영과 관련된 기록을 공식적으로 관리하고 있습니까? 2. 사전업무 협의제도 운영 기록의 유형이 명확하게 정의되어 있습니까? 3. 사전업무 협의내용이 공식적인 문서로 기록되고 있습니까? 4. 사전업무 협의제도의 운영 기록으로 다음 항목이 관리되고 있습니까? • ( ) 회의록 • ( ) 의사결정 보고서 • ( ) 업무 체크리스트 • ( ) 협의내역 및 검토 의견서 • ( ) 기타 (구체적으로 작성: _____) 5. 사전업무 협의제도의 운영 기록이 일정기간 동안 보관 및 관리되고 있습니까? 6. 사전업무 협의 기록이 내부감사 또는 검토 대상이 되어 정기적으로 점검되고 있습니까? 7. 사전업무 협의 기록이 필요시 경영진, CP위원회 또는 관련 부서에 보고될 수 있도록 체계적으로 관리되고 있습니까? 8. 사전업무협의 기록관리체계가 명확하게 정해져 있으며, 담당자가 지정되어 있습니까? 9. 사전업무협의 기록을 통해 법 위반 예방 조치가 적절하게 이루어지고 있습니까? 10. 사전업무협의제도 운영 관련 기록을 확인할 수 있는 내부 보고 자료(예: 협의체 운영 회의록, 의사결정 보고서, 업무 체크리스트 등)가 존재합니까?
O1.2.3 사전업무 협의제도를 활용하여 임직원의 해당 업계가 준수하여야 하는 공정거래 법규 및 필수 법규 위반행위를 미리 예방한 사례가 있는가?	1. 사전업무협의 제도를 활용하여 임직원의 공정거래 법규 및 필수 법규 위반행위를 미리 예방한 사례가 존재합니까? 2. 사전업무 협의제도를 통해 법규 위반행위가 연 2회 이상 예방된 사례가 있습니다? 3. 사전업무 협의제도를 활용한 법규 위반 예방 사례가 공식적으로 문서화되어 있습니까? 4. 법규 위반 예방 사례가 내부보고 자료(예: 사례분석 보고서, 경고 및 시정조치 기록 등)로 기록되고 있습니까? 5. 사전업무 협의제도 활용을 통해 예방한 법규 위반행위가 다음과 같은 범위에서 이루어졌습니까?

세부 측정지표	등급평가 대비 체크리스트(현장 인터뷰 위주)
	• ( ) 계약서 검토 및 법적 리스크 점검
	• ( ) 가격 책정 및 담합 방지
	• ( ) 불공정 거래 및 내부고발 처리
	• ( ) 기타 (구체적으로 작성: _____)
	6. 사전업무 협의제도 활용 사례의 적정성이 평가되고, 그 결과가 개선 조치로 이어졌습니까?
	7. 법규 위반행위 예방 사례가 CP 운영 성과에 실질적으로 기여했다고 평가하고 있습니까?
	8. 사전업무 협의제도 활용 후 발생한 법규 위반 예방 사례가 임직원 교육 및 내부 정책에 반영되었습니까?
	9. 법규 위반 예방 사례가 사내 다른 부서 또는 임직원에게 사례로 공유되어 유사한 위반을 방지하는 데 기여했습니까?
	10. 사전업무 협의제도를 통한 법규 위반 예방 사례가 정기적으로 검토되고 개선되는 절차가 마련되어 있습니까?
	11. 사전업무 협의제도를 활용한 법규 위반행위 예방 사례를 확인할 수 있는 내부고 자료(예: 법규 위반 예방 사례 보고서, 관련 기록 등)가 존재합니까?
O1.3.1 CP 관리자 또는 이에 준하는 자에게 해당 업계가 준수하여야 하는 공정거래 법규 및 필수 법규 위반행위 발견 시 최고경영진에 독립적으로 보고할 수 있는 책임 및 권한을 부여하고 있는가?	1. CP 관리자 또는 이에 준하는 자에게 공정거래 법규 및 필수 법규 위반행위 발견 시 최고경영진에 독립적으로 보고할 수 있는 권한이 부여되어 있습니까? 2. CP 관리자가 최고경영진에게 독립적으로 보고할 수 있는 책임과 권한이 명확하게 정의되어 있습니까? 3. CP 관리자 또는 이에 준하는 자가 위반행위 발견 시, 최고경영진에 직접 보고할 수 있는 공식적인 보고 체계가 마련되어 있습니까? 4. CP 관리자 또는 이에 준하는 자의 보고 체계가 최고경영진과 독립적으로 운영되고 있습니까? 5. CP 관리자가 보고하는 내용에 대해 독립적인 의견 제시와 의사결정 권한을 가지고 있습니까? 6. CP 관리자가 위반행위 발견 시, 보고 내용이 즉시 최고경영진에 전달될 수 있도록 긴급 보고 체계가 마련되어 있습니까? 7. CP 관리자 또는 이에 준하는 자의 독립적인 보고 권한이 내부 규정 또는 정책에 명확히 기록되어 있습니까? 8. CP 관리자 또는 이에 준하는 자가 공정거래 법규 위반 발견 시 이를 최고경영진에게 보고할 수 있도록 구체적인 절차와 규정이 마련되어 있습니까?
O1.4.1 임직원이 해당 업계가 준수하여야 하는 공정거래 법규 및 필수 법규 위반행위를 확인한 경우 이를 고발할 수 있는 내부고발 시스템을 운영하고 있는가?	1. 공정거래 법규 및 필수 법규 위반행위를 확인한 경우 이를 고발할 수 있는 내부고발 시스템이 운영되고 있습니까? 2. 내부고발 시스템에 대한 공식적인 운영계획이 수립되어 있습니까? 3. 내부고발 시스템이 해당 업계가 준수해야 하는 공정거래 법규 및 필수 법규 위반을 방지하는 데 도움이 된다고 평가되고 있습니까? 4. 내부고발 시스템의 운영 절차와 체계가 명확하게 정의되어 있습니까? 5. 내부고발 시스템을 통해 고발된 내용이 공정하게 처리되고 있습니까?

세부 측정지표	등급평가 대비 체크리스트(현장 인터뷰 위주)
	6. 내부고발 시스템이 모든 임직원에게 쉽게 접근 가능하고 사용이 용이합니까?
	7. 내부고발 시스템에서 고발자 보호(예: 비밀보장, 보복 방지 등)가 보장되고 있습니까?
	8. 내부고발 시스템이 정기적으로 검토 및 개선되고 있습니까?
	9. 내부고발 시스템 운영에 대한 평가가 이루어지고 있으며, 개선 사항이 반영되고 있습니까?
	10. 내부고발 시스템의 운영 현황 및 개선 사항을 확인할 수 있는 내부 보고 자료(예: 시스템 운영 현황 보고서, 고발 처리 결과 보고서 등)가 존재합니까?
O1.4.2 내부고발 시스템은 임직원이 내부 및 외부에서 상시 접근 가능하고 고발 요건에 제한이 없는가?	1. 내부고발 시스템은 임직원이 시간과 장소에 관계없이 상시 접근할 수 있습니까?
	2. 내부고발 시스템에 대한 접근방법이 명확하게 정의되어 있으며, 모든 임직원이 쉽게 사용할 수 있습니까?
	3. 내부고발 시스템에 고발 요건에 대한 제한이 없습니까? (예: 고발 내용, 고발자 신원 등)
	4. 내부고발 시스템이 임직원뿐만 아니라 외부 관계자에게도 접근 가능합니까?
	5. 내부고발 시스템을 통해 고발자는 신원 보호가 보장되며, 고발 내용이 비밀로 처리됩니까?
	6. 내부고발 시스템이 모바일 기기나 온라인 플랫폼을 통해 언제 어디서나 접근할 수 있도록 제공되고 있습니까?
	7. 내부고발 시스템의 사용이 임직원에게 명확하게 안내되고 있으며, 이를 위한 교육이나 홍보가 이루어지고 있습니까?
	8. 내부고발 시스템의 사용 조건에 대해 임직원이 쉽게 이해할 수 있는 가이드라인이 제공되고 있습니까?
	9. 내부고발 시스템의 활용 요건(예: 고발 절차, 제출 형식 등)이 과도하게 제한되지 않고, 누구나 고발할 수 있도록 열려 있습니까?
	10. 내부고발 시스템에 대한 접근 환경 및 요건을 확인할 수 있는 운영 현황 보고서나 자료가 존재합니까?
	11. 내부고발 시스템의 접근성과 고발 요건에 대한 피드백을 수집하고 개선하는 절차가 마련되어 있습니까?
O1.4.3 내부고발 시스템이 내부고발자에 대한 권리 보호(보복 금지, 익명성 등) 및 불이익 없음을 투명하게 보장하고 있는가?	1. 내부고발 시스템이 내부고발자에 대한 권리 보호(보복 금지, 익명성 보장 등)를 명확하게 규정하고 있습니까?
	2. 내부고발 시스템에서 고발자에 대한 불이익 방지 조치가 명시되어 있습니까?
	3. 내부고발자가 고발 후 보복을 당하지 않도록 보호할 수 있는 시스템이 마련되어 있습니까?
	4. 내부고발자의 익명성이 보장되며, 고발 내용은 외부로 유출되지 않도록 철저히 관리되고 있습니까?
	5. 내부고발자가 고발 후 불이익을 당하지 않도록 구체적인 보호조치가 마련되어 있습니까?
	6. 내부고발자가 불이익을 당했을 경우, 이를 구제하기 위한 절차나 방안이 마련되어 있습니까?

세부 측정지표	등급평가 대비 체크리스트(현장 인터뷰 위주)
	7. 내부고발 시스템에 대한 불이익 방지 및 권리 보호 사항이 내규로 명확히 정의되어 있습니까?
	8. 내부고발 시스템이 외부나 다른 부서의 부당한 간섭 없이 독립적으로 운영되고 있습니까?
	9. 내부고발자 권리 보호 및 불이익 방지를 보장하는 절차가 임직원에게 명확하게 안내되고 있습니까?
	10. 내부고발 시스템의 권리 보호 및 불이익 방지 방침이 실질적으로 운영되고 있다는 평가가 이루어지고 있습니까?
	11. 내부고발자에 대한 권리 보호 및 불이익 방지에 관한 내용을 확인할 수 있는 운영 현황 자료(예: 내규, 정책 문서 등)가 존재합니까?
O1.4.4 내부고발 시스템에 독립성, 중립성, 객관성, 익명성을 보장할 수 있는 조사원으로 조사팀을 구성하고 조사 권한을 부여하기 위한 기준 및 절차가 마련되어 있는가?	1. 내부고발 시스템에 독립성, 중립성, 객관성, 익명성을 보장할 수 있는 조사팀이 구성되어 있습니까? 2. 조사팀에 소속된 조사원들이 독립성, 중립성, 객관성, 익명성을 보장받고 있습니까? 3. 내부고발 시스템 운영 규정에 조사팀의 독립성, 중립성, 객관성, 익명성을 보장하기 위한 기준이 명시되어 있습니까? 4. 조사팀이 공정하게 운영되도록 보장하는 기준(예: 외부 전문가 참여, 보고 체계)이 마련되어 있습니까? 5. 조사팀의 조사 권한을 부여하는 절차가 명확하게 정의되어 있습니까? 6. 내부고발 시스템의 조사팀이 조사하는 과정에서 외부 간섭 없이 독립적으로 업무를 수행할 수 있도록 규정이 마련되어 있습니까? 7. 조사팀의 구성원이 고발자의 신원을 보호하고 익명성을 보장할 수 있도록 절차가 마련되어 있습니까? 8. 내부고발 시스템에서 조사팀의 객관성을 확보하기 위한 방법(예: 다양한 부서에서 인원 배정, 외부감사를 받는 등)이 마련되어 있습니까? 9. 조사팀의 구성 및 운영과 관련된 기준과 절차를 확인할 수 있는 공식 문서(예: 내규, 운영 매뉴얼 등)가 존재합니까? 10. 조사팀이 내부고발 사건을 처리하는 과정에서 불필요한 편견이나 이해충돌을 방지하기 위한 추가적인 조치가 마련되어 있습니까? 11. 내부고발 시스템의 조사팀 운영 규정이 임직원에게 명확하게 안내되고, 이를 따른 사례가 있습니까?
O1.4.5 내부고발 시스템에 따른 조사팀의 업무 경과 및 조사 결과가 이사회 등 최고 의사결정기구에 주기적으로 보고되도록 정하고 있는가?(예: 이사회 보고안건, 정기경영회의 보고안건 등)	1. 내부고발 시스템에 따른 조사팀의 업무 경과 및 조사 결과가 이사회 등 최고 의사결정기구에 주기적으로 보고되도록 규정되어 있습니까? 2. 내부고발 시스템 조사팀의 업무 경과 및 조사 결과를 연 2회 이상 이사회에 보고하도록 규정하고 있습니까? 3. 내부고발 시스템 조사팀의 업무 경과 및 조사 결과가 정기적으로 이사회 또는 최고 의사결정기구에 보고되었습니까? 4. 내부고발 시스템의 조사팀 보고 내용이 이사회에 보고되는 안건으로 포함되어 있습니까?

세부 측정지표	등급평가 대비 체크리스트(현장 인터뷰 위주)
	5. 내부고발 시스템의 조사팀 업무 경과 및 조사 결과를 보고하는 주기가 명확히 정해져 있습니까?
	6. 내부고발 시스템의 조사팀 업무 경과 및 조사 결과가 정기 경영 회의 등에서 다루어진 적이 있습니까?
	7. 이사회 회의록 또는 내부 보고자료를 통해 조사팀의 업무 경과 및 조사 결과가 확인될 수 있습니까?
	8. 조사팀의 업무 경과 및 결과가 이사회에 보고된 후, 그 내용에 따른 후속 조치나 개선 사항이 이루어졌습니까?
	9. 내부고발 시스템 조사팀의 보고 실적이 이사회에서 검토되고 평가되는 절차가 마련되어 있습니까?
	10. 내 고발 시스템의 조사팀 보고 내용이 주요 법적, 윤리적 문제에 대한 대응 방안을 포함하고 있습니까?
	11. 내부고발 시스템 조사팀의 업무 경과 및 결과가 최고 의사결정기구에 보고되는 사실을 확인할 수 있는 공식 문서(예: 이사회 회의록, 자율준수 관리자에게 보고된 내용 등)가 존재합니까?
O2.1.1 해당 업계가 준수하여야 하는 공정거래 법규 및 필수 법규 위반 임직원에 대한 인사제재 유형 및 정도 등에 대한 명문화된 규정이 있는가?	1. 공정거래 법규 및 필수 법규 위반 임직원에 대한 인사 제재 유형 및 정도에 대한 명문화된 규정이 존재합니까?
	2. 해당 규정에서 인사 제재의 유형(예: 경고, 해고, 승진 제한 등)이 구체적으로 명시되어 있습니까?
	3. 인사제재 유형에 따라 위반행위에 대한 제재의 정도가 명확하게 구분되어 있습니까?
	4. 공정거래 법규 및 필수 법규 위반에 대한 인사제재 규정이 사내 규정 또는 정책에 포함되어 있습니까?
	5. 인사제재 규정에 공정거래 법규 및 필수 법규 위반에 대한 처벌 기준(예: 처벌 기준, 단계별 제재 등)이 정의되어 있습니까?
	6. 규정에 따른 제재가 일관되게 적용될 수 있도록 절차가 마련되어 있습니까?
	7. 인사제재의 기준 및 유형이 임직원들에게 명확하게 안내되고 있습니까?
	8. 인사제재 유형 및 기준에 대한 세부 내용이 사내 규정 문서에 포함되어 있으며, 쉽게 접근할 수 있습니까?
	9. 인사제재 규정이 법적 요구 사항을 반영하여 주기적으로 업데이트되고 있습니까?
O2.1.2 해당 업계가 준수하여야 하는 공정거래 법규 및 필수 법규 위반행위에 따른 인사제재 및 재발방지 활동을 한 사례가 있는가?	1. 공정거래 법규 및 필수 법규 위반행위에 따른 인사 제재 또는 재발 방지 활동이 실제로 수행된 사례가 존재합니까?
	2. 공정거래 법규 및 필수 법규 위반행위에 대해 인사 제재가 연 2회 이상 시행된 사례가 있습니까?
	3. 공정거래 법규 및 필수 법규 위반행위에 대해 재발 방지 활동이 연 2회 이상 수행된 사례가 있습니까?
	4. 공정거래 법규 및 필수 법규 위반행위에 대한 인사 제재가 실질적으로 조직 내에서 시행되고 있습니까?

COMPLIANCE 공정거래 CP & ISO 37301 실무가이드

세부 측정지표	등급평가 대비 체크리스트(현장 인터뷰 위주)
	6. 위반행위에 대한 인사 제재 및 재발 방지 활동이 실제로 문서화되고 있으며, 관련 자료가 존재합니까?
	7. 위반행위 후 재발 방지 활동이 임직원들에게 명확히 전달되었으며, 그 효과가 검토되었습니까?
	8. 인사 제재 및 재발 방지 활동이 공식적으로 보고되었으며, 관련 보고서나 자료가 존재합니까?
	9. 위반행위에 대한 인사 제재 및 재발 방지 활동에 대한 개선 사항이 정기적으로 평가되고 반영되고 있습니까?
	10. 인사 제재 및 재발 방지 활동과 관련된 문서(예: 제재 기록, 재발 방지 활동 계획서 등)가 내부 보고자료로 작성되어 있습니까?
O2.2.1 공정거래 법규 준수 및 CP 확산 기여에 대한 포상 또는 시상 등 인센티브를 제공한 사례가 있는가?	1. 공정거래 법규 준수 및 CP 확산 기여에 대한 포상 또는 인센티브 제공을 위한 예산이 반영된 조직 차원의 포상 방안이 마련되어 있습니까? 2. 공정거래 법규 준수 및 CP 확산 기여에 대한 포상 또는 인센티브 예산이 매년 증가 추세에 있습니까? 3. 공정거래 법규 준수 및 CP 확산 기여에 대한 포상 또는 인센티브를 제공한 사례가 연 2회 이상 존재합니까? 4. 공정거래 법규 준수 및 CP 확산 기여에 대한 포상 또는 인센티브가 시상식, 사내 인트라넷 공지 등으로 공개적으로 이루어졌습니까? 5. 포상 방식이 명확하게 정의되어 있으며, 포상 대상과 절차가 공식적으로 규정되어 있습니까? 6. 공정거래 법규 준수 및 CP 확산 기여에 대한 포상 또는 인센티브 방안이 사내 규정으로 명문화되어 있습니까?

E^{Evaluation & Feedback} – 평가와 피드백(AAA 기준)

세부 측정지표	등급평가 대비 체크리스트(현장 인터뷰 위주)
E1.1.1 CP 운영에 대한 효과성 평가 및 감사가 정기적으로 수행될 수 있는 절차가 충실히 수립되어 있는가?	1. CP 운영에 대한 효과성 평가 및 감사가 정기적으로 수행될 수 있는 절차가 마련되어 있습니까? 2. CP 운영 효과성 평가 및 감사 절차가 연 2회 이상 수행되고 있습니까? 3. CP 운영 효과성 평가 및 감사 절차가 명확하게 정의되어 있으며, 공식 문서로 기록되어 있습니까? 4. 효과성 평가 및 감사 절차에서 원인분석 및 검토 방법이 포함되어 있습니까? 5. 효과성 평가 및 감사 절차의 적정성, 공정성, 독립성이 보장되고 있습니까? 6. 효과성 평가 및 감사 결과가 최고경영진에게 보고되고 있습니까? 7. CP 운영 효과성 평가 및 감사 절차가 내부감사 부서나 외부 전문가에 의해 독립적으로 수행되도록 규정되어 있습니까? 8. 평가 및 감사 절차에서 취합된 데이터와 피드백이 개선 작업에 반영되고 있습니까? 9. 효과성 평가 및 감사 절차를 통해 CP 운영의 개선 사항이 식별되고 있습니다? 10. CP 운영 효과성 평가 및 감사 절차와 관련된 보고 자료(예: 평가보고서, 감사결과 보고서 등)가 존재합니까?
E1.1.2 CP 운영에 대한 효과성 평가 및 감사를 수행할 수 있는 인적 자원의 자격 및 업무 범위 관련 기준이 있는가?(예: 선정 기준, 이해상충 등, 즉 자신의 업무를 스스로 감사하는 것은 안 됨)	1. CP 운영에 대한 효과성 평가 및 감사를 수행할 수 있는 인적 자원의 자격 기준이 마련되어 있습니까? 2. CP 운영 평가 및 감사를 수행할 인적 자원의 자격 기준에 공정거래 법규 관련 업무 경험이 포함되어 있습니까? 3. CP 운영 평가 및 감사를 수행할 인적 자원의 자격 기준에 감사업무 수행 경험이 포함되어 있습니까? 4. CP 운영 평가 및 감사를 수행할 인적 자원의 자격 기준에 관련 외부 자격증(예: 공인회계사, 내부감사 자격증 등)이 포함되어 있습니까? 5. CP 운영 평가 및 감사를 수행할 인적 자원의 업무 범위가 명확하게 정의되어 있으며, 자신 또는 소속 부서에 관한 업무를 감사하지 않도록 규정되어 있습니까? 6. CP 운영 평가 및 감사를 수행할 인적 자원의 업무 범위가 공정하게 설정되어 있습니까? 7. CP 운영 평가 및 감사 인적 자원의 업무 범위와 자격 기준이 공식 문서로 기록되어 있으며, 쉽게 접근할 수 있습니까? 8. 인적 자원의 자격 기준과 업무 범위가 정기적으로 검토되고 업데이트되고 있습니까? 9. CP 운영 평가 및 감사를 수행할 인적 자원이 외부 감사자나 독립적인 전문가로 선정될 수 있는 체계가 마련되어 있습니까? 10. CP 운영 평가 및 감사 수행을 위한 인적 자원 선정 기준이 규정과 절차에 따라 공정하게 적용되고 있습니까? 11. CP 운영 평가 및 감사 수행 관련 인적 자원 선정 기준을 확인할 수 있는 공식 보고자료가 존재합니까?
E1.1.3 조직의 정기감사 계획에	1. 정기감사 계획에 공정거래 법규 및 필수 법규가 반영되어 있습니까? 2. 정기감사 계획에 관련 정책이 포함되어 있습니까?

COMPLIANCE 공정거래 CP & ISO 37301 실무가이드

세부 측정지표	등급평가 대비 체크리스트(현장 인터뷰 위주)
해당 업계가 준수하여야 하는 공정거래 법규 및 필수 법규 및 관련 정책, 이전 정기감사 결과 등이 종합적으로 반영되어 있는가?	3. 정기감사 계획이 CP 운영 관련 감사계획을 다른 감사 사항과 구분하여 독립적으로 수립되었습니까? 4. 정기감사 계획에 이전 정기감사 결과가 반영되어 있습니까? 5. 정기감사 계획에서 공정거래 법규 및 필수 법규 준수 여부가 검토되는 항목으로 포함되어 있습니까? 6. 정기감사 계획에 다른 감사 사항과의 중복을 방지하기 위해 공정거래 관련 사항이 독립적으로 반영되고 있습니까? 7. 정기감사 계획이 조직의 법규 준수 및 공정거래 관련 정책을 강화하는 방향으로 수립되고 있습니까? 8. 정기감사 계획이 공정성과 독립성을 보장하는 방식으로 수립되어 있습니까? 9. 정기감사 계획에 반영된 공정거래 법규와 필수 법규가 업계의 법적 요구사항을 충족하고 있습니까? 10. 정기감사 계획을 확인할 수 있는 공식 보고 자료(예: 감사계획서, 검토보고서 등)가 존재합니까?
E1.1.4 정기감사의 수행기록을 관리하고 있는가?(예: 계획서, 결과보고서, 감사노트, 인터뷰 명단, 지적사항 등)	1. 정기감사의 수행기록이 체계적으로 관리되고 있습니까? 2. CP 관련 정기감사의 수행기록이 다른 감사 기록과 독립적으로 관리되고 있습니까? 3. 정기감사 기록물이 다양한 유형(예: 계획서, 결과보고서, 감사 노트, 인터뷰 명단, 지적 사항 등)으로 구분되어 관리되고 있습니까? 4. 정기감사 수행기록이 기록물 관리대장이나 현황으로 관리되고 있습니까? 5. 정기감사 기록물이 감사 활동이 종료된 후에도 적절하게 보관되고 있습니까? 6. 정기감사의 수행 결과나 주요 사항이 감사 기록물로 작성되어 있습니까? 7. 정기감사의 인터뷰 명단 및 주요 지적 사항이 기록물로 작성되고 관리되고 있습니까? 8. 정기감사 기록물이 감사계획서나 결과보고서와 같이 명확히 정의된 문서 형식으로 작성되고 있습니까? 9. 정기감사 기록물 관리 현황을 검토할 수 있는 보고자료가 존재합니까? 10. 정기감사 수행기록이 관련 부서나 경영진에게 필요에 따라 보고되고 있습니까?
E1.2.1 CP의 효과성에 대한 평가 및 감사를 충실히 시행(문제 및 원인분석 등 포함)하였는가?	1. CP의 효과성에 대한 평가 및 감사를 연 2회 이상 시행하였습니까? 2. CP 효과성 평가 및 감사에서 문제 및 원인분석이 포함되었습니까? 3. CP 효과성 평가 및 감사를 수행하는 절차가 명확하게 정의되어 있습니까? 4. CP 효과성 평가 및 감사가 평가의 효율성과 실효성을 확보하는 방식으로 시행되었습니까? 5. 정기적으로 시행된 CP 효과성 평가 및 감사 결과가 공식 문서(예: 보고서, 분석 결과)로 작성되었습니까? 6. CP 효과성 평가 및 감사 결과가 개선 사항을 도출하고 이를 반영하는 절차가 마련되어 있습니까? 7. CP 효과성 평가 및 감사가 조직의 공정거래 및 법규 준수에 기여하는 방식으로 이루어졌습니까?

세부 측정지표	등급평가 대비 체크리스트(현장 인터뷰 위주)
	8. 정기감사 시행 결과를 확인할 수 있는 내부 보고자료가 존재합니까?
	9. CP 효과성 평가 및 감사 결과가 최고경영진 또는 CP위원회에 보고되었습니까?
E1.2.2 CP 운영에 대한 효과성 평가 및 감사를 통해 발견된 문제점을 시정조치(제도개선, 인사조치 등)하였는가?	1. CP 운영에 대한 효과성 평가 및 감사를 연 2회 이상 시행하였습니까? 2. 효과성 평가 및 감사에서 발견된 문제점에 대한 제도 개선 또는 시정조치를 연 2회 이상 실시하였습니까? 3. 발견된 문제점에 대한 시정조치가 제도 개선 및 인사조치를 포함하고 있습니까? 4. 제도 개선이나 시정조치가 실질적으로 문제를 해결하는 방식으로 이루어졌습니까? 5. 문제 발견 후 시정조치가 공식 문서로 기록되고 보고되었습니까? 6. 시정조치의 효과가 정기적으로 검토되고 있으며, 그 결과가 반영되고 있습니까? 7. 시정조치가 실제로 임직원 또는 조직에 긍정적인 변화를 일으켰다고 평가됩니까? 8. 정기감사 시행 결과 및 시정조치가 임직원 교육이나 정책 변경에 반영되었습니까? 9. 정기감사 결과 및 시정조치 내용을 확인할 수 있는 내부 보고자료(예: 시정조치 기록, 감사보고서 등)가 존재합니까?
E1.2.3 최고경영진(최고경영자나 임원진 회의)에 CP 운영 관련 효과성 평가 및 감사 결과(시정조치를 포함한다)를 정기적으로 보고하였고, 그 내용이 CP 운영 관련 경영에 충실히 반영되었는가?	1. CP 운영 관련 효과성 평가 및 감사 결과가 최고경영진(최고경영자나 임원진 회의)에 정기적으로 보고되었습니까? 2. 보고된 CP 운영 관련 효과성 평가 및 감사 결과가 시정 치를 포함하고 있습니까? 3. 최고경영진에게 보고된 CP 운영 관련 효과성 평가 및 감사 결과의 내용이 구체적으로 기록되어 있습니까? 4. CP 운영 관련 효과성 평가 및 감사 결과의 시정조치 수준이 명확히 정의되어 있습니까? 5. 보고된 CP 운영 관련 효과성 평가 및 감사 결과가 CP 운영 관련 경영에 실제로 반영되었습니까? 6. CP 운영 관련 경영에 반영된 사항들이 실제 경영활동에 영향을 미쳤다고 평가됩니까? 7. 정기감사 시행 결과와 CP 운영 관련 효과성 평가 또는 감사 결과가 공식 문서(예: 보고서, 회의록)로 기록되어 있습니까? 8. 이사회 회의록에서 CP 운영 관련 효과성 평가 및 감사 결과가 다뤄졌다는 증거가 있습니까? 9. CP 운영에 관한 효과성 평가 또는 정기감사 결과가 경영에 반영된 후, 이에 대한 후속 조치나 개선이 이루어졌습니까? 10. CP 운영에 관한 효과성 평가 및 감사 결과가 최고경영진에 보고된 사실을 확인할 수 있는 내부 보고자료(예: 회의록, 평가보고서 등)가 존재합니까?

CP의 핵심 요소 CDOE

01. Compliance C^Construction – CP의 구축

C1. CP의 도입 및 운영 방침 수립

C1 CP를 도입해 운영 방침을 수립하는 일은 기업이 공정거래법 준수를 위한 내부 원칙과 전략을 공식화하고 전사적인 준법 의식을 공유하게 한다. 이를 통해 지속가 능한 준법경영 시스템을 구축하고 실행력을 높일 수 있다. CP 운영 방침은 기업 내 모든 부서가 공정거래 법규를 준수할 수 있도록 명확한 지침을 제공하고, 자율적이 고 지속적인 준법경영 체계를 정착시키는 기준이 되는 문서이다. 기업이 Compliance 문화를 성공적으로 정착시키려면 최고경영진의 강력한 의지와 리더십이 매우 중요 하며, 이를 행동강령이나 준수 정책을 통해 명문화하여 조직 내·외부에 공식적으로 전달할 필요가 있다.

이 지표의 평가 취지는 CP 운영이 형식적 요건이 아니라 기업의 실질적인 준법경 영 기틀로써 자율준수 문화화가 되고 있는지 검토하는 것이다. 효과적인 CP 운영 방 침이 수립되었는지를 평가하기 위해서는 다음 요소가 고려된다.

① 최고경영진의 리더십과 실천 의지: CP의 특성상 가시적인 성과를 즉각적으로 확인하기 어렵기 때문에 기업 내 준법경영을 효과적으로 운영하려면 최고경영 진(CEO 및 이사회)의 강력한 리더십과 실천 의지가 요구된다. 이는 기업이 공정 거래법 준수를 핵심 경영정책으로 삼고 있음을 대내외적으로 명확히 하는 핵심

요소이다.

② 임직원의 준법 인식 및 실천: 모든 임직원은 공정거래법이 각자의 업무에 어떻게 적용되는지를 명확히 이해해야 한다. 이를 위해 기업은 CP 운영 기준과 절차를 구체적으로 마련하고, 이를 실천할 수 있도록 교육 및 내부 가이드라인을 제시해야 한다.

③ 공식적 문서화 및 공표: CP 운영 방침은 대표이사 또는 이사회의 승인을 거쳐 공식적으로 문서화되고, 이를 전 직원에게 명확히 공표하는 것이 핵심이다. 이는 기업의 준법 의지를 내부 구성원뿐만 아니라 외부 이해관계자에게도 전달하는 중요한 과정이다.

다음 평가지표, 평가기준, 입증서류 그리고 Best Practice Study를 통해 CP의 도입 및 운영 방침 수립에 대해 살펴보자.

평가지표 (대기업 기준)	세부 측정지표	평가 기준		입증 서류	Best Practice Study
		AAA	AA		
C1.1 최고경영자의 CP 도입 및 자율준수 실천 의지의 천명	C1.1.1 최고경영자가 CP 행동강령, CP 방침 선언, CP 도입 선포식 또는 이와 유사한 취지의 내용을 활용하여 확고한 CP 실천 의지를 공개적으로 표명하였는가?	(AAA/AA) 최고경영자가 직접 CP 실천 의지를 표명하고 CP 실천 의지 및 행동강령 또는 준수 정책을 기업의 소속 전 임직원과 외부 홈페이지에 공표한 경우로서 행동강령 또는 준수 정책이 CP 실천 의지를 충실히 반영하고 있는 정도 및 외부 홈페이지에 공표한 범위를 종합적으로 감안하여 차등 평가		① 최고경영자의 CP 실천 의지 및 공표 여부를 확인할 수 있는 자료(이메일, 인트라넷망, 홈페이지, CP 실천 의지 관련 행동강령 또는 준수 정책 등)	1. 최고경영자의 CP 실천 의지 표명 절차 • 내부소통: 최고경영자가 CP 실천 의지를 명확히 표명하는 공식 선언문을 작성하여, 이메일, 사내 인트라넷, 메신저 시스템 등을 통해 전 임직원에게 전달함. → 실천방안: CP 방침을 사내 이메일로 전파하고, 전 직원의 확인을 요청하여 CP 실천 의지에 대한 전 직원의 인식을 높임. • 공식문서화: CP 실천 의지와 관련된 행동강령 또는 준수 정책을 문서화하여, 기업의 규정집, 매뉴얼에 포함시킴. 문서화된 정책은 최고경영자의 서명을 받아 승인된 상태로 공표되어야 함. 2. 외부 홈페이지 및 홍보 활용 • 외부 홈페이지: CP 실천 의지 및 행동강령 또는 준수 정책을 외부 홈페이지에 게재하고, 외부 이해관계자들도 접근할 수 있도록 함. → 실천방안: 외부 홈페이지 메인페이지에 'CP 실천 의지' 섹션을 추가하고, 해당 정책을 언제든지 확인 할 수 있도록 함. 여기에 CEO의 비디오 메시지나 공식 성명서도 포함하면 효과적임.

COMPLIANCE 공정거래 CP & ISO 37301 실무가이드

평가지표 (대기업 기준)	세부 측정지표	평가 기준		입증 서류	Best Practice Study
		AAA	AA		
					• SNS활용: 회사의 공식 SNS 계정을 통해 최고경영자의 CP 실천 의지를 적극적으로 홍보하고, 이를 다양한 언어로 제공하여 글로벌시장의 이해관계자들도 접근할 수 있게 함.
					3. 평가 및 모니터링
					• 성과 측정: 이메일 수신 확인, 인트라넷 공지사항 조회수, 외부 홈페이지 방문 트래픽 등 구체적인 데이터를 통해 최고경영자의 CP 실천 의지가 직원 및 외부 이해관계자들에게 얼마나 전달되었는지 분석함.
					→ 실천방안: 시스템을 통해 이메일 열람 확인 및 홈페이지 클릭 수, SNS 조회수 등을 추적하고 보고서로 작성하여 경영진에게 보고함.
					4. 교육과 상호작용
					• 교육 연계: CEO의 CP 실천 의지 표명과 함께 행동강령 및 준수 정책에 대한 교육 프로그램을 마련하여 전 임직원이 참여하도록 함.
					→ 실천방안: CP 도입선포식 이후 관련 교육을 주기적으로 진행하고, 퀴즈나 설문조사를 통해 직원들이 정책을 얼마나 이해하고 있는지 점검함.
					5. 입증서류 준비방안
					• 공표자료: 이메일, 인트라넷 공지사항, 외부 홈페이지 게재 기록, 행동강령 또는 준수 정책문서, CP 실천 의지를 담은 공식성명서 또는 선언문.
					• 성과측정자료: 홈페이지 트래픽 기록, 이메일 열람 확인 데이터, SNS 조회수 및 공유 기록
C1.1.2 최고경영자가 조직의 CP 운영 현황 및		(AAA/AA) 1. CP 부서에서 최고경영자에게 조직의 CP 운영 현황 및 성과를 분기		① CP 부서에서 최고경영자 또는 자율준수	1. CP 운영 현황 및 성과보고 체계 구축 • 분기별 보고 프로세스: CP 부서가 최고경영자에게 분기 1회 이상 CP 운영현황 및 성과를 보고할 수 있도록 명확한 프로세스를 수립함. 이를 위해,

평가지표 (대기업 기준)	세부 측 정지표	평가 기준		입증 서류	Best Practice Study
		AAA	AA		
	성과에 대하여 주기적으로(예: 분기, 반기) 검토하였으며, 조직의 CP 실천 의지를 CP 관련 사업목표(예: 핵심성과지표(KPI)에 충실히 반영될 수 있도록 지시하였는가?	1회 이상 보고한 경우로서, 보고의 범위 및 최고경영자의 후속조치 내용에 따라 차등하여 평가 2. 최고경영자가 CP 실천 의지를 전 부서의 사업목표에 반영하도록 직접 지시한 경우로서 사업목표의 반영 범위 및 실제 반영 정도를 종합적으로 감안하여 차등 평가		관리자에게 CP 운영 현황 및 성과를 보고한 내부 보고 문서 ② CP 실천 의지 일체 또는 일부를 사업 목표에 반영하도록 지시하거나 요청한 내부 보고 문서	→ 내부 보고 템플릿: CP 운영현황, 성과지표, 이슈, 개선사항 등을 체계적으로 포함하는 표준 보고서를 작성하는 템플릿을 마련함. → 보고대상 범위 확장: 모든 주요 부서가 자신들의 업무와 관련된 CP 활동을 반영하여 성과를 평가하고 보고 할 수 있도록 각 부서별로 관련 자료를 준비하게 함. → 보고서 검토 및 피드백: 최고경영자는 보고서를 검토한 후 구체적인 피드백을 제공하고 필요한 경우 개선사항을 지시함. 2. 최고경영자의 실천 의지 및 지시사항 명문화 • CP 관련 지시사항 기록: 최고경영자가 CP 실천 의지를 명확하게 반영한 지시사항을 내부보고 문서에 명시함. 이를 통해 후속 조치가 추적 가능하도록 함. • CP 관련 후속조치 검토: 최고경영자가 각 부서의 사업 목표에 CP 실천 의지가 반영되었는지 주기적으로 검토하도록 하고, 관련 지시사항을 문서화함. • 중점성과지표설정: 최고경영자는 핵심성과지표(KPI)에 CP 목표를 반영하는데, 예를 들어 규정 준수율, 교육 이수율, CP 관련 감사 결과 등을 KPI에 포함해 실질적인 성과로 관리하게 함. 3. CP 실천 의지 반영 및 실행 관리 • 전사적 CP 목표 설정: 각 부서별로 CP 실천 의지를 사업 목표에 반영하도록 구체적인 지침을 제공하고, 이 지침에 따라 각 부서가 CP 목표를 사업계획에 통합하도록 함. • 성과 평가 및 피드백 회의: 분기 또는 반기마다 CP 운영 및 성과에 대한 피드백 회의를 개최하여 경영진과 CP 부서 간 상호 피드백을 나누고, 실천 의지의 실행 여부를 평가함. • 지속적 개선 모니터링: 후속 조치로 최고경영자가 지시한 사항이 어떻게 실행되고

평가지표 (대기업 기준)	세부 측 정지표	평가 기준		입증 서류	Best Practice Study
		AAA	AA		
					있는지를 지속적으로 모니터링하고, 개선사 항이 있으면 신속히 조치할 수 있는 메커니 즘을 마련함. 4. 내부문서 준비 및 증빙자료 확보 • 증빙문서화: 모든 회의록, 보고서, 지시문서 등을 체계적으로 보관하여 평가 시 요구되 는 증빙자료로 활용함. → 예: 분기별 CP 운영성과 보고서, 최고경 영자의 지시사항이 담긴 내부 메모 및 이메 일 기록, 관련 회의록 등.
C1.1.3 최고경영자 가 조직의 CP 문화 촉 진을 위한 활동(예: 캠 페인, 행사, 선포식, 표 창 등)에 직 접 참여하 였는가?	최고경영자 가 CP 문 화 촉진 관 련 캠페인, 행사, 선포 식, 표창 행 사에 연 4 회 이상 직 접 참여한 경우	최고경영자 가 CP 문 화 촉진 관 련 캠페인, 행사, 선포 식, 표창 행 사에 연 3 회 직접 참 여한 경우	① CP 문화 촉진 관련 활동 개최 및 결과 보 고문서(참 석자 명단 포함)	1. CP 문화 촉진 활동의 정기적 계획 수립 • 연간활동 계획수립: 최고경영자가 연간 4회 이상의 CP 관련 캠페인, 행사, 선포식, 표창 행사 등에 직접 참여할 수 있도록 연간활동 계획표를 수립함. 각 행사 및 캠페인의 시기 와 목적을 명확히 설정하여 사전에 최고경 영자가 일정에 참여할 수 있도록 조율함. → 예: 상반기 및 하반기에 각각 2회씩 캠페 인과 선포식 또는 표창행사를 분산 배치하 여 참여를 지속적으로 유도. 2. 최고경영자의 실질적 참여 촉진 • 최고경영자의 메시지 강화: 각 행사 및 캠페 인에서 최고경영자가 직접 참여하여 CP 실 천에 대한 강력한 의지를 표명할 수 있도록 발표자료, 메시지를 사전에 준비함. 이를 통 해 직원들에게 명확한 방향성을 제시하고, CP 문화 확산을 위한 분위기를 조성함. • 상징적 역할 강화: 최고경영자가 행사에 참 석하는 것을 넘어 표창 수여, 선포식에서의 기조연설 등을 통해 CP 활동을 상징적으로 이끌어 가도록 함. 이러한 참여는 직원들에 게 CP 문화의 중요성을 인식시키는 데 큰 영향을 줄 수 있음. 3. 행사 및 캠페인 다양화 • 다양한 형태의 행사 개최: 캠페인, 선포식, 표창행사 외에도 직원들의 적극적 참여를

평가지표 (대기업 기준)	세부 측 정지표	평가 기준		입증 서류	Best Practice Study
		AAA	AA		
					유도 할 수 있는 다양한 CP 문화촉진 행사를 기획함. 예를 들어, → CP 퀴즈대회, CP 관련 워크숍, 토론회 등을 개최하여 직원들의 자발적인 참여를 유도. → CP 홍보캠페인: 인트라넷, 사내 SNS를 통한 CP 관련 캠페인도 포함하여 다양한 접근방식을 활용함. 4. 참여 기록 및 증빙자료 관리 • 참석자 명단 및 활동결과 기록: 각 행사에서 최고경영자의 참석 여부를 공식 문서로 기록하고, 참석자 명단을 포함한 결과보고서를 작성하여 문서화함. 이때 주요 활동내용과 성과, 참석자의 피드백을 포함하여 향후 평가와 개선에 활용할 수 있도록 함. → 예: 각 행사 후 결과보고서와 함께 참석자 명단, 사진자료 등을 증빙자료로 확보하여 평가에 대비. 5. 후속 활동 및 효과 분석 • CP 문화촉진 활동의 효과 분석: 최고경영자의 참여로 인해 CP 문화가 조직 내에서 어떻게 확산되고 있는지에 대한 분석보고서를 작성함. 이는 참여 행사 후 내부평가를 통해 개선할 부분을 도출하고, 향후 행사 기획에 반영할 수 있음. • 직원 참여도 분석: CP 관련행사에 대한 직원들의 참여와 피드백을 분석하여, 다음 행사에서 개선이 필요한 점을 파악하고 더 나은 참여 경험을 제공할 수 있도록 함.
C1.2 CP 운영의 기준과 절차의 수립	C1.2.1 CP 운영에 관한 기준(자율준수편람 등)과 절차가 포함된 문서	(AAA/AA) CP 운영에 관한 기준·절차가 모두 포함된 문서가 최고경영자의 승인을 얻어 마련된 경우로서 기준과 절차의 내용 수준 및 체계적인 정도에 따라 차등하여 평가		① 평가 대상 연도의 CP 운영에 관한 기준, 절차, 수정	1. CP 기준 및 절차의 명확한 문서화 • CP 자율준수편람 및 절차서 마련: 조직의 CP 운영에 관한 기준과 절차를 상세히 명시한 자율준수편람 및 지침서를 작성. 이 문서에는 CP의 목적, 범위, 운영 절차, 주요 활동 등을 명확하게 기술해야 함. • 문서의 체계성 확보: CP 기준과 절차의 문서화는 각 항목이 논리적이고 체계적으로

평가지표 (대기업 기준)	세부 측정지표	평가 기준		입증 서류	Best Practice Study
		AAA	AA		
	(지침서, 절차서 등)가 있는가?			및 보완 여부를 확인할 수 있는 내부 보고 문서	구성되도록 하여, 직원들이 이해하기 쉽게 작성되어야 함. 운영 흐름에 따라 각 절차가 단계별로 설명되고, 구체적인 역할과 책임이 명확히 정의되어 있어야 함. • 최고경영자의 승인 절차: 모든 CP 기준 및 절차 문서가 최고경영자의 공식 승인을 받은 후 시행되도록 하여, 최고경영자의 의지와 지시가 문서화되었음을 증명함. 2. 문서의 지속적인 업데이트 및 보완 • 정기적인 문서 검토 및 업데이트: CP 기준과 절차 문서는 기업의 환경변화나 규제변화에 따라 정기적으로 검토하고 업데이트하도록 계획함. 이를 위해 반기 또는 연간 주기로 CP 문서의 유효성을 검토하는 절차를 마련함. • 수정 및 보완 절차 구축: 운영 중 발생한 문제나 개선사항을 반영하기 위해 수정 및 보완절차를 문서화함. 수정된 사항은 즉시 직원들에게 공지하고, 내부보고서에 기록하여 관리함. → 예: 내부 또는 외부감사를 통해 지적된 사항을 반영한 수정문서 및 보고서 기록을 체계적으로 관리. 3. CP 문서의 접근성 및 배포 관리 • 내부 공유 시스템 강화: CP 기준과 절차 문서를 전 직원이 쉽게 접근할 수 있도록 인트라넷이나 디지털 문서 관리 시스템에 게시함. 모든 직원이 문서에 쉽게 접근하고, 준수할 수 있도록 정기적인 교육과 안내가 필요함. → 예: 문서가 업데이트될 때마다 직원들에게 자동으로 공지되도록 시스템화. • 교육 및 훈련 프로그램 연계: CP 운영 지침과 절차서를 기반으로 정기적인 교육 및 훈련 프로그램을 마련함. 이를 통해 직원들이 CP 기준과 절차를 숙지하고 실천할 수 있도록 지원함.

평가지표 (대기업 기준)	세부 측정지표	평가 기준		입증 서류	Best Practice Study
		AAA	AA		
					4. CP 문서의 실행성 평가 • 실제 운영 반영 점검: 문서화된 CP 기준 및 절차가 실제 운영 과정에 어떻게 반영되고 있는지를 평가하기 위해 실행성 점검 프로세스를 도입함. 각 부서별로 CP 기준 및 절차의 준수 여부를 확인하고, 이에 대한 내부 평가보고서를 작성함. → 예: 반기별로 CP 기준 및 절차준수 여부를 확인하는 자체 감사 체크리스트를 운영. • CP 성과지표 연계: CP 기준 및 절차 준수 성과를 '핵심성과지표(KPI)'와 연계하여 평가. 이는 조직의 목표와 CP 운영이 일관되게 맞물리도록 하며, 직원들의 실천 의지를 고취시킬 수 있음. **5. 내부보고서 및 증빙자료 관리** • 내부 보고서 작성 체계 강화: CP 기준과 절차의 운영현황 및 수정사항을 기록하는 내부 보고체계를 구축함. 각 변경사항 및 수정된 문서에 대한 보고서는 최고경영자 및 자율준수 관리자에게 보고되어야 하며, 이를 기반으로 지속적인 개선이 이루어지도록 함. ○예: 문서의 수정 내역, 승인 절차, 배포 및 교육 내역을 모두 포함한 운영 현황 보고서 작성.
	C1.2.2 CP 운영에 관한 목표가 측정 가능하고 정량화된 지표로 관리되었는가?	(AAA/AA) CP 운영에 관한 목표 전체가 측정 가능하고 정량화된 지표로 관리된 경우로서 정량화된 지표의 합리성, 중요도, 비중, 목표 설정 및 지표관리의 지속성 등을 감안하여 차등 평가		① CP 운영에 관한 목표, 정량화된 지표를 확인할 수 있는 자료	**1. CP 운영 목표의 명확한 설정** • SMART 원칙: CP 운영 목표를 설정할 때 SMART 원칙(Specific, Measurable, Achievable, Relevant, Time-bound)을 적용하여 명확하고 측정 가능한 목표를 정의함. ○Specific(구체성): CP목표는 구체적으로 설정되어야 함. 예를 들어, "준법 교육을 매년 90% 이상 수료"와 같은 구체적 목표를 설정함. ○Measurable(측정가능성): 목표 달성여부를 정량적인 지표로 측정할 수 있어야 함. → 예: 준법 교육 참석률, 위반 발생 감소율, 내부 보고건수 등 ○Achievable(달성가능성): 목표는 조직의 자원과 역량을 고려하여 현실적이어야 함.

평가지표 (대기업 기준)	세부 측 정지표	평가 기준		입증 서류	Best Practice Study
		AAA	AA		
					○Relevant(관련성): 목표는 CP의 전체목적과 조직의 경영 목표에 직접적으로 연관이 있어야 함. ○Time-bound(기간설정): 목표 달성에 대한 기간이 명확하게 설정되어 있어야 함. 예: "연말까지 부서별로 100% 준법 프로그램 이행" 2. 정량화된 지표설정 및 관리 • 핵심 성과지표(KPI)설정: CP 운영 목표를 정량적으로 평가하기 위해 KPI(핵심성과지표)를 설정함. 각 목표별로 달성 정도를 평가할 수 있는 정량적 지표를 만들고, 이를 관리함. → 예: "준법 교육참석률 95% 이상", "내부감사에서 위반 건수 10% 감소", "내부준수보고 건수 30건 이상" • 합리적 지표설정: 설정한 지표가 현실적이고 합리적인지 확인해야 함. 조직의 자원, 인프라, CP 목표와의 적합성을 고려해 정량화된 지표가 과도하거나 부족하지 않도록 조정함. → 예: 내부보고 건수를 지나치게 높게 설정하지 않고, 실제 가능성을 감안하여 목표를 설정. • 비중 설정: 각 목표와 지표가 조직에서 가지는 중요도에 따라 비중을 설정함. 가장 중요한 지표에 높은 비중을 부여하고, 이를 통해 종합적으로 CP 목표 달성 여부를 평가함. → 예: 준법교육의 목표 달성이 중요하다면, 전체목표 중 해당 항목의 비중을 30% 이상으로 설정. 3. 정량화된 목표의 지속적 관리 및 모니터링 • 정기적 성과 모니터링 설정된 CP 목표와 지표를 정기적으로 모니터링하여, 목표 달성 여부를 체크하고, 필요한 경우 조정함. 월별 또는 분기별로 목표 달성 현황을 평가하는 내부 모니터링체계를 운영함. → 예: 준법교육 참석률을 분기별로 확인하고, 목표 미달성시 개선대책 마련.

평가지표 (대기업 기준)	세부 측 정지표	평가 기준		입증 서류	Best Practice Study
		AAA	AA		
					• 자동화된 관리시스템 도입: 목표 및 지표관리의 효율성을 높이기 위해 디지털시스템을 도입해 지표를 실시간으로 추적하고 분석할 수 있도록 함. 데이터 기반의 의사결정을 가능하게 하는 시스템을 활용해 실시간으로 목표 달성 상황을 확인함. → 예: 교육 참석률, 내부 보고건수 등의 데이터를 실시간으로 추적하는 소프트웨어 사용. • 목표 달성에 따른 성과 피드백: 정기적인 평가 결과를 최고경영자 및 관련 부서에 보고하고, 목표 달성 여부에 따른 피드백과 보상제도를 마련함. → 예: 목표를 초과 달성한 부서에 대한 인센티브 제공, 미달성 부서에 대한 개선대책 수립. 4. 목표달성도를 위한 교육 및 지원 • 정량화된 목표에 대한 교육: 모든 임직원이 CP 운영 목표와 그에 따른 정량적 지표를 이해하고 이를 달성하기 위해 노력할 수 있도록 교육을 제공함. 교육은 전 부서를 대상으로 하며, 목표 달성의 중요성과 방법을 명확히 인식시킴. • 부서별 목표 설정 및 조정: 각 부서가 CP 목표를 달성할 수 있도록 개별부서별로 세부 목표를 설정하고, 부서의 특성에 맞는 지원을 제공함. 부서별로 맞춤형 목표를 설정하여, 조직의 전체목표 달성에 기여하도록 함. → 예: 준법교육 목표와 관련하여 교육 담당부서에는 구체적인 지표 달성을 위한 리소스를 추가 제공. 5. 성과 평가 및 개선 • 지표의 지속적 평가 및 개선: 설정된 지표가 지속적으로 효과적으로 운영되는지 평가하고, 필요시 개선함. CP 운영 환경이 변화하거나 새로운 리스크가 발견되면 지표를 수정하거나 새로운 목표를 추가하여

평가지표 (대기업 기준)	세부 측 정지표	평가 기준		입증 서류	Best Practice Study
		AAA	AA		
					CP 운영을 최적화함. → 예: 내부감사 결과에서 새로운 리스크가 발견되면, 이를 반영하여 목표 및 지표를 추가 설정. 6. 보고 및 증빙문서 관리 • 성과 보고 및 증빙자료 준비: CP 목표와 정량화된 지표에 대한 내부보고서를 작성하고, 이를 최고경영자 및 관련 부서에 정기적으로 제출함. 이 보고서에는 목표달성 현황, 지표관리 방식, 향후 개선사항이 포함되어야 함. → 예: 목표달성 결과, 차기 목표 설정 및 개선 방향을 포함한 분기별 성과보고서 제출.
C1.2.3 최고경영자에서 일선 관리자까지의 CP 운영에 대한 책임과 권한이 구체적으로 명시되어 있는가?		(AAA/AA) CP 운영에 대한 책임과 권한 기준을 최고경영자부터 CP 담당 임직원까지 정의하고 이를 최고경영자 또는 자율준수 관리자에게 보고하여 승인을 얻은 경우로서, 책임과 권한의 구체적인 정도에 따라 차등하여 평가		① CP 운영에 대한 책임과 권한을 정의한 내부 보고 문서	1. 책임 및 권한 구조 정의 • 책임 및 권한 범위설정: CP 운영에 대한 책임과 권한을 최고경영자부터 일선 관리자까지의 각 역할에 따라 명확히 정의함. ㅇ최고경영자: 조직의 CP 운영에 대한 전반적인 책임 및 전략적 방향 설정 ㅇCP 담당 임직원: CP 관련 정책 및 절차 수립, 교육 실시 및 성과 평가 ㅇ일선 관리자: 현장 내 CP 이행 감독 및 교육 제공, 부서 내 준법 문화 촉진 2. 문서화 및 내부보고 • 책임 및 권한 정의 문서 작성: 각 직급별로 정의된 책임과 권한을 포함한 문서를 작성함. 이 문서에는 역할, 책임 및 권한을 구체적으로 기술하여 이해관계자가 쉽게 이해할 수 있도록 함. → 예: "CP 담당자는 연간 CP 교육프로그램을 기획하고 진행할 책임이 있음"과 같은 형태로 구체적으로 명시. • 내부보고 및 승인: 작성된 문서는 최고경영자 또는 자율준수 관리자에게 제출하여 승인을 받음. 승인과정을 통해 문서의 신뢰성을 높임. 3. 조직 내 커뮤니케이션 및 교육

평가지표 (대기업 기준)	세부 측정지표	평가 기준		입증 서류	Best Practice Study
		AAA	AA		
					• 책임 및 권한 공유: 승인된 문서를 바탕으로 전 직원에게 CP 운영에 대한 책임과 권한을 명확히 전달함. 이를 위해 사내교육 및 워크숍을 개최하여 모든 임직원이 자신의 역할을 인식할 수 있도록 함. • 정기적인 업데이트: 조직 내 CP 운영에 대한 책임 및 권한에 변동이 있을 경우, 이를 신속히 반영하여 업데이트된 내용을 직원들에게 공지함. 4. 성과 평가 및 피드백 시스템 구축 • 책임 수행 평가 체계 수립: 각 직급별로 설정된 책임과 권한에 대한 성과를 평가하는 체계를 마련함. 성과는 정기적으로 평가하여 해당 직급이 맡은 역할을 충실히 수행하고 있는지 확인함. → 예: CP 담당 직원의 경우, 연간 교육프로그램의 실행률, 교육 후 피드백 등을 기준으로 평가. • 피드백 제공: 성과 평가 결과를 기반으로 각 직원에게 피드백을 제공하고, 필요한 경우 추가 교육이나 지원을 제공함. 5. 문서관리 및 증빙 체계 마련 • 내부문서 관리시스템 구축: CP 운영에 대한 책임과 권한을 정의한 문서 및 관련 자료를 체계적으로 관리할 수 있는 시스템을 구축함. 이를 통해 문서의 변경 및 업데이트 이력을 관리하고 필요시 증빙자료로 활용할 수 있음. • 정기적인 문서 검토: 책임 및 권한 문서의 내용이 여전히 적절한지 정기적으로 검토하며, 필요시 수정 및 보완작업을 수행함. 6. 조직문화 내 CP 책임 강화 • 문화적 인식 제고: CP 운영에 대한 책임과 권한을 문서로 한정하지 않고, 조직문화로 정착될 수 있도록 캠페인이나 워크숍 등을 통해 지속적으로 강조함. 이를 통해 모든 직원이 CP의 중요성을 인식하고 각자의 역할을 수행하도록 함.

COMPLIANCE 공정거래 CP & ISO 37301 실무가이드

평가지표 (대기업 기준)	세부 측 정지표	평가 기준		입증 서류	Best Practice Study
		AAA	AA		
					7. 커뮤니케이션 채널 마련 • 문의 및 소통 경로 제공: CP 관련 책임과 권한에 대한 문의 및 소통을 위한 채널을 마련하여 직원들이 언제든지 궁금증이나 건의를 할 수 있도록 함. 이로 인해 CP 운영에 대한 직원들의 참여도와 인식을 높일 수 있음.
C1.3 CP 운영에 관한 사항의 회사 내·외부 공시·공표	C1.3.1 CP 운영에 관한 사항이 내용, 방법, 주체 등에 제한 없이 공시·공표되고 있는가?(예: 홈페이지, SNS, 동영상사이트, 내부공시 등)	(AAA/AA) CP 운영에 관한 사항이 세부 평가지표에서 제시한 취지에 부합되도록 제한 없이 공시·공표되고 있는 경우로서, 외국어 지원의 다양성, SNS 및 동영상 콘텐츠 활용 실적, 홈페이지 및 내부공시 활용 정도를 종합적으로 감안하여 평가		① CP 운영에 관한 사항을 공시·공표한 내부 보고자료 ※ CP 운영에 관한 사항 예시: (이전 가이드라인 내용 인용)	1. 공시 및 공표 전략 수립 • 목표 설정: CP 운영에 대한 공시 및 공표의 목표를 설정함. 예를 들어, 공시 내용의 접근성 향상, 다양한 플랫폼에서의 노출 증가, 직원 및 외부 이해관계자의 인식제고 등을 목표로 할 수 있음. • 다양한 매체활용: 홈페이지, SNS, 동영상사이트 등 다양한 플랫폼을 활용하여 CP 운영 관련 사항을 공시하도록 함. 각각의 매체에 맞는 콘텐츠 형식을 개발함. 2. 공시내용 정비 • 세부 공시 목록 작성: CP 운영에 관한 공시 항목을 정리하여, 어떤 내용을 언제, 어떤 방식으로 공시할지를 정리함. 예를 들어, → 정기보고서: CP 운영의 성과 및 계획을 분기마다 홈페이지에 게시. ㅇ이벤트/캠페인: CP 관련 캠페인이나 교육 프로그램에 대한 내용을 SNS를 통해 실시간으로 공유. • 언어지원강화: 외국어 지원을 고려하여, 주요 공시내용을 최소한의 주요 언어로 번역하여 제공함. 이로 인해 국제적 이해관계자들이 쉽게 접근할 수 있도록 함. 3. 공시 내용의 품질 및 다양성 확보 • 콘텐츠 다양화: 텍스트 기반의 보고서뿐만 아니라 인포그래픽, 동영상, 팟 캐스트 등 다양한 형식의 콘텐츠를 활용하여 CP 운영 관련 정보를 전달함. • 사례공유: 성공사례 및 Best Practice 등을 공시하여, CP 운영의 중요성과 효과를 강조함. 4. 정기적 업데이트 및 모니터링 • 정기적 공시 검토: CP 운영에 대한 공시

평가지표 (대기업 기준)	세부 측 정지표	평가 기준		입증 서류	Best Practice Study
		AAA	AA		
					내용을 정기적으로 검토하고 업데이트하여 최신 정보를 반영함. 이를 위해 담당 부서를 지정하여 공시 일정을 관리함. • 성과 평가 및 피드백: 공시된 정보에 대한 직원 및 이해관계자의 피드백을 수집하여 공시의 효과성을 평가하고, 필요한 경우 수정하거나 보완함. 5. 내부교육 및 인식제고 • 직원 교육프로그램: CP 운영과 관련된 공시 내용 및 중요성을 직원들에게 교육하여 인식을 높임. 교육자료에는 공시내 용의 주요 포인트와 그 의미를 포함시킴. • 내부 커뮤니케이션 채널 활용: 사내 뉴스레터나 내부포럼 등을 통해 CP 관련 소식을 주기적으로 공유하여 직원들이 공시에 대해 인지할 수 있도록 함. 6. 전문가 및 이해관계자와의 협력 • 외부 전문가 의견반영: CP 운영에 대한 공시 내용에 대해 외부 전문가나 이해관계자의 의견을 수렴하여 신뢰성과 전문성을 강화함. • 이해관계자 맞춤형 공시: 이해관계자의 요구와 관심사에 맞춘 맞춤형 공시 내용을 개발하여 소통을 강화함. 7. 성과 측정 지표 설정 • 공시 효과측정 지표 개발: 공시 및 공표의 효과를 측정하기 위해 다양한 지표를 설정함. 예를 들어, → 공시된 정보에 대한 조회수 및 피드백 수집 → ○ 소셜미디어에서의 공유 수 및 반응 ○ 공시 내용에 대한 인식도 조사 결과 8. 투명성 및 책임성 강화 • 공시된 정보의 책임성 명확화: 공시된 CP 운영 관련정보에 대한 책임자를 명시하여, 공시된 내용에 대한 신뢰성을 높임. 이는 정보의 정확성 및 적시성을 확보하는 데 도움이 됨.

평가지표 (대기업 기준)	세부 측정지표	평가 기준		입증 서류	Best Practice Study
		AAA	AA		
	C1.3.2 CP 운영에 대한 사항과 개정된 CP 운영 기준 및 절차가 회사의 임직원들에게 올바르게 전달되고 있는가?(배포, 교육, 전달 수준 확인)	회사 전 임직원들에게 3가지 이상의 방안(예: 사내 게시판 게시, E-mail 통지, 안내 동영상 구독 수 등)을 활용하여 CP 운영에 관한 사항 및 개정된 사항을 전달하고, 게시글 읽기 수 등 측정 가능한 방법을 통해 전달 수준을 확인한 경우	회사 일부 임직원들에게 3가지 이상의 방안(예: 사내 게시판 게시, E-mail 통지, 안내 동영상 구독 수 등)을 활용하여 CP 운영에 관한 사항 및 개정된 사항을 전달하였으나 전달 수준을 확인하지 않은 경우	① CP 운영에 관한 사항 및 개정된 사항의 전달 대상, 내용, 방법 등을 확인할 수 있는 자료 일체 ② CP 운영에 관한 기준과 절차 개정 내역을 임직원에게 문서로 통지한 사실을 확인할 수 있는 자료 ③ 임직원을 상대로 한 CP 운영에 관한 기준과 절차 개정 관련 교육 및 인터뷰 등 활동 여부를 확인할 수 있는 자료	1. 전달 방법 다각화 • 다양한 채널 활용: CP 운영에 관한 사항과 개정된 기준 및 절차를 전달하기 위해 다양한 방법을 도입함. 예를 들어, → 사내 게시판: CP 운영에 대한 공지사항을 주기적으로 업데이트하고, 임직원들이 쉽게 접근할 수 있도록 게시함. → 이메일 통지: 모든 임직원에게 개정사항 및 CP 운영 관련 정보를 포함한 이메일을 발송하고, 수신 여부를 확인함. → 안내 동영상: CP 운영 기준 및 절차를 설명하는 짧은 동영상을 제작하여 사내 인트라넷이나 유튜브와 같은 플랫폼에 업로드하고, 임직원들이 이를 구독하도록 유도함. → 모바일 애플리케이션: 회사의 모바일 애플리케이션을 통해 CP 관련 소식을 푸시 알림으로 발송하여 즉각적인 정보 전달을 도모함. 2. 전달 내용의 체계화 • 정보정리 및 요약: CP 운영의 주요사항 및 개정된 기준을 요약하여 쉽게 이해할 수 있도록 함. 핵심요점을 정리한 핸드북이나 FAQ를 배포할 수 있음. • 지침서제공: 개정된 CP 운영 기준 및 절차에 대한 자세한 지침서를 작성하여 모든 임직원에게 배포하고, 필요한 경우 하드카피를 제공함. 3. 교육 및 훈련 프로그램 마련 • 정기 교육세션 운영: CP 운영 관련 기준과 절차의 중요성을 강조하는 정기적인 교육세션을 마련하고, 모든 임직원이 참여하도록 의무화함. • 세미나 및 워크숍: CP 운영의 새로운 기준 및 절차에 대한 심화교육을 위한 세미나나 워크숍을 개최하여, 임직원들이 질문하고 토론할 수 있는 기회를 제공함. • 모의훈련: CP 운영 기준 및 절차를 실제 상황에서 어떻게 적용할 수 있는지에 대한

평가지표 (대기업 기준)	세부 측 정지표	평가 기준		입증 서류	Best Practice Study
		AAA	AA		
					모의훈련을 실시하여 실전 감각을 기름. 4. 전달 수준 확인 및 피드백 체계 구축 • 측정 가능한 지표설정: CP 운영 관련 사항의 전달 수준을 확인하기 위해 구체적인 지표를 설정함. 예를 들어, 게시글 읽기 수, 동영상 시청 횟수, 교육 참여도 등을 측정함. • 피드백 수집: 전달된 내용에 대한 피드백을 수집할 수 있는 설문조사를 실시하여, 임직원들이 CP 운영에 대해 얼마나 잘 이해하고 있는지를 파악함. • 성과 리뷰: 정기적으로 CP 운영 사항 전달의 효과성을 리뷰하고, 필요한 경우 방법론을 수정하여 더욱 효과적인 전달체계를 구축함. 5. 후속 조치 및 지속적 업데이트 • 정기적 업데이트: CP 운영 기준 및 절차의 변경사항이 있을 경우 즉시 임직원에게 알리고, 이를 공지하는 시스템을 구축함. • 계속적인 교육: CP 운영의 변화에 따라 지속적으로 교육자료를 업데이트하고, 임직원들이 최신 정보를 항상 인지할 수 있도록 함. 6. 내부 커뮤니케이션 강화 • 전문가 패널 운영: CP 관련 문의 및 문제해결을 위한 내부 전문가 패널을 운영하여, 임직원들이 쉽게 질문할 수 있는 경로를 마련함. • 소통 강화: CP 운영 사항에 대한 이해도를 높이기 위해 사내 소통채널을 적극 활용하고, 임직원들과의 대화 자리를 정기적으로 마련하여 의견을 듣고 반영함.

성공적인 CP 운영을 위한 Best Practice를 살펴보면, 가장 먼저 최고경영자의 강력한 리더십이 필수다. CP는 CEO 및 경영진이 직접 CP 실천 의지를 표명하고, 행동강령과 내부 규정 개정과 지속적인 수정을 통해 이를 명확히 체계화하여야 한다. 다

양한 이해관계자에게 CP 방침을 공식적으로 공표하고, 임직원 교육 및 윤리경영 선포식에 적극 참여하는 것이 대표적인 사례다. CP 운영이 효과적으로 이루어지기 위해서는 명확한 목표 설정이 필요하다. 측정 가능한 성과지표^{KPI}를 도입하여 연간 교육이수율, 내부감사 횟수, 법 위반 예방조치 등을 구체적으로 관리해야 한다. 또한, 내부 점검 및 리스크 평가를 정기적으로 실시하여 법 위반 가능성을 조기에 감지하고 사전에 대응할 수 있는 체계를 구축해야 한다. 또한 자율준수 프로그램의 실효성을 높이기 위해서는 내부감사 및 효과성 평가가 중요하다. CP 운영 성과를 정기적으로 분석하고, 그 결과를 최고경영진과 공유하여 지속적인 개선 방향을 설정해야 한다. 내부 점검 체크리스트를 활용하고, 자율감시 시스템을 도입하여 실질적인 법 위반 예방 체계를 구축하는 것이 중요하다. 내부신고제도를 활성화하고, 법 위반 리스크가 높은 부서에 대한 사전 컨설팅을 진행하는 것은 효과적인 CP 운영 방안이 될 것이다.

CP의 도입 및 운영 방침 수립은 기업의 공정거래법 준수 체계를 구축하는 첫 단추이다. CP에 대한 최고경영진의 강력한 리더십, 명확한 운영 목표 설정, 내부 감시 및 평가 체계 구축이 핵심이며, 궁극적으로는 준법 문화를 기업 전체에 정착시키는 것이 최종 목표가 되어야 한다. CP 운영의 궁극적인 목표는 공정거래법 준수를 통해 신뢰받는 기업으로 성장하는 것이다. 이는 기업이 윤리적이고 지속가능한 경영을 실천하는 중요한 지표이며, 궁극적으로는 기업의 장기적인 성장과 직결되는 요소이다. 기업이 지속적인 내부 점검과 개선을 통해 CP를 발전시키고, 보다 효과적인 운영 방안을 지속적으로 도입해야 하는 이유가 바로 여기에 있다.

C2. 최고경영진의 지원

C2 최고경영진의 지원은 CP 운영의 성공을 결정짓는 핵심 요소이다. 최고경영진이 CP 정책을 공식적으로 승인하고 적극적으로 지원하는 경우, 전사적인 준법 문화가 형성되며 직원들이 자율준수를 실천할 동기를 얻는다. 이 지표의 평가 취지는 최고경영진이 단순히 선언적인 수준에서 머무는 것이 아니라, 실제 CP 운영에 대한 실

질적인 관심과 자원을 투입하고 있는지를 검토하는 것이다. CEO 및 임원진이 직접 CP 정책을 발표하고, 내부 교육에 참여하며, CP 준수를 강조하는 메시지를 전달하는 것이 중요한 평가 요소가 된다. 이를 통해 기업이 준법경영을 지속가능한 방식으로 실천하고 있음을 입증할 수 있다. 즉, 자율준수 프로그램이 효과적으로 작동하기 위해서는 자율준수 관리자에게 명확하고 충분한 책임과 권한이 부여되어야 하며, 조직 규모에 적합한 인적·물적 자원이 제공되는 등 최고경영진의 전폭적인 지원이 요구된다.

이 평가에서의 의미를 살펴보면, 먼저 CP의 구축과 운영을 주도하고 최고 의사결정기구와 직접 논의가 가능한 자율준수 관리자의 임명이 필요하다. 두 번째는 CP 운영 인력과 예산을 과감하게 지원하고 운영 성과를 관리할 필요가 있다. 다음 평가지표, 평가기준, 입증서류 그리고 Best Practice Study를 통해 최고경영진의 지원사항을 살펴보자.

평가지표 (대기업 기준)	세부 측 정지표	평가 기준		입증 서류	Best Practice Study
		AAA	AA		
C2.1 자율준수 관리자의 임명	C2.1.1 최고 의사 결정기구 (이사회, 이사회가 없는 회사의 경우에는 최고경영자)가 CP 관리자를 임명하였는가?	최고 의사 결정기구에서 최고경영자가 아닌 임원을 CP 관리자로 임명한 경우(최고 의사결정기구에서 최고경영자 및 임원을 모두 CP 관리자로 임명한 경우 포함)	최고 의사 결정기구에서 최고경영자를 CP 관리자로 임명한 경우	① CP 관리자 임명 여부 및 주체 등을 확인할 수 있는 자료 ② CP 관리자의 직위 등 인사 정보를 확인할 수 있는 자료	1. CP 관리자 임명 절차 수립 • 명확한 기준 마련: CP 관리자를 임명하기 위한 명확한 기준을 설정함. 이 기준은 경영진의 경험, 전문성 및 CP 관련 업무에 대한 이해도를 포함해야 함. • 직무설명서작성: CP 관리자의 역할과 책임을 구체적으로 기술한 직무설명서를 작성하여 이사회의 승인 절차를 거침. 이 설명서는 관리자에게 요구되는 자격요건, 주요 업무 및 성과지표를 포함해야 함. 2. 임명 프로세스 문서화 • 임명 절차 문서화: CP 관리자의 임명절차를 문서화하고, 이사회에서의 논의 및 결정 과정을 기록함. 이 문서에는 임명된 관리자의 경력 및 전문성을 입증할 수 있는 자료를 포함함. • 임명 승인서 작성: CP 관리자가 공식적으로 임명되었음을 확인할 수 있는 승인서를 작성하고, 이를 이사회 회의록에 첨부하여

평가지표 (대기업 기준)	세부 측정지표	평가 기준		입증 서류	Best Practice Study
		AAA	AA		
					관리기록을 남김. 3. 이사회 및 경영진 교육 • CP 관련 교육 제공: 이사회 및 경영진에게 CP 관리자의 역할과 중요성에 대한 교육을 제공하여 CP 관리자의 임명이 조직 전체에 미치는 영향을 이해하도록 함. • 정기적 소통채널 구축: CP 관리자와 이사회 간의 정기적인 소통채널을 구축하여 CP 관련 이슈를 신속하게 보고하고 논의할 수 있도록 함. 4. CP 관리자의 책임과 권한 정의 • 책임과 권한 문서화: CP 관리자의 책임과 권한을 구체적으로 정의하고 문서화하여 모든 임직원에게 전달함. 이는 CP 운영의 투명성을 높이고 관리자의 권한을 명확히 함. • 성과 목표 설정: CP 관리자에게 KPI(핵심성과지표)를 설정하여 CP 운영 목표와 성과를 명확히 하고, 이를 이사회에 주기적으로 보고함. 5. 모니터링 및 피드백체계구축 • 임명 후 성과평가: CP 관리자의 임명 후 성과를 정기적으로 평가하고, 필요한 경우 이사회와 협의하여 개선사항을 도출함. 성과평가를 통해 CP 운영에 대한 책임을 명확히 할 수 있음. • 피드백 메커니즘 마련: CP 운영에 대한 임직원의 피드백을 수집할 수 있는 메커니즘을 마련하여 CP 관리자가 운영개선에 반영할 수 있도록 함. 6. 임명 후 교육 및 지원 • CP 관리자를 위한 교육 제공: CP 관리자에게 최신 CP 관련 법규 및 트렌드에 대한 교육을 제공하여 관리자의 전문성을 높임. • 자원지원: CP 관리자가 효과적으로 역할을 수행할 수 있도록 필요한 자원과 도구를 지원함. 예를 들어, CP 관련 데이터 분석 도구나 리소스를 제공함.

평가지표 (대기업 기준)	세부 측 정지표	평가 기준		입증 서류	Best Practice Study
		AAA	AA		
					7. 내부 커뮤니케이션 강화 • 임명 결과 공지: CP 관리자가 임명된 후 모든 직원에게 공지하여 CP 운영의 중요성을 재확인시키고, 새로운 관리자의 역할을 알림. • 정기적인 업데이트 제공: CP 관리자가 수행하는 활동 및 성과에 대한 정기적인 업데이트로 CP 운영의 투명성을 높이고 임직원들의 참여를 유도함.
	C2.1.2 임명된 CP 관리자는 CP의 기획, 감독, 성과보고 등과 같은 책임과 권한을 부여받고 독립성을 인정받고 있는가?	(AAA/AA) 1) 최고 의사결정기구에서 임명한 CP 관리자가 CP의 기획, 감독, 성과 보고 등과 같은 책임과 권한을 부여받은 경우로서 책임과 권한의 범위 정도에 따라 평가 2) 최고 의사결정기구에서 임명한 CP 관리자의 독립성을 보장할 수 있는 근거(예: 절차서, 지침서 등)가 마련된 경우로서 근거의 종류와 내용에 따라 평가 3) 최고 의사결정기구에서 임명한 CP 관리자가 속한 부서가 그 역할과 임무에 상충되는 부서(구매, 판매, 영업, 조달, 입찰 또는 수주 등 외부 이해관계자와 계약을 체결하는 등의 행위를 통해 기업의 매출 및 이익 변동에 영향을 발생시키는 부서)에 해당하지 않는 경우로서, CP 관리자가 속한 부서의 독립성 정도에 따라 차등하여 평가		① 임명된 CP 관리자가 부여받은 책임과 권한을 확인할 수 있는 자료 ② 임명된 CP 관리자의 독립성을 보장할 수 있는 근거를 구체적으로 확인할 수 있는 자료 ③ CP 관리자에 대한 근무부서 및 배정 직무 등의 정보를 확인할 수 있는 인사정보(예: 인사기록카드, 사내 시스템 내 인사정보 현황 등)	1. 책임과 권한 명시 • 책임 및 권한 문서화: CP 관리자가 CP 기획, 감독, 성과 보고 등의 업무를 수행하기 위해 부여받은 구체적인 책임과 권한을 문서로 작성하고, 이사회 및 관련 부서와 공유함. 이를 통해 각자의 역할을 명확히 하고 혼동을 예방함. • 내부규정 수립: CP 관리자의 권한과 책임에 대한 내부규정을 수립하여 공식 문서화하고, 이를 임직원에게 배포함. 2. 독립성 보장 절차 수립 • 독립성 보장 정책 수립: CP 관리자의 독립성을 보장하기 위한 정책을 수립하고, 이를 문서화하여 최고경영자 또는 이사회의 승인을 받음. 정책에는 CP 관리자의 업무가 다른 부서의 이익과 상충하지 않도록 하는 방안을 포함함. • 정기적 독립성 평가: CP 관리자의 독립성을 평가하는 절차를 수립하여 정기적으로 실시함. 평가 결과에 따라 필요한 개선사항을 도출하여 조치함. 3. 이해충돌(역할 충돌) 방지 • 부서구조 검토: CP 관리자가 속한 부서가 구매, 판매, 영업 등 수익에 직접적으로 영향을 미치는 부서가 아닌지 확인함. 만약 이러한 부서에 소속되어 있다면, CP 관리자가 독립적으로 역할을 수행할 수 있는 대체부서를 고려함. • 이해관계 상충 방지 조치: CP 관리자가 소속된 부서가 이해관계와 상충할 가능성이 있는 경우, 이를 사전에 파악하고 조치를 취함.

COMPLIANCE 공정거래 CP & ISO 37301 실무가이드

평가지표 (대기업 기준)	세부 측정지표	평가 기준		입증 서류	Best Practice Study
		AAA	AA		
					예를 들어, CP 관리자를 이해관계가 상충하지 않는 부서로 재배치할 수 있는 방안을 검토함.
					4. 성과보고 체계 마련 • 성과보고 프로세스 수립: CP 관리자가 CP 운영에 대한 성과를 이사회에 보고하는 프로세스를 마련하여 정기적 인성과 보고를 통해 독립성을 유지할 수 있도록 함. • 성과지표 정의: CP 관리자의 성과를 평가하기 위한 KPI를 정의하고 이를 이사회에 보고하여, 관리자의 책임과 권한을 명확히 함.
					5. 내부 커뮤니케이션 강화 • CP 관리자의 역할 홍보: CP 관리자의 역할과 중요성을 사내에서 홍보하여 임직원들이 CP 관리자의 업무와 책임을 이해하도록 도움. 내부 뉴스레터, 공지사항, 교육 등을 통해 이를 강화함. • 임직원 의견 수렴: CP 운영과 관련하여 임직원들이 느끼는 독립성에 대한 우려나 제안을 수렴할 수 있는 의견수렴 체계를 마련함.
					6. 교육 및 역량 강화 • CP 교육프로그램 운영: CP 관리자와 임직원들에게 정기적으로 CP 관련 교육프로그램을 운영하여 CP 관리자의 역할과 책임에 대한 이해를 높임.
					7. 성과 및 피드백 시스템 구축 • 성과평가 시스템 마련: CP 관리자의 성과를 정기적으로 평가하고, 이를 기반으로 피드백을 제공하는 시스템을 마련함. 성과평가 결과는 CP 관리자의 향후 업무계획에 반영함. • 피드백 메커니즘 설정: CP 관리자가 임직원 및 이사회로부터 피드백을 받을 수 있는 메커니즘을 마련하여 독립성과 책임에 대한 지속적인 개선을 도모함.
	C2.1.3 CP 관리자의 임명	(AAA/AA) CP 관리자의 임명 사실 및 역할 등에 관한 사항		① CP 관리자의 임명	1. 공표계획 수립 • 공표 전략 개발: CP 관리자의 임명 사실 및

평가지표 (대기업 기준)	세부 측정지표	평가 기준		입증 서류	Best Practice Study
		AAA	AA		
	사실 및 역할 등에 관한 사항이 임직원들에게 명확히 공표되었는가?(예: 공표 사실 E-mail 통지 및 발령 사실 통보 등)	일체를 임직원에게 안내한 경우로서 공표 대상 임직원 범위, 공표 방법의 다양성을 종합적으로 감안하여 차등 평가		사실 및 역할 등에 관한 사항을 일체를 안내한 방법, 안내를 받은 대상자 목록, 안내 내용을 구체적으로 확인할 수 있는 자료 (예: 안내 E-mail(첨부파일 포함) 및 수신자 리스트, 임명 공문서 수/발신 목록 등)	역할에 대한 공표계획을 수립함. 이 계획에는 공표의 목적, 대상, 방법, 일정 등을 포함하여 명확한 가이드를 제공함. 2. 다양한 공표 방법 활용 • E-mail 통지: 모든 임직원에게 CP 관리자의 임명 사실과 역할을 E-mail을 통해 공식적으로 통지함. 통지 내용에는 임명 날짜, 직위, 주요 역할 및 책임을 상세히 포함함. • 사내 게시판 활용: 회사의 내부 게시판에 CP 관리자의 임명 사실과 역할을 게시하여 모든 임직원이 쉽게 접근할 수 있도록 함. • 정기회의 또는 타운홀미팅: CP 관리자 임명 관련 발표를 정기회의나 타운홀 미팅에서 진행하여 임직원과의 직접적인 소통을 강화함. 3. 공표 내용 구체화 • 상세한 안내자료 작성: CP 관리자의 역할, 책임 및 업무 내용에 대한 구체적인 안내자료를 작성하여 공표함. 이 자료에는 CP 운영의 중요성과 CP 관리자가 수행해야 할 주요 과업도 포함함. • 비주얼 자료 활용: 인포그래픽, 동영상 등을 활용하여 CP 관리자의 역할과 책임을 시각적으로 설명함으로써 임직원들의 이해를 도움. 4. 임직원 대상 피드백 수집 • 피드백 요청: CP 관리자의 임명 공표 후 임직원들로부터 피드백을 요청하여, 공표 내용의 이해도를 확인하고 필요한 경우 추가 설명을 제공함. • 설문조사 실시: 임직원 대상 설문조사를 실시하여 CP 관리자의 역할 및 임명에 대한 인식을 파악하고, 이를 바탕으로 향후 공표 방안을 개선함. 5. 공표 이력 관리 • 문서화 및 기록유지: CP 관리자의 임명 공표와

COMPLIANCE 공정거래 CP & ISO 37301 실무가이드

평가지표 (대기업 기준)	세부 측정지표	평가 기준		입증 서류	Best Practice Study
		AAA	AA		
					관련된 모든 자료(이메일, 공문서, 회의록 등)를 문서화하고 기록하여 향후 필요시 참조할 수 있도록 함. • 공지내용 확인: 공표 후, 실제로 임직원들이 공지내용을 충분히 이해하고 있는지를 확인하는 절차를 마련함. 6. 지속적인 정보 업데이트 • 정기적인 정보 제공: CP 관리자가 수행하는 주요 업무 및 성과를 정기적으로 임직원에게 업데이트하여 CP 운영에 대한 인식을 지속적으로 강화함. • 뉴스레터 활용: 회사 뉴스레터에 CP 관리자의 역할 및 관련 내용을 포함시켜 정기적으로 소통함. 7. 내부 교육프로그램 운영 • CP 운영 관련교육: CP 관리자의 역할과 중요성을 강조하는 교육프로그램을 운영하여 임직원들이 CP 운영의 필요성과 CP 관리자의 역할에 대한 이해를 높임. • 질문 및 답변 세션: 교육세션 후, 질의응답 시간을 마련하여 임직원들이 궁금한 사항에 대해 직접 질문할 수 있도록 함.
C2.2 예산과 인력의 지원	C2.2.1 CP 운영을 위해 필요한 인력과 예산이 회사로부터 충분히 지원·집행되었는가?	(AAA/AA) CP 운영을 위한 인력과 예산이 CP 관리자 및 CP 담당부서(예: CP팀, 법무팀, CSR팀)별로 명확히 구분되어 지원되고 집행된 사실을 구체적으로 확인 할 수 있으며, CP 담당부서 인력 규모 및 예산 수준이 매년 동일하게 유지되거나 확대된 경우로서 지원 및 집행의 적정성에 따라 차등하여 평가		① 평가 대상기간에 대한 CP 담당부서 인력 현황을 확인할 수 있는 자료 ② 평가 대상기간에 대한 예산 편성·집행 현황(회사 총 규모 대비 CP 관련 인력과	1. CP 운영에 대한 명확한 예산 및 인력계획 수립 • 예산 및 인력배정 기준 개발: CP 운영에 필요한 인력 및 예산을 명확히 구분하여 배정할 수 있는 기준을 마련함. 이 기준에는 각 부서의 역할, 필요 인력 수, 예산 사용내역 등이 포함되어야 함. • 예산편성 프로세스: CP 관련 예산편성 시기를 정하여, 모든 관련 부서가 계획에 맞춰 예산을 제출하도록 하며, CP 운영에 필요한 항목을 명확히 기재하도록 함. 2. 정기적인 인력 및 예산검토 회의 개최 • 주기적 검토: CP 운영을 위한 인력과 예산집행 현황을 정기적으로 검토하는 회의를 개최함.

평가지표 (대기업 기준)	세부 측 정지표	평가 기준		입증 서류	Best Practice Study
		AAA	AA		
				예산 규모) 을 확인할 수 있는 자 료 ③ 평가 대 상기간에 대한 예산 및 인력 규 모가 증가 또는 감소 한 경우 그 사유를 확 인할 수 있 는 자료	이 회의에서는 CP 관리자, 법무팀, CSR팀, Compliance팀 등 관련 팀이 참여하여 각 부 서의 필요와 예산집행 상황을 공유함. • 성과 기반 평가: 예산 및 인력지원이 성과에 미치는 영향을 분석하여, 필요시 지원 규모 를 조정하는 프로세스를 마련함. 3. 인력 규모 및 예산변동 관리 • 변동원인 분석: 인력 규모나 예산이 감소하 거나 증가한 경우, 그 사유를 명확히 분석하 고 문서화하여 경영진과 공유함. 이를 통해 향후 결정에 필요한 참고자료로 활용함. • 피드백 수렴: 인력 및 예산변화에 대한 피드 백을 수렴하여 CP 운영에 대한 인식과 지원 의 필요성을 지속적으로 환기시킴. 4. 투명한 예산집행 보고 체계 구축 • 예산집행 내역보고: CP 운영에 대한 예산집 행 내역을 상세히 기록하고, 이를 정기적으 로 임직원 및 경영진에게 보고하여 투명성 을 높임. • 보고자료 예시: 인력 현황, 예산집행 내역, 성과 결과 등을 포함한 보고서를 작성하여 각 부서와 공유함. 5. CP 운영과 관련된 성과지표 설정 • 성과지표 개발: CP 운영의 효과성을 평가하 기 위해 성과지표를 개발하고, 인력과 예산 이 이들 지표에 미치는 영향을 분석함. • 성과공유: CP 운영의 성과를 임직원과 공유 하여 CP의 중요성과 효과를 알리고, 지원의 필요성을 강화함. 6. CP 교육 및 홍보 강화 • 교육프로그램 운영: CP 운영에 대한 교육프 로그램을 개발하여 모든 임직원이 CP의 중 요성을 인식할 수 있도록 함. 이를 통해 CP 운영에 필요한 인력의 중요성을 강조함. • 사내 커뮤니케이션 강화: CP 운영 관련 소식

COMPLIANCE 공정거래 CP & ISO 37301 실무가이드

평가지표 (대기업 기준)	세부 측정지표	평가 기준		입증 서류	Best Practice Study
		AAA	AA		
					및 성과를 사내 뉴스레터나 게시판 등을 통해 정기적으로 알리고, 인력 및 예산 지원의 중요성을 강조함.
					7. 외부자문 및 평가활용 • 외부 전문가 초청: CP 운영 관련 인력 및 예산 지원에 대한 외부 전문가의 자문을 받아 최적의 운영방안을 모색함. • 평가 및 개선: 외부평가 결과를 바탕으로 CP 운영의 인력 및 예산관리 방안을 지속적으로 개선함.
	C2.2.2 CP 운영을 위한 전담 조직을 구성하였거나 이를 전담 할 수 있는 부서를 지정하고 있는가?	CP 운영을 위한 전담 조직이 별도로 구성·지정되어 있고, 최고 의사결정기구가 직접 지정한 CP 관리자(상법에 따른 이사 또는 그에 준하는 자)로부터 지시·통제를 받고 있는 경우	CP 운영을 위한 전담 조직이 별도로 구성·지정되어 있고, 최고 의사결정기구가 아닌 인사 부서 또는 CHO (Chief Human resource Officer)가 지정한 CP 관리자(상법에 따른 이사 또는 그에 준하는 자)로부터 지시·통제를 받고 있는 경우	① CP 운영을 위한 전담 조직의 구성, 업무 범위를 확인할 수 있는 내부 보고자료(기업 내규, 조직 운영계획 등) ② CP 관리자의 지정 주체를 확인할 수 있는 자료(이사회 회의록, CP 관리자 임명 여부를 확인할 수 있는 내부 보고문서 등)	1. 전담조직 설계 및 구성 • 조직구조 개발: CP 운영을 위한 전담 조직의 구조를 명확히 정의함. 조직의 목표, 책임, 권한 및 업무 범위를 구체적으로 설정하여 문서화함. 이 문서는 기업 내규나 조직 운영계획으로 통합할 수 있음. • 역할 정의: 각 팀원의 역할과 책임을 명확히 규정하고, CP 운영의 각 단계에서 필요한 역량을 고려하여 인력을 배치함. 2. CP 관리자 지정 및 권한 부여 • CP 관리자 임명 절차: 최고 의사결정기구에서 CP 관리자를 지정하는 명확한 절차를 마련함. 이사회 회의록에 CP 관리자 임명과 관련된 결정을 기록하고, 이를 모든 임직원이 접근할 수 있는 형태로 보관함. • 지휘 및 통제체계 확립: CP 관리자가 전담 조직을 이끌 수 있도록 필요한 권한을 부여하고, 조직 내 다른 부서와의 협업을 촉진할 수 있는 지휘 및 통제 체계를 구축함. 3. 전담조직의 업무범위 설정 • 업무범위 문서화: CP 운영을 위한 전담조직의 업무범위를 구체적으로 문서화하여 모든 임직원이 이해할 수 있도록 함. 업무 범위에는 CP의 기획, 감독, 교육, 성과평가, 감사 등 주요 활동이 포함되어야 함. • 정기적인 업무보고 체계 구축: 전담 조직의

평가지표 (대기업 기준)	세부 측 정지표	평가 기준		입증 서류	Best Practice Study
		AAA	AA		
					업무 진행 상황을 정기적으로 보고하도록 하고, 이사회 또는 최고경영자에게 주요 성과와 문제를 알리는 체계를 마련함. 4. 전담 조직의 교육 및 역량 강화 • 전문교육 제공: CP 운영에 필요한 전문교육 프로그램을 운영하여 전담 조직 구성원들이 CP 관련 지식과 역량을 강화할 수 있도록 함. 이 교육에는 법적 규제, 윤리적 의사결정, 리스크 관리 등이 포함되어야 함. • 워크숍 및 세미나 개최: CP 운영에 대한 워크숍이나 세미나를 정기적으로 개최하여 팀원 간의 정보공유와 네트워킹을 촉진함. 5. 성과 평가 및 피드백 시스템 마련 • 성과지표 설정: 전담 조직의 성과를 평가할 수 있는지 표를 개발하고 이를 정기적으로 측정하여 성과를 분석함. 이를 통해 조직의 개선사항을 식별하고 조치를 취할 수 있음. • 피드백 루프 운영: 전담 조직의 구성원으로부터 주기적으로 피드백을 수집하여 운영 방식을 개선하고, 필요시 조직구조를 조정함. 6. 전담 조직과 외부 이해관계자와의 관계 구축 • 외부 전문기관과 협력: CP 운영 관련 외부 기관이나 전문가와의 협력체계를 구축하여 CP 운영에 대한 자문을 받을 수 있도록 함. • 이해관계자와의 소통: CP 운영 관련 사항을 외부 이해관계자와 투명하게 소통하고, 피드백을 통해 운영방안을 개선함. 7. 내부공시 및 인식 제고 • 내부공시: CP 전담조직의 구성 및 역할을 사내 게시판, 이메일, 뉴스레터 등을 통해 임직원에게 공지하여 CP 운영의 중요성을 알림. • 인식제고 활동: CP 운영의 중요성과 목표를 강조하는 캠페인이나 활동을 통해 전사적인 인식을 높임.

328

COMPLIANCE 공정거래 CP & ISO 37301 실무가이드

앞서 설명한 바와 같이 최고경영진의 지원은 CP의 실효성을 결정짓는 가장 중요한 요소이다. 기업이 공정거래법을 준수하고 지속가능한 준법경영을 실천하기 위해서는 최고경영진이 CP 운영을 전략적 경영 요소로 인식하고 적극적으로 주도하여야 한다. 성공적인 CP 운영을 위한 최고경영진의 역할을 살펴보면, 첫째로 명확한 비전과 강력한 리더십이 필요하다. CEO 및 경영진이 자율준수에 대한 의지를 명확히 선언하고, 이를 경영정책과 기업 문화에 반영해야 한다. 최고경영자가 직접 CP 운영을 지지하고 적극적으로 참여할 때 조직 내 모든 구성원이 준법 문화를 더욱 중요하게 받아들이게 된다. 둘째, 최고경영진은 준법경영이 실질적으로 작동할 수 있도록 기업 전반에 걸친 실행 체계를 구축, 장려 그리고 적극 지원해야 한다. 이를 위해 경영진은 자율준수 행동강령, 명확한 정책, 실효성 있는 교육프로그램 등을 통해 CP 운영을 적극 지원해야 한다. 또한, 조직 내부에서 CP 이행을 담당하는 부서나 담당자의 권한을 보장하고, 운영 과정에서 발생할 수 있는 문제를 신속하게 해결할 수 있도록 체계를 마련해야 한다. 셋째, 최고경영진은 CP 운영이 지속적으로 발전할 수 있도록 평가 및 피드백 시스템을 운영해야 한다. 주기적인 내부감사 및 준법 리스크 평가를 수행하고, 그 결과를 기반으로 CP 운영 방향을 수정·보완해야 한다. 특히, 경영진이 직접 준법경영 회의에 참여하고, CP 실적을 경영 성과의 주요 지표로 삼을 때 CP의 실효성이 더욱 강화될 수 있다.

최고경영진의 지원은 기업의 준법경영이 형식적인 등급평가와 순위 제도에 그치지 않고, 조직 전체의 지속가능한 경쟁력으로 자율준수 문화화가 될 수 있는 핵심 요소다. 기업의 준법경영이 성공적으로 작동하려면, 최고경영진이 전사적인 리더십을 발휘하고, CP 운영을 경영전략의 중심에 두어야 한다. 이를 통해 기업은 이해관계자(대표적 소비자 등)로부터 신뢰받는 기업으로 성장할 수 있는 기반을 마련하게 된다.

02. Compliance D^{Diffusion} – CP 문화의 전파와 확산

D1. 자율준수편람

　D1 자율준수편람은 기업이 공정거래법 준수의 실질적인 가이드라인을 따르고 있는지를 평가하는 기준이다. 이는 CP 운영의 체계성과 실효성을 검토하는 중요한 항목으로, 기업의 자율준수 문화 정착 노력과 실질적인 실행력을 평가하는 것이 핵심 목적이다. 실제 기업 현장에서 준법경영이 어떻게 구현되고 있는지를 보여주는 객관적 자료로서, 공정거래법 준수에 대한 CP 등급평가의 중요한 요소 중 하나로 작용한다. 즉, 자율준수편람은 자율준수 프로그램 운영의 필수 지침서이다. 조직은 자율준수 관리자의 책임하에 세부 지침서로 활용 가능한 정확한 정보를 담고 있는 자율준수편람을 제작하여야 하고, 임직원들이 언제 어디서나 쉽게 접근하여 활용할 수 있도록 작성·배포하여야 한다. 경쟁법을 위반할 가능성 및 위험도는 기업 또는 부서의 특성에 따라 다르므로 자율준수편람은 기업 또는 부서 특성에 맞도록 작성되는 것이 바람직하다.

　공정거래 자율준수편람은 임직원에 대한 CP 및 공정거래 관련 법규에 대한 이해 수준을 높이고 CP 준수의 필요성을 강조하기 위한 세부 지침서이다. 그 내용은 활용 가능한 정보를 정확하고 상세하게 포함해야 하며, 임직원들이 시간과 장소에 제약 없이 쉽게 활용 가능하여야 한다. 마지막으로 평가지표에도 있는 공정거래 법규, 정책의 변화 등을 상시 관찰하여 지속적인 개정이 필요하다. 다음 평가지표, 평가기준, 입증서류 그리고 Best Practice Study를 통해 자율준수편람에 대해 상세히 살펴보자.

평가지표 (대기업 기준)	세부 측정지표	평가 기준 AAA	평가 기준 AA	입증 서류	Best Practice Study
D1.1 내용의 충실성	D1.1.1 CP 운영 기준(자율준수편람 등)에 해당 업계가 준수하여야 하는 공정거래 법규 및 필수 법규의 개요와 제재기준이 소개되어 있는가?	(AAA/AA) CP 운영 기준(자율준수편람 등)에 대하여 해당 업계가 준수하여야 하는 공정거래 법규 및 필수 법규에 대한 개요, 제재기준이 포함된 경우로서 소개된 공정거래 법규 및 필수 법규의 범위, 개요 및 제재기준의 타당성 등을 종합적으로 감안하여 차등 평가		① 평가 대상기간 동안 작성된 CP 운영 기준(자율준수편람 등)	**1. CP 운영 기준(자율준수편람)의 재검토 및 업데이트** • 현행법규검토: 해당 업계의 공정거래 법규 및 필수 법규에 대한 최신 정보를 수집하고, 이를 기반으로 CP 운영 기준을 재검토함. 특히, 자율준수편람에서 명시한 법규의 범위와 내용을 신뢰할 수 있는 자료를 통해 확인함. • 정기적인 업데이트 계획 수립: 법규가 변경될 때마다 CP 운영 기준을 자동으로 업데이트할 수 있는 프로세스를 마련함. 예를 들어, 법률자문단 또는 외부 전문가와의 협력 체계를 구축하여 지속적인 법규모니터링을 수행함. **2. 법규 개요 및 제재기준의 상세화** • 법규 개요 문서화: 공정거래 법규와 필수 법규의 개요를 작성하여 임직원 및 이해관계자에게 배포함. 이 문서에는 각 법규의 목적, 적용 범위, 주요 조항 등이 포함되어야 함. • 제재기준 명시: 법규 위반 시 적용될 수 있는 제재기준을 명확히 규정함. 이를 통해 임직원들이 법규 준수의 중요성을 인식하고, 위반 시 발생할 수 있는 결과를 이해하도록 함. **3. CP 운영 기준에 대한 교육프로그램 개발** • 법규 관련 교육 실시: 임직원들이 공정거래 법규와 CP 운영 기준을 이해하고 준수할 수 있도록 정기적인 교육프로그램을 개발함. 교육은 법적 요건, 실제 사례, 준수 절차 등을 포함해야 함. • e-learning 플랫폼 활용: 온라인 교육 플랫폼을 통해 임직원들이 언제 어디서나 법규 관련 교육을 받을 수 있도록 하여 교육 참여율을 높임. **4. 내부공시 및 커뮤니케이션 강화** • 공정거래 법규 관련 자료 배포: CP 운영 기준과 관련된 법규 내용을 담은 자료를 정기적으로 업데이트하고, 이메일, 사내 인트라넷,

평가지표 (대기업 기준)	세부 측 정지표	평가 기준		입증 서류	Best Practice Study
		AAA	AA		
					게시판 등을 통해 임직원에게 배포함. • 뉴스레터 및 브리핑: 공정거래 법규 및 CP 운영 기준에 대한 뉴스레터를 발행하여 법규 변경사항 및 중요한 정보를 지속적으로 공유함. 5. CP 운영 기준의 유효성 검토 • 내부감사 실시: CP 운영 기준과 법규 준수 상황을 정기적으로 내부감사하여, 기준의 효과성과 유효성을 평가함. 감사 결과에 따라 개선 사항을 도출하고, 이를 CP 운영 기준에 반영함. • 피드백 시스템 운영: 임직원과 관련 부서로부터 피드백을 받아 CP 운영 기준의 실효성을 평가하고, 필요한 경우 수정작업을 진행함. 6. 법규 준수를 위한 리스크 관리 체계 구축 • 리스크 평가 실시: 공정거래 법규 준수와 관련된 리스크를 평가하고, 이를 바탕으로 리스크 관리 전략을 수립함. • 모니터링 및 대응 프로세스 마련: 법규준수 모니터링 시스템을 구축하여 위반 가능성을 조기에 식별하고, 필요한 경우 즉각적으로 대응할 수 있는 프로세스를 마련함. 7. 외부 전문기관과의 협력 • 법률자문 활용: 공정거래 법규 관련 전문가 또는 법률자문기관과 협력하여 CP 운영 기준의 적정성을 점검받음. 이를 통해 법규 준수와 관련된 법적 리스크를 줄일 수 있음. • 벤치마킹 활동: 업계 내 다른 기업의 CP 운영 기준 및 공정거래 준수 사례를 벤치마킹하여, 자사의 기준을 개선하는 데 활용함.
	D1.1.2 CP 운영 기준(자율준수편람 등)에 임직원의	(AAA/AA) CP 운영 기준(자율준수편람 등)에 CP 운영 관련 사례, 판례, 행동강령,		① CP 운영 기준(자율준수편람 등)	1. 사례 및 판례 수집 • 업계 및 법률 동향 조사: 관련업계의 공정거래와 관련된 최근 사례 및 판례를 조사하고, 이를 CP 운영 기준에 포함할 수 있도록

COMPLIANCE 공정거래 CP & ISO 37301 실무가이드

평가지표 (대기업 기준)	세부 측정지표	평가 기준		입증 서류	Best Practice Study
		AAA	AA		
	이해를 돕기 위해 사례/판례, 행동강령, 질의응답 등이 수록되어 있는가?	질의응답(FAQ 포함)이 모두 포함되어 있는 경우로서, 포함된 내용의 충실성 및 최근 경향의 반영 수준 등을 종합적으로 감안하여 평가			정리함. 이때 사례는 긍정(준수 사례)과 부정(위반 사례) 모두 포함하여 다양한 관점을 제공함. ・사례 데이터베이스 구축: CP 운영 기준에 포함할 사례를 체계적으로 수집하고 관리할 수 있는 데이터베이스를 구축하여 지속적으로 업데이트할 수 있도록 함. 2. 행동강령 개발 ・구체적인 행동강령 수립: 각 사례에 대해 임직원이 어떻게 행동해야 하는지를 명확히 설명하는 행동강령을 개발함. 이 지침은 직무별 또는 상황별로 구체적으로 작성하여, 임직원들이 쉽게 이해하고 적용할 수 있도록 함. ・직원 참여 유도: 행동강령의 작성 과정에서 임직원들로부터 의견을 수렴하여, 현장에서 실제로 겪는 상황을 반영할 수 있도록 함. 3. 질의응답(FAQ) 코너 마련 ・자주 묻는 질문 정리: 임직원들이 자주 질문하는 내용을 수집하여 FAQ 코너를 마련하고, CP 운영 기준에 명확한 답변을 제공함. 이 과정에서 각 부서의 필요에 따라 질문 내용을 분류할 수 있도록 함. ・인터랙티브 질의응답 시스템 도입: 온라인 플랫폼을 활용하여 임직원이 질문을 실시간으로 하고 답변을 받을 수 있는 시스템을 도입함. 이 시스템은 지식 공유를 촉진하고, 임직원 간의 소통을 증진할 수 있음. 4. CP 운영기준 문서화 및 배포 ・이해하기 쉬운 문서 작성: CP 운영 기준(자율준수편람 등)을 이해하기 쉽고 명확하게 작성하여 복잡한 법률 용어나 절차를 단순화함. 예를 들어, 그래픽 자료, 인포그래픽 또는 비주얼 요소를 추가하여 가독성을 높임. ・배포채널 다양화: CP 운영 기준과 관련 자료를 다양한 채널을 통해 배포함. 이메일,

평가지표 (대기업 기준)	세부 측정지표	평가 기준		입증 서류	Best Practice Study
		AAA	AA		
					사내 인트라넷, 팀미팅, 교육세션 등을 통해 임직원에게 공지하고, 접근성을 높임.
					5. 정기적인 교육 및 훈련 프로그램 운영
					• 사례기반 교육 실시: CP 운영 기준에 포함된 사례를 기반으로 하는 교육프로그램을 정기적으로 운영하여, 임직원들이 실질적으로 법규를 어떻게 적용해야 하는지 이해하도록 함.
					• 사례 연구 세션: 실제 사례를 분석하는 사례 연구 세션을 개최하여 임직원들이 법규 준수의 중요성을 체감하도록 하고, 문제해결 능력을 기를 수 있도록 지원함.
					6. 피드백 및 업데이트 프로세스 마련
					• 임직원 피드백 수렴: CP 운영 기준 및 관련 자료에 대한 피드백을 정기적으로 수집하여, 임직원들이 이해하는 데 어려움이 있는 부분이나 추가정보가 필요한 내용을 파악함.
					• 지속적인 내용 업데이트: 최신 법규 및 업계 동향에 따라 CP 운영 기준을 지속적으로 업데이트하고 새로운 사례나 행동강령을 반영하여 기준의 유효성을 유지함.
					7. 내부감사 및 성과 측정
					• 내부감사 실시: CP 운영 기준과 관련된 내용의 이해도 및 적용 현황을 정기적으로 내부감사하여 기준의 실효성을 검증함.
					• 성과 측정지표 개발: CP 운영 기준의 이해도 및 준수 여부를 측정할 수 있는 KPI를 설정하고, 이를 통해 임직원들의 이해도 및 적용 수준을 평가함.
					8. 외부 전문가 및 컨설턴트 활용
					• 전문가 자문 요청: CP 운영 기준의 충실성을 검토하고 개선하기 위해 외부 전문가나 컨설턴트의 자문을 요청하여 법적 요구사항 및 업계 모범사례를 반영할 수 있도록 함.

COMPLIANCE 공정거래 CP & ISO 37301 실무가이드

평가지표 (대기업 기준)	세부 측정지표	평가 기준 AAA	평가 기준 AA	입증 서류	Best Practice Study
					• 워크숍 및 세미나 개최: 외부 전문가를 초청하여 워크숍이나 세미나를 개최하고, 임직원들에게 최신 동향 및 사례에 대한 교육을 제공함.
	D1.1.3 CP 운영 기준(자율준수편람 등)이 각 업무 또는 부문별로 구분되고, 각 분야별 자율점검을 위한 구체적인 방법이 제공되어 있는가?	(AAA/AA) CP 운영 기준(자율준수편람 등)에 조직의 각 업무별 또는 부문별로 모두 구분되어 있고 각 분야별로 자율점검을 위한 방법이 제공된 경우로서 자율점검 방법의 구체성 및 세분화된 정도에 따라 차등하여 평가		① CP 운영 기준(자율준수편람 등)	1. 업무 및 부문별 CP 운영 기준 구분 • 부서별 CP 운영 기준 개발: 각 부서의 특성과 업무에 맞춘 CP 운영 기준을 구체적으로 개발하고 문서화하여 모든 직원이 자신의 업무에 적용할 수 있도록 함. • 업무프로세스 매핑: 각 부서의 업무 프로세스를 매핑하여, CP 운영 기준이 어떻게 각 단계에 적용되는지를 시각적으로 설명하는 도구를 제공함. 이를 통해 직원들은 법규 준수의 중요성을 이해할 수 있음. 2. 자율점검 방법론 제시 • 체크리스트 제공: 각 부서별 CP 운영 기준에 따라 자율점검을 위한 체크리스트를 제공하여, 직원들이 쉽게 자신들의 업무를 점검할 수 있도록 함. 체크리스트는 구체적이고 실질적인 항목으로 구성되어야 함. • 가이드라인 문서화: 자율점검 방법에 대한 구체적인 가이드라인을 작성하여, 점검 과정에서 고려해야 할 사항과 점검 후 조치사항을 명확히 안내함. 3. 자율점검 교육 제공 • 교육프로그램 운영: 각 부서의 CP 담당자 또는 팀원에게 자율점검의 중요성과 방법에 대한 교육을 제공하여, 자율점검을 효과적으로 수행 할 수 있도록 함. 교육에는 실제 사례를 포함시켜 이해를 도움. • 모의점검 실시: 자율점검을 실습해 볼 수 있는 모의점검 세션을 운영하여, 직원들이 실제 점검을 통해 경험을 쌓고, 미비점을 사전에 발견하고 개선할 수 있도록 함. 4. 피드백 및 보완 시스템 구축 • 자율점검 결과보고 체계 마련: 각 부서에서 자율점검을 수행한 후 그 결과를 정기적으로 보고할 수 있는 체계를 마련하여, 점검 결과에 대한 피드백을 수집하고 이를 기반으로 개선할 수 있도록 함.

평가지표 (대기업 기준)	세부 측 정지표	평가 기준		입증 서류	Best Practice Study
		AAA	AA		
					• 개선사항 기록 및 조치계획 수립: 자율점검 결과에서 발견된 문제점에 대한 개선사항을 기록하고, 이에 대한 조치계획을 수립하여 후속 관리를 철저히 함. 5. 성과 측정지표 개발 • 자율점검 효과성 평가: 각 부서별 자율점검의 효과성을 평가할 수 있는지 표를 개발하고, 이를 통해 자율점검의 성과를 측정하여 필요한 경우 점검 방법을 수정하고 보완함. • 지속적인 개선 프로세스 구축: 자율점검을 통한 피드백을 반영하여 CP 운영 기준 및 자율점검 방법을 지속적으로 개선하고, 최신 법규와 동향을 반영할 수 있도록 함. 6. 자율점검 결과 공유 및 인센티브 제공 • 부서 간 Best Practice 공유: 자율점검 결과와 개선 사례를 다른 부서와 공유하여 전체 조직의 CP 준수 수준을 향상함. 이는 워크숍, 뉴스레터 등을 통해 이루어질 수 있음. • 성과기반 인센티브 제도 도입: 자율점검을 성실히 수행하고 좋은 결과를 낸 부서에 대해 인센티브를 제공하여, 자율점검에 대한 동기를 부여하고 지속적인 참여를 유도함. 7. IT 시스템 활용 • 자율점검 플랫폼 개발: 자율점검을 효율적으로 관리할 수 있는 IT 시스템 또는 플랫폼을 개발하여 직원들이 손쉽게 점검 항목을 확인하고 결과를 기록할 수 있도록 함. 이 시스템은 통계분석 기능도 포함하여 각 부서의 자율점검 성과를 시각적으로 확인할 수 있게 함. • 모바일 접근성 고려: 직원들이 언제 어디서든 자율점검을 수행할 수 있도록 모바일 접근성을 고려한 시스템을 구축하여 업무의 유연성을 높임.
D1.2 활용 편의성	D1.2.1 임직원들이 CP 운영 기준	1) 임직원들이 회사 내·외부와 무관하게	1) 임직원들이 회사 내·외부와 무관하게	① CP 운영 기준(자율준수편람 등)	1. CP 운영 기준 접근성 향상 • 디지털 플랫폼 구축: CP 운영 기준(자율준수편람 등)을 전자파일 형태로 제공하고,

COMPLIANCE 공정거래 CP & ISO 37301 실무가이드

평가지표 (대기업 기준)	세부 측정지표	평가 기준		입증 서류	Best Practice Study
		AAA	AA		
	(자율준수 편람 등)을 시간과 장소의 제약 없이 접근하여 쉽게 활용할 수 있도록 되어 있고, 그 활용 여부를 점검하고 있는가?	CP 운영 기준(자율준수편람 등) 일체를 모두 확인할 수 있는 경우 2) 임직원들의 CP 운영 기준(자율준수편람 등) 활용 여부를 분기별로 1회 이상 점검하고 있는 경우	CP 운영 기준(자율준수편람 등)에 접근할 수 있으나 CP 운영 기준(자율준수편람 등)의 요약본 또는 내용 일부만 확인이 가능한 경우 2) 임직원들의 CP 운영 기준(자율준수편람 등) 활용 여부를 분기별로 1회 이상 점검하고 있는 경우	의 제작 방식(간행물, 전자파일 등) 및 회사 내·외부, 국내·외, 접근 가능 시간의 제한 여부를 확인할 수 있는 자료(전자파일 제공의 경우 홈페이지 게시 주소, 접근 방식을 소개하고 있는 자료 등) ② CP 운영 기준(자율준수편람 등)의 활용여부 점검 현황을 확인할 수 있는 자료	모든 임직원이 접근할 수 있는 디지털 플랫폼(사내 인트라넷 또는 전자문서 관리시스템)을 구축함. 이 플랫폼은 사용자 친화적이어야 하며, 검색 기능을 통해 특정 내용을 쉽게 찾을 수 있어야 함. • 모바일 접근성 고려: 임직원들이 스마트폰이나 태블릿 PC 등을 통해 언제 어디서든 CP 운영 기준에 접근할 수 있도록 모바일 친화적인 웹사이트 또는 애플리케이션을 개발함. 이를 통해 이동 중에도 필요한 정보를 손쉽게 조회할 수 있도록 함. 2. CP 운영 기준 홍보 및 교육 • 정기교육프로그램 운영: CP 운영 기준의 중요성과 활용 방법에 대한 정기적인 교육프로그램을 운영하여, 모든 임직원이 이 기준을 이해하고 활용할 수 있도록 함. 교육에는 실습 세션과 사례 연구를 포함하여 직원들이 실제 상황에서 적용할 수 있도록 도움. • 비주얼 콘텐츠 활용: CP 운영 기준의 주요 내용을 시각적으로 요약한 인포그래픽, 동영상 또는 웹 세미나를 제작하여, 다양한 방식으로 홍보하고 임직원들이 관심을 가질 수 있도록 함. 3. 접근성 관련 자료 확인 • 자료관리 체계 구축: CP 운영 기준이 포함된 문서의 관리체계를 수립하고, 접근 방식과 관련된 매뉴얼 또는 가이드를 작성하여 모든 임직원에게 배포함. 이 매뉴얼은 각 문서의 업데이트 주기와 접근방법(예: 로그인 정보, 비밀번호 등)을 포함해야 함. • 피드백 시스템 마련: 임직원들이 CP 운영 기준에 대한 의견이나 개선사항을 쉽게 제출할 수 있는 피드백 시스템을 구축하여 지속적으로 기준을 개선하고 접근성을 높일 수 있도록 함. 4. 활용 여부 점검 시스템 구축

평가지표 (대기업 기준)	세부 측 정지표	평가 기준		입증 서류	Best Practice Study
		AAA	AA		
					• 분기별 활용 여부 점검: CP 운영 기준의 활용 여부를 분기별로 점검하기 위한 시스템을 마련하고, 이와 관련된 체크리스트를 개발함. 이 체크리스트에는 임직원들이 CP 운영 기준을 얼마나 자주 참고하고 활용하는지에 대한 질문을 포함함. • 성과 보고 체계 설정: 각 부서 또는 팀이 CP 운영 기준 활용 결과를 분기별로 보고할 수 있도록 하여 활용 현황을 데이터로 수집하고 분석할 수 있는 체계를 구축함. 이를 통해 각 부서의 CP 기준 활용도를 평가하고 필요한 지원을 제공할 수 있음. 5. 상호작용 플랫폼 활용 • Q&A 포럼 운영: CP 운영 기준과 관련하여 임직원들이 질문할 수 있는 Q&A 포럼 또는 게시판을 운영함. 이를 통해 임직원들이 서로의 경험을 공유하고, 궁금한 점을 해결할 수 있는 커뮤니티를 형성함. • 자주 묻는 질문(FAQ) 업데이트: 임직원들이 자주 묻는 질문을 정리하여 FAQ 섹션을 CP 운영기준에 포함하고, 이를 정기적으로 업데이트하여 임직원들이 참고할 수 있도록 함. 6. 성과 모니터링 및 지속적 개선 • 성과 지표 설정: CP 운영 기준 활용도를 평가할 수 있는 성과 지표를 설정하고, 이를 기반으로 매년 진행하는 평가에서 성과를 반영함. 지표 예시로는 'CP 운영기준 활용 횟수', '질문 및 피드백 제출 건수' 등을 포함할 수 있음. • 개선사항 기록 및 반영: 점검 결과에서 발견된 문제점이나 개선사항을 기록하고, 이를 바탕으로 CP 운영 기준을 지속적으로 업데이트하고 개선하여 임직원들이 더욱 쉽게 활용할 수 있도록 함.
D1.3 지속적 개선 여부	D1.3.1 CP 운영 기준	(AAA/AA) CP 운영 기준(자율준수 편람 등)이 해당 업계가		① CP 운영 기준	1. 정기적인 법규 모니터링 체계 구축 • 법규 변경 관리팀 구성: 공정거래 법규 및

평가지표 (대기업 기준)	세부 측정지표	평가 기준 AAA	평가 기준 AA	입증 서류	Best Practice Study
	(자율준수 편람 등)이 해당 업계가 준수하여야 하는 공정거래 법규 및 필수 법규, 관련 정책의 최근 변경사항을 지속적으로 반영하여 개정되었는가?	준수하여야 하는 공정거래 법규 및 필수 법규, 관련 정책의 최근 변경사항을 연 2회 또는 그보다 짧은 주기로 검토하여 반영한 사실이 있는 경우로서, 검토 및 수정·보완의 정도에 따른 개정 실적을 감안하여 차등 평가		(자율준수 편람 등)의 개정 이력 및 개정 주요 내용을 확인할 수 있는 자료	필수 법규, 관련 정책의 변경사항을 지속적으로 모니터링하고 CP 운영 기준에 반영할 수 있는 전담팀(법무팀, CP팀 등)을 구성함. • 업계 동향 파악: 관련 업계의 변화와 법규 개정사항을 신속히 반영하기 위해, 주요 법률자문기관이나 공정거래위원회 등의 정보를 정기적으로 수집하고 분석함. 2. 개정 주기 및 절차 명확화 • 개정주기 설정: CP 운영 기준을 연 2회 이상 검토하고 업데이트하는 절차를 마련함. 법규의 중요성에 따라 필요시 추가 검토를 실시할 수 있도록 유연한 시스템을 설정함. • 검토 및 승인 프로세스 개발: 법규 개정에 따른 CP 운영 기준의 변경내용을 검토하고 승인하는 내부절차를 명확히 하고 각 단계의 책임자를 지정하여 책임감을 높임. 3. 개정 이력관리 시스템 구축 • 버전관리 시스템 도입: CP 운영 기준의 개정 이력을 추적할 수 있는 전자문서 관리시스템을 도입하여, 모든 변경사항과 개정 날짜, 담당자를 기록할 수 있도록 함. 이를 통해 과거의 개정내역을 쉽게 확인할 수 있도록 함. • 개정 주요 내용 요약: 각 개정 후 주요 변경사항을 요약한 문서를 작성하여 관련 임직원에게 배포하고 쉽게 이해할 수 있도록 함. 4. 내부교육 및 홍보 • 정기적인 교육프로그램 운영: CP 운영 기준 개정 내용에 대한 교육을 정기적으로 실시하여 모든 임직원이 최신 정보를 숙지할 수 있도록 함. 특히 법규가 변경된 이유와 그에 따른 경영방침의 변화에 대해 강조함. • 커뮤니케이션 채널 활성화: CP 운영 기준의 주요 개정사항을 사내 뉴스레터, 전자게시판 등을 통해 적극적으로 홍보하여 임직원들이 변경사항을 쉽게 접근하고 이해할 수 있도록 함.

평가지표 (대기업 기준)	세부 측 정지표	평가 기준		입증 서류	Best Practice Study
		AAA	AA		
					5. 임직원 피드백 시스템 마련 • 피드백 및 제안접수: CP 운영 기준에 대한 임직원들의 의견을 수집할 수 있는 시스템을 마련하여, 법규 개정 시 직원들의 목소리를 반영할 수 있도록 함. 이를 통해 현장경험을 반영한 실질적인 개선이 이루어질 수 있음. • 개정사유 명시: 개정된 기준의 배경 및 필요성을 명확히 기재하여 임직원들이 변경사항을 이해하고 적절히 적용할 수 있도록 도움. 6. 성과 평가 및 지속적 개선 • 개정효과 분석: CP 운영 기준의 개정이 실제로 어떻게 법규 준수에 기여했는지를 평가하는지 표를 설정하고, 이를 기반으로 지속적으로 개선할 수 있는 방안을 모색함. • 내부감사 실시: 정기적인 내부감사를 통해 CP 운영 기준이 잘 이행되고 있는지 점검하고, 필요시 추가적인 개정 및 보완 작업을 실시함.

　　자율준수편람은 기업이 공정거래법을 효과적으로 준수할 수 있도록 가이드라인을 제공하는 핵심 문서다. CP가 조직 내 실질적인 실행력과 지속적인 개선을 가능하게 하려면 자율준수편람이 체계적으로 마련되고 운영되어야 한다. 자율준수편람의 핵심 역할은 첫째, 기업이 준법경영을 실천하는 데 필요한 명확한 기준과 절차를 제공하는 것이다. 편람에는 법률 요건, 내부 준수 절차, 위반 사례 및 대응 방법 등이 포함되어야 하며, 임직원들이 이를 쉽게 이해하고 실천할 수 있도록 구체적인 가이드라인이 제시되어야 한다. 둘째, 기업 내부의 준법문화 정착을 위한 교육 및 내부 점검의 기준이 된다. 효과적인 CP 운영을 위해서는 전 임직원이 준법 의식을 공유하고, CP 규정을 실무에 적용할 수 있어야 한다. 이를 위해 편람은 CP 교육의 기본 자료로 활용되며, 내부감사를 위한 체크리스트 역할을 해야 한다. 셋째, 법적 리스크를 사전에 방지하고, 기업의 신뢰도를 높이는 역할을 한다. 공정거래법 위반 사례가 발

생했을 때 기업이 자율적으로 위반을 예방하고 관리할 수 있는 내부 대응체계가 마련되어야 한다. 편람은 이러한 대응 방안을 명확히 정리하고, 실질적인 CP 운영을 지원하는 도구로 기능해야 한다.

결론적으로 자율준수편람은 CP 운영의 실효성을 보장하고, 기업의 준법경영을 체계적으로 실천할 수 있도록 하는 필수 요소다. 편람은 기업의 업무 프로세스와 유기적으로 연계되도록 설계해야 하며, 지속적인 업데이트와 개선이 이루어져야 한다. 이를 통해 기업은 공정거래법 준수를 기본으로 윤리적이고 지속가능한 경영 체계를 구축할 수 있다.

D2. 교육훈련 프로그램

D2 교육훈련 프로그램은 임직원들이 공정거래법과 CP의 핵심 개념을 이해하고 실무에 적용할 수 있도록 돕는 중요한 요소이다. 기업의 CP 운영이 효과적으로 작동하기 위해서는 규정 숙지 교육이 아닌, 실제 업무에서 준법 행동을 실천할 수 있도록 실질적인 교육이 이루어져야 한다. 교육훈련 프로그램의 평가 취지 또한 교육훈련이 형식적 동원 절차에 그치지 않고 참여자의 이해도 향상과 행동 변화로 이어지는지 검토하는 것이다. 이를 위해 교육프로그램의 내용, 방식, 참여율, 효과성 평가 방법 등이 주요 평가 기준이 된다. 특히, 경영진의 참여 여부, 실무진 대상 맞춤형 교육, 사례 중심의 실용적 강의 등이 포함된 프로그램은 높은 평가를 받을 수 있다. 교육이 단순한 정보 전달이 아닌 기업의 자율준수 문화 확산과 지속가능한 준법경영 정착을 위한 전략적 도구로 작용하는지가 핵심 평가 요소이다. 즉, 기업 내부에 자율준수 관행이 정착되기 위해서는 임직원들에게 어떤 행위가 구체적으로 경쟁법에 저촉되는 것인지를 알 수 있도록 하는 지속적이고 체계적인 교육이 필요하며, 특히 최고경영자 및 임원(자율준수 관리자 포함), 그리고 법 위반행위의 가능성이 많은 업무에 종사하는 임직원들에게는 보다 집중적인 교육이 필요하다. 또한, 자율준수 문화 정착을 위해 임직원 교육으로 최고경영자, 임원 및 법 위반 가능성이 높은 부서 임직원 대상 정기 교육훈련과 더불어 교육 결과 효과성 평가를 통해 교육 방법 및 내용 등에 대한

지속적 개선하여야 한다.

다음 평가지표, 평가 기준, 입증서류 그리고 Best Practice Study를 통해 교육훈련 프로그램에 대해 상세히 살펴보자.

평가지표 (대기업 기준)	세부 측정지표	평가 기준		입증 서류	Best Practice Study
		AAA	AA		
D2.1 정기 CP 교육	D2.1.1 조직의 CP 교육계획에 계층(예: 신입, 중간 관리자, 임원), 부서(예: 해당 업계가 준수하여야 하는 공정거래 법규 및 필수 법규 위반 가능성이 큰 부서 및 낮은 부서), 관련성(예: CP 위반 여부) 별로 차별화된 교육 체계가 마련되어 있는가?	(AAA/AA) 1) CP 교육계획의 세부 내용이 임직원을 상대로 계층별, 부서별, 업무 관련성별로 교육 대상 및 교육과정을 모두 구분하여 수립된 경우로서, 교육 대상의 범위, 교육체계의 구체성, 운영의 용이성 등을 종합적으로 감안하여 차등 평가 2) 회사의 연간 교육계획에 CP 교육을 분기 단위로 수립한 경우		① CP 교육의 수립 여부, 교육 대상 등을 수립한 사실을 확인할 수 있는 자료	1. CP 교육체계 설계 • 계층별 교육 커리큘럼 개발: 신입사원, 중간 관리자, 임원 등 각 계층에 맞는 맞춤형 교육 커리큘럼을 개발함. 예를 들어, 신입사원에게는 기본적인 법규 이해를 중심으로 중간관리자에게는 실제 사례를 통한 리더십 교육, 임원에게는 전략적 의사결정과 관련된 교육을 제공함. • 부서별 교육 필요성 분석: 각 부서의 업무 특성을 분석하여 공정거래 법규 및 필수 법규 위반 가능성이 높은 부서는 더 심화된 교육을 실시함. 예를 들어, 마케팅, 영업부서는 경쟁 관련 법규에 대한 교육이 필수적임. 2. 교육목표 및 성과 설정 • 명확한 교육목표 수립: 각 교육과정마다 달성해야 할 구체적인 목표를 설정하여 교육 효과성을 높임. 예를 들어 "교육 후 CP 관련 이해도 80% 이상"과 같은 지표를 활용할 수 있음. • 성과측정 기준 마련: 교육 후 임직원의 법규 준수 지식 및 실천 여부를 평가하기 위한 성과측정 기준을 마련함. 평가방법으로는 퀴즈, 설문조사, 실습 등이 포함될 수 있음. 3. 연간교육계획 수립 • 정기적인 교육일정 수립: 연간교육계획을 수립하여 분기별로 교육이 이루어질 수 있도록 일정과 주제를 미리 정리함. 이 계획은 모든 임직원이 접근할 수 있도록 공유되어야 함. • 유연한 교육방법 채택: 교육방식에 따라 오프라인과 온라인 교육을 혼합하여

평가지표 (대기업 기준)	세부 측 정지표	평가 기준		입증 서류	Best Practice Study
		AAA	AA		
					제공함으로써 임직원들이 시간과 장소에 구애받지 않고 교육에 참여할 수 있도록 함. 4. 교육자료 및 리소스 개발 • 다양한 교육자료 제공: 교육과정에서 사용할 교재, 슬라이드, 동영상 등 다양한 형식의 교육자료를 개발하여 임직원이 쉽게 이해할 수 있도록 함. 또한, 사례 연구 및 실제 판례를 포함하여 교육의 실제 적용성을 높임. • FAQ 및 자료 접근성 확보: 교육 후에도 임직원들이 참고할 수 있도록 CP 관련 FAQ 및 교육자료를 온라인 포털에 업로드하여 언제든지 접근 가능하도록 함. 5. 임직원 참여 유도 • 참여 유도 프로그램 운영: 교육 참여를 유도하기 위해 성과에 따라 인센티브를 제공하는 프로그램을 운영함. 예를 들어 교육 이수 후 성과가 우수한 직원에게 보상을 주거나 인센티브를 제공함. • 멘토링 시스템 도입: 교육과정에서 멘토링 시스템을 도입하여 경험이 많은 직원이 신입사원을 지도하고, CP 관련 문제해결에 도움을 줄 수 있도록 함. 6. 피드백 및 지속적 개선 • 교육 피드백 시스템 구축: 교육 후 임직원으로부터 피드백을 수집할 수 있는 시스템을 구축하여 교육 내용 및 방법의 개선방향을 제시할 수 있도록 함. • 지속적인 교육내용 업데이트: 법규 및 내부 정책의 변화에 따라 교육내용을 정기적으로 검토하고 업데이트하여 최신 정보를 반영함.
	D2.1.2 CP 교육계획에 필요한 예산이 충실히 반영	(AAA/AA) CP 교육계획에 필요한 예산이 지원되고 집행된 사실을 구체적으로 확인할 수 있으며, CP 교육계획에 필요한 예산		① CP 교육계획에 필요한 예산의 반영 및 집행 여부를	1. 예산편성 프로세스 개선 • 예산항목 세분화: CP 교육계획에 필요한 모든 예산 항목(교육 콘텐츠 개발비, 전문가 강의료, 교육 대관료 등)을 구체적으로 명시하여 예산을 세분화함. 각 항목의 필요성과 예상비용을 명확히 설명하는 문서를

평가지표 (대기업 기준)	세부 측정지표	평가 기준		입증 서류	Best Practice Study
		AAA	AA		
	(예: 교육 콘텐츠 개발비, 전문가 강의료, 교육 대관료, 교육 주관부서 운영 경비 등) 되고 집행되었는가?	(기업의 예산에서 CP 교육계획을 목적으로만 편성되어 있음이 확인 가능한 예산의 총액)이 평가대상 년도 이전 대비 동일하게 유지되거나 증가한 경우로서 지원 및 집행의 적정성 및 교육계획의 지속적인 운영 여부에 따라 차등하여 평가		확인할 수 있는 자료	작성하여 관리층의 승인을 받음. • 예산편성 기준 설정: 이전 연도 대비 교육 요구사항의 변화, 예상교육 인원 및 교육목적에 따라 예산편성 기준을 수립하여 이를 바탕으로 합리적인 예산이 편성될 수 있도록 함. 2. 예산 사용 모니터링 • 정기적인 예산 사용 보고: 교육 진행 후 분기별 또는 반기별로 예산 사용 현황을 점검하고 보고서를 작성하여 경영진과 관련 부서에 공유함. 이를 통해 예산집행의 투명성을 높임. • 예산 사용내역 기록: 모든 지출에 대한 명확한 기록을 남기고, 지출내역을 분류하여 관리함. 이력 관리시스템을 구축하여 예산 사용내역을 지속적으로 업데이트함. 3. 지속적인 예산평가 및 조정 • 성과 기반 예산 조정: 교육 후 피드백을 통해 교육의 효과성을 평가하고, 이에 따른 예산의 재조정을 검토함. 예를 들어 교육 후 참여자 만족도나 행동변화지표를 기반으로 향후 예산 계획에 반영함. • 예산검토 및 조정회의 개최: 연 1회 또는 반기마다 CP 교육 예산을 검토하는 회의를 개최하여, 예산의 적정성과 교육의 효과성을 평가하고 필요시 조정안을 논의함. 4. 교육 예산의 필요성 및 적절성 강조 • 경영진에 교육의 중요성 강조: CP 교육이 기업의 법적 준수 및 기업 이미지 개선에 기여하는 바를 명확히 하고, 이를 바탕으로 경영진에게 교육 예산의 필요성을 강조함. • 이전 교육의 성공사례 공유: 성공적인 CP 교육의 사례를 경영진과 임직원에게 공유하여 교육 예산투자의 효과를 증명하고 추가 예산 요청 시 신뢰를 높임. 5. 외부 전문가 활용 및 협력

평가지표 (대기업 기준)	세부 측 정지표	평가 기준		입증 서류	Best Practice Study
		AAA	AA		
					• 전문가 강의 비용 예측: 외부 전문가를 초빙할 경우 그에 따른 강의료를 미리 조사하고 예산에 반영함. 여러 전문가의 견적을 받아 비교하여 최적의 비용으로 강의를 진행할 수 있도록 함. • 파트너십 형성: 교육콘텐츠 개발 또는 전문가 초빙을 위해 외부 기관과의 파트너십을 통해 비용을 절감하고, 고품질의 교육자료를 확보할 수 있는 방안을 모색함. 6. 효율적인 교육콘텐츠 개발 • 비용 효율적인 콘텐츠 제작: 교육 콘텐츠를 자체적으로 개발할 수 있는 능력을 키우거나 외부 업체와의 협업을 통해 비용을 절감할 수 있는 방안을 찾음. 필요시 내부 인력의 재교육을 통해 자체 제작 역량을 강화함. • 온라인교육 활용: 오프라인교육에 비해 비용이 저렴한 온라인교육 플랫폼을 활용하여 교육의 범위와 접근성을 높임. 필요한 경우 이러한 플랫폼에 대한 예산을 편성함. 7. 지속적인 피드백 및 개선 • 교육 종료 후 피드백 수집: 교육이 종료된 후 참여자들로부터 피드백을 수집하여 교육의 강점과 약점을 파악하고, 이를 바탕으로 향후 교육 예산과 계획에 반영함. • 모니터링 및 평가 시스템 구축: 교육프로그램에 대한 모니터링 및 평가 시스템을 구축하여 교육의 효과를 정량적으로 측정하고, 이 결과를 예산 계획 및 편성에 반영함.
	D2.1.3 CP 교육계획 수립 시 이전에 시행한 교육의 효과성 평가 결과 및 임직원 VOC, 해당 업계가	CP 교육 계획 수립 시 이전 교육의 효과성 평가 결과, 임직원 VOC, 해당 업계가 준수하여야 하는 공정거래 법규	CP 교육 계획 수립 시 이전 교육의 효과성 평가 결과, 임직원 VOC, 해당 업계가 준수하여야 하는 공정거래 법규	① 평가 대상년도의 CP 교육계획 수립 관련 내용을 구체적으로 확인할 수 있는 보고 문건 등 관련 자료	1. 이전 교육의 효과성 평가 시스템 구축 • 효과성 평가 기준 수립: 이전 교육프로그램의 효과성을 측정하기 위해 명확한 평가 기준(예: 교육 전/후 지식변화, 행동변화, 업무성과 개선 등)을 수립함. • 평가도구 개발: 설문조사, 면담, 그룹토의 등 다양한 방법을 활용하여 효과성 평가 도구를 개발하고, 교육 후 반드시 이를 수행하여 데이터수집을 체계화함. 2. 임직원 VOC(Voice of Customer) 수집체계 마련

평가지표 (대기업 기준)	세부 측정지표	평가 기준		입증 서류	Best Practice Study
		AAA	AA		
	준수하여야 하는 공정거래 법규 및 필수 법규 개정사항 방향 등을 충실히 반영하였는가?	및 필수 법규 개정사항을 모두 반영한 경우	및 필수 법규 개정사항 중 3가지만 반영한 경우		• 정기적인 의견 수렴: 임직원으로부터 교육 관련 피드백을 정기적으로 수집하기 위해 설문조사를 실시하고, 피드백이 필요한 주제를 명확히 하여 VOC를 체계적으로 기록함. • 피드백 관리시스템 구축: VOC를 수집한 후 이를 분석하고 정리하여 관련 부서와 경영진에게 공유하는 시스템을 구축함. 피드백 내용은 차기 교육계획에 반영될 수 있도록 함. 3. 법규 및 규정 변화에 대한 모니터링 • 정기적인 법규 변경사항 검토: 관련 법규 및 정책의 변화를 정기적으로 모니터링하여 필요한 경우 법적 자문을 받음. 이를 통해 교육계획에 반영할 사항을 파악함. • 법적 업데이트 반영 메커니즘 구축: 변경된 법규를 교육 내용에 신속히 반영할 수 있도록 기구를 설계함. 관련 부서와 협력하여 교육자료를 업데이트하는 체계를 만듦. 4. 교육계획 수립 프로세스 통합 • 통합적 교육계획 수립: 효과성 평가, VOC, 법규변경 사항을 통합하여 교육계획을 수립하는 프로세스를 마련함. 이를 통해 각 요소가 서로 연관되어 충실하게 반영되도록 함. • 기획 회의 개최: CP 교육계획을 수립하기 전에 각 부서의 의견을 수렴하는 기획 회의를 개최하여 이전 교육 결과 및 임직원 VOC를 논의하고 반영하는 시간을 가짐. 5. 자료관리 및 기록체계 확립 • 구체적인 기록 유지: 교육계획 수립 과정에서 이전 교육 효과성 평가 결과, VOC, 법규변경 사항 등을 포함하는 보고 문서를 작성하고 이를 체계적으로 보관함. • 투명한 정보공유: 관련 자료를 모든 임직원과 관련 부서에 공유하여 교육계획의 투명성을 높임. 이를 통해 교육의 필요성과 방향성을 명확히 하고 각자의 역할을 인식시킴.

평가지표 (대기업 기준)	세부 측정지표	평가 기준		입증 서류	Best Practice Study
		AAA	AA		
					6. 지속적인 피드백 및 개선 사이클 운영 • 교육 시행 후 피드백 루프: 교육 후에도 참여자들로부터 피드백을 지속적으로 수집하고, 이를 분석하여 향후 교육 개선 방안을 도출함. 이전 교육의 개선사항을 다음 교육에 반영함. • 성공사례 공유: 효과적인 교육사례를 수집하고 이를 전체 임직원과 공유하여 성공적인 교육의 방향성을 제시하고 동기를 부여함. 7. 교육성과 측정 및 보고 • 성과지표 설정: 교육의 성공여부를 측정할 수 있는 성과지표를 설정하고 이를 바탕으로 교육 효과성을 평가함. • 정기 보고: 교육 결과 및 피드백을 정리하여 경영진에게 정기적으로 보고하고, 필요시 관련 개선안을 제시함.
D2.1.4 조직이 수립한 CP 교육계획에 따라 교육이 충실히 수행 되었는가?(교육완료 보고서, 출석부 등 교육 수행 기록 포함)		(AAA/AA/A/B/C) CP 교육계획에 대하여 ① 예산집행의 적정성, ② 교육 강사 선정기준에 따른 강사의 선정 및 교육 추진, ③ 교육 시 임직원 VOC, 해당 업계가 준수하여야 하는 공정거래 법규 및 필수 법규 개정사항을 반영하여 시행하였는지 여부, ④ 법 위반 가능성이 높은 부서 및 CP 위반자 등 특정 특별(보수) 교육 시행 성과, ⑤ 기타 CP 교육계획에 반영된 내용의 추진 실적을 종합적으로 감안하여 평가		D2.1 정기 CP 교육 평가지표와 관련하여 기 제출한 자료의 실제 추진실적을 확인할 수 있는 자료 일체	1. 교육수행 기록 관리시스템 구축 • 교육완료 보고서 및 출석부 관리: 모든 교육에 대한 완료 보고서와 출석부를 체계적으로 기록하고 보관할 수 있는 시스템을 구축함. 교육 후 반드시 자료를 정리하여 관련 부서에 제출하도록 함. • 디지털 플랫폼 활용: 교육 기록을 관리하기 위해 LMS(학습관리시스템)와 같은 디지털 플랫폼을 도입하여, 교육 이력, 출석률, 교육 내용 등을 쉽게 조회하고 관리할 수 있도록 함. 2. 예산집행의 적정성 검토 • 예산계획 및 집행내역 공개: CP 교육에 소요된 예산의 계획과 실제 집행내역을 비교하여 정기적으로 검토하고, 이를 관련 부서와 공유하여 투명성을 높임. • 예산집행 기준 마련: 예산집행의 적정성을 평가하기 위한 기준(예: 강사료, 교육자료 제작비, 교육시설 대관비 등)을 마련하여 각 항목별로 정기적으로 점검함. 3. 강사 선정 및 교육추진 기준 수립

평가지표 (대기업 기준)	세부 측 정지표	평가 기준		입증 서류	Best Practice Study
		AAA	AA		
					• 강사 선정 기준 문서화: CP 교육 강사를 선정하기 위한 명확한 기준(전문성, 경력, 교육 경험 등)을 문서화하고, 강사선정 프로세스를 투명하게 운영함. • 강사평가 시스템 도입: 교육 종료 후 강사에 대한 피드백을 수집하여 강사선정 과정에서 활용할 수 있도록 함. 강사의 교육 효과성을 평가하여, 향후 교육 강사 선정에 반영할 수 있도록 함. 4. 임직원 VOC 및 법규 반영 점검 • 피드백 수집 및 분석: 교육 후 참가자들로부터 VOC를 수집하고, 이를 교육개선에 활용함. 교육 내용에 법규 변경사항이 반영되었는지 확인하고 관련 내용을 기록함. • 정기적인 법규 교육 업데이트: 법규 및 정책의 변화를 반영하여 교육 내용을 정기적으로 업데이트하고, 이와 관련된 자료를 배포하여 모든 임직원이 최신 정보를 습득할 수 있도록 함. 5. 특별(보수) 교육 수행성과 확인 • 고(高) 위험부서에 대한 맞춤형 교육 제공: 법 위반 가능성이 높은 부서와 CP 위반자들에 대해 특별교육을 제공하고, 그 성과를 정량적 및 정성적으로 평가함. • 교육 효과성 분석: 특별교육 후, 교육의 효과성을 분석하기 위해 교육 전/후 변화(예: 위반건수 감소, 교육수료 후 행동 변화 등)를 측정하고 기록함. 6. 교육계획 반영 내용 추진 실적 점검 • 교육계획과 실적 비교분석: 교육 수행기록을 바탕으로 CP 교육계획에 명시된 내용이 실제로 얼마나 충실히 이행되었는지 정기적으로 비교분석하여 보고함. • 성과보고 및 개선안 도출: 교육실적을 기반으로 한 성과보고서를 작성하고, 발견된 문제점이나 개선사항을 포함하여 향후 교육계획에 반영할 수 있도록 함. 7. 정기적인 내부감사 및 피드백 루프 운영

평가지표 (대기업 기준)	세부 측정지표	평가 기준		입증 서류	Best Practice Study
		AAA	AA		
					• 내부감사 실시: CP 교육의 수행내역에 대한 정기적인 내부감사를 실시하여 교육 내용과 예산집행이 계획에 맞게 이루어졌는지 확인함. • 피드백 루프 설정: 교육에 대한 피드백을 반영하여 교육 내용과 방식에 대한 지속적인 개선방안을 마련하고, 이를 관련 부서와 공유하여 실행함. 8. 성과 인센티브 프로그램 개발 • 인센티브 제공: 교육 참여와 효과성에 따라 임직원들에게 인센티브를 제공하여 교육 참여를 장려하고 전체적인 교육의 성과를 높일 수 있도록 함. • 성과공유 세미나 개최: 교육의 성공사례를 공유하는 세미나를 정기적으로 개최하여 임직원들의 참여를 유도하고 우수사례를 학습할 기회를 마련함.
D2.2 법 위반 가능성이 큰 부서나 관련자에 대한 집중교육	D2.2.1 CP 교육계획에 미이수자 및 CP 위반자에 대한 보수교육 또는 특별교육을 반드시 시행하도록 정하고 있는가?	CP 교육계획에 교육 미이수자와 CP 위반자를 월 주기로 확인하고 보수교육 또는 특별교육을 의무사항으로 정한 뒤 이를 이행하지 않을 경우 불이익을 주도록 정하고 있는 경우	CP 교육계획에 교육 미이수자와 CP 위반자를 반기 주기로 확인하고 보수교육 또는 특별교육을 의무사항으로 정한 뒤 이를 이행하지 않을 경우 불이익을 주도록 정하고 있는 경우	① CP 교육계획 및 추진실적에 관한 내부 보고자료	1. 교육 미이수자 및 CP 위반자 확인 프로세스 구축 • 정기적인 교육이수 확인: 매월 교육 미이수자 및 CP 위반자를 확인하기 위한 프로세스를 구축하고, 이를 위한 자동화된 시스템(예: ERP 시스템 내 교육관리 모듈)을 활용하여 데이터베이스에서 정보를 쉽게 추출할 수 있도록 함. • 전사적인 데이터 통합: 모든 부서에서 교육 이수 현황과 CP 위반 기록을 통합하여 관리할 수 있는 중앙 데이터베이스를 구축함. 이를 통해 필요시 손쉽게 교육 미이수자와 CP 위반자를 파악할 수 있음. 2. 보수교육 및 특별교육 계획 수립 • 보수교육프로그램 개발: CP 교육 미이수자 및 CP 위반자를 대상으로 한 보수교육 및 특별교육프로그램을 개발함. 프로그램의 내용은 법규, 내부규정, 위반사례 분석 등을 포함하여 실질적인 도움이 되도록 설계함. • 정기적 교육 일정 마련: 보수교육과 특별교육을 위한 정기적인 일정을 수립하고 이를 CP 교육계획에 포함해 모든 임직원에게 공지함.

평가지표 (대기업 기준)	세부 측 정지표	평가 기준		입증 서류	Best Practice Study
		AAA	AA		
					3. 의무교육 규정 마련 • 정책 및 규정 문서화: CP 교육 미이수자 및 CP 위반자에 대한 보수교육이 의무적임을 명시한 정책 및 규정을 문서화하여 모든 임직원이 확인할 수 있도록 함. • 불이익 규정 설정: 교육 미이수 및 CP 위반 시 불이익이 발생할 수 있음을 명시하고, 구체적인 불이익(예: 인사평가 반영, 승진 지연 등)을 규정하여 임직원에게 경각심을 줌. **4. 성과기반 보상 시스템 도입** • 보상 및 인센티브 체계 마련: CP 교육을 이수한 직원에게는 인센티브를 제공하는 시스템을 마련하고, 교육 미이수자에게는 이와 반대되는 페널티를 설정하여 교육 이수를 장려함. • 성과공유 및 피드백 루프 운영: 보수교육이나 특별교육을 통해 개선된 성과를 공유하여 교육의 필요성을 강조하고, 이수자들의 긍정적인 사례를 홍보하여 다른 임직원들에게도 동기를 부여함. **5. 교육시행 이행 모니터링** • 교육이행 모니터링 시스템 구축: 보수교육 및 특별교육의 시행 여부를 주기적으로 모니터링할 수 있는 시스템을 마련하고, 교육 결과를 문서화하여 관리함. • 이행결과 보고 체계 마련: 교육결과 및 이행사항을 정기적으로 내부보고서로 작성하고, 이를 경영진 및 관련 부서와 공유하여 투명성을 높임. **6. 지속적인 교육 개선 및 피드백 수집** • 피드백 시스템 도입: 교육 종료 후 참여자들로부터 피드백을 수집하여 교육 내용을 개선하고 향후 교육계획에 반영하도록 함. • 성과 분석 및 개선방향 설정: 보수교육 및 특별교육 후 성과를 분석하여 필요시 교육 커리큘럼을 업데이트하거나 새로운 프로그램을 개발함. **7. 문화 및 인식 개선**

COMPLIANCE 공정거래 CP & ISO 37301 실무가이드

평가지표 (대기업 기준)	세부 측정지표	평가 기준		입증 서류	Best Practice Study
		AAA	AA		
					• CP 준수 문화 확산: 임직원들에게 CP 준수의 중요성을 알리기 위해 정기적인 캠페인이나 워크숍을 개최하고, CP 교육의 필요성을 알리는 자료를 배포하여 인식을 개선함. • 리더십의 역할 강조: 경영진과 중간관리자의 참여를 유도하여 교육의 중요성을 강조하고 리더들이 직원들에게 교육 참여를 독려할 수 있도록 함.
	D2.2.2 해당 업계가 준수하여야 하는 공정거래 법규 및 필수 법규위반 가능성이 큰 부서나 CP 위반자를 대상으로 하는 교육에 활용되는 교재가 최신 법 위반 사례 및 사전예방 방법 등을 충실히 포함하고 있는가?	(AAA/AA) 해당 업계가 준수하여야 하는 공정거래 법규 및 필수 법규 위반 가능성이 큰 부서 및 CP 위반자를 대상으로 하는 교육에 활용되는 교재를 제작한 경우로서, 법위반 사례 및 사전예방 내용을 반영한 정도에 따라 차등하여 평가		① CP 교육 계획 및 추진실적에 관한 내부 보고자료 ② CP 위반자를 대상으로 하는 교육에 활용되는 교재	1. 교재개발 프로세스 수립 • 전문가 자문 확보: 공정거래 및 관련 법률 분야의 전문가와 협력하여 교재의 내용을 개발함. 이를 통해 법률적 정확성을 높이고 최신법위반 사례를 반영할 수 있음. • 업계사례 분석: 해당 업계에서 발생한 최근 법 위반 사례를 수집하고 분석하여 교재에 포함할 내용을 도출함. 이러한 사례는 교재의 실용성을 높이는 데 기여할 수 있음. 2. 최신법률 업데이트 및 반영 • 법령 및 정책 변화 모니터링: 공정거래 법규 및 필수 법규의 변화를 정기적으로 모니터링하여 최신 정보를 교재에 반영하도록 함. 관련법률 변경 사항을 추적하는 전담팀을 구성할 수 있음. • 정기적인 교재 업데이트: 교재의 내용을 정기적으로 검토하고, 법 위반 사례와 예방방법을 최신 정보로 업데이트함. 연간 혹은 반기별로 교재의 내용을 재검토하는 절차를 마련함. 3. 사전예방 교육내용 포함 • 사전예방 방법 명시: 교재에 법 위반을 예방하기 위한 구체적인 방법론을 포함시킴. 예를 들어, 사건발생 시나리오를 기반으로 한 역할극이나 시뮬레이션을 통해 예방적 조치를 교육할 수 있음. • 위험요소 분석제공: 각 부서에서 직면할 수 있는 법적 위험요소를 분석하여, 교재 내에 해당 내용을 명시하고 구체적인 대응방안을 제시함. 4. 교재 내용 검증 및 피드백

평가지표 (대기업 기준)	세부 측 정지표	평가 기준		입증 서류	Best Practice Study
		AAA	AA		
					• 교재 초안 검토: 초기교재 초안을 작성한 후, 관련 부서와 법률전문가의 피드백을 받아 내용을 보완함. 이를 통해 현업에서 의적용 가능성을 높임. • 임직원 의견 수렴: 교육을 받은 임직원들로부터 교재의 내용에 대한 의견을 수렴하고, 이를 반영하여 교재를 지속적으로 개선함. 5. 교육이수 후 평가 • 평가도구 개발: 교육 후 참가자들이 교재 내용을 얼마나 이해했는지 평가할 수 있는 평가도구(예: 퀴즈, 시험 등)를 개발하여 교육의 효과성을 분석함. • 성과분석 보고서 작성: 교육 완료 후 성과를 분석하여, 교재의 효과성을 평가하고 개선점을 도출하여 다음 교육에 반영함. 6. 리더십의 참여 유도 • 경영진 교육 참여: CP 교육의 중요성을 인식시키기 위해 경영진도 교재를 활용한 교육에 참여하게 하여 법적 준수의 중요성을 강조함. • 모범사례 공유: 리더들이 자주 접하는 사례를 교재에 포함시켜 부서장 및 팀장들이 교육의 필요성을 인식할 수 있도록 함. 7. 다양한 교육형식 도입 • 온라인 및 오프라인 교육 병행: 교재 내용을 효과적으로 전달하기 위해 다양한 교육형식을 도입하여, 온라인 교육 플랫폼과 오프라인교육을 병행하여 교육의 접근성을 높임. • 실습 중심 교육: 법위반 사례를 기반으로 한 실습 중심의 교육을 통해 임직원들이 실제 상황에서 어떻게 대응해야 하는지를 훈련할 수 있음.
	D2.2.3 해당 업계가 준수하여야 하는 공정거래 법규 및	해당 업계가 준수하여야 하는 공정거래 법규 및 필수 법규위반	(해당 없음)	① CP 교육 계획 및 추진실적에 관한 내부 보고자료	1. 교육 후 이해도 평가 시스템 구축 • 다양한 평가방법 개발: 교육 이해도를 측정하기 위해 다양한 평가 방법을 개발함. 여기에는 필기시험, 온라인퀴즈, 그룹 토론, 사례 연구, 인터뷰 등의 방법이 포함될 수 있음.

평가지표 (대기업 기준)	세부 측정지표	평가 기준 AAA	평가 기준 AA	입증 서류	Best Practice Study
	필수 법규 위반 가능성이 큰 부서와 CP 위반자를 대상으로 하는 교육 후 교육 이해도 등을 측정하였는가?(예: 시험, 인터뷰 등)	가능성이 큰 부서와 CP 위반자를 대상으로 하는 CP 교육을 별도로 시행하고, 교육 대상자들에게 의견수렴을 시행한 경우			• 평가 기준 설정: 각 평가 방법에 대한 명확한 평가 기준을 설정하여, 교육참가자들이 이해한 내용을 객관적으로 측정할 수 있도록 함. 예를 들어 특정 법규에 대한 이해도를 측정하는 객관식 문제나 주관식 질문을 마련함. 2. 정기적인 교육 및 피드백 • 교육이수 후 즉각적 평가 실시: 교육이 종료된 후 즉시평가를 실시하여 참가자들의 이해도를 측정하고, 피드백을 통해 교육내용을 보완할 수 있는 기회를 제공함. • 중간점검 및 연속 교육: 교육 후 일정 기간이 지난 후에도 이해도를 점검하고, 필요한 경우 추가교육을 제공하여 지속적으로 법규에 대한 이해도를 높임. 3. 참여형 학습 및 평가 • 모의상황 제공: 교육 후 참가자들에게 실제 상황을 모의하여 문제해결 능력을 평가하는 방법을 도입함. 예를 들어 법적 이슈가 발생한 가상의 사례를 제시하고, 이를 해결하기 위한 논의 및 결정을 유도함. • 그룹 활동 및 사례발표: 교육대상자들이 그룹으로 나누어 법규에 대한 사례를 발표하도록 하여 서로의 이해도를 공유하고 각자의 의견을 교환하는 기회를 제공함. 4. 설문조사 및 피드백 수집 • 교육 내용에 대한 설문조사 시행: 교육 후 설문조사를 통해 교육 내용에 대한 이해도와 개선점을 수집함. 질문지에는 법규에 대한 이해, 교육의 실용성, 강사의 강의능력 등을 포함함. • 임직원 VOC수집: 교육 후 참여자들로부터 직접적인 피드백을 수집하여 교육 내용을 개선하고, 향후 교육프로그램에 반영할 수 있는 방법을 찾음. 5. 교육자료 및 시험자료 관리 • 교육자료의 지속적인 업데이트: 교육 후 수집된 피드백을 바탕으로 교육자료와 시험문제를 지속적으로 업데이트하고 개선하여

평가지표 (대기업 기준)	세부 측 정지표	평가 기준		입증 서류	Best Practice Study
		AAA	AA		
					최신 정보를 반영함. • 결과 분석 및 보고서 작성: 교육 결과와 피드백을 종합하여 분석하고, 이를 내부 보고서 형태로 작성하여 경영진 및 관련 부서와 공유함. 6. 교육이수 증명서 발급 • 교육이수 인증제 도입: 교육 후 이해도가 일정 기준 이상인 참가자에게는 인증서를 발급하여 이수한 교육의 공식성을 부여하고 교육의 중요성을 강조함. • 인증기준 설정: 인증을 받기 위한 기준을 명확히 설정하여 공정거래 및 필수 법규에 대한 충분한 이해가 있었음을 입증할 수 있도록 함. 7. 조직문화와의 연계 • 법적준수 문화 조성: CP 교육의 중요성을 인식시키기 위해 법적준수 문화가 조직 내에서 확산되도록 리더가 직접 나서서 교육에 참여하고 피드백을 제공함. • 법적준수 캠페인 실시: 교육 후 법적준수와 관련된 캠페인을 진행하여 임직원들이 지속적으로 법규준수의 중요성을 인식할 수 있도록 함.
D2.3 최고경영자 및 임원을 대상으로 한 교육	D2.3.1 CP 교육계획에 최고경영자 및 임원이 CP와 관련한 교육(회의, 세미나, 워크숍 등도 포함)에 반드시 참여하도록 정하고 그에 따라 임원이 CP와 관련한	평가대상 기간 동안 CP 교육계획에 최고경영자 및 전 임원의 CP 관련 교육 참여를 의무사항으로 규정하였고, 최고경영자 및 임원 교육 참여율이 50% 이상인 경우	평가대상 기간 동안 CP 교육계획에 최고경영자 및 전 임원의 CP 관련 교육 참여를 의무사항으로 규정하였고, 최고경영자 및 임원 교육 참여율이 30% 이상인 경우	① 최고경영자 및 임원의 CP 관련 외부교육 참여 계획을 확인할 수 있는 CP 교육계획 수립 문건 ② 최고경영자 및 임원의 CP 관련 외부교육 참여 실적을 확인할 수 있는 근거 자료	1. CP 교육 참여 규정화 • 정책수립 및 배포: CP 교육계획에 최고경영자 및 임원의 교육 참여를 의무화하는 정책을 수립하고, 이를 모든 임직원에게 명확히 전달함. 정책문서에는 교육의 중요성과 참여 기준, 참여율 목표 등을 포함시킴. • 교육 참여 매뉴얼 개발: 최고경영자 및 임원을 위한 CP 교육 참여 매뉴얼을 작성하여, 교육의 목적, 형식, 방법 및 일정 등을 상세히 안내함. 2. 교육 일정 및 프로그램 개발 • 연간 교육일정 수립: 연간 CP 교육일정을 수립하고, 최고경영자 및 임원의 참여가 필수인 교육 세션을 명시함. 각 교육세션의 주제와 내용을 사전에 공유하여 준비할 수 있도록 함.

평가지표 (대기업 기준)	세부 측정지표	평가 기준		입증 서류	Best Practice Study
		AAA	AA		
	교육에 참여한 사실이 있는가?				• 다양한 교육 형태 제공: 세미나, 워크숍, 외부 전문가 초청강연 등 다양한 형태의 교육 프로그램을 개발하여 임원들이 흥미를 갖고 참여할 수 있도록 함. 3. 참여실적 관리시스템 구축 • 참여실적 기록시스템 마련: 교육 참여실적을 체계적으로 기록할 수 있는 시스템을 구축함. 이 시스템을 통해 각 임원의 교육 참여 여부를 손쉽게 확인할 수 있도록 함. • 정기적인 참여율 보고: 임원 교육 참여실적을 정기적으로 집계하고, 이를 경영진에게 보고하여 참여율을 지속적으로 관리함. 4. 인센티브 및 피드백 시스템 도입 • 참여 인센티브 제도 운영: 최고경영자 및 임원의 교육 참여에 대해 인센티브를 제공하는 제도를 운영함. 예를 들어, 연간 성과 평가 시 교육 참여도를 반영하여 보상을 고려할 수 있음. • 피드백 세션 운영: 교육 종료 후 피드백 세션을 운영하여 임원들이 교육 내용을 공유하고 개선사항을 논의할 수 있는 기회를 제공함. 5. 커뮤니케이션 및 홍보 전략 • 내부 홍보 캠페인: CP 교육의 중요성을 강조하는 내부 캠페인을 진행하여 최고경영자 및 임원의 교육 참여를 유도함. 성공사례를 공유하고 교육의 효과를 부각함. • 리더십의 참여 강조: 최고경영자 및 임원들이 교육에 적극 참여하고 있다는 것을 보여줄 수 있도록 그들의 참여 모습을 사내 뉴스레터나 게시판에 공유함. 6. 교육의 연속성 및 지속적 개선 • 정기적인 교육프로그램 업데이트: 법규 및 규제 변경에 따라 교육프로그램 내용을 주기적으로 업데이트하여 최신 정보를 반영함. 최고경영자 및 임원이 필요한 정보를 받을 수 있도록 내용을 보강함.

평가지표 (대기업 기준)	세부 측 정지표	평가 기준		입증 서류	Best Practice Study
		AAA	AA		
					• 효과성 분석: 교육 후 참여자들의 이해도와 의견을 분석하여, 교육 내용 및 형식의 개선 방안을 마련함. 이를 통해 지속적으로 교육 프로그램을 발전시킴. 7. 교육 결과의 공식화 및 인식 제고 • 교육 결과보고서 작성: 각 교육 세션 후, 교 육 내용과 참여 결과를 담은 보고서를 작성 하여 경영진 및 관련 부서와 공유함. 이를 통해 교육이 조직에 미치는 영향을 공식적 으로 평가할 수 있음. • 교육참여 인증서 발급: 임원들에게 교육참 여에 대한 인증서를 발급하여 그들의 노력 을 인정하고, 이후에도 지속적인 참여를 장 려함.
D2.4 CP교육·훈 련의 효과 성 평가	D2.4.1 CP 관련 교 육의 효과 성을 평가 하기 위한 절차와 지 표(예: 참석 률, 학습자 만족도, 이 수율, 불만 건수, 학습 성과의 달 성 정도 등) 가 구체적 으로 마련 되어 있고, 교육의 효 과성이 평 가되고 있 는가?	(AAA/AA) 1) CP 교육계획에 CP 교 육의 효과성을 평가하는 절차를 마련한 경우로서 1. 효과성 평가대상의 임 직원의 범위 2. 효과성을 평가하기 위해 마련된 지 표 및 평가 후 확인된 문 제에 대한 처리 절차의 타당성을 종합적으로 감 안하여 평가 2) CP 교육 효과성을 평 가하기 위한 지표 의 종 류를 세부 평가지표에 제 시된 예시의 경우를 포함 4가지 이상 마련한 경우 로서 지표설정의 타당성 및 실효성 정도에 따라 차등하여 평가		① CP 교 육의 효과 성 평가 절 차(예: 접수, 추적, 분석, 검토, 개선 등 조치, 공 지), 평가지 표, 평가대 상 등을 확 인 할 수 있 는 CP 교육 계획 내부 보고자료	1. 효과성 평가 절차 수립 • 절차 문서화: CP 교육의 효과성을 평가하기 위한 명확한 절차를 문서화함. 이 문서에는 교육 효과성 평가의 단계(접수, 추적, 분석, 검토, 개선 등)와 각 단계별 책임자를 명시함. • 주기적 평가일정 수립: 교육 후 효과성을 평 가할 정기적인 일정(예: 분기별, 연간 등)을 수립하여 지속적인 개선을 유도함. 2. 평가대상 및 범위 정의 • 임직원 범위 설정: 효과성 평가의 대상이 되 는 임직원의 범위를 명확히 정의함. 예를 들 어 모든 직원 또는 특정부서, CP 위반 교육 을 이수한 직원 등으로 구분할 수 있음. • 평가의 목표 명시: 평가의 목적(예: 교육 효과 분석, 교육 내용 개선, 법규준수 강화 등)을 명확히 하고 이를 모든 임직원에게 전달함. 3. 구체적인 평가지표 개발 • 다양한 지표 설정: 효과성 평가를 위해 최소 4가지 이상의 지표를 설정함. 예시 지표는 다음과 같음. ① 참석률: 교육프로그램에 참석한 임직원 의 비율. ② 이수율: 교육과정을 성공적으로 이수한 임직원의 비율.

평가지표 (대기업 기준)	세부 측정지표	평가 기준		입증 서류	Best Practice Study
		AAA	AA		
					③ 학습자 만족도: 교육 후 설문조사를 통해 학습자의 만족도를 측정. ④ 불만건수: 교육과정에 대한 불만사항을 기록하고 분석. ⑤ 학습성과 달성도: 교육 전후의 성과를 비교하여 학습효과를 평가. • 지표의 구체화: 각 지표의 측정 방법 및 목표 수치를 설정하여 평가의 실효성을 높임. 4. 평가 후 문제처리 절차 마련 • 문제해결 프로세스: 효과성 평가 후 확인된 문제에 대한 처리 절차를 마련함. 예를 들어, 교육 내용의 개선, 추가 교육의 필요성, 특정 강사에 대한 재교육 등을 포함할 수 있음. • 피드백 루프 구성: 평가 결과를 바탕으로 교육 개선사항을 도출하고, 이를 다음 교육계획에 반영할 수 있는 피드백 루프를 구성함. 5. 성과 분석 및 개선 • 정기적인 성과 분석: 정기적으로 수집된 데이터를 분석하여 교육의 효과성을 평가하고, 이 결과를 경영진 및 관련 부서와 공유함. • 개선사항 도출: 분석 결과를 바탕으로 교육 내용 및 형식, 강사 선정 등을 개선할 수 있는 방안을 도출함. 6. 교육 효과성 평가의 공식화 • 보고서 작성: CP 교육 효과성 평가 결과를 보고서 형식으로 작성하여, 경영진 및 관련 부서에 제출하고, 후속 조치를 명시함. • 공식적인 결과 공유: 교육 효과성 평가 결과를 조직 내에 공유하여, CP 교육의 중요성을 강조하고 임직원들의 참여를 유도함. 7. 모니터링 시스템 구축 • 지속적인 모니터링: CP 교육의 효과성을 지속적으로 모니터링할 수 있는 시스템을 구축함. 이를 통해 교육 후 일정 기간이 지나도 지속적인 개선이 이루어질 수 있도록 함. • 인공지능 및 데이터 분석 활용: 데이터 분석 도구를 활용하여, 임직원들의 학습패턴을 분석하고, 필요한 교육을 제공할 수 있는 인사이트를 도출함.

평가지표 (대기업 기준)	세부 측 정지표	평가 기준		입증 서류	Best Practice Study
		AAA	AA		
					8. 외부 전문가 활용 • 전문가 자문 요청: 필요시 외부 전문가의 도움을 받아 교육 효과성 평가의 신뢰성과 타당성을 높임. 외부기관과 협력하여 보다 객관적인 평가를 진행할 수 있음.

기업이 자율준수 문화를 효과적으로 정착시키기 위해서는 지속적이고 체계적인 교육훈련 프로그램이 의무적으로 수행되어야 한다. 실무차원에서 준법 의식을 내재화할 수 있도록 실질적이고 체계적인 CP 교육이 이루어져야 한다. CP 교육훈련 프로그램의 핵심 요소는 첫째, 최고경영진 및 임원을 포함한 모든 직원이 CP 교육을 이수해야 한다는 원칙을 확립하는 것이다. 경쟁법 준수를 위해서는 직원들이 구체적으로 어떤 행위가 법 위반에 해당하는지를 명확히 이해해야 하며, 특히 법 위반 가능성이 높은 부서의 직원들은 집중적인 교육을 받아야 한다. 둘째, 교육 대상에 따라 맞춤형 교육을 제공하는 것이 중요하다. 신입사원, 중간관리자, 임원 등 계층별 교육이 이루어져야 하며, 부서별 특성과 법적 리스크를 반영한 교육 커리큘럼을 구성해야 한다. 실효성 있는 교육을 위해 온라인 교육, 실습 기반 교육, 사례 연구 중심 교육 등의 다양한 방법을 활용할 필요가 있다. 셋째, 교육 성과를 정량적으로 성과 평가하고 피드백 시스템을 구축하는 것이 중요하다. 교육 후 참가자의 이해도를 측정하고, 교육의 효과성을 지속적으로 개선할 수 있도록 정기적인 피드백 수집과 성과 분석을 수행해야 한다. 특히 교육이 실제로 직원들의 행동 변화로 이어질 수 있도록 효과성 평가 기준을 명확히 설정해야 한다.

03. Compliance O^{Operation} – CP의 운영

01. 사전감시체계
O1 사전감시체계는 기업이 공정거래법 위반을 사전에 방지하고, 내부에서 발생할

수 있는 리스크를 신속하게 식별하여 선제적으로 대응할 수 있도록 하는 CP 운영의 핵심 요소이다. 사전감시체계는 사후에 일어난 공정거래법 위반을 적발하는 것이 아니라 사전에 위반 가능성을 조기에 감지하고 체계적인 대응 프로세스를 구축하는 것이다. 사전감시체계가 실질적으로 기업 내 준법경영이 내재화되고 있는지를 사전감시체계를 통해 검토하는 것이다. 효과적인 사전감시체계는 위험 요소를 식별하고 관리할 수 있도록 하는 내부통제시스템, 자율점검 체계, 내부감사 절차 등의 요소를 포함해야 하며, 이를 통해 기업이 공정거래 관련 리스크를 효과적으로 감시하고 선제적으로 대응하는 역량을 갖추고 있는지를 평가한다. 특히 위험평가Risk Assessment 및 내부감사 시스템이 체계적으로 운영되고 있는지, 이를 통해 실질적인 법 위반 예방이 이루어지는지가 핵심 평가 요소가 된다.

즉, CP의 핵심은 법 위반행위의 예방과 감시에 있으므로 기업은 일상적인 업무에서 법 위반 가능성을 지속적으로 감시하고 감독해야 한다. 또한, 법 위반 발생 시 이를 자율준수 관리자 및 최고경영진에 신속하게 보고할 수 있는 시스템 구축은 성공적인 CP가 될 수 있는 계기가 된다. 이를 실현하기 위해서는 다음과 같은 체계를 구축해야 한다.

① 위험성 평가Risk Assessment: 법 위반 가능성을 사전에 식별하고 예방할 수 있도록 점검 및 취약점 개선조치를 시행해야 한다. 이는 CP의 구축 및 운영 단계에서 핵심과 동시에 ISO 37301에서도 매우 중요하다.

② 사전업무 협의 제도: 제3자와 거래나 계약을 체결할 때 법 위반 예방을 위한 사전 검토 시스템을 마련하여 리스크를 사전에 차단해야 한다.

③ 직접보고 체계: 법 위반행위 발생 시 이를 즉시 조사하고 최고경영진에 보고하여 신속한 조치를 가능하게 하는 내부 시스템을 구축해야 한다.

④ 내부제보 시스템: 법 위반 행위자가 조직 내에서 익명으로 신고할 수 있는 시스템을 마련하여 신속한 보고 및 대응이 이루어지도록 해야 한다.

사전감시체계는 기업의 법적 리스크를 최소화하고 공정거래법 준수 문화를 정착시키는 핵심 도구이다. 이를 통해 기업은 내부 감시 및 감사 시스템을 합리적으로 계획·운영하고, 주기적인 점검과 보고를 통해 위반행위를 사전에 예방할 수 있다. 다음 평가지표, 평가 기준, 입증서류 그리고 Best Practice Study를 통해 사전감시체계에 대해 상세히 살펴보자.

평가지표 (대기업 기준)	세부 측 정지표	평가 기준		입증 서류	Best Practice Study
		AAA	AA		
O1.1 위험평가 (Risk Assess- ment)	O1.1.1 CP 관련 위 험성 평가 (예: 회사의 업무사항을 조사하여 법 위반행 위의 가능 성이 농후 한 취약 분 야를 식별 하고 법 위 반행위 가 능성을 점 검하고 그 결과에 따 라 조치하 는 사전 예 방 행위) 기 준을 마련 하고 평가 결과를 최 소 2단계 (상, 하)로 구분하고 있는가?	(AAA/AA) 1) CP 관련 위험성 평가 기준이 별도로 마련 및 시행되고 있는 경우로서 세부 평가지표의 예시를 기준으로 기준의 적정성 및 효과성 등을 종합적으 로 감안하여 평가 2) CP 관련 위험성 평가 결과를 최소 3단계(상, 중, 하)로 구분하고 있는 경우		① CP 관련 위험성 평 가 기준 및 추진 실적 을 확인할 수 있는 내 부 보고자 료	1. 위험성 평가 기준 개발 • 기준 문서화: CP 관련 위험성 평가 기준을 문서화하여 모든 임직원이 쉽게 접근할 수 있도록 함. 이 문서에는 위험성 평가의 목적, 범위, 절차, 방법론 및 책임자 등을 포함함. • 법적 요구사항 반영: 해당 업계에서 준수해 야 하는 법규 및 공정거래 규정에 대한 분석 을 통해 위험성 평가 기준을 설정함. 2. 위험성 평가 프로세스 수립 • 업무분석 및 식별: 회사의 모든 업무사항을 조사하여 법 위반 가능성이 있는 취약 분야 를 식별하는 과정(예: 직원 인터뷰, 서류 검 토 등)을 설정함. • 위험성 점검 방법론 설정: 법 위반 가능성을 평가하기 위한 구체적인 방법(예: 설문조사, 체크리스트, 사례분석 등)을 마련하여 이를 기반으로 위험성 점검을 수행함. 3. 위험성 등급 체계 구축 • 등급체계 정의: CP 관련 위험성을 최소 2단 계(상, 하) 또는 3단계(상, 중, 하)로 구분하 여 평가함. 각 등급에 대한 정의를 명확히 하고, 예시를 포함하여 평가자가 이해하기 쉽게 함. • 평가 기준 및 점수 매기기: 각 위험성 등급 을 부여하는 기준을 마련하고, 이를 정량화 할 수 있는 점수 시스템을 도입하여 객관적 인 평가를 가능하게 함. 4. 결과 분석 및 조치 • 결과보고서 작성: 위험성 평가 후 결과를 정 리하여 보고서 형식으로 작성하고, 이를 경 영진 및 관련 부서에 제출하여 투명성을 확 보함.

COMPLIANCE 공정거래 CP & ISO 37301 실무가이드

평가지표 (대기업 기준)	세부 측 정지표	평가 기준		입증 서류	Best Practice Study
		AAA	AA		
					• 조치사항 마련: 평가 결과에 따라 취약 분야에 대한 조치사항을 구체적으로 설정하고, 이를 실행하기 위한 책임자 및 일정 등을 명시함. 5. 정기적인 모니터링 및 재평가 • 모니터링 계획 수립: CP 관련 위험성 평가의 효과성을 확인하기 위해 정기적인 모니터링 계획을 수립함. 이는 위험성 변화의 지속적인 점검과 재평가 일정이 포함됨. • 변경사항 반영: 법규 및 공정거래 환경의 변화에 따라 위험성 평가 기준과 절차를 지속적으로 업데이트함. 6. 교육 및 인식 개선 • 임직원 교육: CP 관련 위험성 평가의 중요성 및 방법에 대한 교육프로그램을 마련하여 임직원들이 이를 이해하고 실행할 수 있도록 함. 교육 내용에는 위험성 평가 기준, 결과분석 및 조치사항이 포함되어야 함. • 인식제고 캠페인: 법 위반 가능성과 관련된 경각심을 높이기 위한 내부 캠페인을 진행하고, 사례연구를 공유하여 조직 전반에 CP 문화가 될 수 있도록 유도함. 7. 외부감사 및 자문 요청 • 외부 전문가 활용: 필요시 CP 관련 위험성 평가 기준에 대해 외부 전문가의 검토를 요청하여 기준의 적정성을 검증받고 개선사항을 도출할 수 있도록 함. • 감사 시스템 도입: 정기적으로 외부감사를 수행하여 CP 위험성 평가의 실효성을 점검하고, 지속적으로 발전시킬 수 있는 방안을 모색함. 8. 내부 피드백 시스템 구축 • 피드백 루프 설정: 임직원들이 위험성 평가 과정에서 느낀 문제점이나 개선사항에 대한 피드백을 제출할 수 있는 시스템을 구축하여 이를 기반으로 기준을 개선하고 발전시킴. • 사례공유: 성공적인 위험성 평가 사례나 법 위반 예방 사례를 공유하여 다른 부서 및 팀의 벤치마킹자료로 활용할 수 있도록 함.

평가지표 (대기업 기준)	세부 측 정지표	평가 기준		입증 서류	Best Practice Study
		AAA	AA		

	O1.1.2
	CP 관련 위
	험성 평가
	결과 중간
	이상인 위
	험성을 경
	감하기 위
	한 조치를
	수행하였는
	가?
		(AAA/AA)
		CP 관련 위험성 평가를
		분기별 1회 이상 수행하
		면서 중간 이상 위험성을
		발견하면 이를 경감하기
		위한 조치를 수행하도록
		정하고 있는 경우로서 수
		행 횟수, 결과의 적정성을
		종합적으로 감안하여 차
		등 평가
				① CP 관련
				위험성 평가
				기준 및 추
				진 실적을
				확인할 수
				있는 내부
				보고자료
					1. 정기적 위험성 평가 체계 구축
					• 평가 주기 설정: CP 관련 위험성 평가를 분
					  기별로 수행하도록 정기적인 일정을 수립
					  함. 이를 통해 지속적으로 위험성을 모니터
					  링하고 변동 사항을 파악할 수 있음.
					• 평가 기준 명확화: 중간 이상 위험성을 정의
					  하고, 이를 경감하기 위한 조치가 무엇인지
					  명확히 규정하여 평가자가 일관된 기준으로
					  평가할 수 있도록 함.
					
					2. 위험성 평가 후 조치계획 수립
					• 조치항목 도출: 중간 이상의 위험성이 발견
					  된 경우, 해당 위험을 경감하기 위한 구체적
					  인 조치 항목을 도출함. 이 항목들은 우선순
					  위에 따라 정렬되어야 하며, 각 조치의 목표
					  와 실행방법을 명시함.
					• 책임자 지정: 각 조치 항목에 대해 책임자를
					  지정하여 실행 과정에서의 책임과 권한을
					  명확히 함.
					
					3. 조치이행 및 모니터링
					• 조치이행 계획 작성: 각 조치에 대한 이행계
					  획을 작성하고, 이행 일정 및 진행 상황을
					  기록함. 이 계획에는 예산, 자원, 인력배치
					  등을 포함함.
					• 이행 상태 모니터링: 조치이행 후에는 이행
					  상태를 지속적으로 모니터링하여 조치가 제
					  대로 수행되고 있는지 확인함. 이 과정에서
					  발생하는 문제는 즉시 피드백을 통해 해결함.
					
					4. 정기적 인성과 평가
					• 성과평가 기준 수립: 조치이행 후 성과를 평
					  가하기 위한 기준을 수립함. 이를 통해 경감
					  조치가 실제로 위험성을 감소시키는 데 기
					  여했는지 평가할 수 있음.
					• 결과보고서 작성: 경감 조치의 결과를 정리
					  하여 내부 보고서로 작성하고, 이를 경영진
					  및 관련 부서와 공유하여 투명성을 높임.
					
					5. 사후관리 및 개선 방안
					• 사후관리 체계 마련: 조치가 완료된 후에도
					  사후관리를 통해 지속적으로 위험성을 점
					  검함.

평가지표 (대기업 기준)	세부 측 정지표	평가 기준		입증 서류	Best Practice Study
		AAA	AA		
					이 단계에서는 후속조치가 필요한지 여부를 평가하고, 추가적인 경감 조치를 계획함. • 경험 공유 및 교육: 중간 이상 위험성에 대한 경감 조치의 성과나 실패사례를 공유하여 조직 내 학습문화를 조성함. 이를 통해 향후 유사한 상황에서의 대응력을 강화할 수 있음. 6. 기술적 지원 및 데이터 분석 활용 • 리스크 관리 소프트웨어 도입: CP 관련 위험성을 관리하고 모니터링할 수 있는 리스크 관리 소프트웨어를 도입하여 데이터 수집과 분석이 용이하도록 함. • 분석 결과 활용: 평가 결과와 관련 데이터를 분석하여 어떤 요인이 중간 이상의 위험성을 유발했는지를 파악하고, 향후 개선할 수 있는 방법을 모색함. 7. 이해관계자와의 소통 강화 • 정기적인 회의 개최: 중간 이상의 위험성을 경감하기 위한 조치에 대해 관련 부서와 정기적으로 회의를 개최하여, 진행 상황 및 문제점을 공유하고 협력할 수 있는 방안을 모색함. • 피드백 시스템 구축: CP 관련 위험성을 경감하기 위한 조치에 대해 임직원들의 피드백을 수집할 수 있는 시스템을 구축하여 실행 과정에서의 다양한 의견을 반영하도록 함. 8. 법규 및 규정의 변경 반영 • 변경사항 점검: 공정거래 관련 법규 및 규정이 변경될 경우, 이를 즉시 점검하여 CP 관련 위험성 평가 기준과 조치 항목에 반영할 수 있도록 함. • 법규 교육 실시: 관련 법규 및 규정에 대한 교육을 실시하여 임직원들이 법규 준수의 중요성을 인식하고, 법 위반의 가능성을 최소화할 수 있도록 함.
O1.2 사전업무협 의제도	O1.2.1 해당 업계가	(AAA/AA) 자율준수 관리자가 직접		① 사전업 무 협의제도	1. 사전업무 협의제도 설계 • 협의체 구성: CP 관리자, 감사실, 법무팀 및

평가지표 (대기업 기준)	세부 측정지표	평가 기준		입증 서류	Best Practice Study
		AAA	AA		
준수하여야 하는 공정 거래 법규 및 필수 법규 위반 소지가 있는 행위를 검토할 때 CP 관리자 또는 감사실 등 타 전문 감독부서와 미리 협의를 거치는 사전업무협의제도가 구축되어 있는가?	주관하는 사전업무협의제도를 시행하고 있는 경우로서 협의 대상의 범위, 협의 주기, 검토 대상 법규의 범위를 종합적으로 감안하여 차등 평가			구축 내용 및 추진 실적을 확인할 수 있는 내부 보고 자료	관련 부서의 주요 인사로 구성된 협의체를 구축함. 이를 통해 공정거래법규 준수 및 법 위반 가능성을 사전 검토할 수 있음. • 협의체계 정립: 협의체의 역할과 책임, 운영 방식 및 회의 주기를 명확히 정의한 문서를 작성하여 모든 관련 부서에 배포함. 2. 협의프로세스 설정 • 협의요청 절차 수립: 각 부서가 법규 위반 소지가 있는 행위를 검토할 때 협의요청서를 작성하여 제출하는 절차를 마련함. 이 요청서에는 검토대상 법규와 의도하는 행위에 대한 명확한 설명이 포함되어야 함. • 검토 프로세스 운영: 협의 요청을 받은 후, 관련 부서가 검토 결과를 제공하는 프로세스를 수립함. 이 과정에서 사전협의의 결과와 피드백을 문서화하여 기록으로 남김. 3. 정기적 협의회의 개최 • 회의주기 설정: 정기적인 협의 회의를 일정에 따라 개최하여 법규 준수 상황과 위반소지 행위에 대한 논의를 진행함. 이 회의는 월간 또는 분기별로 진행할 수 있음. • 회의록 작성 및 공유: 각 회의 후 회의록을 작성하여 모든 관련 부서와 공유하고, 이슈와 결정을 명확히 기록함. 이를 통해 투명성을 높이고, 후속 조치를 체계적으로 관리할 수 있음. 4. 법규 검토대상 확대 • 법규목록 관리: 업계에서 준수해야 하는 공정거래법규 및 필수 법규의 목록을 정기적으로 업데이트하고, 각 법규의 변경사항을 지속적으로 모니터링하여 검토대상으로 포함함. • 법규관련 교육 실시: 협의에 참여하는 모든 임직원을 대상으로 관련 법규 및 준수사항에 대한 교육을 실시하여 이해도를 높임. 5. 사후 피드백 체계 구축 • 피드백 프로세스 마련: 사전협의 결과에 따라 조치가 취해진 후 결과를 토대로

평가지표 (대기업 기준)	세부 측 정지표	평가 기준		입증 서류	Best Practice Study
		AAA	AA		
					후속조치를 검토하고 피드백을 제공하는 시스템을 구축함. 이를 통해 반복적인 법 위반 소지를 줄일 수 있음. • 성과 평가 및 개선: 사전업무 협의제도의 효과성을 정기적으로 평가하고, 필요한 개선사항을 식별하여 반영함. 평가 기준으로는 협의건수, 위반소지 감소율 등을 사용할 수 있음. 6. 내부보고 및 관리체계 강화 • 내부보고 자료 작성: 사전업무협의의 진행상황과 결과를 정리하여 내부 보고서를 작성하고 경영진 및 관련 부서에 정기적으로 보고함. 이를 통해 의사결정 및 전략 수립에 기여할 수 있음. • 위반사례 분석 및 대응방안 마련: 협의 과정에서 발생한 위반사례를 분석하여, 유사한 사건을 방지하기 위한 예방조치를 마련함. 이를 위해 사례연구를 통해 구체적인 대응방안을 도출함. 7. IT 시스템 활용 • 협의 요청 및 기록관리 시스템 구축: 협의 요청, 회의록, 피드백 등을 통합 관리할 수 있는 IT 시스템을 구축하여 모든 관련 자료를 중앙 집중화하고 접근성을 높임. • 자동화된 알림 기능 설정: 협의 요청이나 정기회의 일정에 대한 자동 알림 기능을 설정하여 담당자가 놓치는 일이 없도록 지원함.
	O1.2.2 사전업무협의제도의 운영과 관련된 기록을 관리하고 있는가?(예: 회의록, 의사결정 보고서, 업무 체크리스트 등)	(AAA/AA/A) 사전업무협의제도와 관련된 기록을 관리하고 있는 경우로서 운영 현황, 기록의 구체적인 수준을 종합적으로 감안하여 차등 평가		① 사전업무협의제도 협의체 운영 회의록, 의사결정 보고, 업무 체크리스트, 기타 사전업무 협의제도 협의체 운영 관련 기록 관리	1. 기록관리 체계 구축 • 기록관리 지침 수립: 사전업무 협의제도와 관련된 모든 기록을 어떻게 관리할 것인지에 대한 지침을 작성함. 이 지침에는 회의록, 의사결정 보고서, 업무 체크리스트 등 각 기록의 유형별 관리 방법과 저장위치를 명시함. • 책임자 지정: 각 기록의 수집, 보관, 관리 및 보완을 담당할 책임자를 지정하여 기록관리의 일관성을 유지함. 2. 기록 작성 및 포맷 표준화

평가지표 (대기업 기준)	세부 측정지표	평가 기준		입증 서류	Best Practice Study
		AAA	AA		
				여부를 확인할 수 있는 자료	• 회의록 및 의사결정 보고서 포맷 정립: 회의록, 의사결정 보고서, 업무 체크리스트 등에 대한 표준화된 포맷을 개발하여 모든 관련 문서가 동일한 형식으로 작성되도록 함. 이를 통해 정보의 일관성을 높이고 검토 및 활용 시 편리함을 제공함. • 필수 기재항목 설정: 각 문서에서 반드시 포함해야 하는 항목(예: 회의 일시, 참석자, 논의내용, 결정사항 등)을 설정하여 필요한 모든 정보를 체계적으로 기록하도록 함. 3. 정기적 기록 검토 및 업데이트 • 기록 정기 점검: 사전업무 협의제도의 운영 현황과 관련된 기록을 정기적으로 검토하여 누락된 사항이나 불일치하는 내용을 수정함. 이를 통해 기록의 신뢰성을 확보할 수 있음. • 기록관리 시스템 구축: 기록을 전자적으로 관리할 수 있는 시스템(예: 문서관리시스템 등)을 도입하여 기록을 쉽게 저장하고 검색할 수 있도록 함. 이 시스템에서는 검색, 수정, 삭제 이력을 기록하여 안전하게 관리함. 4. 회의록 및 의사결정 기록의 공유 • 공유 플랫폼 운영: 모든 관련 부서와 협의체가 접근할 수 있는 중앙집중형 플랫폼을 구축하여 회의록 및 의사결정 기록을 공유함. 이를 통해 모든 관계자가 정보에 쉽게 접근하고 참고할 수 있게 함. • 회의록 배포 절차 마련: 회의 종료 후 일정 기간 내에 회의록을 모든 참석자에게 배포하고, 비참석자에게도 필수적으로 공유되도록 함. 이를 통해 투명성을 높이고 의사결정 과정에 대한 신뢰를 강화함. 5. 결과 및 피드백 기록 체계화 • 업무 체크리스트 관리: 각 사전 업무협의 후 생성 된 업무 체크리스트를 지속적으로 관리하고, 해당 체크리스트의 이행 현황을 기록하여 후속조치를 명확히 함. • 피드백 체계 구축: 각 회의에서 논의된 사항에 대한 피드백을 기록하여 문제 해결과

평가지표 (대기업 기준)	세부 측정지표	평가 기준 AAA	평가 기준 AA	입증 서류	Best Practice Study
					개선점을 체계적으로 기록하고 필요시 후속 회의에서 논의함. 6. 교육 및 훈련 실시 • 기록관리 교육 제공: 사전업무협의제도 운영에 참여하는 모든 임직원에게 기록관리의 중요성과 절차에 대한 교육을 실시하여 모든 임직원이 기록관리의 기준을 준수하도록 함. • 지속적인 훈련 세션 마련: 기록관리시스템 및 절차에 대한 정기적인 훈련 세션을 마련하여 변경사항이나 새로운 시스템에 대한 교육을 제공함. 7. 성과 평가 및 개선 조치 • 기록관리 평가지표 설정: 기록관리의 효율성을 평가할 수 있는지 표를 설정하고, 이를 통해 정기적으로 기록관리의 성과를 분석함. 지표에는 기록의 완전성, 접근성, 사용자 만족도 등이 포함될 수 있음. • 지속적인 개선 프로세스 마련: 기록관리의 효율성을 높이기 위해 평가 결과에 따라 개선사항을 도출하고 이를 즉시 반영하는 프로세스를 구축함.
O1.2.3 사전업무협의제도를 활용하여 임직원의 해당 업계가 준수하여야 하는 공정거래법규 및 필수법규 위반행위를 미리 예방한 사례가 있는가?		(AAA/AA) 사전업무협의제도를 운영하여 임직원의 해당 업계가 준수하여야 하는 공정거래법규 및 필수법규 위반행위를 연 2회 이상 미리 예방한 사례가 있는 경우로서, 사례의 적정성 및 CP 운영성과의 기여 정도에 따라 차등하여 평가		① 사전업무협의제도를 활용한 법규 위반행위 예방 사례를 확인할 수 있는 내부 보고자료	1. 사전업무 협의제도 홍보 및 인식 제고 • 제도 소개 교육: 모든 임직원을 대상으로 사전업무 협의제도의 중요성과 필요성에 대한 교육 세션을 마련하여 제도를 적극 활용하도록 유도함. 이 교육에서는 법규 준수의 중요성을 강조하고, 실제 사례를 통해 제도가 어떻게 기여할 수 있는지를 설명함. • 홍보자료 배포: 사전업무 협의제도의 목표와 효과를 담은 자료를 배포하여 임직원들이 언제, 어떻게 이 제도를 활용할 수 있는지를 명확히 이해할 수 있도록 함. 2. 사전업무협의제도 운영 절차 강화 • 운영 절차 매뉴얼 작성: 사전업무 협의제도를 운영하는 명확한 절차 매뉴얼을 작성하여 누구나 쉽게 이해하고 따를 수 있도록 함. 매뉴얼에는 협의요청 방법, 협의내용 기록, 결과 피드백 절차 등이 포함됨.

평가지표 (대기업 기준)	세부 측정지표	평가 기준		입증 서류	Best Practice Study
		AAA	AA		
					• 정기회의 개최: 정기적으로 사전업무협의회의를 개최하여 법규 준수와 관련된 사항을 논의하고, 최근 법규 변경이나 위반사례를 공유하여 예방조치를 강화함. 3. 법규 위반 예방사례 기록 및 분석 • 사례수집 체계 구축: 법규 위반 예방과 관련된 사례를 수집하고 기록할 수 있는 체계를 마련함. 이를 통해 사전업무 협의제도가 실제로 효과를 발휘한 사례를 지속적으로 업데이트하고 관리함. • 사례 분석 및 공유: 수집된 예방사례에 대해 정기적으로 분석하여 이를 내부적으로 공유함. 이러한 공유를 통해 성공사례를 벤치마킹하고, 향후 유사상황에서 활용할 수 있도록 함. 4. 법규 위반 가능성 평가 및 선제적 대응 • 법규 준수 위험성 평가: 임직원이 자주 직면할 수 있는 법규 준수 위험성을 평가하고, 이에 대한 대책을 사전협의하여 위반 가능성을 사전에 차단할 수 있도록 함. 이를 위해 관련 부서와 협력하여 정기적인 위험성 평가를 실시함. • 전문가 상담 시스템 도입: 법률전문가 또는 CP 관련 전문가와의 상담 시스템을 구축하여 사전협의시 법규 준수와 관련된 질문이나 우려사항을 즉시 해결할 수 있도록 함. 5. 성과 측정 및 피드백 시스템 구축 • 사전업무 협의 성과 지표 설정: 사전업무 협의제도의 성과를 측정할 수 있는지 지표를 설정하고 이를 기반으로 효과성을 분석함. 지표에는 법규 위반사례수, 예방조치 이행률, 임직원 만족도 등이 포함될 수 있음. • 정기적인 피드백 세션 운영: 사전업무 협의제도를 통해 예방된 법규 위반 사례에 대한 피드백 세션을 운영하여, 임직원들이 느낀 점이나 개선사항을 논의하고 반영함. 6. 사전 예방을 위한 개선조치 도입 • 지속적 개선 프로세스: 법규 위반 예방사례

COMPLIANCE 공정거래 CP & ISO 37301 실무가이드

평가지표 (대기업 기준)	세부 측정지표	평가 기준		입증 서류	Best Practice Study
		AAA	AA		
					분석 결과를 바탕으로 사전업무 협의제도의 운영방안을 지속적으로 개선하고 강화함. 필요한 경우 협의 절차를 재조정하거나 추가 교육을 실시하여 효과성을 높임. • 성공사례 외부 공유: 사전업무 협의제도를 통해 예방한 법규 위반 사례를 외부에 공유하여 기업의 법규 준수 의지를 강화하고, 긍정적인 기업 이미지를 구축할 수 있도록 함.
O1.3 직접보고 체계	O1.3.1 CP 관리자 또는 이에 준하는 자에게 해당 업계가 준수하여야 하는 공정거래 법규 및 필수 법규 위반 행위 발견 시 최고경영진에 독립적으로 보고 할 수 있는 책임 및 권한을 부여하고 있는가?	(AAA/AA/A) CP 관리자 또는 이에 준하는 자가 최고경영진에게 독립적으로 보고할 수 있는 책임 및 권한이 부여된 경우로서 책임 및 권한의 범위, 보고 체계의 독립성을 종합적으로 감안하여 평가		① 직접보고체계의 구축 여부를 확인 할 수 있는 CP 운영계획 등 내부 보고자료	1. 독립적 보고체계 설계 • 조직 내 보고 구조 명확화: CP 관리자가 최고경영진에게 독립적으로 보고 할 수 있는 체계를 명확히 정의함. 이를 위해 보고 체계와 관계를 도식화하여 모든 직원이 이해할 수 있도록 함. • 책임 및 권한 문서화: CP 관리자의 책임과 권한을 구체적으로 명시한 문서를 작성하여, 누구나 접근할 수 있도록 함. 이 문서에는 법규 위반행위 발견 시의 절차와 대응방안이 포함되어야 함. 2. 교육 및 인식제고 • 임직원 대상 교육프로그램 운영: CP 관리자의 독립적 보고체계에 대한 교육을 정기적으로 실시하여 임직원들이 이 체계의 중요성과 운영 방안을 이해할 수 있도록 함. • 전사적 캠페인 실시: 독립적인 보고 체계의 중요성을 강조하는 전사적 캠페인을 진행하여, 모든 직원이 CP 관리자에게 문제를 보고할 수 있다는 인식을 확산시킴. 3. 보고 프로세스 개선 • 보고 절차 매뉴얼 작성: CP 관리자 및 관련 직원이 법규 위반을 발견했을 때 따라야 할 절차를 상세히 설명한 매뉴얼을 작성하고, 이를 통해 일관된 보고를 유도함. • 신속한 보고 시스템 구축: 법규 위반 발견시 신속하게 보고할 수 있는 시스템(예: 전자적 보고시스템, 핫라인 등)을 구축하여 CP 관리자가 즉각적으로 조치를 취할 수 있도록 함. 4. 보고 후 후속조치 체계 마련 • 피드백 메커니즘 도입: CP 관리자가 보고한

평가지표 (대기업 기준)	세부 측정지표	평가 기준		입증 서류	Best Practice Study
		AAA	AA		
					사항에 대한 후속조치를 취한 내용과 결과를 CP 관리자에게 피드백하여, 보고가 형식적이지 않도록 함. • 문서화된 보고결과 관리: 모든 보고내용과 그에 대한 조치 결과를 문서화하여 필요한 경우 추후 검토할 수 있도록 체계적으로 관리함. 5. 성과 측정 및 평가 • 성과지표 설정: CP 관리자의 독립적인 보고체계의 성과를 측정할 수 있는지 표를 설정하고, 이를 통해 보고빈도, 처리시간, 문제해결률 등을 평가함. • 정기적 검토 및 개선: 독립적인 보고체계의 운영 결과를 정기적으로 검토하고 개선사항을 도출하여 체계를 지속적으로 강화함. 6. 경영진과의 소통채널 구축 • 경영진과의 정기적인 미팅 설정: CP 관리자와 최고경영진 간의 정기적인 소통채널을 구축하여 법규 준수와 관련된 이슈를 지속적으로 논의하고, 경영진이 CP 관리자의 보고내용을 적극적으로 반영할 수 있도록 함. • 경영진 피드백 반영: CP 관리자가 제출한 보고서에 대한 경영진의 피드백을 반영하여 보고체계의 개선 및 권한 부여 과정에서 경영진의 의견을 적극적으로 수렴함.
O1.4 내부고발 시스템	O1.4.1 임직원이 해당 업계가 준수하여야 하는 공정거래법규 및 필수법규 위반행위를 확인한 경우 이를 고발할 수 있는 내부고발	(AAA/AA) 해당 업계가 준수하여야 하는 공정거래법규 및 필수법규 위반행위 방지 등에 대한 내부고발 시스템을 별도로 마련하여 시행하고 있는 경우로서 시스템 체계성, 대상 법규의 범위, 시스템에 대한 개선 노력 등을 종합적으로 감안하여 평가		① 내부고발 시스템 운영 계획 및 추진 현황을 확인할 수 있는 내부 보고 자료	1. 내부고발 시스템 설계 • 시스템 구조 및 프로세스 명확화: 내부고발 시스템의 전반적인 구조를 명확히 하고, 고발절차(신고방법, 처리절차, 피드백 제공방식 등)를 상세히 설명하는 매뉴얼을 작성함. 이 매뉴얼은 모든 임직원이 쉽게 이해할 수 있도록 구성되어야 함. • 대상 법규 정의: 공정거래법규 및 필수법규를 포함하여 어떤 위반행위가 고발대상이 되는지를 명확히 하고, 이를 직원들에게 적극적으로 알림. 2. 고발채널 다양화 • 다양한 신고방법 제공: 임직원이 쉽게 접근할 수 있도록 이메일, 전화, 온라인 포털 등

평가지표 (대기업 기준)	세부 측정지표	평가 기준 AAA	평가 기준 AA	입증 서류	Best Practice Study
	시스템을 운영하고 있는가?				다양한 경로를 통해 고발할 수 있도록 시스템을 구축함. 익명성을 보장할 수 있는 방법도 포함하여 고발을 장려함. • 신고 시 보안 유지: 내부고발자가 불이익을 받지 않도록 신고 내용을 기밀로 유지하고, 이를 보장하는 정책을 마련함. 3. 교육 및 인식 제고 • 임직원 교육프로그램 운영: 내부고발 시스템의 중요성과 이용방법에 대한 정기교육을 실시하여 임직원들이 시스템을 이해하고 활용할 수 있도록 함. • 사례공유: 내부고발이 효과적으로 진행된 사례를 공유하여 임직원들에게 긍정적인 인식을 심어주고, 고발 문화가 확산될 수 있도록 함. 4. 신고처리 절차 마련 • 처리 프로세스 구체화: 신고가 접수된 후의 처리절차(조사, 확인, 피드백 제공 등)를 명확히 하여, 고발자가 어떻게 진행되고 있는지를 알 수 있도록 함. • 신고결과 보고: 내부고발 후 결과를 보고할 수 있는 시스템을 마련하여 고발자가 결과를 확인할 수 있도록 함. 5. 모니터링 및 피드백 • 고발 시스템 모니터링: 시스템 사용 현황, 고발건수, 처리결과 등을 정기적으로 모니터링하고, 이를 기반으로 시스템 개선점을 도출함. • 피드백 루프 구축: 임직원으로부터 시스템에 대한 피드백을 정기적으로 수집하여, 내부고발 시스템의 효과성을 지속적으로 평가하고 개선함. 6. 성과평가 및 지속적 개선 • 성과지표설정: 내부고발 시스템의 효과성을 측정할 수 있는지 표(예: 고발건수, 처리시간, 직원만족도 등)를 설정하고, 이를 기반으로 성과를 평가함. • 지속적 개선과정 도입: 정기적으로 시스템을

평가지표 (대기업 기준)	세부 측정지표	평가 기준		입증 서류	Best Practice Study
		AAA	AA		
					검토하고, 임직원 의견을 반영하여 시스템을 지속적으로 개선함. 7. 투명성 확보 • 내부고발 시스템의 성과보고: 내부고발 시스템이 어떻게 운영되고 있는지를 정기적으로 보고하고, 관련 통계(신고건수, 처리율 등)를 투명하게 공개함. 이를 통해 임직원들이 시스템에 대한 신뢰를 가질 수 있도록 함.
	O1.4.2 내부고발 시스템은 임직원이 내부 및 외부에서 상시 접근 가능하고 고발 요건에 제한이 없는가?	내부고발 시스템을 전 임직원이 시간·장소 제약 없이 활용 가능하고, 고발 요건에 제한이 없는 경우	내부고발 시스템을 전 임직원이 시간·장소 제약 없이 활용 가능하나 고발 요건에 제한이 있는 경우	① 내부고발 시스템의 접근 환경, 활용 요건 등을 확인할 수 있는 운영 현황에 관한 자료	1. 접근성 확보 • 온라인 포털 구축: 모든 임직원이 언제 어디서나 접근할 수 있는 온라인 고발 포털을 구축함. 이 포털은 사용자 친화적으로 설계되어 임직원들이 쉽게 신고할 수 있도록 해야 함. • 모바일 애플리케이션 개발: 임직원이 이동 중에도 쉽게 접근할 수 있도록 내부고발 시스템에 대한 모바일 애플리케이션을 개발하여 언제든지 신고할 수 있는 환경을 제공함. 2. 고발요건의 명확화 • 요건 및 절차 간소화: 고발요건을 간소화하여 임직원들이 부담 없이 신고할 수 있도록 함. 예를 들어, 익명신고가 가능하고, 신고의 세부 조건(예:직접적인 증거가 필요 없음)을 명확히 함. • 불이익 방지 정책: 고발자가 신고를 통해 어떠한 불이익도 받지 않도록 보장하는 정책을 마련하고 이를 직원들에게 적극적으로 홍보함. 3. 홍보 및 교육 • 정기적인 교육 실시: 내부고발 시스템의 이용 방법과 중요성에 대해 정기적으로 교육을 실시하여 모든 임직원이 시스템을 쉽게 이해하고 접근할 수 있도록 함. • 홍보자료 배포: 포스터, 뉴스레터, 이메일 등 다양한 채널을 통해 내부고발 시스템에 대한 정보와 접근방법을 적극적으로 홍보함. 4. 지속적인 모니터링 • 접근성 평가: 내부고발 시스템의 접근성을

COMPLIANCE 공정거래 CP & ISO 37301 실무가이드

평가지표 (대기업 기준)	세부 측정지표	평가 기준		입증 서류	Best Practice Study
		AAA	AA		
					정기적으로 평가하고 임직원의 의견을 반영하여 시스템을 개선함. • 고발자 피드백 수집: 신고 후 고발자에게 피드백을 요청하여 시스템 이용 경험을 개선할 수 있는 방안을 도출함. 5. 신뢰성 있는 시스템 운영 • 투명한 처리 과정: 신고가 접수된 후의 처리 과정을 명확히 하여 고발자가 자신의 신고가 어떻게 처리되고 있는지를 확인할 수 있도록 함. • 익명성 보장: 익명신고가 가능하도록 시스템을 구축하여, 고발자가 신원노출에 대한 두려움 없이 신고할 수 있는 환경을 조성함. 6. 다양한 신고방법 제공 • 다양한 경로 활용: 온라인 포털 외에도 전화, 이메일, 우편 등 다양한 경로로 신고할 수 있는 방법을 마련하여 임직원의 편의를 도모함. • 타 부서와 협력: 인사팀, 감사팀 등 타 부서와 협력하여 고발 시스템을 널리 알리고, 접근성을 높일 수 있는 방법을 모색함. 7. 정기적인 리뷰 및 업데이트 • 정기적인 정책 리뷰: 내부고발 시스템의 정책 및 절차를 정기적으로 검토하고, 업계의 변화에 따라 업데이트하여 시스템의 유효성을 유지함. • 성공사례 공유: 내부고발 시스템을 통해 성공적으로 법규 위반을 예방한 사례를 공유하여 임직원들에게 신뢰를 심어줌.
	O1.4.3 내부고발 시스템이 내부고발자에 대한 권리 보호 (보복 금지, 익명성 등) 및	(AAA/AA/A) 내부고발 시스템에 내부고발자에 대한 권리 보호 (보복금지, 익명성 등) 및 불이익 방지를 보장하고 있는 경우로서, 불이익 방지의 범위, 불이익 구제 방안 구축 여부, 내부고발 시스템의 독립성을 종합적으로 감안하여 차등 평가		① 내부고발 시스템의 접근 환경, 활용 요건 등을 확인할 수 있는 운영 현황에 관한 자료	1. 내부고발자 권리보호 정책 수립 • 정책 문서화: 내부고발자의 권리보호에 대한 정책을 명확히 문서화하여 보복금지, 익명성 보장 및 불이익방지 조항을 포함함. 이를 사내 규정, 인트라넷 등에서 쉽게 접근할 수 있도록 게시함. • 법률자문 활용: 법률전문가와 협력하여 고발자 보호정책의 적법성을 검토하고, 필요한 경우 외부 법률자문을 받을 수 있는 경로를 마련함.

평가지표 (대기업 기준)	세부 측 정지표	평가 기준		입증 서류	Best Practice Study
		AAA	AA		

	불이익 없
	음을 투명
	하게 보장
	하고 있는
	가?
				② 내부고
				발자에 대
				한 권리 보
				호 및 불이
				익 방지가
				명시된 내
				규
					2. 보복 금지 및 불이익 방지 교육
					• 정기교육프로그램: 임직원에게 내부고발 시
					  스템과 권리보호 정책에 대한 교육을 정기
					  적으로 실시하여, 고발자 보호의 중요성과
					  관련 규정을 명확히 이해하도록 함.
					• 사례공유: 실제 사례를 통해 고발자 보호의
					  필요성과 중요성을 강조하며, 잘못된 고발
					  자에 대한 보복사례가 발생하지 않도록 주
					  의할 필요성을 알림.
					
					3. 익명성 보장 메커니즘 구축
					• 익명 신고 시스템 운영: 익명으로 신고할 수
					  있는 온라인시스템을 구축하여, 고발자가
					  신원노출에 대한 두려움 없이 안전하게 신
					  고할 수 있는 환경을 조성함.
					• 신원보호 프로세스: 고발자의 신원이 외부
					  로 유출되지 않도록 철저히 관리하며, 신고
					  후 고발자의 정보가 어떤 방식으로 보호되
					  는지에 대한 프로세스를 명확히 함.
					
					4. 불이익 방지 및 구제방안 마련
					• 불이익 구제절차 명시: 내부고발자가 불이
					  익을 당했을 경우, 이를 신고할 수 있는 구
					  제절차를 마련하고, 해당 절차를 문서화하
					  여 모든 임직원에게 공지함.
					• 불이익 조사 및 대응팀 운영: 내부고발자의
					  불이익에 대한 조사를 전담하는 팀을 구성
					  하여 불이익이 발생할 경우 신속하게 대응
					  할 수 있도록 함.
					
					5. 독립적인 고발 시스템 운영
					• 독립적 운영보장: 내부고발 시스템을 독립
					  적으로 운영하여 고발자에 대한 보복이 발
					  생할 가능성을 최소화함. 운영체계의 독립
					  성을 보장하기 위해 관리자는 고발 내용을
					  감사팀에 보고하도록 함.
					• 비밀보장 약속: 내부고발자 보호를 위해 모
					  든 관련 직원에게 고발자의 신원과 관련된
					  정보는 비밀로 유지되며, 외부에 유출되지
					  않도록 하겠다는 서약을 받음.
					
					6. 모니터링 및 피드백 시스템 도입

COMPLIANCE 공정거래 CP & ISO 37301 실무가이드

평가지표 (대기업 기준)	세부 측정지표	평가 기준		입증 서류	Best Practice Study
		AAA	AA		
					• 주기적인 점검: 고발 시스템의 효과성을 주기적으로 점검하여, 고발자가 권리를 보호받고 있는지, 불이익이 발생하지 않는지를 확인함. • 피드백 수집: 내부고발자 및 일반 임직원으로부터 내부고발 시스템의 운영에 대한 피드백을 수집하고, 이를 바탕으로 시스템을 지속적으로 개선함. 7. 신뢰 구축을 위한 커뮤니케이션 • 투명한 커뮤니케이션: 내부고발 시스템의 운영 결과와 사례를 정기적으로 보고하여, 임직원들이 고발 시스템에 대한 신뢰를 가질 수 있도록 함. • 고발자 보호 성공사례 공유: 내부고발자가 보호받고 성공적으로 법규 위반이 예방된 사례를 공유하여, 고발 시스템의 중요성과 효과성을 강조함.
	O1.4.4 내부고발 시스템에 독립성, 중립성, 객관성, 익명성을 보장할 수 있는 조사원으로 조사팀을 구성하고 조사 권한을 부여하기 위한 기준 및 절차가 마련되어 있는가?	(AAA/AA/A) 내부고발 시스템 운영 규정을 마련하면서 조사관의 독립성, 중립성, 객관성, 익명성을 보장하도록 정하고 있는 경우로서, 독립성, 중립성, 객관성, 익명성 보장의 범위 및 타당성을 종합적으로 감안하여 차등 평가		① 내부고발 시스템 관련 조사팀 운영에 관한 기준 및 절차를 확인할 수 있는 내규 (또는 그에 준하는 보고자료)	1. 조사팀 구성 기준 마련 • 전문성 기준 설정: 조사팀의 구성원은 공정거래법규 및 내부고발 시스템에 대한 전문지식을 갖춘 인원으로 선정함. 법률전문가, 감사팀, 인사팀 등 다양한 부서에서 경력을 가진 인사를 포함하여 다양한 시각을 반영하도록 함. • 독립성 기준 강화: 조사팀 구성원은 해당 사건과 이해관계가 없는 인원으로 하여, 이해충돌을 방지하기 위한 명확한 기준을 수립함. 예를 들어 사건 관련 부서의 직원을 조사팀에 포함시키지 않도록 규정함. 2. 조사팀 운영규정 개발 • 운영규정 문서화: 조사팀의 독립성, 중립성, 객관성, 익명성을 보장하기 위한 운영 규정을 명확히 문서화하여 전 직원이 확인할 수 있도록 함. 해당 규정에는 조사권한, 절차, 그리고 조사 결과의 처리방안이 포함되어야 함. • 조사권한 명확화: 조사팀의 조사권한과 범위를 명확히 규정하여 팀원이 자율적으로 조사를 진행할 수 있는 권한을 부여함. 조사팀의 결정은 최고경영진에 직접 보고되도록 하여 외부압력을 차단함.

평가지표 (대기업 기준)	세부 측정지표	평가 기준		입증 서류	Best Practice Study
		AAA	AA		
					3. 조사절차 및 프로세스 수립 • 공정한 조사절차 마련: 고발내용에 대한 조사는 공정하게 진행되도록 하는 프로세스를 수립함. 조사과정에서의 모든 절차를 문서화하고, 각 단계별로 필요한 증거수집과 자료검토가 이루어지도록 함. • 이해관계자 보호: 조사에 참여하는 모든 이해관계자의 신원을 보호할 수 있는 절차를 마련하여 이들이 안심하고 정보를 제공할 수 있는 환경을 조성함. 4. 익명성 보장시스템 운영 • 익명제보 기능 강화: 내부고발 시스템에 익명으로 제보할 수 있는 기능을 강화하여 조사팀이 제보자의 신원을 알 수 없도록 하고, 필요시 제보자가 추가 정보를 제공할 수 있는 안전한 경로를 마련함. • 익명성 관리 절차 수립: 제보자의 익명성을 보장하기 위한 관리 절차를 문서화하여 조사팀이 이를 준수하도록 함. 이를 통해 고발자에 대한 불이익이 발생하지 않도록 함. 5. 정기적인 교육 및 인식 제고 • 조사팀 교육프로그램 운영: 조사팀의 구성원들에게 정기적으로 교육프로그램을 제공하여 조사과정에서의 중립성과 객관성을 유지하는 방법 및 윤리적 기준을 강화함. • 내부고발 문화 정착: 전 임직원에게 내부고발 시스템의 중요성과 조사팀의 독립성에 대해 교육하여 고발자와 조사팀 간의 신뢰를 구축함. 6. 모니터링 및 피드백 시스템 구축 • 조사팀의 활동 모니터링: 조사팀의 조사활동에 대한 정기적인 모니터링체계를 마련하여 조사 결과의 신뢰성과 공정성을 보장함. 이를 통해 내부고발 시스템의 운영효율성을 점검하고 개선방안을 모색함. • 피드백 수집 및 개선: 조사 완료 후, 관련자들에게 피드백을 수집하여 조사과정에서의 개선점을 도출하고, 조사팀 운영의 투명성을 높임.

COMPLIANCE 공정거래 CP & ISO 37301 실무가이드

평가지표 (대기업 기준)	세부 측정지표	평가 기준		입증 서류	Best Practice Study
		AAA	AA		
					7. 조사 결과의 보고 및 결과 처리 • 결과 보고체계 수립: 조사 결과를 최고경영진에게 보고하는 체계를 마련하여 조사팀의 독립성을 보장하고 결과에 대한 책임을 분명히 함. 보고된 결과는 해당 사건과 관련된 적절한 조치가 취해질 수 있도록 연결되어야 함. • 조사 결과에 대한 후속조치: 조사 결과에 따라 불법행위에 대한 후속조치 및 예방방안을 제시하여 내부고발 시스템의 신뢰성을 높임.
	O1.4.5 내부고발 시스템에 따른 조사팀의 업무 경과 및 조사 결과가 이사회 등 최고 의사결정기구에 주기적으로 보고되도록 정하고 있는가?(예: 이사회 보고안건, 정기경영회의 보고안건 등)	(AAA/AA) 내부고발 시스템 소속 조사팀의 업무 경과 및 조사 결과를 이사회 등 최고 의사결정기구에 연 2회 이상 정기적으로 보고하도록 정하고 있는 경우로서, 실제 보고 실적 및 보고 내용의 범위 등을 감안하여 차등 평가		① 내부고발 시스템 조사팀의 업무 경과 및 실적을 최고의사결정기구에 보고한 사실을 확인할 수 있는 이사회 회의록 등 내부 보고자료(자율준수 관리자에게만 보고한 경우 그 사실을 확인할 수 있는 내부 보고자료)	1. 보고체계 수립 • 정기보고 일정 정하기: 내부고발 시스템 조사팀의 업무경과 및 조사 결과를 이사회에 연 2회 보고하도록 일정과 프로세스를 설정함. 이를 통해 이사회는 조사팀의 활동을 체계적으로 검토할 수 있도록 함. • 보고범위 정의: 보고의 범위를 명확히 하여, 조사팀의 주요 활동, 조사 진행 상태, 결과 및 후속조치 등을 포함하도록 함. 각 보고서에는 관련 법규 위반사례와 그에 따른 조치가 포함되어야 함. 2. 보고서 양식 개발 • 표준 보고서 템플릿 마련: 조사결과를 체계적으로 정리할 수 있는 표준 보고서 양식을 개발하여 모든 조사팀이 일관되게 보고할 수 있도록 함. 이 양식에는 조사배경, 진행경과, 결과요약 및 제안사항 등이 포함됨. • 데이터 기반 보고: 조사결과를 수치와 사례로 뒷받침하여 이사회가 쉽게 이해하고 판단할 수 있도록 함. 예를 들어 위반사례수, 조치사항, 예방조치의 효과 등을 그래프나 도표로 제시할 수 있음. 3. 이사회와의 커뮤니케이션 • 이사회와 의사 전 협의: 정기보고 전에 이사회와 사전미팅을 개최하여 필요한 정보나 추가 질문사항을 공유함으로써 보고의 효율성을 높임. 이를 통해 이사회가 궁금해하는 사항을 미리 파악하여 적절히 준비할 수 있음.

평가지표 (대기업 기준)	세부 측정지표	평가 기준		입증 서류	Best Practice Study
		AAA	AA		
					• 후속조치 계획 공유: 보고 시 조사 결과에 대한 후속조치 계획도 함께 제시하여 이사회가 내부고발 시스템의 개선 방향을 명확히 이해할 수 있도록 함. 4. 보고결과 피드백 시스템 구축 • 이사회 피드백 수집: 정기보고 후 이사회로부터 피드백을 수집하고 조사팀이 이를 반영하여 향후 활동에 개선점을 적용할 수 있는 체계를 마련함. 피드백을 통해 이사회가 조사팀의 활동에 더욱 신경을 쓰고 지속적으로 개선할 수 있음. • 결과공유 세션 운영: 이사회 보고 후, 임직원들과 조사 결과와 피드백을 공유하는 세션을 운영하여 내부고발 시스템의 중요성과 역할을 강화함. 이를 통해 전체 조직이 내부고발 시스템에 신뢰를 가질 수 있도록 함. 5. 모니터링 및 평가체계 도입 • 성과 모니터링 시스템 구축: 조사팀의 성과와 이사회에 보고한 내용을 정기적으로 모니터링하고, 각 보고서의 실적을 평가하여 개선할 점을 파악함. 이를 통해 내부고발 시스템의 효과성을 지속적으로 강화할 수 있음. • 연간 보고서 발행: 연말에는 조사팀의 활동과 성과를 종합한 연간 보고서를 발행하여 이사회와 전체 직원들에게 배포함. 이 보고서는 내부고발 시스템의 개선사항과 향후 계획을 포함하여 신뢰성과 투명성을 높이는 데 기여함. 6. 내부 교육 및 인식 제고 • 내부 교육프로그램 운영: 조사팀의 활동과 이사회 보고 절차에 대해 임직원들에게 교육을 실시하여 내부고발 시스템에 대한 이해도를 높임. 이를 통해 전 직원이 이 시스템의 중요성을 인식하고, 고발자 보호와 관련된 절차를 이해할 수 있도록 함. • 내부고발 문화 확산: 보고 결과와 후속조치 사항을 통해 내부고발이 중요한 문화로 정착될 수 있도록 하며, 이를 장려하기 위한 캠페인이나 이벤트를 개최함.

사전감시체계는 기업이 공정거래법 위반을 사전에 방지하고, 내부에서 발생할 수 있는 리스크를 신속하게 식별하여 선제적으로 대응할 수 있도록 하는 CP 운영의 필수 요소이다. 사후 적발 방식이 아니라 위반 가능성을 조기에 감지하고 체계적인 대응 프로세스를 구축하는 것이 핵심이다.

사전감시체계의 첫 번째 핵심 요소는 위험평가Risk Assessment의 체계적 운영이다. 기업은 자율적으로 공정거래법 준수 리스크를 평가하고, 위험성이 높은 업무 분야를 사전에 식별하여 적절한 예방 조치를 마련해야 한다. 이를 위해 기업의 주요 거래 및 계약 프로세스를 분석하고, 법 위반 가능성이 높은 영역을 지속적으로 점검하는 프로세스를 구축하는 것이 중요하다. 두 번째 요소는 내부 감시 및 점검 체계의 구축이다. CP 운영이 효과적으로 이루어지기 위해서는 내부감사 및 자율점검 프로세스를 정기적으로 수행해야 한다. 특히, 법 위반 가능성이 높은 영역에 대한 집중적인 점검과 사전 검토 절차를 마련하고, 기업 내부적으로 준법 위험을 경감할 수 있는 시스템을 구축해야 한다. 기업이 자체적으로 법 위반을 예방하고, 사전적으로 대응할 수 있도록 체계적인 내부 점검 프로세스를 마련하는 것이 중요하다. 세 번째 요소는 직접 보고체계의 운영이다. 기업 내에서 법 위반 가능성이 감지되었을 경우, 신속하게 이를 자율준수 관리자 및 최고경영진에 보고할 수 있는 독립적인 내부신고체계를 마련해야 한다. 이를 통해 기업은 공정거래법 위반행위를 조기에 감지하고 즉각적으로 대응할 수 있는 체계를 확보할 수 있다.

사전감시체계는 기업이 13개 공정거래법 준수를 실질적으로 이행하는 데 점검과 개선의 기회가 될 수 있다. 리스크 예방과 통제, 실시간 모니터링, 직접 보고 시스템 등을 유기적으로 결합하여 준법 리스크를 효과적으로 관리해야 한다. 기업이 사전감시체계를 효과적으로 운영하면 13개 공정거래법률 리스크를 최소화할 뿐만 아니라 지속가능하고 신뢰받는 기업이 될 수 있다. 이를 위해 최고경영진은 CP 운영의 핵심 기틀로서 사전감시체계를 전략적으로 활용하고, 지속적인 개선을 통해 그 효과성을 극대화해야 한다.

O2. 제재 및 인센티브 시스템

O2 제재 및 인센티브 시스템은 기업 내에서 공정거래법 준수 문화를 정착시키고, 임직원의 법 준수 의식을 고취하기 위한 핵심 CP 운영^{Operation} 요소이다. CP 자체의 실행력을 높이기 위해서는 법 위반에 대한 엄격한 제재와 준법 활동에 대한 인센티브가 균형을 이루어야 한다. 이는 기업이 스스로 법 위반행위를 용인하지 않는 풍토를 조성하고, 임직원에게 준법의 가치를 내면화시키는 데 도움이 될 수 있다. 제재 시스템(채찍, 罰)은 법 위반행위 발생 시 신속하고 효과적인 대응을 통해 유사 사례의 재발을 방지하고 조직 내 공정한 질서를 유지하는 역할을 한다. 이는 내부 징계, 계약 해지, 법적 조치 등을 포함할 수 있다. 반면, 인센티브 시스템(당근, 賞)은 임직원이 자율적으로 공정거래법을 준수하도록 동기를 부여하는 장치로 보너스, 승진 기회 부여, 우수 직원 포상 등이 포함될 수 있다. 따라서 제재 및 인센티브 시스템의 평가 취지는 기업이 법 위반을 사후 적발 및 처벌로 접근하는 것이 아니라 예방과 동기부여 시스템을 동시에 운영하고 있는지를 검토하는 것이다. 따라서 효과적인 제재 및 인센티브 시스템은 다음과 같은 요소를 반드시 포함해야 한다.

① 신속하고 일관된 제재조치: 법 위반행위가 발생했을 때 신속하게 조사하고 적절한 처벌을 내리는 체계를 구축해야 한다. 이는 기업이 법 위반을 용인하지 않는 문화를 형성하는 데 그 역할을 다하게 된다.

② 공정하고 투명한 징계 프로세스: 제재조치는 일관되게 적용되어야 하며, 임직원이 그 기준을 명확히 이해할 수 있어야 한다.

③ 법 준수 활동에 대한 실질적인 인센티브 제공: 공정거래법을 준수하는 임직원에게 가시적인 보상이 주어져야 한다. 이는 준법 문화를 조직 전반에 확산하는 데 효과적이다.

④ 기업 전체적인 준법경영 참여 유도: 인센티브를 통해 준법 활동을 장려하는 것은 기업 전체의 경쟁력과 신뢰도를 높이는 요소로 작용해야 한다.

즉, 효과적인 제재 및 인센티브 시스템은 법 위반 예방과 동기부여를 동시에 달성하는 종합적인 접근 방식이어야 한다. 기업이 준법경영을 전략적으로 활용하는지 여부가 평가의 핵심이다. 다음 평가지표, 평가 기준, 입증서류 그리고 Best Practice Study를 통해 제재 및 인센티브 시스템에 대해 상세히 살펴보자.

평가지표 (대기업 기준)	세부 측정지표	평가 기준		입증 서류	Best Practice Study
		AAA	AA		
O2.1 인사제재 시스템	O2.1.1 해당 업계가 준수하여야 하는 공정거래법규 및 필수법규 위반 임직원에 대한 인사제재 유형 및 정도 등에 대한 명문화된 규정이 있는가?	해당 업계가 준수하여야 하는 공정거래법규 및 필수법규 위반 임직원에 대한 인사제재 유형을 별도로 마련한 규정이 있는 경우	(해당 없음)	① 인사제재 유형 및 기준 등 세부 내용을 확인할 수 있는 사내규정	**1. 규정 개발 및 명문화** • 법규분석 및 문서화: 해당 업계가 준수해야 하는 공정거래법규 및 필수법규를 분석하고, 위반 시 적용할 인사제재의 유형 및 정도를 구체적으로 명시한 규정을 개발함. 이 규정은 법규 위반의 심각도에 따라 경고, 감봉, 해고 등 다양한 제재를 포함해야 함. • 내부규정 통합: 기존의 인사규정과 통합하여 공정거래법규 위반에 대한 인사제재 규정을 명확히 하고, 조직 내 모든 임직원이 쉽게 접근할 수 있도록 함. 이를 통해 규정의 일관성을 유지하고 이해도를 높임. **2. 사례기반 제재기준 설정** • 유사사례 연구: 다른 기업이나 업계의 사례를 연구하여 공정거래법규 위반 사례와 그에 따른 제재 유형을 참고함. 이를 통해 실질적인 인사제재 기준을 마련하고 적용의 적절성을 높임. • 기준 및 유형 구체화: 인사 제재 유형을 위반행위의 심각성에 따라 구분하고, 이에 대한 구체적인 기준(예: 고의성, 피해규모, 재발가능성 등)을 정립함. **3. 투명한 커뮤니케이션** • 규정 배포 및 교육: 개발된 인사제재 규정을 모든 임직원에게 공지하고, 관련 교육을 실시하여 법규 준수의 중요성과 위반 시의 결과를 명확히 인식시킴. 이를 통해 조직 내 규정준수 문화를 확립할 수 있음. • 의사소통 채널 마련: 임직원이 공정거래법규 및 필수법규 위반 사례를 보고할 수 있는 안전한 채널을 마련하고, 이와 관련된 규정이 어떻게 적용되는지에 대한 이해를 도움. **4. 모니터링 및 실행체계 구축** • 정기적인 규정 검토: 인사제재 규정의 효과성을 주기적으로 검토하고 필요한 경우 업데이트하여 법규변화에 따라 규정을 보완함.

평가지표 (대기업 기준)	세부 측정지표	평가 기준 AAA	평가 기준 AA	입증 서류	Best Practice Study
					정기적인 평가를 통해 인사 제재의 일관성을 유지함. • 사후관리 및 평가: 위반사례가 발생했을 때 인사제재가 어떻게 적용되었는지 평가하고, 그 결과를 기반으로 제재 기준 및 규정의 개선 방향을 모색함. 5. 사내 문화 형성 • 법규준수 문화 조성: 인사제재 규정을 통해 임직원들이 공정거래법규를 준수하는 것이 조직의 가치와 윤리에 부합한다는 인식을 강화함. 긍정적인 사례를 공유하여 법규준수를 장려하고 위반에 대한 경각심을 불러일으킴. • 인센티브 시스템 구축: 공정거래법규 준수에 기여한 임직원에게 인센티브를 제공함으로써 규정준수 문화를 더욱 강화할 수 있음.
O2.1.2 해당 업계가 준수하여야 하는 공정거래법규 및 필수법규 위반행위에 따른 인사제재 및 재발방지 활동을 한 사례가 있는가?		(AAA/AA) 해당 업계가 준수하여야 하는 공정거래법규 및 필수법규 위반행위에 따른 인사제재 또는 재발 방지 활동을 한 사례가 연 2회 이상 있는 경우로서, 제재 및 사례방지 활동의 적정성 및 효과를 감안하여 차등 평가		① 해당 업계가 준수하여야 하는 공정거래법규 및 필수법규 위반행위에 대한 인사제재 또는 재발방지 활동을 확인할 수 있는 내부 보고자료	1. 사례 수집 및 분석 • 위반사례 문서화: 해당 업계에서 발생한 공정거래법규 및 필수법규 위반 사례를 수집하고, 각 사례에 대한 인사제재 조치를 명확하게 문서화함. 이는 어떤 위반행위가 있었고, 그에 대한 인사조치가 무엇이었는지를 포함해야 함. • 재발방지 활동 조사: 위반사례에 대해 어떤 재발방지 활동이 이루어졌는지를 조사하고 기록함. 예를 들어 내부 교육, 규정 개선, 모니터링 시스템 강화 등과 같은 조치가 포함됨. 2. 인사제재 및 재발방지 활동 매트릭스 개발 • 매트릭스 설계: 인사제재 및 재발방지 활동을 매트릭스로 정리하여 각각의 위반사례에 대해 어떤 조치가 취해졌는지를 한눈에 확인할 수 있도록 함. 이를 통해 재발방지 활동의 체계성을 높일 수 있음. • 효과 평가 기준 설정: 각 인사제재 및 재발방지 활동의 효과성을 평가할 수 있는 기준을 마련함. 이는 사후평가, 피드백 세션, 그리고 재발 사례의 감소 여부 등을 포함해야 함. 3. 주기적인 보고체계 구축

평가지표 (대기업 기준)	세부 측정지표	평가 기준 AAA	평가 기준 AA	입증 서류	Best Practice Study
					• 정기보고 체계 마련: 위반 사례와 그에 따른 인사제재 및 재발방지 활동을 정기적으로 이사회 또는 최고 의사결정기구에 보고할 수 있는 체계를 마련함. 연 2회 이상의 보고를 통해 투명성을 높임. • 보고자료 표준화: 보고할 자료를 표준화하여, 주요 지표, 성공사례, 문제점 및 개선사항을 명확하게 나타내도록 함. 이를 통해 의사결정기구가 쉽게 이해할 수 있도록 함. 4. 임직원 교육 및 인식 제고 • 교육프로그램 개발: 공정거래법규 및 필수 법규 위반 사례에 대한 인사제재 및 재발방지 활동의 중요성을 강조하는 교육프로그램을 개발하고, 이를 정기적으로 실시함. • 사례기반 교육 실시: 실제 사례를 활용하여 교육을 진행하고, 임직원들이 위반 행위의 심각성을 이해하고 예방할 수 있도록 도움. 교육 후 피드백을 수집하여 개선 사항을 반영함. 5. 피드백 및 개선 체계 구축 • 사후 피드백 세션 운영: 인사제재 및 재발방지 활동이 시행된 후, 관련 부서와의 피드백 세션을 운영하여 효과를 분석하고, 필요한 개선사항을 도출함. • 지속적인 모니터링: 공정거래법규 및 필수 법규 준수 상태를 지속적으로 모니터링하고, 새로운 위반사례가 발생하지 않도록 주기적인 점검 체계를 마련함. 6. 성과 분석 및 리포트 • 성과지표 설정: 인사제재 및 재발방지 활동의 성과를 분석하기 위한 지표를 설정하고, 주기적으로 그 결과를 정리하여 경영진에게 보고함. • 성과공유: 성공적인 사례와 그로 인한 개선 결과를 조직 내에서 공유하여 모든 임직원들이 법규준수의 중요성을 인식할 수 있도록 함.
O2.2 인센티브	O2.2.1 공정거래법규	(AAA/AA) 1) 공정거래법규 준수 및		① 공정거래 법규 준수	1. 포상 및 인센티브 프로그램 설계 • 프로그램 목표 설정: 공정거래법규 준수 및

평가지표 (대기업 기준)	세부 측정지표	평가 기준		입증 서류	Best Practice Study
		AAA	AA		
시스템	준수 및 CP 확산 기여에 대한 포상 또는 시상 등 인센티브를 제공한 사례가 있는가?	CP 확산 기여에 대한 포상 또는 인센티브 등 예산이 반영된 조직 차원의 포상 방안을 마련하였고 관련 예산이 매년 증가추세에 있는 경우로서 포상 방식, 예산 규모를 종합적으로 감안하여 평가 2) 공정거래법규 및 CP 확산 기여에 대한 포상 또는 시상 등 인센티브를 제공한 사례가 연 2회 이상 있는 경우		및 CP 확산 기여에 대한 포상 또는 인센티브를 제공한 사례(시상식, 사내 인트라넷 공지 등)를 확인할 수 있는 자료 ② 공정거래법규 준수 및 CP 확산 기여에 대한 포상 또는 인센티브 방안 및 예산 편성·집행 현황을 확인할 수 있는 내부 보고자료	CP 확산을 촉진하기 위한 구체적인 목표를 설정함. 예를 들어 준수 여부를 평가할 수 있는 기준 및 성과지표를 마련함. • 포상 유형 다양화: 포상방안을 다양화하여 금전적 보상 외에도 비금전적 보상(예: 상장, 인증서, 특별휴가 등)을 포함함. 이를 통해 임직원들의 동기부여를 극대화할 수 있음. 2. 예산 편성 및 관리 • 예산 확보 및 증대 계획: 공정거래법규 준수 및 CP 확산 기여를 위한 포상 예산을 매년 반영하도록 하고, 과거예산의 사용 현황을 분석하여 증가추세를 유지할 수 있는 계획을 수립함. • 성과기반 예산 집행: 예산집행 시 포상 대상자의 성과를 기반으로 하여 명확한 기준을 마련함. 이를 통해 공정하고 투명한 포상 시스템을 구축할 수 있음. 3. 정기적 포상 시행 • 정기적인 포상 행사 개최: 연 2회 이상의 포상 행사를 정기적으로 개최하여 임직원들에게 공정거래법규 준수 및 CP 확산의 중요성을 강조함. 이를 통해 긍정적인 사례를 부각하고 조직문화를 강화할 수 있음. • 성과공유: 포상사례 및 수상자에 대한 정보를 사내 인트라넷, 뉴스레터, 회의 등을 통해 공유하여 다른 임직원들에게도 모범사례를 확산시키고 인센티브 프로그램의 효과를 극대화함. 4. 성과 측정 및 평가체계 구축 • 성과지표 개발: 공정거래법규 준수 및 CP 확산 기여에 대한 성과를 측정할 수 있는 구체적인 지표를 설정함. 예를 들어 위반건수 감소율, 교육 이수율, 사내 캠페인 참여율 등을 포함함. • 정기적인 평가 및 피드백: 포상 및 인센티브 프로그램의 효과를 정기적으로 평가하고, 결과를 바탕으로 프로그램을 개선할 수 있는 피드백 시스템을 구축함.

COMPLIANCE 공정거래 CP & ISO 37301 실무가이드

평가지표 (대기업 기준)	세부 측정지표	평가 기준		입증 서류	Best Practice Study
		AAA	AA		
					5. 임직원 교육 및 인식 제고 • 교육프로그램 마련: 공정거래법규 준수 및 CP 확산의 중요성에 대한 교육프로그램을 마련하여 임직원들의 이해도를 높이고, 포상 프로그램에 대한 인식을 강화함. • 모범사례 발표: 포상받은 임직원이나 팀의 성공사례를 발표하여 다른 임직원들이 벤치마킹할 수 있도록 함. 이는 조직 내에서 공정거래 법규 준수의 중요성을 자연스럽게 인식하도록 도움. **6. 성과보상 및 사후관리** • 성과기반 보상제도 개발: 성과에 따른 보상제도를 강화하여, 임직원들이 공정거래법규 준수에 더욱 적극적으로 참여하도록 유도함. 포상 외에도 승진, 직무 배치 등의 혜택을 고려함. • 지속적인 모니터링: 포상 및 인센티브 프로그램의 지속적인 효과를 모니터링하고, 변화하는 환경에 맞춰 유연하게 대응할 수 있는 시스템을 갖춤. 필요시 프로그램을 조정하거나 개선하여 항상 효율적으로 운영될 수 있도록 함.

기업이 공정거래법을 철저히 준수하고 지속가능한 준법경영을 실천하기 위해서는 법 위반행위를 용인하지 않는 조직문화를 형성하는 것이 중요하다. 이를 위해 효과적인 제재 및 인센티브 시스템을 마련하고 운영해야 한다. 이는 기업 전반에 자율적인 준법 의식을 확산시키는 것이 핵심 목표이다. 첫 번째 요소는 명확한 제재 체계 구축이다. 기업은 공정거래법 위반행위에 대해 일관된 기준을 적용하고, 적절한 수준의 제재조치를 명문화해야 한다. 이를 통해 조직 내에서 법 위반행위가 용인되지 않으며, 사내 규정으로 법규 위반에 대한 처벌 및 징계 수준을 명확히 설정해야 한다. 특히, 공정거래법 위반 유형별로 인사 제재 기준을 설정하고, 재발 방지를 위한 특별 교육 및 개선 조치를 병행하는 것이 효과적이다. 두 번째 요소는 인센티브 시스템의 도입이다. 간혹 영업부서에서는 CP의 주 운영 목적이 처벌에 있다고 오해하는

경향이 있다. CP, 즉 이 지표에서는 준법경영을 실천하는 직원들에게 실질적인 보상을 제공하여 적극적인 참여를 유도해야 한다. 이를 위해 기업은 공정거래법 준수 및 CP 문화 확산에 기여한 임직원에게 포상, 인센티브 제공 및 승진 기회를 부여하는 정책을 마련해야 한다. 또한, 우수 준법 사례를 조직 내에서 공유하고, 준법 실천이 기업의 핵심 가치임을 내부 캠페인과 교육프로그램을통해 확실히 하는 것이 중요하다. 세 번째 요소는 내부고발 시스템의 보호 강화이다. 법 위반행위를 감시하고 적발하는 과정에서 내부신고자의 역할은 매우 중요하다. 따라서 내부고발자가 보복이나 불이익 없이 안심하고 신고할 수 있도록 보호 시스템을 강화해야 한다. 신고자의 익명성을 보장하고 제보자 보호, 신고 후 후속조치 등에 대한 단계적인 정책을 마련하는 것은 조직 내 신뢰를 지키는 데 있어 기본적인 전제다. 아울러, 제보 이후의 후속조치가 투명하게 이뤄질 수 있도록 명확한 절차를 갖추는 것도 매우 중요하다.

04. Compliance E^{Evaluation&Feedback} – 평가와 피드백

E1. 프로그램 효과성 평가와 개선

E1 CP의 효과성을 지속적으로 유지하고 강화하기 위해서는 운영 상황을 정기적으로 점검하고, 그 결과를 기반으로 프로그램을 개선하는 것이 핵심이다. 기업은 효과적인 CP 성과를 창출하는 방향으로 발전해야 하며, 지속적인 평가와 개선을 통해 기업 내 자율준수 문화를 정착시켜야 한다. 프로그램 효과성을 평가하는 과정은 기업이 법 준수 체계를 유지하고, 변화하는 규제 환경에 적절히 대응할 수 있도록 한다. 프로그램 효과성 평가와 개선은 CP 운영의 성과와 개선점을 분석하여 지속적으로 보완하는 프로세스를 의미한다. 이를 위해 기업은 주기적인 평가 시스템을 구축하고, 법 위반 예방 효과, 임직원의 준법 의식 변화, 내부 프로세스 개선 여부 등을 측정해야 한다. 또한, 평가 결과를 바탕으로 프로그램을 개선하여 지속적인 운영 최적화를 이루어야 한다. 이 지표의 평가취지는 CP가 형식적인 운영에 그치지 않고, 실질적인 효과를 거두며 지속적으로 발전하는 체계를 갖추었는지를 검토하는 것이다.

이를 위해 다음과 같은 요소가 포함되어야 한다.

① 주기적인 CP 운영 평가: CP가 효과적으로 운영되고 있는지를 점검하는 체계를 마련해야 한다. 이를 통해 법 위반 예방 효과 및 기업 내부 준법 문화의 성숙도를 측정할 수 있다.

② 평가 결과의 피드백 및 개선 조치: 평가 결과를 보고서로 끝내지 않고, 실질적인 프로그램 개선으로 이어지는지를 검토해야 한다. 개선 조치는 프로그램 운영 방식의 조정, 교육 강화, 내부 프로세스 개편 등의 형태로 이루어질 수 있다.

③ 성과 기반의 CP 운영 개선: CP 운영의 성과를 계량적으로 측정하고, 이를 기반으로 운영체계를 지속적으로 최적화해야 한다. 특히, 평가 기준을 명확히 설정하고, CP의 개선 목표를 구체적으로 수립하는 것이 중요하다.

④ 변화하는 법적·경영 환경에 대한 적응력: 공정거래 관련 법규와 산업 환경은 지속적으로 변화하기 때문에, CP 운영도 이에 맞추어 유연하게 조정되어야 한다. 효과적인 평가와 개선 체계가 구축된 기업일수록 법적 리스크를 줄이고 경쟁력을 강화할 수 있다.

⑤ ISO 37301 참고: 모든 경영활동에 있어 계획 수립, 추진 후 그 결과를 평가하고 취약점을 개선하여 기업경영 전반의 품질의 지속적 개선 노력 필요하다. 효과적인 CP 운영을 위하여 뒤에서 설명할 기본적 PDCA의 평가[Check], 개선[Action]과 ISO 37301 성과평가(9항) 및 개선(10항)으로써 정기적인 CP 기준 및 절차 등에 대한 점검 및 평가 후 그 결과를 바탕으로 개선 조치의 지체 없는 추진이 필요하다. 다음 평가지표, 평가 기준, 입증서류 그리고 Best Practice Study를 통해 프로그램 효과성 평가와 개선에 대해 상세히 살펴보자.

평가지표 (대기업 기준)	세부 측정지표	평가 기준		입증 서류	Best Practice Study
		AAA	AA		
E1.1 CP 운영의 효과성 평가(정기감사)	E1.1.1 CP 운영에 대한 효과성 평가 및 감사가 정기적으로	(AAA/AA) CP 운영에 대한 효과성 평가 및 감사 관련 절차를 수립하여 연 2회 이상 운영하고 있는 경우로서 원인분석 및 검토 방법 등		① CP 운영에 관한 효과성 평가 또는 정기 감사 절차	1. 정기 평가 및 감사 절차 수립 • 정기적인 평가 일정 설정: 연 2회 이상의 효과성 평가 및 감사를 실시하기 위해 일정 및 주기를 명확히 설정함. 이때 분기별로 중간 점검을 포함하여 연간계획을 수립할 수 있음.

평가지표 (대기업 기준)	세부 측 정지표	평가 기준		입증 서류	Best Practice Study
		AAA	AA		
	수행될 수 있는 절차 가 충실히 수립되어 있는가?	절차의 적정성, 공정성 및 독립성 확보의 정도, 최 고경영진 보고 절차 여부 등을 종합적으로 감안하 여 평가		① CP 운영 에 관한 효 과성 평가 또는 정기 감사 절차 및 주요 내 용을 확인 할 수 있는 내부 보고 자료	• 절차 및 기준 마련: 평가 및 감사의 절차와 기준을 문서화하여 모든 관계자가 이해할 수 있도록 함. 평가목적, 범위, 방법 및 결과 를 어떻게 활용할 것인지에 대한 내용을 포 함해야 함. 2. 효과성 평가 지표 개발 • 성과지표 정의: CP 운영의 효과성을 측정하 기 위한 구체적인 성과지표를 개발함. 예를 들어, 규정 준수율, 위반건수, 교육이 수율, 임직원 인식조사 결과 등을 포함함. • 정량적 및 정성적 분석: 정량적 데이터(수치 기반 지표)와 정성적 데이터(인터뷰, 설문조 사 등)를 활용하여 보다 포괄적인 평가를 실 시함. 3. 독립성 및 공정성 확보 • 독립적인 감사팀 구성: 감사팀은 CP 운영에 대한 독립적인 검토를 수행할 수 있도록 외 부감사인 또는 내부감사팀으로 구성함. 외 부 전문가의 참여를 고려하여 신뢰성을 높 일 수 있음. • 공정한 평가 절차 마련: 평가 및 감사 과정 에서의 공정성을 확보하기 위해 평가자의 역할 및 책임을 명확히 하고, 평가 과정에 대한 내부규정을 마련하여 모든 과정이 투 명하게 이루어지도록 함. 4. 보고체계 강화 • 최고경영진에 대한 보고체계 구축: 효과성 평가 및 감사 결과는 정기적으로 최고경영 진에 보고하여 경영진이 CP 운영의 현황과 문제점을 이해하고 필요한 조치를 취할 수 있도록 함. • 보고서 포맷 표준화: 보고서의 포맷을 표준 화하여, 평가 및 감사결과, 원인분석, 권장사 항 등을 명확히 전달할 수 있도록 함. 이를 통해 의사결정이 쉬어짐. 5. 원인분석 및 개선계획 수립 • 문제점 식별 및 원인분석: 효과성 평가 결과 에 따라 발견된 문제점에 대한 원인을 분석함.

평가지표 (대기업 기준)	세부 측 정지표	평가 기준		입증 서류	Best Practice Study
		AAA	AA		
					이를 위해 '5 Whys' 기법이나 'Fishbone Diagram'을 활용하여 근본 원인을 파악함. • 개선조치 계획 수립: 분석 결과에 기반하여 개선 조치를 수립하고, 이를 실행하기 위한 책임자를 지정하여 실질적인 변화를 도모함. 이 과정에서 각 부서의 참여를 유도하여 보다 효과적인 실행이 가능하도록 함. 6. 지속적인 모니터링 및 피드백 • 지속적인 성과 모니터링: CP 운영의 효과성을 지속적으로 모니터링하기 위해 KPI를 설정하고, 실시간으로 데이터 분석을 수행함. • 피드백 메커니즘 구축: 평가 및 감사 후 피드백을 수집하여 다음 평가 주기에 반영될 수 있도록 개선점을 문서화함. 이 과정에서 임직원의 의견을 수렴하여 보다 실질적인 변화를 끌어낼 수 있음. 7. 교육 및 인식 제고 • 교육프로그램 마련: CP 운영의 효과성 평가 및 감사 절차에 대한 교육프로그램을 마련하여 임직원들에게 인식개선 및 참여를 유도함. • 문화 형성: CP 운영에 대한 효과성 평가 및 감사의 중요성을 강조하고, 이를 통해 조직 내에서 윤리적 경영 및 준법경영 문화가 확산될 수 있도록 지속적으로 노력함.
	E1.1.2 CP 운영에 대한 효과성 평가 및 감사를 수행할 수 있는 인적 자원의 자격 및 업무범위	(AAA/AA) CP 운영에 대한 효과성 평가 및 감사 수행 관련 인적 자원 선정 등과 관련하여 ① 자격(전공, 공정거래법규 관련 업무 경험, 감사 업무 수행 경험, 외부 자격증 보유 여부 등),		① CP 운영에 대한 효과성 평가 및 감사 수행 관련 인적 자원 선정 기준을 수립하였는지 여부를	1. 인적자원 선정기준 개발 • 자격기준 수립: CP 운영에 대한 효과성 평가 및 감사에 참여할 인적자원에 대한 자격기준을 다음과 같이 설정함. ○ 전공: 경영학, 법학, 회계학 등 관련 전공 소지자 우대. ○ 업무경험: 공정거래법규 관련 업무 경력이 있는 자 또는 이전 감사업무 수행경험이 있는 자 우선 고려. ○ 자격증: 공인내부감사사(CIA), 공인회계사(CPA)등 관련자격증 소지자 우대. • 자격기준 문서화: 이 모든 기준을 문서화하여 관련 인적자원의 선발 과정에서 참고할 수 있도록 함.

평가지표 (대기업 기준)	세부 측정지표	평가 기준		입증 서류	Best Practice Study
		AAA	AA		
관련 기준이 있는가?(예: 선정 기준, 이해상충 등, 즉 자신의 업무를 스스로 감사하는 것은 안 됨)		② 공정한 업무 범위 정의(자신 및 소속 부서에 관한 업무감사 배제 여부 등) 기준이 모두 마련되어 있는 경우로서 자격과 업무 범위의 적정성을 종합적으로 감안하여 차등 평가		확인할 수 있는 내부 보고자료	**2. 업무범위 정의 및 이해상충 방지** • 업무범위 명확화: 인적자원이 수행해야 할 업무의 범위를 명확히 정의하여 자신 또는 소속부서의 업무에 대한 감사는 배제하도록 함. 예를 들어 감사대상 부서와 직접적인 업무 연관이 없는 직원이나 외부감사인의 참여를 권장함. • 이해상충 기준 수립: 감사수행 시 발생할 수 있는 이해상충 상황을 방지하기 위한 기준을 마련하고 관련 내용을 문서화하여 모든 감사 인력이 숙지하도록 함. **3. 선정 과정 및 절차 정립** • 선정 절차 마련: 감사인적자원의 선정 및 배치에 대한 구체적인 절차를 마련함. 이를 통해 투명성을 높이고 공정성을 확보할 수 있음. 절차에는 아래 내용을 포함시킬 수 있음 　− 지원서 제출: 감사 인력의 지원서를 제출받아 자격 기준에 부합하는지 검토. 　− 면접 및 평가: 면접을 통해 후보자의 업무 이해도 및 경험을 평가. 　− 최종선정: 평가 결과에 따라 최종 선정된 인적자원 리스트를 작성하고, 이를 관련 부서에 공지함. **4. 교육 및 역량 개발** • 정기교육 실시: 공정거래 관련 법규 및 감사 방법론에 대한 정기교육을 실시하여 감사인력의 역량을 강화함. 교육 내용에는 CP 운영의 목적, 감사 절차, 윤리 및 규범 준수 등이 포함되어야 함. • 멘토링 시스템 운영: 신입 감사인력을 위한 멘토링 프로그램을 운영하여 기존 경험이 풍부한 감사인력이 신입 인력을 지도할 수 있도록 함. **5. 모니터링 및 평가 시스템 구축** • 효과성 평가: 감사수행 후 각 인적자원의 성과를 평가하는 체계를 마련함. 이를 통해 우수인력을 선발하고, 개선이 필요한 인력에는 추가 교육을 제공할 수 있음. • 정기적인 피드백 수집: 인적자원과 관련된

평가지표 (대기업 기준)	세부 측정지표	평가 기준		입증 서류	Best Practice Study
		AAA	AA		
					피드백을 정기적으로 수집하여, 기준 및 절차의 적절성을 지속적으로 검토하고 개선함. 6. 문서화 및 기록 관리 • 내부보고 자료 작성: 인적자원 선정 기준, 절차, 결과 등을 정리한 내부 보고서를 작성하여 향후 감사 또는 평가 시 참고할 수 있도록 함. 이는 감사의 투명성과 신뢰성을 높이는 데 기여함.
E1.1.3 조직의 정기감사계획에 해당 업계가 준수하여야 하는 공정거래법규 및 필수법규 및 관련 정책, 이전 정기감사 결과 등이 종합적으로 반영되어 있는가?	(AAA/AA) 조직의 정기감사계획에 CP 운영 관련 감사계획을 타 감사 사항과 구분하여 독립적으로 수립한 경우로서, 해당 업계가 준수하여야 하는 공정거래법규 및 필수법규 및 관련 정책의 반영 정도, 이전 정기감사 결과 반영 여부, 기타 감사의 공정성 및 독립성 확보 여부 등을 종합적으로 감안하여 평가			① 조직의 정기감사계획을 확인할 수 있는 내부 보고 자료	1. 정기감사 계획 수립 • 별도의 CP 감사 계획 마련: 공정거래 관련 감사 계획을 다른 감사 항목과 구분하여 독립적으로 수립함. 이를 통해 공정거래법규 및 관련 정책의 중요성을 강조하고, 효과적인 감사를 위한 체계를 구축함. • 감사항목 선정: 감사계획에 포함할 구체적인 감사항목을 정의함. 여기에는 공정거래법규 준수 여부, CP 운영의 효과성, 이전 감사 결과에 대한 후속조치 등을 포함함. 2. 법규 및 정책 반영 • 법규 목록 작성: 해당 업계에서 준수해야 하는 공정거래법규 및 필수 법규의 목록을 작성하여, 감사 계획 수립 시 이를 반영하도록 함. 이 목록은 법규변경 시 지속적으로 업데이트해야 함. • 정책 및 절차 검토: 조직의 관련 정책 및 절차가 공정거래법규를 충족하는지를 검토하여 감사계획에 이 내용을 포함함. 예를 들어 내부규정, 교육자료, 보고 프로세스 등을 평가함. 3. 이전 감사결과 활용 • 이전 감사결과 분석: 이전 정기 감사결과를 분석하여 반복적인 문제점을 식별하고, 이를 바탕으로 향후 감사계획에 반영함. 이를 바탕으로 향후 감사계획에 반영함. 이를 통해 동일한 오류가 재발하지 않도록 예방조치를 강구할 수 있음. • 후속조치 계획 수립: 이전 감사 결과에 따라 필요한 후속조치를 포함한 계획을 마련함.

평가지표 (대기업 기준)	세부 측정지표	평가 기준		입증 서류	Best Practice Study
		AAA	AA		
					예를 들어 교육프로그램 강화, 내부고발 시스템 개선 등을 통해 재발방지를 위한 실질적인 노력을 기울임.
					4. 감사계획 문서화 및 내부 보고 • 정기감사계획 문서화: 모든 감사계획을 문서화하여 내부 보고자료로 활용함. 이 문서에는 감사 항목, 감사 일정, 담당 인력, 법규 및 정책 반영 내역 등을 포함시킴. • 정기 보고체계 구축: 감사계획과 결과를 이사회 및 경영진에게 정기적으로 보고하여 감사를 통한 조직의 법규준수 및 CP 운영에 대한 경영진의 인식을 높임.
					5. 공정성 및 독립성 확보 • 독립적인 감사팀 구성: 공정거래감사는 독립적인 감사팀에 의해 수행되도록 하여, 공정성과 객관성을 확보함. 이를 통해 감사 결과에 대한 신뢰도를 높일 수 있음. • 외부감사와의 협력: 필요시 외부감사인과 협력하여 감사의 공정성을 높이고, 전문성을 강화함. 외부감사인의 의견을 통해 내부 감사의 신뢰성을 보완할 수 있음.
					6. 지속적인 피드백 및 개선 • 감사 결과에 대한 피드백 수집: 감사 후 감사대상 부서 및 관련 인력으로부터 피드백을 수집하여 향후 감사계획 수립 시 개선점을 반영함. • 정기적인 감사 계획검토: 정기감사계획은 환경변화 및 법규 변경에 따라 유동적으로 조정될 수 있도록 하여 항상 최신상태를 유지하도록 함.
	E.1.1.4 정기감사의 수행기록을 관리하고 있는가?	(AAA/AA) CP 관련 정기감사의 수행기록을 타 감사 기록과 독립적으로 관리하고 있는 경우로서 운영 현황,		① 정기감사 관련 기록물 관리대장 또는 현황	1. 기록관리 체계 수립 • 독립적 관리시스템 구축: CP 관련 정기감사 기록을 다른 감사 기록과 구분하여 독립적으로 관리할 수 있는 체계를 마련함. 이를 위해 감사 관련 데이터베이스나 문서관리 시스템을 구축하여 각 감사 기록이 체계적으로 관리되도록 함. • 기록관리 정책 수립: 감사기록 관리에 대한

평가지표 (대기업 기준)	세부 측 정지표	평가 기준		입증 서류	Best Practice Study
		AAA	AA		
	(예: 계획서, 결과보고 서, 감사노 트, 인터뷰 명단, 지적 사항 등)	기록의 구체성, 체계성 등 을 종합적으로 감안하여 차등 평가		② 정기감 사 관련 기 록물 유형 별 작성 사 례	명확한 정책과 절차를 문서화하여 모든 감 사 기록이 일관되게 유지되도록 함. 이 정책 에는 기록의 작성, 저장, 접근권한, 보관기 간 등이 포함되어야 함. 2. 기록유형별 관리 • 기록물 유형 분류: 정기감사의 기록물을 계 획서, 결과보고서, 감사노트, 인터뷰 명단, 지적사항 등의 카테고리로 분류하여 관리 함. 각 유형별로 작성해야 할 필수항목을 지 정하여 감사 기록이 누락되지 않도록 함. • 감사노트 및 인터뷰 기록 체계화: 감사 중에 수집된 인터뷰 명단 및 노트를 체계적으로 정리하여 향후 감사나 외부 검토시 참고할 수 있도록 함. 예를 들어 감사노트에는 주요 질문, 답변 내용, 추가 검토사항 등을 기록 하는 양식을 사용함. 3. 디지털 기록 관리 도입 • 디지털화 및 백업 시스템: 모든 감사 기록을 디지털화하여, 실시간으로 접근 및 검색이 가능하도록 함. 이를 통해 감사 기록의 보안 성을 강화하고, 필요시 과거 기록을 신속하 게 확인할 수 있음. 동시에 백업시스템을 마 련하여 데이터 유실 위험을 최소화함. • 버전 관리 시스템 도입: 감사 기록의 수정 이력을 추적할 수 있는 버전관리시스템을 도입하여, 각 기록물의 변경사항을 명확하 게 관리함. 이를 통해 수정된 사항이 이력에 남아 감사 기록의 신뢰성을 높일 수 있음. 4. 감사 기록의 구체성 및 일관성 확보 • 표준양식 제공: 모든 감사 수행기록에 대한 표준양식을 제공하여 기록의 구체성과 일관 성을 확보함. 계획서, 보고서, 지적사항 등의 양식을 사전에 정의하고, 모든 감사 인력이 이를 준수하도록 교육함. • 기록의 상세화: 감사 기록에 대해 구체적인 사항을 포함하도록 강조함. 예를 들어 감사 결과보고서에는 조사 방법, 발견 사항, 권고 사항 및 이행계획까지 포함되어야 하며, 모 든 항목에 대해 명확한 세부사항을 기록해 야 함.

평가지표 (대기업 기준)	세부 측정지표	평가 기준		입증 서류	Best Practice Study
		AAA	AA		
					5. 감사기록물 관리대장 및 사례 구축 • 기록물 관리대장 운영: 모든 정기감사 기록물을 통합적으로 관리할 수 있는 기록물 관리대장을 운영하여 감사수행 기록의 현황을 한눈에 파악할 수 있도록 함. 이 대장은 감사 일자, 감사 대상, 감사자, 주요 발견사항 및 후속조치 등을 포함함. • 사례집 구축: 감사기록물 작성 사례집을 구축하여 감사팀에 제공하고, 이를 통해 기록 관리의 모범사례를 공유함. 감사자들이 이 사례집을 참고하여 기록의 구체성과 체계성을 유지하도록 유도함. 6. 정기감사 기록의 검토 및 평가 • 정기적 내부감사 기록 검토: 감사 기록의 유지·관리를 정기적으로 검토하여 기록의 정확성, 구체성 및 체계성을 평가함. 기록관리 절차가 제대로 이행되는지 확인하고 개선이 필요한 부분을 식별하여 피드백을 제공함. • 감사 기록의 적절성 평가 기준 마련: 감사 기록의 적절성을 평가할 수 있는 내부기준을 수립하여 실질적으로 운영에 기여할 수 있도록 함. 이 기준은 기록의 완전성, 가독성, 중요사항 포함 여부 등을 평가할 수 있도록 설계함.
E1.2 프로그램의 지속적 개선 및 경영에의 반영	E1.2.1 CP의 효과성에 대한 평가 및 감사를 충실히 시행(문제 및 원인분석 등 포함)하였는가?	(AAA/AA) CP의 효과성에 대한 평가 및 감사를 연 2회 이상 시행한 경우로서, 절차의 적정성, 평가의 효율성 및 실효성을 종합적으로 감안하여 평가		① 기업의 정기감사 시행 결과를 확인할 수 있는 내부 보고자료	1. 정기평가 및 감사계획 수립 • 연간계획 수립: CP 효과성 평가 및 감사를 연 2회 이상 시행하기 위한 연간계획을 수립함. 이 계획에는 평가 및 감사의 목표, 범위, 일정, 책임자 및 필요 자원 등을 포함하여 명확한 로드맵을 제공함. • 절차 표준화: CP의 효과성 평가 및 감사 절차를 문서화하고 표준화하여 일관되고 체계적인 접근을 가능하게 함. 절차 문서에는 평가 및 감사의 단계, 관련 인력, 사용되는 도구 및 기법 등을 구체적으로 기술해야 함. 2. 문제 및 원인분석 포함 • 분석도구 활용: CP의 효과성을 평가하는 과정에서 문제 및 원인분석을 수행하기 위해 다양한 분석도구(예: SWOT 분석, Fishbone Diagram, 5 Whys 등)를 활용함.

COMPLIANCE 공정거래 CP & ISO 37301 실무가이드

평가지표 (대기업 기준)	세부 측 정지표	평가 기준		입증 서류	Best Practice Study
		AAA	AA		
					이를 통해 발생한 문제의 근본 원인을 규명하고, 이를 해결하기 위한 구체적인 방안을 제시함. • 피드백 루프 구축: 감사 결과를 바탕으로 문제 및 원인분석 결과를 정리하고, 이를 관련 부서에 전달하여 피드백을 받을 수 있는 체계를 마련함. 피드백은 향후 CP 개선에 기여할 수 있도록 하여 지속적인 개선문화를 조성함. 3. 효율성 및 실효성 확보 • 지표설정 및 활용: CP의 효과성을 평가하기 위한 구체적인 성과지표(KPI)를 설정함. 이 지표는 CP의 목표달성 여부를 측정할 수 있는 정량적 및 정성적 지표로 구성되어야 하며 이를 통해 평가의 효율성과 실효성을 강화함. • 주기적인 성과 검토: 설정된 성과지표를 기반으로 CP의 운영 결과를 주기적으로 검토하고 필요에 따라 조정함. 이를 통해 CP의 실효성을 지속적으로 확인하고 개선점을 식별할 수 있음. 4. 내부감사자료 관리 • 보고서 작성 및 기록 보관: 정기감사 결과를 기록할 수 있는 보고서 템플릿을 마련하고, 모든 감사 결과를 체계적으로 기록 및 보관함. 각 보고서에는 평가 방법, 발견사항, 개선 권고사항, 후속조치 계획 등을 포함하여, 조직 내에서 쉽게 검토할 수 있도록 함. • 내부 보고체계 구축: 감사 결과를 관련 부서와 경영진에게 보고하는 체계를 구축하여, 의사결정 및 후속조치가 신속하게 이루어질 수 있도록 함. 예를 들어 이사회나 경영회의에서 정기적으로 CP 관련 보고를 진행하여 경영진이 CP 운영 현황을 파악하고 적절한 결정을 내릴 수 있도록 지원함. 5. 성과공유 및 교육 • 성과공유 세션 개최: 정기감사 결과 및 CP의 효과성을 평가한 내용을 조직 내에 공유하는 세션을 개최하여, 모든 직원이 CP의

평가지표 (대기업 기준)	세부 측정지표	평가 기준		입증 서류	Best Practice Study
		AAA	AA		
					중요성과 효과성에 대한 인식을 높일 수 있도록 함. 이를 통해 조직 전체의 준수 문화 강화에 기여함. • 교육프로그램 개발: CP와 관련된 교육프로그램을 개발하여 직원들에게 CP의 목표, 역할 및 효과성 평가 방법 등을 교육함. 교육은 정기적으로 시행하여, 직원들이 CP를 이해하고 실천할 수 있는 기반을 마련함. 6. 지속적인 개선 프로세스 설정 • 개선계획 수립: 정기감사 및 평가에서 발견된 문제에 대한 개선계획을 수립하고, 이를 실행하기 위한 책임자와 일정, 자원을 명확히 정의함. 개선이 이루어진 후에는 그 효과를 다시 평가하여 지속적으로 CP를 발전시킬 수 있도록 함. • 모니터링 및 검토: 개선계획의 이행 후 성과를 모니터링하고 정기적으로 검토하여 CP의 효과성이 유지되고 개선되고 있는지를 지속적으로 확인함.
	E1.2.2 CP 운영에 대한 효과성 평가 및 감사를 통해 발견된 문제점을 시정조치(제도개선, 인사조치 등)하였는가?	(AAA/AA) CP 운영에 대한 효과성 평가 및 정기 감사를 연 2회 이상 시행하였고, 발견된 문제점에 대한 제도 개선 또는 시정조치를 연 2회 이상 실시한 사실이 있는 경우로서 제도 개선 및 시정조치 성과의 정도에 따라 차등하여 평가		① 기업의 정기감사 시행 결과를 확인할 수 있는 내부 보고자료	1. 문제점 발견 및 기록체계 강화 • 문서화된 프로세스 구축: CP 운영에 대한 효과성 평가 및 감사 과정에서 발견된 문제점을 철저하게 기록할 수 있는 프로세스를 마련함. 문제점 발견 시 이를 명확히 문서화하여 관련 부서와 공유할 수 있도록 함. 문제기록은 추후 개선방안을 수립하는 데 중요한 기초자료가 됨. • 상시 모니터링 체계 구축: 감사 및 평가 결과와는 별도로 CP 운영 중 발생할 수 있는 문제를 실시간으로 모니터링할 수 있는 시스템(예: 내부제보 시스템, 정기 점검 등)을 도입하여 문제를 조기에 발견하고 대응할 수 있도록 함. 2. 시정조치 계획 수립 • 시정조치 프로세스 개발: 발견된 문제점에 대해 신속하게 시정조치를 취할 수 있도록 프로세스를 개발함. 이 프로세스에는 문제 인식, 원인분석, 시정조치 계획 수립, 이행, 사후평가 등의 단계가 포함되어야 하며 각 단계별 책임자를 명확히 지정함.

평가지표 (대기업 기준)	세부 측정지표	평가 기준		입증 서류	Best Practice Study
		AAA	AA		
					• 제도개선 방안 수립: 시정조치가 필요한 문제점에 대해 제도개선을 추진할 수 있도록 관련 부서와 협력하여 구체적인 개선방안을 마련함. 예를 들어 인사조치가 필요한 경우 인사규정을 검토하고 필요한 조치를 논의하는 절차를 마련함. 3. 시정조치 이행 및 평가 • 정기적 이행점검: 시정조치 계획이 수립되면 이를 정기적으로 점검하여 이행 여부를 확인함. 이행 사항에 대한 체크리스트를 만들어 관리하고, 이행이 미흡한 경우 원인을 파악하여 추가적인 조치를 취함. • 성과평가: 시정조치 후 그 효과를 평가하기 위한 KPI를 설정함. 예를 들어 문제발생건수 감소율, 인식변화도 등을 정량적으로 측정하여 개선의 실질적인 성과를 확인함. 4. 경영진 및 직원 피드백 체계 구축 • 피드백회의 개최: 시정조치의 결과와 성과에 대해 경영진 및 관련 부서와 정기적인 피드백 회의를 개최하여 문제점 시정과 제도개선 과정에서의 교훈을 공유하고, 향후 개선방안을 논의함. • 내부 교육 및 인식 제고: 발견된 문제점과 그에 대한 시정조치를 전사적으로 공유하여 직원들이 CP 운영의 중요성을 이해하고 실천할 수 있도록 함. 이를 위한 교육프로그램을 개발하고 정기적으로 실시함. 5. 투명한 의사소통 및 보고 체계 • 내부 보고서 작성: 문제점 발견 및 시정조치 결과에 대한 내부 보고서를 작성하여 모든 관련 부서와 경영진에게 공유함. 이 보고서는 문제의 본질, 시정조치 내용, 결과 및 향후 계획 등을 포함하여 투명한 의사소통을 촉진함. • 지속적인 개선을 위한 피드백 루프: 시정조치가 완료된 후 결과에 대한 피드백을 통해 추가적인 개선점을 도출하고 CP 운영에 반영하여 지속적인 발전을 도모함.

평가지표 (대기업 기준)	세부 측정지표	평가 기준		입증 서류	Best Practice Study
		AAA	AA		
					6. 성과 및 효과 공유 • 성과홍보 및 인센티브 제공: 시정조치의 성과를 조직 내에서 홍보하고 이를 통해 우수한 성과를 낸 부서나 개인에 대해 인센티브를 제공함으로써 CP 운영의 중요성을 강조하고 지속적인 참여를 유도함.
E1,2,3 최고경영진 (최고경영자나 임원진 회의)에 CP 운영 관련 효과성 평가 및 감사 결과(시정조치를 포함한다)를 정기적으로 보고하였고, 그 내용이 CP 운영 관련 경영에 충실히 반영되었는가?		(AAA/AA) CP의 효과성에 대한 평가 및 감사 결과를 최고경영진에 보고한 경우로서 보고의 내용, 시정조치의 수준, CP 운영 관련 경영에의 반영 정도를 종합적으로 감안하여 평가		① 기업의 정기감사 시행 결과를 확인할 수 있는 내부 보고자료 ② CP 운영에 관한 효과성 평가 또는 정기 감사 결과를 최고경영진 또는 이사회에 보고하였는지 여부를 확인할 수 있는 자료 (이사회 회의록 등) ③ CP 운영에 관한 효과성 평가 또는 정기 감사 결과가 CP 운영 관련 경영에 반영되었는지 여부를 확인할 수 있는 내부 보고자료	1. 정기보고 체계 구축 • 보고주기 설정: CP 운영 관련 효과성 평가 및 감사결과를 정기적으로 보고하기 위한 주기를 설정함. 예를 들어 분기별 또는 반기별로 보고 일정을 수립하고, 이를 사전공지하여 모든 관련 부서가 준비할 수 있도록 함. • 보고내용의 표준화: 최고경영진에 보고할 내용의 형식을 표준화하여 모든 평가 및 감사 결과가 일관되게 전달될 수 있도록 함. 이에는 문제점, 시정조치, 개선사항, 성과 및 향후계획 등을 포함함. 2. 최고경영진의 피드백 확보 • 보고 후 피드백 세션: 보고 후 최고경영진으로부터 피드백을 받을 수 있는 세션을 마련함. 이를 통해 경영진의 우선순위와 기대에 맞춰 CP 운영전략을 조정하고, 시정조치의 필요성을 명확히 할 수 있음. • 보고서에 대한 서면 피드백: 보고서를 제출한 후 경영진이 서면으로 피드백을 작성하여 주요 우려사항이나 추가 조치 요구사항을 명확히 할 수 있도록 함. 3. 시정조치의 실행 및 관리 • 시정조치 후속관리 시스템: 시정조치의 이행 여부를 정기적으로 확인할 수 있는 시스템을 구축하여 경영진이 시정조치의 효과를 지속적으로 모니터링할 수 있도록 함. 예를 들어 KPI를 설정하고 이를 기반으로 성과를 평가함. • 이행진척 보고: 시정조치의 진행상황을 경영진에게 정기적으로 보고하여 그들이 필요할 때 적시에 개입할 수 있도록 함. 4. 경영전략과의 연계

평가지표 (대기업 기준)	세부 측정지표	평가 기준		입증 서류	Best Practice Study
		AAA	AA		
					• 경영계획에 반영: CP 운영의 평가 및 감사 결과가 조직의 전반적인 경영전략에 반영될 수 있도록 함. 이를 위해 경영진과의 전략세션을 통해 CP 운영의 중요성과 연계를 명확히 설명하고, 필요한 경우 전략 수정도 논의함. • 전략목표 설정: CP 운영의 성과를 기반으로 조직의 전략목표를 설정하고, CP 운영을 통해 달성할 수 있는 구체적인 비즈니스 성과를 제시함. 5. 성과보고 및 홍보 • 성과기록 및 공유: CP 운영 결과가 긍정적일 경우 해당 성과를 내부적으로 홍보하여 조직 내에서 CP 운영의 중요성을 알리고, 모든 구성원이 이를 인지하고 참여하도록 유도함. • 사내 커뮤니케이션 강화: 효과성 평가 및 감사 결과를 사내 인트라넷, 뉴스레터 또는 다른 커뮤니케이션 수단을 통해 전파하여 모든 직원이 CP 운영의 목표와 결과를 이해하고 공감할 수 있도록 함. 6. 정기감사 결과 문서화 및 관리 • 내부보고서 및 회의록 관리: CP 운영 관련 감사 결과와 경영진의 피드백을 포함한 내부보고서를 작성하고, 이를 체계적으로 관리함. 이 자료는 후속감사 및 평가 시 유용하게 사용될 수 있음. • 이사회 회의록의 정리: 이사회 회의록을 통해 CP 운영 관련 보고내용을 정리하고, 필요한 후속조치를 명확히 기록하여 이를 기반으로 향후 전략을 수립함. 7. 지속적인 개선 프로세스 • 후속평가 실시: 경영진의 피드백 및 시정조치 결과에 기반하여 CP 운영을 지속적으로 개선하는 프로세스를 수립함. 이러한 개선 사항은 다음 효과성 평가 및 감사에 반영되어 계속해서 발전하는 조직문화를 만들어 나가도록 함. • 문화 형성: CP 운영의 중요성을 전 직원에게 지속적으로 교육하고 홍보하여 전사적으로 CP의 문화가 될 수 있도록 함.

마지막으로 기업이 공정거래법을 준수하고 지속적인 준법경영을 실천하기 위해서는 CP의 효과성을 정기적으로 평가하고 개선하는 것이 매우 중요하다. CP 운영이 형식적 절차에 머물지 않고 실질적으로 기업경영에 반영하기 위해서는 명확한 평가 체계와 피드백 시스템이 마련되어야 한다. 이를 위해 정기적인 효과성 평가 및 감사 시스템 구축이 첫 번째 요소이다. CP 운영이 실질적으로 효과를 발휘하려면 연간 정기감사를 통해 프로그램의 이행 현황을 점검하고, 평가 결과를 바탕으로 지속적인 개선이 이루어져야 한다. 기업은 연 2회 이상의 CP 운영 감사 및 효과성 평가 절차를 수립하고, 주요 발견사항과 개선조치를 문서화하는 프로세스를 운영해야 한다. 두 번째 요소는 평가 결과를 반영한 지속적 개선 프로세스 마련이다. CP를 도입하고 내부 점검 차원으로만 수행하는 것만으로는 CP의 실효성을 보장할 수 없다. 기업은 CP 등급평가 과정에서 발견된 문제점을 즉각적으로 개선하고, 이를 기업 경영전략에 반영하는 체계를 갖춰야 한다. 평가 결과를 기반으로 제도 개선, 직원교육 강화, 내부감사 프로세스 조정 등의 후속 조치가 신속하게 이루어져야 한다. 세 번째 요소는 CP 운영 결과의 투명한 공유 및 직원 참여 확대이다. 효과적인 CP 운영을 위해서는 기업 내 모든 임직원이 준법경영의 중요성을 인식하고 적극적으로 참여해야 한다. 이를 위해 기업은 CP 운영 결과 및 개선 방안을 내부 인트라넷, 정기 보고서, 워크숍 등을 통해 전사적으로 공유하고, 모든 직원이 준법경영 문화에 동참할 수 있도록 유도해야 한다.

산업별 CP 우수 및 실적 사례

01. 건설산업의 CP 실적보고서

최근 국내외 강화된 안전보건과 환경규제로 인해 건설 프로젝트의 비용과 시간이 증가하고 있다. 또한 건설경기 위축과 원자잿값 상승 등 경제적 불확실성으로 건설산업은 투자와 프로젝트 추진에 신중을 기하는 경향이 있다. 이러한 어려운 여건 속에서도 기업의 지속가능성과 경쟁력을 결정짓는 중요한 요소로 CP에 집중하는 기업들이 있다. 사실 건설산업에서 CP의 도입과 운영의 역사는 그리 길지 않다. CP를 적극적으로 도입하는 건설사는 차별화로 기회가 될 것이 분명하다. 그럼에도 불구하고 건설업은 공정거래위원회의 담합 사건에서 집중 이슈가 된다. 일반적으로 대규모 프로젝트, 복잡한 계약 구조, 다양한 이해관계자 간의 협업이 필수적인 산업으로 법적 리스크가 높고, 공정거래법, 하도급법, 건설산업기본법, 청탁금지법, 중대재해처벌법 등의 강력한 규제를 받는다. 이러한 특성으로 인해 건설업계는 CP 운영을 필수적으로 구축해야 하며, 공정거래위원회의 CP 등급평가를 통해 지속적인 개선과 평가를 받고 있다.

건설산업에서의 CP 운영은 일반 제조업과는 다른 구조적 특징을 가지고 있다. 제조업이 내부적인 품질Quality관리 및 준법 프로세스가 핵심이라면, 건설산업의 CP는 공급망Supply chain 전체에 걸친 공정성과 투명성 확보에 초점을 맞추고 있다. 즉, 협력업체와의 관계에서 발생할 수 있는 불공정거래 문제를 예방하는 것이 핵심이다. 특히 하도급 구조에서 발생하는 불공정 계약, 대금 미지급, 기술 유용 등의 다양한 문제를 방지하는 것이 주요 과제가 된다.

최근 CP 등급평가에서 AA 등급 이상을 획득한 기업들의 운영 사례를 분석하면 몇 가지 공통점이 발견된다. 첫째, 최고경영진의 강력한 리더십과 CP 내재화가 중요한 요소로 작용한다. A 기업의 경우, 대표이사가 직접 CP 운영을 선언하고 지속적인 공정거래 실천 의지를 표명하며 내부적으로 공정거래 교육을 확대하고 있다. CEO가 직접 주관하는 윤리경영 세미나를 개최하며, 내부 직원뿐만 아니라 협력업체 대상으로도 교육을 실시한다. B 기업은 더욱 강력한 CP 거버넌스를 구축하고 있는데, 최고경영진이 CP 운영 결과를 분기별로 검토하고 주요 공정거래 리스크를 CEO 주재 회의에서 직접 논의하는 체계를 갖추고 있다. 또한 CP 운영 성과를 KPI^{Key Performance Indicator}에 반영하여 준법 여부가 인사 평가에도 반영되도록 하고 있다.

둘째, 협력업체와의 공정한 거래관계 구축이 핵심 전략 중 하나로 정착된다. C 기업은 협력업체와 공정거래 협약을 체결하고, 협력업체의 CP 운영을 적극적으로 지원하고 있다. 협력업체들에게 CP 교육을 정기적으로 제공하며, 일정 수준 이상의 준법 기준을 준수하는 협력업체에 인센티브를 부여한다. A 기업은 하도급업체 보호를 위한 '협력업체 전용 신고시스템'을 구축하였으며, 계약서를 자동으로 모니터링하는 AI 기반 시스템을 운영하고 있다. 이 시스템은 계약 내용에서 법 위반 가능성이 높은 조항을 자동으로 감지하고, 이를 법무팀에 즉시 보고하는 방식으로 운영된다. 2025년 협약이행평가 우수기업에 대한 가점이(최우수 1.5 / 우수 1)이 신설된 만큼 향후 연속평가와 더불어 추가된 가점을 기대할 수 있다.

셋째, CP 교육훈련 프로그램이 실질적으로 강화되고 있다. 건설산업은 프로젝트 중심으로 운영되기 때문에 각 프로젝트별로 법적 리스크가 다를 수밖에 없다. 이에 따라 B 기업은 영업 및 계약 부서에 맞춤형 CP 교육을 제공하고 있으며, 교육이수 여부를 인사 평가에 반영하여 준법 의식 강화를 유도하고 있다. C 기업은 교육 효과를 더욱 높이기 위해 VR(가상현실) 기술을 활용한 CP 교육프로그램을 도입하였다. 가상 시뮬레이션을 통해 실제 계약체결 과정에서 발생할 수 있는 다양한 리스크를 학습하도록 유도하며, 이를 통해 직원들의 공정거래 감각을 강화하고 있다.

넷째, 사전감시체계 및 내부신고 시스템이 강화되고 있다. 건설산업은 대규모 프로젝트를 수행하는 과정에서 불공정 계약 및 법 위반 사례가 발생할 가능성이 높기 때문에 사전감시체계 구축이 기본적인 전제조건이 된다. A 기업은 AI 기반의 계약 위험평가 시스템을 운영하여 특정 계약이 공정거래법을 위반할 가능성이 있는지 자동 분석하고 있다. 이 시스템은 계약서의 주요 조항을 분석하여 법적 리스크를 사전에 감지하고, 필요시 법무팀이 개입할 수 있도록 설계되었다. B 기업은 내부신고 시스템을 강화하여 익명 신고가 가능하도록 하고 있으며, 신고자의 신원을 보호하기 위해 외부 로펌을 활용하여 신고 접수를 받고 있다. 이는 내부 직원뿐만 아니라 협력업체 직원들도 법 위반사례를 안전하게 신고할 수 있도록 하기 위한 조치다.

다섯째, 제재 및 인센티브 시스템이 효과적으로 운영되고 있다. CP 운영의 실효성을 높이기 위해서는 위반자에 대한 강력한 제재뿐만 아니라 준법 실천자에 대한 보상도 병행되어야 한다. B 기업은 CP 위반자에 대해 단계별 징계 절차를 마련하고 있으며, 내부감시 강화를 통해 재발 방지대책을 시행하고 있다. 반면, 준법을 실천하는 직원들에게는 CP 우수 직원 포상을 제공하며, 승진 평가에서도 가산점을 부여하고 있다. C 기업은 인센티브 제도를 한층 더 강화하여 CP 우수 직원들에게 연말 성과급과 함께 해외 연수 기회를 제공하고 있다. 이는 직원들의 준법 동기를 높이고 공정거래에 대한 중요성을 자연스럽게 내재화하는 데 중요한 역할을 하고 있다.

해외 사례를 보면 CP 운영이 더욱 정교하다. 예를 들어 미국 비첼리Bicelli Construction는 AI 기반 계약 검토 시스템을 운영하여 공정거래 위반 가능성이 있는 계약 조항을 자동으로 탐지하고 있다. 싱가포르의 우반Urbane Construction은 협력업체의 CP 수준을 평가하여 일정 수준 이상의 준법 기준을 충족한 협력업체와만 거래하는 정책을 시행하고 있다. 영국의 BAM Construct UK는 내부고발 시스템을 대폭 강화하여 직원과 협력업체가 모두 모바일 애플리케이션을 통해 CP 위반사례를 신고할 수 있도록 하고 있으며, 신고자의 신원을 철저하게 보호하는 정책을 시행하고 있다.

건설산업에서의 CP 운영은 기업의 지속가능성과 신뢰를 구축하는 핵심 요소가 되고 있으며 경쟁사 대비 차별화 무기로 작동하게 된다. 앞으로 건설산업의 CP 운영은 더욱 정교화될 것이며, ISO 37301과 같은 글로벌 스탠더드에 맞춰 지속적인 발전이 필요할 것이다. 건설업에 있어 공정거래법과 하도급법 준수는 건설기업이 장기적으로 신뢰받는 건설사 브랜드로 인식되기 위한 필수 요소이며, 이를 효과적으로 운영하는 기업이 경쟁사 대비 경쟁력을 갖출 수 있을 것이다.

02. IT·서비스업의 CP 실적보고서

IT 및 서비스업은 다른 산업과 비교해 빠르게 변화하는 기술 환경과 글로벌시장 확장성, 디지털 데이터 보호와 관련된 법적 규제의 영향을 적용받는다. 이러한 산업 특성은 기업들이 기존의 전통적 Compliance 체계를 보다 유연하고 신속한 대응이 가능한 CP 시스템을 운영하도록 요구하고 있다.

대한민국 공정거래법은 IT·서비스업에서도 동일하게 적용되지만, 특히 온라인 플랫폼 기업, 데이터 기반 기업, 디지털 서비스 제공 기업의 경우 몇 가지 추가적인 규제 요건을 준수해야 한다. 특히 플랫폼 독점규제, 개인정보 보호법, 광고 및 소비자 보호 규제, 하도급법 등의 법률이 IT 기업들에 매우 중요한 요소로 작용한다. 이러한 점에서 IT·서비스업의 CP 운영 실태와 실적보고서 분석은 기존 산업에서 적용된 CP 운영 방식과 차별화되는 부분을 확인할 수 있는 중요한 기회가 될 것이다.

최근 CP 등급평가에서 A 등급을 획득한 국내 주요 IT·서비스 기업들의 운영 사례를 살펴보면 공통적으로 몇 가지 특징이 도출된다. 첫째, 최고경영진의 적극적인 지원과 디지털 기술을 활용한 CP 운영이 두드러진다. IT·서비스업은 타 산업에 비해 변화 속도가 빠르고 기술 혁신이 지속적으로 이루어지는 분야이다. 따라서 개인정보, 플랫폼 독점 규제법, 표시광고법 등 최고경영진이 직접 CP 운영을 주도하고, CP를 기업의 핵심 경영전략과 연결시키는 것이 중요하다. A 기업은 IT 기업답게 CP 운영의 효율성을 극대화하기 위해 인공지능[AI] 기반의 준법감시 시스템을 도입하였으며, CEO가 직접 윤리경영 관련 메시지를 정기적으로 임직원들에게 전파하고 있다.

B 기업은 최고경영진이 내부 Compliance위원회를 직접 주재하며 CP 실적보고를 정기적으로 점검하고 있다.

둘째, CP 교육훈련 프로그램이 산업 특성에 맞춰 디지털화되고 있다는 점이다. IT·서비스 기업들은 사내 온라인 교육 플랫폼을 적극 활용하여 CP 교육을 제공하며, 직원들이 시간과 장소에 구애받지 않고 학습할 수 있도록 지원하고 있다. A 기업은 메타버스를 활용한 CP 교육프로그램을 운영하며, 직원들이 가상의 환경에서 시뮬레이션을 통해 법률 위반 사례를 체험하도록 하고 있다. B 기업은 빅데이터 분석을 활용하여 CP 교육 대상자의 학습 수준과 법규 준수 이해도를 실시간으로 평가하고, 맞춤형 교육 콘텐츠를 제공하고 있다.

셋째, 제재 및 인센티브 시스템이 강화되고 있다. IT 기업들은 글로벌시장을 대상으로 사업을 운영하는 경우가 많아 해외 규제기관의 감시를 받는 사례도 증가하고 있다. 이에 따라 CP 위반 시 강력한 제재를 가하는 동시에 적극적인 준법경영을 실천하는 직원들에게는 인센티브를 제공하는 방식이 도입되고 있다. A 기업은 CP 준수율이 높은 직원들에게 연봉 인상 및 승진 기회를 제공하고 있으며, CP 위반자에게는 외부 전문가가 진행하는 추가 교육을 의무적으로 수강하도록 하고 있다. B 기업은 CP 위반 사례 발생 시 즉각적인 조사를 실시하고, 경영진이 직접 개입하여 신속한 대응을 하도록 하고 있다.

넷째, 사전감시체계 및 내부신고 시스템이 강화되고 있다. IT·서비스 기업들은 법 위반 리스크를 조기에 감지하고 대응하기 위해 고도화된 감시체계를 운영하고 있다. A 기업은 AI 기반의 내부 감시 시스템을 활용하여 데이터 유출, 독점적 계약 체결, 불공정거래 행위 등의 징후를 실시간으로 모니터링하고 있다. B 기업은 내부신고 시스템을 다각화하여 직원들이 익명으로 신고할 수 있도록 하고 있으며, 신고자의 신원 보호를 위한 별도의 프로세스를 운영하고 있다.

마지막으로, CP 운영 효과성 평가 및 개선 활동이 지속적으로 이루어지고 있다. IT·서비스업은 규제 환경이 급격히 변화하는 산업이므로, 기존의 CP 운영 방식이 변화하는 법규를 즉각적으로 반영할 수 있도록 지속적인 개선 노력이 필요하다. A 기업은 매년 외부 CP 전문가와 협력하여 CP 운영 실적을 점검하고 있으며, 주요 법 개정사항을 실적보고서에 반영하여 지속적인 업데이트를 하고 있다. B 기업은 CP 운영지표를 정량적으로 평가하는 시스템을 도입하여 기업의 법률 준수 성과를 객관적으로 측정하고 있다.

아울러 글로벌 IT 기업들의 CP 운영 사례를 살펴보면, 국내 IT·서비스업의 CP 운영 방식과 비교했을 때 몇 가지 차별화된 요소를 발견할 수 있다. 미국의 대표적인 IT 기업인 구글Google은 공정거래법과 개인정보 보호법 준수를 위해 별도의 준법감시 조직을 운영하고 있으며, 직원들에게 정기적인 데이터 보호 교육을 실시하고 있다. 또한, 내부감시 시스템을 활용하여 법 위반 가능성을 사전에 감지하고, 이를 신속하게 대응하는 시스템을 갖추고 있다. 마이크로소프트Microsoft는 CP 운영을 강화하기 위해 법률 준수 여부를 평가하는 별도의 감사 조직을 운영하고 있으며, 모든 직원들에게 CP 교육을 의무적으로 제공하고 있다. 특히, 고위 임원들의 준법경영 참여를 강조하며, CEO가 직접 CP 관련 메시지를 전파하고 있다. 애플Apple은 글로벌시장에서의 법률 리스크를 줄이기 위해 CP 운영 기준을 국가별 규제에 맞춰 세분화하고 있으며, 준법경영을 실천하는 직원들에게 성과 기반 보상을 제공하는 정책을 시행하고 있다.

이러한 사례들을 보면 국내 IT·서비스 기업들이 CP 운영을 더욱 강화하고, 글로벌 규제 환경에 맞춘 전략을 마련하는 데 집중하고 있다. 앞으로 국내 IT·서비스업 기업들은 지속적이고 빠르게 변화하는 법적 환경을 반영하여 CP 운영을 더욱 체계적으로 강화해야 하며, 글로벌기업들의 선진사례를 참고하여 준법경영을 기업문화로 정착시켜야 한다.

03. 제조업과 소재·부품·장비산업의 CP 실적보고서

제조업을 포함하여 소재·부품·장비Materials, Parts, Equipment(MPE)산업의 CP 운영 현황과 글로벌 사례를 분석하고, 대한민국 공정거래법이 해당 산업에서 어떤 영향을 미치는지를 심층적으로 다루고자 한다. 특히 최근 AA 등급 이상을 받은 기업들의 CP

운영 사례를 분석하고, 국제적인 제조업체들의 CP 사례를 함께 비교함으로써 국내외 우수사례를 종합적으로 살펴보겠다.

제조업과 MPE 산업은 다른 산업과 비교할 때 공급망^{Supply Chain}에서 협력사와의 관계가 핵심이며, 이에 따라 하도급법, 공정거래법, 대리점법, 소비자기본법, 표시광고법, 제조물 책임법 등의 다양한 법률적 규제를 받는다. 특히 대기업과 중소 협력업체 간 관계에서 발생할 수 있는 불공정거래를 방지하는 것이 중요한 과제이다. 하도급거래 공정화에 관한 법률(하도급법)은 원사업자가 수급사업자에게 부당한 요구를 하거나 계약 후 대금을 일방적으로 감액하는 등 행위를 엄격하게 금지하고 있으며, 대리점법 역시 공정한 계약체결과 운영을 위한 규제를 포함하고 있다. 제조업에서는 이러한 법률을 준수하면서도 효율적인 생산성과 비용 절감 전략을 병행해야 하는 과제가 존재한다. 대한민국에서는 하도급법 위반이 빈번하게 발생하는 산업 중 하나가 제조업이며, 이에 따라 공정거래위원회는 지속적으로 CP 평가를 통해 기업들의 자율준수 여부를 점검하고 있다.

최근 CP 등급평가에서 AA 등급 이상 높은 평가를 받은 기업들의 운영사례를 분석하면, 공통적으로 몇 가지 중요한 특징이 드러난다.

❶ 최고경영진의 적극적인 참여와 자율준수 문화 정착

CP 운영의 실효성을 높이기 위해서는 최고경영진의 확고한 의지와 실천이 필수적이다. 제조업체 중 A 기업은 대표이사가 직접 자율준수 의지를 표명하고, 전 직원 대상 CP 서약을 연 1회 실시하며, 정기적으로 자율준수위원회를 개최하여 준법 활동을 강화하고 있다. B 기업은 CP 운영을 회사의 핵심 경영전략과 연계하여, 기업의 핵심성과지표^{KPI}에 CP 준수 여부를 반영하고, 준법 성과에 따라 경영진 평가를 진행하고 있다.

❷ CP 교육 및 맞춤형 프로그램 운영

제조업의 특성상 대규모 생산직 근로자가 많고, 현장에서 직접 계약 및 유통을 담당하는 인력이 존재하기 때문에 부서별·직급별 맞춤형 CP 교육이 중요하다. A 기업은 생산직 근로자를 대상으로 현장 교육을 정기적으로 실시하고 있으며, 협력업체를 대상으로도 CP 교육을 확대하고 있다. B 기업은 영업사원과 구매 담당자를 대상으로 맞춤형 교육을 제공하여 법 위반 리스크를 사전에 차단하는 시스템을 운영하고 있다. 글로벌 사례를 살펴보면, 독일의 지멘스^{Siemens}는 기업 내부뿐만 아니라 공급망 전체에서 CP 교육을 의무화하고 있으며, 협력업체까지 포함하여 윤리 교육과 공정거래 교육을 의무적으로 이수하도록 하고 있다. 또한, 일본의 Toyota는 협력업체들과 공동으로 CP 교육을 운영하여 하도급법 준수를 강화하고 있으며, 이를 통해 협력사 구매 평가지표와 연결하여 지속가능한 협력 관계를 구축하고 있다.

❸ 제재 및 인센티브 시스템 운영

준법경영을 정착시키기 위해서는 위반행위에 대한 강력한 제재뿐만 아니라 자율준수를 실천하는 직원들에게 적절한 보상이 주어져야 한다. A 기업은 CP를 적극 실천하는 부서를 선정하여 포상하며, CP를 위반한 직원에게는 별도의 특별 및 재교육과 더불어 내부 경고 조치를 취하고 있다. B 기업은 CP 준수 실적을 인사평가에 반영하고 있으며, 준법을 실천하는 직원들에게 성과 기반의 상당한 인센티브를 제공하고 있다. 해외 기업의 경우, 미국의 제너럴 일렉트릭$^{General\ Electric}$(GE)은 준법 성과를 직원 평가의 중요한 요소로 반영하고 있으며, 특히 CP 교육을 이수하지 않으면 승진 심사에서 불이익을 주는 방식을 운영하고 있다.

❹ 사전감시체계 및 내부신고 시스템 강화

위법행위를 사전에 감시하고 예방하는 것이 중요한데, 이를 위해 많은 제조업체들이 사전감시체계를 구축하고 있다. A 기업은 내부 감시 시스템을 운영하여 하도급 계약 체결 시 법 위반 여부를 자동으로 검토하도록 하고 있으며, B 기업은 내부신고 시스템을 도입하여 익명으로 신고할 수 있는 채널을 운영하고 있다. 글로벌 사례로는 네덜란드의 필립스^{Philips}가 있다. 이 기업은 AI 기반의 내부 감시 시스템을 도입하여 실시간으로 법 위반 가능성을 분석하고 있으며, 직원들이 자유롭게 신고할 수 있는 글로벌 핫라인 시스템을 운영하고 있다.

❺ CP 운영 효과성 평가와 지속적 개선

CP 운영의 실효성을 높이기 위해서는 지속적인 효과성 평가와 개선이 ISO 37301 9항(성과평가)과 10항(개선)처럼 필수적이다. A 기업은 CP 운영 결과를 연간 보고서로 정리하여 경영진과 이사회에 보고하고 있으며, B 기업은 외부 전문가의 컨설팅을 받아 CP 시스템을 지속적으로 개선하고 있다. C 기업은 빅데이터를 활용하여 CP 운영의 실효성을 분석하고 있으며, 법 개정 사항을 반영하여 실적보고서를 지속적으로 업데이트하고 있다.

제조업과 소재·부품·장비 산업은 기술 발전과 함께 글로벌 공급망이 복잡하게 얽혀 있으며, 이에 따른 법적 리스크 또한 증가하고 있다. 국내 제조업체들은 CP 운영을 통해 법적 리스크를 최소화하고 지속가능한 경영을 실천하는 데 주력하고 있으며, 해외 선진 기업들 역시 공정거래 준수 및 윤리경영을 강화하는 방향으로 나아가고 있다. 앞으로 CP 운영을 더욱 정교화하기 위해서는 IT와 AI 그리고 빅데이터를 활용한 리스크 분석, 협력업체와의 CP 교육 및 등급평가 그리고 구매평가 지표의 확대, 기업 내부의 준법 문화 정착을 위한 인센티브 제도 강화, 마지막으로 자율준수 시스템의 디지털화가 필요할 것이다. 제조업의 경쟁력을 유지하면서도 법적 리스크를 관리하는 것은 기업의 지속가능성을 결정짓는 핵심 요소가 될 것이다.

04. 공공기관의 CP 실적보고서

공공기관은 민간기업과는 다른 특성을 가진다. 공공서비스 제공이 주요 목적인 공공기관은 국민의 세금으로 운영되는 만큼 투명성, 윤리성, 청렴성이 중요한 가치다. 이러한 이유로 공공기관의 준법경영은 사회적 책임을 실현하고 공정한 경제 환경을 조성하는 데 중점을 두고 있다. 특히 대한민국의 공공기관들은 「공공기관의 운영에 관한 법률」을 비롯해 「공정거래법」, 「청탁금지법」, 「하도급법」, 「공직자윤리법」 등 다양한 법률의 적용을 받는다. 이러한 법적 환경은 공공기관이 일반 기업보다 더욱 엄격한 준법, 인권, 청렴 등 경영을 요구받는 이유 중 하나다. 따라서 공공기관에서 운영되는 CP는 기관의 전반적인 윤리성과 투명성을 높이기 위한 기본 도구가 될 것이다.

대한민국 공공기관의 CP 운영 사례를 살펴보면, 많은 기관이 체계적인 CP 운영을 위해 다양한 조치를 하고 있다. A 기관은 2020년부터 공정거래 자율준수 프로그램을 도입하였으며, 이를 통해 체계적인 임직원 교육과 공정한 계약 문화를 확산시키고 있다. 특히 CP 운영이 정책 방향과 연계될 수 있도록 공공조달 시스템 및 협력업체 선정 과정에서 CP를 적극 반영하고 있다. B 기관 역시 공정거래법과 관련한 최신 개정 법령을 반영하여 CP 운영지침을 지속적으로 업데이트하고 있으며, 기관 내 윤리경영을 강화하기 위해 다양한 내부 감시 시스템을 운영 중이다.

민간기업과 마찬가지로 공공기관의 CP 운영에서 가장 중요한 요소 중 하나는 최고경영진의 적극적인 의지와 리더십이다. 공공기관의 경우 기관장이 교체될 때마다 정책의 연속성이 유지되지 않는 경우가 많다. 그러나 공정거래법 위반 사례가 발생하면 기관의 신뢰도가 심각하게 하락하고 대국민 서비스에 부정적인 영향을 미칠 수 있다. 이에 따라 공공기관은 CP를 기관 운영의 핵심 요소로 두어 지속적인 교육과 문화 정착 노력을 기울이고 있다.

공공기관의 CP 운영 방식은 민간기업과는 차별화된 특징을 가진다. 특히 공공조달과 관련된 입찰 과정에서 공정성을 확보하는 것이 중요하다. A 공사는 CP 운영의 일환으로 공공조달 및 협력업체 선정 과정에서 투명성을 제고하기 위해 별도의 감시 시스템을 도입했다. 계약 체결 전 공정거래법 위반 여부를 사전 점검하고, 협력업체와의 계약 과정에서 불공정 계약이 체결되지 않도록 감시하는 역할을 하고 있다. 이러한 사례는 공공기관이 민간기업과 거래를 수행하는 과정에서 발생할 수 있는 불공정 요소를 사전에 차단하는 데 중요한 역할을 하고 있다.

공공기관에서 CP를 실효성 있게 운영하려면, 내부신고 시스템과 윤리경영 체계가 유기적으로 작동해야 한다. 제도 도입에 그치지 않고, 제보자의 목소리가 안전하게 전달되고 보호받을 수 있는 환경을 만드는 것이 무엇보다 중요하다. B 기관은 공정 거래법 위반 및 윤리적 문제를 신고할 수 있도록 익명 신고 시스템을 구축하고 있으며, 이를 통해 부정행위에 대한 내부 감시를 강화하고 있다. 글로벌 국가의 공공기관 사례를 보면, 영국의 NHS^{National Health Service}는 내부신고제도를 적극적으로 운영하고 있으며, 내부고발자가 법적 보호를 받을 수 있도록 보장하는 제도를 갖추고 있다. 이러한 내부고발 시스템의 활성화는 공공기관의 신뢰도를 높이는 데 이바지할 수 기여하고 있다.

공공기관의 CP 운영이 효과적으로 이루어지기 위해서는 주기적인 평가와 개선이 기본이다. 공공기관의 운영 특성상 외부감사 및 감독 기관의 관리·감독을 받지만, 자체적인 CP 평가 체계를 갖추고 운영하는 것도 중요하다. C 기관은 매년 CP 운영 실적을 자체적으로 평가하고 있으며, 주요 평가 항목으로는 임직원의 CP 교육 이수율, 내부 감시체계 운영 현황, 법 위반 사례 발생 여부 등이 포함된다. 이를 통해 CP 운영의 실효성을 높이고, 실적을 지속적으로 개선하고 있다. 미국의 연방정부 기관인 GSA^{General Services Administration} 역시 유사한 CP 평가 체계를 운영하고 있으며, 기관 내 CP 운영 현황을 정량적으로 측정하여 정책 개선에 반영하고 있다.

공공기관에서 CP 운영의 효과를 극대화하기 위해서는 조직 내부의 인센티브 시스템도 고려할 필요가 있다. 민간기업에서는 준법경영을 실천한 직원에게 보상을 제공하는 경우가 많지만, 공공기관에서는 주로 청렴성과 공정성을 평가하여 인사에 반영하는 방식이 일반적이다. A 공사는 공정거래법 및 윤리경영과 관련된 내부 평가를 인사고과에 반영하고 있으며, 기관 내 윤리경영 모범사례를 발굴하여 포상하는 제도를 운영하고 있다. 이러한 방식은 공직자의 준법 의식을 고취하고, 기관 내 공정거래 문화 확산에 기여할 수 있다.

결론적으로 공공기관의 CP 운영은 일반 기업보다 더 복잡하고 광범위한 법적·윤리적 기준을 요구받는다. 앞으로 대한민국의 공공기관들은 CP 운영을 더욱 고도화하고, 글로벌 기준에 맞춘 윤리경영 체계를 도입할 필요가 있다. 특히 디지털 기술을 활용한 CP 운영 자동화 시스템 구축, 내부신고 시스템의 활성화, 공공조달 절차의 투명성 강화 등은 공공기관 CP의 미래 발전 방향으로 고려해야 할 주요 요소다. 궁극적으로 공공기관이 준법경영을 강화한다는 것은 국민의 청렴 신뢰를 쌓고 사회 전반에 공정한 분위기를 확산시키는 데 중요한 역할을 한다. 이러한 변화는 나아가 국가 경제의 건강한 성장에도 긍정적인 힘이 될 수 있다.

05. 제약산업의 CP 실적보고서

최근 2년 이내 AA 이상 CP 등급평가를 받은 기업들 중 산업별로 우수사례를 분석해 보고자 한다.

기업의 지속가능성을 결정짓는 중요한 요소 중 하나는 준법경영과 공정거래 자율준수 프로그램인 CP의 성공적인 운영이다. 특히 규제가 엄격한 산업에서는 CP가 기업이 신뢰받는 경쟁전략이 된다. 최근 제약산업의 특징을 보면 규제가 엄격하고 경쟁이 극심해 많은 제약사들은 CSO를 통해 영업을 강화하고 있다. 국내에서도 많은 제약사들이 경쟁하면서 시장 점유율 확보에 어려움을 겪고 있다. 또한 연구인력 부족으로 인해 연구개발 활동에 차질이 발생하기도 한다. 그럼에도 불구하고 상위 제약사들은 연구개발에 큰 투자를 하고 있으며, 특히 생명과학과 바이오기술 분야에서 큰 발전을 이루고 있다. 대한민국 정부가 제약산업 발전을 위해 다양한 정책적 지원과 재정적 투자를 강화하는 추세인 데다 웰빙과 고령화, 해외 시장 진출을 위해 노력하고 있다는 점은 긍정적이다.

제약산업은 다른 산업과 비교할 때 특히 강력한 법적 규제를 받는다. 공정거래법뿐만 아니라 약사법, 의료기기법, 표시광고법, 하도급법, 소비자기본법, 중대재해처벌법, 청탁금지법 등의 다양한 법과 윤리적 프레임워크가 강력히 적용된다. 이에 따라 제약업계는 공정경쟁규약을 자체적으로 제정하여 CP의 운영을 활성화하고 있으며, 이는 다른 산업과 차별화되는 중요한 특징이다.

또한 제약산업은 전문 의료인과의 복잡한 관계 속에서 공정성과 투명성을 유지해야 하는 부담을 안고 있다. 대부분의 제약회사는 신약을 개발하기가 어려워 복제약으로 경쟁해야 한다. 따라서 경쟁이 치열한 제약산업에서 윤리적 경영과 공정한 거래 관행을 유지하는 것은 필수다. 간혹 특정 제약회사가 리베이트 등 준법경영을 외면한다면 언론과 사회의 지판을 받기 때문이다. 특히, 다른 산업과는 차별적으로 의약품 리베이트 방지, 광고 규제, 유통 투명성 확보는 제약업계에서 반드시 준수해야 할 핵심 요소다. 그렇기 때문에 제약기업들은 CP 운영을 체계적으로 구축하고 있으며, 지속적인 평가와 개선을 통해 법적 리스크를 줄이고 있다.

최근 CP 등급평가에서 AA 등급 이상을 획득한 기업들의 운영 사례를 분석하면 공통적으로 몇 가지 핵심 전략이 도출된다. 첫째, 최고경영진의 적극적인 CP 지원(예산, 인력 등)을 보여주었다. 경영진이 CP를 기업문화의 필수 요소로 인식하고 이를 내재화할 때 CP 운영의 실효성이 극대화된다. 대표이사의 직접적인 메시지, 의지 표명 그리고 각 CP 문서의 승인, 감사위원회 보고체계 확립, 사내감사 및 평가시스템 구축 등은 모든 상위 평가 기업에서 공통으로 나타나는 특징이다. A 기업은 공정거래법을 포함한 다양한 법령을 준수하기 위해 다양한 자율준수편람을 운영하고 있으며, 부서별 체크리스트를 활용하여 지속적으로 준수 여부를 점검하고 있다. B 기업은 CP 운영 기준을 6개 파트로 세분화하여 운영하며, 최고경영진이 직접 승인하고 감사를 수행하는 등 체계를 유지하고 있다. C 기업은 부서별 CP 목표를 세부적으로 설정하고, 자체 모니터링을 수행하는 등 자율규제 강화를 위한 다층적인 감시체계를 구축하고 있다.

둘째, CP 교육훈련 프로그램의 운영이 체계적으로 이루어지고 있다. 교육은 실제 영업 등 실무 업무에서 준법의식을 체화할 수 있도록 실무적인 방식으로 진행되어야 한다. 특히, 영업사원들은 전문의료인을 대상으로 법 위반 리스크가 높은 업무를 수행하는 경우가 많아 맞춤형 교육으로 커리큘럼을 구성하여야 한다. A 기업은 CP 위반자가 발생할 경우 반복적이고 집중적인 특별교육을 내외부로 시행하고 있으며, 교육 이수율을 정량적으로 평가하여 실효성을 높이고 있다. B 기업은 부서별 맞춤형 CP 교육을 제공하고, 정기적인 평가를 통해 교육 효과성을 분석하는 체계를 구축하고 있다. C 기업은 CP 교육을 의무적으로 수료해야 하며, 교육 성과 평가지표를 운영하여 교육 효과성을 객관적으로 관리하고 있다. 즉, 교육의 최고 제재는 다른 직원들은 받지 않는 CP 재교육이 되는 것이다. 특히 해외 사례를 보면 미국의 다국적 제약기업들은 사내 CP 교육을 의무화하고 있으며, 법률 리스크가 높은 영업·마케팅 부서에는 별도의 집중 교육을 시행하고 있다. 글로벌 제약사인 화이자는 전 직원이 연간 최소 10시간 이상의 준법 교육을 이수하도록 하고 있으며, 교육 결과를 경영진 보고서에 반영하는 체계를 운영하고 있다.

셋째, 제재 및 인센티브 시스템이 효과적으로 운영되고 있다. 법 위반 행위에 대한 강력한 제재뿐만 아니라 준법을 실천하는 직원들에게 적절한 보상이 있다. A 기업은 준법 우수 직원에게 포상을 제공하고, CP 위반자에 대한 징계를 시행하여 실효성을 높이고 있다. B 기업은 CP 문화 확산에 기여한 직원들에게 성과 기반 인센티브를 제공하며 금전적 보상뿐만 아니라 승진 기회까지 부여하고 있다. 해외 사례를 보면, 유럽의 주요 제약사들은 준법을 실천하는 직원들에게 별도의 CP 평가 점수를 부여하며, 해당 점수가 누적되면 승진 및 연봉 인상 시 가점을 받는 방식으로 운영하고 있다.

넷째, 사전감시체계 및 내부신고 시스템을 효과적으로 운영하고 있다. 제약업계는 법 위반 리스크가 높은 환경에서 운영되기 때문에 법적 문제가 발생하기 전에 이를 감지하고 해결하는 사전감시체계가 중요하다. A 기업을 직접 심사를 통해 느낀바 IT 기반 CP 운영 시스템을 구축하여 사전감시 및 내부신고 기능을 강화하고 있으며, 임직원들에게 교육, 참여, 제재 및 인센티브 등 전반적 CP를 연결하고 있었다. 또한, B 기업은 익명 신고 기능을 포함한 내부신고 시스템 채널을 다양하게 운영하여 신고자 보호와 보상 정책을 강화하고 있다. 글로벌 제약사 노바티스는 내부신고 시스템을 강화하여, 모든 직원이 익명으로 법 위반 사례를 제보할 수 있도록 보장하고 있으며, 신고자가 보복을 받지 않도록 엄격한 보호 규정을 운영하고 있다.

다섯째, AA 등급 이상 기업에서는 CP 운영의 효과성을 높이기 위해 지속적인 평가와 개선이 이루어지고 있다. 모든 기업은 CP 운영 실적을 정량적으로 측정 및 평가하고 있으며, 내부감사와 외부 전문가의 피드백을 활용하여 지속적으로 보완하고 있다. A 기업은 CP 운영 평가를 통해 미비점을 보완하고, 법 개정 사항을 반영하여 실적보고서를 지속적으로 업데이트하고 있다. 또한 B 기업은 CP 운영 효과성을 측정하는 지표를 운영하며, 실적 데이터를 정량적으로 평가하여 CP 운영이 지속적으로 개선될 수 있도록 관리하고 있다.

제약산업은 강력한 규제 환경 속에서 오랫동안 CP 운영을 체계적으로 구축하고 있으며, 이러한 체계적인 준법경영이 산업의 신뢰도를 높이는 핵심적인 역할을 하고 있다. CP 운영의 궁극적인 목표는 지속가능하고 윤리적인 경영을 실천하는 데 있다. 앞으로도 제약기업들은 공정거래법 및 관련 규제 변화에 맞춰 CP 운영을 정교화하고, 준법경영전략을 지속적으로 발전, 고도화시켜 글로벌 상위 제약사로 거듭나야 할 것이다.

06. 제약산업의 윤리적 도전과제와 Compliance(윤리)경영 제도화

제약산업은 본질적으로 의약품을 제조하고 판매하는 것을 목표로 한다. 모든 산업에서도 그렇지만 제약산업 구조적 특성은 윤리적 딜레마를 불러일으키기 쉽기 때문이다. 제약회사들은 의약품의 처방 권한이 의사에게 있다는 점에서 독특한 산업 구조를 지니기도 한다. 여기서 중요한 것은 대부분이 복제약이다. 신약을 개발하기 위해서는 엄청난 규제와 투자가 전제되어야 한다. 제약회사 입장에서는 경쟁사들과의 차별화를 위해 리베이트(의사들에게 경제적 혜택을 제공하는 방식)를 사용할 유혹에 쉽게 빠질 수밖에 없는 구조이기도 하다. A 제약사와 B 제약사에 같은 품목이 존재할 때 A사의 제품을 처방하게끔 하기 위해 A사는 의사에게 리베이트를 할 가능성이 생긴다. 결국 제약회사들은 의사들에게 경제적 이익을 제공하여 자사 제품의 처방률을 높이려는 유혹에 쉽게 빠지게 된다. 리베이트는 마케팅 전략의 일환으로 활용되는 경향이 강하지만, 이는 의료 윤리를 훼손하고 기업의 신뢰성을 떨어뜨리는 결과를 낳게 된다. 결국 제약 제품의 소비자인 환자들이 직접적으로 선택권을 행사하기 어렵고, 그 결정이 의사의 처방에 따라 좌우되는 영업 구조이기 때문이다. 그러나 제약산업은 환자의 건강과 생명을 다루는 제품이라는 점에서 윤리적 무결성과 신뢰가 특히 중요하다.

제약회사들은 이러한 부정적 관행에서 벗어나기 위해 윤리·준법경영을 핵심 가치로 삼아야 한다. 윤리적 리더십과 문화 구축의 첫걸음은 CEO로서 윤리적 리더십을 강력히 실천하는 것이다. CEO는 윤리적 가치를 최우선으로 하는 경영철학을 명확히 설정하고, 모든 구성원이 이를 내면화할 수 있도록 주도해야 한다. 윤리적 리더십은 구체적인 행동으로 드러나야 한다. 예를 들어, 모든 의사결정에서 윤리적 기준을 반영하고, 사내에서 부정적 관행이 발견될 경우 신속하고 엄격한 조치를 할 것을 약속하는 것이다. 윤리경영의 실천을 위해 CEO의 확고한 윤리 의지와 조직 내 윤리적 제도의 정착은 필수다. 다양한 제약회사의 윤리경영 사례에서도 알 수 있듯이, 최고경영자의 윤리적 리더십과 윤리경영 시스템 구축이 효과적인 윤리적 기업문화로 이어진다는 것을 저자는 뼈저리게 보아왔다.

CEO의 윤리적 리더십이 가져오는 긍정적 효과는 아래와 같다.

윤리적 리더십 영향	
영역	윤리적 리더십 영향
직원들에게 미치는 영향	CEO의 윤리적 리더십은 조직 내 의사결정의 일관성과 공정성을 높여, 직원들이 자부심을 갖고 일할 수 있는 조직 분위기를 형성한다. 이러한 신뢰 기반의 조직 문화는 직무만족도를 높이고, 윤리적 판단이 자연스럽게 일상 업무에 녹아들게 만든다.
외부 이해관계자와의 관계	CEO의 윤리적 태도는 기업의 대외적 신뢰를 결정짓는 핵심 기준이 되며, 협력사·의료기관·환자 등 다양한 이해관계자에게 투명한 기업으로 각인시킨다. 이는 장기적으로 지속가능한 파트너십 구축의 기반이 된다.
장기적 조직 몰입도	CEO의 윤리적 태도는 기업의 대외적 신뢰를 결정짓는 핵심 기준이 되며, 협력사·의료기관·환자 등 다양한 이해관계자에게 투명한 기업으로 각인시킨다. 이는 장기적으로 지속가능한 파트너십 구축의 기반이 된다.

제약회사는 조직 내 Compliance(윤리)경영을 시스템화하여 표준화와 제도화가 될 수 있도록 노력하여야 한다. 윤리경영을 성공적으로 운영하기 위해서는 윤리적 기준을 명확히 하고, 전 직원이 이를 준수할 수 있도록 시스템을 구축하는 것이 중요하

다. 윤리경영 도입 3단계는 다음과 같은 방식으로 이루어질 수 있다.

- 도입기: 윤리경영 도입의 필요성을 전파하고 윤리강령을 설정. CEO의 실천 의지 표명
- 확산기: 윤리경영을 전 직원에게 확산, 윤리 교육과 실천 프로그램 운영
- 정착기: 윤리경영의 문화화, 이해관계자와 협력업체에도 윤리 실천 프로그램 확대

또한, 제약회사 맞춤의 윤리경영 시스템을 제도화하고 명확한 가이드라인과 교육이 뒷받침되어야 한다. 산업 특성상 영업직원과 의료인과의 관계는 직접 기업매출 단기 성과와 관련이 있기 때문이다. 모든 임직원에게 공통으로 적용되는 윤리적 가이드라인은 의사나 병원과의 상호작용에서 발생할 수 있는 모든 잠재적 부정행위를 예방하는 역할을 하며, 이를 준수하지 않는 경우 엄격한 징계가 따를 것임을 명확히 해야 윤리경영이 성공하고 정착될 수 있다. 의약품 마케팅 부서에서는 의료계와의 상호작용이 많은 만큼 정기적으로 윤리교육을 받고, 각 상황에서 윤리적 판단을 내릴 수 있도록 교육을 강화해야 한다.

Compliance(윤리)경영 교육프로그램은 다음과 같다.

Compliance 교육프로그램		
대상	내용	목표
팀 리더	윤리적 리더십의 중요성	윤리경영이 기업의 성과와 지속가능성에 미치는 영향 이해
영업 및 마케팅	의료계와 윤리적 상호작용 방법, 사례 중심	리베이트를 지양하고 공정한 영업 활동 실천
전 직원	윤리경영 가이드라인 준수 사례 공유	실천적 윤리경영 사례를 통한 실천 방법

제약회사에서 리스크 통제와 Compliance 경영시스템(CP&CMS)을 강화하는 건 안정적인 경영을 위해 효과적인 경영 접근법이다. Compliance의 핵심은 바로 리스크를 체계적으로 통제하고, 윤리적 기준을 지키는 환경을 마련하는 데 있다. 특히, 리베이

트나 불법적 혜택은 법적 리스크와 더불어 회사의 평판에도 치명적일 수 있기 때문에 이를 철저히 관리하는 시스템이 필요하다. 구체적인 방안으로는, 먼저 내부감사팀 및 외부 심사의 역할을 강화하는 것이다. 대표적인 외부 심사는 ISO 37001(부패방지 경영시스템)와 ISO 37301(준법경영 시스템)이다. 윤리적 기준을 제대로 지키지 않는 부서를 감시하고, 문제의 징후를 조기에 파악할 수 있도록 하는 것이 중요하다. 사고가 일어나기 이전, 즉 사전예방이 무엇보다 중요하다. 내부감사팀은 규제 위반 여부만 확인하는 것이 아니라 직원들이 회사의 윤리경영 방침을 올바르게 이해하고 따르고 있는지도 점검해야 한다. 더 나아가 감사 결과를 기반으로 한 후속 교육과 피드백을 통해 직원들이 윤리적 기준을 스스로 내재화할 수 있도록 해야 한다.

또한, 외부감사나 심사 프로그램을 도입하는 것도 효과적이다. 내부감사만으로는 놓칠 수 있는 부분을 외부 전문가의 시선으로 확인하게 되면 투명성을 더욱 강화할 수 있다. 외부 감사(심사)가 독립적으로 진행된다면 이해관계자에게 회사가 윤리경영을 철저히 지키고 있다는 신뢰를 심어줄 수 있다. 여기에 더해, 효과적인 내부제보 시스템을 활성화하는 것도 매우 큰 도움이 된다. 내부제보 문화가 제대로 정착되면 직원들이 윤리 위반행위를 부담감과 주저함 없이 신고할 수 있고, 이것은 회사가 윤리적 운영을 강화하는 중요한 기반이 될 수 있다. 통계적으로도 내부심사보다 내부제보 시스템을 통하여 사건·사고를 밝힐 수 있는 중요한 핵심 키^{Key}가 된다.

마지막으로, 제약회사의 Compliance 시스템이 실질적으로 운영되는지 확인하고 개선하기 위해 제3자 검증 또는 인증 제도를 도입하는 것도 중요하다. 이해관계자들이 제약회사의 투명성과 윤리적 운영을 신뢰할 수 있도록 독립적인 외부 기관에서 인증을 받으면, 신뢰도를 높일 수 있을 뿐만 아니라 Compliance 경영시스템이 지속적으로 개선되고 발전할 수 있는 발판이 될 것이다.

제약산업은 빠른 변화를 겪었다. 전 세계 제약산업 규모 중 대한민국은 12위로 지속적 성장을 해왔다. 그럼에도 불구하고 아직까지 리베이트와 같은 부정적 이슈는 끊임없이 발생하고 있다. 그렇기 때문에 더욱더 윤리경영을 통한 사회적 책임과 신뢰 구축이 필요하다. 제약산업에서 윤리경영은 사회적 책임을 다하는 것과 깊이 연관된다. 국민의 건강과 직접 연결된 의약품을 다루는 제약회사는 제품의 안전성과 투명성을 최우선으로 해야 한다. 리베이트 대신 공정한 정보 전달과 연구 활동을 통해 의사들이 자발적으로 제품의 가치를 인식하고 처방할 수 있도록 유도해야 한다. 이를 위해 연구 지원 프로그램이나 지출보고서, 의료정보 교육프로그램 등을 통해 공정하고 투명한 정보를 제공하는 방안을 마련할 수 있다. 사회적 책임을 다하는 기업이 되기 위해서는 지역사회 기여 활동도 필요하다. 취약계층에 대한 무료 의료 서비스 제공이나 각종 사회적 문제 해결을 위한 연구 지원 프로그램을 운영함으로써 기업이 사회에 적극 참여하는 역할을 수행하고 있음을 보여줄 수 있다.

Part

3

. . . .

글로벌: ISO 37301의
핵심 요구사항 PDCA

ISO 인증 및 도입과정

01. ISO 인증 추진의 필요성과 효과

ISO 37301은 기업과 조직이 준법경영^{Compliance Management System}(CMS)을 효과적으로 운영하기 위한 국제표준이다. 기존 ISO 19600이 가이드라인 성격이었다면, ISO 37301은 제3자 인증이 가능한 요구사항^{Requirement}으로 발전했다. 기업이 ISO 37301 인증을 취득하는 것은 CP 도입처럼 윤리·준법경영을 조직 전반에 내재화하기 위한 중요한 경영전략이 된다.

ISO 37301의 핵심 가치는 '지속적인 개선'과 '체계적인 준법경영'이다. 이는 PDCA^{Plan-Do-Check-Act} 사이클을 기반으로 설계되어 경영시스템 접근 방식과 결합해 조직이 법적 의무뿐만 아니라 윤리적 기준과 이해관계자의 기대에 부응할 수 있도록 한다. 즉 지속가능한 경영시스템과 조직 내 다양한 시스템과 결합이 가능하다. 마치 Compliance의 퍼즐 그림이 맞춰지는 완벽한 시스템이 되는 것이다.

그러나 처음 ISO 문서를 접한 사람들은 자주 이렇게 말하곤 한다. 너무 추상적이고 대체 뭘 하라는 건지 잘 모르겠다는 것이다. 실제로 ISO 요구사항은 명확하지 않게 느껴질 수 있다. 왜냐하면 ISO는 '어떻게 하라'고 단정적으로 말하지 않기 때문이다. 그 이유는 의외로 단순하다. 조직 스스로 고민하고, 창의적으로 해석하고, 자율적으로 설계하라는 의도가 담겨 있기 때문이다. 2015년 'HLS^{High Level Structure}'가 도입되기 이전까지는 ISO 문서가 훨씬 더 구체적이고 절차 중심적이었다. 당시 많은 기업이 '심사 대응'을 위해 문서를 만들고, 실제로는 아무 실행도 하지 않는 페이퍼Paper에 빠져 있었다. 이는 마치 아이들에게 모든 문제의 정답을 미리 가르쳐주는 것과 같다. ISO는 오히려 질문만 던지고, 답은 조직이 스스로 찾아가기를 바라는 구조로 진화한 것이다. 겉으로는 문장이 무질서하게 보이고 추상적이지만, 그 속에는 자율과 책임이라는 철학이 촘촘히 담겨 있다.

ISO 37301 인증 추진 과정은 문서와 사무소 심사뿐만 아니라 조직문화와 내부통제 구조를 전반적으로 강화하는 과정이다. 준법경영을 조직의 핵심 전략으로 삼고, 체계적인 내부통제 시스템을 구축하는 것이 목표다. 이는 기업이 법적 리스크를 사전에 식별하고 대응하며, 동시에 ESG 경영과 연결될 수 있도록 설계되어 있다. 하지만 저자의 경험상 현실적으로 ISO 37301 인증을 추진하려는 조직들은 몇 가지 큰 고민을 하게 된다.

첫째, 인증을 받아야 하는 이유는 무엇인가?

둘째, ISO 37301 인증을 받는 것이 기업에 실질적인 효과가 있는가?

셋째, 인증을 추진할 경우 조직 내 저항을 어떻게 극복할 것인가?

넷째, 인증 추진을 위한 예산과 인력은 어떻게 배정해야 하는가?

다섯째, 인증 후 유지 관리는 어떻게 할 것인가?

이러한 질문에 대한 답을 찾기 위해 ISO 37301 인증 추진 프로세스를 체계적으로 분석하고 실무적인 접근 방식을 제시하고자 한다.

ISO 인증의 효과

ISO 37301 인증을 받는다는 것은 기업이 내부 Compliance 수준을 전문적인 제3자 기관을 통하여 입증하는 것을 말한다. 그러나 ISO 37301 인증을 인증서 종이에 '도장 받기'식으로 오해하는 경우가 있다. 이것은 분명 부실인증이다. 인증을 추진하는 과정에서 조직은 광범위한 Compliance 의무(필수적, 자발적)와 리스크를 식별하고, 내부 절차를 정비하며, 지속적인 개선을 위한 기반을 마련하게 된다. 이를 통해 얻을 수 있는 효과는 다음과 같다.

❶ 법적 리스크 및 규제 대응

ISO 37301은 다양한 법적 의무를 포괄하고 있으며, 글로벌 규제 환경 변화에 능동적으로 대응할 수 있도록 한다. 특히 FCPA(미국 해외부패방지법), UK Bribery Act(영국 뇌물방지법), GDPR(유럽 개인정보보호법), SOX법(미국 기업회계개혁법)과 같은 강력한 법률들은 기업에 준법경영을 요구하고 있는데, 위반 시 과징금 부과 및 형사처벌이 이루어진다.

ISO 37301을 도입한 기업들은 이를 기반으로 글로벌 규제 요건을 충족하며 법적 리스크를 예방할 수 있다. 따라서 ISO 37301은 조직이 Compliance 의무와 리스크를 체계적으로 식별하고 관리할 수 있도록 한다. 법 위반으로 인한 과징금, 손해배상, 경영진의 형사처벌 위험도 최소화할 수 있다. 즉, 몰라서 못 지킬 수 있는 법과 규정을 이해하고 인식할 수 있으며 실행할 수 있게 한다.

❷ 글로벌 신뢰도 제고

앞서 설명한 바와 같이 글로벌시장에서 윤리·준법경영을 요구하는 흐름이 강화되고 있다. FCPA, UK Bribery Act 등 글로벌 규제를 고려할 때 ISO 37301 인증은 국제적으로 신뢰받는 기업으로 정착하는 데 매우 유리하다. 준법경영이 제대로 작동하지 않는 기업은 언제든지 법적제재와 기업 이미지 실추의 위험을 안고 있다. ISO 37301은 이러한 리스크를 줄이고, 준법경영 입증을 통해 신뢰할 수 있는 기업을 원한다.

❸ ESG(환경·사회·지배구조) 경영 강화

ISO 37301은 ESG 중 G(거버넌스) 요소를 강화하는 핵심적인 프레임워크다. 글로벌 투자자들은 기업의 ESG 리스크 관리를 중시하며, ISO 37301 인증은 기업의 ESG 평가 점수 향상에 긍정적인 영향을 미친다. 그렇다고 ISO 37301이 단순히 G 요소에만 포함된다고 볼 수도 없다. Compliance는 법과 규정 등으로 환경법과 사회관련법 등 다양한 범위를 포괄한다. 무엇보다 ISO 37301 인증을 받은 기업은 기업의 환경,

사회, 지배구조를 체계적으로 정비하고, ESG 평가에서 우위를 점할 수 있다.

❹ 기업 문화 개선 및 내부통제 강화

ISO 37301 인증을 받기 위해서는 조직 전반에서 준법경영 체계를 구축해야 한다. 이를 통해 윤리적 기업 문화를 형성하고, 내부통제 시스템을 강화할 수 있다.

❺ 경영진의 리스크 부담 감소

준법경영 시스템이 제대로 구축되지 않은 기업에서는 CEO와 경영진이 법적 책임을 직접 부담해야 하는 위험이 있다. ISO 37301 인증을 받으면 경영진이 합리적인 내부통제 시스템을 운영하고 있음을 입증할 수 있으며, 이는 법적 책임 감경 요인으로 작용할 수 있다.

02. ISO 37301 구축 및 운영 프로세스

ISO 37301 인증을 추진하는 과정에서 조직은 다양한 도전에 직면하게 된다. 이는 국제표준을 따르는 것과 동시에 기업의 문화와 내부 프로세스를 변화시키는 과정이기 때문이다. 특히 조직 내 저항, 예산 및 인력 배정, 인증 후 유지관리 문제는 주요 장애물이 될 수 있다. 이러한 문제들을 어떻게 해결할 것인지에 대해 실무적인 접근 방안을 제시한다.

조직 내 저항을 극복하기 위한 전략

먼저 조직 내 저항 극복을 살펴보자면 Compliance 문화 정착 전략이 경영진을 통해 작동하여야 한다. Compliance 경영시스템은 조직 전체의 문화와 관행을 변화시키는 과정이므로 구성원들의 저항이 필연적으로 발생할 수밖에 없다. 특히 조직 내에서는 "우리는 원래 이렇게 해왔는데, 왜 갑자기 바꿔야 하는가?"라는 반발이 생길 가능성이 크다. 이러한 저항을 극복하기 위해서는 다음과 같은 전략이 필요하다.

❶ 경영진의 강력한 의지 표명과 리더십

최고경영진^{CEO}과 이사회가 직접 ISO 37301 도입의 필요성을 강조하고 강력한 메시지를 전달해야 한다. 기업 내 전사적 미팅, 공문 발표 등을 통해 ISO 37301이 단순한 인증이 아니라 기업의 지속가능성을 위한 필수 요소임을 설명해야 한다. 대표이사가 직접 주관하는 CP 선포식 및 서약식 등을 진행하여 조직 전체에 변화의 필요성을 인식시킨다.

❷ 조직구성원의 참여 유도 및 교육 강화

모든 직원이 참여할 수 있는 워크숍과 내부 교육을 실시하여 준법경영이 왜 중요한지에 대한 공감대를 형성한다. 기존의 법률 교육이 아닌, 실제 기업 내에서 발생한 Compliance 실패 사례를 공유함으로써 실질적인 위험성을 인식하게 한다. ISO 37301의 요구사항을 각 부서의 업무와 연결하여 실무적으로 적용할 수 있도록 한다.

❸ 내부 인센티브 시스템 도입

ISO 37301 준수를 우수하게 이행하는 직원에게 가산점이나 보상을 제공하는 방안을 고려해야 한다. 앞서 CP 등급평가에서 고득점 지표를 받은 기업들과 글로벌 선진 기업들은 준법경영 우수 직원에게 연말 보너스를 지급하거나, 승진 평가 시 가산점을 부여하는 제도를 운영하고 있다. 미국의 한 글로벌기업은 CP 위반 이력이 없는 직원에게 일정 수준의 주식 보상을 제공하는 제도를 운영하며 전사적인 준법 의식을 고취시키고 있다.

❹ ISO 37301을 조직 전략과 연계

ISO 37301을 기업의 ESG 경영 및 리스크 관리 전략의 일환으로 설정해야 한다. 이를 통해 조직구성원들이 행정 절차로 인식하지 않고, 기업의 생존 전략으로 받아들이도록 한다.

ISO 37301 인증 추진을 위한 예산 및 인력 배정 전략

ISO 37301 인증을 추진할 때 현실적으로 가장 중요한 문제 중 하나는 예산과 인력 배정이다. 특히 중견기업 및 중소기업의 경우, 추가적인 비용 부담과 인력 부족으로 인해 도입을 주저하는 경우가 많다. 그러나 효과적인 Compliance 시스템은 기업의 법적 리스크를 줄이고, 장기적으로 비용 절감 효과를 가져올 수 있기에 전략적인 접근이 필요하다.

❶ ISO 37301 인증을 위한 단기, 중기, 장기적 예산 수립

사실 ISO 37301 인증은 조직 규모에 맞게 설계, 운용 등 되기에 큰 비용 부담이 없다. 저자가 생각하기에 비용이라기보다 투자가 옳다. 그럼에도 불구하고 ISO 37301 인증을 추진하는 데 필요한 비용은 크게 다음과 같이 나뉜다.

- 내부 인력 운영비용: 기존 직원 중 Compliance 담당자를 배정하거나 추가 인력을 채용해야 할 경우 발생하는 인건비
- 외부 컨설팅 비용: 내부 인력만으로 ISO 37301 도입이 어려울 경우 외부 전문가나 컨설팅 기관 활용
- 교육 및 훈련 비용: 필수적인 임직원 교육을 위한 내부 강사 양성 또는 외부 교육 활용
- 시스템 구축 비용: 내부신고제도Whistleblowing System, 데이터관리 시스템 등 디지털 솔루션을 도입할 경우 발생하는 비용
- 공식 인증 비용: ISO 37301 인증을 받기 위한 심사 및 갱신 심사 비용

❷ 예산 최적화 전략

단계별 예산 배정으로 1년 단위로 인증 목표를 설정하고, 초기 투자(컨설팅, 시스템 구축)와 지속적인 운영(교육, 사후심사) 비용을 나누어 배정한다. 그리고 사내 인력을 활용하여 내부에서 Compliance 담당자를 육성해 장기적으로 외부 컨설팅 비용을 줄일 수 있도록 하여야 한다. 추가로 공공기관 지원을 활용할 수도 있다. 일부 공공기

관, 지자체, 테크노파크 등에서는 중소기업의 준법경영 시스템 도입을 지원하는 보조금제도를 운영하고 있다. 이를 적극 활용하여 초기 비용 부담을 줄인다.

❸ ISO 37301 운영을 위한 인력 배정

ISO 37301은 조직 내 모든 부서와 연계되는 만큼 단일 부서가 담당하기 어렵다. 효과적인 운영을 위해서는 다음과 같은 인력 배정 전략이 필요하다. Compliance 전담팀을 구성하여 조직 규모에 맞게 내부적으로 최소 2~3명의 전담 인력을 배정하여 지속적인 모니터링 및 내부심사를 수행하도록 하여야 한다. 또한 각 부서마다 ISO 37301 담당자를 선정하여 부서 내 준법경영이 잘 이행될 수 있도록 하는 것이 관리의 핵심 포인트이다. 저자의 경험으로는 외부 전문가를 최대한 활용해 초기에 부족한 전문성을 보완하고 점차 내부 역량을 강화하는 것이 가장 좋은 방법이다.

03. ISO 37301 인증 후 유지·관리 방안

ISO 37301 인증을 취득했다고 해서 기업 준법경영이 자동으로 지속되지는 않는다. 지속적으로 유지하고 강화하기 위한 체계적인 유지·관리 전략이 필요하다. 준법경영이 기업문화로 정착되기 위해서는 내부심사 및 지속적인 개선 활동, 임직원 교육과 인식 강화, 내부신고제도 활성화, 글로벌 기준과 ESG 경영 연계 등의 유지 전략이 반드시 동반되어야 한다.

실질적 준법경영 도구로 활용하기 위한 전략

ISO 37301 인증을 유지하기 위해서는 내부심사Internal Audit를 정기적으로 수행하고 이를 바탕으로 개선 활동을 지속해야 한다. 기업의 준법경영 시스템은 끊임없이 변화하는 법률, 산업 규제, 글로벌 스탠더드에 따라 동적으로 대응해야 하는 시스템이다. 따라서 ISO 37301을 실질적인 준법경영 도구로 활용하기 위해 다음과 같은 전략을 수행해야 한다.

❶ 내부심사 프로세스 강화

ISO 37301은 9.2 내부심사Internal Audit 조항에서 조직의 준법경영 시스템이 효과적으로 운영되고 있는지 정기적으로 평가하도록 요구하고 있다. 내부심사는 조직의 준법 리스크를 사전에 발견하고, 이를 개선하기 위한 중요한 도구로 활용되어야 한다.

- 정기적인 내부심사 일정 수립: 연 2회 이상 내부심사를 실시하여 준법 리스크를 조기에 식별하고 대응하는 구조를 정착시켜야 한다.

- 비즈니스 프로세스 연계: 내부심사는 기업의 핵심 운영 프로세스와 연계하여 진행되어야 하며, 실제 업무수행 과정에서 준법 프로세스가 제대로 반영되고 있는지 점검 및 검토하여야 한다.

- 외부 전문가 참여: 글로벌기업들은 ISO 37301 인증 후 내부심사를 보다 전문적으로 수행하기 위해 외부 Compliance 컨설턴트, 법무 전문가, 회계법인 등의 협력을 활용한다. 기업 내에서 간과할 수 있는 리스크를 예방하고, 글로벌 Best Practice를 도입하는 데 유리하다.

- 경영진 보고 체계 구축: 내부심사 결과는 최고경영진과 이사회에 정기적으로 보고되어야 한다. 이를 통해 경영진이 준법 리스크를 적극적으로 관리할 수 있도록 하고, 주요 의사결정 과정에서 준법경영을 고려할 수 있도록 한다.

❷ 지속적인 개선 시스템 도입

다음으로는 지속적인 개선 시스템을 도입하는 것이다. ISO 37301 인증을 유지하기 위해서는 내부심사를 통해 발견된 문제점을 지속적으로 개선하는 PDCAPlan-Do-Check-Act 사이클을 정착시켜야 한다.

- 문제점 분석 및 개선 조치: 내부심사를 통해 식별된 준법 리스크에 대해 즉각적인 시정 조치를 수행하고, 동일한 문제가 반복되지 않도록 예방 조치를 마련해야 한다.

- 데이터 기반 모니터링: IT 기반 준법 감시 시스템, 내부 Compliance 리스크 대시보드 등을 활용하여 실시간 준법 리스크 모니터링 체계를 구축하는 것이 효과

적이다.

- ISO 37301 개정 및 법률 변화 대응: 준법경영 기준과 관련 법규가 계속 변화하는 만큼, 기업은 주기적으로 ISO 37301 시스템을 업데이트해야 한다.

❸ 연 2회 이상 정기 교육프로그램 운영

ISO 37301을 유지하기 위해서는 기업 내 전 구성원이 준법경영의 중요성을 이해하고, 이를 실천할 수 있도록 하는 교육프로그램이 마련되어야 한다.

- 신입 및 경력사원 준법 교육: 신입 및 경력사원 대상 ISO 37301 개요, 내부통제 시스템, 내부신고제도, 공정거래 및 반부패 정책 등의 교육을 의무적으로 포함해야 한다.
- 직급별 맞춤형 준법 교육: 실무자, 중간 관리자, 임원진 등 직급별로 맞춤형 교육을 제공하여 준법경영의 실질적 적용 방안을 제시해야 한다.
- 사례 기반 준법 교육: 실제 기업의 준법 위반 사례 및 법률 개정 내용을 직원들과 공유하여 준법경영이 실제 리스크 예방 도구임을 강조해야 한다.

❹ 지속적인 준법 의식 강화 프로그램

- 온라인 윤리 퀴즈 및 테스트: 직원들이 정기적으로 윤리 및 준법경영 관련 퀴즈를 풀어볼 수 있도록 하여 지속적인 학습 효과를 유도한다.
- 내부 Compliance리더Compliance Leader제도 운영: 각 부서별로 준법경영 담당자를 지정하고, 준법 리더십을 갖춘 전문 인재를 육성한다. 저자 경험상 Compliance 담당 부서가 모든 부서를 컨트롤할 수는 없다.

❺ 내부신고 시스템의 운영 최적화

- 익명 신고채널 운영: 직원들이 보복에 대한 두려움 없이 법률 위반 및 윤리적 문제를 신고할 수 있도록 익명 채널을 운영해야 한다.
- 신고절차 간소화: 신고과정이 복잡할 경우 실질적인 활용이 어려우므로 온라인

및 모바일 기반의 간편한 신고시스템을 제공해야 한다.

❻ 내부신고자 보호 정책 강화

- 지속적 인식개선으로 보복 조치 방지: 신고자가 보복당하지 않도록 강력한 내부 보호 조치를 마련하고, 이를 위반하는 관리자나 동료에게 엄격한 제재를 가해야 한다.
- 내부감사 및 경영진 보고: 신고된 사안은 독립적인 내부감사팀에서 처리하며, 주요 사안은 경영진과 이사회에 보고하여 조치의 신뢰성을 확보해야 한다.

❼ ESG 경영과의 연계 및 글로벌 평가 대응

- ESG 평가지표 연계: 글로벌 ESG 평가기관(DJSI, MSCI, Sustainalytics 등)은 기업의 준법경영 시스템을 ESG 평가 항목 중 G 영역의 주요 지표로 반영한다.
- ISO 37301 인증을 ESG 마케팅에 활용: 기업의 윤리적 가치와 지속가능한 경영 원칙을 적극적으로 홍보함으로써 타사 대비 투자자 및 고객 신뢰도를 높이고 브랜드 가치를 향상시킬 수 있다.

ISO 37301 인증을 취득한 이후에도 지속적으로 유지하고 관리하는 것은 기업의 장기적인 신뢰성과 윤리경영을 보장하는 요소이다. 내부심사 및 지속적인 개선 활동, 정기적인 직원 교육, 내부신고 시스템의 활성화, ESG 경영과의 연계를 통해 ISO 37301을 기업의 핵심 운영 원칙으로 정착시켜야 한다. 이를 통해 기업은 법적 리스크를 줄이고, 글로벌 경쟁력을 갖춘 윤리적 경영시스템을 유지할 수 있다.

04. ISO 37301 인증, 단계별 접근 방식 7가지

앞서 설명한 바와 같이 ISO 37301 인증기업 문화와 내부통제 시스템을 정비하는 과정이다. 이를 위해 단계별 접근 방식을 적용해야 한다. 대부분 기업이 ISO 37301

인증을 준비하며 처음 마주하는 현실은 꽤 낯설고도 복잡하다. 문서를 갖추는 것만으로는 충분하지 않으며, 외부 심사기관이 요구하는 시스템적 접근과 운영의 실효성까지 동시에 입증해야 한다.

필자는 ISO 37301:2021이 나오기 이전부터 ISO 19600:2014의 번역 그리고 ISO 인증기관 설립, 인정등록까지 모든 업무를 실무자로 참여해 봤다. 그리고 수십 여건의 글로벌 인증 프로젝트를 리딩해 온 실무자이다. 대부분 기업은 ISO 구조가 복잡하고 기준이 영어로 돼 찾아보기 힘들게 되어 있기에 모를 수밖에 없다. 대부분 기업이 ISO 37301 인증을 준비할 때 가장 흔히 저지르는 실수는 문서 중심의 요식행위로 접근하거나, 한 번 인증받고 끝내는 제도로 오해하는 데 있다. 이로 인해 실제 운영에는 실효성이 결여되고, 몇 년 뒤 갱신 심사나 CP 등급평가에서 도리어 부메랑이 되어 돌아오곤 한다.

따라서 ISO 37301 인증은 단계별 접근이 필수다. 인증은 곧 조직 시스템을 다시 설계하고, 내재화하고, 운영까지 증빙하는 일련의 변화관리 과정이다. 특히 최근 공정거래위원회의 CP 등급평가 제도 고도화, 내부신고자 보호제도 강화 등은 준법경영을 선언이 아닌 운영 시스템으로 증명할 것을 강하게 요구하고 있다.

이 장에서는 ISO 37301 인증을 준비하고자 하는 기업들이 반드시 거쳐야 할 7단계 로드맵을 제시한다. 각 단계는 '왜 필요한지'에 대한 원리와 '무엇을 해야 하는지'에 대한 실무 액션으로 구성된다. 특히 이 프레임은 기업의 산업, 규모, 지역에 따라 유연하게 적용 가능하며, CP 등 국내 제도와의 연계성도 확보할 수 있다.

아래는 전체 7단계 흐름을 요약한 개요표이다. 이후 본문에서는 각 단계를 개별적으로 깊이 있게 설명한다.

ISO 37301 인증 단계별 접근 요약법		
단계	핵심 내용	주요 실무 과제
① 사전 준비	리더십 확보, 추진 목표 설정	예산, 보고, 경영진 선언, 위원회 구성, 교육 및 일정 수립 등
② 현황 분석 및 리스크 평가	현 체계와 ISO 요구 비교 분석	컨설팅, Gap 분석, 법규 파악, 리스크 매핑 등

ISO 37301 인증 단계별 접근 요약법		
단계	핵심 내용	주요 실무 과제
③ 시스템 구축	정책·절차·양식 등 시스템 정비	정책 수립, 윤리강령, 내부신고 체계 구축, 이사회 보고, 책임자 임명 등
④ 전사적 교육 및 실행	전 직원 인식 제고 및 실행력 강화	맞춤형 교육, 내부심사원 교육, 익명신고 활성화 등
⑤ 내부심사 및 경영 검토	모의심사 통해 문제점 개선	내부감사, 개선조치, 문서 정비, 경영 검토 보고 등
⑥ 인증심사	외부 심사기관 통한 공식 인증	1단계 문서심사, 2단계 현장심사 등
⑦ 지속적 유지	연차 사후 심사, 정책 업데이트	사후 심사 대응, 리스크 변화 반영 등

❶ 사전 준비: 리더십 확보 및 인증 목표 설정

ISO 37301 인증을 성공적으로 추진하려면 최고경영진^{CEO}과 이사회가 적극적으로 나서야 한다. 특히 준법경영이 기업의 핵심 전략임을 전사적으로 공유해야 한다. 최고경영진의 공식 선언 및 메시지 발표, 내부 Compliance 위원회 구성, 경영진 및 주요 임직원의 준법 교육, ISO 37301 추진 목표 및 일정 수립 등이 이에 해당한다.

ISO 37301에서는 Clause 5.1$^{Leadership\ and\ Commitment}$에서 최고경영자의 준법경영에 대한 '가시적 리더십'과 '조직적 약속'을 요구한다. 즉, CEO는 선언하고, 자원을 배분하고, 모니터링하고, 결과에 책임지는 '주체'여야 한다. 대개 실무 부서에서 ISO 인증을 추진하다가 경영진의 소극적인 태도로 인해 흐지부지되는 경우가 많다. 인증을 비용으로 보는 경영층은 결국 요식적 시스템을 만들게 되며, 이는 향후 실효성이 부정되어 갱신심사에서 셀프 탈락하는 원인이 되기도 한다. 따라서 이 단계에서는 CEO와 이사회의 직접적 참여와 지속적인 관심 확보가 가장 중요하다.

이때 실무자는 인증 취득의 범위^{Scope}, 목적, 일정이 사내에 공식적으로 공유되었는지, ISO 37301 프로젝트 총괄 리더(또는 추진위원회)가 구성되었는지, 핵심 내부심사원(법무, 감사, HR, 영업, 생산, 마케팅, 구매 등)이 초기부터 참여하고 있는지, 경영진 및 주요 관리자에게 ISO 37301과 준법경영의 본질에 대한 교육을 진행할 것인지를 판단해 봐야 한다.

※ ISO 기준 조항과 연계 해설

Clause 5.1: Leadership and Commitment

조직의 최고경영자는 준법경영시스템이 효과적으로 수립되고 실행되며, 지속적으로 개선될 수 있도록 리더십과 의지를 보여야 한다.

Clause 5.3: Organizational Roles, Responsibilities and Authorities

ISO 37301 추진을 위한 권한과 역할이 명확히 정의되고 배정되어야 한다.

❷ 현황 분석^{Gap Analysis} 및 리스크 평가

이 단계에서 핵심은 현 상태와 표준 간의 간극을 체계적으로 도출해 내는 것이다. 이를 Gap Analysis(갭 분석)라 하고, 동시에 조직 내외부의 법적 리스크를 식별하고, 리스크 기반 접근법을 바탕으로 우선순위를 정해야 한다. 이는 ISO 37301의 핵심 원칙인 Risk-based thinking에도 부합한다(Clause 4.5, 6.1 참고).

현황 분석 및 리스크 평가		
세부 과업	구체적 내용	실무 포인트
Gap 분석 수행	ISO 37301 조항(Clause 4~10)과 자사 시스템 비교 분석	방침, 매뉴얼, 절차서, 지침서, 양식, KPI, 체크리스트 등 전 영역을 기준별로 체크
법적, 규제적 요구사항 정리	자사 산업에 적용되는 주요법령 및 목록 구체화	공정거래법, 상법, 개인정보보호법, 지식재산권 산업별 규제 등
내부제보 시스템 점검	익명성 보장, 처리절차, 보호정책 여부 등 점검	제도 존재 여부가 아닌 실효성 검토가 핵심
의무 식별 및 리스크평가	각 부서별 법적 리스크 도출 및 영향도/가능성 평가	ISO 37031 Annex A 리스크 기준 참고
우선순위 도출 및 대응계획 수립	고위험 영역(High Risk Area) 선별 및 단기/중기 개선 로드맵 설정	CP Risk Matrix 도구 활용시 효과적

※ ISO 기준 조항과 연계 해설

Clause 4.5: Compliance Obligations

조직은 관련 법적 요구사항과 그 이행 상황을 파악하고 있어야 하며, 이 의무사항은 시스템 전반에 통합되어야 한다.

Clause 6.1: Actions to Address Compliance Risks

조직은 식별된 준법 리스크에 대응하기 위한 조치를 계획하고 실행해야 한다. 이는 조직의 목표 및 법적 요구사항과 연계되어야 한다.

Annex A.3: (리스크 평가 프로세스)

리스크의 식별, 분석, 평가 절차와 위험 수준에 따른 대응 전략 수립에 대한 구체적인 가이드를 제공한다.

❸ 시스템 구축: 정책, 절차, 프로세스, 양식 등 개발

앞선 단계에서 우리 조직의 준법경영 실태를 분석하고 어디가 부족한지를 확인했다면, 이제는 ISO 37301에 기반한 시스템을 본격적으로 만들어야 할 시점이다. 전사적인 준법경영 구조를 명확하게 문서화하고, 체계화하는 단계다.

이 단계에서 먼저 해야 할 일은 방침Policy 수립이다. 회사의 준법경영 방침Compliance Policy을 공식화하고, 이사회로부터 승인받고 CEO 명의로 전 직원에게 공표하는 것부터 시작한다. 향후 인증 심사에서 CEO의 리더십을 평가할 때 핵심 증빙이 되기 때문에 반드시 문서화되고 의사소통되어야 한다.

그다음은 구체적인 실행 절차들이다. 예컨대, 내부신고제도를 어떻게 운영할 건지, 이해상충은 어떻게 사전에 예방할 건지, 협력사와 계약할 때 어떤 윤리적 기준을 적용할 것인지 등 모든 상황에 대한 행동 기준이 필요하다. 이걸 각 부서의 실무자가 실제로 따라야 할 절차서Procedure로 정리하는 것이다.

또 하나 빠질 수 없는 것이 행동규범Code of Conduct과 윤리강령Code of Ethics이다. 많은 기업이 두 가지를 혼용하지만, ISO 37301에서는 그 차이를 명확히 인식하고 구분해서 운영하는 것이 바람직하다. 행동규범은 '이럴 땐 이렇게 행동하라'는 실무지침이라면, 윤리강령은 전반적인 가치 선언에 가깝다. 둘 다 임직원의 의사결정 판단기준이 되기 때문에 반드시 전사 공유가 되어야 한다.

그리고 실무에서 자주 놓치는 포인트가 하나 있다. 바로 문서들 간의 연결성이다. 예를 들어, 어떤 부서에서 '윤리적 리스크 대응 가이드라인'을 만들었다면, 그에 따른 교육자료가 따로 존재해야 하고, 실행한 증빙(교육이수 목록, 피드백 등)도 있어야 한다. 또한, 어떤 정책에 대한 모니터링 기준이 문서화되어 있어야 한다. 무엇을, 언제, 어떤 기준으로, 누가 확인하는지를 명확히 해야 ISO 인증심사원이 실제 운영 여부를 심사하고 적합과 부적합을 결정한다. 이 단계에서 실무자가 자주 묻는 말이 있다. "도대체 어디까지 문서화해야 하나요?" 정답은 의외로 간단하다. 위험도가 높거나, 반복적으로 발생할 가능성이 있는 부분은 반드시 문서화해야 한다. 예를 들어, 내부신고제도를 운영하고 있다면, 신고 접수 방식, 처리 절차, 조사 책임자, 결과 공유 방식, 신고자 보호조치, 사후 교육계획 등이 모두 문서화되어야 한다. 모든 ISO와 관련된 문서화된 정보(모든 ISO의 7.5항)에서는 제정일 및 개정 이력, 작성자와 검토자, 승인자, 버전 관리, 문서 번호 등 이런 기본이 정리되어 있지 않으면, 인증심사에서 부적합으로 판단될 수 있다.

마지막으로, 시스템 구축 단계에서 내부심사 준비도 시작된다. 실제 운영하고 있다는 기록을 남기기 위한 것이다. 그러니 시스템 구축이 끝났다면, 동시에 내부점검 체크리스트도 함께 만들어야 한다. 각 정책과 절차서마다 '이게 제대로 지켜지고 있는가?'를 점검할 수 있는 기준표가 있어야 하고, 이를 누가 어떻게 점검할지도 미리 설계해 두는 것이 좋다.

❹ 전사적 교육 및 실행

ISO 37301은 아무리 훌륭한 정책과 절차서를 갖추었더라도 임직원이 그것을 모르고, 따르지 않으면 무용지물이다. 결국 시스템을 실제로 작동시키는 건 사람이고, 그 시작은 교육이다. 많은 기업들이 이 단계에서 단순히 "연간교육 몇 번 했다"는 것으로 만족한다. 하지만 ISO 37301 인증심사 단계에서는 교육 횟수보다 더 중요한 걸 본다. 바로 누가, 무엇을, 어떻게 배웠고, 얼마나 이해했는가다. 여기서의 교육은 전달이 아니라 내재화가 주목적이다. 교육의 핵심은 '했다'가 아니라 그 교육이 직원의 행동을 바꾸었느냐, 여기에 달렸다. 그래서 교육은 직무와 수준에 맞게 차별화되어야 한다.

① 경영진 대상 교육: CEO와 임원진은 준법경영이 경영전략과 어떻게 연결되는지를 이해해야 한다. 주로 리스크 경영, 지배구조, 경영책임 관점에서 접근해야 한다. 경험상 설명회로써 30분 내외의 실제 사례(벌금, 명예훼손, ESG 평가 영향 등)를 기반으로 설계하면 효과가 높다.

② 중간 관리자 대상 교육: 현장의 의사결정 권한이 있는 부서장이나 실무 책임자들은 '경고신호 감지법', '후배직원 지도 시 유의사항', '사전업무협의 절차' 등을 중심으로 교육받아야 한다. 이들이 내부통제의 실질적 핵심이다.

③ 일반 직원 대상 교육: 업무별로 실제 발생 가능한 상황 중심 시나리오 교육이 필요하다. 예를 들어 영업 부서에는 '불공정 거래', 연구부서에는 '기술유출과 정보보호', 구매부서에는 '협력업체 선정 시 이해충돌' 등 맞춤형 교육 콘텐츠가 필요하다.

④ 협력사 및 외부 이해관계자 대상 교육: ISO 37301은 외부 위탁 업무나 협력사의 준법 리스크도 포함하여 보기를 요구한다. 협력업체 대상 '청렴계약', '공정거래 4대 의무사항' 등에 대한 교육과 서약 체계를 구축하는 것이 좋다.

형식보다 '실행력' 있는 교육 설계가 중요하다. 따라서 교육은 반드시 다음을 고려해서 설계해야 한다.

• 정기성과 주기성: 단발성 교육이 아니라 최소 연 1회 이상 전사 교육을 기준으로, 리스크가 높은 부서는 분기별 또는 사건 발생 시 추가 교육

• 교육 이수 관리: 교육 출결, 이수율, 미이수자 관리 시스템 구축. ISO 37301 심사에서는 '이수율'보다 '미이수자 관리' 여부를 더 중요하게 본다.

• 이해도 평가: 단순 강의가 아니라 퀴즈, 테스트, 설문 등을 통한 이해도 평가가 병행돼야 한다.

• 교육 효과 피드백 수렴: 직원들이 교육을 통해 어떤 점을 새롭게 인식했는지 피드백 받고, 이를 개선에 반영하는 절차가 있어야 한다. 이를 위해, 교육과 함께

내부 커뮤니케이션 캠페인, 골든벨 이벤트, 워크숍, 사내 포스터, FAQ 배포 등
도 병행하는 것이 좋다.

이 단계는 준법경영이 나와 관련 있다는 인식을 직원이 가지도록 만드는 일이다.
시스템을 설계하는 것도 중요하지만, 사람을 설득하지 않으면 아무것도 바뀌지 않는
다. ISO 37301 인증이 종이 인증서가 결과물이라고 생각하면 안 된다. 1년마다 외부
제3의 인증기관에서 임직원들을 위해 몰라서 못 지킬 수 있는 법과 같은 규범을 건
강검진하는 '문화 인증'이다.

❺ 내부심사, 경영검토, 개선

ISO 37301 인증을 준비하면서 반드시 거쳐야 하는 중요한 고비가 있다. 바로 내부
심사Internal Audit와 경영검토Management Review이다. 이 단계는 마지막 리허설이라고 봐도
좋다. 조직 스스로 준법경영 시스템이 실제로 작동하고 있는지 냉철하게 점검하고,
보고하여 부족한 부분은 과감히 고쳐나가는 과정이다.

ISO 37301에서 요구하는 내부심사Internal Audit는 시스템의 효과적 작동 여부, 리스
크 경감 여부 등을 점검하는 것이다. 내부심사의 핵심 포인트는 크게 3가지로 나눈
다. 내부심사팀의 구성, 심사 범위 설정, 현장 인터뷰 중심의 점검, 실제 운영 여부
확인이다. 그 중 첫 번째로 내부심사팀을 구성하려면 소속 부서에서 이해관계가 없
는 인력으로 구성해야 하며, 자신의 부서를 직접 심사하는 것이 아닌 다른 부서를 심
사하여야 한다. 가능하다면 외부 전문가를 컨설턴트로 동반해 객관성을 높이는 것이
좋다. 두 번째로 심사 범위를 설정하여야 한다. 전사 범위를 모두 다루기보다 리스크
가 높은 부서(예: 영업, 구매, R&D 등)에 중점 심사 영역을 설정하는 방식이 효과적이
다. 세 번째로는 현장 인터뷰 중심의 점검이 이뤄지면 좋다. 문서만으로 판단하지 말
고, 실제 임직원 인터뷰를 통해 정책이 어떻게 이해되고 있는지를 확인해야 한다. 마
지막 네 번째로 실제 운영 여부를 확인하는 것이다. 정책은 있으나 교육이 없거나,
규정은 있지만 아무도 모른다면 '운영 미흡' 판정 대상이다.

내부심사는 실질적인 개선Improvement의 기회여야 한다. 심사를 통해 '지적사항'을

찾는 데서 그쳐선 안 된다. 진짜 중요한 건 지적사항에 대한 조치계획^{Action Plan}을 수립하고, 이를 어떻게 실천했느냐다. 그러기 위해서는 개선 조치의 실효성을 높여야 한다. 개선은 프로세스를 바꾸고, 사람들의 행동이 변하도록 만드는 일이어야 한다. 다음으로 문서 및 기록관리 체계를 점검하여야 한다. 모든 ISO 심사는 증빙 중심이다. 교육자료, 회의록, 내부신고 기록, 심사 체크리스트 등 모든 기록을 명확히 남기고 관리해야 한다.

다음 경영검토는 ISO의 경영시스템이 조직의 전략과 연결되는지 점검하고 보고하는 시간이다. 즉, CEO가 실제로 이 내용을 보고받고, 리스크에 대한 인식을 하고 있으며, 향후 방향성을 논의하고 있는지가 중요하다.

경영검토 주요 항목은 다음과 같다. 내부심사 결과 요약 및 시사점, 준법 리스크 변화 분석, 교육 이수율 및 미이수자 현황, 내부신고 및 처리 건수, 주요 법률 개정 사항 반영 여부, 향후 전략(예: 신규 제도 도입, 협력사 확장 등)과의 연계성 등이다. 경영검토는 이사회에 요약 보고가 되어야 하며 이는 ISO 심사 시 필수 점검사항이다. 따라서 경영검토 시 CEO 또는 이사회 참여가 필수다. ISO 37301에서는 최고경영자의 적극적 개입을 중시한다. 회의 참석뿐만 아니라 검토 결과에 기반한 구체적 지시나 예산 조정, 조직 개편 등의 실질적 피드백이 있어야 심사 시 높은 평가를 받는다.

내부심사와 경영검토는 인증 전 점검 차원뿐만 아니라 조직이 스스로 성찰하고 개선하는 중요한 관리 도구다. 실제 현장에서 ISO 37301 심사관이 가장 깊이 들여다보는 파트도 이 지점이다.

❻ 인증심사 및 획득

ISO 37301 인증심사는 일반적인 ISO 인증과 구조는 같지만, 내용은 더 까다롭고 예민하다. 그 이유는 법 위반 리스크, 부정행위, 내부신고, 경영진의 리더십처럼 조직의 핵심 가치와 윤리성을 직접 다루기 때문이다. 따라서 인증기관의 심사원은 이 시스템이 실제로 해당 조직에 효과적으로 몸에 맞게 잘 입은 옷처럼 작동하고 있는지를 면밀히 검토하고 심사보고서를 작성한다.

공식 인증심사는 1단계(문서 심사)와 2단계(현장 심사)로 나뉜다.

- 1단계 문서심사: ISO 37301 문서 및 프로세스 검토로써 요건에 따른 문서검토가 된다. 방침, 매뉴얼, 절차서, 지침서, 리스크 식별 절차서, 교육자료, 내부심사 결과 드을 심사한다.
- 2단계 사무소심사: 실제 운영 여부 및 효과성 평가로써 실제 운영 상태를 인터뷰와 실사로 점검한다. 경영진 인터뷰, 실무자 인터뷰, 문서와 행동 일치 여부 확인, 신고제도, 리스크 대응 등 실무 자료를 확인한다.
- 인증서 발급 후 정기 사후 심사 및 갱신심사 수행

❼ 지속적 운영 및 유지·관리

인증 이후에도 끝은 아니다. 모든 ISO는 구조상 사후심사와 갱신심사가 1년마다 이뤄진다. 인증 이후에도 매년 사후심사(1st, 2nd year surveillance)를 받고, 3년째에는 갱신심사Recertification Audit를 다시 받아야 한다. 때문에 ISO의 모든 시스템은 '취득 → 유지 → 개선'이라는 선순환 사이클을 끊임없이 돌려야 한다.

- 사후 심사: 내부심사와 개선 활동, 리스크 대응, 교육 이행 등을 중심으로 평가
- 갱신 심사: 거의 신규 인증 수준의 포괄적 점검

ISO 37301 심사에 있어서 우리 회사의 Compliance 문화를 내재화했는지를 외부 전문가가 들여다보는 객관적 관문이다. 이 단계를 통해 기업은 외부 신뢰를 획득하고, 내부에선 자신감을 갖게 된다.

다시 한 번 언급하고 싶은 것은 ISO 37301 인증을 종이 문서 또는 상패로 봐서는 안 된다. 우리 조직이 얼마나 윤리적으로, 책임감 있게 법을 준수하고 있는지를 사회에 스스로 증명하고 있는 과정이다. 지속적인 운영이 없으면 인증서는 진짜 종이가 된다.

05. 글로벌기업의 ISO 37301 인증 도입 사례분석

2016년 ISO 37001(부패방지 경영시스템)이 발표된 이후 국내에서는 주로 제약·바이오 산업과 공공기관을 중심으로 빠르게 확산되었다. 약 38%가 제약 분야, 50%가 공공기관, 나머지 12%는 롯데, 한화 등 일부 대기업과 중견기업, 금융기관 등에 도입됐다. 그 흐름을 잇는 형태로 등장한 ISO 37301(준법경영시스템)은 아직 국내에선 다른 경영시스템(ISO 45001) 표준보다 확산되지 못했다. 그러나 국제적으로는 이미 ISO 37301을 기반으로 한 Compliance 시스템 구축이 글로벌 스탠더드의 일부로 자리 잡고 있다.

유럽, 북미, 일본, 싱가포르, 호주 등 주요 선진국들은 ISO 37301의 구조적 강점을 활용해 기존의 Compliance 체계를 정비하거나, 새롭게 법규준수 중심의 조직문화를 구축하고 있다. 특히 반부패, 내부통제, 인권, 공급망 리스크 대응 등 다양한 분야와의 연계성이 높아 전사적 경영 과제로 진화하고 있다.

그렇다면 왜 글로벌기업은 ISO 37301을 도입했는지 살펴볼 필요가 있다. 글로벌기업들이 ISO 37301을 선택한 이유는 규제 대응뿐만 아니라 그 이면에는 보다 전략적이고 선제적인 리스크 관리의 목적이 자리하고 있다.

- 규제 리스크 대응: GDPR, FCPA, UK Bribery Act, EU 공급망 실사법 등 글로벌 규제 환경이 점점 정교화됨에 따라, 국제기업은 선제적 대응체계를 구축할 필요성이 커졌다.
- 이해관계자 신뢰 확보: 투자자, 고객, NGO, 언론 등 외부 이해관계자들이 '법규 준수와 윤리경영 수준'을 기업가치 판단의 중요한 척도로 삼기 시작했다.
- M&A, 글로벌 확장 시 실사 대응: ISO 37301은 M&A 실사 과정에서 중요한 평가지표로 활용되며, '준법 시스템이 갖춰져 있는가'가 기업 가치의 프리미엄을 결정짓는 요소로 작용한다.
- ESG 연계 관리체계 수립: GRC(Governance, Risk, Compliance)의 통합적 관리 요구가 증가하면서, ISO 37301이 ESG 경영체계의 핵심 축으로 채택되고 있다.

글로벌기업의 ISO 37301 도입 사례

다음은 미국 IAS로부터 인정받은 한국준법진흥원이 IAS 인정 심사원을 통해 확인된 사항을 토대로 해당 기업을 검색하고 분석한 결과를 분석한 결과이다.

❶ 독일 A 기업: 내부신고 시스템 개편을 통한 조직 투명성 제고

독일의 A 기업은 자동차 및 산업기계 분야에서 세계적 영향력을 가진 중견기업으로, Compliance 시스템의 체계화를 위해 ISO 37301을 전사적으로 도입했다. 이 기업이 특히 집중한 분야는 내부신고 시스템Whistleblowing System의 정비와 문화 내재화였다. 독일은 유럽에서도 가장 엄격한 반부패 및 뇌물방지법 체계를 갖춘 국가 중 하나다. 기업들은 법적으로 내부고발자 보호 시스템을 갖추고, 그 운영의 실효성을 보장해야 한다. A 기업은 ISO 37301의 도입과 함께, 기존의 형식적 운영에 가까웠던 내부신고 시스템을 전면 개편했다. 가장 큰 변화는 두 가지다.

첫째, 익명성 보장과 신고자 보호조치 강화다. 직원들이 신분 노출에 대한 우려 없이 윤리 위반 또는 법령 위반 행위를 신고할 수 있도록 외부 위탁 플랫폼을 도입하고, 법무·윤리 전담 부서가 독립적으로 조사에 착수하는 구조를 마련했다. 둘째, 사후관리 체계 정비다. 신고를 접수하는 데서 그치지 않고, 신고 내용의 처리 현황을 투명하게 관리하고, 반복적 리스크에 대해서는 예방 교육까지 연계하는 선순환 구조를 만들었다. 또한 ISO 37301이 강조하는 핵심 조항인 모니터링 및 성과 평가(Clause 9) 항목을 중심으로 내부심사 체계도 정비했다. 실제로 이 기업은 ISO 인증 이후 2년간 윤리 관련 내부신고 건수가 3배 이상 증가했으며, 이는 위반 사례가 늘어난 것이 아니라 신고문화가 정착되고 있다는 증거로 내부에서 해석되었다.

❷ 미국 B 기업: 공급망 리스크 관리와 ISO 37301

미국의 B 기업은 전 세계 50개국 이상에 부품과 원자재를 공급받는 다국적 IT 기업으로, 공급망 리스크 관리는 기업의 생존과 직결되는 중요한 이슈였다. 이 기업은 글로벌 사업 확장과 함께 증가하는 규제 복잡성, 협력업체의 법규 위반 가능성, 공급망 내 부패 리스크 등에 대응하기 위해 ISO 37301을 전략적으로 도입했다.

B 기업의 첫 번째 조치는 공급망 전반에 대한 준법 리스크 점검 체계 구축이었다. 특히 협력업체에 대한 요구 수준을 높이기 위해, ISO 37301 기반의 준법경영 시스템 운영 여부를 공급계약 조건에 포함시키고, 자체 개발한 윤리규범 및 행동기준을 제3 자 업체에도 적용하도록 했다. 그중 핵심은 다음 세 가지다.

- 법적 리스크 사전 차단: 미국의 해외부패방지법FCPA, 영국의 뇌물방지법UK Bribery Act, 유럽의 개인정보보호법GDPR 등 각국의 상이한 법령을 반영해 내부 가이드라 인을 통합하고, 해외 법무팀과 함께 준법 가이드라인을 다국어로 제작하여 전 세계 지사와 협력사에 배포했다.

- 내부심사 강화: 기존 연 2회 실시하던 내부 Compliance 감사CA를 연 4회로 확대 하고, 공급망 감사도 일정 주기로 실시했다. 이를 통해 하청업체의 부정 거래, 인권침해, 환경 규정 위반 가능성을 조기에 발견하고 조치할 수 있는 구조를 만 들었다.

- 준법 문화의 외부 확산: 단순히 내부 직원 교육과 더불어 주요 공급사에도 준법 교육을 실시하고, 윤리 이슈 발생 시 신고와 후속 조치를 공유하는 시스템을 도 입했다.

그 결과, B 기업은 법적 리스크를 크게 줄이면서도, 공정하고 투명한 글로벌 공급 망 관리체계를 확립할 수 있었다. 이는 ESG 평가 항목 중 공급망 지속가능성에서 높 은 평가를 받는 결정적 요인이 되었다. 실제로 주요 글로벌 투자기관은 B 기업의 공 급망 윤리성과 투명성을 높이 평가하며, 장기 투자처로 신뢰를 보냈다.

이 사례는 ISO 37301이 외부 파트너와의 관계까지 포함하는 통합 리스크 관리 도구로 활용될 수 있음을 보여준다. 특히 글로벌사업을 영위하는 기업일수록 ISO 37301의 구조적 접근이 전략적 무기가 된다.

공공기관의 Compliance 제도 도입 사례

기업뿐만 아니라 공공부문 역시 법적 책임과 윤리적 기대가 점차 높아지면서

Compliance 경영의 필요성이 커지고 있다. 특히 사회적 책무를 지닌 공공기관은 투명성과 청렴성에 대한 국민의 기대가 민간보다 높다. 하지만 실제로 공공기관은 기업에 비해 Compliance 시스템을 제도화하는 데 있어 상대적으로 더딘 경향이 있다.

그럼에도 불구하고, 일부 국가들은 공공기관에 ISO 37301 또는 유사한 Compliance 시스템을 강제 도입하거나 자율 도입을 유도하는 정책을 펼치고 있다. 여기에는 공공정책의 신뢰성과 청렴한 행정 운영을 위한 전략적 수단으로서의 준법경영이 자리 잡고 있다.

싱가포르 정부: 공기업 및 공공기관의 ISO 37301 의무 도입

싱가포르는 세계에서 가장 낮은 부패지수를 유지하는 국가 중 하나다. 이러한 성과의 이면에는 공공부문에 대한 강력한 준법경영제도 도입이 있었다. 2021년, 싱가포르 정부는 국가 차원의 청렴 전략의 일환으로 주요 공공기관과 공기업에 ISO 37301 인증 취득을 의무화했다.

여기서 주목할 점은 공공조달, 정책집행, 민간과의 계약체결 과정에서 ISO 37301 준수를 전제로 한 의사결정 체계 구축을 요구하며, 이에 따라 수의계약, 위탁사업, 민관협력프로젝트PPP 등에서도 공정성과 투명성이 강화되었다. 또한, 정부는 공공부문 전용 준법리스크 매뉴얼을 개발하여, 기관별 법적·윤리적 의무를 정리하고 ISO 37301의 요구사항과 접목했다. 이로써 싱가포르는 민간 부문보다 앞서 공공영역에서 글로벌 기준을 선제 도입하는 전략을 실현 중이다.

공공기관의 준법경영은 더 이상 선택이 아니다. 부패 없는 투명 행정, 공정한 정책 집행을 실현하기 위해서라도 Compliance 시스템은 공공부문의 차세대 행정 인프라로 자리 잡아야 한다. 한국 공공기관 역시 이제는 경영평가 대비 인증 취득이 아닌, 제도화와 내실 있는 운영을 본격적으로 고민해야 할 시점이다.

ISO 37301 요구사항 PDCA

01. Compliance 적용 범위

다음은 Compliance의 적용 범위로 기업이 어떤 영역에 규범 준수를 적용할지, 어디까지 책임을 설정할지를 명확히 정하는 시작점이다. ISO 37301에서도 조직의 운영 맥락^{Context}을 고려하여 적용 범위를 결정할 것을 요구하고 있다. 이는 곧 기업의 리스크 노출 정도, 산업의 특수성, 이해관계자 요구, 규제 환경 등을 종합적으로 반영한 전략적 판단이 필요하다는 뜻이다.

적용 범위가 불명확하면, 규범준수는 조직 전반에 내재화되기 어렵다. 이 장에서는 기업이 ISO 37301을 기준으로 적용 범위를 어떻게 설정하고, 이를 통해 어떤 영역에서 실질적 Compliance를 구현할 수 있는지를 구체적으로 살펴본다.

Compliance는 필수적 의무사항과 자발적 의무사항을 포괄적으로 다루고 있어 굉장히 범위가 넓다. 따라서 이를 현실적으로 적용하는 방법에 대해 상세히 그 범위를 다뤄본다. Compliance, 즉 규범 준수는 기업이 운영되는 모든 업무 프로세스 요소로써 과거에는 법을 지키는 것만으로도 충분했지만, 지금은 기업이 어떻게 법을 지키면서 윤리적으로 비즈니스가 운영될 수 있는가에 대한 문제가 함께 논의되고 있다. 이에 따라 글로벌기업들은 자체적인 윤리 기준을 수립하거나 정부와 협력하여 보다 강력한 Compliance 체계를 구축하고 있다. 이러한 시대적 요구에 부응하여 탄생한 글로벌 스탠더드 ISO 37301은 2021년 제정된 Compliance 국제표준이다. 기업이 조직 경영의 핵심 전략으로 삼을 수 있도록 체계적인 가이드라인을 제공하고 있는데, 여기서 중요한 개념이 바로 적용 범위$^{Scope\ of\ Compliance}$다. Compliance의 적용 범위를 어떻게 설정하느냐에 따라 기업의 리스크 관리 수준과 지속가능성이 결정되기 때문이다.

ISO 37301이 규정하는 Compliance의 적용 범위는 필수적 요구사항^{Mandatory} $^{Compliance\ Obligation}$과 자발적 요구사항$^{Voluntary\ Compliance\ Obligation}$으로 나뉜다. 전자는 기업이 반드시 지켜야 하는 법과 규제, 계약상의 의무를 의미하고, 후자는 기업이 윤리적 가치를 실현하거나 사회적 책임을 다하기 위해 자율적으로 설정하는 기준이 된다. 이 두 가지는 서로 분리될 수 없고, 함께 고려되어야 한다. 오늘날 기업이 처한 환경이 매우 복잡한 만큼 다양한 이해관계자와 소통하며 운영해야 하기 때문이다. 그러다 보니 자국의 법뿐만 아니라 국제기준과 거래국의 법률, 그리고 기업이 추구하는 가치까지 반영해야 하는 상황이 된 것이다. 이러한 맥락에서 기업이 ISO 37301을 도입하거나 인증받을 때 적용 범위를 정하는 것은 매우 중요한 과정이 된다.

기업이 Compliance의 적용 범위를 정할 때 가장 먼저 고려해야 할 것은 필수적 의무사항이다. 필수적 의무사항$^{Mandatory\ Compliance\ Obligation}$은 기업이 운영되는 국가 또는 산업에서 반드시 준수해야 하는 법률, 규정, 감독 기관의 지침 등을 포함하고 있어 그 범위가 굉장히 넓다. 국내법과 글로벌 법을 보면 대표적으로 반부패 법률(FCPA, UK Bribery Act), 개인정보 보호법(GDPR, CCPA), 노동법, 환경 규제, 공정거래법 등이 있기 때문이다. 이러한 필수적 의무사항은 위반할 경우 법적 처벌, 재정적 손실, 평판 리스크를 초래할 수 있기에 반드시 준수해야 한다.

만약 다국적 기업이 GDPR(유럽 개인정보 보호법)을 준수하지 않으면 최대 연간 글로벌 매출의 4%에 해당하는 벌금을 부과받을 수 있다. 미국의 FCPA(해외부패방지법)는 가장 강력한 반부패 법으로 해외에서 뇌물을 제공한 기업에도 처벌을 가하는 대표적인 법률이다. 이러한 법들은 기업이 본사가 위치한 국가의 법만 따르는 것이 아니라 사업을 영위하는 모든 국가의 법을 고려해야 한다는 점을 강조하고 있다.

덧붙여 계약상의 의무$^{Contractual\ Compliance\ Obligation}$도 기업의 적용 범위에서 중요한 부

분을 차지한다. 기업이 고객, 협력업체, 공급업체와 계약을 맺을 때 특정 법을 준수해야 한다는 조건이 포함되는 경우가 많아지고 있다. 대기업들은 CSDD(EU 공급망 실사법)와 같이 ESG 기준을 협력업체들에 강제하는 경우가 증가하고 있으며, 금융기관들도 기업에 대출을 해줄 때 기업이 윤리경영 기준을 충족했는지를 확인하기도 한다. 이러한 계약상의 의무는 법적으로 강제되는 것은 아니지만, 계약을 위반할 경우 신뢰도 하락과 비즈니스 손실을 초래할 수 있기에 사실상 필수적으로 준수해야 하는 사항이다.

마지막으로 기업이 놓칠 수 있는 부분이 바로 자율적 의무^{Voluntary Compliance Obligation}다. 법적으로 강제되지는 않지만, 기업이 Compliance 경영을 위해 자발적으로 설정하는 기준이다. ISO 37301 자체도 강제된 법이 아니라 기업이 Compliance 체계를 효과적으로 운영하기 위해 채택하는 표준이다. 이 외에도 ISO 37001(부패방지), ISO 45001(안전보건), ISO 14001(환경경영), ISO 27001(정보보안), ISO 27701(개인정보) 등이 기업들이 도입하는 대표적인 자율적 Compliance 기준이다.

특히 글로벌기업들은 투자자, 소비자, NGO 등의 압력으로 ESG 경영을 강화하고 있는 추세이다. 애플과 마이크로소프트 같은 기업들은 공급망에서 윤리적으로 문제가 되는 업체와 거래를 중단하는 정책을 시행하고 있다. ESG 관련 규정을 법적으로 강제하는 국가가 많지 않지만, 글로벌시장에서 살아남기 위해서는 기업이 자발적으로 높은 수준의 Compliance를 유지해야 하는 시대가 된 것이다.

Compliance 의무(Compliance Obligations: 4.5항)와 더불어 ISO 37301을 기반으로 기업의 적용 범위를 정할 때 가장 중요한 것은 리스크 평가(Risk Assessment: 4.6항)이다. 기업이 어떤 법을 준수해야 하는지, 어떤 자율적 기준을 채택할 것인지는 리스크 기반 접근법^{Risk-Based Approach}을 통해 결정하여야 한다. 대표적으로 금융회사는 자금세탁 방지 규정을 가장 중요하게 다룰 것이고, 제조업체는 환경규제에 더 신경 써야 할 것이다. 따라서 기업은 사업 모델과 운영 환경에 따라 Compliance 적용 범위를 맞춤형으로 설정하여야 하는 것이 ISO 37301 도입에 핵심이 된다.

Compliance의 적용 범위를 잘 설정한 기업은 글로벌 비즈니스 환경에서 신뢰받고 장기적으로 성장할 수 있는 기반을 마련할 수 있게 될 것이다. 저자의 경험상 ISO 37301을 도입한 기업들은 내부적으로 규범준수 문화를 정착시키고, 외부적으로는 수출 기회와 거래관계 중 신뢰도 확보 등 기업의 매출과 신뢰도를 높이는 효과를 얻는다. 간혹 Compliance를 비용으로 생각하는 경우가 있는데, 이는 잘못된 판단이다. Compliance는 기업의 지속가능성을 위한 투자이자 경쟁력의 핵심 요소가 된다.

02. Compliance 조직상황 파악

Compliance 경영시스템Compliance Management System(CMS)은 조직이 법적·규제적 요구사항을 준수하고, 윤리적 경영을 실천하는 체계적 관리방식이다. ISO 37301은 이러한 Compliance 경영시스템을 효과적으로 구축할 수 있도록 표준화된 가이드라인을 제공하며, 조직이 처한 환경과 이해관계자의 기대를 종합적으로 고려하는 것을 핵심 요소로 삼는다.

ISO 37301의 4항 '조직 상황Understanding the Organization and Its Context'은 조직이 처한 환경을 면밀히 분석하여 내·외부 요인을 종합적으로 고려하고, 이를 기반으로 조직의 Compliance 경영시스템을 설계해야 함을 강조한다. 조직이 처한 상황을 정확히 이해하지 못하면, Compliance 경영시스템은 형식적인 문서 작업에 그칠 수밖에 없으며 실질적인 리스크 대응이 어렵다.

그 첫 번째로 조직의 내·외부 환경을 철저히 분석하여야 한다. 조직이 직면한 내부 및 외부 환경을 명확하게 이해해야 나중에 나오는 의무식별과 리스크 평가가 가능하다. 특히 기업이 속한 산업 특성, 시장 환경, 경제적·법적 요인, 기술 변화, 사회적 요구 등을 폭넓게 분석해야 한다. 이에 외부와 내부 환경을 분석할 때 다음과 같이 참고할 수 있다.

외부 환경 요소

기업이 외부 환경을 분석하는 이유는 간단하다. 기업의 생존, 성장, 리스크 대응 역량은 외부 환경의 흐름과 뗄 수 없는 관계에 있기 때문이다. 특히 지금 미국의 대외 관세 정책으로 대한민국과 같이 수출 중심 국가와 기업들은 많은 변수에 처해 있다. 외부 환경은 기업의 전략 방향뿐 아니라 Compliance 경영시스템이 실효성 있게 작동할 수 있는 조건과 전제를 제공한다. 시스템은 법률적·사회적 변화에 능동적으로 반응하며 기업이 시장 내에서 신뢰받을 수 있는 기반을 마련하는 구조이기 때문에, 외부 환경의 분석은 필수라고 할 수 있다.

다음은 ISO 37301에 따라 외부 환경을 분석할 때 반드시 고려해야 할 주요 요소들이다.

외부 환경 분석		
외부 환경 요소	주요 내용	사례 및 이슈
① 법률 및 규제 환경	글로벌 및 국내 규제 변화, 정책 방향성, 감독기관의 요구사항 파악	• EU의 ESG 공시 규제(CSRD) 대응 필요 • 미국 FCPA 적용 대상 증가 • 한국 공정거래법 및 상법 개정, 이해충돌방지법 도입 등
② 경제적 요인	환율, 금리, 원자재 가격, 경기 침체·회복 흐름 등 거시경제의 영향	• 팬데믹 이후 공급망 불안정성과 기업 도산 증가 • 기준금리 상승으로 기업 대출 리스크 증가
③ 사회적·문화적 요인	윤리의식 향상, 사회적 책임 요구, MZ세대의 가치 중심 소비 확대	• 직장 내 괴롭힘·정보 유출 등에 대한 조직 리스크 증가 • 고객사의 ESG 요구사항 증가, 협력사 윤리규범 요구 확산
④ 환경적 요인	탄소중립 정책, 기후리스크 대응, 지속가능경영 요구	• Scope 3 온실가스 관리 의무화 흐름 • 기후리스크 평가를 의무화하는 IFRS S2 기준 도입 검토
⑤ 기술적 요인	AI, 빅데이터, 디지털 전환, 사이버 보안 강화	• AI 활용 윤리 규범 부재로 인한 법적 공백 • 개인정보보호법 강화 및 GDPR 연계 이슈

대표적으로 저자가 기억하는 법률·규제 환경에 대해 국내 한 제약사는 최근 ISO 37301과 CP 도입 시, 공정거래법 개정안 및 이해충돌방지법 내용을 내부 CP 규정 및 리스크 평가에 반영하며 사전 리스크 통제 체계를 강화하였다.

기업의 Compliance 활동이 실제 효과를 내기 위해서는, 이러한 외부 환경의 흐름을 내부 정책·규정에 즉시 반영하고, 필요시 조직 구조나 업무 흐름까지도 조정할 수 있어야 한다. ISO 37301의 이러한 외부 환경 분석은 조직의 적용 범위 설정, 리스크 평가, 정책 설계 등 모든 Compliance 경영활동의 기초가 된다.

내부 환경 요소

기업이 외부 환경에 어떻게 적응할 것인가도 중요하지만, 내부 환경 요소를 고려하여 대응하는 것도 중요하다. 외부의 규제나 사회 요구에 대응하려면, 조직 내부의 시스템이 제대로 작동하고 있어야 한다. 즉, 기업 내부에 어떤 리더십이 있고, 어떤 문화가 자리 잡고 있으며, 이를 뒷받침할 자원과 제도가 얼마나 정비되어 있는지가 실효성 있는 Compliance 경영시스템이라고 봐야 한다.

기업에서 Compliance 관련 심사를 하다 보면 은근히 외부 규범 등은 잘 알고 있는데, 내부 규범(규정) 등이 어디에 있는지 모른다. 대표적으로 내부신고제도는 있어도 운영도 안 되고, 직원들은 있는 줄 모르고, 윤리강령은 만들어 놨지만 누구도 보지 않는 종이일 뿐인 경우가 많다. 그래서 '내부 환경 요소'는 ISO 37301의 조직 맥락(Clause 4.1~4.2)을 구성하는 주요 활동 사항 중 하나이다.

아래 표를 참고하여 조직 Compliance에 영향을 주는 내·외부 이슈를 종합적으로 고려하여 제한 없이 포함하여야 한다.

Compliance에 영향을 주는 이슈	
내부 환경 요소(Internal issues)	외부 환경 요소(External issues)
a) 지배구조(Governance) b) 이해관계자와의 관계(Relationships with stakeholders) c) 조직문화(Organizations culture) d) 역할과 책임(Role & responsibility) e) 방침 및 목표(Policies and objectives) f) 자원(Resources) g) 지식과 역량(Knowledge & Competency) h) 인프라(Infrastructure)	a) 국가(Nation) b) 지역적(Regional) c) 정치경제(Political economy) d) 사회문화(Socialculture) e) 언론(Media) f) 시장경제(Market economy) g) 자연환경(Natural environment) h) 신기술(New technology) i) 법률(Law)

Compliance에 영향을 주는 이슈	
내부 환경 요소(Internal issues)	외부 환경 요소(External issues)
i) 시스템 & 제도(Systems) j) 계약관계(Contractual relationships) k) 근무형태 흐름(Information flows) l) 표준(Standards)	j) 규제(Regulation)

결국 기업의 Compliance 수준은 내부 시스템이 얼마나 정교하게 설계되어 있고, 그것이 실제로 일상에서 살아 움직이느냐에 달려 있다. 특히 조직문화는 수치로 측정하기 어렵지만, 직원들의 일상적인 말과 행동, 의사결정의 기준, 위기 상황에서의 대응 방식에 그대로 드러난다. 단 한 번의 부정행위가 수년간 쌓아온 기업의 신뢰를 무너뜨릴 수 있다. 그래서 내부 환경 분석은 Compliance 경영의 기초 체력이라고 봐도 좋다. 기업은 외부 평가나 인증을 따기 전에 먼저 스스로를 들여다봐야 한다. 마치 거울을 보듯 자신의 내부를 비추고, 메타인지적으로 무엇이 작동하고 있고 무엇이 작동하지 않는지를 정직하게 점검해야 한다.

이해관계자의 요구 및 기대 사항 분석

조직이 신뢰받기 위해서는 조직을 둘러싼 이해관계자의 기대와 요구를 정확히 파악하고 대응하는 능력이 필수적이다. 지속가능경영보고서를 한 번이라도 본 독자라면 왜 이해관계자의 요구 및 기대사항 분석이 중요한지 알게 된다. ISO 37301은 이를 매우 구체적으로 제시하고 있으며, 조직의 Compliance 경영은 결국 누구를 위해, 무엇을 지키기 위한 것인가에 대한 명확한 이해에서 시작한다고 볼 수 있다.

이해관계자 분석은 ISO 37301 4.2(이해관계자)에서 언급되며, 4.5(의무사항 식별)와 4.6(Compliance 리스크 평가), 나아가 6.2(Compliance 목표 수립) 등으로 연결되는 일련의 시스템적 접근법이다. 이 분석 없이는 실질적 리스크 통제도, 전략적 목표 설정도 구축할 수 없다.

ISO 용어에서 이해관계자는 조직의 활동에 직접적 혹은 간접적으로 영향을 받거나 영향을 미칠 수 있는 모든 사람 또는 집단이다. 다음은 ISO 37301 실무 기준에서 다뤄야 할 핵심 이해관계자 범주와 그들의 기대 사항, 이에 대응하기 위한 전략적 접근이다.

이해관계자 주요 기대		
이해관계자	주요 기대	대응 방향
직원 및 노동조합	공정한 채용, 안정적이고 안전한 근무 환경, 부당해고 방지	노동법, 산업안전보건법, 인권경영 가이드라인 등 필수 의무사항 준수
주주 및 투자자	리스크 통제, 윤리적 기업 운영, 투명한 공시	내부통제 시스템 운영, ESG 공시 대응, 지배구조 보고
고객 및 소비자	개인정보 보호, 제품 안정성, 믿을 만한 제품 및 서비스	개인정보보호법, 표시광고법, 품질경영 시스템 등 연계
공급업체 및 협력사	공정한 거래, 지속가능한 계약 관계	하도급법, 공정거래법, CP 운영, ESG 공급망 실사
정부 및 규제기관	법률 준수, 보고의무 이행, 조사 협조	주요 법령 기반 CP 도입, 인증 획득, 조사 대응 시스템 구축
시민사회 및 NGO	기업의 사회적 책임, 환경·인권 관련 투명성	ISO 26000, ESG 정책 공개, 인권 실사 대응
언론 및 대중	위기 시 책임 있는 대응, 평판 관리, 투명성	위기대응 커뮤니케이션 체계, 투명 경영 보고서

이러한 이해관계자의 기대는 필수적 의무Mandatory와 자발적 의무Voluntary로 구분하여 식별해야 하며, 이는 ISO 37301 4.5 의무사항 식별(clause 4.5)에서 명확히 요구되는 사항이다. 이해관계자별 적용되는 의무사항이 다르기 때문이다. 필수적 의무는 각국의 법령, 라이선스 및 허가조건, 행정명령, 계약, 규제기관의 명시적 지침 등을 포함한다. 자발적 의무는 업계 관행, 행동강령, 윤리강령, MOU, 사회적 기대치 등이며 조직이 자율적으로 채택한 규범도 여기에 포함된다. 그런 다음, 이 각각의 의무사항이 미이행되었을 경우 발생할 법적·평판적 리스크를 4.6에서 평가Compliance Risk Assessment하고, 조직은 이를 기반으로 실질적인 Compliance 목표와 개선계획(6.2조)을 수립하게 된다.

이해관계자의 기대는 시간이 지남에 따라 변하며, 내외부 환경에 따라 최근 변화 속도는 그 어느 때보다 빠르다. ISO 37301은 이러한 다변화된 외부 요구를 정제하여, 체계적인 Compliance 경영으로 연결하는 명확한 경로를 제공한다.

Compliance 의무식별 및 리스크 평가

ISO 37301 4항에서의 핵심은 Compliance 필수적 의무와 자발적 의무를 체계적으로 식별하고 리스크 평가를 철저히 수행하는 것이다.

이 지점에서 ISO 37301의 ① 4.1(조직의 상황)은 부서별 활동과 외부 환경을 고려하고, ② 4.2(이해관계자의 요구와 기대)는 리스크 발생 요소로 이해관계자를 식별한다. 다음으로 ③ 4.5(Compliance 의무 식별)로써 필수적이고 자발적인 의무를 전수 조사하여 식별하고, ④ 4.6(리스크 평가)에서 각 점수를 발생가능성과 영향도를 분석하고 매트릭스화하여 평가 후 우선순위를 매긴다. 마지막으로 ⑤ 8(운영 및 통제)에서 통제 유형과 수단을 결정하고 아래 표와 같이 잔여 리스크를 관리하는 것이 프로세스의 전부라고 봐도 좋다. 이러한 프로세스는 기업이 직면한 내외부 리스크를 식별하고, 이를 체계적으로 관리할 수 있게 해준다. 이때 핵심은 법적 필수의무뿐 아니라 조직이 자발적으로 설정한 자체 기준도 식별해야 한다는 점이다.

다음은 ISO 37301 조항들을 적용하여 설계된 실무형 평가표 예시이다.

의무식별 및 리스크 평가표										
부서 (4.1)	조직상황 (4.1)	이해관계자 (4.2)	내·외부 이슈 (4.1)	요구와 기대사항 (리스크 발생원인) (4.1, 4.2)	의무사항 (4.5)	리스크 평가와 통제방안				
						고유 리스크(4.5)			리스크 통제(8)	
	부서별 활동/프로젝트, 서비스, 운영 업무 등 전반	업무 관련 사람 또는 단체				발생 가능성	영향도	리스크 판정	통제유형/통제수단	잔여 리스크 (효과성 척도)
인사팀	채용업무	채용 대행 업체	외부	개인정보 누출	개인정보 보호법 위탁계약	2	3	Medium (6)	재무적/계약서	Green (매우 낮음)
인사팀	성과평가	임직원	내부	성과평가 과정에 부정개입	인사규정	3	3	Medium (9)	비재무적/교육, 서약	Green (매우 낮음)

위 표와 같이 CP 등급평가, ISO 37301, 내부통제 등에 활용도가 높으며, 무엇보다 각 부서가 스스로 준수 리스크를 진단하고 통제할 수 있게 만든다. ISO 37301은 조직이 직면한 복잡한 준수 환경을 체계적으로 식별하고, 이를 리스크 관점에서 통제하는 프로세스이다. 조직의 모든 활동에는 리스크가 내재되어 있다. 따라서 실무자는 다음을 반드시 기억해야 한다.

- 의무사항 식별은 '법'만이 아닌 '윤리'도 포함된다.
- 모든 리스크는 '업무 활동' 기준에서 식별되어야 한다.
- 통제 방안은 실행 가능하고 문서화되어야 실효성을 인정받는다.
- 잔여 리스크까지 관리할 수 있어야 ISO 37301의 '지속적 개선'이 실현된다.

03. Compliance 리더십 구축

조직에는 방향이 필요하다. 그 방향을 설정하고 책임지는 사람이 바로 '리더'다. 리더십이란 조직의 가치와 기준을 설정하고, 구성원 모두가 같은 목표를 향해 나아가도록 설득하고 이끄는 책임자다. 진정한 리더는 권한을 아래로 내리고, 책임은 위에서 진다. 그래서 구성원들은 리더를 따르기보다 신뢰한다. 이러한 맥락에서 ISO 37301의 5항 'Leadership'은 Compliance 경영시스템의 근간이 된다. 아무리 정교한 규정과 시스템이 마련되어 있어도, 최고경영자^{CEO}, 이사회, 임원 등 조직의 리더가 이를 진심으로 지지하지 않으면 문화는 결코 정착될 수 없다. ISO 37301은 이를 "리더십과 의지 표명^{Leadership and Commitment}"이라고 명명하며, 시스템이 아닌 사람의 행동에서 준법경영이 시작된다고 선언한다.

ISO 37301 부속서 A(A.5)항에서는 보다 구체적으로 다음과 같은 실천사항을 권고하고 있다.

- 최고경영자는 준법 방침이 조직의 방향성과 일치하도록 보장해야 하며, 이해관계자에게 이를 투명하게 공유해야 한다.
- 모든 임직원이 역할에 따라 의무를 이해하고 실행할 수 있도록 자원을 배치하

고, 교육 및 훈련 체계를 설계해야 한다.

- 특히 윤리적 의사결정, 내부신고 보호제도, 리스크 대응 등 핵심 기능은 조직의 최고 의사결정 권한자와 연결되어야 한다.

이러한 리더십의 구조화는 조직의 지배구조와 연결되어 효과적으로 작동되도록 직접 주도하고, 관련 부서에 자원을 배정하여, 역할과 책임을 분배하고 결국 이사회에 체계적으로 보고하게 된다.

리더가 먼저 지켜야 할 7가지 원칙

ISO 37301은 최고경영진의 역할을 매우 구체적이고 실무적으로 요구한다. Compliance 리더십은 준법 방침을 수립하고 조직에 전달하는 데 그치는 것이 아니라, 리더 자신의 행위와 결정, 자원 배분, 문제 대응 방식 전반에서 준법의 기준을 모범적으로 실천해야 한다.

ISO 37301 제5항과 부속서 A.5에 따르면, 리더십은 전략의 내재화와 행동의 체화이다. 조직이 신뢰받는 기업으로 자리 잡기 위해, 최고경영진이 직접 실천해야 할 구체적인 기준은 다음과 같다.

① 준법 방침과 전략의 정렬

최고경영진은 이 방침을 조직의 전략, 운영 모델, 사업계획 등과 연결해야 한다. 즉 준법은 경영의 핵심축이 되어야 한다.

② 경영 전반에 시스템 통합

준법경영은 재무, 인사, 영업, 마케팅, 구매 등 전 부서 프로세스에 스며들어야 한다. 이를 위해 리더는 부서장들과 직접 논의하고 실행 계획에 반영하는 노력이 필요하다.

③ 자원 제공과 우선순위 설정

아무리 훌륭한 방침도 자원이 없으면 운영되지 않는다. 시스템 구축, 교육 훈련, 내부심사 등에서 인적·재정적 자원을 아끼지 않아야 하며, 이를 경영 우선순위로 설정해야 한다.

④ 성과관리 및 개선 주도

　준법경영 시스템은 결과를 관리할 수 있어야 한다. 이를 위해 리더는 목표를 설정하고 성과를 검토하며, 정기적인 경영검토를 통해 개선 사항을 추적하고 조치해야 한다.

⑤ 교육과 소통으로 문화 조성

　구성원들이 준법의 의미를 이해하고 실천할 수 있도록 맞춤형 교육을 제공하고, 사내 소통 채널을 통해 윤리적 메시지를 지속적으로 강화해야 한다.

⑥ 문제 발생 시 책임지고 해결

　리더는 문제를 회피하거나 하급자에게 책임을 전가해서는 안 된다. 문제가 발생했을 때 원인을 조사하고, 시정조치를 강력히 이행하며, 재발 방지를 위한 시스템 개선을 주도해야 한다.

⑦ 조직 가치를 반영한 지속 개선

　준법경영은 기업의 가치와 사명을 반영해, 환경변화와 법제도 변화에 따라 유연하게 진화하는 시스템으로 발전시켜야 한다.

　효과적인 경영시스템이 되기 위해서는 경영진의 적극적 참여가 중요하다. 경험상 어떤 CEO는 새해 첫 메시지에서 가장 먼저 "우리 회사는 신뢰받는 조직이 되기 위해 올해도 준법과 윤리를 우선에 두겠습니다"라고 말하고, 직접 윤리경영 회의에 참석하며 구성원들에게 이메일로 윤리 리스크에 대한 메시지를 보낸다. 그리고 실제로 법률 리스크가 생겼을 때 내부통제 시스템부터 다시 점검하며, 감사를 통해 조직 전체의 제도를 손본다. 이런 조직은 말이 아닌 '행동'으로 리더십을 입증한다.

　만약 리더가 책임을 회피하면 구성원은 의심하고, 리더가 모범을 보이면 구성원은 믿고 따른다. 문화는 리더의 말이 아니라 리더의 행동으로부터 시작된다.

준법 방침

리더십의 중요한 요소 중 하나는 준법 방침Compliance Policy의 수립이다. 준법 방침은 조직이 법적 요구사항과 윤리적 기준을 준수할 것을 공식적으로 선언하는 문서이며, 이는 조직의 방향성을 결정짓는 핵심 요소이다. 이 방침은 조직의 목표와 전략과 일관되게 설정되어야 하며, 조직원들이 이를 이해하고 따를 수 있도록 명확하게 작성되어야 한다. 준법 방침이 형식적인 선언으로 그치는 것이 아니라, 실질적인 경영 원칙으로 자리 잡기 위해서는 다음과 같은 사항을 고려해야 한다.

① 준법 방침이 조직의 전략적 방향성과 부합해야 한다.

② 조직의 모든 이해관계자들에게 명확하게 전달되어야 한다.

③ 조직 내에서 준법 방침을 실행할 수 있도록 구체적인 절차와 지침이 마련되어야 한다.

④ 준법 방침을 위반했을 경우의 조치 및 책임 소재를 명확히 해야 한다.

⑤ 조직 내 모든 구성원이 준법 방침을 쉽게 이해하고 실천할 수 있도록 교육과 훈련을 제공해야 한다.

준법 방침은 다음과 같이 설정할 수 있다.

Compliance 방침(예)
우리는 생명 존중의 정신을 바탕으로 안전하고 품질이 우수한 의약품을 개발하여 국민과 인류의 삶의 질 향상에 기여하는 제약기업의 사명을 가지고 있다. 또한 '고객으로부터의 가장 사랑받는 기업, 임직원 모두의 독특하고 차별화된 역량과 개개인의 최고 경쟁력 보유'라는 핵심가치 아래, '공정한 경쟁을 통한 성장만이 지속가능한 진정한 경쟁력'이라는 신념을 바탕으로 正道경영을 실천하고, 지속가능한 강한 기업, 신뢰받는 기업으로 도약하고자 한다. 이에 임직원의 제반 법규 및 사규의 준수와 윤리적인 직무 수행을 위하여 Compliance 방침을 제정하고 이를 선언한다. 제1조 (Compliance 의무사항 준수) 회사와 임직원은 국내·외의 적용 가능한 모든 Compliance 의무사항을 준수한다. 제2조 (Compliance 의무사항 미준수 시 조치) 임직원이 Compliance 의무사항을 위반하거나 위반을 알고도 방지하기 위한 합리적인 조치를 취하지 않은 경우, 회사는 임직원을 대신하여 책임지지 아니하며, 회사의 규정에 따라 징계조치를 취할 수 있다.

제3조 (Compliance 보고)
모든 임직원은 Compliance 이슈를 관리하고 Compliance 책임자에게 보고할 책임이 있다.

제4조 (Compliance 제보자 신분 보호)
회사는 임직원의 Compliance 의무사항의 미준수를 신고할 수 있는 제도를 마련하고, 그 신고 내용 및 신고자의 인적사항을 비밀로 유지하며, 신고를 이유로 불리한 대우를 받지 않도록 보호한다.

제5조 (조직 목적에의 적합)
회사는 Compliance 경영의 목적을 달성할 수 있는 Compliance 경영시스템을 구축하여 지속적으로 관리하고 개선한다.

조직 내에서 준법 방침이 실질적으로 적용되기 위해서는 최고경영진이 이를 지속적으로 강조하고, 조직원들에게 준법 방침을 준수할 수 있도록 동기를 부여해야 한다. 또한, 준법 방침을 정기적으로 검토하고, 조직의 변화에 맞춰 업데이트해야 한다.

조직 내 역할과 책임의 명확한 부여

리더는 조직의 방향성을 제시하고, 위기 시 조직의 책임을 감당하게 된다. 그 권한에 상응하는 책임을 가장 무겁게 짊어지는 존재다. ISO 37301 5항은 이를 명확히 요구한다. 실제 조직에서 누가 어떤 책임을 지고 어떤 권한을 행사하며, 어떻게 준법문화를 실천하고 있는가를 보라고 한다. 본 경영시스템이 실효성을 가지려면 구성원 각자가 자신에게 주어진 역할을 이해하고, 이를 실천할 수 있어야 한다. 이를 위해 조직은 다음과 같은 구조적 요소를 사전에 설계해야 한다.

① Compliance Officer의 명확한 임명과 자율성 보장

기업은 조직 내 준법책임자Compliance Officer를 공식 임명하고, 그에게 독립적인 판단과 업무 수행이 가능한 환경을 제공해야 한다. 이때 중요한 것은 실질적인 권한과 자원을 동반한 지원이다. 부서장이나 임원 누구도 준법책임자의 판단을 가로막아서는 안 되며, CEO 직속으로 보고체계를 설계하는 것이 바람직하다.

그러기 위해서는 이사회를 통해 임명되고 이사회에 직접 보고 체계가 있어야 한다.

② 역할별 구체적 책임 구분

조직원 각각에게 추상적인 준법 메시지를 전달하면 효과성은 당연히 떨어진다. 각 부서의 특성과 업무에 따라 어떤 법적·윤리적 의무가 존재하는지, 어떤 상황에서 누구에게 보고해야 하는지를 명확히 문서화하고 교육해야 한다. 그래야만 실제 상황에서 책임이 공중에 붕 떠 있는 일이 발생하지 않는다.

③ 위반 대응 및 재발 방지 프로토콜 정립

경험상 문제가 생겼을 때 '누구 책임이냐'는 논쟁은 가장 어리석고 소모적인 조직의 모습이다. 따라서 문제 발생 시 즉시 판단할 수 있도록 대응 프로세스를 정하고, 각 단계별 책임자와 실행자, 보고 대상 등을 명확히 규정해 둬야 한다.

준법책임자는 조직 내에서 준법경영 시스템을 설계하고, 감시하고, 개선하는 총괄 관리자다. 아래는 ISO 37301에 기반하여 준법책임자가 수행해야 할 핵심 역할이다.

① 준법 시스템의 운영과 개선 총괄

전사 시스템이 작동하도록 설계하고 주기적으로 점검한다.

② 리스크 평가와 대응체계 구축

필수적이고 자발적인 의무사항을 사전에 식별하고, 리스크 평가하며, 적절한 통제수단을 마련한다.

③ 조직 내 교육과 의식 제고

준법의식을 확산시키기 위한 교육, 캠페인, 콘텐츠, 워크숍 등을 기획한다.

④ 방침·절차 실행 감독

준법 관련 정책과 지침이 실무에서 제대로 적용되는지 확인한다.

⑤ 규제 변화에 대한 사전 대응

새로운 법률이나 정책 변화에 대한 신속한 내부 전환을 주도한다.

⑥ 문제 발생 시 조사와 개선 조치

내부 위반 사항 발생 시 조사 및 시정조치를 수행하고 재발 방지 계획을 수립한다.

이 모든 역할이 실효성을 가지기 위해서는 독립성이 전제되어야 하며, 이는 이사회와 CEO의 전폭적인 신뢰와 보호 조치가 함께할 때만 가능하다. 리더는 책임을 먼저 지고, 구성원은 자신의 위치에서 무엇을 해야 할지를 아는 것. 이 구조적 정합성 위에 실천이 더해질 때, 비로소 조직은 준법이 작동하는 문화를 갖게 된다.

Compliance 문화

2021년 글로벌 ISO 37301이 등장하고, 2024년 한국의 CP 등급평가 법제화와 같은 제도가 도입된 이후 많은 기업이 법적·평판 리스크 대응의 일환으로 기업에 뿌리내리고 있다. 그럼에도 정교한 규정과 절차만으로는 조직을 변화시킬 수 없다. 진정한 변화는 조직문화에서 비롯된다.

'문화'란 구성원들의 무의식적 판단과 반복되는 행동양식이자 조직의 공동 신념이다. 다시 말해, 문화를 바꾸지 않으면 준법은 제도에 머물 뿐, 조직의 DNA가 되지 못한다. ISO 37301은 5.1항에서는 최고경영자의 리더십이 조직의 '문화와 가치'에 반영되어야 한다고 강조하며, 7.3항에서는 준법 문화의 구축을 위한 인식^{Awareness}과 교육^{Education}의 중요성을 규정하고 있다. 준법은 '해야 하는 것'에서 '해야 되는 것'으로 진화해야 한다. 이 장에서는 조직이 준법을 문화로 내재화하는 실질적 방법, 실무에서의 사례, 그리고 Compliance 문화의 핵심 구성요소를 다룬다.

규범의 축적이 문화다. 문화는 조직 내 반복된 행동과 그 행동에 대한 보상 및 제재 구조가 만들어 낸 일종의 공통 행동규범이다. 이는 다음과 같은 특징을 지닌다.

문화의 개념	
구분	설명
무형성	규정처럼 문서화되지 않아서 '눈치'로 작동한다.
자기강화성	특정 행동이 반복되면 구성원들이 이를 모방한다.
정체성 형성	'우리는 이렇게 일한다'는 태도로 형성한다.
장기 지속성	일회성 캠페인이 아니라 지속적 실행으로 축적된다.

ISO 37301에서는 준법을 "조직문화의 일부로 통합Integrated into the organization's culture해야 한다"고 명시하고 있다(ISO 37301:2021, 5.1항, 6.1.2항). 문화를 만들기 위해서는 리더십, 행동기반 강화, 교육이라는 3가지가 요구된다.

그 첫 번째로 리더십은 문화의 출발점이 된다. 대부분 문화는 리더가 만들고, 조직이 확산시킨다. ISO 37301 5.1항은 최고경영자가 준법의 중요성을 지속적으로 커뮤니케이션하고, 위반 시 무관용 원칙을 유지하고, 내부신고자 보호 및 독려 시스템을 유지할 것을 명확히 요구한다.

두 번째로 행동기반 강화로써 칭찬과 제재의 균형을 이뤄내야 한다. 문화는 말이 아니라 행동에서 나온다. 제도는 감시할 수 있지만, 문화는 자발성을 요구하기 때문이다. 따라서 아래의 세 가지 접근이 중요하다.

① 포상 프로그램: 자율신고자, 윤리적 결정을 내린 직원에게 인센티브 제공

② 경미한 위반 대응 매뉴얼화: 제재를 감정이 아닌 시스템에 기반하게 함

③ 내부 고발 보호제도 운영: 익명성 보장 + 불이익 금지 명문화

마지막으로 교육은 문화 내재화의 촉매제가 된다. 교육은 문화를 뿌리내리게 하는 가장 실용적인 도구다. 단, 일반적인 법령 요약 중심 교육은 조직의 행동을 바꾸지 못한다. 다음의 원칙이 중요하다.

교육 원칙	
구성원칙	설명
맥락 중심	조직 내 실제 사례 기반 교육
대화형 학습	퀴즈, 사례, 토론, 역할극, 워크숍 등 참여형 방식
맞춤형 리스크	부서별 리스크 진단 후 차별화 교육
인센티브	KPI 연계, 자격증, 기념품, 재교육 등

실제 기업의 문화는 가치관으로 우리가 왜 법을 지켜야 하는가에 대한 내부 동기화로 이어진다. 또한 교육과 커뮤니케이션을 통한 집단 사고 방식이 인식되어 부정적 행동을 예방하게 된다.

04. Compliance 목표 설정

ISO 37301에서 6.1항(기획, Planning)은 조직의 리스크와 기회를 전략적으로 분석하고 그에 대응할 목표Objectives를 설정하는 것이다. 이 항목은 조직이 실제로 성과를 내는 방향으로 진화하도록 만드는 토대를 제공한다. Compliance 목표는 조직의 핵심 리스크를 선제적으로 파악하고, 실질적으로 이를 통제할 수 있는 운영전략과 행동계획으로 연결되어야 한다.

ISO 37301은 이 기획 과정을 '리스크 예방 → 대응계획 수립 → 목표 설정 및 모니터링'이라는 일관된 구조로 통합하고 있으며, 특히 6.2항에서는 "목표는 반드시 측정 가능하고, 책임자와 실행기한이 명확해야 한다"고 규정하고 있다. 이 장에서는 이 Compliance 목표가 어떤 구조와 원칙 하에 수립되어야 하는지, 그리고 실무적으로 어떻게 접근할 수 있는지를 설명한다.

Compliance 목표

Compliance 목표는 ISO 37301 4.5항에서 도출된 '의무식별 결과'와 4.6항의 '리스크 평가 결과'를 기반으로 설정되어야 한다. 반드시 연결고리가 있어야 한다. 따라서 ISO 37301은 목표 설정 시 'SMART 원칙'을 따를 것을 권장한다.

- $S^{Specific}$: 구체적이고 명확한 목표
- $M^{Measurable}$: 측정 가능하고 지표화 가능한 수준
- $A^{Achievable}$: 현실적으로 달성 가능한 수준
- $R^{Realistic/Relevant}$: 조직의 전략 방향과 연결
- $T^{Time-bound}$: 명확한 기한 설정

예를 들면 "2025년까지 모든 협력사에 대한 공정거래 자율준수 서약서 징구율을 90% 이상으로 달성"처럼 목표는 조직의 핵심 리스크 대응과 직결되어야 하며, 정량 지표로 관리되어야 한다.

또한 Compliance 목표는 최고경영자와 이사회에 정기 보고되고, 전사 KPI와 연계 (예: 성과평가 반영)되어야 한다. 교육, 포상 등으로 조직문화와 통합하면 효과가 극대화된다.

ISO 37301의 6.2항은 조직이 준법 리스크와 기회를 기반으로 한 구체적인 Compliance 목표를 설정하고, 그 달성을 위한 실행 계획을 수립해야 한다고 규정하고 있다. 특히 부속서 A.6에서는 이러한 목표가 "조직의 전략 방향 및 방침과 연계되고, 운영 활동에 실질적으로 통합되어야 하며, 사람과 시스템 모두가 이행 가능한 수준"이어야 한다는 점을 강조한다. 즉, 6항은 조직 전체가 법적·윤리적 리스크에 선제적으로 대응하기 위한 전략적 기획의 핵심 과정인 것이다. 앞서 리스크 평가 이후의 전환 단계라고 봐도 좋다. 행동 가능한 목표를 설정하여야 한다. 즉, 리스크 평가는 관리 가능한 목표로 전환되어야 한다. 실무에서는 다음과 같은 구조로 목표를 수립해야 한다.

- 우선순위 기준 확보: 법적 의무(강제 규정)와 자발적 의무(윤리기준)를 구분하여 각 리스크의 위중도에 따라 우선순위를 정한다.
- 구체화 및 측정화: '공정거래 교육 확대'가 아닌, '2025년까지 모든 협력사 대상 CP 교육 이수율 90% 달성'과 같은 정량적 목표를 설정한다.

- 전략 연계: 목표는 조직의 ESG, 경영성과, 내부감사 등 주요 전략과 연계되어야 한다.

목표 설정 이후

목표는 Compliance의 방향성을 측정 가능한 실행 계획으로 전환하는 역할을 한다. 목표를 설정했으면 반드시 달성할 수 있는 구조를 만들 수 있도록 각 목표별 담당 부서 및 실무 책임자를 지정하고, 예산 및 자원을 배분하여야 한다. 자원은 시스템 개선, 교육, 외부 자문 등 실행에 필요한 자원 확보가 된다. 마지막으로 정기점검과 내부심사 일정에 포함하여 모니터링 체계를 만들고 KPI 수립 및 분기별 및 연도별 평가 계획을 설정하여 성과 측정을 하는 것이 효과적이다.

ISO 37301의 A.6 부속서는 "목표와 실행 계획은 문서화되어야 하며, 이를 모니터링하기 위한 기준도 함께 마련되어야 한다"고 명시하고 있다. 따라서 Compliance 목표 및 목표 달성 기획에 관한 실무적 문서화된 정보는 다음과 같다.

Compliance 목표				
목표 설정(6.2)	책임자	필요자원	달성기한	결과의 평가 방법
(공통) 준법 교육 90% (비공통) 권고 및 부적합 통제율 100% 달성	인사 부서장	예산 2억 지원 통제 지원	1/3분기	문서

ISO 37301 6.3에 있는 변경관리는 고정된 목표로 존재하지 않고 지속적으로 변경하고자 함이 목적이다. 조직과 외부 환경은 끊임없이 변화한다. 따라서 Compliance 목표와 실행계획 역시 정기적으로 다음과 같이 검토되고 개선되어야 한다.

- 법령 및 정책 변화 대응: 공정거래법, 개인정보보호법, 공시 등 관련 규제 변화에 따라 신속한 목표 조정 필요
- 내부 변화 대응: 조직개편, IT 시스템 전환, 사업모델 변경에 따라 준법 프로세스와 리스크 포인트도 함께 점검

- 신기술 리스크: AI, 빅데이터 등 기술 도입에 따른 신규 리스크 대응 목표 반영

ISO 37301에서 '기획'이란 말 자체가 '계획하고 고정하는 것'이 아니라, 유연하게 조정 가능한 체계를 뜻한다.

05. Compliance 자원 및 인프라 운영

"리더의 진심은 결국 인력과 예산 등 자원으로 증명된다."

대한민국 기업에서 Compliance를 이야기할 때 언제나 빠지지 않고 나오는 말이 있다. "우리도 중요하다는 건 안다. 그런데 사람도, 시간도, 예산도 없다."

거짓이 아니라 실제로 많은 기업에서 준법경영의 필요성에는 동의하지만, 실행에 이르기까지 필요한 자원은 뒷전으로 밀리는 경우가 허다하다. 그런데 그 중심에는 늘 리더의 선택이 있다. ISO 37301 5항에서 리더십은 방향성과 철학을 말하지만, 7항은 그 철학에 얼마나 자원을 투자하느냐로 의지를 증명하라고 요구한다.

Compliance 시스템 운영에는 인력과 기술, 예산과 정보, 시간과 교육이 반드시 필요하다. ISO 37301 7항과 부속서 A.7은 이를 "조직이 시스템을 구축하고 운영하기 위해 필요한 모든 자원과 인프라를 식별하고 제공하라"고 명시한다.

한국의 현실은 오너나 대표가 관심을 갖고 "이거 필요하다"고 말하면, 예산도 열리고, 인력도 배치된다. 반대로 관심이 없으면, 아무리 외쳐도 "좋은 말이긴 한데, 나중에 보자"로 끝나버린다. 그렇기에 7항은 실무자 입장에서 가장 실전적인 항목이자 리더의 진정성을 판단하는 잣대이기도 하다.

이 장에서는 준법경영 시스템을 작동시키는 데 필요한 구체적인 자원 유형, 인프라 구성, 실무 배치의 기준 등을 다룬다. Compliance는 시스템이지만, 그 안을 움직이는 것은 결국 사람과 자원, 그리고 조직의 구조적 의지다.

Compliance 인력

시스템도 결국 운영 주체는 사람이다. 시스템은 문서와 구조로 존재하지만, 그 문

서가 의미를 가지려면 이를 해석하고 실천하는 사람이 필요하다. ISO 37301의 7.2 항은 이를 명확히 지적한다. "조직은 준법경영 시스템을 효과적으로 운영하기 위해 필요한 역량을 갖춘 인력을 확보해야 한다."

하지만 기업 현실을 들여다보면, Compliance를 누구에게 맡겨야 하는지조차 명확하지 않은 경우가 많다. 법무팀, 감사팀, ESG팀 심지어 인사팀이 병행하는 경우도 흔하다. Compliance를 진심으로 운영하려면 인력에 대한 기준부터 명확히 세워야 한다. 자격증만 갖춘 사람도 부족하고, 법률 지식만 있는 사람도 한계가 있다. Compliance 리스크, 조직 이해를 아우를 수 있는 종합형 인재가 필요하다.

조직 내 Compliance 인력은 일반적으로 아래 세 유형으로 구성된다.

Compliance 인력의 구성	
인력 유형	역할 및 책임
① Compliance 책임자 (Compliance Officer)	시스템 전체를 총괄하며, 경영진과 협업해 전략 수립 및 조직 문화 정착을 이끈다. 내부 모니터링과 리스크 평가, 정책 제정 등을 포함한다.
② Compliance 담당자 (Compliance Staff)	부서별 실무 준법 이행, 내부 교육, 내부제보 시스템 운영, 규제 대응 등 실질적인 실행력을 갖춘 실무 라인이다.
③ 외부 전문가 (External Advisors)	필요한 경우 법률 자문, 외부감사, 교육 등을 수행하며, 복잡한 이슈에 대해 조직 외의 독립적 관점과 전문성을 제공한다.

※ 내부심사의 경우 각 부서원 1명이 부서 Compliance 리더가 1차 방어선 역할뿐만 아니라 제3자 심사 대응까지 수행하게 된다.

한국 기업에서는 여전히 '변호사 자격증이 있으면 적임자'라는 인식이 강하지만 실제 현장에서는 법률 지식만으로는 부족하다. 규정을 실제 업무에 연결시키고, 이해관계자들과 소통하며, 조직문화를 바꾸는 일이 Compliance의 핵심이기 때문이다. 이를 위해 다음의 역량이 요구된다.

① 실무 경험 기반의 문제 해결 능력: 이론이 아닌, 위기 상황에서 판단하고 대응한 경험이 있는지 여부

② 윤리적 리더십: 조직 내 신뢰를 기반으로 준법 문화를 선도

③ 조직 내 영향력과 소통 능력: 타 부서와 협업하며 실제 규범이 작동하게끔 설

COMPLIANCE 공정거래 CP & ISO 37301 실무가이드

계·운영

④ 독립성과 책임감: 경영진의 눈치를 보지 않고도 사실을 전달하고 개선을 요구

이후 지속적인 역량 강화와 시스템 내 적합성 유지를 하여야 한다. 이를 위해 지속적인 교육프로그램 운영, 자격 제도 연계, 성과평가와 피드백 시스템 등을 역량 중심과 지속적 훈련 체계로 Compliance 인력을 운영하여야 한다.

ISO 37301의 7.2항은 형식적으로는 '역량'이라는 단어를 쓰지만, 실질적으로는 "누가 이 시스템을 책임질 수 있는가?"에 대한 질문이다. 기업이 지속가능한 Compliance를 원한다면, 사람에 대한 투자를 시작해야 한다.

몇 명이 적당한가? Compliance 인력의 과학적 배치 전략

Compliance팀은 조직의 윤리적 지속가능성을 보장하는 부서이다. 그러나 많은 기업들이 기존 감사실과 법무팀의 존재를 이유로 별도 Compliance 조직의 필요성을 간과하는 경향이 있다. 이러한 오해는 기업 내 리스크 관리의 구조적 취약성으로 이어질 수 있다. 최근 국내 기업 생태계에서는 대기업은 물론 중견기업까지 Compliance 팀을 신설하거나 증원하는 추세가 뚜렷하게 나타나고 있다. 그렇다면 과연 이런 Compliance 기능을 효과적으로 수행하기 위해서는 어느 정도의 인력이 필요한지, 조직구성은 어떻게 이루어져야 하는지에 대한 실질적인 고민이 필요하다.

우리는 먼저 Compliance, 법무, 감사의 기능적 차별성을 이해할 필요가 있다. Compliance팀은 법무팀이나 감사팀과는 다른 기능과 역할을 수행하여야 한다. 법무팀이 계약 검토, 소송 대응 등 사법적 리스크에 대응하고, 감사팀이 회계 및 경영 행위의 적정성을 사후 점검하는 역할이라면, Compliance팀은 사전 예방 중심의 윤리경영 시스템을 설계하고 운영하는 본질적 차이가 있다.

다음은 법무, 감사, 컴플라이언스 기능을 비교한 표이다.

법무, 감사, 컴플라이언스 기능 비교			
기능	법무팀	감사팀	컴플라이언스팀
역할	계약검토, 소송 대응, 법률자문	회계, 업무의 적정성 등 감시	사전 예방, 내부통제의 설계 및 운영, 윤리문화 확산
성격	사후적 조치	사후적 확인 및 평가	사전적 예방 및 문화 정착
리포트 대상	CEO, 사업부서	CEO, 감사위원회	CEO 또는 이사회 직속 (ISO 37301 기준)
업무 범위	법적 분쟁 리스크 대응	절차준수 및 내부통제 확인	윤리, 인권, 공정거래, 반부패, 내부제보자 보호 등 전사 리스크 관리 종합

이처럼 Compliance팀은 부속 기능이 아닌 조직의 건강성을 유지하는 사전예방 중심의 시스템이다. 그렇다면 이런 기능을 제대로 수행하기 위해선 과연 몇 명이 필요할까? 이에 대한 명확한 근거와 기준이 절실히 요구된다.

적정 인력의 국제표준 및 법적 근거는 아직까지 명확하게 정량적으로 표현되지는 않는다. 다만, 정성적인 논문, 기준, 근거는 다음과 같다.

ISO 37301:2021의 7.1항(Resources)에서는 다음과 같이 명시하고 있다.

"The organization shall determine and provide the resources needed for the establishment, implementation, maintenance and continual improvement of the compliance management system."

이는 조직이 Compliance 관리 시스템의 수립, 이행, 유지 및 지속적 개선에 필요한 자원을 결정하고 제공해야 함을 의미한다. 여기서 말하는 '자원'에는 인적 자원이 핵심적으로 포함된다.

ISO 37001:2025에서도 마찬가지로 "Compliance function shall have sufficient autonomy, authority, and resources"를 명시적으로 요구하고 있으며, 미국 법무부(DOJ)의 기업 Compliance Program 평가 가이드라인에서도 "자율성과 자원[Autonomy and Resources]"은 효과적인 CP의 핵심 평가 요소로 강조되고 있다.

또한 한국의 공정위 CP 운영 규정에서도 자율준수관리자의 독립성과 함께 전담 조직 및 인력의 중요성이 강조되고 있다. 이는 CP 등급평가와 연계되어 AAA로 권고되는 사항이다.

추가 관련 근거는 다음을 참고하기를 바란다.

OECD Anti-Corruption Handbook(2013): "500인 이상 조직은 전담 인력을 반드시 둘 것"

미국 DOJ: "Compliance function should be adequately resourced with qualified personnel"

김지은 외(2020),『기업의 컴플라이언스 조직 인력 규모와 내부통제 실효성』

윤기태(2022),『ISO 37301 적용과 컴플라이언스 인력 재배치 방안』, 대한법무관리학회지

그렇다면 정량적 Compliance 인력의 산정 모델을 살펴보자. 국제표준과 실제 운영 사례, OECD 및 UN 등의 권고 기준을 종합하여 다음과 같은 Compliance 인력 산정 공식을 제안한다.

적정 인력 수 = (총 임직원 수 ÷ 500~800명) × 리스크계수(R) × 업무범위계수(W)

기본값: 1명의 Compliance 담당자가 500~800명의 직원을 커버할 수 있다는 OECD, UN 등 권고 기준

리스크계수(R): 산업별 리스크 수준

• 제약, 금융, 건설 등 고위험 산업: 1.5~2.0

• 일반 제조업: 1.0

• 서비스업: 0.8~1.2(IT 플랫폼 등 규제 산업 여부에 따라 차등)

업무범위계수(W): Compliance 업무 범위에 따른 계수

• 공정거래·하도급 등 단일 주제 관리: 1.0

• 윤리경영 + 내부제보 + 부패방지 + 공급망 포함 통합관리: 1.5~2.0

3,000명 규모의 제조업체에서 적정 인력을 산정해 보면 다음과 같다.

- 기본 인력: 3,000 ÷ 600 = 5명
- 리스크계수(R): 1.0 (일반 제조업 기준)
- 업무범위계수(W): 1.5 (윤리 + 공정거래 포함)
- 계산: 5 × 1.0 × 1.5 = 7.5명 → 최소 7~8명의 전담 인력 필요

효과적인 Compliance 조직은 다음과 같이 구성할 수 있다.

조직구성			
역할	인원	주요 책임	자격 및 기준
자율준수 관리자	1명	이사회 보고, 전사 CP 관리	이사회 임명, 독립성 보장, 변호사 자격, CmP 등
컴플라이언스 팀장	1명	CP 전략수립 및 실행 관리	준법지원 및 경영시스템 운영 경험 (CmP, 인증심사원)
실무 담당자	7~8명	정책 수립, 교육, 사전협의제 운영 등	관련 실무 경험 및 교육 경험(CmP, 인증심사원)
부서별 컴플라이언스리더 (내부심사원)	약 10~30명	부서별 의무식별 및 리스크 평가 이행점검, 내부심사	실무 차장 이상급(내부심사원 자격)

※ 실질적인 운영을 위해서는 위 전담인력 외에도 부서별 리스크 오너(Coordinator) 30~50명을 병행 지정하여 조직 내 Compliance 문화가 확산될 수 있도록 해야 한다.

컴플라이언스 인력 확보는 현장 실무자들에게 절실한 과제임에도 불구하고, 경영진을 설득하는 과정은 종종 어려움에 직면한다. 비용 절감과 성과 중심의 기업환경에서 인력 투자의 가치를 효과적으로 전달하기 위해서는 넛지^{Nudge} 접근법이 필요하다. 이는 강제나 규제 없이 경영진이 스스로 최적의 의사결정을 내릴 수 있도록 부드럽게 유도하는 전략적 방식이다.

Compliance를 '비용'으로 인식하는 관점에서 벗어나, '리스크 회피를 위한 전략적 투자'로 재구성하여 제시하는 것이 중요하다. 공정거래법 위반 시 부과되는 매출액 최대 10%의 과징금은 대부분의 기업에 심각한 재무적 타격을 줄 수 있다. 반면 Compliance 전담인력 충원에 소요되는 비용은 이러한 잠재적 손실의 극히 일부에 불

과하다. 한국공정거래조정원의 연구 결과에 따르면, 효과적인 CP 운영기업은 법 위반 리스크가 30% 이상 감소한 것으로 나타났다. 이처럼 구체적인 수치와 사례를 통해 투자 대비 효과를 명확히 제시하는 것이 경영진의 의사결정을 돕는다.

예방적 관점에서 Compliance의 가치를 강조하는 것 또한 효과적이다. 법무팀이 분쟁 발생 후 소송을 담당하고, 감사팀이 사후 점검을 수행한다면, Compliance팀은 그 사건 자체가 발생하지 않도록 예방하는 역할을 한다. 이는 사후 대응보다 사전 예방이 비용 효율성 측면에서도 월등히 유리하다는 점을 시사한다. 실제로 국내 주요 기업들 중 Compliance 인력을 적극적으로 확충한 A사의 경우, CP 등급평가에서 AAA와 ISO 37시리즈 및 ESG 평가의 고득점 등 그 효과가 높았다. 더불어 평판 리스크 관리를 통한 기업가치 상승효과까지 고려하면 그 투자가치는 더욱 분명해진다.

경영진에게 법적 의무와 사법 리스크를 연계하여 설명하는 것도 설득력을 높이는 접근법이다. 상법 제542조의13에 따른 준법지원인 제도는 단순한 권고가 아닌 법적 의무사항이며, 최근 판례에서는 준법통제 기준 미비나 형식적 운영에 대해 이사회의 감독 책임까지 엄격히 묻고 있다. 충분한 Compliance 인력 없이는 이사회의 감독 의무 이행이 사실상 불가능하며, 이는 향후 주주대표소송 등 사법적 리스크로 이어질 가능성이 높다. 이러한 현실적 리스크를 구체적으로 제시함으로써 경영진이 Compliance 인력 확보의 필요성을 인식하도록 돕는다.

글로벌 비즈니스 환경에서 Compliance 체계의 중요성은 더욱 부각된다. 특히 해외 진출을 준비하거나 국제 거래를 확대하는 기업에게 ISO 37301 인증은 필수적인 요소가 되고 있다. 해외 파트너사나 투자자들과의 실사^{Due Diligence} 과정에서 Compliance 인력 및 체계는 반드시 확인되는 사항으로, 전담 인력 확보 없이는 국제표준에 부합하는 시스템 구축이 어렵다. 유럽이나 미국 시장 진출 시에는 특히 GDPR이나 FCPA 같은 강력한 법적 규제에 대응할 수 있는 전문 인력이 요구된다.

ESG 평가 대응 관점에서도 Compliance 인력의 중요성은 간과할 수 없다. 국내외 주요 투자자들은 ESG 평가에서 Compliance 체계와 윤리경영 시스템을 핵심 지표로 활용하고 있다.

Compliance 교육

시스템이 있어도 구성원이 그것을 이해하지 못하면 아무 일도 일어나지 않는다. 교육은 동원처럼 단지 이수증 받기로 끝나서는 안 된다. 조직의 방향성과 실제 현장을 연결하는, 행동 유도형 교육이 되어야 한다. ISO 37301 7.2항에서 "조직은 필요한 역량을 갖춘 인력을 확보해야 하며, 이를 위해 임직원에게 충분하고 효과적인 교육을 제공해야 한다"고 명시하고, 7.3항에서는 "직원이 조직의 준법 방침, 자신의 역할, 준법이 미치는 영향 등을 인식할 수 있어야 한다"고 강조한다. 다시 말해, 의미를 이해하고 실천할 수 있도록 설계된 교육이 필요하다.

교육은 단순 전달이 아닌 위험 기반 접근에 따라 구성되어야 하며, 실제 업무와 법령·윤리 기준이 어떻게 연결되는지를 중심으로 구성해야 한다. 다음 [직무별 Compliance 교육 설계표]는 이러한 요구사항을 실제로 구현하기 위한 실천 모델이다. 표에서 보듯, 교육 내용은 각 직무의 고유 리스크와 조직 내 역할에 따라 다음과 같이 구체적으로 차별화된다.

직무별 Compliance 교육 설계표			
교육대상	교육내용	권장 교육시간	교육 시기
임원급	리더십 기반 준법 책임, 지배구조 리스크 등	30분	경영전략 수립 시기
영업부서	공정거래법, 영업윤리, 내부제보 절차 등	3시간	분기 1회 이상
지방 사무소(공장 등)	산업안전보건법, 환경법, 제조물 책임법 등	1시간	연1회 정기
일반부서	윤리강령, 부정경쟁방지법, 개인정보보호법, 내부통제 등	1시간	연1회 정기
CP팀	ISO 37301, CmP 자격, 리스크 평가, 정책 등	8시간 이상	수시교육
내부심사원	심사기법, 리스크 식별 및 개선방안 등	6시간 이상	연 1회 이상
신입 및 경력	조직문화, 기본 규정, 윤리강령, 준법 인식 등	2시간	입사 직후

임원급은 조직 전략 및 ESG·이해상충 관리 등 최고위 의사결정 리스크를 중심으

로 교육받는다. 즉, 경영진이 준법 리더십의 롤모델이 되어야 하기 때문이다. 영업부서는 시장에서 실무 접점이 많은 만큼 공정거래법, 리베이트 리스크 등에 대한 반복교육이 필요하다. 공장 및 생산직군은 안전·환경 관련 법령이 핵심이다. 중대재해처벌법 등 현장 중심 리스크에 초점 맞춰야 한다. 일반 사무부서는 개인정보보호, 문서관리, 내부통제 프로세스 등 전사적 준법 틀을 이해해야 한다. CP과 내부심사원은 ISO 37301의 구조, 감사기법, 리스크 평가법 등 고난도 실무를 중심으로 고급 교육을 받아야 한다. 마지막 신입 및 경력 입사자는 기본적인 윤리강령, 조직문화와 핵심규정을 빠르게 내재화해야 하며, 온보딩 초기에 이를 집중 이수해야 한다.

교육 시기는 정기적, 수시적 혼합 방식이 가장 효과적이다. 정기교육은 문화 정착을 위한 기반이 되며, 수 교육은 신규 리스크나 법령 변화에 대한 즉각 대응력을 높인다. 각 교육은 실제 사례 기반으로 구성해야 한다. 예컨대, 영업팀은 공정위 제재 사례, 공장은 중대재해 판례 등을 직접 다루는 교육이 필요하다.

이러한 교육이 일상 업무에 녹아들 수 있게 세 가지 접근이 필요하다. 첫 번째로는 지속적인 피드백 루프를 구성하여 교육 후 설문 및 인터뷰, 업무 적용도 모니터링을 통해 교육 효과성을 분석하고 개선해야 한다. 두 번째는 KPI와 연계하여 평가 체계를 공고히 한다. 교육 수료율과 준법 성과를 연결시켜 실질적인 행동 변화로 이어질 수 있게 해야 한다. 마지막으로 실적 기반의 인센티브와 연계하여 준법 우수 직원 표창, 실적 반영 등 실질적 보상 체계를 병행해야 한다.

Compliance 재정적 투자

기업의 구체적인 시스템과 행동규범으로 이어지기 위해서는 예산이 있어야 한다. Compliance는 경영의 문제이며, 결국 예산과 자원의 투입 여부에 따라 작동 가능한 시스템이 된다. ISO 37301은 조직이 준법경영 시스템을 '수립(P), 실행(D), 체크(C), 개선(A)'할 수 있도록 적절한 자원을 확보할 것을 7항에서 명시하고 있다. 여기서 자원이란 인적 자원만이 아닌 재정적 자원을 의미하며, 이는 기업의 의사결정 구조와

도 직결된다. 실제로 필드에서 어떤 기업은 CP나 ISO 37301을 선언해 놓고도, 예산 배정을 하지 않아 교육조차 연 1회 형식적으로 끝나는 경우가 종종 있다.

Compliance는 단기성과를 목표로 하는 부서가 아니다. 바로 그렇기 때문에 다른 부서에 비해 예산 확보에서 후순위로 밀리는 경우가 많다. 그러나 리스크는 정해진 시간에 찾아오지 않는다. 예산이 없다고 법이 봐주는 일은 없다. 기업의 크기와 산업에 상관없이, 최소한의 준법경영을 위한 고정 예산 항목은 반드시 필요하다.

재정적 투자 예시		
구분	세부 항목	비고
법률 리스크 대응	리스크 평가 고도화, 외부 법률 자문, 공정위 등 대응 컨설팅	사안별 계약 혹은 연간 리테이너 운영
내부심사 및 모니터링	연간 내부심사 계획, CP 등급평가 대응 문서화 비용	외부인증심사 대비 사전 점검
교육훈련	임직원 대상 연간 교육훈련, 내부심사원 자격 취득, 직무별 맞춤 교육	LMS 기반 운영 또는 오프라인 교육
문서화 및 제도 개선 비용	행동규범, 윤리강령, 내부제보, CP 편람, 리스크 식별표 작성	외부 전문가 참여
커뮤니케이션 활동	뉴스레터, 포스터, 이벤트, 캠페인 등 운영	전사 인식제고를 위한 활동

모든 교육은 연계되어 있다. CP 등급평가, 내부 회계관리제도, ESG 공시, 개인정보, 지적재산권 등과 연결되기 때문에 Compliance 예산은 단순한 '법무비용'이 아니라 전사 전략의 일부로 이해되어야 한다. 특히 특정 임원이나 대표이사의 결단 없이는 예산이 풀리지 않는 구조 속에서, Compliance 조직은 늘 선언만 하고 실행은 못하는 부서가 되면 절대 안 된다. 준법경영이 조직에 내재화되기 위해서는 재정적 지원이 가장 현실적이고 강력한 신호다.

06. Compliance 운영전략

ISO 37301의 제8항 '운영Operation'은 내부통제 시스템의 실천적 의미를 닮는다. ISO 37301:2021의 8항은 경영시스템의 실행력을 확보하는 축으로, 조직이 수립한 Compliance 방침과 계획(4~7항까지의 조항)을 바탕으로 실제 행동으로 전환하는 실행(Do) 단계를 규정한다. PDCAPlan-Do-Check-Act 사이클에서 말하는 이 D 단계는 운영전략을 어떻게 구체화할지, 나아가 그것이 조직의 일상에서 어떻게 통제Control로 기능할지를 결정짓는 중심축이라 할 수 있다.

ISO 37301 8항은 운영계획 수립(8.1), 통제절차의 구현(8.2), 우려 제기whistleblowing 및 조사 프로세스(8.3~8.4)까지 포함하여, 조직 내에서 발생 가능한 리스크를 예측하고, 감지하며, 실질적으로 대응할 수 있는 능력을 요구한다. 특히 이 조항들은 ISO 37301 부속서 A(A.8)에 명시된 실행 가이던스와 함께 해석될 때 그 실무적 지침이 더욱 명확해진다. 예컨대, 부속서 A.8에서는 다음과 같은 사항들을 강조한다. 통제 활동이 리스크 기반으로 설계되어야 하며, 외부 제공자 및 아웃소싱 활동 역시 조직의 준법 책임하에 있어야 하고, 내부 제보whistleblowing는 익명성, 접근성, 보호조치, 후속 대응이 포함된 실질적 시스템으로 운영되어야 한다. 이러한 원칙은 ISO 37001(부패방지경영시스템)의 제8항과도 긴밀하게 맞닿아 있다. ISO 37001 역시 운영 항목에서 재무 및 비재무적 통제, 외부 제공자에 대한 실사, 부패 리스크 기반 통제 체계, 제보시스템 및 조사 메커니즘을 요구하며, ISO 37301의 운용 항목과 구조적으로 유사한 체계를 공유한다.(ISO 37001:2025)

더 나아가, CP 제도 또한 등급평가 기준에서 '실질적인 통제 시스템'의 운영 여부를 핵심 항목으로 삼는다. 예컨대 CP 운영 규정에서는 다음과 같은 구체적 사항들을 통해 내부통제의 운용력을 평가한다.

- 자율준수관리자의 통제 권한 및 독립성
- 내부 리스크 평가 결과에 따른 통제조치 실행
- 외주업체에 대한 사전 실사 및 계약통제 여부

• 제보 및 징계시스템의 실효성 등 CP 규정

실제로, 최근 EU CSDDD 원문에서는 조직이 자사의 직접적 활동뿐 아니라 공급망 전반에 이르는 준법 통제 책임을 질 것을 요구하고 있으며, 이러한 규제 흐름은 ISO 37301 및 ISO 37001에서 강조하는 외부 제공자 관리(아웃소싱) 및 통제와 정확히 맞물린다. Compliance 이슈는 조직 내부만의 문제가 아니다. 위험은 외부에서 유입되고, 책임은 내부가 짊어져야 하는 구조로 전환되었다. 따라서 조직 내 내부통제시스템을 구축하기 위해 다음 5가지 요소들을 살펴보자.

조직 내 효과적인 Compliance 프로세스의 정립

프로세스는 중요하다. 만약 기업이 아무리 훌륭한 윤리강령과 정책을 수립했더라도, 그것이 실제 조직의 일상 운영에서 작동되지 않는다면 이는 종이 문서에 불과하다. ISO 37301은 이 같은 공백을 채우기 위해 제8항에서 운영의 중요성을 강조한다. 여기서 말하는 운영이란 준법방침이 현장 프로세스로 전환되는 실천의 구조를 뜻한다.

특히 ISO 37301의 부속서 A.8은 조직 내 모든 업무 흐름에 리스크 기반 통제를 내재화하고, 이 통제가 단절되지 않고 작동하도록 프로세스를 구성하라고 요구한다. 이는 ISO 37001의 8항 그리고 CP와도 같다. 세 가지 모두, 조직 내부뿐만 아니라 외부 협력사와의 거래, 공급망 전체를 포괄하는 운영 프로세스의 구축을 요구하고 있다.

효과적인 Compliance 프로세스를 정립하기 위해 조직이 구축해야 할 핵심 구성요소는 다음과 같다.

프로세스의 3요소		
구분	핵심 항목	설명
① 리스크 식별 프로세스	전사 또는 부서별 리스크 평가 (고위험 리스크 집중)	업무 특성과 규제 환경을 반영한 리스크 목록을 사전에 정의하고 갱신해야 함. ISO 37301 4.6, CP O1.1 위험성 평가와 연계
② 사전 예방 체계	업무 절차 내 준법 체크포인트 내재화	계약 검토, 마케팅 심의, 협력사 선정 등 핵심 프로세스에 사전 준법 점검 내장. CP의 사전협의제도 연계

프로세스의 3요소		
구분	핵심 항목	설명
③ 비정상 상황 대응 프로세스	위반 리스크 발생 시 알림 및 보고 체계	비정상 징후를 감지하는 내부 경고 시스템 및 신속 보고 체계 구축 필요.

조직은 모든 핵심 업무 흐름에 Compliance 요소를 구조적으로 내장하여 효과적인 내부통제 프로세스를 만들어야 한다. 이때 핵심은 사후 통제가 아니라 사전 내재화된 실행 체계다.

Compliance 운용 기획 및 문서화

실효성을 위해 문서화된 정보로 증명되어야 한다. 현장에서 시스템이 작동되기 위해선 누가, 언제, 무엇을, 어떻게 할지를 사전에 명확히 기획하고, 그 실행 과정을 문서화하여 입증할 수 있어야 한다. 실행 이전의 운용 기획과, 실행 이후의 문서화는 서로 떼려야 뗄 수 없는 쌍둥이 구조다. 실제로 저자의 외부 인증심사 경험상 이 기획과 문서화의 수준이 Compliance 시스템의 성숙도를 가르는 결정적 기준이 된다.

문서화는 3단계 전략으로 구성하는 것이 좋다. 운용 기획과 문서화는 조직 내 준법활동의 이행 가능성과 책임소재를 명확히 하는 구조적 장치다. 특히 ISO 37301에서는 다음과 같은 문서화 체계를 실무적으로 요구한다.

3단계 문서화 전략		
단계	문서화 요소	설명
① 사전 기획 문서	방침, 통제계획, 역할분장	CP 운영계획서, 연간 점검계획, 부서별 실행계획 등 실행 전 기획 문서
② 실행 근거 문서	매뉴얼, 절차서, 지침서, 양식	계약검토표, 제보처리절차서, 교육 프로세스 매뉴얼 등
③ 운영 증적 문서	기록, 로그, 대응이력	점검 결과 보고서, 회의록, 제보접수 기록, 위반조치 이행 문서 등

이러한 문서화는 리스크 식별부터 통제, 교육, 커뮤니케이션, 개선까지 전 주기 활동의 흐름이 구조적으로 연결되어야 한다. 그리고 각 문서는 문서통제 절차에 따라 관리되고 최신화를 유지해야 한다. ISO 37301 제7.5항은 '문서화된 정보Documented information'가 신뢰성과 진정성을 갖추기 위해서는 작성·승인·배포·보관·파기까지의 라이프사이클 관리가 필요하다고 강조한다. 예컨대, 글로벌 반도체 기업 A사는 모든 계약검토 프로세스를 사전 설계한 체크리스트와 연계된 전자결재 시스템으로 운영하고 있으며, 검토 책임자와 검토 항목, 검토 일시가 자동으로 로그 기록·보관되도록 설계하여, 내부심사 및 감사와 대외 제3자 인증에서 이행 입증의 명확한 증거로 활용하고 있다.

외부 제공자(공급망) 관리

현대 기업은 더 이상 모든 기능을 내부에서 직접 수행하지 않는다. 제조, 물류, 영업, 마케팅 등 다양한 기능이 외부 제공자External Provider에게 위탁되며, 조직은 협력사 및 공급망의 도움 없이는 운영 자체가 어려운 구조에 놓여 있다. 하지만 이와 동시에 중요한 질문이 발생한다.

"위험도 함께 외주화하고 있지는 않은가?"

ISO 37301 제8.1항은 이를 정확히 제시한다. 이 조항은 조직의 운영을 설계하고 통제할 때, 외부 위탁Outsourced processes도 조직의 통제 대상에 포함되어야 한다고 명시한다. ISO 37301 부속서 A.8은 더 나아가 위탁 활동의 성격, 영향도, 리스크 수준에 따라 통제 강도를 설정하되, 책임은 절대 외주화할 수 없다고 강조한다.

한국 사회에서 위험의 외주화는 오랜 문제였다. 특히 하도급 − 재하도급 − 3차 하청으로 이어지는 구조는 단가 후려치기, 산재 은폐, 윤리적 무관심이라는 리스크를 내포한다. 현행 하도급법상 재하도급의 무단 진행은 불법임에도 제조업·건설업 등에서는 여전히 관행처럼 이어진다. 제약산업은 또 다른 방식으로 외주화 문제를 드러낸다. CSOContract Sales Organization는 제약사의 영업, 마케팅을 대행하는 외부 조직으로, 제약사 내부의 Compliance 규범이 제대로 적용되지 않는 사각지대다. CSO 영업

사원은 제약사 로고를 달고 활동하지만, 고용계약도, 윤리교육도, 위반 시 제재조차도 소속사와는 별개다. 그래서 약사법이 개정되어 CSO를 법제화하고 지출보고서 등을 신고하고 있다. 그러나 최근 제약바이오협회를 중심으로 ISO 37301, CP 등을 인증 또는 등급을 받은 업체로부터 교육을 받은 경우 일정 교육을 면제하고 있다. ISO 37301 부속서 A.8이 제시하는 "조직의 명의로 행해지는 외부 활동에 대해 내부 통제 체계가 부재할 경우 발생하는 대표적 사례"에 해당한다.

물론, 모든 아웃소싱이 부정적이라는 뜻은 아니다. ISO는 아웃소싱을 위험 분산, 전문성 확보, 유연성 강화라는 장점도 함께 인정한다. 하지만 그것이 유효하려면 다음의 전제가 필요하다.

- 사전 실사^{Due Diligence}로 윤리·법률 리스크를 검토
- 계약서에 준법 및 조사 협조 조항 포함
- 정기적인 모니터링 및 감사 실시
- 위반 시 계약 해지 및 제재 절차 확립

다시 말해, 아웃소싱은 자율적 실행이 아니라 위탁된 통제의 구조화 되어야 한다. 책임은 절대 외주화되지 않는다. ISO 37301은 외부 제공자와의 관계에서도 조직의 책임이 결코 사라지지 않는다고 명시한다. 이는 조직의 명예와 지속가능성, 법적 리스크를 모두 포함하는 총체적 책임이다.

글로벌 규제 흐름도 이에 호응하고 있다. 특히 EU CSDDD는 기업이 자사뿐 아니라 공급망 전체에 걸쳐 발생하는 인권침해, 환경오염, 부패 문제에 대해 책임을 지도록 강제하고 있다. 실제로 글로벌기업들은 협력사에 ISO 37301 또는 ISO 37001 준수를 요구하고, 자체 실사 및 교육 프로그램을 운영하는 등 선제적으로 대응하고 있다.

이제는 내부통제의 경계를 외부까지 확장해야 한다.

우려 제기, 위법 행위 및 리스크 대응 절차 수립

효과적인 내부제보는 제일 먼저 조직 내 사건을 밝힐 수 있고 개선할 수 있는 기

회가 된다. 조직에 문제가 발생했을 때, 가장 먼저 알 수 있는 사람은 현장의 직원이다. 문제를 외부에 발설하기 전에, 먼저 내부에서 안전하게 처리할 수 있는 구조를 마련해 두는 것. 이것이 바로 내부제보 시스템이 존재하는 이유다.

많은 사람들이 '내부제보'와 '내부고발'을 같은 것으로 오해한다. 하지만 둘은 전혀 다르다. 내부제보Internal는 조직 내부의 문제를 내부적으로 알리는 것이고, 내부고발 Whistleblowing to Outside은 내부 문제가 방치되거나 은폐될 때 외부 언론이나 당국 그리고 블라인드 앱 같은 곳에 직접 알리는 행위다. 내부에서 문제를 조율할 수 있다면 풍선 안의 바람을 적법하게 빼주는 셈이지만, 외부로 터지면 풍선은 '빵' 하고 터져버린다. 기업 입장에서 그 파장은 단순한 민원이나 고발과는 비교할 수 없는 수준이다.

ISO 37301과 ISO 37001은 모두 내부제보 제도를 조직 내 의무적으로 갖춰야 할 핵심 통제 수단으로 규정한다. ISO 37301 부속서 A.8은 우려 제기Raising concerns의 중요성을 강조하며, ISO 37002:2021(Whistleblowing management systems – Guidelines)는 내부제보 시스템 운영만을 주제로 독립 표준으로 개발되었다.

이 국제기준에 따라 내부제보 시스템은 다음 6가지 요건을 갖춰야 한다.

❶ 익명성과 기밀성

제보자는 신분이 노출될까 두려워 침묵한다. 그래서 제보시스템은 제보자가 누군지 몰라도 될 만큼 기술적·관리적으로 완벽하게 설계되어야 한다. 내부 IP 추적 차단, 외부 독립기관 위탁, 클라우드 기반 제보 창구 등으로 익명성과 기밀성을 지켜야 한다. ISO 37002는 제보자의 '심리적 안전감'을 보장해야 한다고 명시한다.

❷ 신속하고 독립적인 대응 프로세스

제보가 들어오면 최대한 빠르게 분류하고, 조사 여부를 독립적으로 판단해야 한다. 조사 주체는 조직 내부의 이해관계로부터 독립되어야 하며, 처리 기한과 보고 절차가 명확히 규정돼 있어야 한다. 규정이 있고 잘 처리되는 기업들은 신고 접수 후 7일 내 회신, 14일 내 1차 조사 완료라는 구체적인 내부 규정을 구축 및 운용하고 있다.

COMPLIANCE 공정거래 CP & ISO 37301 실무가이드

❸ 접근 가능한 다중 채널

누구나, 언제든, 어떤 방식으로든 제보할 수 있어야 한다. 이메일, 전화, 웹포털, 모바일 앱, 제보함 등 다양한 채널을 운영하고, 외국인 근로자나 협력사 직원도 사용 가능한 언어로 제공돼야 한다. 제조업 현장에선 터치스크린 키오스크를 제보시스템 으로 활용하는 사례도 있다.

❹ 보복 방지와 보호 조치

제보자는 그 순간부터 조직 내에서 잠재적 불이익의 위험에 놓인다. 인사, 평가, 배치 등 모든 분야에서 이들을 보호하는 감시체계가 필요하다. 미국은 제보 후 2년 내 불이익이 발생하면 기업이 보복하지 않았음을 입증해야 하는 구조다. 한국은 여 전히 제보자가 보복을 스스로 입증해야 한다. 이 구조의 불균형은 조직이 책임 의식 을 갖고 메워야 한다.

❺ 인센티브 및 감사 표현

내부제보는 조직에 큰 이득을 주는 행동이다. 그럼에도 많은 기업이 제보자에게 아무런 피드백도 주지 않는다. 내부제보가 '보상'이 아닌 '위험'으로 인식되면, 아무 도 입을 열지 않는다. 포상금, 감사장, 인사 가점 등 제보자에 대한 공식적 인정 체 계가 필요하다. 아디다스의 내부 정책에 따르면, 제보자는 조사 진행 상황과 최종 조 치 결과를 통보받고, 필요 시 법적 보호도 받게 되어 있다.

❻ 정기적 점검과 문화 내재화

제보시스템을 만들어놨다고 끝이 아니다. 제대로 사용되는지, 접근성은 좋은지, 만족도는 어떤지 실질적 실효성을 지속적으로 측정하고 개선해야 한다. 설문조사, 모의 테스트, 외부기관 리뷰를 통해 시스템 자체의 건강 상태를 확인해야 한다.

무엇보다 중요한 건, 구성원이 정말 이걸 써도 되는지에 대한 확신이다. 내부 제보 시스템은 조직 스스로 문제를 감지하고 복구할 수 있는 자정능력을 갖추는 것에 더 가깝다고 본다. 제보는 절대 배신이 아니다. 오히려 침묵이 조직을 위험하게 만든다. 정말 건강한 조직은, 직원이 목소리를 내고도 살아남는 조직이다. 아니, 살아남는 것이 아니라 존중받는 조직이다.

Compliance 감시 및 모니터링

본 장의 목적은 시스템이 실제로 작동하고 있는지를 확인하고, 필요한 경우 즉시 보완할 수 있어야 한다. 바로 그 역할이 모니터링^{Monitoring}이다. ISO 37301 9.1항에서는 "조직은 경영시스템의 실행 결과와 효과를 모니터링하고, 그 데이터를 기반으로 문제 식별, 성과 평가, 개선 조치까지 연계되도록 관리해야 한다"고 하였다. 이는 조직이 어디에서 무엇이 잘못되고 있는지 실시간으로 감지하고, 개입할 수 있는 역량을 의미한다.

ISO 37301 부속서 A.9와 실제 기업 운영 사례를 기준으로, 실질적인 Compliance 모니터링 시스템을 구성하기 위해 반드시 답해야 할 질문은 다음과 같다.

모니터링의 5가지 핵심 질문		
핵심 요소	질문	예시
1. 목적(Why)	왜 모니터링을 하는가?	리스크 조기 감지, 비효율 제거, 시스템의 신뢰성 확보, 개선
2. 시기(When)	언제, 얼마나 자주 할 것인가?	상시 모니터링(리스크 기반) / 분기별 / 연 1회 정기점검 등
3. 방법(How)	어떤 방식으로 수행할 것인가?	내부심사, KPI 분석, 이상징후 감지 시스템, 현장 인터뷰, 제3자 심사결과 반영 등
4. 대상(What)	어떤 업무 · 조직 · 사건을 모니터링할 것인가?	고위험 계약, 영업 프로모션, 외주 처리, 리스크 평가 미흡 부서, 교육 미참여 부서 등
5. 주체(Who)	누가 수행하고, 누가 보고받을 것인가?	CP팀, 감사팀, 내부통제 담당자 / 경영진·지배기구 보고

이러한 모니터링은 내부통제 장치가 제대로 작동하고 있는지를 실시간으로 확인

하는 것과 같다. 모니터링은 시스템의 실효성을 보장하기 위해 반드시 리스크 기반으로 수행되어야 하며, 사후 점검이 아니라 예방적 개입 기능을 포함해야 한다.

07. Compliance 성과평가 및 내부심사

이 장에서는 Compliance 입증에 대해서 설명하고자 한다. 입증은 결국 성과평가 Performance evaluation가 된다. ISO 37301의 9항은 시스템이 실제로 작동하고 있는지, 조직에 변화를 만들고 있는지를 객관적이고 구조적으로 평가하도록 요구한다. 이는 PDCA 사이클에서 성과평가는 'Check'에 해당하며, 전체 시스템의 정상 작동 여부를 결정짓는 기능이다. 계획이 제대로 실행되었는지, 효과가 있었는지, 개선이 필요한지를 평가하지 않으면, 조직은 같은 실수를 반복하고, 같은 리스크에 또 노출된다.

자본주의 사회에서 성과는 곧 생존이다. 매출, 생산성, 품질, 조직문화 모두 평가받는다. Compliance도 마찬가지이다. 기업은 수치로 입증해야 한다. 의무 및 리스크 식별율, 교육 이수율, 제보 처리율, 리스크 발생 건수, 부서별 개선율, 내부심사 결과, 경영진 피드백까지 모든 것이 성과다.

성과평가의 핵심 요소들을 세부적으로 살펴보자.

모니터링Monitoring, 측정Measurement, 분석Analysis 및 평가Evaluation

모니터링Monitoring은 조직이 설정한 준법 목표가 계획대로 실행되고, 실제 성과로 이어지고 있는지를 지속적으로 관찰하고 검토하는 활동이다. ISO 37301 9.1항에서는 시스템의 성과를 모니터링하고, 성과지표를 통해 측정하며, 그 결과를 분석·평가해 개선과 연결할 것을 명확히 요구한다. 부속서 A.9는 특히 비효율적이거나 실패한 통제 수단을 조기에 식별하기 위함과 동시에 리스크가 커지기 전에 사전 대응을 하기 위함을 목적으로 한다. 즉, 모니터링은 조직이 어디에서 잘하고 있고, 어디서 취약한지를 보는 모니터라고 봐도 좋다.

Compliance 모니터링에 관한 실무적 문서화된 정보는 다음과 같이 설정할 수 있다.

Compliance 모니터링									
측정기준 및 대상 (9.1)	수행방법				보고방법	측정결과			
	질문	관찰	문서 검토	체크 리스트		1Q	2Q	3Q	4Q
(공통) 법률사항 (비공통) 계약사항	●		●	●	책임자 서면보고			●	

또한 ISO 37301 9.1항은 Compliance 지표^{KPI} 설정을 요구하고 있다. 이 지표는 리스크 대응과 조직문화 변화까지 추적할 수 있도록 설계되어야 한다. 성과를 관리하려면, 먼저 측정 기준이 있어야 한다. ISO 37301의 취지에 맞춰 Compliance 지표는 아래와 같이 세 가지로 구분하여 설정하는 것이 바람직하다.

Compliance 성과지표 유형별 분류		
활동성 지표	반응성 지표	예측성 지표
예방 중심, 실행된 활동이나 참여 정도를 측정함	사건 발생 후 대응 결과를 측정함	리스크 발생 가능성을 사전에 식별하기 위한 지표
• 효과적으로 교육훈련을 받은 피고용인의 비율, 교육 참여율 • 규제기관과의 접촉 빈도수, 리스크 평가 빈도 • 피드백 메커니즘의 사용, 내부제보 건수 방법(사용자에 의한 피드백 메커니즘의 가치에 대한 견해를 포함) 각 미준수로 취해진 시정조치의 유형	• 유형, 영역 및 빈도별로 식별되고 보고된 이슈 및 Compliance 의무 불이행 • 법 위반 건수, 시정조치 건수 • 금전적 보상, 벌금과 기타 범칙금, 구제비용, 평판 또는 피고용인의 시간 비용에서 발생하는 영향의 평가를 포함할 수 있는 Compliance 의무 불이행의 발생 결과 • 보고와 시정조치에 걸린 시간	• 내부통제 미비율, 반복제보 발생비율, 고위험 계약 비중 등 • 목표(수익, 건강과 안전, 평판 등)의 장기적인 잠재적 손실/이익으로 측정되는 Compliance 의무 불이행 리스크 • 의무 불이행의 경향(과거의 경향에 근거하는 예상 준수율)

Compliance 성과평가는 크게 활동성 지표$^{Leading\ Indicators}$, 반응성 지표$^{Lagging\ Indicators}$, 예측성 지표$^{Predictive\ Indicators}$로 나눌 수 있다. 활동성 지표는 예방적 조치(예: 교육프로그램 참여율, 내부제보 건수, 리스크 평가 빈도 등)를 측정하는 반면, 반응성 지표는 발생한 사건(예: 법 위반 적발 건수, 벌금 부과 횟수, 규제기관 조사 사례 등)에 초점을 맞춘다. 마지

막 예측성 지표는 리스크 발생 가능성을 사전에 식별하기 위해 사용하는 지표로, 내부통제 시스템의 취약점을 점검하고 개선 방향을 제시하는 역할을 한다. 예를 들어, 부서별 내부 감시 시스템 운영 빈도, 고위험 거래 감시 결과 등이 예측성 지표에 해당할 수 있다.

지표를 만든 다음 그것이 실제로 측정되고, 비교되고, 피드백될 수 있어야 한다. 이를 위해서는 지표별 측정 주기(월별, 분기별, 연간 등), 데이터 수집 방식(전산 시스템 연동, 수기 보고, 현장 확인), 분석 및 보고 체계(KPI 담당 부서, Compliance 위원회 보고 등), 지표 연계 활용(내부심사, 경영검토, CP 등급평가 대응 등)으로 문서화된 정보를 갖추고 있어야 한다.

내부심사 Internal Audit

ISO 37301은 조직이 정기적인 내부심사를 수행하여 Compliance 경영시스템이 조직의 요구사항 및 법적·규범적 요건을 충족하는지 검토할 것을 요구하고 있다. 내부심사는 서류상 체크리스트 검토에 그칠 것이 아니라 실제 프로세스가 PDCA 사이클에 적합성과 효과성으로 원활하게 작동하고 있는지를 확인하는 실질적인 평가 과정이어야 한다. 이를 위해 조직은 리스크 기반 접근 방식 Risk-Based Approach을 적용하여 고위험 영역을 우선적으로 심사하고, 내부심사 결과를 기반으로 적절한 개선 조치를 취해야 한다.

내부심사의 신뢰성과 효과성을 높이기 위해 기업들은 독립적인 내부심사 조직을 운영하거나, 외부 전문가를 활용한 심사를 실시하고 있다. 예를 들어, 일부 다국적 기업들은 외부 회계법인과 협력하여 내부심사 프로세스를 보다 객관적으로 진행하고 있다. 또한 국내 기업들은 각 부서의 Compliance 리더를 양성하여 Compliance 기능 Compliance Function화하여 정기적 워크숍 등을 통해 전 부서 내 인식률과 문화를 구축하고 있다.

내부심사의 핵심 목적은 규정 준수 수준을 확인함과 동시에 조직의 전반적인 Compliance 운영 역량을 향상시키고 리스크를 최소화하는 데 있다. 실사, 모니터링,

내부심사의 구분이 어려울 수 있으니 이에 대한 비교를 다음 표와 같이 설명할 수 있다.

실사, 모니터링, 내부심사 비교표		
구분	**실사(Due diligence)**	**모니터링(Monitoring)**	**내부심사(Internal audit)**
ISO 조항	7.2.2(고용 프로세스) 8.2(실사)	9.1(모니터링, 측정, 분석 및 평가)	9.2(내부심사)
정의	리스크의 성질 및 정도를 심도 있게 평가하여 조직이 특정 거래, 프로젝트, 활동, 비즈니스 관련자와 인원에 관해 결정을 하도록 돕기 위한 프로세스	시스템, 프로세스, 또는 활동의 상태를 결정하기 위함	심사 기준이 충족되는 정도를 결정하기 위해 객관적으로 평가하기 위한 체계적이고 독립적이며 문서화된 정보 프로세스
성격 및 내용	정보에 대한 실사(확인) 1. 문서 및 계약의 이행 2. 미준수 여부	성과의 모니터링, 측정, 분석 및 평가 1. 요구사항의 성과물 2. 웹사이트, 미팅, 설문, 전자우편, 전문가 의견 등	시스템의 적합성과 효과성 심사 1. 경영시스템 운영 상태 2. 요구사항의 적합성과 효과성 확인 3. 경영방침 및 목표 4. 경영시스템 개선
대상	중 이상의 리스크에 노출된 이해관계자 고용 전, 인사이동 전, 승진 전	목표, 교육 효과성, 책임 배분, 실패(미준수)에 대한 효과성, 문화, 내부심사 결과	조직 전체
시기	1. 정기 2. 비정기	상시(수시 체크)	1. 정기 2. 비정기
책임	책임자	책임자 또는 각 부서장	내부심사원
규정	실사 규정, 감사규정	모니터링 절차서, 감사규정	내부심사 절차서
기타	• 실사는 완벽한 도구가 아니므로 합리적이고 비례적인 실사 필요 • 샘플링 및 우선순위 실사 가능	정기적이고 자체적인 모니터링은 사건 사고 사전예방 효과	• 샘플링 및 우선순위의 내부심사 • 최초 전체, 사후 1/3, 갱신 2/3

Compliance 보고^{Compliance Reporting}

조직은 최고경영진 및 이사회에 Compliance 성과와 관련된 데이터를 투명하게 보고해야 하며, 이를 통해 의사결정 과정에서 Compliance를 고려하도록 해야 한다. 보고 내용은 내부심사 결과, 주요 리스크 현황, 교육 및 훈련 결과, 법규 위반 사례 및 시정조치 등을 포함해야 하며, 보고의 빈도와 형식은 조직의 특성과 요구사항에 맞게 설정할 수 있다. 특히, 최근 기업들은 Compliance 성과를 ESG(Environmental, Social, Governance) 보고서에 포함하여 공개하는 추세이며, 이를 통해 기업의 윤리적 책임과 리스크 관리 노력을 대외적으로 입증하고 있다.

ISO 37301 부속서(A)에서는 성과평가와 관련된 추가적인 가이드라인을 제공한다. 부속서에서는 특히 경영진의 적극적인 참여와 피드백이 성과평가의 실효성을 결정 짓는 요소라고 강조하고 있다. 즉, 성과평가 결과가 일반적 보고서 작성으로 끝나서는 안 되며, 경영진이 이를 토대로 조직의 전략을 조정하고, 실질적인 개선 조치를 취해야 한다는 점을 명확히 하고 있다. 따라서, 기업은 Compliance 성과평가를 의무적으로 받아들이지 말고 비즈니스 성장과 리스크 관리의 필수 요소로 인식하고 이를 지속적으로 강화해야 한다.

08. Compliance 지속적 개선 활동

ISO 37301의 마지막 10항 '개선Improvement'은 일반적 오류 수정이나 문제 해결이 아니라 조직이 리스크를 최소화하면서 Compliance 경영시스템을 최적화하는 과정을 의미한다. 이는 PDCA 사이클의 마지막 단계Act이며, 조직이 성숙한 Compliance 문화를 유지하고 변화하는 규제 환경에 대응하기 위해 반드시 필요한 활동이다.

개선은 크게 시정Correction, 시정조치Corrective Action, 예방조치Preventive Action, 지속적 개선Continual Improvement의 4가지로 구분할 수 있다. 시정은 특정 문제를 해결하는 단기적인 조치이며, 시정조치는 동일한 문제가 다시 발생하지 않도록 근본적인 원인을 제거하는 조치다. 예방조치는 아직 발생하지 않은 리스크를 사전에 방지하는 활동이며, 지속적 개선은 조직이 Compliance 시스템을 점진적으로 발전시키는 프로세스를 의미한다.

ISO 37301은 조직이 부적합 사항이나 Compliance 의무 불이행이 발견될 경우 즉각적인 조치를 취하고, 원인을 분석하여 재발 방지 대책을 마련하며, 이를 기반으로 시스템을 지속적으로 발전시킬 것을 요구한다. 즉, 문제의 근본 원인을 찾아 제거하고, 유사한 상황이 다시 발생하지 않도록 시스템 자체를 개선하는 것이 핵심이다.

시정^{Correction}은 발생한 문제를 즉각적으로 해결하는 응급조치로 볼 수 있다. 예를 들어, 계약서의 Compliance 위반 조항이 발견되었을 때 이를 즉시 수정하는 것이 시정에 해당한다. 그러나 이러한 시정만으로는 동일한 문제가 다시 발생할 가능성이 높다. 따라서 시정조치$^{Corrective\ Action}$를 통해 문제의 근본적인 원인을 제거해야 한다. 계약검토 절차를 강화하거나 법무팀의 검토 프로세스를 도입하는 것이 시정조치의 한 형태다.

시정과 시정조치

시정조치를 실행하기 위해서는 다음과 같은 프로세스가 필요하다.

① 문제 식별: 부적합 사항을 발견하고 그 영향을 기준에 의해 평가한다.

② 원인 분석$^{Root\ Cause\ Analysis}$(RCA): 일반적인 경영시스템의 오류 수정이 아니라 Compliance(법과 규정 등) 문제가 발생한 근본 원인을 분석하여야 한다.

③ 시정조치 수행: 분석 결과를 바탕으로 조직 내 프로세스를 변경하거나, 새로운 절차를 도입한다.

시정조치 프로세스는 다음과 같다.

조사	→	근본 원인 분석	→	시정조치 수행	→	유효성 검토

④ 효과성 검증: 시정조치가 효과적으로 작동하는지 평가하고, 필요 시 추가 개선 조치를 실행한다.

이러한 접근 방식은 사후 대응이 아닌 사전 예방적이고 체계적인 Compliance 개선 활동을 통해 조직의 Compliance 수준을 한 단계 더 발전시키는 과정이다.

예방조치와 지속적 개선

예방조치Preventive Action는 아직 발생하지 않은 문제를 사전에 방지하기 위한 활동이다. 데이터 프라이버시 보호 규정이 강화될 예정이라면, 해당 규정이 발효되기 전에 내부 프로세스를 점검하고, 필요한 경우 정책을 개정하는 것이 예방조치에 해당한다.

ISO 37301은 조직이 지속적으로 시스템을 개선하고, 새로운 리스크를 사전에 감지하여 대비할 것을 요구한다. 지속적 개선Continual Improvement은 이를 위한 개념으로, 조직이 Compliance 경영시스템을 지속적으로 진화하는 체계적인 경영전략으로 운영할 것을 의미한다.

지속적 개선의 필요성

Compliance 환경은 끊임없이 변화한다. 대내외 여건 등을 고려하여 새로운 법률과 규제가 도입되고, 사회적 기대가 변하며, 기업의 내부 프로세스도 변화한다. ESG 경영이 강화되면서, Compliance 시스템도 ESG 요소를 반영하여 개선해야 하는 상황이 발생하고 있다. 과거에는 법률 준수에 초점을 맞췄다면, 이제는 기업 윤리와 지속가능성을 고려한 개선이 요구된다. 따라서 조직은 정기적인 내부 평가 및 외부 피드백을 반영하여 Compliance 시스템을 지속적으로 보완하고 강화하는 체계를 구축해야 한다. 이를 위해 다음과 같은 활동이 필요하다.

① 내부심사Internal Audit 및 평가 결과 반영: 내부심사를 통해 발견된 개선점을 실행 계획에 반영한다.

② 이해관계자의 피드백 반영: 직원, 고객, 규제관 등 다양한 이해관계자의 의견을 수집하여 Compliance 시스템을 보완한다.

③ 리스크 모니터링 및 데이터 분석: 발생 가능한 리스크를 분석하고, 이를 기반으로 예방적 통제책을 마련한다.

④ 기술적 변화 반영: 디지털 트랜스포메이션과 같은 기술 변화에 대응하기 위해, Compliance 시스템을 최신 기술과 연계하여 발전시킨다.

ISO 37301 부속서(A)에는 개선과 관련된 추가적인 가이드를 제공하고 있다. 특히, 경영진의 적극적인 참여와 지속적인 피드백이 개선의 핵심 요소라고 강조한다.

부속서에는 조직이 다음과 같은 방법으로 개선 활동을 추진할 것을 권장하고 있다.

① 비즈니스 프로세스와의 통합: Compliance 개선이 기업의 경영전략과 연계되도록 한다.

② 리스크 기반 접근법^{Risk-Based Approach}: 개선 활동이 조직의 리스크 프로파일과 정렬되도록 설계한다.

③ 성과지표 활용: Compliance 지표를 기반으로 개선 목표를 설정하고, 이를 지속적으로 모니터링한다.

④ 지속적 교육 및 인식 제고: 직원들의 인식을 높이고, 지속적으로 학습할 수 있는 환경을 조성한다.

Compliance 관련 경영시스템 연계

01. ISO 37001:2025(부패방지)

ISO 37001:2025[Anti-bribery Management Systems](ABMS)은 기업이 부패 리스크를 사전에 예방하고, 이를 효과적으로 관리할 수 있도록 설계된 국제 부패방지 표준이다. ISO 37001 원문 1장에 보면 개요에서 다음을 설명하고 있다

부패는 단순한 비윤리적 행위가 아니라 기업의 지속가능성을 위협하는 중대한 요소임을 명시하고 있다. 기업이 부패를 사전에 방지하지 못하면 법적 문제뿐만 아니라 평판 등 기업 이미지가 심각하게 훼손될 수 있다. 이는 단기적으로는 기업의 매출 감소로, 장기적으로는 기업 생존의 위협으로 이어질 수 있다. 따라서 조직이 부패 리스크를 예방하고 윤리적 경영을 실현한다는 것은 이해관계자의 요구와 기대를 만족시켜야 하는 현대 기업에 필수적인 과제가 되고 있다고 명시하였다.

최근 국제사회는 기업들에 부패를 방지하기 위해 적극적인 노력을 기울일 것을 강력히 요구하고 있다. 이에 부응하기 위해 2016년 국제표준화기구[ISO]는 ISO 37001을 발표하고 다시 2025년 개정하였다. 이 표준은 기업이 부패 리스크를 평가하고, 이를 효과적으로 관리할 수 있도록 체계적인 접근 방식을 제공한다. 특히, ISO 37001은 ISO 37301(준법경영 시스템)과 연계하여 통합적으로 운영될 수 있도록 설계되었으며, 공공기관과 민간기업, 비영리 조직 등 다양한 조직에서 활용될 수 있도록 구성되어 있다.

ISO 37001이 제시하는 부패방지 경영시스템은 조직 내에서 부패 리스크를 식별하고 통제할 수 있는 체계를 갖추는 것을 목표로 한다. 기업이 부패 리스크를 효과적으로 관리하기 위해서는 조직 전반에 걸쳐 윤리경영 문화를 구축해야 한다. 이를 위해 ISO 37001은 조직의 내부 정책과 절차를 정립하고, 지속적인 모니터링과 개선 활동을 수행하도록 요구하고 있다.

부패방지 경영시스템을 효과적으로 운영하기 위해서는 Compliance와 마찬가지로 기업의 최고경영진이 적극적인 리더십을 발휘해야 한다. 경영진이 윤리경영을 강조하고 부패방지 정책을 명확히 선언하는 것은 조직구성원들이 부패에 대한 경각심을 갖도록 하는 데 그 역할을 한다. ISO 37001은 최고경영자가 부패방지 정책을 직접 수립하고 조직 전반에 이를 공유하며, 부패 리스크를 관리하는 데 필요한 자원을 적절히 배분할 것을 요구하고 있다. 또한, 기업 내에 부패방지를 전담하는 책임자를 두고, 그가 독립적으로 업무를 수행할 수 있도록 보장해야 한다.

부패 리스크를 관리하기 위해서는 조직의 내외부 환경을 분석하고, 부패 가능성이 높은 분야를 집중적으로 관리해야 한다. 이를 위해 ISO 37001은 조직이 부패 리스크 평가를 수행하도록 요구하고 있으며, 리스크 평가 결과를 기반으로 내부통제 절차를 마련해야 한다. 부패 리스크가 높은 부서나 직무를 식별하고, 해당 부서의 업무 프로세스를 강화하는 것이 핵심이다. 또한, 조직의 내부 규정과 법률적 요구사항을 정기적으로 검토하고, 부패방지를 위한 정책을 지속적으로 개선해야 한다.

기업이 부패방지 경영시스템을 운영할 때 외부 이해관계자와의 관계도 중요하게 고려해야 한다. 협력업체, 공급업체, 고객 등과의 거래 과정에서 부패 리스크가 존재할 수 있기 때문에 조직은 외부 관계자를 대상으로 부패방지 실사Due Diligence를 수행하고 윤리적인 거래 관행을 확립해야 한다. ISO 37001은 조직이 협력업체와의 계약 시 부패방지 관련 조항을 포함할 것을 권장하고 있으며, 외부 이해관계자들이 조직의 윤리적 가치를 공유할 수 있도록 관리할 것을 요구하고 있다.

경험상 부패방지 경영시스템의 효과를 높이기 위해서는 교육과 인식 제고 활동이 필수적이다. 직원들이 부패 리스크를 인식하고 부패방지 정책을 준수할 수 있도록 정기적인 교육을 실시해야 한다. 또한, 부패방지와 관련된 최신 법규 및 기업윤리 규정을 직원들에게 지속적으로 제공하여 조직 전반에 윤리경영 문화를 확산시켜야 한다. ISO 37001은 모든 직원들이 부패방지 의무를 숙지할 수 있도록 교육과정 설계를 요구하고 있으며, 교육 효과를 평가하여 지속적으로 개선할 것을 권장하고 있다.

또한 조직 내에서 부패 사건이 발생했을 경우 이를 조기에 탐지하고 적절한 조치를 취할 수 있도록 내부제보 시스템을 구축하는 것도 중요하다. 내부제보 시스템은 직원들이 부패와 관련된 문제를 안전하게 신고할 수 있도록 지원하는 역할을 한다. ISO 37001은 조직이 내부제보 채널을 개방하고, 신고자의 익명성을 보호하며, 제보된 사안을 공정하게 조사하도록 요구하고 있다. 내부제보 시스템이 효과적으로 운영되면 조직 내에서 부패 리스크를 조기에 감지하고 신속한 대응이 가능해진다.

마지막 9항(성과평가)과 10항(지속적 개선)에서 부패방지 경영시스템의 효과성을 평가하기 위해서는 지속적인 모니터링과 내부심사가 핵심이다. 기업은 부패방지 정책과 절차가 실제로 운영되고 있는지 점검하고, 미흡한 부분을 개선해야 한다. ISO 37001은 조직이 정기적으로 내부심사를 수행하고, 성과를 평가하며, 필요시 개선 조치를 취하도록 요구하고 있다. 부패방지 성과를 측정할 수 있는 지표를 개발하고 이를 활용하여 지속적인 개선 활동을 수행하는 것이 중요하다.

ISO 37001의 도입은 기업이 부패방지의 긍정적 시그널을 통해 윤리적 경영을 실현하고 지속가능한 경쟁력을 확보하는 데 입증할 수 있는 증빙자료가 된다. 부패방지 시스템을 효과적으로 운영하는 기업은 신뢰도를 높이고, 투자자와 고객의 신뢰를 얻을 수 있다. 또한, 글로벌시장에서 윤리적 기업으로 인정받아 장기적인 비즈니스 성공을 이룰 수 있다.

한국에서는 제약사와 공공기관이 먼저 대거 도입했으며 최근 ESG 경영이 강조됨에 따라 민간기업들의 ISO 37001의 중요성은 더욱 커지고 있다. 기업의 사회적 책임에 대한 인식이 높아지면서, 부패를 사전에 차단하고 투명한 경영을 실현하기 위한 시스템의 중요성도 함께 부각되고 있다. 이러한 흐름 속에서 특히 제약과 공공기관의 부패방지 경영시스템의 도입은 기업 운영의 기본 조건이 되었다. 국제사회에서는 기업이 부패방지 의무를 강화할 것을 요구하고 있어 많은 기업들이 ISO 37001 인증을 취득하고 있다. 또한 인도네시아, 태국 등 동남아시아 국가에서 부패방지 경영시스템 입증자료를 요구하는 추세도 늘어나고 있다.

02. ISO 45001(안전보건)

안전보건 경영시스템인 ISO 45001:2018^{Occupational Health and Safety Management System}(OHSMS)은 조직이 안전하고 건강한 작업 환경을 조성하고, 산업재해와 직업병을 예방하기 위해 국제적으로 통용되는 표준이다. 기존 OHSAS 18001을 대체하며, ISO 경영시스템 표준과의 호환성을 강화하고, 리스크 기반 접근법을 도입하여 보다 효과적인 안전보건 관리를 가능하게 한다. 기업과 조직이 ISO 45001을 도입하는 이유는 조직 내 안전문화를 정착시키고 지속적인 개선을 통해 근로자의 생명과 건강을 보호하는 데 있다. 산업재해는 기업의 생산성 저하, 법적 책임 증가, 조직의 명성 실추로 이어질 수 있으며, 최악의 경우 경영 위기를 초래할 수도 있다. 따라서 ISO 45001은 기업이 예방 중심의 안전보건 문화를 구축하고, 안전보건 관련 법을 준수하며, 이해관계자들의 신뢰를 확보할 수 있도록 지원하는 체계적인 프레임워크를 제공한다.

마찬가지로 ISO 45001의 핵심 개념 중 하나는 '리스크 기반 사고'이다. 과거에는 사고가 난 후 대응하는 방식으로 산업안전 보건에 접근했으나, ISO 45001에서는 리스크를 사전에 식별해 제거하거나 최소화하는 예방 중심 접근법을 요구한다. 조직은 안전보건 리스크를 평가하고 통제할 수 있는 절차를 수립해야 하며, 이를 통해 근로자들이 안전하고 건강한 환경에서 일할 수 있도록 보장해야 한다. 이 과정에서 조직은 리스크뿐만 아니라 기회도 함께 고려해야 한다. 즉, 안전한 작업 환경 조성을 통해 근로자의 생산성을 높이고 조직의 지속가능성을 강화할 기회를 만들어야 한다.

조직의 최고경영진은 ISO 45001의 성공적인 도입과 운영에서 중요한 역할을 한다. ISO 45001에서는 '리더십과 근로자 참여^{Leadership and Worker Participation}'를 강조하며,

경영진이 적극적으로 안전보건 정책을 주도하고 이를 조직 전반에 걸쳐 내재화할 것을 요구한다. 경영진이 안전보건 정책과 목표를 설정하고, 충분한 자원을 배분하며, 근로자들이 안전보건 활동에 적극적으로 참여할 수 있는 환경을 조성해야 한다. 특히, 근로자들이 자신과 동료의 안전을 보호할 수 있도록 '참여형 안전문화Participatory Safety Culture'를 조성하는 것이 중요하다. 근로자들이 안전보건 리스크를 직접 식별하고 보고할 수 있는 체계를 마련하고, 내부신고 및 피드백 시스템을 운영해 적극적인 교육과 훈련을 제공해야 한다.

ISO 45001의 또 다른 주요 개념은 '법적 및 기타 요구사항의 준수Compliance with Legal and Other Requirements'이다. 각국의 산업안전보건법과 규정을 준수하는 것은 기본이며, 추가적으로 조직의 이해관계자가 요구하는 사항들도 충족해야 한다. 예를 들어, 다국적 기업과의 협업에서는 협력업체가 ISO 45001 인증을 받았는지를 확인하는 경우가 많으며, 공급망 관리Supply Chain Management에서도 안전보건 리스크를 사전에 점검하는 것이 일반적이다. 기업이 안전보건 관련법을 준수하지 않으면 정부의 규제 강화, 벌금 및 형사 처벌, 기업 이미지 실추 등의 부정적인 결과를 초래할 수 있다. 따라서 ISO 45001은 조직이 체계적으로 안전보건을 관리할 수 있도록 관련 법규를 지속적으로 검토하고, 내부심사를 통해 준수 여부를 평가하도록 요구한다.

ISO 45001에서 '운영 기획 및 통제Operational Planning and Control'는 안전보건 목표를 달성하기 위해 중요한 부분이다. 조직은 위험 요소를 체계적으로 평가하고, 이를 통제하기 위한 프로세스를 수립해야 한다. 특히, '위험원 제거Hazard Elimination 및 계층적 통제Hierarchy of Controls' 개념을 적용하여 근로자의 노출을 최소화하는 전략을 마련해야 한다. 위험원의 제거는 가장 효과적인 방법이며, 기술적 조치Engineering Controls, 관리적 조치Administrative Controls, 보호구 착용Personal Protective Equipment(PPE) 순으로 적용해야 한다.

또한 조직은 '비상사태 대비 및 대응Emergency Preparedness and Response' 절차를 마련해야 한다. 예상할 수 있는 비상사태를 사전에 정의하고, 이에 대한 대응 계획을 수립하며, 정기적인 훈련을 통해 실제 상황 발생 시 신속하고 효과적으로 대응할 수 있도록 준비해야 한다. 예를 들어 화재, 유해물질 유출, 전력 장애 등의 사고에 대비하여 근로자들에게 역할과 책임을 명확히 부여하고, 훈련을 실시하며, 비상 연락망을 구축해야 한다. 많은 기업이 비상 대응계획을 수립하고 있으나 실제로 이를 정기적으로 점검하고 훈련하는 경우는 많지 않다. ISO 45001은 실제적인 안전보건 운영과 지속적인 개선을 요구한다.

안전보건 경영시스템의 효과성을 유지하기 위해서는 지속적인 모니터링, 측정, 분석 및 평가가 필요하다. 성과평가에서는 안전보건 목표의 달성 여부를 확인하고, 시스템의 효과성을 분석하며, 개선이 필요한 사항을 도출해야 한다. ISO 45001은 내부심사와 경영검토를 통해 조직의 안전보건 경영시스템이 적절하게 운영되고 있는지를 평가하도록 요구한다. 내부심사는 실제 안전보건 운영상의 문제를 발견하고 우리의 안전보건 수준을 개선하기 위한 중요한 과정이다. 경영검토는 경영진이 직접 안전보건 경영시스템의 성과를 검토하고 전략적인 결정을 내리는 과정이며, 조직의 지속적인 개선을 위한 필수 요소이다.

ISO 45001의 궁극적인 목표는 지속적 개선이다. 조직은 ISO 45001을 도입하고 인증을 받는 것에 그치지 않고, 지속적으로 안전보건 경영시스템을 개선해야 한다. 사고나 근로자 건강 문제 발생 시 이를 교훈으로 삼아 프로세스를 수정하고, 리스크를 줄이기 위한 조치를 추가해야 한다. 특히, 조직의 운영 방식이 변화하거나 새로운 기술이 도입될 경우, 기존의 안전보건 관리체계를 재평가하고 적절한 조치를 취해야 한다. 예를 들어, 자동화 시스템 도입으로 인해 기존의 수작업이 줄어들면 기계 오작동이나 소프트웨어 오류 같은 새로운 형태의 안전 리스크가 발생할 가능성이 있다. 이러한 변화를 반영하여 안전보건 프로세스를 지속적으로 업데이트해야 한다.

효과적인 안전보건 경영시스템을 운영하는 조직은 근로자의 신뢰를 얻고, 생산성을 향상하며, 법적 리스크를 줄일 수 있다. 또한, 글로벌 공급망에서 안전보건 리스크를 철저히 관리하는 기업은 경쟁력을 확보하고, 고객 및 투자자로부터 신뢰를 받을 수 있다. 기업이 안전하고 건강한 작업 환경을 조성하는 것은 조직의 성과와 지속가능성을 결정하는 중요한 요인이다. 따라서 ISO 45001을 효과적으로 도입하고 운영하는 것은 기업이 장기적인 경쟁력을 확보하는 핵심 전략이 될 것이다.

03. ISO 27001(정보보안)

오늘날 기업은 엄청난 양의 데이터를 생성하고 활용한다. 이러한 정보가 악의적인 외부 공격이나 내부자의 실수로 유출되었을 때 막대한 피해를 입는다. 사이버 공격은 매우 큰 경영 리스크이며, 한 번의 보안 사고가 기업의 신뢰도와 재무 상태를 심각하게 훼손할 수 있다. 이러한 배경 속에서 ISO와 국제전기기술위원회IEC는 정보보안 관리의 모범사례를 담은 ISO/IEC 27001을 제정하였으며, 이를 통해 기업과 조직이 정보보안을 체계적으로 관리할 수 있도록 하고 있다. ISO 27001은 정보보안 관리 시스템Information Security Management System(ISMS)의 구축과 운영을 위한 가이드라인을 제공하며, 정보보안 리스크를 평가하고 이를 효과적으로 통제할 수 있도록 요구하고 있다. 특히, 이 표준은 정보보안뿐만 아니라 비즈니스 연속성, 정보보안 관련 법 준수, 조직의 전반적인 리스크 관리와도 밀접하게 연결된다.

ISO/IEC 27001이 제공하는 정보보안 관리 시스템은 방화벽을 설치하거나 네트워크를 보호하는 기술적인 접근만을 의미하지 않는다. 기업이 정보보안 위협을 근본적으로 관리하기 위해서는 보안 정책, 리스크 평가, 조직 내 보안 문화 조성, 교육 및 인식 제고, 내부심사 및 지속적인 개선이 포함된 종합적인 접근 방식이 필요하다. 또한, 정보보안 관리는 특정 IT 부서나 보안 전문가에게만 국한된 것이 아니라 조직 전체의 책임이며, 모든 임직원이 보안 프로세스에 참여해야 한다. 이에 따라 ISO 27001은 위험 기반 접근법, 경영진의 리더십, 보안 정책의 실행과 지속적인 개선을 강조하며, 조직이 효과적으로 보안 리스크를 통제하고 정보보안 관련 법을 준수할 수 있도록 지원한다.

ISO 27001을 효과적으로 실행하기 위해서는 ISO/IEC 27002의 보안 통제 가이드라인을 함께 활용하는 것도 좋다. ISO 27002는 ISO 27001의 부속서 개념으로서, 조직이 보안 요구사항을 실질적으로 구현하는 방법을 상세히 설명하고 있다. ISO 27001이 조직이 따라야 할 기본적인 요구사항을 제공한다면, ISO 27002는 그 요구사항을 어떻게 실행할 것인지에 대한 모범사례를 제시하는 것이다. ISO 27001에서는 조직이 정보보안 리스크 평가를 수행해야 한다고 요구하지만, ISO 27002는 실제 리스크 평가 절차와 관련된 세부적인 가이드를 제공한다. 따라서 두 표준을 함께 적용하면 정보보안 관리 시스템의 효과를 극대화할 수 있다.

ISO 27001의 주요 요구사항을 살펴보면, 첫째로 조직 환경 분석이 포함된다. 기업은 정보보안 시스템을 구축하기 전에 내부 및 외부 환경을 평가하고, 자사의 보안 리스크와 정보보안 관련법을 식별해야 한다. 이는 조직이 직면한 보안 위협을 사전에 파악하고, 이를 기반으로 적절한 보안 전략을 수립할 수 있도록 하기 위함이다. 이 과정에서 이해관계자의 요구사항을 분석하고, 데이터 보호법, 개인정보보호법(GDPR, CCPA 등), 금융보안 규정 등 다양한 법적 프레임워크를 고려해야 한다.

둘째, 정보보안 정책의 수립과 경영진의 리더십이다. 정보보안이 조직 내에서 효과적으로 작동하려면 경영진의 적극적인 참여와 지원이 필요하다. ISO 27001은 최고경영진이 보안 정책을 승인하고, 보안 목표를 설정하며, 보안 운영을 위한 자원을 배정하도록 요구하고 있다. 경영진이 보안을 단순한 IT 이슈가 아니라 경영전략의 핵심 요소로 인식할 때 조직 전반에 걸쳐 보안 문화가 정착될 수 있다.

셋째, 정보보안 리스크 평가 및 관리 절차가 포함된다. ISO 27001은 조직이 자산, 위협, 취약점을 분석하고, 보안 리스크를 평가하는 체계를 갖추도록 요구한다. 리스크 평가를 통해 기업은 어떤 정보자산이 가장 중요한지, 어떤 보안 위협이 가장 심각한지를 판단하고 이에 맞춰 대응 전략을 마련할 수 있다. 이러한 리스크 기반 접근법은 불필요한 보안 조치를 줄이고, 자원을 효율적으로 배분할 수 있도록 돕는다. ISO 27002는 리스크 평가 모델과 경감 조치, 위협 대응 전략 등을 상세히 설명하며, 조직이 실질적으로 리스크를 관리할 수 있도록 가이드를 제공한다.

넷째, 보안 통제의 실행과 운영이다. 정보보안을 유지하기 위해서는 물리적 보안(출입통제, 감시카메라), 네트워크 보안(방화벽, 침입탐지시스템), 데이터 보안(암호화, 접근통제) 등 다양한 보안 통제가 필요하다. ISO 27001은 조직이 이러한 보안 통제를 수립하고 운영하도록 요구하며, ISO 27002는 각 통제 항목을 어떻게 구현할 것인지에 대한 실질적인 방안을 제공한다. 예를 들어 ISO 27001은 데이터 암호화를 요구하지만, ISO 27002는 암호화 방식, 키 관리 정책, 적용 가능한 암호화 알고리즘 등을 설명한다.

다섯째, 사이버 보안 사고 대응 및 관리체계 구축이다. 사이버 공격과 보안 침해 사고는 언제든지 발생할 수 있으며, 이에 대비한 체계적인 대응 프로세스가 필요하다. ISO 27001은 조직이 보안 사고 발생 시 신속하게 대응할 수 있도록 사고 대응 계획을 수립하고, 보안 사고를 기록하고 분석하며, 재발 방지 조치를 취하도록 요구하고 있다. ISO 27002는 침해사고 대응 절차, 내부신고 시스템, 증거 수집 및 법적 대응 방법 등을 상세히 설명하며, 조직이 실질적으로 보안 사고를 관리할 수 있도록 지원한다.

여섯째, 보안 성과 모니터링 및 내부심사 절차가 포함된다. ISO 27001은 조직이 보안 성과를 정기적으로 평가하고, 내부심사를 수행하며, 지속적인 개선 활동을 추진할 것을 요구한다. 보안 관리 시스템이 실질적으로 효과를 발휘하고 있는지 확인하기 위해서는 정량적/정성적 평가지표를 설정하고, 이를 통해 성과를 분석해야 한다. ISO 27002는 보안 성과 측정 방법, 심사 프로세스, 개선 절차 등을 구체적으로 설명하며, 조직이 지속적으로 보안 수준을 향상시킬 수 있도록 지원한다.

ISO/IEC 27001을 도입하면 기업은 다양한 법적 규제를 준수할 수 있으며, 고객 및 이해관계자의 신뢰를 확보할 수 있다. 또한, 보안 사고로 인한 금전적 손실을 줄이고, 비즈니스 연속성을 강화할 수 있는 체계를 마련할 수 있다. 최근에는 클라우드 보안, AI 기반 위협 탐지, 제로 트러스트 모델 등 새로운 보안 기술이 등장하면서 정보보안의 중요성이 더욱 부각되고 있다.

ISO 27001과 ISO 27002는 정보보안 리스크를 체계적으로 관리할 수 있는 방향을 제시하며, 변화하는 보안 환경에서도 조직이 안정적으로 대응할 수 있도록 돕는다. 정보보안 경영시스템은 기술적 대응과 더불어 조직의 운영 전반에 신뢰를 더하고 디지털 경쟁력을 뒷받침하는 기반이 된다. 이제 정보보안은 기업 임직원 전체가 함께 구축하고 지속적으로 운영해야 할 전략적 시스템이다.

04. ISO 27701(개인정보)

ISO/IEC 27701:2019는 개인정보 보호를 위한 정보보안 경영시스템Privacy Information Management System(PIMS)의 확장을 정의하는 국제표준이다. 이 표준은 기존의 ISO/IEC 27001과 ISO/IEC 27002에 기반하여 개인정보 보호 및 데이터 프라이버시 관리를 위한 구체적인 요구사항과 지침을 제공한다. 현대의 디지털 환경에서 개인정보 보호는 기업과 조직의 지속가능성을 결정하는 핵심 필수적인 법적 의무사항이다. 따라서 ISO/IEC 27701은 조직이 개인정보 보호 체계를 효과적으로 구축하고, 관리하며, 지속적으로 개선할 수 있도록 설계되었다. 특히 데이터 보호 법규 GDPRGlobal Data Protection Regulation, 미국의 CCPACalifornia Consumer Privacy Act의 요구사항을 고려하여 개발되었으며, 조직이 개인정보 보호 체계를 국제적 기준에 맞춰 운영할 수 있도록 돕는다.

개인정보 보호는 고객 신뢰 확보, 기업 평판 강화, 비즈니스 리스크 감소와 직결되는 중요한 경영 요소다. ISO/IEC 27701은 개인정보 처리자인 PII 컨트롤러PII Controller와 개인정보 처리 위탁자인 PII 프로세서PII Processor 모두에게 적용될 수 있도록 설계되었으며, 공공기관, 민간기업, 비영리단체 등 다양한 조직이 활용할 수 있다.

조직이 ISO/IEC 27701을 효과적으로 운영하려면 개인정보 보호를 조직의 핵심 가치로 삼고, 이를 위한 명확한 정책을 수립해야 한다. 최고경영진의 강력한 리더십과 전사적인 개인정보 보호 문화가 구축되어야 하며, 개인정보 보호를 위한 정책과 절차를 지속적으로 강화해야 한다. 조직의 개인정보 보호 수준을 평가하고 개선하기 위해 개인정보 영향 평가Privacy Impact Assessment(PIA) 및 개인정보 보호 리스크 평가Privacy Risk Assessment(PRA)를 수행하는 것도 필요하다.

ISO/IEC 27701은 개인정보 보호를 위한 구체적인 실행 가이드라인을 제시하며, 조직의 개인정보 보호 체계를 강화하는 다양한 요소를 포함한다. 첫째, 개인정보 보호정책 수립 및 실행을 요구한다. 조직은 개인정보 보호 정책을 공식적으로 문서화하고, 이를 전사적으로 공유하며, 개인정보 보호와 관련된 법적 요구사항을 준수할 것을 명확히 해야 한다. 둘째, 개인정보 보호 거버넌스를 강화해야 한다. 개인정보

보호 책임자를 지정하고, 해당 책임자가 독립적인 의사결정을 할 수 있도록 보장해야 한다. 또한, 조직 내 모든 직원이 개인정보 보호에 대한 역할과 책임을 명확히 이해하고 준수하도록 교육해야 한다.

개인정보 보호를 위한 기술적 및 관리적 통제 조치도 ISO/IEC 27701의 핵심 요소다. 접근 통제, 암호화, 로깅 및 모니터링, 데이터 마스킹, 익명화 등의 기술적 보호 조치를 적용해야 하며, 개인정보 보호를 위한 정책과 절차를 수립하고 이를 철저히 준수해야 한다. 특히, 개인정보 처리 및 저장에 있어 최소 수집 원칙을 준수하며, 불필요한 개인정보의 저장을 방지하는 것이 중요하다.

개인정보 보호 리스크를 최소화하기 위해 조직은 개인정보 보호 영향 평가(PIA)를 정기적으로 수행해야 한다. PIA는 새로운 시스템 도입, 데이터 처리 방식 변경 등으로 인한 개인정보 보호 리스크를 사전에 분석하고, 이를 해결하기 위한 예방조치를 마련하는 과정이다. ISO/IEC 27701은 조직이 개인정보 보호를 위한 리스크 관리 프로세스를 구축하고, 지속적으로 이를 개선할 것을 요구한다.

ISO/IEC 27701은 개인정보 보호를 위한 모니터링과 내부심사도 강조한다. 조직은 개인정보 보호 정책 및 절차가 실제로 실행되고 있는지 점검하고, 발견된 문제점을 개선해야 한다. 내부심사와 경영 검토를 통해 개인정보 보호 체계를 정기적으로 평가하고, 새로운 정보보안 관련 법이나 환경변화에 맞춰 개인정보 보호정책을 지속적으로 업데이트해야 한다.

또한, 개인정보 보호를 위한 협력업체 관리도 중요하다. 많은 조직이 개인정보를 클라우드 서비스 제공업체나 데이터처리업체 같은 제3자에 위탁하는 경우가 많다. ISO/IEC 27701은 조직이 개인정보 보호 의무를 협력업체와 명확히 규정하고, 협력업체의 개인정보 보호조치를 지속적으로 모니터링할 것을 요구한다. 개인정보 보호 계약체결, 개인정보 보호 실사Due Diligence, 협력업체의 보안 인증 요구 등 다양한 방식으로 협력업체의 개인정보 보호 수준을 관리해야 한다.

개인정보 보호 체계의 효과성을 평가하기 위해 조직은 정기적으로 개인정보 보호 성과를 측정하고 개선해야 한다. ISO/IEC 27701은 개인정보 보호 지표Privacy Metrics를 개발하고 이를 지속적으로 모니터링할 것을 요구한다. 개인정보 유출 사고 발생률, 개인정보 보호 교육 이수율, 내부 제보 건수 등의 지표를 활용하여 조직의 개인정보 보호 수준을 평가하고, 이를 기반으로 개선 활동을 수행해야 한다.

최근 개인정보 보호에 대한 요구가 더욱 강화됨에 따라 ISO/IEC 27701의 중요성도 높아지고 있다. 유럽연합의 GDPR, 미국의 CCPA 등 강력한 개인정보 보호 규제가 시행됨에 따라 글로벌기업들은 ISO/IEC 27701을 활용하여 개인정보 보호 체계를 국제표준에 맞게 정비하고 있다. 특히, ISO/IEC 27701 인증을 취득하면 글로벌 비즈니스에서 신뢰도를 높일 수 있으며, 법적 리스크를 효과적으로 관리할 수 있다.

한국에서도 개인정보 보호에 대한 관심이 증가하면서 많은 기업과 공공기관이 ISO/IEC 27701을 도입하고 있다. 특히, 금융, 의료, IT 서비스 분야에서 개인정보 보호의 중요성이 강조되면서, ISO/IEC 27701을 기반으로 한 개인정보 보호 관리체계를 구축하려는 움직임이 활발하다. 정부 기관과 공공기관도 개인정보 보호 법규를 준수하기 위해 ISO/IEC 27701을 도입하고 있으며, 향후 더욱 많은 기업들이 이 표준을 활용할 것으로 예상된다.

개인정보 보호 환경이 변화하는 만큼 ISO/IEC 27701을 기반으로 조직의 개인정보 보호 체계를 지속적으로 발전시키는 것이 장기적인 경쟁력을 확보하는 중요한 전략이 될 것이다.

05. ISO 42001(AI, 인공지능)

ISO/IEC 42001:2023^{AI Management System}(AIMS)은 인공지능^{AI} 경영시스템에 대한 최초의 국제표준으로, 조직이 AI 관련 활동을 효과적으로 관리하고 책임감 있게 운영할 수 있도록 돕는 것을 목표로 한다. AI 기술은 빠르게 발전하고 있으며, 이는 기업과 조직이 새로운 위험과 윤리적 고려 사항을 직면하게 한다. 따라서 AI를 활용하는 조직은 기술적, 법적, 윤리적 측면에서 체계적인 접근이 필요하며, 이를 위한 관리체계를 구축하는 것이 중요하다. ISO/IEC 42001은 이러한 필요성을 충족시키기 위해 개발되었으며, AI 시스템을 개발, 제공 및 활용하는 조직이 관리 시스템을 구축, 실행, 유지 및 개선할 수 있도록 요구사항을 제공한다.

AI 경영시스템의 핵심은 AI 시스템이 투명하고 공정하며, 안전하고 신뢰할 수 있도록 하는 것이다. AI는 기존 IT 시스템과 다르게 지속적으로 학습하고 변화하는 특성을 가지므로, 조직이 이를 적절히 관리하지 않으면 예상치 못한 부작용이나 윤리적 문제가 발생할 수 있다. 특히, 자동화된 의사결정 시스템이 개인의 권리를 침해하거나 편향된 결과를 초래할 가능성이 있기 때문에 ISO/IEC 42001은 AI 시스템이 공정하게 운영되고 지속적으로 모니터링될 수 있도록 하는 절차를 명시하고 있다.

조직은 AI 시스템과 관련하여 내부 및 외부 환경을 분석하고, 이해관계자의 기대를 반영하여 AI 경영시스템의 적용범위를 결정해야 한다. AI 기술을 활용하는 조직이라면 기업, 공공기관, 비영리단체 등 규모와 유형에 관계없이 모두 ISO/IEC 42001을 적용할 수 있으며, 조직이 AI 기술을 책임감 있게 사용하고 규제 요구사항을 충족하는 데 도움을 줄 수 있다.

리더십과 조직의 역할

ISO/IEC 42001은 AI 경영시스템을 운영하는 데 있어 조직의 리더십이 중요한 역할을 해야 한다고 강조한다. 최고경영진은 AI 정책을 공식적으로 수립하고, 이를 조직 전반에 걸쳐 실행할 책임이 있다. AI 경영시스템의 운영과 관련하여 최고경영진이 리더십을 발휘하지 않으면, AI 시스템의 신뢰성과 책임성을 확보하기 어렵다.

ISO/IEC 42001에서는 AI 관련 조직의 역할과 책임을 명확히 정의할 것을 요구한다. 조직 내에서 AI 경영시스템을 총괄하는 역할을 하는 책임자가 있어야 하며, 해당 책임자는 AI 관련 위험을 식별하고 이를 적절히 통제할 수 있도록 관리해야 한다. 특히, AI 시스템이 의사결정을 수행하는 경우, 해당 결정이 이해관계자에게 미치는 영향을 평가하고 조치를 취해야 한다.

AI 시스템을 개발하거나 운영하는 조직은 AI가 야기할 수 있는 위험과 기회를 평가해야 한다. 이를 위해 AI 위험평가[AI Risk Assessment]와 AI 시스템 영향 평가[AI System

Impact Assessment를 수행해야 하며, AI가 윤리적, 법적, 기술적으로 적절하게 운영될 수 있도록 지속적으로 점검해야 한다. 이러한 평가를 통해 AI 시스템이 공정성, 투명성, 보안성 등의 측면에서 요구사항을 충족하는지 확인할 수 있다.

리스크 기반 접근법과 통제 조치

다른 경영시스템과 마찬가지로 ISO/IEC 42001은 리스크 기반 접근법을 강조하며, AI 시스템의 위험을 체계적으로 식별하고 관리할 것을 요구한다. AI 기술은 예측 불가능한 요소를 포함하고 있으며, 그로 인해 발생할 수 있는 윤리적 문제, 법적 리스크, 보안 위험 등을 최소화하기 위한 프로세스를 구축해야 한다.

AI 시스템이 자동화된 의사결정을 수행할 경우, 해당 결정이 공정하고 책임감 있게 이루어질 수 있도록 사전 예방조치를 마련해야 한다. 예를 들어 AI가 고객 데이터를 활용하여 대출 승인 여부를 결정하는 경우, 데이터의 편향성을 점검하고 공정성을 유지하기 위한 절차가 필요하다. 또한, AI 시스템의 투명성을 높이기 위해 설명가능성Explainability을 확보해야 하며, AI의 의사결정 과정이 이해관계자들에게 설명될 수 있도록 하는 것이 중요하다.

ISO/IEC 42001은 이러한 AI 리스크를 관리하기 위해 내부적으로 수행해야 하는 통제 조치를 명시하고 있다. AI 시스템이 법적 규제를 준수하고, 기업 윤리를 지킬 수 있도록 내부 정책과 절차를 수립해야 한다. 또한, AI 시스템을 운영하는 조직은 AI 윤리 원칙을 반영한 AI 정책을 마련해야 하며, AI 시스템이 신뢰할 수 있도록 정기적인 검토와 평가를 수행해야 한다.

성과평가와 지속적 개선

ISO/IEC 42001에서는 AI 경영시스템의 성과를 평가하고 지속적으로 개선할 것을 요구한다. AI 시스템이 조직의 목표와 일관되게 운영되는지 확인하기 위해, 정기적인 모니터링과 내부심사를 수행해야 한다. 또한, AI 시스템이 예상치 못한 문제를 야기하지 않도록 지속적으로 점검하고, 필요할 경우 개선 조치를 취해야 한다.

성과평가를 위해서는 모니터링, 측정, 분석 및 평가가 필요하며, 이를 통해 AI 시스템이 지속적으로 신뢰할 수 있도록 유지되어야 한다. AI 시스템이 조직의 방침과 일치하는지, 이해관계자의 기대를 충족하는지 점검해야 하며, 이를 문서화하여 기록으로 남겨야 한다.

또한, AI 시스템 운영 중 발생하는 부적합 사항Nonconformity에 대해 즉각적인 시정조치를 취하고, 동일한 문제가 반복되지 않도록 예방조치를 마련해야 한다. 이를 위해 조직은 AI 경영시스템을 지속적으로 평가하고, 문제점을 개선하는 프로세스를 운영해야 한다.

AI 시스템의 윤리성과 법적 요구사항 준수

ISO/IEC 42001은 AI 시스템의 윤리성과 법적 요구사항을 준수하는 것이 핵심 요소임을 강조한다. AI는 데이터 기반으로 작동하기 때문에, 데이터 보호 및 프라이버시 규제를 준수해야 한다. 개인정보보호법(GDPR 등)과 같은 법적 규제를 고려하여 AI 시스템이 개인정보를 적절히 보호하도록 조치를 마련해야 한다.

특히 AI가 자동화된 의사결정을 수행할 경우, 해당 결정이 공정하고 차별적이지 않도록 주의해야 한다. AI가 특정 집단에 불리한 영향을 미칠 가능성이 있는 경우 이를 최소화할 수 있는 방안을 마련해야 한다. AI 시스템이 편향되지 않도록 하기 위해 데이터의 품질을 유지하고, AI 모델을 정기적으로 검토하는 절차를 운영해야 한다.

최근 동향

최근 AI 관련 법규 및 규제의 중요성이 증가하면서 ISO/IEC 42001은 글로벌기업들이 AI 시스템을 효과적으로 운영하기 위한 필수적인 지침이 되고 있다. 유럽연합EU의 AI 규제 법안AI Act, 미국의 AI 정책, 한국의 AI 윤리 가이드라인 등이 발표되면서, 기업들은 AI 시스템을 관리하는 표준을 준수해야 하는 압박을 받고 있다. 이에 따라 많은 조직이 ISO/IEC 42001을 기반으로 AI 경영시스템을 구축하고 있으며, AI의 신뢰성과 책임성을 확보하기 위해 지속적인 개선 노력을 기울이고 있다.

ISO/IEC 42001은 인공지능을 기술적 접근과 더불어 조직의 전략적 자산으로 체계화할 수 있도록 돕는 국제 AI 표준이다. 이 요구사항과 가이드라인은 AI를 활용하는 조직이 책임성과 신뢰성을 확보하면서도, 기술이 조직 운영 전반에 효과적으로 융합될 수 있도록 방향을 제시한다. 빠르게 변화하는 디지털 환경 속에서, AI 관련 리스크와 기회를 균형 있게 관리하기 위해 ISO/IEC 42001은 매우 실질적인 기준이 될 수 있다.

06. ISO 31000(리스크 관리)

ISO 31000[Risk Management Guideline]은 조직이 직면하는 다양한 리스크를 체계적으로 관리하고, 이를 통해 지속가능성을 확보할 수 있도록 지원하는 국제표준이다. 리스크는 위협 요소뿐만 아니라 기회가 될 수도 있다. 따라서 조직이 효과적인 리스크 관리를 수행한다면 위기 대응과 동시에 기업 경쟁력을 강화하고 장기적인 성과를 창출하는 기반이 될 수 있다.

ISO는 2009년 처음으로 ISO 31000을 발표하였으며, 이후 2018년 개정판을 통해 리스크 관리 프레임워크와 원칙을 보다 명확하게 정립하였다. ISO 31000은 특정 산업이나 조직 규모에 국한되지 않는다. 기업, 정부기관, 비영리단체 등 모든 유형의 조직이 적용할 수 있도록 설계되었다. 조직이 리스크 관리를 통해 보다 효과적인 의사결정을 내리고 목표를 달성하는 데 ISO 31000의 중요성은 점점 더 커지고 있다.

조직이 리스크 관리를 효과적으로 수행하기 위해서는 먼저 리스크의 개념을 명확히 이해해야 한다. 리스크란 조직의 목표에 대한 불확실한 영향[Effect of Uncertainty on Objectives]으로 정의되며, 이는 긍정적이거나 부정적인 영향을 모두 포함할 수 있다. 이러한 불확실성을 최소화하고 관리하는 것이 리스크 관리의 핵심 목표이며, ISO 31000은 이를 위한 원칙과 프레임워크를 제공한다.

리스크 관리의 원칙

ISO 31000이 제시하는 리스크 관리의 원칙은 다음과 같다.

첫째, 리스크 관리는 조직에 가치를 창출하고 보호하는 역할을 해야 한다. 조직의 지속가능성과 성과를 향상시키는 방향으로 작동해야 한다는 의미다.

둘째, 리스크 관리는 조직의 모든 프로세스에 통합되어야 한다. 전략 수립, 운영, 재무, 프로젝트 관리 등 모든 활동과 연계하여 리스크를 평가하고 대응할 수 있도록 해야 한다.

셋째, 의사결정 과정의 일부로서 리스크를 관리해야 한다. 조직의 경영진은 주요 의사결정을 내릴 때 리스크 요소를 충분히 고려하고, 이를 기반으로 최적의 선택을 해야 한다.

넷째, 리스크 관리는 체계적이고 구조적이며 시의적절해야 한다. 감각적으로 대응하는 것이 아니라 명확한 절차를 수립하고 이를 지속적으로 운영해야 한다.

다섯째, 리스크 관리는 최선의 정보에 기반해야 한다. 과거 데이터, 시장 분석, 전문가의 의견 등 가용한 정보를 최대한 활용하여 리스크를 평가하고 대응 방안을 마련해야 한다.

여섯째, 리스크 관리는 조직의 특성과 환경에 맞춰 맞춤형으로 설계되어야 한다. 모든 조직이 동일한 리스크를 갖고 있지 않으며, 각 조직의 산업 특성, 규모, 운영 방식에 맞는 리스크 관리 전략이 필요하다.

일곱째, 리스크 관리는 임직원과 조직문화를 고려해야 한다. 조직 내 구성원들의 리스크에 대한 인식과 태도, 조직문화 등이 리스크 관리의 효과성에 중요한 영향을 미친다.

여덟째, 리스크 관리는 투명하고 포괄적이어야 한다. 조직 내 모든 이해관계자가 리스크 관리 과정에 참여할 수 있도록 개방적이고 포괄적인 접근 방식을 채택해야 한다.

아홉째, 리스크 관리는 변화에 유연하게 대응할 수 있어야 한다. 환경의 변화, 새로운 리스크의 등장 등에 따라 지속적으로 조정되고 발전할 수 있는 체계를 갖춰야 한다.

열 번째, 리스크 관리는 조직의 지속적인 개선과 발전을 촉진해야 한다. 조직이 지속적으로 성장하고 발전할 수 있도록 리스크 관리 체계를 개선하는 것이 중요하다.

프레임워크의 주요 요소

조직의 리스크 관리는 이제 위험을 피하는 데 그치지 않고, 적극적으로 위험을 예측하고 관리하는 방향으로 발전하고 있다. 기업의 불확실성의 관리 능력이면서 동시에 전략적 사고와 실행 사이를 연결하는 경영의 구조적 축이다. ISO 31000은 이 리스크 관리를 조직 전체 시스템으로 통합하여 운영할 수 있도록 구성된 국제표준이다.

❶ 책임과 리더십Mandate & Commitment

리스크 관리가 조직에서 효과적으로 작동하기 위해서는 무엇보다 최고경영진의 명확한 의지와 리더십이 선행되어야 한다. 경영진은 리스크 관리가 단지 특정 부서의 관리업무가 아니라, 전 조직의 전략과 가치 실현을 위한 핵심 시스템임을 분명히 인식해야 한다.

기업은 명문화된 리스크 정책을 수립하는 것에서 끝나서는 안 된다. 이사회와 최고 경영자는 해당 정책의 실질적 실천 방안, 목표 수준, 예산 및 인력 지원 체계까지 전사적으로 명확히 전달해야 한다. 조직 내 모든 부서가 '우리 업무에서 리스크란 무엇이며, 어떻게 대응할 것인가'를 공유하는 기반은 결국 경영진의 의사결정 구조 안에서 정당화되고 뿌리내린다. 진정한 리더십은 리스크 회피를 명령하는 것이 아니라, 리스크를 예측하고 활용 가능한 정보로 전환하는 문화와 체계를 지원하는 데 있다.

❷ 리스크 관리 프레임워크의 설계Design of Framework for Managing Risk

ISO 31000은 이 점에서 리스크 관리의 설계 과정을 조직의 목적, 사업 구조, 이해관계자, 외부 환경 등과 연결된 맞춤형 시스템 구축 과정으로 정의한다. 리스크 프레임워크의 설계는 다음과 같은 과정을 포함한다.

- 조직의 비전과 전략 목표에 부합하는 리스크 관리 방향 수립
- 리스크 대응을 위한 명확한 책임 구조 및 의사결정 권한 체계 설계
- 전사적 리스크 정보를 수집·분석·통합할 수 있는 정보 흐름 체계 구축
- 리스크별 대응방안과 자원배분 원칙의 명문화
- 리스크 관리 문화 내재화를 위한 내부 커뮤니케이션 및 교육 시스템 설계

중요한 것은 '틀'이 아니라 '맥락'이다. 각 조직이 처한 산업 특성, 조직 규모, 규제 환경에 맞춰 프레임워크가 정태적 구조가 아닌, 동태적 조율 시스템으로 작동해야 한다는 점이다.

❸ 리스크 관리 프로세스의 운영Implementing Risk Management

설계된 프레임워크는 결국 운영되지 않으면 무용지물이다. 운영 단계에서는 조직의 각 부서와 기능단위에서 리스크 관리 프로세스를 실질적으로 내재화할 수 있도록 실행력을 확보하는 작업이 이뤄진다. 리스크 운영은 조직의 일상 업무와 분리되어 존재해서는 안 되며, 사업계획 수립, 예산 배분, 프로젝트 추진, 인사 정책 등 모든 경영활동에 통합되어야 한다. 각 부서는 다음과 같은 기준으로 프로세스를 실행해야 한다. 업무별 주요 리스크 식별, 리스크 발생 가능성과 영향도 분석, 대응 방안 수립 및 실행 일정 계획, 대응 실행 결과의 피드백 및 개선 연계 등이다. 이 모든 과정을 조직 내 의사결정 흐름에 포함된 고유 기능으로 정립하는 것, 이것이 ISO 31000의 실질적 운영 개념이다.

❹ 리스크 관리의 모니터링 및 검토Monitoring & Review of Framework

환경은 변화하고, 시장은 예측을 무너뜨린다. 따라서 리스크 관리 시스템도 지속적인 모니터링과 유기적인 피드백 구조 없이는 생명력을 유지할 수 없다. 모니터링이란 시스템이 의도한 방식으로 작동하고 있는지, 실행력의 사각지대는 없는지, 그리고 외부 변화에 대한 반응력이 적절한지를 주기적이고 정량적·정성적 방식으로 검

토하는 과정이다. 특히 ISO 31000은 리스크의 변화와 관리 전략의 재정렬 사이의 연동성 확보를 강조한다. 예컨대 공급망 리스크가 기술 리스크로 전이되거나, 규제 리스크가 평판 리스크로 진화하는 등의 리스크 간 상호작용과 복합성을 파악하고 이에 맞춰 프레임워크를 정비하는 역량이 필요하다.

❺ 리스크 관리의 지속적 개선 Continual Improvement of the Framework

ISO 31000은 리스크 관리 프레임워크가 조직의 성장과 환경변화에 맞춰 끊임없이 조정·개선되어야 한다는 점을 명확히 하고 있다. 이에 지속적인 개선이라 함은 리스크 발생 원인의 구조적 분석 및 시스템 보완, 모니터링 결과 기반의 정책 재설계, 내부심사와 외부 평가 결과 반영, 교육 및 인식 수준 변화에 따른 커뮤니케이션 전략 조정 등이다. 이러한 개선은 리스크 관리를 경쟁력의 도구로 전환하는 진화적 과정이다.

정리하면 ISO 31000은 조직을 방어하는 도구가 아니라 조직을 진화시키는 체계가 된다. 기업이 이 프레임워크를 제대로 활용할 수 있다면, 리스크는 장애물이 아니라 기회를 여는 레버리지가 될 수 있다.

07. ISO 37002(Whistleblowing)

다음은 내부제보Whistleblowing 관리 시스템과 ISO 37002의 실무적 적용에 대해 살펴보자. 내부제보는 조직 내에서 발생하는 위법 행위, 부정, 비윤리적 행동을 신고하는 행위를 의미하며, 현대 조직의 투명성과 윤리적 거버넌스를 강화하는 역할을 한다. 조직이 내부제보 시스템을 효과적으로 운영하기 위해서는 ISO 37002의 가이드라인을 따르는 것이 바람직하다. ISO 37002는 내부제보 관리 시스템을 구축, 운영, 개선하는 데 필요한 원칙과 실무적 지침을 제공하며, '신뢰Trust, 공정성Impartiality, 보호Protection'의 세 가지 핵심 원칙을 기반으로 한다.

내부제보 시스템 구축의 중요성

기업과 공공기관에서 내부제보 시스템을 효과적으로 운영하면 다음과 같은 이점을 얻을 수 있다.

① 부정 및 위법 행위의 조기 발견과 예방

내부제보 시스템을 도입하면 조직 내에서 발생하는 부정행위 및 위법 행위를 조기에 발견할 수 있어 리스크를 신속하게 해결할 수 있다. 또한, ISO 37002는 내부제보 관리 프로세스를 통해 부정행위를 보다 효과적으로 예방하도록 설계되었다.

② 조직의 윤리 문화 및 신뢰 구축

내부제보 시스템이 활성화되면 직원들은 회사가 윤리경영을 중시하고 있다는 점을 인식하게 되며, 결과적으로 조직에 대한 신뢰가 높아진다. 더불어 신고자 보호 조치가 명확히 수립되어야 조직 내부에서 자유롭게 부정행위를 신고할 수 있다.

③ 법적 리스크 감소 및 준법경영 강화

여러 국가에서 내부고발자 보호법이 강화되고 있으며, 기업들은 법적 요구사항을 준수해야 한다. ISO 37002는 조직이 이러한 규정을 충족하도록 도움을 주는 중요한 지침이다.

ISO 37002 기반 내부제보 관리 시스템의 주요 요소

ISO 37002는 내부제보 시스템을 구축하고 운영하는 과정에서 적용해야 할 핵심 원칙과 절차를 제공한다. 이를 실무적으로 적용하면 다음과 같은 절차를 따르게 된다.

① 내부제보 시스템의 운영 원칙

ISO 37002는 내부제보 시스템을 효과적으로 운영하기 위해 다음 세 가지 핵심 원칙을 기반으로 한다.

내부제보 시스템 운영 핵심원칙	
핵심원칙	설명
신뢰(Trust)	조직이 내부제보자를 보호하고 적극적으로 문제를 해결하려는 의지를 보여야 함
공정성(Impartiality)	모든 신고가 객관적으로 검토되고, 신고자 및 신고대상자의 권리가 보호됨
보호(Protection)	신고자가 불이익을 받지 않도록 법적·제도적 보호조치를 마련

이 원칙을 기반으로 조직은 내부제보를 활성화하고, 신고자 보호 정책을 강화할 수 있다.

② 내부제보 시스템 운영 절차

ISO 37002는 내부제보 시스템의 효과적인 운영을 위해 다음과 같은 4단계 절차를 제시하고 있다.

- 신고 접수Receiving reports of wrongdoing: 조직은 신고를 접수할 수 있는 다양한 채널 (웹사이트, 이메일, 핫라인, 대면 신고 등)을 마련해야 한다. 익명 신고가 가능하도록 보장해야 하며, 신고자가 안전하다고 느낄 수 있는 환경을 조성해야 한다.

- 신고 내용 평가Assessing reports of wrongdoing: 신고된 내용을 객관적으로 검토하고, 필요할 경우 추가 조사를 진행해야 한다. 신고된 문제의 심각도 및 조직에 미치는 영향을 평가하여 적절한 대응 방안을 결정한다.

- 조치 수행Addressing reports of wrongdoing: 신고된 위법 행위에 대해 조사 및 시정 조치를 수행해야 한다. 신고자의 신원을 보호하는 동시에, 신고 대상자에 대한 공정한 조사 절차를 보장해야 한다.

- 사례 종결 및 후속 조치Concluding whistleblowing cases: 조사가 완료되면 최종 결과를 내부적으로 공유하고, 필요한 경우 정책을 개선해야 한다. 또한 유사한 문제가 반복되지 않도록 예방조치를 마련해야 한다.

내부제보 보호조치 및 실행 전략

ISO 37002를 실무적으로 적용하기 위해서는 내부제보자의 보호와 시스템 운영이 안정적으로 이루어져야 한다. 이를 위해 조직은 다음과 같은 보호조치를 마련해야 한다.

① 신고자의 익명성 및 기밀 유지 보장

신고자가 자신의 신원이 노출되지 않도록 신고시스템을 설계해야 한다. 기밀 유지 조항을 강화하고, 신고 관련 정보가 외부로 유출되지 않도록 해야 한다.

② 보복 금지 정책 및 신고자 보호제도 운영

신고 이후 발생할 수 있는 불이익(해고, 승진 제한, 불공정 대우 등)을 방지하기 위한 보호제도를 운영해야 한다. 또한 신고자가 불이익을 받았을 경우 구제 절차를 명확히 수립해야 한다.

③ 조직 내 교육 및 문화 조성

직원들에게 내부제보 시스템의 중요성을 교육하고, 신고가 활성화될 수 있도록 윤리적 문화를 조성해야 한다. 고위 경영진의 강한 의지를 바탕으로 윤리경영과 내부제보 활성화를 추진해야 한다.

내부제보 시스템 실무 적용을 위한 질문과 답변

실무 적용을 돕기 위해 다음과 같은 질문과 답변을 참고할 수 있다.

Q1 내부제보 시스템을 도입하면 직원들이 신고를 남용하지 않을까?

A1 내부제보 시스템이 악용되지 않도록 명확한 운영 기준을 마련하고, 허위 신고에 대한 적절한 조치를 규정할 필요가 있다. 또한, 신고된 내용의 신뢰성을 평가하는 객관적 절차를 운영해야 한다.

Q2 내부제보 시스템이 실패하는 가장 큰 원인은 무엇인가?

A2 가장 큰 실패 요인은 조직 내 신뢰 부족이다. 조직이 신고자를 보호하지 않거나 신고 후 적절한 조치가 이루어지지 않으면 내부제보 시스템이 유명무실해진다.

Q3 내부제보 시스템을 처음 도입하는 기업이 가장 먼저 해야 할 일은?

A3 조직 내부의 윤리경영 및 Compliance 수준을 점검한 후 내부제보 정책과 신

고 채널을 마련하는 것이 우선이다.

Q4 신고자 보호조치를 강화하려면 어떻게 해야 하는가?

A4 보복 금지 정책을 명확히 규정하고, 내부제보자를 보호할 수 있는 법적 및 제도적 장치를 마련해야 한다.

Q5 내부제보 시스템을 구축하는 데 필요한 핵심 요소는?

A5 효과적인 신고 채널 운영, 기밀 유지 보장, 공정한 평가 및 조사 절차, 신고자 보호조치, 지속적인 모니터링 및 개선이 핵심 요소이다.

Compliance 실무자는 ISO 37002를 기반으로 내부제보 시스템을 구축하면 기업은 윤리적 거버넌스를 강화하고, 법적 리스크를 최소화하며, 조직의 신뢰도를 높일 수 있다. 내부제보 시스템이 실질적으로 작동하기 위해서는 신뢰, 공정성, 보호라는 핵심 원칙을 준수해야 하며, 이를 실무적으로 적용하는 것이 중요하다.

Compliance 자격 두 가지
– ISO 인증심사원, CmP

01. 직업인의 시대, Compliance 분야에 기회가 있다

현대는 직장인의 시대보다는 직업인의 시대가 되었다. 안타깝게도 많은 이들이 회사라는 틀에 길들어 평생 윗사람의 눈치를 보고 진급과 월급의 틀이라는 우물 안 개구리 게임에 모든 에너지를 소진한다. 결국 회사만 좋은 일을 하고, 정작 자신과 가족의 미래는 뒷전이 되는 현실이다. 이제는 '어디서 일하는가'보다 '무엇을 할 수 있는가'가 중요한 시대다. 저자 역시 한때는 직장이라는 울타리 안에서만 살아야 한다고 믿었다.

50대, 60대 이후의 삶은 누군가가 마련해 주는 시스템에 기대기에는 너무 길고 복잡하다. 최근 몇 년간 퇴직 후 상담을 요청한 사람들 중 절반은 이렇게 말했다.

"몸은 아직 멀쩡하다, 머리도 돌아간다… 근데 할 일이 없다."

2023년 이후, 고령화가 급속히 가속되면서 퇴직 후 삶은 더 이상 노후가 아니라 제2의 경력으로 재정의되고 있다. 최근 시니어 산업이 주목받고 있고, 각종 재교육이 쏟아지고 있지만, 현실적으로 실제 먹고살 수 있는 일은 찾기 쉽지 않다. 이때 Compliance 영역에서 비#변호사도 할 수 있는 전문 영역을 제안하고 싶다. 저자 역시 변호사도 아니고 회계사도 아니지만, 기업의 윤리와 Compliance라는 분야에서, 내 전문성과 경험을 인정받으며 지금도 많은 기업들과 프로젝트를 함께하고 있다.

중요한 건 자격증 그 자체가 아니라, 그 자격을 어떻게 활용할 것인가이다. 그 시작점으로 추천하고 싶은 것이 바로 두 가지 Compliance 전문 자격이다.

첫 번째는 국제표준인 ISO 37301, ISO 37001 관련 인증심사원^{Auditor} 자격이다. 이 자격은 Compliance에 대한 실질적인 기업 심사 역량을 요구한다. 따라서 교육, 시험, 실습이 결합된 정규 과정이 필요하다. 이는 국제기준인 ISO/IEC 17021-1:2015(경영시스템 인증기관의 요구사항)에 따라 운영되는 기관에서만 정식 발급이 가능하다. 우리나라에도 KCI(한국준법진흥원), IQCS, KAR 등 국내 연수기관들이 있으며, 실제 인증기관에 소속되어 기업 심사를 하거나, 외부 독립 컨설턴트로 활동하는 경우가 많다. 이 자격은 실질적인 Compliance 활동 자격으로, 기업 내부 준법 시스템 점검, 인증 컨설팅, 윤리감사, 리스크 진단 등의 업무를 수행할 수 있는 출발점이 된다. 특히 공공기관, 대기업의 ISO 인증 수요가 점점 증가하고 있어, 현재 직장인 또는 시니어 전문가로서의 경력 전환 포인트로 매우 추천한다.

두 번째는 한국형 Compliance 전문가 민간자격인 CmP^{Compliance management Professional} 이다. 자격기본법 제17조 제2항에 따라 공정거래위원회의 확인을 거쳐 한국직업능력개발원에 등록된 민간자격이다. 이 자격은 한국준법진흥원에서 관리하고 있으며, 기업의 실무 책임자와 담당자들이 리스크 관리를 통해 Complaicne & ethics 경영의 통합에 필요한 실무 능력을 갖추는 것을 목표로 한다. CmP 자격은 국가공인자격이 아닌 등록된 민간자격(등록번호 2024-003915)으로, 한국직업능력개발원의 정기적인 관리·감독을 받고 있다. 이 민간자격은 ISO 37301 및 국내 CP 제도를 이해하고 실무에 적용할 수 있는 능력을 갖춘 사람에게 부여된다. CmP는 변호사가 아니어도 기업 내 준법지원인, 윤리경영 담당자, ESG 책임자, 교육강사, 리스크 평가 컨설턴트 등 다양한 역할로 활동할 수 있는 전문 민간자격이다. 특히 최근 CP등급평가 제도가 제약·제조 등 다양한 업계를 중심으로 본격화되면서, 각 기업의 윤리경영 체계 진단, 리스크 점검표 설계, 내부 신고제도 운영 가이드라인 작성 등 실질적인 일감이 점점 늘고 있다. 저자 역시 이 자격을 기반으로 다수의 기업과 공공기관을 대상으로 CP를 자문하고 있으며, 자격 취득자들과 함께 공동 프로젝트를 수행하는 네트워크도 구축해 왔다. 지금도 기업 현장에서 필요한 건 실무형 Compliance 전문가다. 실무에 밝고 조직과 소통하고, 다른 부서를 자문서 하면서 교육과 컨설팅이 가능한 사람들이다.

퇴직이 끝이 아닐 수 있다. 새로운 시작일 수 있다. 리스크의 반대가 기회인 것처럼, 준비하면 분명히 기회가 될 수 있다. 저자가 생각하기에 Compliance라는 분야는 아직도 블루오션이라고 생각한다. Compliance 영역에서 직장인이 아닌 직업인을 권고한다.

02. ISO 37301 인증심사원

지금 생각해 보면 고등학생 시절 ISO 인증심사원이라는 직업을 처음 들었을 때, 멋진 이미지로뿐이었다. 검정 슈트를 입고 영어도 잘하는 사람들이 기업을 방문해 날카롭게 질문을 던지고, 문서를 찾아가며 해당 문제를 포착해 내는 전문가를 상상했다. 아마 학창시절 또는 다양한 문제집에서 한 번쯤 ISO라는 단어를 들어본 적이 있을 것이다. '국제표준'이라는 말은 꽤 있어 보이고 마치 무언가 대단한 시스템처럼 들린다. 그러나 현실은 생각보다 훨씬 더 복잡하고, 솔직히 말해 실망스럽기도 하다.

지금도 일부 ISO 인증기관이나 심사원들은 인증을 하나의 절차로만 여긴다. 품질(ISO 9001), 환경(ISO 14001), 안전(ISO 45001) 같은 인증은 마치 통과의례처럼 여겨지고, 중소기업들은 '대기업 납품을 위해', '은행 대출 조건 때문' 등 대부분 외적 요인에 의해 ISO 인증을 받는다. 즉, 중소기업 입장에서 글로벌 스탠더드를 원해서 인증받는 경우는 드물다. 심사의 본질은 사라지고, 형식만 남은 경우가 적지 않다. 나 역시 심사 현장에서 이런 장면을 수없이 목격했다. 심사원이 현장을 둘러보지도 않고 사무실에서 서류만 보고 끝내는 경우, 기업의 실정은 고려하지 않은 채 매뉴얼과 법조항만 외우듯 읽어주는 경우. 또한, 심사를 권위로 생각하는 심사원도 있으며, 비윤리적 심사가 이뤄지는 인증기관도 있다. '이게 과연 기업을 위한 심사인가'라는 회의감이 들 정도였다.

그럼에도 불구하고 ISO 37301 인증심사는 사람과 조직문화, 그리고 법적·윤리적 책임을 심사하는 스킬이다. 기존의 ISO 9001 등 인증이 공정에 대한 체크리스트였다면, ISO 37301은 기업의 양심과 신뢰 체계에 대한 정밀 진단이다. 이 인증에서 중요한 건 종이가 아니라 행동이고 문화이고 태도가 되기 때문이다. 즉, ISO 37301 인증심사원은 문서 검토자가 아니라 조직의 법적 리스크와 윤리적 취약점을 들여다보는 전문가, 다시 말해 기업문화의 전문의사로서 건강검진을 하게 되는 것이다.

지금 기업들은 그 어느 때보다도 빠르게 바뀌고 있고 경영진 입장에서는 불안한 것보다 불편한 것이 나을 수 있다. 무엇보다 ESG와 지속가능경영이 대세가 되었고, 윤리경영이 투자자의 체크리스트가 되었으며, 공공기관과 대기업은 CP 등급평가와 내부통제 점검을 의무화하고 있다. 여기에 더해, 내부고발제도^{Whistleblowing} 강화, 하도급·공정거래 리스크 증가, 개인정보·인권·노동환경에 대한 글로벌 기준 강화 등 법적·윤리적 이슈는 모든 조직의 생존 이슈가 되었다.

이 모든 상황을 종합적으로 사전에 이슈가 일어나기 이전에 진단하고 예방하고 관리하는 사람들이 필요하다. 그게 바로 ISO 37301 인증심사원이다. 지금까지 저자가 만난 수많은 기업 담당자, 퇴직자, 전문직 종사자 등은 이 분야에 ISO 37301 등 심사원 자격을 따고 본인의 영역을 넓혀가는 사람들이 있다.

기본 자격요건

ISO 9001, ISO 14001 심사원을 수없이 많이 만나왔다. 품질과 환경, 안전보건 심사를 중심으로 오랫동안 활동해 온 이들은 대부분 전문가이고 절차 중심의 심사에 익숙해져 있었다. 문서가 있고, 절차가 맞으면 그걸로 끝나는 심사였다. 하지만 저자는 처음부터 ISO 19600 번역을 시작으로 ISO 37001, ISO 37301 그리고 최근에는 ISO 42001^{AI}까지 넓혀가고 있다.

여기서 ISO 37301과 ISO 37001은 위 심사와 조금은 다르다는 것을 설명하고 싶다. 품질, 환경, 안전보건 등은 공정이나 설비 그리고 장소를 심사하는 것에 집중되어 있다. 그러나 ISO 37301과 ISO 37001은 사람, 조직, 문화와 의사결정을 심사하는 일이 대부분이다. 그래서 이 자격의 출발점은 'Compliance & Legal 마인드'이다.

법과 윤리를 이해하고, 그것이 조직 내에서 어떻게 작동하고 왜 왜곡되는지를 보는 시각이 있어야 한다. 법을 해석하는 감각과 동시에, 조직의 리스크를 감별하는 실전 감각이 함께 요구된다. 특히 이 자격은 일반적인 ISO 심사원과는 자격요건부터 차원이 다르다. 품질경영 심사원이 특정 학력을 요구하지 않고도 경력(산업별 분류코드)만으로 진입할 수 있는 데 반해, ISO 37301은 법률과 조직윤리에 대한 기본적인 학습 경험과 실무 경력이 있어야 실질적인 활동이 가능하다. 물론 다음 표에서 보는 바와 같이 심사원보 자격은 모두에게 가능하며, 본격적으로 심사를 활동할 심사원에 대한 역량과 적격성이기에 정량화하지는 않았다.

ISO 37301 등 심사원 자격 기준	
항목	자격요건
전공	법학, 경영학, 윤리경영, Compliance 관련 전공자 우대
경력	내부감사, 법무, 리스크관리, 윤리경영, 내부통제 업무 유경험자
지식	기업법, 공정거래법, 부패방지법, ISO 표준 및 CP 운영 이해
역량	윤리적 판단력, 커뮤니케이션 능력, 실무 적용력

또 하나 강조하고 싶은 건, CP와 ISO 37301의 접점이다. 대한민국의 CP 운영 기준은 ISO 37301의 준법경영 요구사항과 상당 부분 일치한다. 즉, ISO 37301 심사원은 기업의 CP 운영 수준까지 함께 바라볼 수 있어야 진정한 전문가라 할 수 있다. 즉, ISO 심사원은 CP를 알아야 한다. 이 접점을 파악하는 안목이 없다면 심사는 무의미해질 수 있다.

공식 교육과 인증 과정: 전문 준법경영 연수기관

ISO 37301 인증심사원이 되기 위한 과정은 매우 쉽다. ISO 37301 요구사항과 ISO 19011(심사기법)을 학습하고 자격을 따면 된다. 공식 교육과정은 ISO/IEC 17021-1을 기반으로 구성되며, 핵심은 다음 세 가지 축으로 요약할 수 있다.

첫 번째로 법률 및 윤리경영에 대한 이해가 필요하다. 기업법, 공정거래법, 부패방지법 등 각종 법률과 ISO 37301이 요구하는 규범 준수 항목을 해석하고, 이를 조직 내 경영시스템과 어떻게 연결할지를 학습한다. 두 번째로는 리스크 기반 접근과 내부통제 시스템을 분석할 수 있어야 한다. 준법경영은 결국 '예방 시스템'이다. 교육과정에서는 조직 내 발생 가능한 리스크를 분류하고, 그에 따른 내부통제 수단이 적정한지를 평가하는 훈련을 받는다. 교육은 실제 운영 수준을 평가하기 위한 역량을 기르는 데 초점이 맞춰져 있다. 마지막으로 실제 기업 사례 기반의 워크숍 및 모의 심사 훈련이 된다. 부패, 리베이트, 내부자 고발 등 실제 기업에서 벌어진 윤리 위반 사례를 중심으로 분석하고, 그에 따른 경영 대응과 리스크 관리 시나리오를 다룬다. 이를 통해 이론과 현실을 연결하며, 실무적 통찰을 얻게 된다.

이러한 과정을 통해 심사원은 기업의 윤리경영 수준을 진단하고 개선 방향을 제시하게 된다. 문서심사(1단계)와 현장 인터뷰 중심의 사무소 심사(2단계)를 모두 수행할 수 있는 전문성을 확보하는 것이 최종 목표다.

이 시점에서 꼭 언급하고 싶은 한 가지가 있다. 바로 '누구에게 배우느냐'는 생각보다 더 중요한 차이를 만든다는 점이다. 심사원 교육은 자격 취득의 수단이 아니라 실무와 통찰력을 길러주는 과정이기 때문이다. 특히 한국준법진흥원은 ISO 37301과 공정거래 CP를 함께 이해하고 융합해 가르치는 몇 안 되는 기관 중 하나다. 실제 사례 중심의 교육, 현장 기반 워크숍, 자격 이후 커뮤니티까지 운영되기 때문에, 처음 시작하는 사람에게도 매우 현실적인 길잡이가 되어줄 수 있다.

필기 및 실기시험 통과

ISO 37301 인증심사원 자격시험은 실제로 기업의 준법경영 시스템을 심사할 수 있는 전문가의 자질을 갖추었는지 검증하는 공식 절차이다. 변별력을 높이려고 탈락시키려는 시험이라기보다 합격률을 높일 수 있도록 역량을 향상시키는 과정이라고 봐도 좋다.

먼저 품질이나 환경 인증시험이 비교적 '체크리스트형 문항'으로 구성된 반면, ISO 37301 시험은 리스크 분석, 법적 쟁점 판단, 윤리적 이슈에 대한 대응력 등을 중심으로 구성된다. 예컨대, 실제 기업의 부패 리스크 시나리오나 공정거래법 위반 사례가 제시되며, 심사원이 어떤 근거로 어떤 조치를 제안할지를 서술형으로 평가받는다. 암기력보다 사고력, 윤리 판단력이 훨씬 더 중요하다.

ISO 37301에서는 실무 능력이 더욱 중요하게 간주되기 때문에 실제 기업의 케이스를 바탕으로 한 모의 심사 방식으로 진행된다. 수험자는 기업 내 윤리강령, 내부 통제 체계 등 운영 상태를 심사하고, 그에 대한 문서화된 평가 리포트를 작성해야 한다. 즉, ISO 37301 인증심사원 시험은 판단력, 논리력, 윤리적 사고능력, 그리고 무엇보다 현장 대응력이 요구된다. 기술적 능력 이상으로 사람을 상대하는 판단의 무게가 요구된다. 한국준법진흥원은 Compliance에 대해 실전 감각을 키울 수 있는 모의심사 워크숍, 토론 등과 맞춤형 코칭 프로그램도 함께 운영하고 있다. 이를 통해 수강생들은 실제 심사 현장에서 신뢰받는 전문가로 성장할 수 있는 실질적인 역량을 갖출 수 있다.

심사 참관 및 실무 경험

ISO 37301 인증심사원은 독립적인 Compliance 심사를 수행할 수 있을 외부 전문가로 심사 현장에서 수많은 상황을 겪고, 기업의 법무팀, CP팀 등에 직접 들어가 대화하고 판단하며 조율하는 경험을 쌓은 사람이다. 저자 또한 ISO 37301 인증심사원 자격을 취득하고 느낀 감정은 과연 내가 독립적인 인증심사를 수행할 수 있는 전문가인가라는 생각이 들었다. 생각보다 현장에서 경험을 쌓을 수 있는 기회가 많지도 않았고 심사를 직접 수행하기도 쉽지 않았다.

ISO 37301 인증심사원(보)에서 인증심사원이 되는 방법에는 크게 2가지가 있다. 한가지는 검증심사원이 인증심사원(보)를 심사에 투입시켜 지켜보고 검증(일부는 현장 투입 없이 검증비만 받음)하는 방식이고 다른 방법은 심사 참관과 실무 경험이다. 필자가 가장 좋아하지 않는 방법이 이 업계에서 조금 경험 있다고 하는 검증심사원이라는 분이 검증해 주고 검증비를 받는 방식으로 최소 150만 원 이상을 받게 된다. 입장 바꿔 생각해 보면 이제 심사원 자격을 취득하고 검증 1번 받고 심사에 바로 투입된다는 것이 말이 되지 않을뿐더러 심사 능력이 있을지 과연 의심된다. 실제 기업 현장은 복잡하고 민감하다. 기업은 저 사람이 실력이 있는 사람인지 아닌지를 다 알고 있다.

저자가 추천하는 방법이 참관 방법이다. 참관을 통해 실제 현장에서 경험 많은 선임 심사원과 함께 기업을 방문하여 참관 심사^{On-site Observation}를 수행한다. 참관자는 보조자로서 말보다는 듣고 볼 수 있는 기회가 생긴다. 또한 문서 확인, 회의 동행, 인터뷰 메모 등을 수행하며 실제 심사가 어떻게 이루어지는지를 체득하게 된다. 이후 일정 기간 동안 참관과 실무 경험을 거친 후 역할을 맡아 책임감을 가지고 실무를 수행하며, 독립 심사를 수행하는 단계로 나아간다. 이 과정에서 정식 인증심사원^{Lead Auditor} 승급 여부는 인증기관의 적격성 평가와 계약을 통해 결정된다. 일정 건수 이상의 심사 참여, 심사 리포트 작성, 인터뷰 진행 경험 등을 기반으로 독립적으로 심사를 수행할 수 있는가에 대한 적격성 평가를 받게 된다.

ISO 37301은 다른 경영시스템과 다르게 기업의 CEO, 법무팀 등과 직접 소통하며, 조직의 문화와 리더십, 법적 리스크를 함께 평가하게 된다. 특히 공정거래 CP, 내부통제, 윤리경영 등에서 실무를 경험한 사람이라면, 좋은 업무 영역 확장 기회가 될 수 있다. 아직도 이 분야는 국내에서는 공급보다 수요가 많다. 기업들은 ESG 평가, Compliance 인증, CP 등급평가 등 사내 윤리경영 강화를 위해 외부 심사 역량을 필요로 하지만, 전문 심사원은 턱없이 부족하다. 그렇기에 필자는 ISO 37301 인증심사원 자격을 블루오션 전문 직업 중 하나로 꼽는다.

03. CmP, CP 등급평가 대비 자격

2024년 공정거래법은 중요한 전환점을 맞았다. 「공정거래법 제120조의2(공정거래 자율준수^{CP})」가 법제화되며 CP를 정부가 제도적으로 장려하고 관리하는 제도가 되었다. 마찬가지로 CP 등급평가 제도도 정교해졌고, 공공기관과 대기업은 물론 중견·중소기업까지 CP 도입을 압박받는 구조로 바뀌고 있다.

그러나 법제화는 되었으나 이 제도가 제대로 정착되기 위한 실무형 전문가의 부재이다. 이 점에서 CmP^Compliance management Professional는 그 대안을 제시한다. 기업 내외부에서 CP를 설계, 운영, 보고서 작성, 등급평가 등 직접 수행할 수 있는 역량을 갖춘 사람이 바로 CmP 전문가 자격이다.

CP 등급평가의 전문가, CmP

한국공정거래조정원의 「2023년 분쟁조정 현황」에 따르면, 전국적으로 접수된 분쟁조정 사건 3,481건 중 경기도가 전체의 29.3%에 해당하는 1,020건으로 가장 많은 접수를 기록했다. 피신청인 사업장 기준으로도 2위다. 이는 단순한 수치가 아니다. 중소기업과 소상공인이 불공정거래로부터 실질적인 피해를 경험하고 있다는 방증이다. 계약서에 불리한 조항이 있거나, 납품단가를 일방적으로 삭감당하거나, 대금을 늦게 받는 일이 여전히 현실 속에 존재한다는 뜻이다. 전국에서 경기도에 중견·중소기업이 집중된 점과 경기도 기업들이 공정거래 CP에 취약하다는 점이 동시에 존재한다. 이처럼 CP는 형식적 제도가 아니라, 중소기업 생존의 안전망이 되어야 한다. 공정거래법이 아무리 정교하게 마련돼 있어도, 그것을 운영하고 지켜내는 '사람'이 없다면 결국 현실은 바뀌지 않는다.

분쟁조정 신청 현황	
구분	분쟁조정 신청 현황
전체 사건 수	3,481건
경기도 접수(신청인 기준)	1,020건 (29.3%) – 전국 1위
경기도 접수(피신청인 기준)	787건 (22.6%) – 전국 2위

※ 출처: 2023, 한국공정거래조정원(분쟁조정 신청현황)

경기도는 이러한 문제의식 속에서 민선 8기 공약 중 하나인 'ESG 경영 강화로 하청기업 등에 부담전가 방지'를 주요 과제로 삼고, 도내 공공기관과 기업체에 CP 도입을 확산하는 정책을 추진 중이다. 특히 기업 맞춤형 CP 컨설팅 지원사업을 통해 제도 안착을 돕고 있으며, 이는 지역 내 중소기업에 실질적인 혜택이 될 수 있다.

따라서 CmP는 기업 CP 운영을 직접 주도할 수 있는 실력 있는 Compliance 전문가이다. 공정위의 CP 등급평가 절차를 이해하고, 기업이 평가 점수를 높이기 위해 어떤 전략과 문서를 갖추어야 하는지 실무적으로 대응할 수 있는 유일한 자격이라고 해도 과언이 아니다.

실제로 저자는 기업 현장에서 CP 컨설팅을 수행할 때 CP 등급평가 위원조차 CP를 제대로 이해하지 못한 채 평가하는 결과물 등을 종종 보아왔다. 이는 제도에 대한 기본 이해 부족은 물론, 평가자와 피평가자 사이에 실무 인식의 간극이 크다는 것을 뜻한다. CmP는 이 간극을 메우는 역할을 할 수 있다. 특히 한국공정거래조정원에서 제시한 평가 기준의 의도와 실제 평가 방식, 그리고 기업이 갖춰야 할 CP 문서의 품질을 모두 알고 있는 실무자는 현장에 반드시 필요하다.

CmP 교육과정

CmP 교육과정은 실제 기업이 공정위에 CP 등급평가를 신청할 때부터 최종점수를 받기까지, 모든 단계의 실무 대응 전략을 실습 중심으로 배운다. 교육 커리큘럼에는 다음과 같은 차별성이 있다.

- 공정거래법 13개 핵심 법령의 실무 적용 전략
- ISO 37301과 CP의 연계 매핑 구조 해석
- 리스크 기반 CP 시스템 설계 실습
- 등급평가 대응용 문서화 전략(자체평가서, 운영 실적 표준 템플릿 등)
- 실제 우수기업 사례 분석과 평가 실전 모의훈련

강사진 또한 공정위 출신 실무자, CP등급평가 고득점 기업 실무자, 로펌 소속 변호사, 현직 CP 컨설턴트 등으로 구성되어, 이론과 현장의 간극을 줄인다. 한국준법진흥원에서 이 과정을 민간자격 제도로 체계적으로 운영하고 있으며, 실무형 교육기관으로서 높은 신뢰를 받고 있다. 실무자는 이 교육과 자격을 통해 공신력 있는 Compliance 전문가 네트워크에 연결되는 효과를 얻을 수 있다.

CmP 과정 구성	
구성	내용
교육 기간	2일 또는 3일 집중과정
교육 방식	오프라인 집중교육 + 실습워크숍
주요 내용	공정거래법, CP 운영 8대 요소, ISO 37301 연계성, CP 등급평가 보고서, 대응, 사례분석 및 실습
강사진	공정위 출신, 로펌 변호사, CP 등급기업 실무자, CP 컨설턴트 등
수료 혜택	이수증, 자격증, 네트워크 참여(Compliance 협의체), 오픈채팅방 안내

앞으로 CP는 더 이상 자율이 아닌 필수가 될 것으로 예상한다. 공공기관, 대기업, 중견, 중소기업 등은 이미 CP 도입을 의무화하고 있다. 등급평가를 받는 기업 중 문화확산으로써 협력사, 계열사 등에 CP 등급평가 시 A 이상 기업은 최대 가점 4점이 주어지기 때문에 더욱 확산될 예정이다.

이 글을 읽는 담당자에게 묻고 싶다.

"우리 회사의 CP를 내부에서 설계할 수 있는 사람은 있는가?"

"CP 등급평가 대응을 외부에 의존하지 않고도 해낼 수 있는 준비가 되어 있는가?"

만약 이 질문에 자신 있게 "예"라고 답할 수 없다면, 그 조직에는 반드시 CmP 자격을 갖춘 실무자가 필요하다.

Part

4

. . . .

CP와 ISO 37301 비교 및 연계방안

CP와 ISO 37301의 성공적 적용 사례

  국내 기업들이 글로벌시장에서 비즈니스 기회를 확보하려면, 신뢰를 얻는 것이 가장 중요한 과제다. 이 신뢰는 품질이나 기술만으로는 얻어지지 않는다. 조직의 내면이 얼마나 윤리적이고, 외부와의 관계가 얼마나 공정하며, 시스템이 얼마나 스스로를 통제할 수 있는 구조인지에 따라 결정된다. 그런 점에서 CP, ISO 37301, ISO 기타 시스템은 기업들에 전략적 무기가 될 수 있다. 특히 CP와 ISO 37301은 이름은 다르지만, 리스크를 사전에 통제하고, 위법행위를 예방하며, 조직문화의 책임성을 제도화한다는 점에서 근본적인 목적을 공유한다.

  하나는 국내 제도 기반(공정위 중심), 다른 하나는 국제표준 기반이지만, 결국 둘 다 조직의 리스크관리 수준 등을 눈에 보이게 설계되어 있다. 특히 ISO 37301은 내부통제, 리스크 기반 접근, 이해관계자 소통, 실적평가와 개선이라는 글로벌 거버넌스의 핵심 요구사항을 포함하고 있고, CP는 공정거래법 등 국내 규제와의 실질적 연계를 통해 제재 리스크 완화, 공정위 조사, 등급평가 연계까지 기대할 수 있다. 이 둘을 함께 적용한 기업은 국내외 리스크를 통합적으로 관리하고, 외부 신뢰를 확보하면서 내부 윤리 역량까지 끌어올리는 효과를 경험하게 된다.

  아직도 많은 기업들에 두 시스템이 통합되지 않은 점이 아쉽지만 그럼에도 불구하고 각 산업 특성에 맞춰 어떻게 CP와 ISO 37301이 실효성 있게 활용되는지를 다음 장에서 설명하고자 한다. 이를 참고하는 것은 다른 기업들에도 강력한 학습과 벤치마킹의 기회가 된다. 저자의 가장 큰 장점은 많은 기업들을 방문하고 해당 시스템과 실무를 볼 수 있어서 하루하루가 타 기업사례 발표와 같은 세미나이면서 워크숍이 된다.

이 장에서는 산업별 사례를 통해 성공적인 준법경영 시스템의 현실 적용과 실질 효과를 짚어본다.

01. 정보기술IT산업: 글로벌 소프트웨어 기업의 데이터 보호 및 준법경영

IT산업은 데이터를 기반으로 하는 초국경적 산업인 동시에, 가장 민감한 개인정보를 취급하는 고위험 산업이다. 대한민국은 세계 최고 수준의 인터넷 인프라와 소프트웨어 산업 생태계를 보유한 IT 강국이지만, 그만큼 규제 리스크와 사이버 위협의 중심에도 서 있다. 오늘날 IT 기업에 필요한 것은 기술력뿐만이 아니라 고객정보 보호, 인공지능 알고리즘의 공정성, 데이터 주권 문제, 클라우드 보안 등 윤리와 책임 기반의 경영시스템을 체계화하는 역량이며, 이것이 기업의 지속가능성을 좌우한다.

이런 흐름 속에서 ISO 37301, ISO 27001, ISO 27701은 IT기업들에 글로벌 규제 대응과 내 통제 체계를 동시에 구축할 수 있는 전략적 프레임워크로 주목받고 있다. 글로벌 데이터 보호 규제는 갈수록 강화되고 있다. GDPR, CCPA, PIPL 등 국가별 데이터 보호법이 확산되는 속도는 줄어들지 않고 오히려 가속화되고 있다. 만약 글로벌 IT 기업이라면 더욱더 심각하다. 기업은 단일 국가 기준으로는 리스크를 통제할 수 없게 된다. 여러 국가의 개인정보를 동시에 보유 · 처리하고 있는 IT 산업의 구조적 특성상, 통합적이고 시스템적인 리스크 관리체계가 필수적이다. 게다가, 비즈니스 모델 자체의 데이터 의존도도 점점 높아지고 있다. 클라우드, IoT, AI 등 최신 기술은 모두 데이터 활용을 전제로 하고 있으며, 이로 인해 발생하는 Compliance 리스크는 복잡하고도 교차적이다.

무엇보다 중요한 건 고객 신뢰다. 오늘날 국내외 소비자들은 단순히 서비스 품질만 보는 것이 아니라, 자신의 정보가 안전하게 관리되고 있는가를 훨씬 더 꼼꼼히 따진다. 정보 유출은 단순한 민원 대응이 아닌, 소액주주들의 대표소송으로도 이어질 수 있는 시대가 되었다.

이러한 환경에서 공공 및 민간사업을 수행하는 A IT업체는 ISO 37301, ISO 27001, ISO 27701을 통합 관리시스템(HLS 구조)으로 설계하고 동시에 인증을 취득했다. 이후 인증의 신뢰도를 바탕으로 공공조달 및 민간 입찰에서 경쟁우위를 확보, 다양한 사업을 성공적으로 수주하였다. 또한, 글로벌 고객을 대상으로 플랫폼을 운영하는 B IT사는 ISO 37301과 ISO 27001을 통합 시스템으로 운영하면서, 내부 데이터 흐름과 업무 프로세스를 일치시키고, 이메일, 로그 기록, 고객 응대 기록 등 주요 정보 접점을 실시간 감사 가능한 체계로 전환하여 국내 개인정보보호법, 정보통신망법, GDPR 등의 법령을 통합하여 프로세스 자동화, 전사 차원의 준법 점검 포인트를 시스템 안에서 모니터링 가능하도록 설계하였다. 무엇보다 리스크 평가, 내부심사, 문서통제 등 중복되는 인증 절차를 통합(HLS 기반)함으로써, 임직원이 2개 인증을 위해 2번 심사받거나 2번 문서 작성하지 않도록 체계화한 점은 실무적으로 매우 뛰어난 전략이었다.

IT 산업은 무형의 자산, 즉 '데이터'를 다루는 산업이다. 이 데이터는 이제 단순한 자산이 아니라, 규제의 대상이자 신뢰의 기준, 그리고 기업 생존의 핵심이 되고 있다. 기술이 진보할수록 법과 윤리의 기준도 함께 진화한다.

02. 제약산업: 글로벌 제약기업의 윤리적 임상 시험 강화

제약산업은 다른 산업과 다르게 인간의 생명을 다루는 산업이고, 사람의 몸에 직접 작용하는 제품을 만든다는 점에서 단순한 소비재 생산과는 근본부터 다르다. 그렇기에 제약산업은 전통적으로 '규제의 연속선 위에 있는 산업'이라 불린다. 신약 개발의 임상 단계부터 허가, 생산, 유통, 광고, 판매까지 모든 활동이 강력한 법적 통제 아래 움직이며, 한 번의 리스크는 국민 보건과 기업 존속 자체를 위협할 수 있다.

특히 대한민국은 2000년 의약분업 제도 시행 이후, 약이 의사의 처방을 통해 결정되는 구조로 바뀌면서, 제약사는 의사·병원 등 전문가 집단을 상대로 한 B2B 마케팅

COMPLIANCE 공정거래 CP & ISO 37301 실무가이드

중심으로 바뀌었다. 이로 인해 ETC(전문의약품) 중심의 마케팅 활동은 필연적으로 리베이트, 불공정 접촉, 정보 불균형 등 윤리적 회색지대를 내포하게 되었고, 이는 오늘날까지도 산업의 핵심 리스크로 남아 있다. 반면 OTC(일반의약품) 시장은 일반 소비자 대상 마케팅이지만, 광고·표현 규제가 엄격하며, 건강기능식품, 웰빙 트렌드와 경쟁해야 하는 구조적 과제가 있다.

이처럼 복잡한 제약산업 구조는 단일 법령이나 제도만으로는 통제될 수 없으며, 통합적이고 예방 중심의 준법경영 시스템이 필수로 요구된다. 그 결과 제약사들은 국내외에서 ISO 37001과 ISO 37301을 통합 운영하며, 자체 공정경쟁규약, CP 체계, 내부심사, 내외부 통제 모듈 등을 고도화하는 흐름으로 진화하고 있다.

앞서 설명한 바와 같이 제약산업은 R&D에서 유통까지 '규제 → 감독 → 승인'의 연속이다. 개발(R&D)은 식약처와 글로벌 규제기관의 임상 승인 규제를 받는다. 생산은 GMP(의약품 제조 및 품질관리 기준)를 따른다. 마케팅은 의사·약사 대상 접촉과 정보제공으로 제한되고, 공정경쟁규약 및 학술활동 가이드라인을 따라야 한다. 그리고 지출보고서로써 보건복지부 장관에게 매년 보고하여야 한다. 유통은 의약품 도매상과 병원·약국을 거치는 복잡한 다단계 구조를 갖는다.

이러한 강력한 규제 행위의 연속성은 자연스럽게 내부통제, 문서화, 객관적 입증 체계가 필수화될 수밖에 없게 만들었다. 결국 ISO 37001, ISO 37301, CP는 제약산업의 이러한 구조에 가장 자연스럽게 들어맞는 시스템이다. 따라서 많은 제약사들이 ISO를 통합 운영뿐만 아니라 CP를 전면적으로 도입하고 있다.

제약산업 내 ISO 37시리즈 도입 핵심 목적 요약	
도입 이유	주요 내용
규제기관 대응	식약처, 공정위, 보건복지부, 국세청, 검찰 등 중첩 규제 대응 필요
의료인 대상 접촉 관리	의사·약사 대상 정보제공 및 마케팅 행위 통제 필요, 리베이트 사전 예방 및 감지
공정경쟁규약, 지출보고서 등 이행 증거 확보	보건복지부, 공정위, 제약바이오협회 등 기준에 따른 자율준수 의무 증명 체계화
글로벌 진출 및 수출 대응	EMA·FDA 인증, ICH GCP, 외자계 제약사 협력 조건화

CP 등급평가에서 유일하게 AAA를 받은 A 제약사는 CP와 ISO 37001·37301을 통합 운영하며, 의료인 대상 접촉 이력 관리 시스템과 사내 감사 모듈, 지출보고서뿐만 아니라 의무식별과 리스크 평가 매뉴얼을 체계적으로 디지털화했다. 또한 모든 학술 행사, 후원, 제품설명회 등은 사전·사후 승인을 통해 문서화되며, 내부고발 제도와 분리된 심사 조직이 운영 중이다. 이처럼 한국준법진흥원 ISO 인증심사를 통해 매년 정기적 Compliance 건강검진으로써 부족한 점을 보완하고 있다.

AA등급 B 제약사는 기존 CP와 ISO 37001에서 ISO 37301을 더해 통합 인증을 받았다. 이를 통해 CP 운영체계의 형식적 요소에서 실질적 체계로 전환하였고, 사업부별 준법 실적을 경영성과 KPI에 반영하고 있다. 특히, 마케팅 조직의 리스크 평가와 교육 이수율이 인사관리 및 평가와 연계되도록 제도화한 점은 큰 차별점이다.

제약산업은 고령화, 웰빙, 개인 맞춤 의료 등 지속적으로 성장할 기회를 가진 산업이다. 그러나 이 기회는 리스크와 함께 따라온다. 생명을 다루는 산업은 사회적 감시와 규제의 눈앞에 항상 놓여 있다. 이제 제약사는 CP, ISO 37301, ISO 37001을 통합적으로 가장 빠르게 산업 내에서 차별화로 통합 및 운영을 꾀하고 있다.

03. 금융산업: 다국적 은행의 금융 범죄 방지 및 내부통제 강화

금융은 신뢰가 매우 중요하다. 그리고 금융산업은 본질적으로 규제 산업이며, 동시에 범죄 리스크 고위험군에 놓인 산업이다. 자금세탁, 테러자금 조달, 내부자 거래, 시장 교란, 횡령·배임, 이해충돌 등 다양한 불법 가능성이 내재돼 있고, 이로 인해 금융산업은 사후 규제보다 선제 통제 중심의 Compliance 시스템이 요구된다. 특히 글로벌 금융환경에서는 FATF(국제자금세탁방지기구), BIS(국제결제은행), OECD, IMF 등 다자 규제기구가 존재하며, 각국 금융감독당국은 이들 기준을 반영해 AML(자금세탁방지), CFT(테러자금 차단), KYC(고객확인제도) 등을 의무화하고 있다. 이런 배경에서 CP와 ISO 37301은 금융기관의 규제 리스크 대응과 시스템 통제력 확보를 동시에 실현할 수 있다.

COMPLIANCE 공정거래 CP & ISO 37301 실무가이드

금융 리스크는 기업 자체의 시장 퇴출과 브랜드 파괴로 이어질 수 있는 치명적 리스크다. 이러한 이유로 다국적 은행과 글로벌 자산운용사들은 내부통제, 거래모니터링, 행동강령, 제보시스템, 리스크평가 도구를 포괄적으로 통합한 구조화된 시스템을 운영하고 있다. 특히 ISO 37301은 FATF의 권고사항과도 높은 연계성을 가진다. FATF는 "기업은 자금세탁 리스크를 인지하고, 사전에 평가하고, 이를 기반으로 내부통제를 설계해야 한다"고 권고한다. 이는 ISO 37301 4.5와 4.6 그리고 6 및 8항과 동일하다.

한 국내은행은 글로벌뿐만 아니라 국내 금융당국(KFSC, FIU 등)의 규제를 동시에 수용해야 하는 구조였다. 그래서 이 은행은 다음과 같은 구조로 CP와 ISO 37301을 운영하고 기존 시스템과 연결했다.

- 리스크 평가 체계: 각 업무(외환, 기업금융, 리테일, 자산관리 등)에 맞는 리스크 매트릭스를 설계하고, 정기적 재평가 및 평가 결과 반영 프로세스 자동화
- 교육 및 제보 시스템 고도화: ISO 37301과 연계하여, 자금세탁 등 교육을 전사 의무화하고, 제보자 보호시스템에 외부 독립채널을 도입
- 국내 금융감독기관 및 해외 본사 규정의 이중 대응: ISO 37301 표준 체계를 KYC, AML, 내부통제 정책과 구조적으로 정합성 있게 통합

이 시스템을 통해 이 은행은 FSC/FIU 정기 검사에서 '리스크 대응체계 선진화 사례'로 소개되었고, 국내외 프로젝트 금융 제안 시 ISO 37301 인증으로 높은 신뢰를 확보했다.

04. 소매산업: 대형 유통기업의 공급망 윤리경영 강화

소매·유통산업은 글로벌 제조 – 유통 – 판매를 잇는 가치사슬^{Value Chain}의 종착지이며, 결과적으로 공급망에서 발생한 모든 비윤리적 문제의 책임이 소비자 눈앞에서 드러나는 구조를 가진다. 즉, 상품의 가격, 품질, 광고뿐 아니라 그 상품이 어떤 경로를 거쳐 왔는지, 환경과 인권, 거래의 공정성은 지켜졌는지까지 소비자는 묻는다.

따라서 ESG 평가와 하도급법 등 Compliance에서 주요 이슈가 발생한다.

특히 대형 유통기업일수록 수많은 협력업체와 하청구조를 가지며, 그만큼 리스크가 외주화되어 발생할 가능성도 크다. 이처럼 소매산업은 공급망에서의 리스크를 가장 먼저 드러내는 산업이기 때문에, 구매 시스템이 아니라 윤리와 Compliance를 통합한 통제 체계가 필요하다. 여기서 ISO 37301과 CP, 그리고 ESG는 개별 제도가 아닌 유통 생태계를 통제하고 신뢰를 만들어 내는 구조로 작동한다.

Compliance 관점에서 첫 번째로는 공급망 리스크의 실질적 책임이 있다. 앞서 설명한 바와 같이 라나플라자 붕괴사고처럼 인도 방글라데시 의류공장의 아동노동, 동남아 해산물의 강제노역, 동유럽의 불법 고용 등은 모두 유통 채널의 '브랜드'에 직격타를 날린 사례들이다. 두 번째로는 소비자는 공정거래 및 하도급법 리스크가 있다. 납품단가 후려치기, 부당 반품, 불공정 판촉비 전가 등은 대한민국 공정거래법상 자주 적발되는 유통업계 대표 리스크다. 공정위 CP 등급평가에서도 유통산업은 항상 고위험 업종으로 분류되어 리스크를 관리하여야 한다. 마지막으로는 ESG 평가처럼 지속가능 경쟁 시대로써 그 경쟁은 더욱 심화되고 있다. 환경·노동·거버넌스 기준을 충족한 공급망을 가진 기업만이 글로벌 리테일 시장에서 협력 파트너로 인정받는 흐름이다. 특히 EU CSDDD, 미국 UFLPA(위구르강제노동금지법) 등은 공급업체의 리스크가 곧 유통사의 수입금지 사유가 될 수 있다.

한 글로벌 유통 리테일 대기업은 ESG 전략을 기반으로, ISO 37301과 CP 시스템을 운영하여 공급망 전반에 윤리경영 기준을 적용하였다. 그 특징을 살펴보면 공급업체 선정 기준을 정비하여 윤리경영 여부, 환경 인증 보유 여부, 리스크 사전 대응 능력 등을 점수화하여 입찰·선정 프로세스에 반영하였다. 이후 공급업체 ESG 리스크 평가 제대를 도입하여 원산지, 작업장 안전, 임금체계, 근로시간 등 주요 항목을 평가하는 내부 평가지표 활용하고 있다. 마지막으로 먼저 리테일 업계에서 CP 기준 내재화하고 불공정 거래 조항을 표준계약서에 삽입하면서, 협력사 대상 CP 교육 및 공정거래 자가점검표 운영하고 있다. 이로써 최근에 소비자 인식 조사에서도 '윤리적 유통 브랜드'라는 이미지가 형성되며, 브랜드 가치와 고객 충성도 모두 상승하는 긍정적 효과를 얻었다.

05. 제조산업: 자동차 제조기업과 엘리베이터의 안전 및 환경 규정 준수 강화

제조업은 눈에 보이는 제품을 만들지만, 사실상 그 제품이 만들어지는 과정이 가장 중요한 산업이다. 과정이 투명하지 않으면, 제품은 곧 리스크의 결과물이 되고, 작은 하자가 대규모 리콜이나 생명사고로 이어질 수 있다. 이런 구조에서 제품 안전, 환경 법규 준수, 노동권 보호, 공급망 통제는 단지 품질 문제가 아니라 경영 생존의 기준이 된다.

자동차와 엘리베이터 산업은 대표적인 제조산업군이지만, 위험과 규제 구조는 상당히 다르다. 자동차산업은 환경규제, 안전테스트, 다국적 공급망 윤리 이슈에 민감하고, 엘리베이터산업은 캡티브 시장 구조 속 불공정 거래, 리베이트, 유지보수 담합 등 거래 윤리 문제가 핵심 이슈다. 이처럼 제조업 내 산업별 규제 환경이 다양하고 복잡한 상황에서, CP와 ISO 37301의 통합 운영은 제조기업의 법적·윤리적 통제 시스템 구축에 필수적인 접근 방식으로 자리 잡고 있다.

국내 주요 자동차 제조기업 A사는 제품 안전성과 글로벌 환경규제 대응을 위해 CP를 운영하여 CP 등급평가에서 AA 등급을 받았다. 다만, 아직까지 ISO 37301을 통합 운영하지는 않았다. 이 기업은 유럽의 REACH(화학물질 등록제도), 미국의 배출가스 기준, ESG 공급망 실사 등에 대응하기 위해 ISO 9001·ISO 14001·ISO 45001을 HLS 통합 구조로 설계했다. 이 시스템을 통해 공급망 윤리 체크리스트와 리스크 평가 매트릭스를 기반으로 협력사 심사, ESG 연계형 CP 교육 시행 및 인증 의무화, 안전 리콜 발생 시 내부감사 체계와 연동된 조치 시스템 구축, 제조공정 중 온실가스 배출량 실시간 모니터링 및 개선 이행 점검 등 실효적 운영이 이뤄지고 있다.

반면, 엘리베이터 산업은 본질적으로 설치 후 장기 독점이라는 구조적 문제가 존재한다. 한 번 승강기를 설치하면 10년 이상 유지보수 계약을 따라가야 하고, 유지보수 단가는 고객이 판단할 수 없어 가격 설명 책임이 공급자에게 없는 시장이 된다.

이로 인해 가격 담합, 리베이트 제공, 입찰 담합 등 공정거래법 위반 리스크가 상존하며, 최근까지도 관련 사건들이 반복적으로 발생하고 있다. 이러한 산업 구조에서 엘리베이터 제조사 B사는 CP와 ISO 37301을 통합 운영하면서 구조적 개선을 추진했다. 그 내용은 입찰 참여 시 CP 등급 및 준법 시스템 보유 여부 공개 의무화, 유지보수 가격 산정 프로세스의 사전 공시 및 내부 검토 절차화, 계약체결 단계별 이해충돌 체크리스트 및 준법보고서 제출, 공정위 공정경쟁규약(설치·유지보수 분야) 기준과 내부 통제시스템 연계 등을 운영하고 있다. 이러한 개선과 변화는 실제로 시장 내 신뢰 확보와 입찰 경쟁력 강화, 반복 위법 리스크 차단이라는 실질적 결과를 가져왔다.

자동차 VS 엘리베이터 산업 비교		
구분	자동차 제조업	엘리베이터 산업
주요 리스크	환경규제, 글로벌 공급망 윤리, 안전	유지보수, 리베이트, 입찰 담합
시스템 통합	ISO 14001, ISO 45001 등	CP, ISO 37301 통합
통제방식	공급망 ESG 평가, 내부 감시	계약 단계 윤리 보고, 단가 책정 프로세스 통제
효과	글로벌 인증 대응, 공급망 신뢰성 확보	위법행위 예방, 입찰 경쟁력 제고, 대관 신뢰 확보

제조기업이 CP와 ISO 37301을 도입하는 이유는 간단하다. 거래 파트너, 고객, 정부, 사회가 신뢰할 수 있는 시스템을 갖춘 조직이라는 증적 증거가 되기 때문이다. 특히 제조업은 산업별 특성에 따라 윤리와 법률 리스크의 양상이 완전히 다르므로, 표준화된 프레임워크(ISO 37301)를 기반으로 자율규제^{CP}를 통합 운영하는 전략이 가장 효율적이고 실효적이다.

06. CP와 ISO 37301 성공사례의 공통점

산업을 별도로 구분하지 않는 CP와 ISO 37301 성공 적용의 공통점을 정리해 보면 결론은 신뢰이다. 신뢰는 이제 시스템의 문제이고, 시스템은 곧 조직문화가 된다.

ISO 37301, CP를 도입한 이유는 다양하나 공통점은 예방적인 차원이 강하다. 기업들은 다양한 사례를 통해 기술이 아무리 뛰어나도, 조직은 언제든 위법으로 미끄러질 수 있다는 사실을 알고 있다.

IT, 제약, 금융, 유통, 제조. 산업은 달라도 이 시스템을 제대로 안착시킨 조직은 공통된 특징을 갖고 있다. 먼저 CP와 ISO 37301을 성공적으로 통합 운영한 조직들은 가장 먼저, 스스로의 리스크를 정확히 진단했다. 제약산업은 리베이트, 금융산업은 자금세탁, IT산업은 개인정보 유출, 제조산업은 공급망 윤리, 유통산업은 납품단가 후려치기 등으로 리스크를 식별, 분석, 통제 그리고 우선순위화했다. 각 산업마다 위법행위의 양상은 달랐지만, 공통적으로 이슈를 덮지 않고, 드러내는 시스템을 만드는 데 집중했다. 이런 시스템은 자연스럽게 교육, 내부제보, 내부심사, 경영검토로 이어졌고, 현장과 연계된 리스크 관리로 연결됐다.

특히 인상적인 건 표준 간 통합 운용(HLS 기반)을 적극 도입한 조직들이다. IT기업은 ISO 27001, 27701과 함께 ISO 37301을 통합하면서 데이터 흐름과 리스크 포인트를 시스템 안에서 자동으로 추적하게 했고, 제약사는 ISO 37001, 37301, CP를 통합해, 학술행사, 지출보고, 의사 접촉 등을 문서화 → 승인 → 감사까지 이어지는 흐름으로 정비했다. 또한 금융업은 FATF 권고와 ISO 37301 조항을 일치시켜, AML, CFT, KYC 기준까지 정합성 있게 연결했고, 유통산업은 공급망 윤리 감사를 통해 ESG, CP, ISO 37301을 하나의 프레임 안에서 작동시켰다. 엘리베이터 산업은 CP 등급을 기반으로 '설치 – 유지보수 – 입찰 – 가격 산정'까지 모든 단계의 계약 윤리 구조를 정비했다.

대부분 공통적으로 운영되나 조직 내부의 '리더십'과 '운영 환경'의 차이가 실질적으로 조금씩 달랐다.

산업별 성공 사례 공통 구조		
영역	시스템 요소	조직 내부 구조
리스크 인식	리스크 기반 평가체계	산업별 고유 위험요소를 체계화하여 내부 평가 연동
시스템 설계	HLS 기반 통합 운영	ISO 37301, CP, 관련 ISO 및 내부규정 통합

산업별 성공 사례 공통 구조		
영역	시스템 요소	조직 내부 구조
실행 및 증적	문서화, 제보, 교육, 내부심사, 경영검토	실무자 중심 절차, 감사 가능 체계 내재화
조직문화	이해관계자 소통 및 피드백	제보자 보호, 결과 공개, 성과 KPI 반영 등
경영지원	리더십, 인력, 예산 지원	CEO 주도적 선언 후 실무 이행 역량 확보

IT든 제약이든 제조든, 시스템이 효과를 가지려면 경영진의 관심이 제일 중요하다. 인력이 배치되고, 예산이 편성되고, 경영진이 참여하면 조직은 변화할 수밖에 없다. 사고가 터진 후에야 도입하는 시스템은 이미 늦다. ISO 37301과 CP는 기업이 사고 전에 선택할 수 있는 유일한 예방형 시스템이다.

CP와 ISO 37301의 핵심 공통점과 차이점

본 장에서는 CP^{Compliance Program}와 ISO 37301^{Compliance Management Systems}의 비교 및 연계방안에 대해 전문적이고 깊이 있는 내용을 제공해 보고자 한다. CP와 ISO 37301은 Compliance 실무적 평가와 인증으로써 기업이 실질적으로 적용할 수 있도록 심층적으로 다뤄보겠다.

01. CP와 ISO 37301의 차이점과 공통점

먼저 CP와 ISO 37301의 핵심 차이점을 알아보자.

기업이 효과적인 Compliance 경영을 실현하기 위해서는 준법경영 체계를 정립하고, 지속적으로 관리할 수 있는 시스템을 구축해야 한다. 이를 위해 국내에서는 공정거래위원회의 공정거래법과 관련 법에 적용되는 CP가 활용되고 있으며, 국제적으로는 Compliance 필수적 의무와 자발적 의무가 포함되는 ISO 37301이 표준으로 그 중심에 있다. 즉, 프로그램과 시스템 두 가지 모두 조직의 준법 책임을 강화하고 법적 리스크를 줄이며 지속가능한 경영을 지원하지만, 운영 방식과 적용범위에서 차이가 있다.

앞서 설명하였지만, 간략히 CP를 요약하면 CP는 조직이 법을 준수하고 공정거래법 및 다양한 규제 요구사항을 충족하기 위해 도입하는 자율준수 프로그램이다. 공정거래위원회는 기업의 자율적인 공정거래 관행을 정착시키기 위해 CP를 운영하며,

기업의 준법경영 수준을 평가하고 등급(AAA~A)을 부여하는 제도를 운영하고 있다. CP는 기업의 내부 규율과 조직문화에 맞춰 운영될 수 있으며, 준법경영의 강도를 기업이 자율적으로 조정할 수 있는 특징이 있다.

반면, ISO 37301은 국제표준화기구(ISO)가 제정한 글로벌 Compliance 경영시스템으로 법적 의무뿐만 아니라 윤리적, 사회적 책임을 포함하는 포괄적인 준법 시스템이다. 기업이 법규를 준수하는 것뿐만 아니라, 국제적인 윤리 기준을 준수하며 지속가능한 경영을 할 수 있도록 각국의 Compliance를 바탕으로 하나의 국제적 Compliance 표준이 설계되었다. ISO 37301은 기업의 전사적 리스크 관리와 윤리경영을 통합하는 것을 목표로 한다.

다음으로 CP와 ISO 37301의 핵심 공통점은 다음과 같다.

① 법적 리스크 예방 및 관리

CP와 ISO 37301은 모두 기업이 법적 리스크를 사전에 예방하고, 규범을 준수하는 환경을 조성하는 것을 목표로 한다. CP는 공정거래법을 중심으로 운영되지만, ISO 37301은 모든 법적·규제적 요구사항을 포함하여 보다 광범위한 리스크 관리를 가능하게 한다.

② 최고경영진의 리더십 필수

두 시스템 모두 최고경영진(CEO, 이사회)의 적극적인 참여와 리더십을 요구한다. 조직 내에서 준법경영이 성공하기 위해서는 경영진이 Compliance를 기업문화의 핵심 요소로 삼아야 한다.

③ 내부통제 및 모니터링 시스템 구축

CP와 ISO 37301 모두 내부 감시 및 모니터링 체계를 요구한다. 기업은 내부감사, 실사Due Diligence, 내부제보Whistleblowing 시스템을 도입하여 부정행위를 조기에 탐지하고 대응해야 한다.

④ 직원 교육 및 Compliance 문화 확산

CP(프로그램) 및 ISO 37301(시스템) 모두 직원들이 법적 요구사항을 이해하고 실천할 수 있도록 정기적인 교육을 요구한다. CP는 공정거래법 교육을 강조하고,

ISO 37301은 전체 법적 의무와 윤리경영을 포함하는 포괄적인 교육을 요구한다.

⑤ 지속적인 개선과 성과평가 요구

CP와 ISO 37301은 단발적인 프로그램이 아니라 지속적으로 개선되어야 하는 경영시스템이다. 기업은 내부감사를 통해 미흡한 부분을 파악하고, 개선 조치를 수행해야 한다.

02. CP와 CMS의 항목별 공통점과 차이점

CP^{Compliance Program}와 CMS^{Compliance Management Systems}(ISO 37301)의 공통점과 차이점을 아래 표의 각 항목에 따라 세부적으로 분석해 보자.

구분	CP[평가] (Compliance Program)	ISO 37301[심사] (Compliance Management Systems)	공통점 및 시사점
정의	공정거래 자율준수 프로그램 (등급의 레벨 결정) 평가목적: 전문적이고 객관적인 등급평가(Assessment)	규범준수 경영시스템(적합과 부적합 결정) 심사 목적: 적합성(Suitability), 충족성(Adequacy), 효과성(Effectiveness)	공통: 사전예방, 자율준수 문화 확산 Program vs System
근거	• 공정거래법제120조의 2(공정거래 자율준수 문화의 확산) 및 시행령 제91조의 2 제1항 • 공정거래조정원 CP 등급평가 운영지침	• 국제표준화기구(ISO, International Organization for Standardization) • ISO 37301:2021(Compliance Management Systems—Requirement with guideline for use/KS AISO 37301:2021 • ISO 19011:2018(Guidelines for auditing management systems)	ISO 19600:2014 (Compliance Management Systems—Guideline) 폐지
적용 기업	• 주로 특정 산업 및 특정 기업(국내 대기업, 공공기관, 중소·중견기업) • 대상 부서: 영업, 마케팅, 구매 등 공정거래법 리스크가 높은 적용대상 부서	• 전 산업 및 모든 조직에 적용(국내외 모두 포함하여 모두 적용 가능) • 대상 부서: 모든 부서	법무팀, 윤리경영팀 등 주관
적용 범위	• 공정거래법 및 관련 규정 준수(공정거래법, 소비자기본법, 제조물책임법, 하도급법, 표시광고법, 전자상거래법, 방문판매법, 할부거래법, 약관법, 가맹사업법, 대규모유통업법, 대리점법 등)	• Compliance Obligation(requirements (3.14) that an organization (3.1) mandatorily has to comply with as well as those that an organization voluntarily chooses to comply with) (윤리 포함)	공통: 조직의 협력사(파트너)까지 포함

구분	CP[평가] (Compliance Program)	ISO 37301[심사] (Compliance Management Systems)	공통점 및 시사점
요소	• 8대 요소 • CDOE: Construction, Diffusion, Operation, Evalution	• 4~10항 요구사항(Requirement with guideline for use) • PDCA: Plan, Do, Check, Act	90% 이상 매칭, 지배구조의 적극성 중요
방식	• 1년 이상의 CP 운용실적 필요 • 등급평가(국내) 2년 유지 • 실적보고서 → 1(서류평가), 2(대면(면접)평가), 3(현장평가) 단계	• 요구사항을 갖추면 인증 • 글로벌 스탠더드 인증(국제), 3년 유지 • 문서화된 정보(기록) → 1(문서심사), 2(사무소 심사) 단계	6가지 등급 체계 통과 vs 미통과
이점	• 사전: 공정거래법 준수로 인한 법적 위반 방지 및 업무 환경 개선 • 사후: 공정위과징금 감경, 공표명령 하향조정 등	• 사전: 윤리·준법 위반을 사전 예방, 감시, 탐지, 완화, 모니터링 등 체계구축 • 사후: 기업의 법 위반의 양벌규정 및 상장한 주의 감독	ESG 평가요소, 경영 평가 가점
평가 및 심사 기관	• 공정거래위원회, 공정거래조정원 – 평가위원(위원장: 조정원장, 간사: 조정원 직원, 대한상의, 중소기업중앙회, 소비자단체협의회) 중 교수, 변호사, 인정된 전문가	• ISO를 기준으로 IAF 인정기구로부터 인정받은 인증기관(Certification Body) – 인정기관, 인증기관, 심사자원(역량과 적격성)	

먼저 CP와 CMS의 가장 큰 차이는 적용범위에서 드러난다. CP는 주로 공정거래법과 같은 특정 법률에 대한 준수를 목적으로 한다. 이는 공정거래위원회가 규정한 13개 공정거래법을 충족하고, 시장의 공정성과 투명성을 확보하기 위한 프로그램으로 설계되었다. CP의 범위는 ISO 37301 대비 상대적으로 좁으며, 공정거래법과 관련된 리스크를 관리하는 데 초점을 맞춘다. 반면, CMS(ISO 37301)는 국제표준에 따라 설계된 전사적 준법경영 시스템이다. 이는 대한민국 특정 공정거래법규 준수에 그치지 않고, 조직 전체의 Compliance 리스크를 포괄적으로 관리하는 데 초점을 둔다. CMS는 필수적인 법적 의무뿐만 아니라 조직이 자발적으로 설정한 윤리적 기준과 정책을 포함하며 환경, 사회적 책임, 부패 방지, 데이터 보호 등 다양한 분야를 포괄한다. 특히 글로벌시장에서 활동하는 다국적 기업들에 국제적 표준으로, 다양한 국가의 법적 요건과 문화적 차이를 아우를 수 있는 유연성을 제공한다.

다음 표는 Compliance 제도인 CP(공정거래 자율준수), ABMS(ISO 37001, 부패방지), CMS(ISO 37301, 준법)의 적용범위를 간단하게 비교한 것이다.

구분	적용범위	관련 조항
CP	• 기업들이 공정거래 관련 법규를 준수하기 위해서 자체적으로 제정·운영하는 교육, 감독 등 내부준법 시스템 • 공정위대표 소관 법률(13개) 공정거래법, 하도급법, 약관법, 표시광고법, 할부거래법, 방문판매법, 전자상거래법, 대규모유통업법, 가맹사업법, 대리점법, 소비자기본법, 생협법, 제조물책임법 등	C1.2(CP운영의 기준과 절차의 수립) O1.1(공정거래 리스크 평가)
ABMS	• This document is applicable only to bribery.It sets out requirements and provides guidance for a management system designed to help an organization to prevent, detect and respond to bribery and comply with anti-bribery laws and voluntary commitmentsapplicable to its activities. • bribery • This document does not specifically address fraud, cartels and other anti-trust/competition offences, money-laundering or other activities related to corrupt practices, although an organization can choose to extend the scope of the management system to include such activities.	1(Scope) 3.1(Bribery, 뇌물) 1(Scope)
CMS	• Compliance obligations: requirements (3.14) that an organization (3.1) mandatorilyhas to comply with as well as those that an organization voluntarilychooses to comply with • Compliance: meeting all the organization's (3.1) compliance obligations (3.25) • 규범준수(Compliance)는 지속적인 프로세스이며, 조직의 의무를 다한 결과이다. 규범준수는 조직의 문화와 조직에 종사하는 사람들의 행동이나 태도에 뿌리내림으로써 지속가능해진다. 규범준수 관리는 독립성을 유지하면서 조직의 다른 관리 프로세스와 운용 요구사항 및 업무 절차와 통합하는 것이 바람직하다.	3.25(Compliance obligations) 3.26(Compliance) Introduction

CP와 CMS는 평가 방식에서도 차이를 보인다. CP는 공정거래위원회의 등급평가를 기반으로 운영되며, 주로 공정거래와 관련된 정량적 지표를 중심으로 평가한다. 예를 들어 내부통제 절차의 유무, 교육프로그램의 실행 여부, 공정거래법 위반 사례의 처리 과정 등이 평가 요소로 작용한다. 이는 CP가 특정 법률 준수를 목적으로 하는 만큼 평가 기준이 명확하고, 공정거래위원회가 요구하는 요건에 부합하는지 여부를 확인하는 데 중점을 둔다.

반면, CMS는 ISO 인정을 받은 인증기관에서 수행하는 심사를 통해 운영된다. CMS의 심사는 적합성Suitability, 충족성Adequacy, 효과성Effectiveness을 평가하며, 조직이 설정한 Compliance 목표와 정책이 실제로 운영되고 있는지 종합적으로 검토한다. 또한, 내부심사와 외부 제3자 심사를 통하여 조직의 준법 수준을 다각도로 분석하고, 이를 기반으로 지속적인 개선 활동을 유도한다. ISO 37301은 경영시스템 전반의 성과를 평가하기 때문에 법률 준수 이상으로 조직의 운영체계와 문화를 심사한다.

포괄성 측면에서 다시 한 번 언급하면 CP는 특정 법률, 특히 공정거래법 준수에 집중한다. 이는 공정한 경쟁 환경을 조성하고, 불공정 행위(예: 담합, 시장지배적 지위 남용 등)를 예방하기 위해 설계되었다. 따라서 CP의 범위는 좁지만, 해당 분야에서 매우 세부적이고 명확한 규정을 따른다. 반면, CMS는 법적 의무 외에도 조직이 자발적으로 설정한 윤리적 기준과 정책을 포함한다. ISO 37301은 특정 분야에 국한되지 않고, 부패 방지, 인권, 환경, 데이터 보호 등 다양한 리스크를 포괄한다. 이는 조직이 글로벌 표준에 따라 전사적 Compliance를 실현할 수 있도록 돕는다. 특히 CMS는 다양한 산업과 조직 유형에 적용될 수 있도록 유연하게 설계되었으며, 기업의 전략적 목표와 연계되어 운영된다.

공통적으로 가장 밀접한 부분은 CP와 CMS 모두 이사회와 최고경영진의 리더십이 필수라는 것이다. CP에서는 경영진이 공정거래법 준수를 강조하고, 이를 조직 전체에 선언하는 것이 중요하다. 경영진이 공정거래 준수 방침을 명확히 하고, 직원들에게 이를 공유하며, 공정거래법 위반행위를 엄격히 금지하는 메시지를 전달해야 한다. CP는 경영진의 명확한 지시와 감독하에 특정 규제 요건을 충족하기 위해 설계되는 반면, CMS에서는 경영진이 조직 전반의 Compliance 문화를 구축하는 데 리더십을 발휘해야 한다. 이는 윤리적 경영을 실현하기 위한 전략적 목표를 설정하고, 이를 조직의 모든 활동에 반영하는 것을 의미한다. ISO 37301은 경영진이 Compliance 방침을 수립하고, 이를 실현하기 위해 필요한 자원을 제공하며, 조직의 모든 이해관계자와 협력할 것을 요구한다.

CP는 공정거래법 위반행위를 예방하기 위한 내부통제 절차를 설계하고 실행하는 데 중점을 둔다. 이는 주로 공정거래 관련 리스크를 식별하고, 이를 해결하기 위한 구체적인 행동계획을 수립하는 것을 포함한다. CP의 내부통제는 주로 특정 법률 위반을 방지하기 위한 기능적 접근을 취한다. 반면, CMS의 내부통제는 보다 광범위하다. ISO 37301은 모든 리스크를 포괄적으로 관리하기 위해 내부통제 절차를 설계하며, 조직 전반의 모든 Compliance 관련 활동을 모니터링한다. 이는 조직의 윤리적 목표와 가치 체계를 유지하기 위한 전략적 접근을 포함한다. CMS의 내부통제는 의무 식별, 리스크 관리, 목표, 우려 제기, 제3자 관리, 내부심사, 모니터링, 기록, 지표, 지속적 개선 활동을 통해 Compliance의 효과성을 극대화한다.

　CP는 국가별 공정거래법에 따라 요구사항이 달라질 수 있다. 이는 주로 국내 법률과 규제 환경에 초점을 맞춘 시스템으로, 글로벌 확장성은 제한적이다. 반면, CMS는 ISO 37301에 기반한 국제표준이다. 이는 글로벌 비즈니스 환경에서 매우 용이하게 적용되며, 다양한 국가의 법적 요구사항과 문화적 차이를 반영할 수 있는 유연성을 제공한다. CMS는 글로벌시장에서 활동하는 다국적 기업들에 필수적인 표준으로, 국제적 신뢰를 구축하는 데 중요한 역할을 한다.

　CP와 CMS의 비교를 통해 조직은 프로그램과 시스템의 두 가지 장점을 최대한 활용할 수 있다. 정리하면 CP는 특정 규제 요건을 충족하기 위한 실무적인 접근법을 제공하며, CMS는 조직의 전사적 Compliance 문화를 구축하고, 글로벌시장에서 경쟁력을 강화할 수 있게 된다. 두 시스템의 공통점과 차이점을 깊이 이해하면 조직은 효율적이고 효과적인 Compliance 경영을 실현할 수 있을 것이다.

CP 등급평가와 ISO 37301:2021의 비교	
CP 등급평가	ISO 37301:2021
1. CP 기준과 절차 마련 및 시행 소속 조직원들이 업무와 관련된 공정거래 관련 법규 준수사항을 명확히 인지하고 이를 실천할 수 있도록 필요한 기준과 절차를 마련하고 시행하여야 한다.	4장 조직상황 4.1 조직 및 사업환경 이해 / 4.2 이해관계자의 니즈와 기대 이해 4.3 적용범위 결정 / 4.4 CMS 4.5 Compliance 의무 / 4.6 Compliance 리스크 평가
2. 최고경영자의 자율준수 의지 및 지원 최고경영자는 공정거래 관련 법규 자율준수 의지와 방침을 공개적으로 표명하고 CP 운영을 적극적으로 지원하여야 한다.	5장 리더십 5.1 리더십과 의지 표명(지배기구, CEO, 문화, 거버넌스) 5.2 Compliance 방침 5.3 역할, 책임 및 권한(책임자, 관리자, 인원들)
3. CP의 운영을 담당하는 자율준수 관리자 임명 이사회 등 최고 의사결정기구는 조직 내 자율준수 관리자를 임명하고, 자율준수 관리자에게 효과적인 CP 운영에 대한 책임을 부여하여야 한다.	

CP 등급평가와 ISO 37301:2021의 비교	
CP 등급평가	ISO 37301:2021
4. 자율준수편람의 제작·활용 자율준수편람은 자율준수 관리자의 책임 아래 작성된 것으로 공정거래 관련 법규 및 CP 기준과 절차 등을 포함한다. 편람은 모든 조직원이 쉽게 접근하여 활용할 수 있는 문서 혹은 전자파일 등의 형태로 제작되어야 한다.	7장 지원 7.1 자원 / 7.2 역량 7.3 인식 / 7.4 의사소통 7.5 문서화된 정보
5. 지속적이고 체계적인 자율준수 교육 실시 CP 기준과 절차 및 공정거래 관련 법규 준수 사항 등에 대하여 최고경영자 및 구매·판매부서 등 공정거래 관련 위반 가능성이 큰 분야의 조직원을 대상으로 효과적인 교육을 정기적으로 실시하여야 한다.	
6. 내부감시체계 구축 위법행위의 예방 또는 조기 발견을 위해 합리적으로 계획된 감시 및 감사 시스템을 구축하여 운용하여야 한다. 감시 및 감사 결과는 주기적으로 (최소 연 2회 이상) 이사회 등 최고 의사결정기구에 보고되어야 한다.	8장 운용 8.1 운용기획 및 관리 / 8.2 통제와 절차의 확립 8.3 우려 제기 / 8.4 조사 프로세스
7. 공정거래 관련 법규 위반 조직원에 대한 제재 공정거래 관련 법규 위반책임이 있는 조직원에 대하여 그 위반 정도에 상응하는 제재조치를 규정한 사규를 마련·운용하여야 한다. 또한, 조직원의 법 위반 행위 발견 시 적극적으로 대응하고 추후 유사한 행위가 재발하지 않도록 예방하여야 한다.	9장 성과평가 9.1 모니터링, 측정, 분석 및 평가(피드백, 지표, 보고, 기록) 9.2 내부심사 9.3 경영 검토
8. 효과성 평가와 개선조치 CP가 효과적으로 지속하여 운영될 수 있도록 정기적으로 CP 기준, 절차, 운용 등에 대한 점검, 평가 등을 실시하여 그에 따라 개선조치를 취하여야 한다.	10장 개선 10.1 부적합 및 시정조치 10.2 지속적 개선 부속서

미국 ECCP, CP, ISO 37301, 상법 준법통제 비교

다음으로는 ECCP[U.S. Department of Justice Criminal Division: Evaluation of Corporate Compliance Programs(UpdatedMarch2023)], CP, ISO 37301, 상법 내부통제와 비교하여 공통점과 차이점을 아래 표의 각 항목에 따라 세부적으로 분석해 보자.

구분	ECCP	CP	ISO 37301	상법 및 준법통제기준 (법무부/상장사협의회)
적용 범위	미국기업, 외국 기업 및 기업의 자회사, 대행자 등	공정거래법 적용 기업(모든 기업)	Compliance Obligation	상법 제542조의 13(준법통제기준 및 준법지원인) 동법시행령 제39조(기준 및 적용 범위) 동법시행령 제40조(준법통제기준 등) 상장회사 표준준법통제기준
의미	형사 및 민사적 제재에 있어서 ECCP 운영 지침 1. 법관이 양형결정(형사 및 민사책임)에 책임하기 위한 미국연방양형지침(Federal Sentencing Guideline) 2. 검사가 기업의 기소여부 등을 결정하기 위한 미국 법무부 지침(Justice Manual)			
요소	미국 법무부,CP 평가(ECCP) 지침 3대 요소(Three fundamental questions) Q 1. Is the corporation's compliance program well designed? Q 2. Is the program being applied earnestly and in good faith? In other words, is the program adequately resourced and empowered to function effectively? Q 3. Does the corporation's compliance program work in practice?			
지침	The Justice Manual's "Principles of Federal Prosecution of Business Organizations"(기업에 대한 연방 기소의 원칙) prosecutors, in deciding whether to bring criminal charges against a corporation, should consider"the adequacy and effectiveness of the corporation's compliance program at the time of the offense, as well as at the time of a charging decision" and the corporation's remedial efforts "to implement an adequate and effective corporate compliance program or to improve an existing one."			

구분	ECCP	CP	ISO 37301	상법 및 준법통제기준 (법무부/상장사협의회)
Q 1.	1. Risk assessment: 리스크 평가(식별, 평가, 분석, 통제 방안 수립)	C1.2(기준과 절차의 수립)/O1.1(위험평가)	4.5(의무 식별)/4.6(리스크 평가)/8.2(통제 및 절차 수립)	제12조(법적 위험의 평가)/제13조(관리)
	2. Company policies and procedures: 방침 및 절차	C1.1(도입 및 실천의지 천명), C1.2	5.2(Compliance 방침)/8.2(통제 및 절차 수립)	제2장(준법통제환경) 제5조, 제6조, 제7조 등
	3. Training and communications: 교육훈련 및 소통	C1.3(내 · 외부 공시 · 공표)/D2.1(정기적 CP 교육)	7.2.3(교육훈련, 인식)/7.4(의사소통)	제14조(준법 교육 및 훈련 프로그램의 운영)
	4. Confidential reporting and investigation process: 제보 및 조사	O1.4(내부고발 시스템)/O2.1(인사제재 시스템)	8.3(우려사항 제기)/8.4(조사 프로세스)	제18조(내부제보)/제19조(위반 시의 처리)
	5. Third-party management: 제3자 관리	D1.1(협력사 편람) / 협력업체 지원 가점 4점	4.6/7.2.3/8.1(운용 기획 및 관리, 외주 처리)	제3조(적용) 범위 내 미포함
	6. Mergers and acquisitions: 실사 및 통제시스템의 적시·정연한 통합(인수와 합병)	E1.1(효과성 평가, 정기 감사)	7.2.2(고용프로세스)/A.8.1(운용 기획 및 관리)	제4장(유효성 평가)
Q 2.	7. Involvement of senior and middle management: 준법 문화 확산(고위층과 경영진 참여)	C1.1/C1.2/C.3(내·외부 공시·공표)	5.1.2(Compliance 문화)/7.4(의사소통)	제20조(정보 및 자료의 전달과 관리)
	8. Autonomy and resources (of compliance function): 자율성과 자원의 지원	C2.2(예산과 인력의 지원)	7.1(자원)	제2장(준법통제환경) 제5조, 제6조, 제7조 등
	9. Incentives and disciplinary measures: 인센티브 및 징계조치	C2.1(인사제재 시스템), C2.2(인센티브 시스템)	7.2.2(고용 프로세스)/A.8.4(조사 프로세스)	제20조(위반 시의 처리)/제23조(임직원의 포상)
Q 3.	10. Continuous Improvement, Periodic Testing,	E1.2(지속적 개선 및 경영에의 반영)	9.1.2(성과 피드백)/9.3(경영검토)	제4장(유효성 평가)

구분	ECCP	CP	ISO 37301	상법 및 준법통제기준 (법무부/상장사협의회)
Q 3.	and Review: 개선, 테스트, 검토			
	11. Investigation of Misconduct: 부정행 위 조사	E1.1(CP 운영의 효과 성 평가(정기 감사))	8.4(조사 프로세 스)/9.1(모니터링, 측 정, 분석 및 평가)	제19조(위반 시의 처리)
	12. Analysis and Remediation of Any Underlying Misconduct: 근본적 불법행위 분석 및 교정	E1.1(CP 운영의 효과 성 평가(정기 감사))	4.6(리스크 평 가)/10.2(부적합 및 시정조치)	제3장(준법통제 활동)

미국 법무부[DoJ]의 'Evaluation of Corporate Compliance Programs(이하 DoJ 지침)', 한국의 CP, 글로벌 준법경영 표준인 ISO 37301, 그리고 한국 상법 및 준법통제 기준은 모두 조직의 투명성, 윤리적 책임, 법적 리스크 관리를 주요 목표로 한다. 그러나 각 체계는 접근 방식, 적용범위, 평가방식에서 일부 차이를 보인다. 이 차이를 분석함으로써 조직의 요구에 맞는 내부통제 체계를 어떻게 설계하고 운영할지 방향성을 제시하고자 한다.

01. DoJ 지침: 내부통제의 글로벌 기준

2023년과 2024년을 거치며 미국 법무부[Department of Justice](이하 DoJ)는 기업에 대한 준법감시 요구 수준을 한층 더 구체화하고 강화했다. 과거에는 부패나 범죄가 발생했을 때 그에 대한 형사책임의 감면 조건으로 Compliance Program 유무를 평가했다면, 지금은 "실제 잘 디자인되어 있으면서 운영되고 있는가?", "경영진이 직접 참여하고 있나?", "조직 전체가 그 시스템을 체화하고 있는가?"라는 운영상 실효성 중심의 접근으로 전환되었다.

사실 DoJ 지침은 미국 내 기업 규제 대상으로 보지 않고 전 세계 글로벌로 보고 있다. 미국과 거래를 하거나 미국 내에 자회사·영업망을 가진 모든 기업이 대상이 되는 실질 기준이다. 특히 FCPA(미국 해외부패방지법)에 따라 미국 이외 국가의 기업도 미국 금융망을 경유했거나 달러 결제가 연루되면 수사 대상이 되기 때문에 한국 기업 역시 이 지침에 대한 이해와 대응 전략이 필수적이다.

미국 법무부가 발표한 '기업 Compliance Program 평가 지침'(2023년 3월, 이후 지속 보완)은 크게 4가지 핵심 영역으로 구성되어 있다. 이 지침은 감시 프로그램이 존재하느냐가 아니라 그것이 '실제로 어떻게 작동하는가'에 초점을 맞추고 있다.

첫째, 경영진의 리더십과 준법 문화. DoJ는 준법 시스템의 실효성을 결정짓는 가장 중요한 기준으로 'Tone at the Top'을 강조한다. 최고경영자와 최고준법책임자가 얼마나 적극적으로 윤리와 준법을 내재화하고, 일상적인 의사결정 과정에서 '법을 지키는 방식'을 선택하는지, 그리고 구성원들이 그 의도를 실제로 체감하고 있는지가 핵심이다. DoJ는 경영진의 실질적 개입, 교육 참석, 회의 발언, 보고서 서명 등의 행동 기반 증거를 요구하고 있다.

둘째, 리스크 기반 접근 Risk-based approach. DoJ에서는 모든 조직의 준법통제 시스템이 동일할 필요는 없다고 보고 있다. 중요한 것은 리스크의 상대성이다. 사업지역이 부패 고위험 국가인지, 중간 유통상이 많은 구조인지, 정치적 후견인이 개입될 가능성이 있는 분야인지에 따라 리스크를 사전에 식별하고, 그 위험도에 맞춰 통제를 설계하고 문서화했는지를 본다. 특히 제3자 Due Diligence of Third Parties, 조인트벤처, 고위험 계약, 인수합병 M&A 등에서는 강화된 절차가 적용되어야 한다는 점을 명확히 하고 있다.

셋째, 실질적 대응 메커니즘과 내부제보 시스템. DoJ는 내부 제보 채널이 단순한 메일함이나 온라인 링크가 아닌, 실제로 신뢰받고, 활용되며, 결과가 나오는 체계인지 확인한다. 익명성과 보안이 보장되고, 보복 방지 정책이 실행되며, 접수된 제보가 분류·조사·조치되는 전 과정을 평가한다. 또한 제보자가 이후 불이익을 받았는지를 확인하기 위한 모니터링 체계와 부패 사건에 대한 대응 기록, 징계 내역 등이 실제로 존재해야 한다.

넷째, 지속적 개선 Credible Ongoing Assessment. Compliance Program이 '한 번 만든 후 방치되는 것'을 매우 부정적으로 본다. 이에 따라 내부 감사, 정기적 리스크 재평가, 제보시스템의 활용성 점검, 교육프로그램의 효과 분석 등 자체 진단과 개선 루프를 갖추고 있는지를 필수로 평가한다. 특히 '단 한 번의 사고라도 동일한 리스크를 반복했다면, 이는 시스템이 작동하지 않은 것'으로 간주될 수 있다.

따라서 DoJ 지침은 단순히 준법감시인을 지정하고, 제보 채널을 만들고, 연 1회 교육을 했다는 수준은 면책의 근거가 되지 않는다. 핵심은 경영진이 주도하고, 시스템이 위험을 감지하고, 조직이 행동하는 구조를 갖추었느냐는 것이다. 특히 2023년 이후 DoJ는 '인센티브 구조'와 '징계일관성', '데이터 분석을 활용한 감시체계' 등 정량적 평가 요소까지 구체화하고 있으며, AI 기반의 리스크 탐지, 이메일 모니터링, 채용·인사와 준법 실적 연계 등으로 요구 수준이 높아지고 있다. 이러한 맥락에서 보면, ISO 37301이나 CP가 형식적인 선언으로 그쳐서는 안 되는 이유가 명확해진다.

02. 한국 CP: 공정거래법 중심의 준법경영

앞서 ISO 37301, DoJ 지침 등을 통해 글로벌 준법시스템의 원칙과 방향을 다뤘다면, 한국의 대표적 제도 기반인 CP^{Compliance Program}는 보다 공정거래법 중심의 실무형 자율준수 시스템이라 할 수 있다. 다른 제도와 마찬가지로 실제 조직 내에서 리스크를 예방하고, 제재를 최소화하기 위한 통제 장치로 기능해야 그 의미가 있다.

2024년부터 공정거래위원회는 'CP 등급평가'와 '공정경쟁규약 이행실태조사'를 고도화하며 기업의 CP 운용 실효성을 더욱 면밀히 따지고 있고, A 등급 이상을 받은 기업의 상당수가 ISO 37301 또는 ISO 37001을 함께 운영하고 있다는 사실은 국내 CP 역시 국제표준과 연결되어 가고 있음을 보여준다.

한국 CP는 공정거래위원회 고시(공정거래자율준수 프로그램 운영 및 유인부여 등에 관한 규정)에 따라 8대 필수 요소를 기준으로 운용된다. 복잡한 체계보다는 핵심만 간결히 정리하면 아래와 같다.

① CP 기준과 절차 마련 및 시행: 기업은 공정거래법 및 관련 법규 준수를 위한 명확한 기준과 절차를 수립하고 이를 시행해야 한다.

② 최고경영자의 자율준수 의지 및 지원: 최고경영자는 공정거래 및 관련 법규에 대한 자율준수의지를 공개적으로 표명하고, CP 운영을 적극적으로 지원해야 한다.

③ 자율준수 관리자 임명: 조직 내에서 자율 준수를 책임질 관리자를 임명하고, 이들에게 효과적인 CP 운영에 대한 책임을 부여해야 한다.

④ 자율준수 편람의 제작·활용: 자율준수편람은 공정거래 관련 법규 및 CP 기준과 절차를 포함하여 모든 임직원이 쉽게 접근할 수 있도록 제작되어야 한다.

⑤ 지속적이고 체계적인 자율준수 교육 실시: 임직원들에게 정기적으로 효과적인 교육을 실시하여 공정거래 관련 법규 준수 사항을 인식하고 실천할 수 있도록 해야 한다.

⑥ 내부 감시체계 구축: 위법 행위를 예방하거나 조기에 발견하기 위해 합리적인 감시 및 감사 시스템을 구축하고 운영해야 하며, 그 결과는 주기적으로 최고 의사결정기구에 보고해야 한다.

⑦ 공정거래 관련 법규 위반 임직원에 대한 제재: 법규 위반 정도에 상응하는 제재 조치를 규정한 사규를 마련하고 이를 운영하여야 한다.

⑧ 효과성 평가와 개선 조치: CP의 효과성을 정기적으로 평가하고, 그 결과에 따라 개선 조치를 취해야 한다.

이러한 체계는 기본적으로 불공정거래행위(담합, 리베이트, 거래상 지위 남용 등) 예방에 초점이 맞춰져 있으며, 실제 CP 등급이 높은 기업일수록 리스크 평가 – 내부교육 – 사전검토 프로세스 등이 효과적으로 문화화되어 있다. 특히 CP 등급평가는 공정위 과징금 감면 혜택(최대 20%), 직권조사 면제, 공정거래 자율규약 이행실적 반영, ESG 평가 기준 등으로 확대 적용되고 있어 실질 운영의 질적 성숙이 경쟁력으로 직결된다.

03. ISO 37301: 포괄적 준법경영 시스템

ISO 37301은 특정 법률이나 산업군에 종속되지 않고, 모든 조직이 자신의 리스크 특성에 맞게 설계할 수 있는 Compliance 경영 국제표준이다. 공정거래, ISO 37301은 Compliance 영역으로써 매우 넓게 부패, 인권, 환경, 안전, 개인정보 등 다양한 영역의 법적·윤리적 요구사항을 하나의 통합 프레임워크 안에서 관리하도록 구성돼 있다. 이미 국내외 많은 기업들이 이 표준을 CP, ISO 37001 체계와 연계해 통합 운영하고 있으며, ISO의 'High Level Structure^{HLS}' 기반 설계 덕분에 기존 ISO(품질, 환경, 정보보안 등)와 병행하기에도 수월하다.

다른 시스템과의 가장 큰 차이점은 물리적인 환경을 요하지도 않으며, 규제 중심이 아닌 사람에 대한 리스크 중심이라는 점이다. 즉, '어떤 법을 지켜야 하나?'보다 '어떤 리스크를 사전에 관리할 것인가?'에 중점을 두고, 법을 넘는 윤리적 판단 기반의 조직 행동 기준까지 요구한다.

04. 한국 상법 준법통제 기준: 이사회와 감사 중심의 내부통제

ISO 37301이나 CP가 조직 차원의 자율적 준법 시스템이라면, 상법은 법적으로 요구되는 최소한의 준법통제 구조를 강제하는 법이다. 즉, 기업이 스스로 기준을 세우기 전에, 상법은 이미 기업의 내부통제와 이사회의 책임을 전제로 하고 있다. 특히 최근 국회에서 논의된 상법 개정안(2025년 발의)은 경영진의 적극적인 Compliance 책임과 그 이행 여부에 대한 법적 감시체계를 강화하는 방향으로 전개되고 있다.

한국 상법상 내부통제 시스템은 기본적으로 이사회 중심의 책임 구조를 따른다. 기업 규모나 업종에 따라 다소 차이는 있지만, 공통적으로 다음과 같은 구조적 틀을 가지고 있다.

① 이사회와 감사의 내부통제 책임

상법 제393조 및 제415조에 따라, 이사회는 회사 업무의 집행을 감독할 의무가 있으며, 이는 곧 내부통제 시스템을 적정하게 수립·운영해야 할 책임으로 확장된다. 감사(또는 감사위원회)는 경영진의 내부통제 운영 실태를 독립적으로 감시하고 이사회에 보고한다.

② 상법 제542조의2: 준법지원인 제도

이 조항은 자산총액 5천억 원 이상인 상장회사에 대해 준법지원인Compliance Officer을 반드시 두도록 의무화하고 있다. 준법지원인은 회사의 법규 준수를 지원하며, 업무상 독립성과 직무 수행 보장을 위해 일정한 지위를 가진다. 실제로 많은 대기업 법무팀에서는 이 제도를 기반으로 준법지원 전담조직 또는 법무총괄 직책을 별도로 운영하고 있다.

최근 2025년 상반기 국회에 발의된 상법 개정안은 기존 구조를 강화하면서, 준법통제 책임에 대한 실질적 책임 추궁이 가능하도록 제도적 근거를 보완하려는 방향성을 가진다. 만약 이 개정안이 통과될 경우, CP 또는 ISO 37301 수준의 유사한 체계를 구축하지 않은 기업은 이사회 책임 리스크에 직접적으로 노출될 수 있다.

05. 비교 분석

글로벌 거래, 규제, 이해관계자, ESG, 디지털 리스크 등 조직이 마주한 현실은 복잡하고, 그에 따라 적용되는 준법 시스템의 구성도 다르다. 그래서 우리는 이 4가지 기준(미국 법무부 DoJ 지침, ISO 37301, 한국의 CP, 한국 상법)을 함께 보고, 어떤 기준이 어디에 유효한지, 왜 필요한지를 구조적으로 이해할 필요가 있다. 여기서 저자는 실무자에게 중요한 것은 '어떤 제도가 더 낫냐'가 아니라, 우리 조직의 현재와 미래에 어떤 기준을 어떤 방식으로 적용해야 하는가를 설명하고자 한다.

DoJ, ISO 37301, CP, 상법 비교표			
구분	DoJ(미국)	ISO 37301 (국제표준)	CP(공정위)	상법(한국)
목적	법 위반에 대한 검찰의 평가기준	포괄적 Compliance 시스템	공정거래법 중심의 사전 예방	이사회 지배구조와 재무통제 중심

DoJ, ISO 37301, CP, 상법 비교표				
구분	DoJ(미국)	ISO 37301 (국제표준)	CP(공정위)	상법(한국)
범위	부패, 사기, 금융범죄 등 형사리스크 대응	모든 법령 및 윤리 기준	공정거래법 위반 방지	회계, 재무, 이사회 책임
리더십 요건	CEO의 무관용 원칙, 인센티브 연계	경영진의 리더십과 문화 조성	자율준수관리자 임명	이사, 감사 책임 강화
리스크 접근법	고위험 국가/산업 선별, 동적 평가	리스크 기반 접근 및 의무 식별	특별 위법 위험 통제	재무/법적 리스크 중심
내부제보	익명성 보장, 외부 위탁 가능	제보자 보호와 다채널 보장	제보자 보호, CP 등급평가 연계	내부제보 규정 없음 (공익신고자보호법)
평가 및 개선	실제 적발 시 실효성 검증 기준	내부심사 및 경영검토 요구	등급평가, 감사 중심	회계감사, 감사위원회 중심
최신동향	2023년 지침 개정, 인센티브 강화	리스크 기반 실천 강조(부속서)	CP 등급평가 제도 법제화(2024)	2025년 상법 개정안: 내부통제 의무 강화 중
도입주체	미국 검찰 (FCPA 등)	ISO/TC 309	공정거래위원회	대한민국 국회 및 법무부

DoJ 지침은 기업이 부패나 금융 범죄로 미국 수사를 받을 경우, 형사책임을 피하기 위한 방어 기준이 된다. 경영진이 실제 리스크를 알고 있었는지, 내부제보를 무시했는지 등이 평가의 핵심이다. ISO 37301은 규제의 종류와 관계 없이 조직 전체의 준법 시스템을 통합적으로 설계할 수 있는 프레임워크다. 공공기관, 민간기업, 다국적기업 모두에 적용 가능하며, 국제신인도 확보에도 유리하다. CP는 국내에서는 특히 공정거래법 리스크가 있는 유통, 제약, 제조 업계에 매우 실무적인 제도다. 등급평가제와 연계되어 조사 면제나 감경 혜택도 가능하다. 마지막 한국 상법은 형식적 거버넌스 구조를 명확히 하고, 특히 준법지원인 제도를 통해 이사회와 경영진의 법적 책임에 방점을 둔다. 최근 개정안은 내부통제 실패에 대한 이사의 손해배상책임까지 강화하려는 움직임이다.

여기서 어떤 기준이 더 우월한지는 중요하지 않다. 중요한 것은 기업이 모든 관점에서 법적·윤리적 책임을 입증할 수 있는 시스템을 갖췄는지다.

CP와 ISO 37301의 실무적 연계방안
(통합 운영전략)

아마도 실무자라면 누구나 한 번쯤 고민했을 것이다.

"CP 운영도 해야 하고, ISO 37301 인증도 따야 하고, 비슷한 거 같은데 굳이 이걸 따로따로 운영해야 하나?"

CP는 공정위 중심의 대내적 법규 대응, ISO 37301은 국제기준의 통합적 Compliance 체계지만, 결국 둘 다 '리스크를 예방하고 통제하는 시스템'이라는 점에서는 목적이 동일하다.

그럼에도 불구하고 현장에서는 이 둘이 '병렬적으로' 운영되는 경우가 대부분이다. 간혹 CP는 법무팀 심지어 재무팀, ISO는 감사, 인권, 윤리경영팀에서가 담당하고, 제보시스템은 감사팀, 교육은 HR팀, 리스크 평가는 CP팀에 흩어져 있다. 시스템은 여러 개인데, 정작 통제는 하나로 작동하지 않는 구조다.

지금 필요한 건 개념적 설명이나 원론이 아니라, 현장에 있는 실무자들이 바로 적용할 수 있는 통합 운영전략이다. 무엇을 공유하고, 어디를 통합하고, 어떤 문서를 하나로 정리해야 하는지, 어떻게 조직문화를 바꾸고, 어떤 KPI에 녹여야 실질적인 변화가 일어나는지 등 그 방법론이 복잡하고 애매하다. 은근히 답은 쉬우면서도 CP와 ISO 37301을 통합하기가 쉽지 않다.

그래서 이 장에서는 제도적 관점이 아니라 운영적 중심으로 접근하고자 한다. CP와 ISO 37301이 충돌하지 않고, 반복되지 않고, 실무자가 헷갈리지 않도록 통합할 수 있는 전략적 연결고리를 제안한다. 즉, 기업이 Compliance 경영 인프라로 갖추는 방법이다.

01. 세부적 연계방안

기업마다 CP는 이미 7대 요소 또는 8대 요소로 운영 중이고, ISO 37301은 도입을 고려하거나 일부 인증을 받은 상태다. 문제는 이 둘이 제각각 돌아간다는 데 있다. 교육은 따로 하고, 리스크 평가는 공정거래법과 전체 의무식별을 연말에만 이벤트처럼 진행된다. CP 등급평가와 인증심사 이전에 모든 업무를 몰아서 수행한다. 시스템은 있지만 통합된 움직임이 없다. 그래서 이 장에서는 실무자가 바로 참고할 수 있도록, CP와 ISO 37301을 통합 운영하는 실무적 전략을 '3단계'로 정리해 본다.

① 공통 프레임 정비: 용어, 문서 체계, 조직 역할, 업무 기준을 하나로 묶는 단계다.

② 운영체계 통합: 교육, 제보, 리스크 평가, 감사, 문서화 등 '운영'을 통합하는 단계다.

③ 성과관리 일원화: CP와 ISO에서 요구하는 성과평가 체계를 KPI, 실적, 인센티브와 연계해 하나의 관리 시스템으로 연결하는 단계다.

이 전략은 담당자의 행정력 낭비와 업무 예산의 중복 등을 없애고 임직원의 피로도를 현저하게 낮출 수 있으면서도 각 CP등급평가와 ISO 인증심사시 도움이 될 수 있다. 그리고 무엇보다 경영진이 신뢰하고, 실무자가 움직일 수 있는 현실적 구조를 만드는 작업이다. 그러기 위해서는 다음 표와 같이 CP 평가지표와 CMS 기준을 세부적으로 분석하고 연계 방안을 찾아보고자 한다.

CP와 ISO 37301 비교표			
공정거래 자율준수 프로그램(CP)			ISO 37301:2021(CMS)
평가차원	평가항목	평가지표	조항번호(제목)
I. CP의 구축 (C)	C1. CP의 도입 및 운영 방침의 수립	C1.1 최고경영자의 CP 도입 및 자율준수 실천 의지의 천명	5.1.1(이사회, 최고경영자)/5.1.2(문화)/5.2(방침)/5.3.1(역할, 책임 및 권한+KPI)/9.3.1(경영 검토)
		C1.2 CP운영의 기준과 절차의 수립	4.3/4.5/4.6/5.2/5.3.1(역할, 책임 및 권한)/6.2/7.2.1/7.2.3/7.4/7.5/8.1/8.4/9.1/9.2/9.3/10.2

CP와 ISO 37301 비교표			
공정거래 자율준수 프로그램(CP)			ISO 37301:2021(CMS)
평가차원	평가항목	평가지표	조항번호(제목)
Ⅰ. CP의 구축 (C)	C1. CP의 도입 및 운 영 방침의 수립	C1.3 CP운영에 관한 사항의 회사 내·외부 공시·공표	5.1.2(문화)/7.4(의사소통)
	C2. 최고 경영진의 지원	C2.1 자율준수 관리자 의 임명	5.1.1(이사회, 최고경영진)/5.1.3(거버넌스)/5.2(방 침)/5.3.2(Compliance 기능)/9.1.4(보고)/9.3.2(경영 검토 입력)
		C2.2 예산과 인력의 지원	5.1.1(이사회, 최고경영진)/5.1.2(문화)/5.2(방 침)/5.3.2(기능)/7(지원)
Ⅱ. CP 문화 의 전 파와 확산 (D)	D1. 자율준 수편람	D1.1 내용의 충실성/협 력사 편람	5.2(방침)/7.2.3(교육훈련)/8.1(운용기획 및 관리)/ A.7.3(인식)
		D1.2 활용 편의성	7.4(의사소통)/A.7.3(인식)
		D1.3 지속적 개선 여 부	4.4(CMS(4.1 고려하여 개선)/10(개선)
	D2. 교육 훈련 프로 그램	D2.1 정기 CP 교육	5.1.2(문화)/5.3.3(경영진)/5.3.4(인원들)/7.2.2(고용 프로세스)/7.2.3(교육훈련)/A.7.3(인식)
		D2.2 법 위반 가능성 이 큰 부서나 관련자 에 대한 집중교육	4.1(조직상황)+A.4.1/A.4.2(이해관계자들의 니즈와 기대 이해))/4.6(리스크 평가)+A.4.6/A.7.2.3(재교육 훈련)
		D2.3 최고경영자 및 임원을 대상으로 한 교육	A.5.1.1(이사회, 최고경영자)/5.3.1(역할, 책임 및 권한 +KPI)/5.3.3(경영진)
		D2.4 CP 교육훈련의 효과성 평가	6.1(리스크와 기회를 다루는 조치)/7.2.3(교육훈 련)+A.7.2.3/7.3(인식)
Ⅲ. CP의 운영 (O)	O1. 사전감 시체계	O1.1 위험평가(Risk Assessment)	4.5(의무)/4.6(리스크 평가 + 아웃소싱 및 제3 자)/8.1(운용 기획 및 통제)/8.2(관리와 절차의 수립)
		O1.2 사전업무 협의제 도	5.3.2(Compliance 기능)/7.4(의사사통)/9.1.5(기록 보 관)
		O1.3 직접보고체계	A.5.1.1(이사회, 최고경영자)/5.1.3(거버넌 스)/5.3.2(Compliance 기능)/9.1.4(보고)
		O1.4 내부고발 시스템	5.2(방침)/5.3.2(기능)/5.3.3(경영진)/5.3.4(인원 들)/7.3(인식)/8.3(우려사항 제기)/9.3.2(경영검토 입 력)
	O2. 제재 및 인센티 브 시스템	O2.1 인사제재 시스템	5.3.1(이사회, 최고경영자, 징계 조치)/7.2.2(고용 프 로세스)/A.7.5.1(일반사항, 인사 기록)/8.4(조사 프로 세스)
		O2.2 인센티브 시스템	7.2.2(고용 프로세스, 성과급 및 기타 인센티브)

CP와 ISO 37301 비교표			
공정거래 자율준수 프로그램(CP)			ISO 37301:2021(CMS)
평가차원	평가항목	평가지표	조항번호(제목)
IV. 평가와 피드백 (E)	E1. 프로그램 효과성 평가와 개선	E1.1 CP운영의 효과성 평가(정기 감사)	7.2.2(고용프로세스)/A.8.1(운용 기획 및 관리)/8.4(조사 프로세스)/9.1(모니터링, 측정, 분석 및 평가)
		E1.2 프로그램의 지속적 개선 및 경영에의 반영	9.1.2(성과 피드백)/9.3(경영검토)

CP와 ISO 37301의 실무적 연계 방안을 다음과 같이 나누어 볼 수 있다.

공통 프레임 정비

CP와 ISO 37301을 동시에 운영하는 기업은 많지만, 대부분은 '병렬 운영'에 머문다. 이유는 단순하다. 용어가 다르고, 평가 주체와 기준문서가 다르기 때문이다. CP는 정부 평가 중심이고 ISO는 민간 인증제도 중심이다. 만약 조직이 CP 등급평가를 준비하고 있다면, ISO는 어디까지나 기능적 보완 수단이 될 수밖에 없다. 당연히 실무의 모든 기획, 문서, 양식, 체계는 공정위 CP 등급평가 기준에 맞춰 통일되어야 한다.

제일 먼저 용어 정렬부터 시작하여야 한다. 같은 사람인데 부르는 말이 다르면, 평가와 보고서에서 혼선이 생긴다. 예컨대 CP 규정에서는 '자율준수 관리자', ISO 문서에서는 '규범준수책임자', 실무자들은 'Compliance Officer'라고 쓴다. 모두 같은 사람이지만, 정부 CP 등급평가 위원의 시각에서 보면 이는 불일치고, 시스템의 일관성 부족으로 보인다. 따라서 모든 용어는 CP 평가 양식을 우선 기준으로 정렬해야 한다.

용어 정렬표			
구분	기존 CP 체계 용어	ISO 37301 용어	통합 정렬안
책임자 역할	자율준수 관리자	규범준수책임자 (Compliance Officer)	자율준수 관리자
조직	CP 운영팀	준법담당조직 (Compliance Function)	준법지원실 또는 CP팀
방침	공정거래 자율준수 방침	규범준수 방침	Compliance 방침

용어 정렬표			
구분	기존 CP 체계 용어	ISO 37301 용어	통합 정렬안
제보 시스템 이름	내부제보함	Whistleblowing system	내부제보시스템
리스크 평가 용어	위허성 평가표	리스크 평가표	통합 리스크 평가표

이처럼 표준화된 용어는 문서, 제보시스템 명칭, 평가표, 홈페이지 등 전반에 걸쳐 통일 적용되어야 하며, 시스템 내 모든 파일명, 보고서, 교육자료에도 반영돼야 한다.

다음으로는 문서 프레임을 통일하여야 한다. CP 등급평가 항목과 ISO 절차를 HLS 구조에 맞춰 재정비해야 한다. ISO는 'Plan-Do-Check-Act^{PDCA}' 사이클에 따라 문서 구조를 정리한다. CP도 내부적으로 이 구조를 반영하면 평가에 도움이 된다.

예를 들어 '자율준수관리 운영규정'은 ISO의 Clause 5(리더십), 'CP 위험성 평가표'는 Clause 6(계획수립), '감사체계와 교육자료'는 Clause 7~9에 대응시켜 통합 문서화를 설계하는 것이다. 이렇게 하면 향후 ISO 인증심사를 받거나 사후, 갱신심사를 받을 때도 별도로 문서를 새로 만들 필요 없이 CP 문서만으로도 ISO 심사요건까지 충족시킬 수 있다.

세 번째로는 조직 역할과 책임도 CP 등급평가 기준에 맞춰 조정하여야 한다. 인원이 적은 법무·CP팀(총 5인)이라면 기능별 업무를 정리하고 2중, 3중 업무를 피해야 한다. 예를 들어 ISO 시스템에선 '담당자 – 승인자 – 보고자' 역할이 분리돼야 하므로, CP팀 내 각자의 담당 파트를 명확히 문서화하는 것이다.

역할과 책임 통일화		
역할 구분	담당자 예시	책임 구분
CP 운영 총괄	CP 팀장	등급평가 대응, CP 문서 승인
위험성 평가 담당	법무팀 대리	통합 리스크 매트릭스 운영
교육, 홍보 담당	CP팀 사원	연간 교육훈련, 이슈율 집계
제보 및 시정조치	법무팀 대리	제보접수 및 시정조치 보고
문서관리 및 감사	CP팀 대리	문서화된 정보 유지관리

이처럼 실무자 각자의 업무를 명확히 나누고, CP 규정에 문서화하면 등급평가 시 조직 역할 항목에서 강점을 갖게 된다.

결국 이 장에서 설명하는 바는 CP와 ISO 37301의 통합은 결국 CP를 중심에 두고, ISO를 프레임으로 활용해 정렬하는 작업이다. 특히 정부의 CP 등급평가를 준비하는 기업이라면, 'ISO 기반으로 CP를 끼워 맞추는' 방식은 적절치 않다. 평가자의 눈은 정부 기준에 맞춰져 있기 때문에 기업은 그 프레임에 문서·조직·시스템을 정렬시켜야 한다.

운영체계 통합

실제로 시스템이 작동하려면 '운영체계'가 통합되어야 한다. 이때 운영체계는 방침부터 양식까지 연결된 일관된 작동 흐름을 말한다. CP 등급평가는 이를 실질적 운영의 증빙으로 판단한다. 즉 문서가 있다고 평가하지 않고, 그 문서가 효과적으로 작동되고 있는지를 평가한다. 어쩌면 평가용 PPT보다, 실제 매뉴얼과 행동 절차가 중요하다.

운영체계 통합은 세 단계로 나눠 구성할 수 있다.

첫 번째로는 문서 계층 구조 정비이다. 방침부터 양식까지 한 줄로 연결돼야 한다. CP 문서 구조는 보통 다음과 같은 6단계로 구성된다.

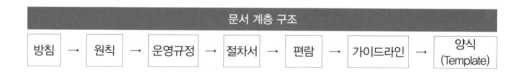

문서 계층 구조
방침 → 원칙 → 운영규정 → 절차서 → 편람 → 가이드라인 → 양식(Template)

ISO의 방침, 매뉴얼, 절차서, 지침서, 양식과 같은 구조이다. 이 계층은 실제 업무기준이 어디서 나오는지를 추적할 수 있도록 만들어야 한다. 예를 들어 '하도급 거래 대응'이라는 항목이 있다면, 방침에는 하도급 공정성 원칙이 명시돼 있고, 운영규정에는 자율준수 관리자의 감독 권한이 들어 있고, 절차서에는 계약서 검토 및 발송 전 체크리스트가 있으며, 편람에는 업무별 사례와 주의사항이 정리돼 있고, 가이드라인

에는 금지행위 유형과 대응 FAQ가 포함돼 있어야 한다. 마지막으로 양식에는 하도급 리스크 체크리스트가 연결돼야 한다.

즉, 문서가 각각 존재하는 것이 아니라, 위계적으로 연결되어야 한다는 것이 핵심이다. CP 등급평가에서는 이러한 구조를 문서정렬도표, 또는 근거추적표^{Traceability Matrix}로 정리해 제출하면 매우 효과적이다.

두 번째로는 CP 중심의 절차서가 통합되어야 한다. 여기서 ISO 절차는 CP 운영 규정에 내장하는 방식으로 연동한다. CP 운영 규정은 등급평가의 핵심 기준이자 '통제의 헌법'과 같다. 여기에 ISO 37301이 요구하는 리스크 평가, 성과지표, 내부심사 등의 요소를 반영하되, ISO 절차를 별도로 만들지 않고 CP 규정 안에 내장하는 방식이 효율적이다. 예를 들어, 기존 CP 운영규정의 '자율준수 활동' 항목 안에, ISO 기반 리스크 평가 절차를 통합하거나, '자율준수 관리자 역할' 항목 안에, ISO의 Clause 5.3의 책임·권한 체계를 녹여내는 방식이다. 그렇게 하면 평가관은 모든 것을 CP 문서 안에서 확인할 수 있고, 추가 설명 없이도 ISO 시스템이 작동 중임을 입증할 수 있다.

세 번째로는 프로세스 중심의 역할을 통합하는 것이다. 조직별 준법 활동을 각 절차에 따라 연결시켜야 한다. Compliance 운영체계의 핵심은 프로세스다. 즉, 실제 업무가 어느 단계에서, 누가, 어떤 문서로 판단하고 실행하는지를 기준으로 잡아야 한다. 이때 법무팀과 CP팀이 이원화돼 있을 경우, CP팀은 공정거래법 관련 리스크 및 제보 관리, 법무팀은 계약검토 및 법적 리스크 평가, QA팀은 품질 관련 규제 대응 등을 각각 담당하게 된다.

이 역할들을 '준법 활동 흐름도' 또는 '업무 연계표'로 만들어 절차에 따라 문서와 사람을 연결시키면, ISO와 CP의 통합 운영이 자연스럽게 증명된다.

형식만 있는 문서는 금방 들통난다. 시스템이 유기적으로 연결되고, 보고 체계가 돌아가며, 절차가 작동해야 평가도 통과한다. 그렇기에 모든 문서와 프로세스는 CP 운영규정을 중심으로 설계되어야 하며, ISO 37301의 요소는 이 구조 안에서 자연스럽게 통합되어야 한다. 연결된 작동 체계가 있을 때 등급평가 위원이 질문하면 바로 답할 수 있는 근거와 부서 간의 협력이 되어 고득점을 노릴 수 있다.

성과관리 일원화

운영체계가 잘 짜였더라도 성과평가(효과성 평가)가 흐리면 결국 흐트러진다. 성과관리는 효과적인 시스템 작동인지를 묻는 검증 수단이 된다. CP든 ISO든 결국 실무자와 경영진에게 성과로 보여줘야 한다. 그렇기에 성과관리는 다른 모든 영역을 이어주는 마지막 퍼즐이자 내부통제의 정착 여부를 가늠하는 핵심 지표다.

성과관리를 통합적으로 구축하려면 세 가지 질문에 답해야 한다.

① 무엇을 측정할 것인가?(성과지표 정렬)

② 어떻게 측정할 것인가?(측정 방법 및 도구)

③ 그 결과를 어디에 반영할 것인가?(성과 피드백과 인센티브)

CP와 ISO 모두 '제대로 작동했는가'를 실적으로 내외부에 입증하고 보고하여야 한다. 여기서 중요한 건 성과지표KPI를 구조화하는 방식이다.

성과지표 설계 예시		
분류	지표 예시	설명
예방 중심	CP 교육 이수율, 제보 건수, 사전 위험성 평가 비율	시스템이 작동되기 위한 선행 조치
결과 중심	법 위반 발생 건수, 리베이트 적발 건수, 공정위 조사 횟수, 사건 처리 회수	결과로 확인되는 사건 데이터
예측 중심	제보 후 시정조치 평균 소요시간, 계약사 사전 검토율	향후 리스크 발생 가능성 추정 지표

위 표와 같이 구조를 기준으로 KPI를 설계하고, 부서별 실적평가나 인사고과, 인센티브 연계까지 연결하면 '운영 실효성'이 자동으로 입증된다. 이는 표를 통해 구성하고 성과 달성률을 그래프로 보고하게 된다. 앞서 설명한 ISO 37301 Clause 9.1~9.3 성과평가와 Compliance 지표를 참고하면 CP와 ISO 37301의 성과관리가 일원화될 수 있다.

성과관리 일원화에서 마지막으로 중요한 건 피드백의 실질성이다. 실적이 좋든 나쁘든, 그에 따른 후속조치가 있어야 평가가 의미를 가진다. 예를 들어, 우수한 실적을 낸 부서에 인센티브, 반복 위반 건수가 높은 부서에는 교육 재이수·심층 감사 실시, 리스크 대응력이 높은 담당자는 경영 KPI에 가점 등 이런 구조가 조직문화에 준법이 실제 영향력을 갖게 만드는 장치가 될 수 있다.

성과관리는 시스템이 실질적으로 작동하는지를 수치와 결과로 보여주는 증거 체계다. 그리고 이 성과가 인사, 보상, 교육, 감사, 경영검토로 이어질 때 운영 – 검증 – 개선이라는 PDCA 사이클이 완성된다. CP 등급평가에서는 단순한 정량 성과만이 아니라 성과를 어떻게 활용하고 개선하는가를 더욱 중요하게 본다. ISO 37301과 CP의 성과평가 요구사항을 구조화하고, 실제 업무에 반영하는 체계를 만들면, 평가위원 앞에서 설명이 아니라 실적 하나로 입증하는 시스템이 된다.

하나의 통합된 문서화된 규정으로 운영

ISO 37301의 가장 큰 특징 중 하나는 문서화된 정보^{Documented Information}의 체계적인 운영을 강조한다는 점이다. 이는 조직이 준법경영 시스템을 운영하는 과정에서 발생하는 모든 정책, 절차, 지침, 보고서 등을 명확하게 기록하고 관리하는 것을 의미한다. 반면, 기존의 CP는 공정거래법 준수를 목적으로 개별적인 운영 규정을 두고 관리하는 경우가 많아, 기업 내 다른 규정들과 일관성이 부족하거나 중첩되는 경우가 발생할 수 있다.

그러나 CP는 정부 평가인 반면 ISO 37301은 민간의 심사라는 점에서 차이는 분명하다. 이 세부사항을 여기서 논의하지는 않겠지만 등급평가를 받는 기업 입장에서는 꼭 전문가와 상의하기를 강력히 추천한다.

02. 통합 운영의 사례와 효과

국내 금융사와 제조사를 중심으로 CP와 ISO 37301을 연계해 운영한 사례를 보면,

가장 먼저 눈에 띄는 건 문서와 시스템의 일원화다. 각종 법령 기준이 흩어져 있던 기존 구조에선 직원이 어디서 무엇을 봐야 할지부터 혼란이 시작됐다. 하지만 통합 운영을 통해 '하나의 규정', '하나의 절차', '하나의 기준'으로 정리되면서 실무 접근성과 운영 효율이 확연히 좋아졌다.

예컨대 한 금융사는 금융소비자보호, 공정거래, 부패방지, 정보보안 등을 각각의 가이드로 운용하던 체계를 ISO 37301 구조에 맞춰 '통합 준법경영 핸드북'으로 재편했다. 이제는 포털이나 모바일 앱에서 모든 지침을 한 번에 확인할 수 있고, AI 챗봇을 통해 규정을 검색할 수 있게 만들었다. 문서의 경계가 아니라, 사용자의 접근성이 중심이 된 셈이다.

제조업 사례도 흥미롭다. 한 대기업은 CP와 ISO 37301을 통합하여 '준법경영 지침'을 만들었는데, 기존에는 공정거래법만 다루던 문서 체계에 노동, 환경, 안전보건, 정보보안까지 포함시키고, 전사 기준을 하나로 묶었다. 특히 내부감사 체크리스트도 통합해, 부서별 감사 항목과 실행 기준이 전사적으로 동일하게 작동되도록 만들었다. 이렇게 되면 어떤 부서든 같은 기준으로 평가되고, 같은 수준의 책임을 진다.

이 통합 운영의 핵심 효과는 세 가지로 요약할 수 있다.

첫째, 운영의 효율화다. 중복된 문서와 절차가 제거되고, 실무자들은 더 이상 규정을 이중삼중으로 찾지 않아도 된다.

둘째, 리스크 통합관리다. 시스템이 하나로 정리되니 법령 개정이나 규제 변화에 빠르게 대응할 수 있고, 각종 준법 리스크가 하나의 뷰에서 관리된다.

셋째, 경영 보고 체계의 명확화다. 이사회나 경영진에 보고할 때도 CP와 ISO를 나눌 필요 없이, 하나의 시스템, 하나의 실적으로 전달이 가능해진다.

이처럼 CP와 ISO 37301의 통합 운영은 단순한 제도 결합이 아니라, 경영시스템을 하나로 정비하는 작업이다. 특히 CP 등급평가를 준비하는 기업이라면, 정부의 평가기준에 맞춰 문서화 수준, 내부통제 실적, 감사 흐름을 통합 운영하는 게 실질적 점수를 높이는 데 직결된다.

결국, 이 모든 구조의 중심은 조직 내부의 실질적 실행력이다. 문서를 아무리 정리해도 현장에서 작동하지 않으면 의미가 없다. 그래서 핸드북이든, 편람이든, 가이드라인이든 현장에서 바로 꺼내 쓰는 도구가 되어야 한다.

기업이 CP와 ISO 37301을 통합 운영하기로 결정했다면, 시작은 문서지만 끝은 행동이다. 실무자가 실제로 그 시스템을 '쓸 수 있어야' 하고, 경영진이 그 시스템을 '믿고 결정할 수 있어야' 한다. 그것이야말로 진짜 준법경영이다.

03. 기업문화를 변화시킨 CP와 ISO 37301

CP와 ISO 37301이 기업문화에 미친 영향은 조직의 가치 체계, 경영방식, 내부 의사결정 구조, 직원 행동, 윤리적 기준 등 기업의 전반적인 문화적 변화를 수반한다. 한국 기업들은 전통적으로 공정거래위원회에서 요구하는 CP를 도입하여 공정거래법 준수를 중심으로 한 Compliance 체계를 구축해 왔으며, 최근에는 ISO 37301을 추가로 도입함으로써 보다 포괄적인 Compliance 경영 체계를 확립하고 있다. 이러한 변화는 조직 내 리더십의 역할을 재정립하고, 직원들의 법규 준수 및 윤리의식을 높이며, 기업의 글로벌 경쟁력을 강화하는 데 도움을 줄 수 있다.

먼저 CP와 ISO 37301의 도입은 기업의 의사결정 구조를 근본적으로 변화시켰다. 기존에는 최고경영진CEO과 일부 고위 임원들이 주요 의사결정을 독점하는 구조였다면, 이제는 Compliance 위원회, 준법감시인Compliance Officer, 내부감사팀 등의 역할이 강조되면서 보다 체계적이고 투명한 의사결정 프로세스를 구축하고 있다.

기업 내 의사결정은 법적 준수를 전제로 이루어져야 하며, 주요 계약 체결, 거래 관행, 마케팅 및 영업 전략 등 모든 사업 활동에서 법과 윤리를 고려한 평가 절차가 추가되었다. 이는 기업이 법적 리스크를 사전에 예방할 뿐만 아니라 조직 내 신뢰도를 높이고, 윤리적 리더십을 강화하는 데 이바지한다. ISO 37301의 도입은 기업의 전략적 의사결정 과정에서도 리스크 기반 접근법Risk-based approach을 강조하고 있다. 이는 조직이 법적, 윤리적, 재무적 리스크를 동시에 고려하는 체계적 경영 프로세스를 구축하도록 유도한다.

또한 CP와 ISO 37301이 강조하는 리더십 및 경영진의 책임이 강화되었다. ISO 37301과 CP는 모두 기업의 경영진이 Compliance 경영에 대한 책임을 명확히 하고, 적극적인 리더십을 발휘할 것을 요구한다. 특히 ISO 37301에서는 최고경영진이 Compliance 경영의 최종 책임자로서 조직 내 준법 문화 정착을 위해 지속적으로 개입하고 리더십을 발휘해야 한다는 점을 강조하고 있다. 경영진의 책임이 강화됨에 따라 한국 기업들은 기존의 경영전략에서 준법과 윤리 요소를 주요한 고려 사항으로 삼기 시작했다. 예를 들어, 이사회 내에 독립적인 준법감시위원회를 신설하거나 최고 준법책임자Chief Compliance Officer(CCO)를 임원급으로 승진시키는 기업들이 증가하고 있다. 이는 Compliance를 경영전략의 핵심 요소로 인식하기 시작했음을 보여준다.

또한 독립성을 강조한 내부감사 및 모니터링 체계를 구축하고 고도화하고 있다. ISO 37301은 지속적인 모니터링, 심사, 성과평가를 통해 Compliance 시스템이 실제로 효과적으로 작동하는지 점검하도록 요구한다. 이에 따라 기업들은 내부감사팀을 강화하고, 데이터 기반 모니터링 시스템을 도입하여 비효율적인 프로세스를 자동화하고 있다. 예를 들어 IT 기반 내부감사 솔루션을 활용하여 법규 위반 가능성이 있는 거래를 실시간으로 감시하거나, 내부신고 시스템Whistleblowing System을 통해 직원들이 익명으로 윤리적 이슈를 신고할 수 있도록 하는 등의 조치가 강화되었다. 이러한 변화는 기업이 사전에 리스크를 예측하고 대응하는 예방 중심의 준법관리Compliance by Prevention를 실현하는 데 도움이 되었으며, 조직 내 윤리적 문화가 자연스럽게 스며드는 데에도 긍정적인 역할을 하고 있다.

Part
5

. . . .

Compliance IT:
디지털 혁신을 통한
준법경영 실현

Technology, Ethics and Privacy

기술은 더 이상 단순한 생산성 향상 수단이 아니다. 기업의 전략, 조직문화, 이해관계자와의 관계, 더 나아가 사회 전체의 윤리적 기준에까지 영향을 미치고 있다. 디지털 전환이 가속화되면서, 기업은 그 어느 때보다 '기술 윤리'와 '개인정보 보호'라는 숙제를 마주하고 있다. 기술의 이면에는 분명 기회가 존재하지만, 그 기회는 적절한 윤리적 기준과 경계 속에서만 지속가능성을 가질 수 있다.

01. 기술이 가져온 새로운 윤리적 고민

기술은 기업경영에 놀라운 효율성과 혁신을 가져다주었다. 하지만 그 이면에는 우리가 이전에 경험하지 못했던 윤리적 딜레마가 동시에 따라붙고 있다. 기술은 인간의 손을 떠나 자동화되고, 알고리즘은 사람보다 빠르게 판단을 내리며, 데이터는 우리가 의식하지 못하는 사이 수집되고 분석된다. 그리고 이 모든 과정은 어느새 기업의 일상에 깊숙이 스며들었다. 문제는 바로 여기에서 시작된다. 우리는 종종 기술을 '도구'로 여긴다. 기술 그 자체는 선도 악도 아니라는 말은 이론상 옳다. 그러나 현실에서 기술은 그 기술을 활용하는 기업과 조직, 사람의 의도에 따라 얼마든지 윤리적 문제를 불러올 수 있다. 기술은 그 자체로 가치중립적일지 몰라도, 그 기술을 설계하고 적용하는 방식은 언제나 가치 판단의 결과물이기 때문이다. 고객 데이터를 분석해 타깃마케팅을 강화하는 기술은 효율성과 수익 창출에 있어 매우 효과적일 수 있다. 그러나 만약 그 데이터가 고객 동의 없이 수집되거나, 소비자가 알지 못하는 방식으로 구매 행태를 조작하는 데 쓰인다면 이는 명백히 윤리의 문제다. 같은 기술이지만 '어떻게 쓰느냐'에 따라 윤리성과 비윤리성의 경계가 뚜렷하게 나뉘게 되는 것이다.

오늘날 기업은 AI 기술을 통해 고객 응대, 인재 채용, 리스크 평가, 업무 자동화 등 다양한 분야에서 의사결정을 알고리즘에 맡기고 있다. 하지만 알고리즘은 데이터에 기반해 작동하고, 그 데이터는 인간 사회의 구조와 편견을 고스란히 반영한다. 결국 알고리즘이 판단하는 방식은 인간이 축적해 온 불균형과 차별을 그대로 학습하고 강화할 수 있다. 실제로 일부 글로벌기업에서 AI 채용 시스템이 특정 성별이나 인종에 대해 불리한 평가를 내리는 사례가 보고된 바 있다. 문제는 이 과정이 자동화되어 있기에 누구도 직접적으로 '차별 의도를 갖고' 한 것이 아니며, 동시에 책임의 소재도 모호해진다는 점이다. 기술은 차별을 무의식적으로 시스템화할 수 있는 위험을 내포하고 있는 셈이다. 따라서 기업은 기술이 윤리적이라고 믿는 대신 기술이 '무엇을 학습하고 누구에게 영향을 미치는지'를 철저히 따져야 한다. 이것이 바로 기술 기반 경영에서 윤리적 감수성이 반드시 동반되어야 하는 이유다.

데이터는 '자산'이 아니라 '타인의 삶'이다. 기업이 수집하고 관리하는 데이터는 숫자의 집합처럼 보일지 모르지만, 그것은 개개인의 일상, 선택, 습관, 감정의 집합체이다. 그런데 많은 기업이 데이터를 단지 '분석 가능한 자산'으로 간주하고, 그것을 활용해 더 많은 이익을 창출하는 데 집중한다. 그 과정에서 데이터 소유자의 동의, 정보제공, 목적 제한 등의 기본적인 개인정보 보호 원칙은 종종 희생되기 쉽다. 이제는 데이터를 취급하는 윤리적 관점이 바뀌어야 한다. 데이터는 누군가의 '디지털 생애'임을 잊지 말아야 한다. 즉, 데이터 보호는 인권을 지키는 중요한 일로 인식해야 한다. 기업이 고객 데이터나 직원 정보를 다룰 때 반드시 스스로 물어야 할 질문은 "이 정보를 나에게 적용했을 때도 괜찮은가?"이다. 윤리는 타인의 문제이기 이전에 '내 문제'로 인식되어야 비로소 작동한다.

또 감시는 어디까지 허용될 수 있는가? 또 하나의 중요한 윤리적 논점은 '감시'의 문제다. 기업은 업무 효율을 이유로 직원의 업무 이력, 이메일, 로그 기록, 출입 기록 등을 모니터링한다. 고객의 행동 데이터 또한 다양한 추적 기술을 통해 수집된다. 그러나 이 과정은 종종 '동의 없는 감시'로 이어지며, 조직 내부의 심리적 불안과 신뢰 결여로 확산된다. 기술은 조직 내 감시를 정교하게 만들지만, 그 감시가 윤리적이지 않다면 조직의 내면은 점점 피폐해진다. 직원들은 감시받는 존재로 전락하고, 자율성과 창의성은 사라지게 된다. 결과적으로 기술은 성과를 높이기보다 불신을 키우는 도구로 전락할 수 있다. 기술의 윤리적 사용은 감시의 경계를 어디까지 허용할 것인지에 대한 끊임없는 성찰 없이는 지속될 수 없다.

기술이 인간을 대체하는 시대에 우리는 기술에 '인간다움'을 입히는 고민을 해야 한다. 이를 가능하게 만드는 것이 바로 윤리적 거버넌스다. 기술이 더 똑똑해질수록 기업은 기술운영의 전 과정을 투명하게 관리하고, 그로 인해 발생할 수 있는 윤리적 문제를 선제적으로 통제해야 한다. 그 중심에는 설명 가능한 알고리즘Explainable AI, 차별 없는 설계, 개인정보 보호 설계Privacy by Design, 내부 데이터 윤리위원회, 기술 도입 전 영향 평가Ethical Impact Assessment 등의 실천 전략이 자리 잡아야 한다. 기술은 이제 더 이상 IT 부서의 전유물이 아니다. Compliance, ESG, 인사, 전략, 커뮤니케이션 전 부서가 함께 다뤄야 할 핵심 이슈다. 기술은 빠르지만, 윤리는 천천히 움직인다. 기업의 책임은 그 사이의 간극을 줄이는 데 있다. 이제 우리는 기술이 주는 편리함만을 바라보는 시대를 지나, 그 기술이 사회에 미치는 영향까지 함께 고민해야 하는 시대에 살고 있다. 이런 질문을 던지고 답을 찾으려는 기업만이 신뢰를 얻고, 오래 살아남을 수 있다.

02. 개인정보 보호와 기업의 책임

개인정보 데이터는 곧 개인의 삶이고, 정체성이다. 기업이 다루는 개인정보는 숫자의 집합이 아니라 누군가의 하루이고, 경험이며, 흔적이다. 이 점을 간과한 채 데이터를 자산처럼 취급하는 기업은 결국 가장 중요한 신뢰를 잃게 된다. 지금 시대에 개인정보 보호는 선택이나 부가 요소가 아니다. 이는 고객과의 관계를 지속할 수 있는 '기본 약속'이자 기업이 사회와 맺는 '책임의 최소 기준'이다. 문제는 이 책임이 단지 법률로 끝나지 않는다는 점이다. GDPR, 국내 개인정보 보호법, 다양한 산업 규제들은 최소한의 기준일 뿐이고, 실질적인 책임은 기업 스스로가 어디까지 고민하고 설계하느냐에 달려 있다. 기업의 진짜 경쟁력은 데이터를 얼마나 많이 수집했느냐가 아니라, 그 데이터를 얼마나 투명하고 정직하게 다뤘는지에서 판가름 난다. 고객은 '정보를 제공했기 때문'이 아니라 '정보를 믿고 맡길 수 있기 때문'에 기업을 선택한다. 그리고 이 신뢰는 기술이 아니라 태도에서 비롯된다. 데이터 보호는 시스템이 아니라 철학이며, IT 보안만의 문제가 아니라 기업 전체의 문화로 뿌리내려야 한다.

이제 기업은 묻지 말고 수집하는 시대에서, 설명하고 동의받는 시대로 전환해야 한다. 보호하지 않는 데이터는 결국 기업 스스로의 리스크가 된다. 데이터를 관리하는 방식은 곧 기업의 윤리를 보여주는 거울이다.

03. 기술 윤리와 거버넌스의 통합

기술은 이제 그 자체로 기업 전략이 되었다. 인공지능, 빅데이터, 사물인터넷, 클라우드, 디지털 플랫폼. 이 모든 기술은 기업의 효율성과 수익성을 비약적으로 끌어올렸지만, 동시에 기업에 새로운 책임을 요구하고 있다. 바로 '윤리'다. 기술의 발전은 윤리적 책임과 통제 시스템을 병행하지 않는다면, 결국 신뢰 상실이라는 더 큰 리스크로 돌아온다. 특히, 오늘날 기술 활용이 사회적 가치와 기업 평판에 직접적인 영향을 미친다는 점에서, 기술 거버넌스는 윤리경영의 중심축으로 자리잡고 있다.

기술의 윤리적 고민은 '기술을 사용할 것인가 말 것인가'의 문제가 아니라, '어떻게 사용할 것인가'의 문제다. 아무리 고도화된 시스템도, 그것이 편향된 데이터를 학습하고 차별적 결과를 유도한다면 그것은 기술적 진보가 아니라 윤리적 퇴보다. 예컨대, 인사 평가에 사용되는 AI 시스템이 특정 성별이나 나이대에 불리하게 설계되어 있다면 이는 명백한 책임 문제다. 기업은 기술의 성능을 자랑하기에 앞서, 그것이 조직 문화와 사회 정의에 어떤 영향을 미치는지를 먼저 고민해야 한다.

윤리적 기술은 사용법 이전에 '설계 단계'에서부터 출발해야 한다. 이는 곧 기업의 기술 개발 프로세스 전반에 윤리적 거버넌스를 내재화해야 한다는 의미다. 거버넌스 없는 기술은 통제되지 않는 권력이 된다. 기술의 영향력이 커질수록, 기술을 통제할 수 있는 구조가 반드시 필요하다. 보안 시스템이나 운영 지침으로는 충분하지 않다. 기술이 기업의 경영에 스며든 만큼 기술을 관리 · 감독하는 시스템 또한 전사적 체계로 구축돼야 한다. 여기서 '기술 거버넌스'는 단순한 IT 운영의 개념이 아니다. 윤리적 기준에 따라 기술의 도입, 사용, 관리, 평가 전 과정을 총괄하는 시스템이다. 그 핵심은 다음과 같다.

- 기술 영향 평가Ethical Impact Assessment: 새로운 기술을 도입하기 전에 윤리적, 사회적 영향을 미리 분석하고 위험을 예측해야 한다.
- 기술 윤리위원회 구성: 기술과 관련된 주요 의사결정에 다학제적 관점에서 자문할 수 있도록 독립된 위원회를 운영한다.
- 데이터 거버넌스 체계 확립: 수집된 데이터가 어디서 왔고, 누구의 것이며, 어떻게 사용되는지를 명확히 관리하는 시스템이다.
- 내부 감시와 외부 투명성: 내부 모니터링 시스템은 물론, 외부 이해관계자에게 기술 사용의 투명성을 제공할 수 있어야 한다.

이러한 기술 거버넌스는 결국 '기업이 기술을 어떻게 사용하는가'에 대한 사회적 신뢰를 형성하는 기반이 된다.

04. Compliance와 기술 거버넌스의 접점

기술 윤리를 실현 가능한 시스템으로 정착시키기 위해서는 Compliance 체계와의 정합성이 필요하다. 실제로 ISO 37301Compliance Management System은 기술 거버넌스를 제도화하는 데 매우 효과적인 기반이 된다. 만약 기업이 개인정보 보호를 강화하기 위해 ISO 27001, ISO 27701 시스템을 도입했다면, 이 구조에 ISO 37301을 결합함으로써 기술과 법률, 윤리의 삼각 구조를 완성할 수 있다. 또한 기술 관련 내부지침, 직원 교육, 윤리적 의사결정 프로토콜 등도 Compliance의 툴킷 안에 통합될 수 있다. 이러한 통합은 단순한 제도 도입의 문제가 아니라 기업의 문화와 사고방식 전반을 전환시키는 역할을 한다. 기술이 곧 위험이 아닌 기회가 되기 위해서는 기술과 윤리, 그리고 규제 대응이 함께 움직여야 한다.

기술 거버넌스는 ESG 중 'G^{Governance}'에 대한 새로운 해석을 가능하게 한다. 전통적 지배구조가 이사회 구성, 감사 시스템 중심이었다면, 이제는 기술 관리 역량도 중요한 거버넌스 지표가 된다. AI 의사결정의 투명성, 데이터 접근의 공정성, 기술 감시 시스템의 독립성 등은 글로벌 ESG 평가기관이 주목하는 새로운 항목들이다. 기술 거버넌스는 '책임 있는 경영'의 지표가 되는 셈이다.

혁신은 통제를 두려워하지 않는다. 오히려 통제 없는 기술은 조직 내에서 오용되기 쉽고, 사회적 파장을 야기할 수 있다. 결국 진짜 혁신은, 윤리적 기준과 투명한 관리 아래에서만 지속 가능한 가치를 만들어 낼 수 있다. 기술 윤리와 거버넌스를 통합한다는 것은 기업이 기술을 통해 성장하되, 사회와 함께 성장하겠다는 선언이다. 그것은 시스템의 문제가 아니라 경영자의 철학이며, 조직 전체가 공유해야 할 방향성이다. 이제 기업은 기술을 '어떻게 빠르게 도입할 것인가'보다 '어떻게 책임 있게 사용할 것인가'를 먼저 고민해야 할 시점이다.

기술은 윤리 없이 절대로 성장할 수 없다. 결국 기업이 기술을 도입하고 운영하는 방식은 효율성이나 혁신 수준에서 그치면 안 된다. 즉, 기업의 정체성과 철학을 반영한다. 기술이 조직의 전략적 자산이라면, 기술 윤리는 조직의 문화적 기반이 되어야 한다. 이를 소홀히 하면 일시적인 성과는 있을지 몰라도 사회적 신뢰는 쉽게 무너진다. 기술의 본질은 중립이지만, 그것을 다루는 기업의 태도는 중립일 수 없다. 기술의 윤리적 책임과 개인정보 보호는 더 이상 외부 요구가 아닌, 기업 스스로 품어야 할 시대적 약속이자 전략적 책무다. 이제 기술을 '어떻게 잘 쓰느냐'보다 '어떻게 윤리적으로 쓰느냐'가 기업의 미래를 좌우한다.

인공지능(AI), 윤리와 Compliance

4차 산업혁명 시대를 맞아 인공지능^AI^은 현대 경영환경에서 핵심 전략 기술로 이어지고 있다. AI는 인간이 내릴 수 없는 복잡한 의사결정을 돕고, 막대한 양의 데이터를 실시간으로 분석해 가치를 창출하는 데 기여하고 있다. 의료 진단, 금융 투자, 사법 판단, 고객 서비스와 같은 다양한 분야에서 AI는 기업의 생산성을 높이는 혁신적 도구가 되었다. 그러나 AI의 도입과 활용이 활발해질수록 그로 인한 윤리적, 법적 문제들도 새로운 도전과제로 떠오르고 있다. AI가 만드는 결과는 기업에 경제적 이익을 안겨줄 수 있지만, 동시에 책임의 불명확성, 데이터 편향, 프라이버시 침해 등 여러 부작용도 야기할 수 있다.

AI 기술의 발전과 함께 더욱 복잡해진 경영환경 속에서 기업들이 준수해야 할 윤리적 책임과 법적 기준도 크게 변화하고 있다. 예를 들어 AI가 사람을 대체하는 의사결정의 주체가 된다면 그 결정이 공정한지, 이해관계자들에게 투명하게 공개되는지, 법적 책임이 명확히 정의되는지가 중요한 요소가 될 수 있다.

01. AI 기술의 발전으로 인한 규제의 필요성

Compliance는 AI가 법적, 규제적 요구사항을 충족하도록 기업이 내부 시스템을 강화하는 데 중요한 역할을 한다. Compliance는 기업이 법적 책임을 준수하고 비윤리적 행동을 예방하기 위한 일련의 제도적 장치로, 특히 AI 사용으로 인해 새롭게 발생하는 법적·윤리적 리스크를 관리하기 위한 중요한 요구사항이 되었다. AI가 인간을 대신하여 중요 결정을 내리는 데 활용되면서, 이에 따른 법적 규제와 윤리적 기준이 새롭게 제정되고 있으며, 각국 정부와 국제기구들은 AI 규제의 필요성을 강조하며 관련 지침을 마련하고 있다. 미국의 알고리즘 책임법안Algorithmic Accountability Act, 유럽연합의 GDPR, 그리고 일본과 한국의 AI 윤리 가이드라인 등 다양한 국가에서 AI가 사회적으로 수용 가능한 방식으로 운영되도록 법적 규제를 마련하고 있다.

주요 국가의 AI 윤리 규제 및 법적 책임			
국가	주요 규제	주요 내용	적용 분야
EU	GDPR	데이터 투명성, 설명 가능성 요구	의료, 금융, 교육 등
미국	AI 윤리 규제 법안	투명성 및 공정성 보장	법률, 재판, 공공정책
일본	AI 사회적 책임 프로그램	AI 윤리기준 강화	공공안전, 금융

AI의 윤리적, 법적 책임의 필요성은 더욱더 강조될 것이다. CHAT GPT와 같이 AI의 사용이 보편화되면서 기업은 AI의 결과물에 대한 윤리적 책임을 더욱 강조하게 되었다. 특히, AI가 의사결정을 할 때 발생하는 편향과 불공정성 문제는 AI 사용이 사회에 미치는 부정적 영향을 부각하고 있다. 예를 들어 AI가 과거 데이터를 바탕으로 학습하는 과정에서 특정 인종, 성별, 연령 등 사회적 요소에 따라 편향된 결정을 내리는 경우가 발생할 수 있다. 이로 인해 고용, 신용 평가, 의료 서비스 등에서 사회적 불평등이 심화할 위험이 있으며, 이러한 문제는 AI 기술이 적용되는 모든 영역에서 고려되어야 한다. 기업은 이러한 윤리적 문제를 인지하고, 이를 해결하기 위한 예방적 조치를 마련해야 하며, AI가 투명하고 공정하게 작동할 수 있도록 Compliance를 강화해야 한다.

데이터 프라이버시 문제 역시 AI 윤리와 법적 책임에서 중요한 요소다. AI는 대규모 데이터를 기반으로 동작하기 때문에, 개인의 민감한 정보가 노출될 가능성이 존재한다. GDPR과 같은 데이터 보호법은 AI가 개인의 정보를 안전하게 다루도록 규정하고 있으며, 이를 위반할 경우 막대한 벌금과 법적 책임이 뒤따를 수 있다. 따라서 기업은 AI가 데이터를 수집하고 처리하는 과정에서 개인정보 보호 원칙을 준수할 수 있도록 내부 시스템을 강화해야 한다.

또한 이 책에서 강조하고자 하는 AI와 Compliance의 통합적 접근이 필요하다. 현대 기업들은 AI의 기술적 가능성에만 집중하는 것이 아니라 그 기술이 어떻게 법적, 윤리적 규제를 준수하며 운영되는지도 고려해야 한다. 이를 위해 AI 윤리와 법적 규제의 중요성을 인식하고, AI 기술을 책임감 있게 사용하기 위한 Compliance 시스템을 구축해야 한다. AI와 Compliance의 통합적 접근은 특히 다양한 이해관계자들로부터 신뢰를 얻는 데 중요하다. 고객, 투자자, 직원 등은 기업이 AI를 공정하고 투명하게 사용하며 법적 책임을 다할 것을 기대하고 있으며, 이는 기업의 장기적인 생존과 직결되는 문제다.

이와 같은 맥락에서 AI를 운영하는 기업이 책임감 있는 사용을 보장하기 위해 AI 윤리위원회를 설립하거나 데이터 투명성을 높이기 위한 데이터 감사 제도를 도입하는 사례가 증가하고 있다. 이는 AI의 오용을 방지하고, 법적 리스크를 줄이며, 사회적 신뢰를 구축하는 데 중요한 역할을 한다.

AI는 현대 경영환경에서 혁신을 이끄는 핵심 기술이지만, 그로 인한 법적·윤리적 책임도 함께 부과된다. 특히 Compliance 관점에서 AI 기술의 윤리적 책임을 고민하는 일은, 기업이 기술을 신뢰 기반으로 활용하고 조직의 방향성을 잃지 않기 위한 중요한 출발점이다. 이에 따라 기업은 AI가 법적, 윤리적 기준을 충족하도록 내부 시스템을 강화하고, AI의 투명하고 공정한 사용을 보장하기 위한 규제 준수 체계를 구축해야 한다. AI가 사회적 신뢰를 구축하고, 장기적인 가치를 창출할 수 있도록 하기 위해서는 윤리적 Compliance와 법적 규제를 결합한 통합적인 접근이 필요하다.

02. ISO/IEC 42001:2023과 ISO 37301의 연계성

이 파트에서는 AI 기술의 윤리적, 법적 책임에 대한 고찰을 통해 기업이 윤리적 Compliance 체계를 구축하고, AI를 책임감 있게 활용하는 방법을 제시하고자 하였다. AI와 Compliance의 통합적 접근이 현대 기업의 필수 요소로 자리 잡을 수 있도록 기업들이 AI의 윤리적 책임을 다하는 방향을 구체적으로 제시하길 바란다.

이를 위해 글로벌 스탠더드인 ISO/IEC 42001:2023 – AI management systems와 ISO 37301^{Compliance Management Systems}과의 연계성에 대하여 간단히 소개하고자 한다.

최근 국제표준화기구^{ISO}는 윤리적 경영과 Compliance를 강화하기 위한 새로운 표준을 제정하고 있는데, 이 중 ISO 42001은 AI와 같은 첨단 기술을 다루는 데 윤리적, 법적 책임을 지는 시스템을 구축하도록 돕는 최신 표준이다. ISO 42001은 AI 기술이 기업과 사회에 미치는 영향을 고려하여 윤리적 Compliance 기준을 제시하며, 기업이 윤리적 책임을 다하고 AI 활용 시 신뢰를 구축할 수 있도록 돕는다. 또한, ISO 42001은 기존의 ISO 37301과 연계되어 설계되었다. ISO 37301이 법적 준수와 윤리적 경영을 위한 기본적인 Compliance 시스템을 규정하고 있다면, ISO 42001은 이를 AI 및 첨단 기술 분야에 구체적으로 적용할 수 있도록 확장한 것이다. 두 표준을 통합적으로 적용하면, 기업이 법적·윤리적 기준을 충족하는 것은 물론, 신뢰를 바탕으로 한 AI 활용을 실현하는 데에도 도움이 될 수 있다.

ISO 42001의 주요 목표

ISO 42001은 AI와 같은 고도화된 기술의 윤리적 사용을 보장하는 Compliance 표준으로, AI가 데이터 활용, 의사결정, 자동화 과정에서 윤리적 기준을 준수하도록 요구한다. ISO 42001의 주요 목표는 다음과 같다.

① 투명성과 설명 가능성: AI가 내리는 결정이 이해 가능하고 설명될 수 있도록 요구한다. 이는 AI의 결정이 편향되지 않고 공정하게 작동할 수 있도록 투명성을 보장하는 데 중점을 둔다.

② 책임성: AI 시스템의 결과에 대해 기업이 법적, 윤리적 책임을 지도록 요구한다. AI의 오류나 편향으로 인해 발생하는 문제를 사전에 예방하고, 문제가 발생할 경우 책임 주체가 명확히 규정되도록 한다.

③ 데이터 프라이버시 보호: AI 시스템이 데이터를 수집하고 분석하는 과정에서

프라이버시가 보호되도록 규정한다. 이는 개인 정보 보호 규정과의 일관성을 보장하며, AI가 데이터를 악용하지 않도록 한다.

ISO 42001의 이러한 기준은 AI 시스템이 사회적 신뢰를 얻고 법적 책임을 다할 수 있도록 지원하며, AI의 윤리적 사용을 보장하는 데 중요한 역할을 할 수 있다.

ISO 37301과의 연계성

ISO 37301은 기업이 법적 준수와 윤리적 책임을 다하기 위한 Compliance 시스템을 구축하도록 하는 표준이다. 이 표준은 윤리적 리스크를 예방하고, 기업이 준법경영을 통해 사회적 신뢰를 얻는 데 중점을 두고 있다. ISO 37301과 ISO 42001은 상호 보완적인 역할을 하며, 두 표준의 통합적 적용은 특히 AI와 같은 고위험 기술을 사용하는 기업이 법적, 윤리적 Compliance 체계를 강화하는 데 중요한 도움을 준다.

ISO 37301이 기업의 전반적인 법적 준수 체계를 구축하는 데 중점을 둔다면, ISO 42001은 이 체계를 AI와 첨단 기술 분야에 맞춰 구체화한다. 예를 들어 ISO 37301의 규정은 윤리적 의사결정과 리스크 평가를 포함하는 반면, ISO 42001은 이를 AI 의사결정 과정에 적용하여 투명성, 공정성, 데이터 프라이버시 보호를 강화하는 데 필요한 구체적인 지침을 제시할 수 있다.

ISO 42001과 ISO 37301의 통합적 접근방법은 AI 기술의 복잡성과 불확실성을 관리하고, 윤리적 Compliance를 실현하는 데 중요한 역할을 할 것이라고 기대한다. AI는 독자적으로 판단을 내릴 수 있는 시스템이기 때문에, 인간의 개입 없이 운영될 경우 윤리적 문제와 법적 리스크를 초래할 가능성이 높다. 두 표준의 통합을 통해 AI 시스템이 준수해야 할 법적, 윤리적 기준을 명확히 정의하고, 이러한 기준을 지키기 위한 구체적 절차를 마련할 수 있다.

현재 2023년 개발된 ISO 42001은 금융, 의료, 제조업계에서 그 필요성이 높아질 것이다. 특히 금융업계에서 AI를 통해 신용점수나 대출심사를 할 때 AI가 활용될 가능성이 높아질 것으로 예상된다. 과정이 공정하고 투명한지 그리고 데이터 프라이버시와 책임성을 강조할 것이다. 이러한 ISO 42001은 ISO 37301이 법적 규제와

Compliance를 준수하고 있는지를 보완할 것이다. 이는 법적 리스크를 최소화하고 윤리적 AI를 구현할 것이다.

ISO 42001과 ISO 37301의 도입은 AI와 같은 고위험 기술이 법적·윤리적 기준을 준수하며 운영될 수 있도록 하는 장치이다. 특히 AI 시스템이 공정하고 투명하게 운영되며, 데이터를 안전하게 보호하도록 요구하는 ISO 42001은 기업이 AI와 Compliance를 통합하여 운영할 수 있는 기반을 제공한다. ISO 37301과의 연계는 기업의 전반적인 준법경영과 윤리적 리스크 관리를 강화하며, 기업이 사회적 신뢰를 구축하고 장기적으로 지속가능한 경영을 실현하는 데 중요한 역할을 한다.

따라서 AI를 활용하는 기업은 ISO 42001과 ISO 37301을 기반으로 윤리적 Compliance 시스템을 구축해야 하며, 이러한 시스템은 AI가 법적·윤리적 기준을 철저히 준수하는 데 기여할 것이다.

AI 기술이 조직 전반에 적용되는 흐름 속에서 윤리성과 책임 있는 활용을 보장할 수 있는 시스템 구축이 무엇보다 중요하다. ISO 표준을 기반으로 한 Compliance 전략은 이러한 시대적 흐름에 대응하기 위한 실질적인 대안이 될 수 있다.

IT로 완성하는 Compliance 경영: 실적관리와 리스크 대응

기업이 운영되는 모든 과정에서 Compliance는 모든 업무와 연결된다. 모든 경영 리스크를 최소화하며, 신뢰받는 IT 기업 브랜드가 되기 위해서는 체계적인 Compliance 경영이 반영된다. 하지만 전통적인 방식의 워드, 한글, 엑셀 등을 통한 Compliance 운영은 한계를 보인다. Compliance 담당자는 이직, 퇴직, 부서이동 등으로 업무의 연속성이 떨어진다. 더불어 규제 환경은 계속해서 빠르게 변화하고 있으며, 이를 실시간으로 반영하는 것이 어려운 상황이다. Compliance 실적을 수동적으로 관리하는 것은 기업이 비즈니스 환경에서 도태되는 주요 원인이 될 수 있다.

이제는 IT를 활용하여 Compliance를 효과적으로 관리해야 하는 시대다. 실적을 데이터로 측정하고, 리스크를 사전에 감지하며, 내부 시스템을 자동화하여 기업이 빠르게 대응할 수 있도록 지원하는 것이 IT 기반 Compliance 경영의 핵심이다. 기업이 글로벌 스탠더드에 맞춰 신뢰를 구축하고 지속가능한 경영을 실현할 수 있도록 IT 시스템을 통한 실적관리와 리스크 대응 전략을 수립해야 한다.

01. IT를 활용한 Compliance 실적관리의 필요성

기업이 IT를 활용한 Compliance 실적관리를 도입해야 하는 이유는 명확하다. 첫째, 규제 환경의 변화 속도가 점점 빨라지고 있다. 특히 국제표준과 글로벌 법규가 국내 법규에도 영향을 미치는 경우가 많아 실시간으로 규제 흐름을 파악하는 것이 필수가 되고 있다. 둘째, 기존의 수작업 기반 Compliance 경영 방식은 비효율적일 뿐만 아니라 정확성이 떨어진다. 셋째, 데이터 기반의 관리 시스템을 도입하면 보다 정교한 리스크 분석이 가능해지며, 기업 내부적으로도 의사결정 과정이 더 명확해진다.

Compliance를 효율적으로 운영하기 위해 기업은 IT 시스템을 활용하여 실적을 관리하고 리스크를 사전 예방하는 프로세스를 구축해야 한다. IT 기반의 Compliance 경영이란 기업이 보유한 다양한 데이터를 분석하고, 내부감사 및 실적 평가를 자동화하며, 직원들의 규제 준수 의식을 높이는 것을 포함하는 보다 총체적인 개념이다.

현재 글로벌기업들은 이러한 IT 기반 Compliance 경영을 도입하여 경쟁력을 높이고 있다. 예를 들어 대형 다국적 기업들은 내부적으로 Compliance 대시보드^{Compliance Dashboard}를 구축하여 실시간으로 각 사업장(지역) Compliance 리스크를 모니터링하고, 데이터 기반 의사결정을 지원하는 체계를 운영하고 있다. Compliance 대시보드는 기업이 보유한 데이터를 한곳에서 관리하고 시각적으로 제공하여 현재의 규제 준수 현황을 직관적으로 파악할 수 있도록 돕는다. 특히, 인공지능^{AI}과 머신러닝^{ML} 기술이 결합된 시스템을 도입하면 이상 징후를 사전에 감지하고 리스크를 자동으로 평가하는 기능도 추가할 수 있다.

02. IT 기반 Compliance 실적관리의 효과적 운영

기업이 IT 기반의 Compliance 실적관리를 효과적으로 운영하기 위해서는 몇 가지 핵심 요소가 필요하다. 첫째, 통합 Compliance 경영시스템^{Integrated Compliance Management System}(ICMS)의 도입이다. 기업 내부에서 발생하는 다양한 Compliance 관련 데이터를 한곳에서 관리하고 실시간으로 분석할 수 있도록 하는 플랫폼을 구축해야 한다. 이 시스템은 규제 변경 사항을 자동으로 업데이트하고, 실적을 측정하며, 직원들의 규제 준수 상태를 모니터링할 수 있어야 한다.

둘째, 자동화된 실적평가 및 리스크 분석 기능이 필요하다. 기존의 실적관리는 대부분 주기적으로 이루어지는 반면, IT 시스템을 활용하면 실시간으로 규제 준수 상태를 평가할 수 있다. 이를 위해 기업은 AI 기반 데이터 분석 기술을 활용하여 리스크가 발생할 가능성이 높은 영역을 사전에 탐지하고, 이에 대한 대응책을 자동으로 제안하는 시스템을 구축할 필요가 있다.

셋째, 규제 준수 교육 및 내부 커뮤니케이션 강화가 필수적이다. IT 시스템을 통해 직원들에게 지속적인 Compliance 교육을 제공하고, 이를 실무에서 효과적으로 적용할 수 있도록 하는 것이 중요하다. 이를 위해 기업은 클라우드 기반의 e러닝 플랫폼을 활용하여 직원들에게 맞춤형 교육을 제공할 수 있다. 예를 들어, 특정 법규가 개정되었을 때 해당 내용이 즉시 반영된 교육 콘텐츠를 제공하고, 이를 모든 직원들이 일정 기간 내에 수강하도록 설정하는 방식이다.

넷째, 기업 맞춤형 Compliance 대시보드 구축이다. 기업의 업종과 특성에 따라 필요한 규제 및 법규 사항이 다르기 때문에, 이를 반영한 맞춤형 IT 솔루션이 필요하다. 대기업뿐만 아니라 중견기업 및 스타트업도 IT를 기반으로 한 실적 관리 시스템을 도입할 수 있도록 맞춤형 컨설팅을 제공하는 것이 중요하다.

다섯째, ESG와 연계한 IT Compliance 경영이다. IT를 활용하면 ESG 관련 법규 준수 여부도 실시간으로 점검할 수 있으며, ESG 성과를 기업 내부 보고서에 자동으로 반영할 수도 있다.

IT를 활용한 Compliance 데이터 기반의 실적관리는 기존의 수동적인 방식에서 벗어나 효율적이고 정교한 접근을 가능하게 하며, 리스크를 최소화하는 데 도움을 준다. 또한, IT를 적극적으로 활용하면 글로벌 규제 변화에도 빠르게 대응할 수 있으며, 기업 내부에서 발생할 수 있는 비윤리적 행위를 사전에 예방하는 효과도 얻을 수 있다.

이 책을 통해 기업들은 IT 기반의 Compliance 경영을 보다 효과적으로 도입할 수 있는 방법을 찾을 수 있을 것이다. IT Compliance 실적관리를 도입하고자 하는 기업들은 전문가의 컨설팅을 통해 맞춤형 솔루션을 구축하는 것이 중요하며, 이를 통해 궁극적으로 기업의 지속가능성과 경쟁력을 확보할 수 있다.

이제 기업이 Compliance를 IT로 완성해야 할 때다. 규제 준수는 기업에서 모든 업무와 연결된 필수이며, 기업의 성장을 위한 전략적 도구로 활용할 수 있는 시대가 되었다. IT 기반의 실적관리와 리스크 대응을 통해 기업이 한 단계 더 도약할 수 있도록 이제 변화를 시작해야 한다. IT Compliance를 도입하고 실적관리를 강화하는 것은 비용이 아니라 미래를 위한 투자이다.

CP 플랫폼 시대의 도래(CP-ON)

최근 몇 년간 ESG 평가 항목에 '공정거래 CP 운영 수준'이 일부 포함되면서, 많은 기업들은 더 이상 CP를 방치할 수 없는 상황에 놓이게 되었다. 그럼에도 불구하고, 여전히 많은 기업들이 공정거래 CP를 한글, 워드, 엑셀 등의 종이 출력물로 CP를 운영하고 있다. 매년 작성하는 실적보고서 또한 수동으로 수집되는 교육 참여 이력, 부서별 활동내역을 엑셀로 정리하다 보면 CP는 형식은 있으되 실체는 없는 제도로 전락한다. 여기서 한국준법진흥원이 개발한 CP-ON은 바로 이 질문에서 출발했다. CP-ON은 1개의 특허를 출원하였고 현재 2개의 특허를 진행 중이다. 이제 실무자들은 형식적 CP 운영이 아니라, 실질적 준법경영을 가능하게 만드는 디지털 전환 플랫폼으로 전환되어야 한다. 자동화된 솔루션으로써 CP의 본질적 효과성을 끌어올리고, 경영전략과 Compliance를 연결하는 '경영시스템'이다. 지금까지의 CP가 수동적 대응 시스템이었다면, CP-ON은 선제적 리스크 대응체계이자 경영전략 실행 도구로 자리매김할 수 있다.

기업의 CP 운영이 의무화되었지만, 정부(공정거래위원회)뿐만 아니라 기업(기관, 정부 등)들이 이를 효과적으로 운영 및 실적을 관리할 체계적인 IT 시스템이 부재한 상태이다. 또한, CP의 8대 요소에 대한 복잡성(7개 평가항목, 22개 평가지표, 66개 세부 측정지표)으로 정부 정책뿐만 아니라 대기업도 혼란을 겪고 있다.

현재 CP 운영의 문제점		
구분	문제점	정부 CP 등급평가
① CP 운영 부담 증가	기업이 직접 CP 실적을 수작업으로 관리해야 함 - 법률 및 규제 변경에 실시간 대응 어려움	① 수작업 평가(정부) ② 일관성 부족 ③ 보고서 작성(300page) ④ 전문성 부족 ⑤ 리스크 증가
② 체계적인 실적 관리 부재	기업별 CP 실적 관리 시스템이 없음 - 공정위 인센티브를 받기 위해 CP 데이터 정리 어려움	
③ 정부의 CP 지원 부족	공정위의 CP 관리 플랫폼이 없음 - 특히, 중소기업의 경우 CP 운영 역량 부족	
④ 법률 리스크 증가	법령 준수 미비로 인한 규제 위반 가능성 증가 - 중소기업 기술탈취 등 이슈 발생	

현재 기업들은 CP 운영에 있어 다음과 같은 한계를 지닌다. 첫째, 비효율적인 CP 운영 방식이다. 대다수 기업이 여전히 엑셀, 수작업 보고 방식으로 CP 실적을 관리하고 있어 업무 부담이 크며, 정확성이 떨어지고 담당자의 이직 등으로 업무의 연속성이 떨어지는 것이 사실이다. 둘째, 법률 변경 사항에 대한 대응이 어려운 점이다. 기업들은 공정거래법 및 관련 법률 개정 사항을 실시간으로 반영하기 어렵고, 이에 따른 리스크 관리가 미흡하다. 셋째, 공정거래위원회 평가 대비 업무 부담을 느낀다. CP 등급평가를 위한 실적관리 및 보고서 작성이 복잡하고 1년간의 실적을 모으고 관리하기 때문에 시간이 많이 소요되는 것이 사실이다. 마지막으로 무엇보다 문화 학산으로 대기업의 협력사와 계열사들은 CP를 의무적으로 도입하여야 할 것이다. 이에 중소기업은 CP 운영 역량이 매우 부족한 상황이다. 대기업에 비해 중소기업들은 CP 담당 인력 및 전문성이 부족하여 효과적인 CP 운영이 어려움을 겪고 있다.

01. CP-ON, CP 등급평가 기준 부합에 최적화

이제 실무자들은 더 이상 '감'으로 CP 등급평가를 준비하지 않아도 된다. 공정거래위원회의 CP 등급평가는 형식보다 실적 기반으로 강화되고 있다. 윤리강령 게시보다 실제 교육 횟수, 법위반 리스크 분석 자료, 내부신고 운영 현황, CEO 의지 입증

자료까지도 평가 항목에 다양하게 포함된다. 이에 CP-ON은 공정위가 요구하는 7 대 항목, 22개 세부 지표를 그대로 반영하여, 기업 실무자가 그냥 운영만 하면 등급 평가까지 연동되는 시스템을 구현했다.

예를 들어, 교육을 하면 자동으로 기록되고, 내부심사 체크리스트가 전산화되어 리포팅된다. 실적은 자동 누적되고, 월별로 경영진 보고서가 생성된다. '준법경영이 실적으로 증명되는 구조', 이것이 CP-ON이 제공하는 가장 현실적인 가치다.

이처럼 기업의 공정거래 준수 및 CP 운영을 효과적으로 지원하는 클라우드 기반 SaaS 플랫폼 형식 솔루션으로써 다음과 같은 목표를 가진다.

CP-ON의 주요 목표	
목표 영역	구체적 목표
① CP 운영 자동화	기업들이 공정위 CP 평가 기준에 맞춰 실적을 자동으로 관리 지원
② AI 기반 법률 모니터링	실시간 법률 개정사항 반영 및 기업별 맞춤형 법률 리스크 경고 시스템
③ 기업별 맞춤형 CP 대시보드	기업 규모 및 업종에 따라 최적화된 CP 운영 가이드라인 제공
④ 보고서 자동화	공정거래위원회 보고서를 자동으로 생성하여 기업의 업무 부담 감소
⑤ 내부 규정 및 교육 시스템	기업 내부의 준법 규정 및 교육 콘텐츠를 체계적으로 관리

기업의 CP 운영을 디지털화·자동화하고, 공정거래위원회 평가 대비 역량을 강화할 수 있을 뿐만 아니라 중소 및 공공 CP 운영을 보다 쉽게 적용할 수 있는 구독형 SaaS 서비스로 확장이 가능하다. 또한, 향후 정부 CP 등급평가로 연계하여 일원화된 평가 체계(업무 피로도 낮춤)가 될 수 있도록 그 방향성을 찾고 있다. 결국은 궁극적 목표는 국내 공정거래 자율준수 문화 정착에 기여하는 것을 목표로 CP-ON은 실무자들에게 매우 큰 도움이 될 것이다.

02. Compliance 운영 핵심은 '측정 가능성'이다

　이처럼 CP-ON은 측정 가능한 지표를 만들고 CP 실적을 관리할 수 있다. 많은 기업이 CP를 운영하면서 잘하고 있다고 말하지만, 막상 어떻게 증명할 것인가? 라는 질문 앞에서는 멈칫하곤 한다. 공정거래 CP는 숫자 없는 시스템일 수 없다. 효과적인 준법경영은 데이터 기반의 운영·모니터링·리포팅 체계에서 시작된다. 따라서 CP-ON은 이를 가능하게 한다.

- 부서별 실적 KPI 정량화
- 내부신고 처리 프로세스 지표화
- 리스크 사전 예측도 시각화
- 교육 이수율, 내부심사 시행률 자동 추적
- 위반 리스크 대응 시간 평균 통계화

　CP 실적관리가 측정 가능하고, 리스크 관리와 연결되는 체계를 구축함으로써 기업은 CP를 경영성과와 연계된 '측정 가능한 시스템'으로 전환시킬 수 있다.

구분	CP-ON의 주요 차별점		
구분	**기존 CP**	**CP-ON**	**차별화 요소**
CP 실적 관리	엑셀 등 기반의 수작업	자동 입력 및 정부 보고서 생성 (SaaS 활용, AWS 등)	업무 시간 70% 절감 (비용 절감, 신속, 보안 강화 등)
법률 모니터링	개별 법무팀 수동 업데이트	국가법령정보센터 연계, AI 적용법 자동 반영	산업, 업종 등 실시간 법률 대응 가능
내부제보 시스템	각 사 홈페이지 내 이메일 또는 구두 신고	익명 신고 및 내부 조사 지원, 진도율 체크	기업 내부 부정 방지
ERP 연동 지원	연동 불가	기업 내부 시스템과 API 연계	기존 시스템과 완벽 호환하여 업무 통합, 일원화, 업무 향상
정부 평가 대응	별도 보고서 작성, 대응 자료 폴더별 개별 관리	공정위 CP 등급평가 기준 적용	공정위 CP 등급평가 대응 용이

※ 모바일 연동 지원 ⇨ 언제 어디서나 CP 운영 가능

위와 같이 CP-ON은 기존 CP와 반드시 차별점을 가진다. CP-ON은 준법경영을 조직 전반에 '행동의 구조'로 내재화하는 플랫폼이 될 수 있다. 전 직원에게 개인 맞춤형 교육 알림, 부서장에게 자동 할당되는 Compliance 점검 지시, 위법 리스크 발생 시 AI 경고 메일 발송, 법률 개정 시 정책 수정 요청 자동 발송 등이 그 기능이 구현된다.

그동안 CP는 법무실이나 윤리경영실에서 고립적으로 운영되어 왔다. 하지만 이제는 CP-ON을 통하여 모든 부서가 그 당사자로서 업무에 연결시킬 수 있게 되었다. CP-ON은 전사 시스템과 연동되어 각 부서의 책임과 실적을 명확히 구분한다. 인사부는 채용·노무 리스크를, 구매부는 계약·하도급 리스크를, 마케팅팀은 광고·표시 리스크를 각각 모니터링하고 보고한다. 이제 CP는 법무팀의 일이 아니라 조직 전체의 일이 된다. 이것이 CP-ON이 조직 구조를 바꾸는 방식이 될 것이다.

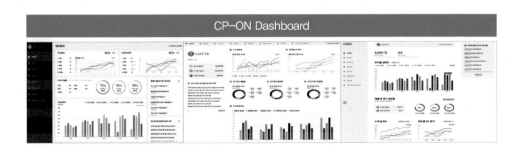

CP-ON은 준법경영을 실행 가능한 체계로 바꿔줄 수 있다. 조직구성원 모두가 일상에서 자연스럽게 Compliance를 실천하도록 돕는 시스템과 동시에 각 부서가 스스로 자신의 리스크를 인식하고 관리하는 구조가 된다. 또한 경영진이 감에 의존하지 않고 데이터로 판단할 수 있는 환경과 외부 이해관계자에게 신뢰를 줄 수 있는 증명 체계를 제공하게 된다. 기업 비즈니스 환경에 있어 지금 시대의 경쟁력은 가격, 품질, 마케팅만으로 결정되지 않습니다. 이제는 그 기업이 어떻게 일하는가, 얼마나 책임감 있게 사업을 운영하는가를 평가의 기준이 된다. 이처럼 CP-ON은 기업이 법과 윤리를 지키는 조직에서 신뢰받는 조직, 글로벌 파트너로 도약하는 전환점이 될 것이다. 이제는 Compliance를 부담으로 보지 말고, 경쟁력으로 바라봐야 한다.

Part

6

Compliance와
ESG 경영의 통합

ESG 경영의 이해와 실행 방안

01. ESG 경영의 개요 및 Compliance 의무와의 연계

ESG 경영과 Compliance 의무Obligation는 최근 기업이 직면한 경영 요소 중 하나가 되었다. ESG는 기존의 기업 사회적 책임CSR에서 한 걸음 더 나아가 기업의 지속가능한 성장과 장기적인 가치 창출을 위한 전략으로 인정받고 있다. ESG 원칙을 선언하는 것만으로는 충분하지 않다. ESG 경영이 경쟁사 대비 차별화되고 효과적으로 작동하기 위해서는 Compliance를 기반으로 한 체계적인 접근이 중요하며 이를 법적 의무와 윤리적 책임이 조화를 이루는 방식으로 설계해야 한다.

ESG 경영의 근본적 원칙과 목표

ESG 경영은 환경Environmental, 사회Social, 지배구조Governance의 세 가지 축을 중심으로 기업이 지속가능성을 확보하는 전략을 의미한다. 각 요소는 기업의 장기적인 성과뿐만 아니라 법적 리스크를 최소화하는 역할을 한다.

① 환경Environmental

기업의 환경적 영향을 최소화하고, 지속가능한 운영을 실천하는 것이 핵심이다. 탄소배출 저감, 에너지 효율성 증대, 친환경 원자재 사용, 폐기물 최소화 등이 주요 목표이다. 이러한 목표를 실현하기 위해 기업은 내부적으로 환경경영

시스템을 도입하고, 외부적으로 탄소배출권 거래제 등 국제적 규제 준수를 위한 노력을 기울여야 한다.

② 사회Social

노동자 권리 보호, 공급망 내 인권 준수, 지역사회와의 공존, 포용적 고용정책, 소비자 보호 등의 요소가 포함된다. 사회적 책임에 대한 요구는 이제 기업의 경영 환경 에서 자연스러운 전제가 되었다. 특히 글로벌 공급망이 넓어질수록 기업은 다양한 이해관계자와의 신뢰 기반을 어떻게 구축하고 유지하느냐가 중요한 과제가 되고 있다.

③ 지배구조Governance

기업이 윤리적인 의사결정을 내리고, 투명한 내부통제 시스템을 구축하며, 부패 방지 및 준법경영을 실천하는 것이 핵심이다. 특히 투자자들은 기업이 건전한 거버넌스 체계를 유지하고 있는지를 중요한 투자 판단기준으로 삼고 있다.

ESG 경영의 목표는 기업이 환경적, 사회적, 윤리적 책임을 적극적으로 실천함으로써 지속가능한 성장을 이루는 데 있다. 기업이 이러한 목표를 달성하기 위해서는 Compliance를 기업 전략의 핵심 요소로 통합해야 한다.

Compliance와 ESG 경영의 유기적 통합

Compliance와 ESG 경영의 통합은 기업경영에 시너지 효과를 낼 수 있다. ESG는 개념적으로 윤리적·사회적 가치 중심의 접근 방식이지만, 이를 실질적으로 운영하는 과정에서는 Compliance와 같은 각 ESG 관련 법률 이행이 큰 도움이 된다.

① 환경적 법규 준수와 지속가능한 비즈니스 모델의 조화

기업이 환경보호를 위한 규제를 준수하는 것은 필수지만, 더 나아가 기업이 스스로 환경보호에 대한 책임을 강화해야 한다. 예를 들어, 유럽연합EU은 지속가능성을 증명하지 못하는 기업에 대해 투자 유입을 제한하는 'EU 지속가능금융

공시규제^{SFDR}'를 시행하고 있으며, 탄소국경조정제도^{CBAM}를 통해 기업이 제품 생산 과정에서 탄소배출을 감축하지 않을 경우 수출입에 불이익을 주고 있다. 따라서 기업들은 적극적으로 친환경 경영을 실천함으로써 지속가능한 경쟁력을 확보해야 한다.

② 노동 및 인권 보호 의무와 ESG의 사회적 책임 연결

글로벌기업들은 노동 및 인권 보호와 관련된 법적 의무를 준수하는 것에 그치지 않고 윤리를 기반으로 한 사회적 책임을 강화하고 있다. 예를 들어, 미국에서는 '공급망 투명성 법^{Supply Chain Transparency Act}'을 통해 기업이 협력업체의 노동환경을 공개하도록 요구하고 있으며, EU에서는 '기업 지속가능성 실사 지침^{Corporate Sustainability Due Diligence Directive}(CSDDD)'을 통해 기업이 공급망 전반에서 인권을 보호하고 노동환경을 개선하도록 강제하고 있다. 이러한 글로벌 규제에 대응하기 위해 기업들은 Compliance 시스템을 강화하고, 지속가능경영보고서를 통해 노동환경 및 인권 보호 노력을 투명하게 공개하는 전략을 취해야 한다.

③ 윤리적 거버넌스와 ESG 거버넌스의 연계

기업의 거버넌스 요소는 ESG 경영에서 매우 중요한 역할을 한다. 최근 글로벌 기업들은 ESG 위원회를 이사회 내에 신설하여 윤리적 의사결정과 ESG 목표를 연결하는 구조를 마련하고 있다. 또한 ISO 37301 준법경영 시스템을 기반으로 내부통제 체계를 강화하고, Compliance를 법적 최소 기준이 아닌 기업문화의 핵심 요소로 정착되고 있다.

ESG와 주요 Compliance 의무의 실무적 적용

기업이 ESG 경영을 실천하면서 반드시 준수해야 하는 주요 Compliance 의무를 살펴보자. ESG의 환경^{Environment}, 사회^{Social}, 지배구조^{Governance} 각각에 해당하는 주요 Compliance 의무를 표로 정리하면, 기업이 실무적으로 어떤 규제를 따라야 하는지 한눈에 파악할 수 있다. 예를 들어, 환경 부문에서는 탄소배출 규제, 사회 부문에서는 노동 및 인권 보호 규제, 거버넌스 부문에서는 준법경영과 내부 감시체계를 강조

하는 내용을 포함할 수 있다.

ESG 요소와 주요 Compliance 의무 비교			
ESG 요소	주요 Compliance 규제	예시 법규 및 국제표준	기업 실무 적용 사례
환경 (Environmental)	탄소배출규제	EU CBAM(탄소국경조정제도), TCFD(기후변화 재무공시), RE100	탄소배출량 측정 및 감축 계획 수립, 친환경 원료 사용 확대
사회(Social)	노동 및 인권 보호	미국 공급망 투명성 법, CSDDD(기업 지속가능성 실사 지침)	협력업체 인권 실사 수행, 공정 노동 정책 도입
사회(Social)	준법경영 및 반부패 정책	ISO 37301(준법경영), ISO 37001(부패방지)	내부 감시 시스템 구축, 내부제보 보호제도 운영

먼저 환경Environmental 영역은 최근 기업들이 가장 빠르게 압박받고 있는 Compliance 분야다. 특히 EU CBAM과 같이 실질적인 수출입 규제 수단으로 등장한 탄소규제는, 이제 온실가스 감축과 배출 관리 시스템이 글로벌 경쟁력 확보의 필수 조건임을 보여준다. 기업은 더 이상 탄소배출을 감축하는 것만으로 충분하지 않다. 그 배출량을 측정하고, 정량화하며, 투명하게 보고할 수 있는 체계 자체가 요구되고 있다. 이는 TCFD(기후변화 관련 재무정보 공시체계)와 같은 국제기준이 강조되는 이유이기도 하다. 나아가 REACH(화학물질 등록·평가·허가 및 제한)와 같은 규제가 강조되면서 공급망 전반의 환경 적합성까지 관리하는 시스템 없이는 유럽 시장조차 진입하기 어려운 현실에 직면하고 있다. 환경경영을 실현한다는 것은 기업이 공급망 내에서 어떤 환경 데이터를 추적하고, 어떤 규제를 어떻게 이행하고 있으며, 관련 정보를 어떻게 공개하는지를 증명하는 과정이다. 그리고 이 모든 것이 Compliance 시스템 위에서만 실현할 수 있다.

사회Social 영역 역시 급속하게 제도화되고 있다. 특히 노동권 보호와 인권 존중에 대한 글로벌 요구는 과거의 CSR 차원보다 높은 수준이다. 예컨대 미국의 '강제노동 근절법'이나 EU의 공급망 실사 지침CSDDD은, 기업 내부뿐 아니라 협력사와 공급망 전체의 인권 이슈까지 통제할 수 있는 시스템을 요구하고 있다. 이제 기업은 '우리 회사는 문제없다'는 수준이 아니라, "우리 공급망에도 인권침해는 없다"는 것을 입증할 수 있어야 한다. 이러한 규제 변화는 기업 내부의 윤리경영 체계가 단단히 구축되어야 하는 이유이기도 하다. 대표적으로 ISO 37001은 기업이 부패 리스크를 예방하고 관리하기 위한 국제표준이며, 글로벌 입찰이나 투자 유치에서 그 자체가 기업의 윤리경영 역량을 보여주는 인증 수단으로 활용된다. 부패하지 않는 것이 중요한 것이 아니라, 부패가 발생하지 않도록 예방하고 통제할 수 있는 '시스템'이 존재하느냐가 핵심이다. 여기에 더해 다양성과 포용Diversity & Inclusion 정책은 이미 주요 ESG 평가 항목으로 지표 설정되고 있으며, 성별 다양성, 장애인 고용, 사회적 약자 배려 등의 지표는 Compliance 평가 항목으로 기능하고 있다. 기업이 사회적 책임을 실천하고자 한다면, 그 기반은 항상 '측정 가능한 시스템'이어야 한다. 그리고 이 시스템을 구성하는 것이 바로 Compliance다. 윤리경영, 인권경영, 공정노동, 반부패 정책은 모두 지향해야 할 가치가 아니라, 이행 여부를 평가받는 구조화된 경영시스템의 일부가 되었다.

마지막으로 지배구조Governance 영역은 전통적으로 Compliance와 가장 밀접한 분야이며, 동시에 ESG 경영에서 가장 실질적인 기반이 되는 요소다. 특히 ISO 37301은 조직의 내부통제를 규범화하는 국제표준으로, 조직 내 윤리문화와 준법책임 리더십 체계를 평가하는 기준이 되었다. 기업이 진정한 ESG 경영을 실현하고자 한다면, 반드시 이와 같은 준법경영 시스템을 선제적으로 내재화해야 한다. 또한 ESG 정보공개 및 지속가능경영보고서 발간은 이제 선택이 아닌 의무로 전환되고 있다. GRIGlobal Reporting Initiative, SASB(지속가능회계기준위원회) 등의 국제 보고 기준은 기업의 비재무 성과를 정량화하여 투자자와 이해관계자에게 투명하게 전달하는 도구다. 하지만 많은 기업들이 아직도 지속가능경영보고서를 형식적으로 접근하고 있는 것이 현실이다. 보고의 진정한 목적은 보여주기가 아니라 Compliance 이행 수준을 구조화하여 외부에 입증하는 것이 중요하다. 이와 함께 이사회 수준의 ESG 거버넌스도 핵심 이슈로 부상하고 있다. ESG 위원회를 구성하고, 경영진의 윤리적 리더십을 강화하는 것은 조직 전반의 책임성과 투명성을 강화하기 위한 핵심 통제 메커니즘이 된다.

결국 ESG는 실행력 없이 성립될 수 없으며, 그 실행의 전제가 바로 조직의 Compliance 체계다. 기업이 ESG를 경영전략으로 내세우고 싶다면, 먼저 내부의 시스템을 돌아봐야 한다. 시스템이 없다면 전략도 존재하지 않는다. ESG는 방향이고, Compliance는 추진력이다. ESG는 명분이고, Compliance는 증거다. 기업의 신뢰는 보고서로 시작되지만, 시스템으로 완성된다.

ESG 경영이 선언적으로 머물지 않고 실질적인 변화로 이어지기 위해 기업이 어떤 전략을 채택해야 하는지 한눈에 보여준다. 특히, 투자자나 규제기관이 기업의 ESG 활동을 평가할 때 실질적인 실행 여부를 중시하는 점을 감안하면, 기업이 ESG 전략을 실행 가능한 형태로 변환하는 것이 중요함을 강조하는 데 도움이 된다.

구분	선언적 접근	예시 법규 및 국제 표준
		ESG 경영의 선언적 접근 vs. 실무적 접근 비교
E	탄소 중립 목표 설정	온실가스 감축 계획 수립 및 검증 보고서 제출
S	포용적 고용 문화 조성	다양성 지표 도입 및 임직원 다양성 보고서 공개
G	윤리경영 원칙 준수	ISO 37301 준법경영 시스템 도입 및 내부 감시 체계 구축

기업이 ESG 경영을 효과적으로 실천하기 위해서는 선언적 접근이 아닌, 철저한 Compliance 기반의 실행 전략이 필요하다. 기업이 윤리적 경영을 강화하고 ESG 요소를 비즈니스 모델에 내재화할 때 장기적인 경쟁력을 확보할 수 있다. 또한, ESG와 Compliance가 유기적으로 연계될 때, 기업은 지속가능성을 새로운 비즈니스 기회를 창출할 수 있으며, 투자자 및 소비자들에게 긍정적인 신호를 보낼 수 있다.

앞으로 기업들은 글로벌 규제와 시장 변화에 대응하면서 ESG 경영과 Compliance를 보다 전략적으로 통합해야 한다. 이는 법적 리스크를 최소화하고 기업의 명성을 제고하는 것은 물론, 사회적 책임을 다하는 지속가능한 경영을 실현하는 핵심 전략이 될 것이다.

02. E, 환경적 책임: 지속가능한 경영전략

지구는 병들어 가는데, 주변에는 친환경이 넘쳐나고 있다. 이 제품도, 이 기업도, 이 서비스도 친환경이라고 홍보한다. 이처럼 기업의 환경적 책임은 오늘날 급변하는 기후변화에 따라 누구에게나 제일 중요한 요인이다. 환경보호와 지속가능한 성장이라는 두 가지 목표를 동시에 달성하기 위해 기업들은 장기적인 환경 전략을 수립하고 적극적으로 실천해야 한다. 글로벌기업들은 이제 탄소배출 감축, 지속가능한 자원 관리, 친환경 기술 도입을 통해 경쟁력을 확보하고 있다. 이러한 변화를 주도하는 기업들은 환경적 책임을 다하면서도 장기적인 이익을 창출하는 데 성공하고 있다.

환경보호를 위한 기업 전략

기업이 환경적 책임을 다하기 위해서는 구체적이고 실효성 있는 전략을 도입해야 한다. 현실성 있는 환경 목표를 설정하는 것이 그 출발점이며, 이를 위한 세부 계획과 실행 전략이 필요하다.

ESG 경영의 환경적 책임과 기업 전략 비교		
ESG 환경적 요소	핵심 전략	적용 사례
탄소배출 감축	탄소중립(Net-Zero) 목표 설정, 재생 가능 에너지 사용 확대	애플(Apple): 공급망 전반에서 탄소 중립 목표 선언, 전력 100% 재생 에너지 전환
지속가능한 자원 사용	자원 효율성 증대, 재활용 시스템 구축	유니레버(Unilever): 생분해성 포장재 개발 및 재활용 확대
환경 영향 평가	기업활동이 환경에 미치는 영향 분석 및 지속적 개선	콜게이트 팜올리브(Colgate-Palmolive): 지속가능성 인덱스를 활용한 공급망 평가
친환경 기술 혁신	친환경 제품 개발, 순환 경제 모델 도입	애플(Apple): 폐기된 제품에서 희귀 금속을 추출하여 재활용
지속가능한 공급망	친환경 제품 개발, 순환 경제 모델 도입	스타벅스(Starbucks): 윤리적 원두 조달 및 지속가능한 농업 지원

COMPLIANCE 공정거래 CP & ISO 37301 실무가이드

◇ **탄소중립**^{Net-Zero} **목표 설정 및 이행**

세계적으로 많은 기업들이 2050년까지 탄소중립을 목표로 설정하고 있으며, 일부 기업은 이를 더욱 앞당긴 2030년 또는 2040년으로 목표를 조정하고 있다. 이를 위해 재생 에너지 사용을 확대하고, 에너지 효율을 극대화하며, 탄소배출권 거래 등을 적극 활용하고 있다. 예를 들어, 애플^{Apple}은 공급망 전반에서 탄소중립을 달성하기 위해 협력사들에도 친환경 생산 방식을 요구하고 있다.

◇ **환경 영향 평가 및 대응 전략**

기업활동이 환경에 미치는 영향을 분석하고, 이를 정량적으로 평가하는 것이다. 기업들은 정기적인 환경 영향 평가^{Environmental Impact Assessment}(EIA)를 통해 온실가스 배출량, 수질 오염, 생물 다양성 보호 등 다양한 측면에서 자사의 환경적 영향을 분석하고 있다. 이러한 평가를 바탕으로 에너지 절감, 폐기물 저감, 지속가능한 원료 사용 등의 개선계획을 실행할 수 있다.

◇ **지속가능한 공급망 구축**

글로벌 공급망에서 환경적 지속가능성을 확보하는 것은 점점 더 중요한 요소가 되고 있다. 기업들은 ESG 요구사항을 반영한 협력업체 평가 기준을 도입하여 친환경적이고 윤리적인 공급망을 구축하고 있다. 치약으로 유명한 글로벌기업 콜게이트 팜올리브^{Colgate-Palmolive}는 공급업체의 환경적 성과를 평가하는 '지속가능성 인덱스^{Sustainability Index}'를 적용하고 있다.

200여 개 이상의 국가 및 지역에서 제품을 판매하는 다국적 소비재 제조업체로 실제로 전 세계 가정 62%는 콜게이트 팜올리브 제품이 있다. 이 회사의 공급망 전략의 중심에는 지속가능성, 특히 환경과 지역사회 복지가 있다. 모든 생산 시설에서 에너지 사용량을 줄이고 100% 재활용 가능한 튜브를 사용해 세상을 보다 지속 가능한 곳으로 만들려고 노력한다. 또한, 역동적인 글로벌 환경에서 민첩성을 구축하기 위해 모듈식 설계 외 신기술에 종단간 공급망 세분화를 적용하고 있다. 품질, 속도, 혁신 및 비용 효율성과 상품 및 서비스 관련 장기적인 관계 구축을 위해 다양한 공급업체와 파트너십을 개발한다. 또한 생산의 최대 85%까지 단일 플랫폼에서 모든 제품의 생산을 표준화하고 제조 공정의 마지막 15%에서만 맞춤화해 제조 효율성을 높이고 있다.

지속가능한 자원 사용과 환경 관련 리스크 관리

기업이 장기적인 환경적 지속가능성을 확보하기 위해서는 자원 사용의 효율성을 극대화하고, 환경 리스크를 사전에 평가하며, 지속가능한 투자 결정을 내려야 한다.

환경 리스크 평가 및 대응 전략		
주요 환경 리스크	기업이 직면하는 문제	대응 전략
기후변화	온실가스 배출 증가로 인한 규제 강화, 탄소세 도입	탄소중립 목표 설정, 친환경 생산 방식 도입
자원 고갈	원자재 비용 증가, 희귀 광물 공급 부족	재생가능한 원료 사용, 폐기물 재활용 확대
환경규제 강화	각국 정부의 환경보호 규제 강화로 인한 생산 비용 증가	ESG 기준 준수를 위한 내부 규정 강화 및 환경 법규 준수 시스템 구축
환경규제 강화	친환경 제품에 대한 소비자 선호 증가	친환경 제품 개발 및 지속가능한 패키징 도입
생물 다양성 감소	원자재 생산 과정에서 생태계 파괴 위험	생물 다양성 보호 정책 도입 및 지속가능한 농업/어업 활용

◇ 에너지 및 자원 효율성 강화

에너지 소비를 줄이고 재생 가능 에너지 사용을 확대하는 것은 기업이 환경적 책임을 다하는 핵심 요소 중 하나다. 기업들은 에너지 효율성이 높은 설비를 도입하고, 폐열 회수 시스템을 적용하여 운영 효율성을 높이고 있다. 또한, 물 사용 절감 및 재활용 시스템 도입을 통해 자원의 지속가능성을 높이고 있다.

◇ 환경 리스크 평가 및 관리

기후변화는 기업에 직접적인 영향을 미치며 이는 물류, 생산, 원자재 조달 등 다양한 분야에서 리스크를 초래한다. 기업들은 이러한 리스크를 사전에 평가하고, 이를 최소화할 수 있는 전략을 개발하고 있다. 예를 들어, 글로벌 자동차 기업들은 기후변화로 인한 탄소세 도입에 대비하여 전기차 생산을 확대하는 등 지속가능한 성장전략을 추진하고 있다.

◇ 지속가능한 투자 결정

기업이 투자 결정을 내릴 때 환경적 요소를 고려하는 것은 점점 더 중요해지고 있다. 금융시장에서도 ESG 요소를 반영한 투자 결정이 확산되면서 환경친화적인 기업이 투자자들로부터 더 높은 평가를 받고 있다. ESG 채권 발행, 친환경 인프라 투자, 지속가능한 제품 개발 등은 이러한 트렌드에 맞춰 기업들이 추진해야 할 중요한 과제다.

친환경 기술과 혁신의 적용

친환경 기술 혁신은 기업이 환경적 책임을 다하면서도 비즈니스 경쟁력을 유지하는 데 그 역할을 다할 수 있다. 기업들은 첨단 기술을 활용하여 환경 문제를 해결하고, 지속가능한 성장을 도모하고 있다.

◇ 재생 가능 에너지 도입

태양광, 풍력, 수소 에너지 등 재생 가능 에너지를 적극 도입하여 온실가스 배출을 줄이고 있다. 글로벌 IT 기업인 구글Google은 100% 재생 가능 에너지 사용을 선언하고, 데이터센터 운영에 필요한 전력을 태양광과 풍력 에너지로 충당하고 있다.

◇ 친환경 제품 개발

친환경 소비 트렌드가 확산되면서 기업들은 지속가능한 제품 개발에 집중하고 있다. 글로벌 반도체 가치사슬에서 강자로 떠오른 일렉트릭이 있다. 이 회사의 카탈라이즈Catalyze 프로그램은 새로운 파트너사인 구글, 네덜란드 반도체 기업인 ASM과 글로벌 제조 기업 HP가 후원하고 있다. 최근 반도체 업계는 현재 공급업체를 저탄소 에너지원으로 전환하고, 친환경 제품을 개발하고 있으며 탈탄소화 조치를 강조하고 있다. 이러한 친환경 제품 개발, 탈탄소화를 통하여 탄소배출량을 줄이는 데 노력하고 있으며 공급망 평가에 반영하고 있다.

◇ 순환 경제Circular Economy 모델 도입

자원 재사용을 극대화하는 순환 경제 모델은 기업의 지속가능한 성장을 위한 핵심 전략이 되었다. 패션 산업에서는 리사이클 소재를 활용한 제품을 출시하고 있으며, 전자업계에서는 제품 수거 및 재활용 프로그램을 운영하고 있다. 애플Apple은 폐기된 아이폰에서 희귀 금속을 추출하여 신제품에 활용하는 순환 경제 모델을 적극 도입하고 있다.

기업의 환경적 책임은 이제 불가분의 요소가 되었다. 기업이 탄소배출을 줄이고, 자원을 보다 지속가능한 방식으로 활용하며, 친환경 기술을 도입하는 것은 환경보호뿐만 아니라 글로벌시장에서의 경쟁력을 높이는 전략적 접근으로 이어지게 된다. 지속가능한 경영을 실현하는 기업들은 투자자와 소비자들에게 신뢰를 얻을 수 있으며, 장기적인 성장을 위한 기반을 다질 수 있다. 이러한 전략을 효과적으로 실행하기 위해 기업들은 ESG 경영과 Compliance를 통합적으로 고려하여 보다 체계적인 접근 방식을 마련해야 한다.

03. S, 사회적 책임: 윤리적 공급망 관리 및 인권 보호

기업이 사회적 책임을 실천하기 위해서는 몇 가지 핵심 원칙을 따라야 한다. 첫째, 노동권 보호 및 근로 환경 개선이다. 둘째, 윤리적 공급망 관리를 통해 기업의 협력업체와 파트너들이 동일한 윤리적 기준을 준수하도록 해야 한다. 셋째, 다양성과 포용성D&I, Diversity & Inclusion을 기업문화에 통합하여 조직구성원 모두가 존중받고 공정한 기회를 가질 수 있도록 해야 한다. 마지막으로, 기업은 지역사회와의 협력을 통해 지속가능한 사회적 가치를 창출해야 한다.

이를 보다 체계적으로 정리하면, 다음과 같이 정리할 수 있다.

사회적 책임 실행 전략		
사회적 책임 요소	실행 전략	기업 사례
노동권 보호	공정한 노동 정책 도입, 안전한 근로 환경 제공	애플(Apple) – 공급업체 노동환경 감사 및 개선
윤리적 공급망 관리	공급업체 행동강령 마련, 정기적 감사 실시	아이비엠(IBM) – 공급망 내 노동권 보호 강화
다양성과 포용성 촉진	포용적 기업 문화 조성, 차별 방지 정책 시행	구글(Google) – 인공지능(AI) 기반 포용성 교육 도입
지역사회 기여	지역사회 지원 프로그램 운영, 공공기관 및 NGO 협력	이케아(IKEA) – 지속가능한 지역사회 개발 프로젝트 지원

노동권 보호와 근로 환경 개선

기업이 사회적 책임을 다하기 위해서는 공정한 노동 관행을 준수해야 한다. 이는 기업이 보다 높은 윤리적 기준을 설정하고, 직원들에게 안전하고 존중받는 근무 환경을 제공하는 것을 의미한다. 특히 글로벌 공급망을 운영하는 기업이라면, 각국의 노동법이 다르기 때문에 보다 엄격한 글로벌 기준을 적용해야 한다. 기업이 노동권 보호를 실천하는 주요 방법으로는 다음과 같은 요소들이 있다.

① 공정한 임금 및 복지 제도

기업은 직원들이 적절한 임금을 받을 수 있도록 보장해야 하며, 건강보험 및 퇴직연금과 같은 복지 제도를 마련해야 한다.

② 안전한 근로 환경 제공

기업은 작업장에서의 사고를 방지하기 위해 안전 교육을 정기적으로 실시하고, 직원들에게 보호 장비를 제공해야 한다.

③ 노동시간 규제 준수

초과근무를 강요하거나 불법적인 노동시간을 요구하는 행위는 방지해야 하며, 근무시간 규정을 준수해야 한다.

이러한 원칙을 지키지 않는다면 기업은 노동착취 논란에 휘말릴 수 있으며, 이는 기업의 브랜드 가치와 신뢰도를 심각하게 손상시킬 수 있다. 대표적으로 나이키[Nike]는 과거 파키스탄과 인도네시아 같은 동남아시아 지역에서 저임금 노동력 착취 논란이 불거졌고, 이후 기업은 노동환경을 대폭 개선하고 공급망의 윤리적 기준을 강화하는 방향으로 전환했다.

윤리적 공급망 관리

기업의 공급망이 윤리적 기준을 준수하는지 여부는 기업의 사회적 책임을 평가하는 요소 중 하나이다. 윤리적 공급망 관리는 협력업체가 환경보호, 노동권 준수, 공정한 경영 관행을 따르도록 요구하는 것을 포함한다. 특히 다국적 기업들은 수많은 협력업체와 거래하기 때문에 공급망 내 윤리적 기준 준수가 더욱 중요하다.

윤리적 공급망 관리 체크리스트		
윤리적 공급망 점검	세부 내용	평가 기준
근로 환경	아동 및 강제노동 금지	국제노동기구(ILO) 기준 준수 여부
환경적 책임	환경보호 정책 및 실행 여부	ISO 14001 환경경영 시스템 준수 여부
투명한 거래 관행	공급업체와의 계약 및 거래의 공정성	공정거래법 준수 여부
아동 및 강제노동 금지	불법 노동 및 강제노동 관행 방지	유엔 기업과 인권 이니셔티브 준수 여부

기업은 윤리적 공급망 관리를 위해 공급업체 행동강령을 수립하고, 이를 지속적으로 모니터링해야 한다. 스타벅스[Starbucks]의 경우 윤리적 원두 조달을 위해 협력 농장과의 계약을 체결할 때 노동자들의 근로 환경을 고려하며, 정기적인 현장 감사를 통

해 윤리적 기준을 유지하고 있다.

다양성과 포용성 촉진

다양성과 포용성Diversity & Inclusion(D&I)은 기업이 젊고 유능한 인재를 영입하기 위함
과 동시에 시대적 요구사항이다. 기업이 다양한 인력을 채용하고 이들에게 공정한
기회를 제공하는 것은 기업 내부의 창의성과 혁신을 촉진하는 데 큰 역할을 한다. 기
업은 다음과 같은 전략을 통해 다양성과 포용성을 촉진할 수 있다.

① 채용 과정에서의 공정성 강화

다양한 배경을 가진 인재들이 공정한 경쟁을 할 수 있도록 채용 기준을 개선한다.

② 포용적인 기업 문화 조성

직원들이 성별, 나이, 인종, 국적, 장애, 출신지역 등 여부와 관계 없이 존중받
고 참여할 수 있도록 기업 문화를 구축한다.

③ 교육 및 훈련 제공

모든 직원들에게 다양성과 포용성에 대한 교육을 실시하여 이해도를 높인다.
특히 IT 기업들은 인공지능AI 기술을 활용해 채용 과정에서의 무의식적 편견을
없애고, 포용적인 인재 채용 시스템을 구축하는 방향으로 발전하고 있다.

지역사회와의 협력 및 사회적 참여

기업이 속해 있는 지역사회와 협력하여 사회적 가치를 창출하는 것도 사회적 책임
중 하나이다. 지역사회와의 협력을 강화하면 기업의 이미지가 긍정적으로 변화하고,
지역주민들과 소통의 장이 마련되어 지역 인재를 채용함과 동시에 근로자는 직주근
접을 경험하게 된다. 기업이 지역사회에 적극적으로 참여하는 방식은 다음과 같다.

① 교육 및 장학금 지원

지역사회 내 학생들에게 장학금을 제공하거나 교육프로그램을 운영한다.

② 사회공헌 활동 확대

자원봉사 활동, 환경보호 캠페인, 공공시설 지원 등 다양한 사회공헌 활동은 기

업이 지역사회와 함께 성장하고, 사회적 책임을 실천하는 중요한 방식이다. 이러한 활동은 지역사회와의 신뢰를 쌓고 지속가능한 관계를 만들어 가는 과정이기도 하다.

③ 지역경제 활성화 프로젝트 참여

지역 내 중소기업이나 스타트업을 지원하는 프로그램을 운영하여 지역 경제를 활성화한다. 예를 들어, 이케아IKEA는 지속가능한 지역사회 개발을 위해 저소득층을 위한 위생 제품을 공급하고 있으며, 지역사회 내에서 지속가능한 발전을 지원하는 프로그램을 운영하고 있다.

사회적 책임을 다하는 기업은 사회적 가치를 창출하는 데 집중해야 한다. 공정노동 관행, 윤리적 공급망 관리, 다양성과 포용성 촉진, 지역사회 기여와 참여는 기업이 사회적 책임을 다하는 핵심 요소가 된다. 이를 통해 기업은 장기적인 신뢰를 구축하고, ESG 기준을 충족하며, 경쟁력을 강화할 수 있다.

04. G, 거버넌스 강화: 투명성과 이사회 책임 강화

기업은 투명한 의사결정 프로세스를 정착시키고, 내부감사를 강화하며, 반부패 및 준법경영을 철저히 시행해야 한다. 이사회 구성원들의 책임과 역할을 명확히 하고, 이해관계자들과의 신뢰를 구축해야 한다. 기업은 윤리적 비즈니스 운영과 거버넌스 강화로써 타 경쟁사 대비 무기화할 수 있다.

기업의 윤리적 운영은 기업문화를 윤리적 기반으로 설계하고 유지하는 것을 의미한다. 윤리적 비즈니스 운영이 성공적으로 이루어지려면 명확한 기준을 설정하고, 이를 조직 내 모든 부서에 일관되게 적용해야 한다. 윤리적 거버넌스를 강화하는 주요 전략은 다음과 같다.

COMPLIANCE 공정거래 CP & ISO 37301 실무가이드

거버넌스 강화 전략과 실행 방안		
거버넌스 강화 전략	주요 실행 방안	기업 사례
윤리 기준 설정	윤리강령(Code of Conduct) 및 내부 행동 기준 수립	구글(Google) – 윤리위원회 운영 및 투명성 보고
윤리적 리더십	경영진의 윤리적 리더십 강화 및 윤리적 의사결정 원칙 도입	넷플릭스(Netflix) – 기업문화 기반 윤리적 의사결정 모델
거버넌스 구조개선	이사회 및 감사위원회 독립성 강화	애플(Apple) – 독립 이사회 운영 및 의사결정 투명성 강화

이러한 전략을 통해 기업은 윤리적 운영의 기준을 확립하고, 임직원들이 믿고 신뢰할 수 있는 기업의 투명하고 공정한 비즈니스 프로세스를 따르도록 유도할 수 있다. 특히, 윤리적 리더십을 갖춘 경영진은 조직 내 윤리 문화를 조성하는 역할을 하며, 기업의 모든 활동이 윤리적 기준과 부합하도록 이끄는 역할을 해야 한다.

또한, 기업은 반부패, 준법경영 및 이해관계자 참여의 중요성을 인식하고 그들의 니즈와 기대사항을 만족시켜야 한다. 기업이 대외적으로 성장하고 윤리적인 방식으로 운영되기 위해서는 반부패 및 준법경영이 기업경영에 있어 중요한 열쇠가 된다. 기업 내에서 부패 및 비윤리적 행위가 발생하면 단기적인 경제적 이득을 얻을 수 있을지는 몰라도, 장기적으로는 법적제재 및 평판 리스크로 인해 기업의 존속이 위협받을 수 있다.

반부패 정책의 실천

기업이 반부패 정책을 효과적으로 실행하기 위해서는 다음과 같은 조치를 취해야 한다.

① 반부패 규정 준수

　기업 내부 규정을 마련하고, 모든 직원들에게 교육을 시행하여 부패 관련 리스크를 사전에 방지해야 한다.

② 내부신고제도 활성화

내부신고자 보호 정책을 마련하여, 부패 및 윤리적 위반 사항을 안전하게 보고할 수 있도록 해야 한다.

③ 글로벌 반부패 기준 적용

국제 반부패 규정(FCPA, UK Bribery Act 등)을 준수하고, 다국적 기업으로서의 윤리적 책임을 다해야 한다.

준법경영의 실현

기업은 윤리적 기준을 설정해야 하며, 이를 준법경영의 핵심 요소로 삼아야 한다.

① ISO 37301(Compliance 경영시스템) 적용: 글로벌 표준을 준수하는 Compliance 경영시스템을 운영하여 리스크를 관리한다.

② Compliance 모니터링 시스템 구축: 모니터링 체크리스트, IT, AI 및 빅데이터 등을 활용한 Compliance 경영시스템을 도입하여 준법경영을 체계적으로 운영한다.

③ 준법 교육 및 워크숍 실시: 커리큘럼이 각 기능과 직급별에 맞춤화되어 직원들에게 준법경영 및 윤리경영에 대한 지속적인 교육을 제공하여 의식을 고취한다.

이해관계자와의 적극적 참여

기업은 다양한 이해관계자(고객, 투자자, 정부, 지역사회 등)와의 지속적인 소통을 통해 투명성을 강화할 필요가 있다.

① 이해관계자 보고 체계 구축: 지속가능경영보고서 등을 통해 기업활동에 대한 신뢰를 구축한다.

② 투명한 소통 및 피드백 시스템: 투자자 및 고객의 의견을 수렴하여 거버넌스 개선에 반영한다.

이해관계자와의 신뢰를 구축한 기업은 장기적인 경쟁력을 갖출 수 있으며, ESG 평가에서도 높은 점수를 받을 수 있다.

투명한 의사결정 과정과 내부감사 시스템

거버넌스를 강화하기 위해서는 기업의 의사결정이 공정하고 투명한 방식으로 이루어져야 한다. 이를 실현하기 위해서는 내부감사 시스템을 적극적으로 활용해야 한다.

투명한 의사결정 요소와 실행 방안	
투명한 의사결정 요소	실행 방안
이사회 독립성 보장	외부 감사위원회를 활용하여 의사결정 투명성 확보
내부감사 프로세스	내부감사팀을 운영하여 재무 및 경영활동 검토
공정한 성과 평가	경영진 및 직원 성과 평가를 객관적이고 투명한 방식으로 시행

기업은 지속가능경영보고서를 통해 기업의 의사결정 과정과 주요 성과를 공개할 필요가 있다. 특히 기업이 주주 및 고객의 신뢰를 유지하려면 다음과 같은 요소를 준수해야 한다.

① 이사회 독립성 강화: 외부 인사를 이사회에 포함해 객관적인 의사결정이 이루어지도록 한다.

② 투명한 공시 정책 운영: 기업의 재무 정보 및 ESG 정책을 명확하게 공시하여 투자자 및 주주들의 신뢰를 얻는다.

강화된 거버넌스 체계는 기업이 투명하고 윤리적인 방식으로 운영될 수 있도록 하며, 이는 기업의 지속가능한 성장과 장기적인 신뢰 구축을 가능하게 한다. 윤리적 비즈니스 운영, 반부패 및 준법경영, 그리고 투명한 의사결정 과정은 기업이 사회적 책임을 다하고, 장기적인 신뢰 및 윤리적인 부분에서 타사 대비 경쟁력을 확보할 수 있다. 기업이 이러한 거버넌스 원칙을 철저히 준수한다면 주주 및 이해관계자들과의 신뢰를 강화할 수 있으며, ESG 평가에서도 높은 점수를 받을 수 있다. 궁극적으로 거버넌스 강화는 기업이 글로벌시장에서 지속가능성을 유지하고, 법적·윤리적 리스크를 최소화하는 데 중요한 역할을 하게 된다.

05. ESG 전략의 실행과 모니터링

기업이 ESG 전략을 실행하고 모니터링하는 것은 개선의 기회가 될 수 있다. 어느 대기업 CEO와의 미팅에서 저자에게 '개선의 기회라는 단어가 참 좋은 단어 선택이다'라고 칭찬할 정도로 적합한 표현이다. 부족한 점이 있다면 개선하여 기회를 찾을 수 있다. 누구나 부족하며 실수한다. 하물며 기업은 여러 명이 모인 집단으로 수백 가지 실수로 이루어진 집단이다. 따라서 전략을 만들고 실행 후 모니터링을 통해 부족하면 개선하면 된다. 따라서, ESG 경영이 효과적으로 작동하기 위해서는 목표 설정부터 실행, 모니터링, 그리고 지속적인 개선까지 전 과정이 체계적으로 이루어져야 한다.

ESG 목표 설정과 실행 계획

기업은 먼저 ESG 목표 설정과 실행 계획을 체계적으로 세워야 한다. 기업의 ESG 전략이 성공하려면 명확하고 측정할 수 있는 목표를 설정하는 것이 중요하다. 모호한 목표는 기업 내부적으로 실행력을 저하할 뿐만 아니라 외부 이해관계자들에게 신뢰를 주지 못할 가능성이 크다.

ESG 목표 설정의 주요 원칙은 다음과 같다.

① SMART 원칙 적용

- Specific(구체성): 목표가 명확하고 이해하기 쉬워야 한다.
- Measurable(측정 가능성): 성과를 객관적으로 측정할 수 있어야 한다.
- Achievable(달성 가능성): 현실적으로 달성할 수 있는 목표여야 한다.
- Relevant(관련성): 기업의 장기적인 전략 및 비즈니스 모델과 연계되어야 한다.
- Time-bound(기한 설정): 일정한 기한 내에 목표를 달성할 수 있어야 한다.

② 산업별 ESG 목표 차별화

- 제조업: 탄소배출 감축, 친환경 공정 도입

- 금융업: ESG 투자 확대, 책임 있는 금융상품 개발
- 소매업: 지속가능한 공급망 관리, 윤리적 소비 촉진
- IT업: 데이터 프라이버시 보호, 친환경 데이터센터 구축

ESG 목표 설정 후 이를 실행에 옮기기 위한 전략적 접근이 필요하다. 실행 계획은 구체적인 방법을 포함해야 한다. 기업이 ESG 목표를 달성하기 위해 실행 계획을 수립할 때 고려해야 할 핵심 요소는 다음과 같다.

ESG 목표 실행 전략		
구분	실행 전략	예시
자원 배분	ESG 목표 달성을 위한 필요 인력, 기술, 자금 배정	ESG 리포팅 시스템 구축을 위한 IT 투자 확대
책임 할당	각 부서 및 담당자의 역할 명확화	ESG 이사회 및 전담 부서 운영
이해관계자 참여	투자자, 고객, 협력업체와의 협력 강화	공급망 ESG 평가 실시 및 윤리적 조달 확대
유연한 전략 운영	외부 환경변화에 따른 조정 가능성 확보	탄소배출 규제 강화 시 새로운 감축 목표 설정

ESG 목표를 실현하기 위해서는 기업이 지속적으로 실행력을 유지할 수 있도록 전사적 차원의 노력이 필요하다. 또한, ESG 목표를 달성하기 위해선 리더십의 적극적인 참여와 기업 문화 차원에서 임원급의 성과지표[KPI]와 같이 ESG를 내재화하는 것이 차별화 전략이 된다.

ESG 성과지표와 모니터링 체계
ESG 전략이 실질적인 성과를 거두기 위해서는 명확한 KPI를 설정하고, 이를 지속적으로 모니터링하는 것이 중요하다. 기업의 ESG 성과를 효과적으로 측정하기 위해선 다양한 평가 기준을 적용해야 한다.

ESG 성과 측정 지표(KPI)	
구분	평가기준
환경(Environment)	탄소배출량 감소율, 에너지 사용량 절감률, 친환경 제품 및 기술 도입 비율 등
사회(Social)	근로자의 만족도 및 복지 수준, 공급망의 윤리적 운영 평가 점수, 지역사회 기여도(자선 활동, 교육프로그램 지원 등) 등
거버넌스(Governance)	이사회 독립성 비율, 내부감사 시스템 운영 횟수, 반부패 정책 준수 여부 등

ESG 모니터링 체계 구축

ESG 전략이 지속적으로 실행되기 위해서는 효과적인 모니터링 체계가 필요하다. ESG 모니터링 체계는 주기적인 보고, 성과 분석, 리스크 평가 등을 포함해야 한다.

ESG 모니터링 요소		
ESG 모니터링 요소	주요 내용	실행 방안
정기적인 ESG 보고	ESG 성과 및 이슈를 주기적으로 공시	연간 및 분기별 ESG 리포트 발행
성과 데이터 분석	KPI 기반 성과 측정 및 분석	데이터 기반 의사결정 시스템 도입
리스크 평가 및 대응	ESG 리스크 사전 예방 및 대응계획 수립	공급망 ESG 리스크 평가 시스템 운영

효과적인 ESG 모니터링 체계를 구축하면 기업은 ESG 성과를 데이터 기반으로 평가할 수 있으며, 이해관계자들에게 투명하게 정보를 제공할 수 있다.

지속적인 개선과 Best Practice 공유

많은 기업이 ESG 경영을 도입하면서 처음에는 정성적 선언과 기본 시스템 구축에 집중한다. 그러나 시간이 흐르면서 ESG 경영은 임직원들의 관심도에서 멀어지고 지쳐간다. 그리고 진짜 경쟁력은 그 이행의 깊이와 지속적인 개선 역량에서 갈린다. ESG는 정해진 틀을 맞추는 'ESG 경영 점검표'라고 오해하면 안 된다. 지속적으로 학습하고, 수정하고, 고도화하는 장기적 진화형 경영전략이다.

더욱이 ESG는 규제, 투자자 기대, 이해관계자 요구, 산업 트렌드 등 외부 환경변화에 따라 끊임없이 기준이 달라진다. 오늘 적절했던 전략이 내일은 미흡한 전략이 될 수 있다. 그렇기에 기업이 ESG 역량을 조직 전체에 내재화하고 업계 전반에 영향력을 확산하려면 Best Practice를 공유하고 확산하는 문화 역시 병행되어야 한다.

지속적인 개선과 Best Practice의 공유는 시스템화된 경영전략이자 실행 메커니즘이다. 이를 실행하기 위한 핵심 구조는 다음과 같다.

❶ ESG 성과 분석과 피드백 시스템의 정례화

지속가능경영이 선언에서 그치지 않기 위해선, 기업은 ESG 전략 실행 결과를 주기적으로 분석하고 피드백 루프를 형성해야 한다. KPI, 리스크 모니터링, 내부통제지표, 이해관계자 평가 등을 통합적으로 점검해, 실질적인 개선 포인트를 도출해야 한다. 예를 들어, 환경 영역에서는 에너지 사용량, 탄소배출량 변화율, 폐기물 감축률 같은 정량지표를 주기적으로 분석하고, 사회 영역에서는 다양성 지표, 노동환경 점수, 윤리적 고충 처리 건수 등을 종합적으로 진단해야 한다. 이는 데이터 수집이 아니라, 조직 전략에 반영 가능한 인사이트로 전환되어야 하며, ESG 경영의 PDCA 사이클이 작동하는 구조를 갖춰야 한다.

❷ 외부 평가기관과의 연계, 그리고 글로벌 기준 수용

오늘날 ESG 전략의 정합성은 외부 시각을 통해 더 객관적으로 검증된다. DJSI, MSCI, Sustainalytics 등 주요 ESG 평가기관과의 연계 평가와 벤치마킹 분석은 기업이 글로벌 수준에서 현재 위치를 자가진단할 수 있는 중요한 지표다. 우수기업들은 이 평가 결과를 점수로 받아들이지 않고, 성숙도 진단 지표Maturity Model로 활용해 자체 개선 로드맵을 정밀하게 설계한다. 또한, 평가기관의 프레임워크와 자사 전략 간의 정합성을 검토하고, 국제보고기준(GRI, SASB, IFRS S1/S2 등)을 내재화하는 방향으로 전략을 재구성하는 기업이 늘어나고 있다.

❸ ESG 조직문화의 내재화를 위한 교육과 참여 확대

지속적인 개선은 시스템으로 시작되지만, 문화로 완성된다. 기업은 ESG 전략을 전사적으로 내재화하기 위해 직무 연계형 교육 모델을 운영해야 한다. 예컨대, 임원에게는 ESG 리더십과 전략 의사결정 교육, 실무자에게는 리스크 관리 및 보고기준 교육, 신입사원에게는 ESG 기본철학과 윤리의식 함양 중심 교육을 실시해야 한다. 또한, ESG 전담 부서만이 아닌 전사적인 참여 유도 모델이 필요하다. ESG 아이디어 챌린지, 사내 포상제도, 팀별 지속가능성 과제 설정 등은 전 조직의 ESG 감수성을 끌어올리는 촉진 도구가 된다.

❹ Best Practice 공유는 조직 내외의 신뢰 인프라

지속적인 개선의 궁극적인 목적은 내부 향상이 아니라 기업 전체의 신뢰 인프라 확장이다. 이를 위해 기업은 내부에서 얻은 성과와 혁신 사례를 적극적으로 외부에 공유해야 한다. 기업 간 ESG 포럼, 산업별 협의체, 국제 컨퍼런스 참여를 통해 개선하고 발전시킬 수 있다. ESG 전략을 산업 전체의 표준으로 확산시키는 전략적 수단이다. 선도기업은 자사의 지속가능경영보고서에 데이터가 아닌 전략 수립 과정, 리스크 대응 방식, 실패 사례와 교훈까지 담아냄으로써 기업의 진정성과 전문성을 입증하고 있다. 또한, 백서 발간, 내부 ESG 혁신사례 매뉴얼화, 협력사 대상 ESG 아카데미 운영 등은 조직 내외로 Best Practice를 확산시키는 구체적 활동이다. 이는 기업 평판과 동시에 산업 전체의 지속가능성 성숙도를 끌어올리는 리더십 행동이다.

저자가 생각하기에 ESG의 완성은 시스템이 아니라 '학습하는 조직'이다. 결국 ESG 경영은 정책의 수립보다 그 이후의 실행과 개선에서 성패가 갈린다. 지속적인 개선은 기업이 ESG를 단기 프로젝트가 아닌, 경영 DNA로 내재화했는지를 보여주는 핵심 지표이며, Best Practice의 공유는 조직이 ESG를 스스로 산업 전체에 기여하는 수준으로 성장했음을 보여주는 척도다. 저자는 분명히 말할 수 있다. ESG는 보여주는 시대에서 입증하는 시대로, Compliance는 제도를 기업문화로 진화하고 있다. 그리고 그 연결고리는 '지속적인 개선과 공유'다. 정체된 ESG는 신뢰를 잃고, 학습하는 ESG만이 지속가능성을 얻는다.

Unit 2

지속가능 경영

01. 지속가능한 경영전략의 수립과 실행

지속가능한 목표 설정과 단계별 실행 계획

많은 기업이 '지속가능성'이라는 표현을 자주 사용하지만, 정작 전략 수립 단계에서부터 허점이 발생한다. 이유는 단순하다. 지속가능성을 경영철학이 아니라 프로젝트로 인식하기 때문이다. ESG 전략은 일회성 이벤트로 접근하는 것보다 기업의 비즈니스 모델에 녹아 있어야 하며, 운영체계 전반에 반영되어야 한다. 즉, 전략은 선언이 아니라 구조화된 운영체계와 연결돼야 한다.

먼저 전략의 시작은 실현 가능한 목표 설정이다. 기업은 외부 ESG 트렌드를 따라가기 이전에, 자사의 비즈니스 본질과 이해관계자 특성에 맞는 목표를 정립해야 한다. 목표는 명확하고 측정 가능해야 한다. '탄소중립 달성'이라는 대의는 훌륭하지만, 구체적 계획 없이 선언만 있다면 이는 무용지물이다. 예를 들어 '2030년까지 탄소중립'이라는 목표는 '2025년까지 전력 사용의 50%를 재생에너지로 전환', '2027년까지 공급망의 1차 벤더에 탄소관리 기준 적용' 등으로 분해되어야 실현 가능성이 확보된다.

실행 전략을 기업의 내·외부 리소스를 어떻게 통합하고 배분하느냐에 따라 그 실효성이 결정된다. 전략을 실행 가능한 구조로 만들기 위해선 다음의 요소들이 필수다.

첫째, 부서별 역할 분담과 성과 연계가 명확해야 한다. 지속가능성은 ESG 부서의 전유물이 아니라, 구매·인사·생산·재무 등 전 부서의 과제로 전환되어야 한다. 각 부서가 담당할 ESG 성과 목표를 설정하고, KPI와 연계해야 한다. 둘째, 조직 내부에 ESG 이행 거버넌스를 구축해야 한다. 이사회 내 ESG 위원회, C-level 책임자(CSO, CCO), 전사 ESG Taskforce 등이 전략 실행을 체계적으로 뒷받침해야 한다.

또한, 전략 실행은 시장 환경변화와 외부 규제 대응까지 포괄해야 한다. 특히 EU의 CSDDD(기업 공급망 실사 지침), CSRD(지속가능성 보고지침) 등은 환경적 접근을 추구함과 동시에 기업의 운영구조와 공급망 관리 방식까지 전환을 요구하고 있다. 이에 따라 국내 기업도 '글로벌 규제 적합성'을 전략적 고려 요소로 포함해야 하며, 이를 위해 ESG 전략은 법무·내부통제 부서와도 유기적으로 연결되어야 한다.

중요한 것은 지속가능 전략이 일관되면서도 유연해야 한다는 점이다. 전략이 경직되면 시장 변화에 대응하지 못하고, 전략이 모호하면 조직 내 실천력과 집중도를 잃게 된다. 따라서 실행 계획은 단기·중기·장기 로드맵으로 구체화되어야 하며, 각 단계별로 성과 모니터링 체계도 병행되어야 한다. 예를 들어, 어떤 제조기업이 2030년까지 '탄소중립'을 선언했다고 가정해 보자. 이 기업은 ① 2024년까지 에너지 사용량의 30%를 절감할 수 있는 설비 개선을 완료하고, ② 2026년까지 협력사 대상으로 온실가스 배출 모니터링 기준을 설정하며, ③ 2028년까지 전체 제품의 탄소 발자국 인증을 받는 계획을 수립할 수 있다. 그리고 이러한 실행 전략은 단순한 내부 계획에 그치지 않고, 공시자료, ESG 보고서, 외부 평가 등을 통해 객관적 평가를 받는 구조로 전환되어야 한다.

지속가능경영 목표			
목표	단기(1~3년)	중기(4~7년)	장기(8~10년 이상)
탄소배출 감축	에너지 효율 개선	친환경 원료 사용 확대	탄소중립 달성
윤리적 공급망 관리	협력업체 ESG 평가	지속가능한 조달 시스템 도입	공급망 전반 ESG 인증
사회적 책임 강화	다양성 및 포용성 정책 도입	인권 보호 기준 강화	공정노동 관행 표준화

COMPLIANCE 공정거래 CP & ISO 37301 실무가이드

마지막으로 전략 수립과 실행의 본질은 지속적인 개선을 염두에 두는 설계여야 한다. 최초 전략이 완벽할 수는 없다. 따라서 전략 자체를 '진화 가능'한 구조로 설계하고, 내부 리뷰 시스템과 외부 피드백을 전략의 일환으로 내재화해야 한다. 전략은 고정된 명제가 아니라 지속가능한 조직 역량의 축적 방식이어야 하기 때문이다.

결론적으로, 지속가능한 경영전략의 수립과 실행은 환경적 미션이나 사회적 기여(봉사, 참여 등) 차원을 뛰어넘고 있다. 기업의 지속 가능성과 리스크 회피, 경쟁력 확보의 전제조건으로 전략이 되는 것이다. 제대로 된 전략 수립 없이 ESG는 성과를 가질 수 없으며, 실행력이 없는 전략은 공허한 외침에 불과하다.

02. ESG 리스크 관리 및 기회 포착

ESG를 효과적으로 운영하기 위해서는 관련된 리스크를 면밀히 분석하고 관리하는 동시에, ESG를 통해 창출할 수 있는 새로운 기회를 포착하여야 한다. ESG 리스크는 환경적, 사회적, 거버넌스적 요소에서 발생할 수 있으며, 이를 제대로 관리하지 않으면 기업의 장기적인 생존 가능성에 부정적인 영향을 미칠 수 있다. 반면 ESG를 적극적으로 활용하면 시장 경쟁력을 확보하고, 투자자 및 소비자로부터의 신뢰를 얻으며, 새로운 사업 기회를 창출할 수 있다.

유형별 ESG 리스크 관리

ESG 리스크 관리는 기업이 외부 환경 변화에 대응할 수 있도록 돕는 전략이다. 환경적 리스크는 기후변화, 자연재해, 환경규제 강화 등으로 인해 발생할 수 있으며, 기업의 생산 공정과 공급망을 위협할 수 있다. 예를 들어, 탄소배출 규제가 강화되면서 기존의 화석 연료 기반 기업들은 지속가능한 에너지로의 전환을 강요받고 있다. 이러한 변화에 미리 대응하지 못한 기업들은 비용 부담 증가와 규제 위반으로 인해 재정적 타격을 입을 가능성이 크다. 따라서 기업은 온실가스 배출량을 지속적으로 감축하고, 친환경 기술을 도입하는 등의 전략을 통해 이러한 리스크를 선제적으로 관리해야 한다.

ESG 리스크 유형		
ESG 리스크 유형	예상되는 영향	대응 전략
환경적 리스크	기후변화로 인한 원자재 공급 부족	친환경 대체 원자재 확보
사회적 리스크	노동권 문제로 인한 브랜드 이미지 손상	친환경 대체 원자재 확보
지배구조 리스크	내부 윤리 규정 미비로 인한 법적 문제	내부감사 및 투명한 경영시스템 강화

사회적 리스크는 노동환경, 인권 문제, 다양성 부족 등의 이슈로 인해 발생할 수 있다. 특히 글로벌기업들은 윤리적 공급망 관리가 중요한 과제로 떠오르고 있다. 예를 들어, 아시아 지역에서 강제노동이나 아동노동 문제가 발생한 공급업체와 협력하는 기업은 심각한 평판 리스크에 직면할 수 있다. 소비자와 투자자들은 기업이 인권을 보호하고 노동환경을 개선하는 데 얼마나 적극적인지를 주의 깊게 평가하고 있으며, 사회적 리스크를 효과적으로 관리하는 기업만이 장기적으로 신뢰를 얻을 수 있다. 따라서 기업은 공급망 전반에 걸쳐 윤리적 기준을 수립하고, 정기적인 실사를 통해 협력업체의 ESG 기준 준수 여부를 점검해야 한다.

거버넌스 리스크는 기업의 내부 경영방식과 관련이 있으며, 부패, 비윤리적 경영, 내부통제 시스템의 부재 등이 주요 요소로 작용할 수 있다. 기업이 투명한 경영을 실천하지 않으면 법적 분쟁, 이해관계자들의 신뢰 상실, 투자자 이탈 등의 문제가 발생할 수 있다. 최근 기업경영에서 'ESG 워싱(ESG 활동을 표면적으로만 하는 행위)'이 문제가 되고 있으며, 기업이 실질적인 ESG 성과 없이 보여주기식 목적으로 ESG를 활용할 경우 오히려 기업의 평판에 부정적인 영향을 미칠 가능성이 크다. 따라서 거버넌스 강화를 위해 기업은 윤리경영을 위한 내부 감시기구를 운영하고, 반부패 정책을 철저히 준수하며, 주요 의사결정 과정에서 투명성을 높이는 노력이 필요하다.

리스크 관리 사례

다음은 ISO 31000(리스크 경영시스템)을 토대로 ESG 리스크 관리를 한 사례이다.

COMPLIANCE 공정거래 CP & ISO 37301 실무가이드

ESG 리스크 관리표							
ESG 요소	리스크 항목	리스크 설명	발생 가능성	영향도	관리 전략	목표	모니터링
환경 (E)	대기 환경 보전법 위반	기업 활동으로 인한 대기 오염 증가가 대기 환경 보전법률을 위반할 위험	높음	높음	환경규제 준수 프로그램, 오염 방지 기술 도입	교육	설문
사회 (S)	산업안전 보건법 위반	작업장 안전 기준 미준수로 인한 직원의 건강 및 안전 문제 발생 위험	중간	높음	안전 교육 강화, 안전 감사 및 위험평가 실시	인증	인식
사회 (S)	다양성 및 포용성 부족	조직 내 다양성 및 포용성 부족으로 인한 직원 만족도 저하 및 업무 효율성 감소 위험	낮음	중간	다양성 향상 교육, 포용적 기업 문화 정립	교육	설문
지배 구조 (G)	부정행위 발생	비윤리적 비즈니스 관행으로 인한 법적, 평판 위험	높음	높음	윤리교육 및 준법 강화, 내부감사 시스템 강화	인증	사후 심사
지배 구조 (G)	회사 데이터 정보 유출	기업 데이터 보안 실패로 인한 고객 정보 유출 및 신뢰도 손상 위험	중간	높음	첨단 보안 시스템 구축, 직원 보안 교육 실시	서약	인식

리스크 관리는 기업의 지속가능성을 보장할 뿐만 아니라 ESG를 활용한 새로운 사업 기회를 포착하는 데도 그 역할을 한다. ESG를 단순한 규제 대응이 아닌 성장의 기회로 바라보는 기업들은 경쟁력을 확보하고, 시장에서 차별화된 가치를 제공할 수 있다. 예를 들어, 친환경 기술을 선제적으로 도입한 기업들은 탄소중립을 목표로 하는 글로벌시장에서 경쟁우위를 차지할 가능성이 크다. 실제로 유럽연합[EU]의 탄소 국경세 도입과 같은 정책 변화는 지속가능한 경영을 실천하는 기업들에게 유리한 환경을 제공하고 있으며, 이에 선제적으로 대응한 기업들은 새로운 시장을 개척하고 있다.

사회적 기회 측면에서는 포용적 경영과 다양성 증진이 중요한 키워드로 떠오르고 있다. 최근 글로벌기업들은 여성과 소수 집단의 리더십 참여를 확대하고 있으며, 포용적인 기업문화가 장기적인 생산성과 창의성 향상에 긍정적인 영향을 미친다는 연구 결과도 많다. 따라서 기업은 사회적 가치 창출을 위한 인재 정책을 도입하고, 다양성과 포용성을 경영의 중심으로 삼는 노력이 필요하다. 이러한 접근은 직원들의 만족도를 높이고, 소비자로부터의 호감을 얻으며, 궁극적으로 기업 브랜드 가치를 상승시키는 결과를 가져온다.

거버넌스 측면에서 ESG를 활용한 기회 창출은 투자 유치와 관련이 깊다. ESG는 투자자들의 중요한 의사결정 요소가 되고 있으며, ESG 평가 점수가 높은 기업들은 지속적으로 투자자의 관심을 받고 있다. 글로벌 자산운용사들은 ESG 펀드를 적극적으로 운용하고 있으며, ESG 우수기업에 대한 투자 비중을 늘리고 있다. 기업이 ESG 경영을 강화하면 투자 유치 가능성이 높아지고, 기업의 장기적인 성장 동력을 확보할 수 있다.

기업이 ESG 요소를 적극적으로 분석하고, 이를 전략적으로 활용한다면 지속가능한 성장을 이루는 것은 물론, 시장에서 새로운 기회를 창출할 수 있다. 환경적, 사회적, 거버넌스 요소 각각의 리스크를 면밀히 분석하고, 이에 대한 대응 전략을 마련하는 것이 중요하다. ESG를 비용이 아닌 성장 동력으로 인식하고, 이를 통해 차별화된 비즈니스 모델을 구축하는 것이 ESG 경영의 핵심이다.

기업 내 지속가능한 경영전략의 진화 단계

앞서 살펴본 바와 같이, 지속가능한 경영전략을 실행하고 나서 그 전략이 조직 전반에 내재화되고, 단계적으로 확장되며, 외부와의 연결 속에서 가치가 증폭되는 구조로 발전할 때 비로소 완성된다.

이러한 이유로 기업의 지속가능경영은 직선형 구조가 아니라, 단계별로 고도화되어 가는 순환적 가치창출 프로세스로 접근되어야 한다. 다음은 이를 4가지 실행 단계로 나눈 전략적 접근이다.

1단계: 지속가능한 혁신으로 시장을 선도하다.

지속가능경영은 종종 '비용'으로만 인식되지만, 실제로는 강력한 혁신의 촉진제다. 친환경 기술 개발, 순환경제 기반의 제품 설계, 에너지 효율을 고려한 제조공정 개선 등은 모두 지속가능성을 기반으로 한 경쟁력 강화 전략이다. 선도기업들은 탄소 저감 기술, 친환경 소재 전환, 스마트에너지 운영 시스템 등에서 시장을 이끌며 새로운 수요를 창출하고 있다. 지속가능한 경영은 단지 규제를 피하는 방어가 아니라, 혁신으로 시장을 재구성하는 공격 전략이다.

2단계: 지속가능한 브랜드로 고객 신뢰를 얻다.

소비자의 가치관 변화는 이제 ESG 기반 브랜드에 더 높은 충성도를 보인다. 윤리적 소비, 가치기반 소비는 유행이 아니라 시장의 새로운 규범이다. 지속가능성을 내재화한 브랜드 전략은 고객 접점에서 지속가능한 메시지를 전달하고, 신뢰와 차별성을 동시에 확보할 수 있게 한다. 이는 고객과의 신념 공유 기반 위에 브랜드 정체성을 구축하는 과정이다. 신뢰받는 브랜드는 장기적으로 위기 회복탄력성과 시장 잔존력까지 확보할 수 있다.

3단계: 파트너십과 협업을 통한 지속가능 가치의 확장

지속가능성은 고립된 조직 안에서만 완성되지 않는다. 오히려 다양한 이해관계자와의 공동 책임과 협업 구조 속에서 진화한다. 공급망 내 ESG 협력체계, 정부·비영리조직과의 연합 이니셔티브, 산업별 지속가능성 컨소시엄 등은 모두 조직 외부와 함께 지속가능한 가치를 확산시키는 확장 전략이다. 이러한 파트너십은 공동 프로젝트, 기술 협업, 윤리기준 상호 인증 등의 형태로 발전하며, 기업의 ESG 영향력을 사회 전체로 확대하는 매개체가 된다.

4단계: 지속가능 경영은 결국 투자 유치 전략이다.

ESG는 점차 기업의 자본 유입 구조 자체를 변화시키고 있다. 지속가능한 경영 체계를 갖춘 기업은 ESG 평가에서 높은 점수를 받게 되며, 이는 기관 투자자와 금융기관의 자금 유입 결정에 직접적인 영향을 준다. 그린본드, 지속가능채권[SLB], ESG 연계 대출 등은 기업의 지속가능성 수준을 정량적으로 증명해야만 확보할 수 있는 고도화된 자본 조달 전략이다. 결국 기업의 ESG 실행 역량은 곧 투자 매력도와 연결되는 재무전략의 일부가 되었다.

지속가능성과 통합된 위기 대응 전략

지속가능경영이 조직의 방향이라면, 위기관리 전략은 그 항로를 지키는 내비게이션이다. 아무리 훌륭한 전략도, 외부 충격과 내부 리스크에 대한 대응력이 없다면 지속가능성은 흔들릴 수밖에 없다. 오늘날 기업이 직면하는 위기 유형은 더욱 다양하고 복합적이다. ESG 시대의 위기는 재무 리스크뿐만 아니라 환경적 충격, 사회적 갈등, 지배구조 결함 등 경영 전반에 파급효과를 미친다.

따라서 기업은 지속가능성과 통합된 위기 대응 시스템Crisis-Integrated Sustainability System 을 갖추기를 권고한다.

위기 대응 전략은 다음 네 단계로 정리할 수 있다.

1단계: 위기 식별 및 평가

가장 먼저 해야 할 일은 위기의 구조를 정확히 이해하는 것이다. 환경적 위기(자연재해, 오염사고), 사회적 위기(노동 갈등, 사회 불안), 지배구조 위기(법적 분쟁, 윤리 문제) 등 위기의 유형과 특성을 체계적으로 분류하고, 이에 따른 잠재적 영향 분석과 사전 평가 시스템을 정립해야 한다.

기업은 이 위기 유형별 영향 평가표를 내부 리스크관리 툴로 활용해 선제적 통제를 실행할 수 있다.

위기관리 유형				
위기유형	특징	잠재적 영향	예방전략	대응전략
환경적 위기	자연재해, 오염 사고 등	고객 및 직원 안전, 재산 손실	예방적 리스크 관리, 안전 교육	긴급 대응 계획, 복구 전략
사회적 위기	노동 분쟁, 사회적 불안 등	브랜드 이미지 손상, 매출 감소	직원 관리 전략, 사회적 책임 강화	적극적 소통, 중재 및 협상
지배구조 위기	윤리적 문제, 법적 분쟁 등	법적제재, 신뢰도 하락	윤리 교육, 내부통제 강화	법률 자문, 투명한 커뮤니케이션

COMPLIANCE 공정거래 CP & ISO 37301 실무가이드

2단계: 위기 대응계획 수립

식별된 위기 유형에 따라 조직 내 긴급 대응 프로세스를 설계해야 한다. 커뮤니케이션 체계, 의사결정 라인, 자원 배치 전략, 외부 자문 활용 방식 등을 포함한 위기 대응 프레임워크를 구축하고, 정기적 훈련을 통해 실행력을 검증해야 한다.

3단계: 위기 발생 시 실행 및 관리

위기 대응의 핵심은 '계획된 대응의 일관된 실행'이다. 위기 발생 시 조직은 사전에 정의된 행동 매뉴얼에 따라 대응하고, 실시간 모니터링 체계를 가동하여 상황 변동에 기민하게 반응해야 한다. 특히 전사 커뮤니케이션 관리는 위기의 2차 피해를 막는 핵심 요소다. 내부 직원, 고객, 언론, 정부 등 이해관계자별 커뮤니케이션 전략을 사전에 설계해 두어야 한다.

4단계: 사후 평가 및 개선 전략 수립

위기관리 시스템은 위기 종료 후의 피드백 루프가 없다면 완성되지 않는다. 대응 과정의 적정성을 분석하고, 대응팀의 운영 방식, 의사결정 속도, 시스템 취약점을 평가하여 개선전략으로 전환해야 한다. 이는 미래 위기 대응 역량을 고도화하는 조직 학습 프로세스다.

기업은 이제 지속가능한 조직 역량을 실증하고, 위기에 강한 생태계를 설계하는 시대에 진입했다. 그 해답은 '예측 가능한 전략'이 아니라 끊임없이 개선하고 회복할 수 있는 시스템'에 있다. 지속가능한 기업은 위기를 두려워하지 않는다. 오히려, 위기를 통해 더 강해질 수 있음을 알고 있다.

03. 지속가능한 공급망 관리

공급망^{Supply Chain}이라는 개념은 원자재 조달에서부터 제품의 최종 소비에 이르기까지 기업활동 전반에 걸쳐 연결된 네트워크를 의미한다. 즉, 제품이나 서비스가 고객에게 전달되기까지의 모든 과정이 포함된다. 한 개의 의류 제품을 만들기 위해 원단과 부자재 공급자, 봉제 공장, 물류 회사 등이 함께 협력하여 하나의 공급망을 형성하는 것처럼 말이다. 특히 ESG 관점을 중심에 두고 보면 지속가능한 공급망 관리에서는 이 과정에서 발생할 수 있는 환경적 피해, 노동착취 및 인권침해, 비윤리적 거래 관행 등을 방지하는 것이 핵심이다. 이를 통해 기업은 지속가능성 목표를 달성하고, 사회적 신뢰를 구축할 수 있다.

이처럼 지속가능한 공급망 관리는 기업이 제품과 서비스를 생산 및 제공하는 과정에서 환경적, 사회적, 윤리적 책임을 고려하는 공급망 관리 방식을 의미한다. 이는 공급업체 및 협력사와의 관계를 포함해 원자재 조달, 제조, 물류 및 최종 소비자에 이르기까지 모든 단계를 아우른다. 비용 절감과 효율성에 집중하는 것 이상으로 기업의 장기적인 가치를 보호하고 이해관계자의 신뢰를 확보하는 데 중요한 역할을 한다.

EU 기업 지속가능성 실사 지침^{CSDD}의 배경

EU의 기업 지속가능성 실사 지침^{CSDD}은 환경·사회적 규제와 더불어 복잡한 국제 정치·경제적 맥락에서 이해해야 한다. 이 지침은 표면적으로는 기후변화, 인권침해, 부패방지라는 보편적 가치를 표방하지만, 그 이면에는 유럽의 역사적 경험과 전략적 이해관계가 깊이 반영돼 있다. 최근 글로벌 공급망 재편과 보호무역주의 강화라는 세계적 흐름 속에서, CSDD는 유럽의 경제적·정치적 영향력을 확장하는 수단으로도 작용하고 있다.

유럽은 역사적으로 전쟁과 갈등이 끊이지 않았던 대륙이었다. 두 차례의 세계대전을 비롯한 무수한 전쟁을 경험한 후, 유럽은 경제적 통합과 공동의 가치체계 구축을 통해 평화를 모색해 왔다. 유럽연합이라는 초국가적 기구의 설립은 이러한 노력의 결실이었으며, 이제 하나로 뭉친 유럽은 그들의 규범과 기준을 역외 국가들에게 적용하려는 움직임을 강화하고 있다. CSDD는 이러한 역외적용의 대표적 사례다. EU는 역내 시장 접근이라는 강력한 레버리지를 활용해, 역외 국가들과 기업들에게 유럽의 기준을 준수하도록 요구하고 있다. 특히 주목할 만한 점은 EU가 규제가 약한 국가들에 대해서는 더욱 강력한 압박을 가하는 반면, 미국, 캐나다 등 이미 유사한 규제 체계를 갖춘 국가들과는 전략적 연대를 형성한다는 것이다.

CSDD의 배경에는 미국과 중국 간의 패권 경쟁, 그리고 그 사이에서 독자적 입지를 구축하려는 유럽의 전략적 계산이 자리 잡고 있다. 특히 트럼프 행정부의 미국 우선주의와 관세 정책으로 대표되는 보호무역주의 기조는 글로벌경제 질서에 상당한 충격을 가했다. 미국이 중국 등 경쟁국에 대해 높은 관세를 부과하며 자국 산업 보호에 나서자, EU 역시 지속가능성이라는 명분 아래 자체적인 경제적 방패를 구축하려는 모습을 보이고 있다. 한국법제연구원의 「미국의 글로벌 공급망 재편 전략과 시사점」 보고서(2022)에 따르면, 미국의 공급망 재편 정책과 EU의 CSDD는 서로 다른 접근법을 취하고 있지만, 결과적으로 글로벌 공급망에 대한 통제력을 강화하려는 공통된 목표를 지니고 있다. 미국이 관세와 같은 직접적 무역장벽을 활용한다면, EU는 지속가능성과 인권이라는 보다 규범적 가치를 내세워 간접적으로 시장 접근을 제한하는 방식을 취하고 있는 것이다.

이러한 규제 환경 속에서 다국적 기업들은 점점 더 공급망 관리에 신경을 쓰고 있다. 그러나 많은 경우, 이는 진정한 지속가능성 향상보다는 규제 회피와 책임 전가의 형태로 나타나고 있다. 공정거래위원회의 「하도급법 위반사건 처리지침」에서도 언급되듯, 원사업자가 하도급업체에게 지나친 부담을 전가하는 행위는 공정한 거래질서를 저해할 수 있다.

CSDD 체제하에서 많은 유럽 기업들은 위험의 외주화를 통해 직접적인 책임을 회피하려는 경향을 보이고 있다. 대기업들은 공급망 하위 단계의 중소기업들에게 인증, 검증, 문서화 등의 부담을 전가함으로써 실질적인 비용 증가 없이 규제 준수의 외양을 갖추려 한다. 이는 결국 개발도상국의 중소기업들에게 불균형적인 부담을 지우는 결과를 가져온다.

한국 기업들에게 CSDD는 양날의 검으로 작용할 수 있다. 「대외무역법」에 따르면, 정부는 우리나라의 대외무역에 영향을 미치는 국제규범 제정에 적극 참여하고 대응해야 한다. 따라서 한국 정부와 기업은 CSDD와 같은 EU의 규제 변화에 수동적으로 대응하기보다 이를 경쟁력 강화의 기회로 활용할 필요가 있다. 공급망 실사와 지속가능성 관리는 단기적으로는 비용 부담으로 작용할 수 있으나, 장기적으로는 글로벌 시장에서의 신뢰도 향상과 리스크 관리 역량 강화로 이어질 수 있다. 특히 「중소기업 기본법」에 따른 중소기업 지원 프로그램을 활용해, 대기업과 중소기업 간 상생협력을 통한 지속가능한 공급망 구축이 중요하다.

EU의 CSDD는 표면적으로는 인권과 환경보호라는 보편적 가치를 표방하지만, 그 이면에는 유럽의 전략적 이해관계와 글로벌 제 패권 경쟁이라는 복잡한 역학이 작용하고 있다. 유럽은 자신들의 규제를 역외적용함으로써 글로벌 스탠더드를 주도하고, 미국의 보호무역주의적 접근과는 차별화된 '유럽식 해법'을 제시하고 있다. CSDD는 국제 정치경제 질서의 변화를 반영하는 규제 패러다임의 전환점으로, 한국 기업들에게는 도전이자 기회로 작용할 것이다.

CSDD의 주요 대상과 적용 범위

이 제도는 명백히 선언한다.

"기업은 그 규모나 국적을 불문하고, 인권과 환경을 보호할 책임을 갖고 있으며, 이를 공급망 전반에 걸쳐 실질적으로 이행하고 입증해야 한다."

이러한 철학 아래 CSDD는 전 세계 기업에 실사 시스템의 구축과 이행을 요구하고 있으며, 그 적용 대상은 EU 역내 대기업에 국한되지 않는다. 오히려 이 지침은 공급망을 따라 기업의 가치사슬 전체를 규제 범위로 포괄하는 구조를 띠고 있다.

CSDD의 주요 대상은 먼저 EU에 본사를 둔 일정 규모 이상의 기업이다. 구체적으로는 500명 이상의 직원을 보유하고, 연간 매출이 1억 5천만 유로를 초과하는 기업들이 해당된다. 이 기준은 기업의 재무적 규모와 조직의 복잡성에 기반하여 규제 대상을 분류한 것으로, 대부분의 유럽 내 대기업이 이에 포함된다.

하지만 CSDD의 진짜 특징은 그다음에 있다. 산업의 위험도에 따라 중간 규모 기업까지 규제 대상으로 포함한다는 점이다. 특히 환경파괴, 인권침해, 노동착취 등의 리스크가 구조적으로 내재된 산업군에 대해서는 보다 엄격한 잣대가 적용된다. 이에 따라 직원 수 250명 이상, 연 매출 4천만 유로 이상인 기업이라도 원자재 채굴, 섬유·의류, 농업, 식품, 광산업, 금속, 화학 산업 등 고위험 산업군에 속해 있다면 CSDD의 실사 의무가 부과된다. 이 기준은 기업의 규모보다도 산업 특성에 따른 윤리·환경 리스크를 중심으로 규제의 정합성을 설계한 구조로 이해할 수 있다.

무엇보다도 주목해야 할 점은, 비유럽 기업에 대해서도 동일한 의무가 부과된다는 점이다. 다시 말해, EU 역외에 본사를 두고 있는 다국적 기업일지라도 EU 시장에서 일정 규모 이상의 매출을 발생시키고 있다면 CSDD의 적용 대상이 된다. 구체적으로, EU 내에서 1억 5천만 유로 이상의 연간 매출을 기록하는 기업은 국적과 무관하게 실사 의무가 발생하며, 고위험 산업에 속해 있다면 매출 기준 4천만 유로만 초과해도 적용이 가능하다. 이는 곧 EU의 규제 기준이 사실상 글로벌 공급망 전체에 영향을 미치는 결과를 가져온다. EU가 자국의 윤리적 기준을 무역파트너, 글로벌기업, 해외 공급자까지 확대 적용함으로써 국경을 초월한 지속가능성 실사 규범이 현실화되고 있는 것이다. 이 지점에서 우리는 다음과 같은 중요한 함의를 도출할 수 있다.

첫째, CSDD는 기업의 조직 내부가 아닌 공급망 전체를 규제 대상으로 보고 있다는 점에서 경영방식 자체의 전환을 요구하는 제도이다. 기업이 자사 내부의 법적 준수만으로는 규제를 회피할 수 없으며, 협력업체·하청업체·위탁가공업체까지 포괄한 실사 시스템을 구축해야 한다.

둘째, 이 지침은 보고의무가 아닌 실질적 이행 의무를 부과하고 있으며, 사후 평가 및 조치 요구까지 포함한다. 즉, 형식적 보고가 아닌 실사 프로세스의 존재, 실행, 그리고 그 결과에 대한 추적 가능성traceability이 입증되어야 한다.

셋째, CSDD는 EU가 만든 전략적 접근 방법이다. 이는 앞으로 EU 내부뿐만 아니라 세계 각국의 ESG·공급망 실사 규제에 영향을 줄 수 있는 글로벌 규범화의 촉매제다. 이미 독일의 공급망 실사법LkSG, 프랑스의 기업 의무법, 네덜란드의 아동노동 실사법 등 유사 규제들이 발효되거나 입법을 준비 중이며, CSDD는 이러한 흐름의 기준선이자 모델 역할을 하게 될 것이다.

결국 기업이 CSDD에 대응한다는 것은 EU 시장에 접근하기 위한 입장권을 확보하는 것이다. 추가로 기업의 경영시스템을 전면적으로 재설계하는 작업이며, 미래 ESG 경쟁력 확보의 핵심 기반을 구축하게 된다.

CSDD의 핵심 의무사항

CSDD가 부과하는 핵심 의무는 다음 4가지 축으로 구성된다. 이들은 서로 독립적인 절차가 아니라, 단계별로 연결된 지속가능성 실사 사이클을 구성하며, 기업의 ESG 시스템을 구조적으로 강화하는 근간이 된다.

❶ 공급망 실사 절차의 도입

가장 기초적이며 핵심적인 의무는 공급망 전반에 걸친 실사 프로세스의 제도화다. CSDD는 기업이 제품·서비스의 생산과 유통 전 과정에 존재할 수 있는 인권침해, 환경파괴, 노동착취 등의 리스크를 체계적으로 식별하고 평가할 수 있는 시스템을 갖출 것을 요구한다. 기업은 공급망 전반에 대한 정량적·정성적 위험평가 시스템을 자체적으로 설계하고 운영해야 하며, 이를 통해 모든 가치사슬에서 발생 가능한 ESG 리스크를 포착할 수 있어야 한다. 실사는 일회성 분석이 아니라, 위험 요소에 대한 정기적 재점검과 개선이 내포된 역동적 프로세스로 설계되어야 한다.

여기서 실무적으로 요구되는 것은 리스크 매핑 도구, 평가 매뉴얼, 실사 대상 분류 기준, 체크리스트 개발 등이다. 특히 다단계 공급망 구조를 가진 기업은 단계별 실사 우선순위를 설정하고, 협력업체별 리스크 등급화 시스템까지 구축해야 한다.

❷ 위험 완화 및 예방 조치의 실행

CSDD는 실사 절차 수립에 그치지 않는다. 식별된 리스크에 대해서는 반드시 구체적인 예방 및 완화 조치가 뒤따라야 한다. 이 조치는 서면 권고가 아닌, 실제 실행 가능한 내부 방침, 교육, 기술 지원, 계약조건 변경, 파트너 전환 등 경영 실행에 기반한 실질적 조치여야 한다. 예를 들어, 공급망 내 특정 협력업체가 환경오염 유발 요인을 가지고 있음을 식별한 경우, 기업은 해당 업체에 대한 환경 교육 제공, 환경

관리시스템^{EMS} 도입 지원, 실적 기반 평가 기준 재설정, 필요시 공급계약 조정까지 포함한 대응 전략을 수립해야 한다. CSDD는 이러한 위험 대응 조치가 이해관계자 중심의 투명한 판단과 공정한 절차를 기반으로 이루어질 것을 요구하며, 그 실효성 역시 정기적으로 평가되어야 한다.

❸ 성과 모니터링 및 실사 결과 보고

모든 실사 활동과 조치의 성과를 체계적으로 기록하고 외부에 보고하는 시스템을 운영해야 한다. 이는 공시뿐만 아니라 기업의 지속가능성 실사 역량을 외부에 입증하는 수단이다.

기업은 실사 결과, 대응 조치, KPI, 개선 사항 등을 구조화된 보고서 형식으로 정리하고, 이를 이해관계자·감독 당국·투자자 등이 열람할 수 있도록 투명하게 공개해야 한다. 특히 보고 내용은 신뢰 가능한 ESG 데이터로 구성되어야 하며, GRI, SASB, CSRD 등의 국제 보고 기준과 정합성을 유지해야 한다. 기업의 보고 시스템은 실사 활동의 전 과정을 반영할 수 있어야 한다.

❹ 이해관계자 협력 구조의 구축

CSDD는 기업이 단독으로 모든 실사 의무를 수행할 수 없다는 현실을 인정하고, 공급망 내 이해관계자와의 적극적인 협력 구조를 함께 요구하고 있다. 특히 협력업체, 하청업체, 원자재 공급자 등 실사 대상자들과의 공동 대응 구조를 설계해야 한다. 이를 위해 기업은 공동교육, 리스크 대응 워크숍, 기술지원 프로그램, 협업적 리스크 평가 시스템 등을 운영해야 하며, 지속가능성 기준을 계약 조항에 포함시켜 협력사와의 책임 공유 구조를 제도화해야 한다. CSDD는 이해관계자와의 협력을 윤리적 책임 분담의 차원이 아니라, 실질적인 리스크 통제 수단으로 간주하고 있다. 즉, 협력사가 실사 시스템에 참여할 수 있도록 독려하고, 함께 개선할 수 있도록 설계된 구조 자체가 기업의 실사 수준을 평가하는 핵심 요소가 되는 것이다.

CSDD의 핵심 의무 사항은 결국, 기업이 ESG 항목을 점검하는 수준에 그치지 않고 지속가능성 자체를 경영시스템의 기본원리로 통합해야 함을 뜻한다. 이 제도는 서류가 아닌 시스템을 요구한다. 각 기업은 이 지침에 대응하기 위해 리스크 평가 체계, 내부통제 시스템, ESG 데이터 관리 인프라, 협력사 파트너십, 외부 보고 체계 등 모든 경영 요소를 재점검해야 하며, 필요하다면 ISO 37301(준법경영), ISO 14001(환경경영), ISO 26000(사회적 책임 가이드라인) 등 국제표준과의 통합적 구조화를 추진해야 한다.

04. 이해관계자 이론 Stakeholder Theory

기업경영은 더 이상 주주만을 위한 수익 창출에 머물지 않는다. 오늘날 기업은 고객, 직원, 은행, 경쟁사, 지역사회, 정부, 규제기관, 공급업체 등 다양한 이해관계자와 끊임없이 교류하며, 그들과 함께 지속적으로 가치를 창출해 나가는 존재로 진화하고 있다. 이때 중요한 경영 패러다임으로 떠오르는 것이 바로 '이해관계자 이론 Stakeholder Theory'이다. 이해관계자 이론은 기업의 존재 목적을 단순한 이윤 극대화가 아닌 다양한 이해관계자에게 가치 Value를 제공하는 데 있다고 본다. 다시 말해, 기업은 사회 전체의 구성원으로서 상호의존적 관계를 형성하며, 모든 이해관계자와의 조화를 추구해야 한다는 철학이다.

이해관계자란 누구인가?

이론에서 말하는 '이해관계자'란 기업의 의사결정에 의해 영향을 받거나, 반대로 기업에 영향을 미칠 수 있는 모든 개인과 집단을 뜻한다. 여기에는 주주 Shareholders 뿐 아니라 직원 Employee, 고객 Customer, 공급업체 Suppliers, 지역사회 Community, 정부 Regulators, 시민사회단체 NGO, 언론 Media 등 매우 광범위한 주체들이 포함된다. 이러한 이해관계자들은 기업경영의 핵심 축을 형성하는 실질적 파트너다. 특히 기업들이 ESG 경영에 관심을 집중하면서 이해관계자 관리의 중요성은 더욱 높아지고 있다. 기업은 이해관계자의 목소리를 듣고, 그 기대에 부응함으로써 지속가능한 성장 기반을 다질 수 있다.

① 지속가능한 성장: 이해관계자들의 기대에 부응함으로써 기업은 장기적이고 지속가능한 성장 기반을 마련할 수 있다.

② 리스크 관리: 이해관계자들과의 효과적인 소통과 관계 관리는 잠재적 갈등과 리스크를 줄이는 데 도움이 된다.

③ 혁신과 가치 창출: 다양한 이해관계자들의 관점과 아이디어는 기업의 혁신과 가치 창출에 기여할 수 있다.

④ 사회적 책임: 이해관계자 관리는 기업의 ESG 경영활동의 핵심 요소로, 기업의 평판과 브랜드 가치 향상에 기여한다.

⑤ ESG 경영: 최근 강조되고 있는 환경(E), 사회(S), 지배구조(G) 측면의 경영에서 이해관계자 관리는 더욱 중요해지고 있다.

이해관계자 이론의 세 가지 핵심 논리

이해관계자 이론은 윤리적 주장에 머무르지 않는다. 이 이론이 경영학에서 중요한 이유는 세 가지 논리적 기반을 갖고 있기 때문이다.

① 기술적^{Descriptive} 논리

기술적 논리는 기업이 실제로 어떻게 운영되고 있는지를 설명한다. 이 관점에서 볼 때 기업은 복잡한 이해관계자 네트워크의 중심에 위치한다. 현실적으로 대부분의 기업은 이미 다양한 이해관계자와 상호작용하고 있다. 기업의 성과는 고객 만족, 직원 몰입, 공급망 협력, 규제기관과의 관계 등에 따라 좌우된다. 따라서 이해관계자 중심 경영은 기업의 실제 운영방식을 보다 정확하게 설명하는 이론이다. 경영자들은 다양한 이해관계자 그룹의 요구와 기대를 지속적으로 조율해야 한다. 그리고 기업의 의사결정 과정에는 여러 이해관계자의 영향력이 반영될 수밖에 없다. 이러한 기술적 논리는 기업이 다양한 이해관계자와의 균형을 통해 운영된다는 현실을 반영한다.

② 도구적^{Instrumental} 논리

도구적 논리는 이해관계자 관리가 기업의 성과 향상으로 이어진다는 점을 강조한다. 효과적인 이해관계자 관리는 기업의 경쟁우위를 창출할 뿐만 아니라 이해관계자와의 신뢰 관계 구축은 거래 비용을 낮추고 협력을 증진시킨다. 그 결과 다양한 이해관계자의 니즈를 충족시키는 것은 기업 혁신의 원천이 된다. 이해관계자 관리는 기업 평판을 향상시켜 장기적인 가치 창출에 기여한다. 이 논리는 이해관계자 중심 경영이 실질적인 경영전략이 될 수 있음을 보여준다. 다수의 연구 결과는 이해관계자 관리가 장기적으로 기업의 재무성과와 직결된다는 점을 보여준다. 고객 만족도 향상, 브랜드 신뢰도 강화, 리스크 예방, 직원 이탈률 감소 등은 모두 이해관계자 대응 전략의 성과다. 다시 말해, 이해관계자 경영은 기업 경쟁력 확보의 실질적 수단이기도 하다.

③ 규범적^{Normative} 논리

규범적 논리는 기업의 윤리적, 도덕적 책임을 강조하고 있다. 모든 이해관계자는 그들 자체로 본질적 가치를 지니며, 단순한 수단이 아니다. 기업은 사회로부터 자원을 얻어 운영되므로, 사회에 대한 책임을 져야 할 뿐만 아니라 기업의 의사결정은 모든 이해관계자의 권리와 정당한 이익을 고려해야 한다. 장기적 관점에서 기업의 존재 이유는 모든 이해관계자를 위한 가치를 창출하는 것이다. 이 논리는 기업의 사회적 책임과 윤리경영의 철학적 기반을 제공한다. 따라서 기업은 사회적 자원을 활용하고, 다양한 집단의 협력을 통해 운영되는 조직이다. 이러한 구조하에서 기업은 모든 이해관계자에 대해 도덕적 책임을 지닌다. 이해관계자는 단지 법적 권리를 가진 존재가 아니라 기업과 함께 공존하는 주체이기 때문이다.

이 세 가지 논리는 상호 보완적이며, 함께 작용하여 이해관계자 이론의 강력한 기반을 형성한다. 이를 통해 기업은 현실을 정확히 인식하고, 효과적인 전략을 수립하며, 윤리적 책임을 다할 수 있게 된다.

COMPLIANCE 공정거래 CP & ISO 37301 실무가이드

Stakeholder Mapping: 이해관계자 분석의 실천 도구

기업이 이해관계자 이론을 실천 가능한 전략으로 구체화하려면, 가장 중요한 출발점은 바로 이해관계자 분석^{Stakeholder Mapping}이다. 이는 기업의 의사결정 과정에 영향을 미치거나 영향을 받는 모든 이해관계자를 식별하고, 그들의 특성과 기대를 체계적으로 분석하여 효과적으로 대응하기 위한 경영 도구다. Stakeholder Mapping은 말 그대로 '지도를 그리는 작업'이다. 기업을 중심에 두고, 그와 관계된 다양한 이해관계자들이 어떤 위치에 있는지, 어떤 기대를 가지고 있으며, 어떤 방식으로 관계를 형성해야 하는지를 파악하는 과정이다. 이는 전략 수립 이전에 반드시 거쳐야 할 분석 단계이며, 특히 ESG 및 Compliance 전략 수립 시 핵심적인 기반이 된다.

❶ 누구와 관계를 맺고 있는가: 이해관계자 식별

분석의 첫 단계는 "누가 이 이슈에 이해관계를 가지고 있는가?"라는 질문에서 시작된다. 이때 고려해야 할 범위는 생각보다 넓다. 기업 내부의 직원, 경영진은 물론이고, 고객, 주주, 지역사회, 정부기관, 시민단체, 미디어, 금융기관, 심지어 기업의 기술 파트너까지 포함된다. 특히 최근에는 기후변화 대응이나 인권 실사와 같은 사회적 이슈에서 이해관계자의 범위가 매우 확장되고 있다.

중요한 것은 이해관계자를 단순히 나열하는 것이 아니라 그들과 기업 간의 관계의 본질을 파악하는 것이다. 어떤 이해관계자는 제품 품질에 관심이 있고, 어떤 이해관계자는 노동환경에 민감할 수 있으며, 또 다른 집단은 기업의 정보공개 수준에 주목할 수 있다.

❷ 그들은 무엇을 기대하는가: 관심과 우려 분석

두 번째 질문은 "그들은 어떤 관심과 우려를 갖고 있는가?"이다. 이해관계자들은 기업이 어떤 행동을 할 때 어떤 감정과 판단을 갖게 되는지를 면밀히 분석해야 한다. 예컨대, 고객은 제품의 안전성과 가격에 관심이 있고, 직원은 근무환경과 경력 개발 기회를 중요하게 여긴다. 반면, 지역사회는 기업의 사회공헌활동이나 환경적 영향에 민감할 수 있다.

이해관계자의 기대는 단순한 의견이 아니라 기업 평판과 직접 연결되는 요인이 된다. 만약 이러한 기대를 간과하거나 오해하면, 의도치 않은 리스크가 발생할 수 있다. 따라서 기업은 이 분석을 통해 선제적으로 리스크를 진단하고 대응 전략을 수립해야 한다.

❸ 그들의 영향력은 어디까지인가: 영향력 평가

세 번째 질문은 "그들의 영향력은 어느 정도인가?"이다. 이해관계자의 영향력은 의사결정에 미치는 직접적 또는 간접적 파급효과를 의미한다. 여기에는 규제 권한, 여론 형성 능력, 구매 결정력, 내부 조직 내 영향력 등 다양한 형태가 있다. 예를 들어, 규제기관은 법률로 기업을 통제할 수 있는 강력한 권한을 갖고 있고, 주요 고객사는 매출 구조에 직접 영향을 준다. 반면, 일반 대중이나 언론은 여론을 형성함으로써 기업의 브랜드 가치에 간접적으로 큰 영향을 미칠 수 있다.

이 단계에서는 '영향력의 크기'뿐만 아니라 '영향력의 경로'도 파악하는 것이 중요하다. 어떤 이해관계자는 비공식적 경로를 통해도 막대한 영향력을 행사할 수 있다. 따라서 정성적 · 정량적 분석이 병행되어야 한다.

❹ 우리는 어떻게 대응할 것인가: 이해관계자 관리 전략 수립

마지막 질문은 "어떤 전략으로 관계를 형성하고 관리할 것인가?"이다. 이해관계자별로 일률적 대응을 하는 것은 전략적 실패로 이어질 수 있다. 기업은 각 이해관계자의 특성과 중요도에 따라 맞춤형 전략을 수립해야 한다.

여기서 효과적인 접근 방식은 바로 'Power – Legitimacy – Urgency Framework'다. 이는 이해관계자를 세 가지 기준으로 분류해 대응 우선순위를 정하는 방식이다.

- Power(영향력): 해당 이해관계자가 기업에 실제로 미칠 수 있는 힘의 크기
- Legitimacy(정당성): 기업 활동에 개입할 정당한 이유나 권리를 가지고 있는가
- Urgency(긴급성): 해당 이해관계자가 요구하는 사안의 시간적 긴박성

정당성과 영향력은 낮지만, 긴급한 요구를 제기하는 이해관계자는 단기적 커뮤니케이션 전략으로 대응할 수 있다. 반면, 정당성과 영향력이 모두 높은 이해관계자에게는 장기적 파트너십 구축 전략이 필요하다. 이러한 분류와 전략화 과정을 거쳐야만 이해관계자와의 관계를 단순한 관리 대상에서 공동의 가치 창출 파트너십으로 발전시킬 수 있다.

기업경영과 이해관계자 이론의 통합

오늘날의 기업은 복잡한 사회적 네트워크 속에 존재한다. 제품 하나가 생산되기까지 다국적 공급업체, 물류업체, 판매 채널, 고객 커뮤니티 등 다양한 이해관계자가 개입한다. 따라서 이해관계자 중심 경영은 전략이자 조직 운영의 방향성이 되어야 한다. 이와 관련해 글로벌기업들은 이해관계자 이론을 ESG 경영과 접목시키고 있다. Apple은 공급망 노동권 문제에 대응해 'Supplier Code of Conduct'를 수립했고, Unilever는 지역사회의 삶의 질 개선과 기후변화 대응을 기업 전략에 통합하고 있다.

Compliance와 Stakeholder Theory의 접점

Compliance 역시 이해관계자 이론과 깊은 연관을 가진다. 단순히 법규 준수가 목적이 아니라 이해관계자의 신뢰 확보와 리스크 예방이 Compliance의 본질이기 때문이다. 내부통제, 윤리강령, 내부신고 제도 등은 모두 이해관계자와의 신뢰를 구축하기 위한 장치이기도 하다. 따라서 기업의 CP는 단독 프레임워크가 아니라 이해관계자 중심이 경영전략 속에 내재되어야 하며, ISO 37301, ISO 37001 등 국제표준은 이를 구조화하는 도구로 기능할 수 있다. 이해관계자 이론은 학문적 개념이 아니라, 기업의 현실 경영을 설명하고 이끄는 가장 실천적인 이론 중 하나다. 주주만을 위한 경영이 아닌, 모두를 위한 경영. 그것이 오늘날 기업이 선택해야 할 방향이며, 이 이론은 그 길을 안내하는 나침반이라 할 수 있다.

기업들의 ESG & Compliance 경영 사례

01. 해외 ESG & Compliance 성공 사례 – 실행을 증명한 기업들

세계 유수의 기업들은 이제 ESG를 공시나 마케팅 수단으로 활용하는 시대를 지나, 내부 시스템으로 통합하여 실질적 실행력을 증명하는 단계에 들어섰다. 특히 이들 기업은 'Compliance 없는 ESG는 허상'이라는 사실을 명확히 인식하고 있으며, 법적·윤리적 기준을 내재화한 경영 인프라를 구축함으로써 ESG의 실효성을 확보하고 있다.

이 장에서는 글로벌시장에서 ESG와 Compliance 통합경영을 실현하고 있는 새로운 기업들의 사례를 중심으로, 실제 전략과 시스템, 내부통제 구조가 어떻게 연결되어 있는지에 대한 심층 분석을 제시한다.

지멘스^{Siemens} – 반부패 Compliance를 ESG 핵심 축으로 전환한 대표 사례

독일의 산업기계 및 디지털 솔루션 기업인 지멘스는 과거 글로벌 부패 스캔들을 겪은 이후, Compliance 리빌딩의 대표적 성공 사례로 주목받는다. 지멘스는 이 사건을 계기로 ISO 37001(부패방지 경영시스템)을 핵심 경영 체계로 수용했고, 모든 사업부서에 Compliance Officer를 배치하는 독립적 관리 구조를 정착시켰다.

더불어 이들은 ESG 전략을 수립하는 데 'Business to Society^{B2S}' 프레임워크를 도입했다. 이는 수익 창출이 아닌 사회·환경에 미치는 긍정적 영향력을 핵심 가치로 삼는 시스템이며, 모든 ESG 활동의 정당성과 실행 근거를 Compliance 내부통제 시스템과 연계하여 구조화한 것이다.

지멘스의 이사회는 ESG와 관련된 리스크(예: 부당납품, 지역사회 환경피해 등)에 대해 내부감사위원회와 Compliance 기능이 공동으로 검토하는 구조를 운영하며, 이를 통해 ESG 리스크를 '통제 가능한 경영이슈'로 전환시키고 있다.

스타벅스 Starbucks – 사회적 책임과 노동 준법경영의 통합

스타벅스는 '사회적 책임경영 Social Responsibility'을 표방하는 브랜드 이미지에 그치지 않고, ESG 전략과 노동 관련 Compliance 시스템을 실질적으로 연결한 사례다. 특히 이 기업은 다양한 노동 규제와 지역별 노동기준을 준수하기 위해 글로벌 수준의 노동권 관리 시스템을 수립했다. 내부적으로는 공정노동 실사 체크리스트 Fair Labor Audit Checklist를 통해 전 세계 매장 및 제조공장에서 정기적인 실사를 수행하고 있으며, 이 실사는 지역 법과 ILO(국제노동기구) 기준을 동시에 반영하여 다중규제 대응체계를 마련하고 있다.

또한, 다양한 커뮤니티 프로그램과 청년·장애인 고용정책을 추진하면서도, 해당 프로그램의 성과지표를 ESG 공시자료에 정량화해 공개하고 내부 감사위원회에서 그 적절성을 검토하는 구조를 운용 중이다. 이처럼 사회적 책임 활동을 법적·제도적 준수 구조 속에서 실행하고 있다는 점이 스타벅스 ESG 전략의 강점이다.

덴마크 Ørsted – 환경혁신과 지속가능 투자의 Compliance 연계 성공모델

Ørsted(외르스테드)는 과거 화석연료 중심의 전력회사에서 세계 1위 재생에너지 기업으로 전환한 혁신 사례다. 이 기업의 핵심 ESG 전략은 기후 리스크 대응을 철저히 정량화하고, 이를 금융 Compliance와 연결하여 실행력을 높인 것이다.

Ørsted는 ISO 14001 기반의 환경경영 시스템을 모든 에너지 전환 프로젝트에 대해 탄소배출 저감 수치, 자원 효율성, 재생 에너지 활용률 등 핵심 ESG 지표를 내부 준법감시 시스템과 함께 통제한다. 특히, 녹색채권 Green Bonds 발행 시 해당 프로젝트

의 환경성과가 Compliance 모니터링 대상이 되며, 이를 외부 제3자 인증기관이 독립적으로 검증하도록 의무화했다. 또한, 재생에너지 전환 과정에서 발생 가능한 지역사회 갈등이나 해양생태계 이슈를 사전 식별하고, 환경영향평가 결과를 내부 의사결정 체계에 반영하는 '리스크 통합 프레임워크^{Risk Integration Framework}'를 구축했다.

이처럼 Ørsted는 환경 Compliance의 고도화를 통해 ESG 투자자들의 신뢰를 획득하고, 실제 금융 조달력까지 확보한 대표 사례로 꼽힌다.

존슨앤드존슨^{Johnson & Johnson} – ESG 통합 거버넌스를 통한 지속가능 가치 창출

헬스케어 기업 존슨앤드존슨은 보건·인권·거버넌스를 동시에 강화한 ESG & Compliance 결합형 전략을 구축하고 있다. 특히 주목할 만한 점은, ESG 추진체계를 이사회 차원의 정식 구조로 통합하고 있다는 점이다.

이 기업은 이사회 산하에 ESG 위원회와 별도로 'Compliance & Risk Oversight Committee'를 운용하며, 모든 ESG 전략과 관련된 리스크를 이중으로 감시하는 체계를 갖추고 있다. 이 위원회는 기업윤리, 제품 안전, 인권, 환경규제 등 전사적인 Compliance 이슈를 정기적으로 검토하며, ESG 핵심 지표의 관리방식 또한 이 위원회의 승인을 거쳐야 한다. 특히 공급망 내 인권 실사에 있어서는 CSDDD(기업 지속가능성 실사 지침) 대응체계를 선제적으로 도입해, 협력업체의 노동환경, 보건 안전, 지역사회 영향 등을 내부 ESG 실사 프로세스에 연계하고 있다. ESG가 '철학'이라면 Compliance는 그 '실행 컨트롤러'라는 전략이 존슨앤드존슨의 ESG 시스템의 본질이다.

ESG는 무엇을 하느냐보다 어떻게 실행하느냐의 문제이다. 이들 사례는 ESG를 말하는 데 그치지 않고, 실제로 실행하고 입증하는 기업만이 지속가능성을 증명할 수 있다는 사실을 보여준다. 기업마다 사업모델은 달라도 공통점은 있다. 바로 Compliance 경영시스템을 ESG 실행 인프라로 활용하고 있다는 점이다.

지배구조^{Governance} 기반 ESG & Compliance 통합

이 책의 본질인 지배구조 관점에서 ESG와 Compliance 통합 방법을 설명해 보고자한다. 앞서 살펴본 지멘스, 스타벅스, Ørsted, 존슨앤드존슨 등의 사례에서 우리는하나의 공통된 경향을 발견할 수 있다. ESG 전략이 단지 환경과 사회 영역에 머무르지 않고, 지배구조를 통해 실질적 시스템과 내부통제 수준으로 심화되고 있다는 점이다. 지속가능한 경영의 본질은 '구조화된 실행력'에 있으며, 그 중심에 Compliance시스템이 존재한다.

글로벌기업들은 이제 ESG의 세 축 중 'G', 즉 Governance를 가장 실질적인 실천기반으로 삼고 있다. 환경과 사회 전략이 외부 지향적 성격이라면, 지배구조는 ESG전략을 기업 내부에 정착시키고 자율성과 책임의 균형을 실현하는 기초 설계도와 같다. 이러한 이유로 최근 ESG 선도기업들은 Compliance 시스템을 중심으로 거버넌스를 강화하는 구조로 진화하고 있으며, 그 핵심은 다음과 같은 실행구조로 정리된다.

먼저 ESG 및 Compliance와 같은 명칭의 위원회 설치를 하는 것이다. 독립성과 전문성을 갖춘 이사회 산하 위원회를 운영하여 ESG 전략의 실행성과와 준법 리스크를통합 관리한다. 다음으로 내부감사 및 리스크 대응체계를 정비하는 것이다. 리스크감사 결과를 기반으로 즉시 개선 프로세스를 가동할 수 있도록 통제 구조를 마련한다. 이는 ISO 37301에서 강조하는 리스크 기반 접근 방식^{RBA}과 완전히 맞닿아 있다.문화를 이끄는 이사회 다양성 및 윤리경영 리더십 확보도 마찬가지이다. 다양한 배경의 이사를 선임함으로써 조직 내부 의사결정의 공정성과 균형성을 확보하고, ESG의제의 독립적 심의 역량을 강화한다. 이러한 지배구조 강화는 조직구성의 문제가아니다. 이는 기업이 윤리적 의사결정의 책임성을 확보하고, ESG 전략을 '행동 중심의 구조'로 전환하는 가장 직접적인 수단이다.

또 하나 주목할 점은, 윤리경영의 문화화와 실행구조의 병행이다. 선도기업들은'윤리'를 가치로만 인식하지 않는다. 그들은 이를 제도화된 행동지침, 내부고발제도,정기 교육 체계 등으로 구체화한다. 그러기 위해서는 기본적으로 윤리교육 시스템을구축하여야 한다. 전 직원 대상으로 윤리 및 Compliance 교육을 정기화하고, 실무 맞춤형 콘텐츠를 구성하여 실제 업무와 연결되도록 설계한다.

매번 느끼지만 저자는 ISO 37301을 정말 잘 만들어진 Compliance 경영시스템으로 보고 있다. 기업은 경영시스템 중심의 기능Function적 접근법을 통해 ISO 37301을 조직에 실질적으로 작동하는 내부통제 시스템으로 내재화하는 것이 중요하다고 본다. 다시 말해, ISO 37301은 보여주기식이 아닌, 경영활동 전반에 자연스럽게 녹아드는 운영 기반의 시스템으로 자리 잡아야 한다.

ESG 전략을 추진하면서 ISO 37301을 연계하여 기업 전반의 법규 준수 체계와 ESG 리스크 대응 시스템을 통합하는 기업들이 늘고 있다. 이는 ESG와 Compliance가 병렬 구조가 아닌 상호작용적 구조로 통합되어야 함을 시사한다. 위 두 시스템뿐만 아니라 다른 환경, 안전보건, 정보보안, 개인정보 등 다른 경영시스템과 통합 경영전략을 PDCA 핵심 사이클로 운영할 수 있다. 실천 가능한 ESG 전략의 핵심은 PDCAPlan-Do-Check-Act 사이클에 기반한 지속적 개선 프로세스이다. 선진기업들은 이미 ESG 경영 프로세스를 다음과 같이 운영한다.

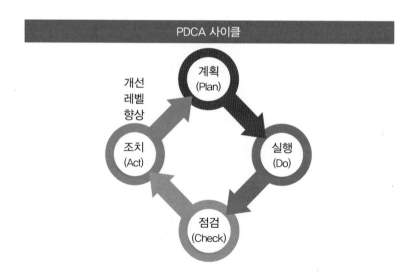

① Plan: ESG 방침과 정량목표 수립 → 이해관계자 기대 반영
② Do: 실행조직구성, 교육, 시스템 구축 → 공급망 ESG 계약 반영
③ Check: ESG 데이터 수집, KPI 평가, 내부감사 및 외부감사

④ Act: 성과분석에 따른 개선 조치, 거버넌스 수정, 피드백 내재화

이러한 구조는 ISO 37301, ISO 14001, ISO 50001, ISO 45001 등 모든 주요 관리 시스템 표준과 정합성이 높으며, 기업이 실질적으로 ESG 성과를 내고 있다는 것을 입증하는 경영시스템의 중심축이 된다.

또한, ESG & Compliance 통합 전략에서 빠질 수 없는 요소는 정량 데이터 기반 의사결정 체계다. 글로벌기업들은 ESG 관련 성과와 리스크를 추적할 수 있는 ESG 데이터베이스, AI 기반 ESG 모니터링 시스템 등을 적극 도입하고 있다. 그리고 ESG 의 실질적 실행은 공급망에서의 윤리경영 내재화 없이는 완성되지 않는다. 이제 대부분의 글로벌기업은 협력업체와의 계약서에 ESG 기준 및 Compliance 의무를 명문화하고, 공급망 실사(CSDD 대응 포함), ESG 교육, 공동 리스크 평가 프로그램을 체계화하고 있다. 이러한 노력은 지속가능한 공급망 관리 자체가 기업 경쟁력으로 인식되는 흐름을 반영하는 전략적 변화다.

글로벌기업들의 ESG 및 Compliance 경영 사례들이 우리에게 말하는 것은 분명하다. 이제 지속가능성은 조직의 '철학'이 아니라 '시스템'이며, Compliance는 그 시스템이 작동하도록 하는 '엔진'이다. ESG의 성과는 기업의 평판과 직결되고, Compliance는 그 성과의 신뢰도를 뒷받침한다. 따라서 진정한 ESG 경영이란, 윤리적 경영 철학과 준법 시스템이 유기적으로 연결되어야만 가능한 일이다. 그리고 그러한 구조를 먼저 실현한 기업들만이, 글로벌 신뢰와 지속가능한 성장이라는 진짜 가치를 손에 넣고 있다.

02. 국내 ESG & Compliance 성공 사례 – 한국 기업의 실천이 증명한 성과

해외 기업들의 ESG & Compliance 실행 사례를 통해, 이 두 개념이 어떻게 시스템화되고 경영의 핵심임을 확인했다. 이 변화는 더 이상 글로벌기업들만의 흐름이 아니다. 대한민국 기업들 또한 ESG와 Compliance를 통합한 경영혁신을 실천하고 있으

며, 그 결과가 점차 구체적인 성과로 드러나고 있다. 이 장에서는 기존의 추상적 설명에 그치지 않고 실제 국내 기업들이 어떻게 ESG & Compliance를 결합하여 구조적으로 내재화하고 있는지를 사례 중심으로 정리하고자 한다. 말이 아닌 행동으로 증명한 국내 기업들의 성공 전략은 ESG 경영을 고민하는 많은 실무자들에게 실질적인 방향성을 제공할 것이다.

SK하이닉스 – 탄소 감축과 윤리경영의 통합 관리 시스템 구축

SK하이닉스는 반도체 산업의 에너지 집약적 특성에도 불구하고, 환경경영과 Compliance 시스템을 통합하여 탄소중립 경영을 실천하는 국내 대표 사례다. 하이닉스는 자체적으로 수립한 '에코비전Eco Vision'을 기반으로, 2050년 탄소중립 목표를 수립하였고, 이를 ISO 14001(환경경영시스템)과 내부 ESG 관리체계에 통합했다. 특히 ESG 위원회 산하에 '환경안전위원회'와 '윤리경영위원회'를 병렬로 운영, 에너지 절감 기술 개발과 윤리경영 기준을 함께 점검하는 구조를 구축했다. 실행력 확보를 위해 협력업체 대상 ESG 실사도 정례화하였으며, 모든 1차 공급업체는 기후변화 대응, 환경규제 준수, 윤리기준 동의 여부 등을 사전심사 단계에서 검토받도록 시스템화했다. 또한 ESG 평가 결과가 우수한 협력업체에는 인센티브와 공동 기술개발 기회를 제공하며, 이를 통해 공급망 전반의 ESG 수준을 끌어올리는 선순환 구조를 실현하고 있다.

LG화학 – 생애주기 기반 환경관리와 ISO 37301 도입을 통한 준법 시스템 정착

LG화학은 친환경 이미지뿐만 아니라 제품의 생애주기Lifecycle 전체에서 환경영향을 평가하고, 이를 Compliance 시스템과 통합한 대표적인 실천 기업이다. 이 기업은 글로벌 수출 환경에서 ESG 기준이 강화되자, ISO 37301(준법경영 시스템)을 도입해 내부 리스크 관리 체계를 강화하고, 동시에 ISO 14067(탄소발자국), ISO 50001(에너지경영) 등을 결합하여 ESG와 규제 대응을 하나의 시스템으로 통합했다. 특히 ESG 평가 결과를 내부 감사위원회가 정기적으로 검토하고, 준법리스크와 환경리스크를 통합 관리하는 Compliance 포털을 운영하고 있다. 이 시스템은 각 사업장의 실시간 데이터와 내부 감사를 연동해 지속가능성과 준법 수준을 동시 추적할 수 있게 설계되었다.

포스코 – ESG 공급망 책임성과 공정거래 CP 시스템의 통합 운영

포스코는 철강 산업의 특성상 공급망 리스크가 크기 때문에 공정거래 CP 시스템을 ESG 공급망 실사와 연계해 관리하고 있는 대표 사례다. 이 기업은 협력사 대상 '동반성장 프로그램'에 ESG 기준을 공식 반영하고, 공정거래위원회의 CP 모범 기준에 따라 공정거래 자율준수 프로그램을 별도로 운영하고 있다. 포스코는 협력업체 평가 시 ESG 수준과 준법 이행 수준을 각각 점수화하여 통합지표로 반영하며, 일정 수준 미달 시 개선계획 제출을 의무화하고 있다. 또한 ESG 활동의 투명성을 높이기 위해 사외이사 중심의 '지속가능경영위원회'와 별개로 '윤리경영위원회'를 두어 준법 리스크와 비윤리 행위에 대한 대응체계를 강화하였다.

CJ제일제당 – 인권 실사와 다문화 포용 전략의 선도적 실천

CJ제일제당은 식품 산업 특유의 글로벌 공급망과 다문화 인력 구성 특성에 대응하기 위해, ISO 26000(사회적 책임 가이드라인)을 기반으로 인권 실사 체계를 수립하고 있다. 협력업체와의 계약조건에 노동권·아동노동 금지 조항을 명문화하고, 자체 인권 실사 매뉴얼을 개발하여 공급망 전반의 인권 이슈를 사전 점검하고 개선 조치를 요구하는 시스템을 정립했다. 또한 사내에서는 다문화·여성 인재 포용을 위한 D&I(다양성과 포용성) 프로그램을 확대하여, 이사회 내 젠더 다양성 확보, 비정규직 차별 해소 정책, 가족친화제도 확대 등 사회적 책임 이행을 실질화하고 있다.

하나금융그룹 – ESG 금융과 Compliance 경영의 통합 운영

하나금융그룹은 ESG 금융을 실현하면서도 금융 Compliance 시스템을 내재화하여 실행력을 확보한 대표 사례다. 하나그룹은 '하나 ESG 평가모델'을 개발하여, 금융

상품 개발 단계에서부터 ESG 위험을 계량화하고, 금융규제와 함께 내부 Compliance 리스크를 자동 점검하는 통합 시스템을 구축하였다. 또한 ESG 여신 심사 시 금융소비자보호법, 자금세탁방지법 등 금융규제를 교차점검하는 Compliance 필터링 프로세스를 운영함으로써, ESG 금융의 신뢰도를 제도적으로 뒷받침하고 있다. 전사 ESG KPI는 준법감시인 및 ESG 위원회가 이중 관리하며, 실질적 ESG 경영 성과의 데이터 기반 보고체계를 구축하였다.

한국 기업들도 이제 'ESG와 Compliance 실행으로 말하는 시대'에 들어섰다. 이제 대한민국 기업들도 더 이상 ESG와 Compliance를 분리해 접근하지 않는다. 선도기업들은 두 축을 하나의 시스템으로 통합하고, 그 실행력을 구조화하여 '지속가능성의 실행력'을 입증하고 있다. 이러한 전략은 경쟁력을 확보하고 글로벌 이해관계자의 신뢰를 획득하는 실질 전략이다. Compliance는 ESG 전략의 견고한 기초이며, ESG는 Compliance 시스템의 전략적 진화 방향이다. 대한민국 기업들은 이제 ESG 철학과 준법 시스템을 유기적으로 연결함으로써, ESG 경영을 주도하는 글로벌 파트너로 진화하고 있다.

부록

별첨 1. 독자 질문 및 답변 TOP 20

1. Compliance를 기업문화로 정착시키려면 어떻게 해야 하나요?

Compliance를 기업문화로 정착시키기 위해서는 경영진의 강한 의지가 가장 중요합니다. CEO를 비롯한 최고경영진이 준법경영을 경영에 있어 최우선 가치로 두고 적극적으로 지원, 장려해야 합니다. 또한, 기업 내부의 모든 구성원들이 Compliance를 규제로 인식하지 않고, 실질적인 가치로 받아들이도록 하기 위해 지속적인 자문 Advice 그리고 교육과 인센티브가 필요합니다. 예를 들어, 공정거래 CP 운영을 위한 내부 포상제도를 마련하거나, 임직원들이 자율적으로 법적 준수를 실천할 수 있도록 믿을 수 있는 내부고발 보호시스템을 강화하는 것도 좋은 방법입니다.

2. ISO 37301과 기존 CP(공정거래 자율준수 프로그램)의 가장 큰 차이점은 무엇인가요?

ISO 37301은 공정거래법 준수에 초점을 맞춘 CP와 달리, 기업의 필수적 의무(법, 규정, 계약 등)와 자발적 의무(윤리, MOU, 확약 등)로써 전체적인 준법경영 시스템을 체계적으로 구축할 수 있도록 합니다. 특히 ISO 37301은 리스크 관리, 내부심사, 지속적인 개선 등 PDCA^Plan-Do-Check-Act 프로세스를 기반으로 운영됩니다. 반면 CP는 특정 법규(공정거래법)를 준수하기 위한 프로그램으로, ISO 37301과 비교하면 범위가 상대적으로 좁습니다. 따라서 ISO 37301을 도입하면 CP를 포함한 전사적 준법경영이 가능해지고, 글로벌기업으로서 신뢰성을 확보하는 데 유리합니다. 다만, CP는 정부 평가이며, ISO는 민간 심사임을 이해하여야 합니다.

3. Compliance 리스크를 실무적으로 어떻게 진단하고 관리해야 하나요?

Compliance 리스크를 관리하기 위해서는 먼저 리스크 매트릭스를 활용한 영향도Impact vs 발생 가능성Likelihood 평가가 필요합니다. 기업이 직면한 주요 법적 규제, 산업별 특성을 고려하여 리스크를 도출하고, 각 리스크에 대한 대응 전략을 수립해야 합니다. 실무적으로는 내부감사 및 모니터링 시스템을 구축하고, 직원들에게 정기적인 리스크 인식 교육을 제공하는 것이 중요합니다. 또한, 위반 발생 시 신속한 대응 프로세스를 마련하여 피해를 최소화하는 것도 필수적입니다.

4. ISO 37301 인증을 받으면 기업에 실질적인 이점이 있나요?

ISO 37301 인증은 기업의 리스크 관리 체계를 국제표준에 맞게 운영하고 있다는 것을 증명 및 입증하는 역할을 합니다. 이는 투자자와 고객들에게 신뢰를 제공할 뿐만 아니라 법원의 사전과 사후 입증 그리고 정부 조달 시장에서도 우대 혜택을 받을 수 있습니다. 또한, 글로벌기업들과의 거래에서도 ISO 37301 인증이 있는 기업은 계약체결 시 유리한 입지를 확보할 수 있습니다. 또한 수출거래 시 신뢰도를 높일 수 있습니다.

5. Compliance 위반 사례가 발생했을 때 실무적으로 어떻게 대처해야 하나요?

Compliance 위반 사례가 발생했을 경우, 기업은 즉각적인 대응이 필요합니다. 가장 먼저 내부 조사팀을 구성하여 사건의 원인을 분석하고, 관련 법규를 검토하여 법적 리스크를 평가해야 합니다. 그다음으로 해당 사안이 외부 이해관계자(정부, 투자자, 소비자 등)에게 미칠 영향을 고려하여 투명하게 대응 전략을 수립해야 합니다. 특히 내부신고제도를 활성화하고, 위반 사항에 대한 재발 방지 조치를 강구하는 것이 필수적입니다.

6. ESG 경영과 Compliance는 어떤 관계가 있나요?

ESG 경영에서 'G(거버넌스)'는 기업의 윤리성과 법적 준수Compliance를 핵심 요소로 포함합니다. 따라서 기업이 ESG를 강화하기 위해서는 법적 리스크를 최소화하고, 내부통제 시스템을 확립하는 것이 중요합니다. 또한, Compliance를 효과적으로 운영하면 ESG 평가에서도 높은 점수를 받을 수 있으며, 이는 투자 유치와 브랜드 이미지 제고에 긍정적인 영향을 줍니다.

7. CP 운영을 실무적으로 가장 효율적으로 관리하는 방법은 무엇인가요?

CP를 효과적으로 운영하기 위해서는 '사전 예방 – 사후 감시 – 피드백 개선'의 세 가지 단계를 철저히 실행해야 합니다. 먼저, 직원 교육 및 윤리강령을 통해 사전 예방 조치를 취해야 하며, 내부 감시 및 실시간 모니터링을 통해 법 위반 가능성을 조기에 발견해야 합니다. 마지막으로, 내부감사를 통해 문제점을 파악하고 지속적인 개선 조치를 실행해야 합니다. 실무적으로는 전담 조직을 운영하고, Compliance 전산 시스템을 활용하는 것이 효과적입니다.

8. 중소기업도 ISO 37301을 도입할 필요가 있나요?

중소기업도 법적 리스크를 최소화하고 거래관계상 대기업과 함께 동반 성장하기 위해 ISO 37301을 도입하는 것이 비즈니스상 유리합니다. 특히 최근 대기업과의 협력 시 Compliance 요구 수준이 강화되면서, 중소기업도 체계적인 준법 시스템을 운영할 필요성이 커졌습니다. 또한, ISO 37301을 도입하면 내부적으로 법 위반 가능성을 사전에 차단할 수 있고, 투자 유치 및 신용 평가에서도 긍정적인 영향을 받을 수 있습니다.

9. 공정거래 CP를 운영하면서 가장 많이 발생하는 실수는 무엇인가요?

공정거래 CP 운영에서 가장 많이 발생하는 실수는 단순히 '형식적인 서류 작업'으로 끝나는 경우입니다. 많은 기업이 CP 운영을 공정거래위원회의 평가를 받기 위한 문서 작업으로만 수행하며, 실질적인 준법경영 문화 정착에는 소홀한 경우가 많습니다. 이를 방지하려면 CP 운영을 기업 내부 문화로 정착시키고, 실질적인 법 위반 리스크를 관리하는 데 초점을 맞추는 것이 중요합니다.

10. Compliance 담당자가 꼭 알아야 할 핵심역량은 무엇인가요?

Compliance 담당자는 법적 이해도, 윤리적 판단 능력, 내부 커뮤니케이션 역량, 리스크 관리 능력 등 다양한 역량이 필요합니다. 특히 법률 및 규제 변화에 대한 지속적인 학습이 중요하며, 조직 내에서 실질적인 준법경영 문화를 구축하기 위해 경영진 및 직원들과 원활한 소통이 가능해야 합니다. 또한, 실무적으로는 데이터 분석 능력을 활용하여 내부감사를 효과적으로 수행하고, 기술을 활용한 준법 시스템(예: AI 기반 리스크 분석 도구)을 적극적으로 도입하는 것이 중요합니다. 또한, ISO 37301 인증심사원과 CP와 관련된 CmP 민간자격을 취득하는 방법도 역량 향상과 적격성 입증에 도움이 됩니다.

11. 임직원들의 Compliance 미준수가 기업에 어떤 악영향을 미치나요?

Compliance 미준수는 단순한 실수가 아니라 기업의 근본을 뒤흔드는 파괴력을 갖습니다. 작은 위반 하나가 깨진 유리창처럼 점차 조직 전체의 도덕성과 신뢰를 무너뜨릴 수 있습니다. 법적제재와 과징금은 물론이고, 기업의 평판과 신뢰가 훼손되며, 내부통제는 무력화됩니다. 의사결정이 왜곡되고, ESG 평가에서 G 요소가 약해져 결국 지속가능한 성장 기반이 흔들릴 수 있습니다. 실적을 내는 직원 한 명의 무심한 선택이, 전체 조직의 미래를 위태롭게 만들 수 있습니다.

12. Compliance 미준수가 반복되거나 방치될 경우, 기업은 어떤 구조적인 리스크에 직면하게 되나요?

Compliance를 무시한 대가는 단순한 벌금으로 끝나지 않습니다. 반복되는 미준수는 외부 투자자로부터 회피 대상으로 낙인찍히는 출발점이 될 수 있습니다. 소액주주 대표소송, 이사 책임추궁 등 경영진에게 직접적 법적 책임이 전가될 수 있으며, 이사회 리스크 관리의무 위반으로까지 이어질 수 있습니다. 내부 문화는 해이해지고, 상법상 내부통제 기준을 충족하지 못하면 기업 전체가 법 위반 조직이 될 수 있습니다. 결국 브랜드 가치 하락과 함께 회복이 불가능한 손실을 입게 됩니다.

13. 왜 Compliance를 '단순한 규정 준수'에서 벗어나 '기업 생존 전략'으로 봐야 할까요?

오늘날 Compliance는 '선택 사항'이 아니라 '생존조건'이다. 위기관리, 글로벌 거래, 투자 유치, 브랜드 신뢰 등 거의 모든 기업활동에 영향을 미칠 수밖에 없습니다. 특히 ESG 평가에서 '거버넌스(G)' 요소의 핵심이 바로 Compliance가 됩니다. 거버넌스가 무너지면 환경(E)과 사회(S)도 함께 무너질 수밖에 없는 구조입니다. 성장을 위한 도전도 중요하지만, 그것을 지키는 방패가 바로 Compliance가 됩니다. 규정을 지켜야 하는 이유는 벌금이 아니라 기업의 미래를 지키기 위함입니다.

14. Compliance를 문화로 정착시키기 위해 가장 중요한 요소는 무엇이라고 보시나요?

문화는 시스템이 아니라 사람입니다. Compliance를 문화로 뿌리내리기 위해서는 CEO와 임원진의 일관된 태도가 필요합니다. 규정은 말로 정하지만, 문화는 행동으로 만들어지는 경우가 많습니다. 경영진이 스스로 규정을 어기거나 형식적으로만 운영한다면, 현장 구성원은 그것을 기준으로 삼게 됩니다. 위에서부터 흘러내리는 모범, 그리고 CP나 ISO 37301과 같은 시스템이 실효성 있게 작동할 때 비로소 문화는 생기게 됩니다. Compliance는 제도보다 분위기가 될 확률이 높습니다.

15. Compliance 미준수로 위기에 봉착한 국내외 기업사례 중 인상 깊었던 사례가 있다면 소개 부탁드립니다.

국내의 한 유명 임플란트 기업은 내부 회계시스템을 직원 한 명이 10년 넘게 조작한 결과, 2,215억 원의 횡령 사태를 겪었습니다. 분리되지 않은 권한과 형식적 내부 감사 시스템은 모두 무너졌고, CEO와 감사가 교체되고, 기업 평판은 바닥으로 떨어졌습니다. 반면 독일의 폭스바겐은 디젤 배출가스 조작이라는 윤리적 위반으로 3조 원 이상의 벌금, 브랜드 신뢰 하락, 글로벌 비난이라는 혹독한 대가를 치렀습니다. 공통된 교훈은 하나입니다. '규정이 아니라, 시스템이 실제 작동해야 한다'는 것입니다.

16. 반대로 Compliance를 잘 지켜서 신뢰를 얻거나 경쟁력을 높인 기업의 사례도 있을까요?

ISO 37301을 선제적으로 도입하고, 이를 공정거래 CP와 ESG 전략과 연계한 국내 주요 식품기업의 사례가 있습니다. 이 기업은 내부심사 체계와 내부신고제도를 강화하고, 전사 교육을 통해 윤리 인식을 높였으며, 그 결과 ESG 평가에서 상위 등급을 획득하고 글로벌 파트너로부터 공급계약을 확대하였습니다. 외부 기관조차 해당 기업의 준법경영 리스크 대응 수준을 높게 평가했습니다. 이는 '지킨 만큼 신뢰받는다'는 사실을 증명한 대표적 사례가 됩니다.

17. 기업이 임직원 개개인의 Compliance 인식을 높이기 위해 실제로 할 수 있는 효과적인 방법은 무엇일까요?

결국 정답은 마음을 움직이는 교육입니다. 단순히 법령을 설명하는 강의가 아니라 실제 벌금 사례, 뉴스에 나온 유사 업종의 위반 사례를 공유하며 현실감을 심어줘야 합니다. 현장에서 겪을 수 있는 윤리적 딜레마를 시뮬레이션하고 토론하는 방식은 특히 효과적입니다. 나아가 평가와 연계한 인센티브 제도, 예를 들어 성과평가에 Compliance 항목을 포함시키면 행동 변화로 이어질 수 있습니다. 제도와 교육은 나란히 가야 합니다.

18. Compliance를 위반했을 때 기업은 어떤 조치가 바람직하다고 보시나요?

사건 발생 시 가장 중요한 건 '속도'와 '정직성'입니다. 즉시 조사에 착수하고, 관련 증거를 확보하고, 개입 우려가 있는 인원과 분리하여 철저한 사실 확인을 진행해야 합니다. 이후 CEO와 이사회에 정확하게 보고하고, 필요 시 외부에 투명하게 공개함으로써 신뢰를 잃지 않는 것이 중요합니다. 관련자 징계뿐 아니라 재발 방지를 위한 시스템 개선, 전사적 공유와 재교육까지 이어져야 진정한 사후 대응이라 할 수 있습니다. Compliance 위반은 사건이 아니라 '조직의 시험'이 됩니다.

19. 실적 압박 속에서도 임직원들이 Compliance를 지킬 수 있게 하려면, 어떤 조건이나 환경이 필요하다고 보시나요?

성과와 준법은 상충하는 것이 아니라 병행 가능한 것입니다. 이를 가능하게 만드는 건 결국 리더십과 조직 설계가 됩니다. 실적 목표를 강조하되, 그 과정에서도 반드시 지켜야 할 윤리적·법적 기준을 설정해야 합니다. ISO 37301이나 CP는 이러한 균형을 제도적으로 구현할 수 있는 강력한 도구가 됩니다. '성과는 눈에 보이는 결과', 'Compliance는 지탱하는 기반'이라는 인식이 확산되어야 합니다. 둘 중 하나를 포기하는 게 아니라 같이 가야 합니다.

20. 향후 기업들이 Compliance 전략을 수립할 때 주목해야 할 글로벌 트렌드나 규제 변화가 있을까요?

ESG 기반의 유럽 공급망 실사지침CSDDD은 2027년부터 우리 기업들에 본격 적용됩니다. 대기업뿐 아니라 납품 중소기업까지 인권, 환경, 윤리 기준을 충족해야 하며, 위반 시 계약 해지, 제재, 손해배상으로 이어집니다. 또 미국 FCPA, 프랑스 사팽Ⅱ법, 독일 공급망 실사법 등 글로벌 반부패 및 실사 기준이 강화되고 있어 ISO 37001과 ISO 37301이 사실상 필수 수단이 되고 있습니다. 글로벌 무대에서 생존하고자 하는 기업이라면, 더 이상 윤리와 준법은 선택이 아닙니다. 시스템으로 준비하지 않으면, 기회가 아닌 리스크만 남게 됩니다.

별첨 2. 공정거래 자율준수 프로그램 운영규정 요약(AAA 등급 기준(안))

제정 2025.05.01.

제1장 총칙
제1조 (목적)

본 규정은 회사의 임직원들이 직무를 수행함에 있어 공정거래 관련 법령을 철저히 준수하고, 기업의 경쟁력 확보와 윤리적 경영을 실현하기 위한 내부 규율을 확립하는 것을 목적으로 한다. 이를 통해 공정하고 투명한 거래질서를 확립하고, 법적 리스크를 예방하여 지속가능한 경영을 실현하는 데 기여한다.

제2조 (적용 범위)

1. 본 규정은 회사의 모든 사업활동 및 전 계열사에 적용한다.
2. 회사의 모든 임직원(임원, 정규직, 계약직, 파견직, 인턴 등 포함)에 대해 적용된다.
3. 본 규정은 협력업체, 공급업체 등 주요 이해관계자와의 거래 시에도 준용될 수 있다.

제3조 (용어의 정의)

1. 공정거래 자율준수^{Compliance Program}(이하 "CP"): 공정거래 관련 법령 준수를 실현하기 위한 사전 예방적 준법경영 시스템.
2. 공정거래 관련 법령: 독점규제 및 공정거래에 관한 법률, 하도급거래 공정화에 관한 법률, 대리점거래의 공정화에 관한 법률, 표시광고의 공정화에 관한 법률 등.
3. 자율준수 관리자^{Compliance Officer}: 회사 내 CP 운영을 총괄하고, 공정거래 리스크를 관리하는 최고 책임자.
4. 자율준수협의회^{Compliance Committee}: CP 운영의 독립성 및 실효성을 확보하기 위한 내부 심의기구.

5. CP 감사^{Compliance Audit}: CP 운영 및 법령 준수 여부를 점검하고 개선하기 위한 감사 활동.

제2장 공정거래 자율준수 조직

제4조 (이사회)

1. 이사회는 CP 운영을 위한 독립성을 보장하며, 자율준수 관리자를 선임한다.
2. 이사회는 연 2회 이상 CP 운영 현황을 점검하고 주요 리스크를 검토한다.
3. CP 운영의 효과성을 보장하기 위해 독립적인 감사 기능을 마련한다.

제5조 (최고경영자의 책임과 역할)

1. 최고경영자는 CP 운영과 관련하여 전사적 리더십을 발휘해야 하며, 연 2회 이상의 성과 보고를 이사회에 제출한다.
2. 임직원들에게 공정거래 준수 의지를 명확히 선언하고, 이를 지속적으로 대내외에 공유해야 한다.
3. CP 운영에 필요한 자원을 적절히 배분하고, 조직문화 개선을 위한 조치를 취해야 한다.

제6조 (자율준수 관리자의 책임과 권한)

1. CP 운영을 총괄하며, 공정거래 관련 리스크를 평가하고, 사전 예방적 조치를 실행한다.
2. 공정거래 리스크 평가를 연 2회 이상 실시하고, 이를 기반으로 실효성 있는 리스크 관리 전략을 수립한다.
3. 내부제보 시스템을 운영하고, 내부신고자의 보호조치를 철저히 시행한다.
4. 자율준수 관리자는 직무를 독립적으로 수행할 수 있도록 조직, 인사, 예산상의 독립성을 갖는다.
5. 자율준수 관리자는 업무집행에 있어서 중립성·자주성·독립성이 보장된다.

6. 자율준수 관리자는 선량한 관리자로서 공정거래 자율준수를 효율적으로 운영할 의무를 갖는다.

제3장 공정거래 자율준수 프로그램의 실시

제7조 (공정거래 리스크 평가 및 관리)

1. 모든 사업 부문별 공정거래 리스크를 식별하고, 리스크 수준을 평가하여 관리방안을 마련한다.

2. 평가 결과를 바탕으로 조직별 리스크 대응 전략을 수립하고, 연 1회 이상 검토한다.

제8조 (공정거래 편람 및 가이드라인 운영)

1. 회사는 공정거래 편람, 매뉴얼, 가이드라인을 운영하며, 임직원들이 실무적으로 활용할 수 있도록 제공한다.

2. 편람 및 매뉴얼은 연 1회 이상 개정하고, 공정거래 리스크 변화에 따라 실시간 업데이트한다.

제9조 (공정거래 교육 및 인식 제고)

1. 연 2회 이상의 공정거래 교육을 실시하고, 직무별 맞춤형 교육프로그램을 운영한다.

2. 교육 이수율 및 효과성을 평가하고, 필요시 보완 교육을 제공한다.

3. 공정거래 위반 리스크가 높은 부서를 대상으로 별도 집중 교육을 시행한다.

제10조 (내부제보 및 보호조치)

1. 임직원이 공정거래 위반행위를 인지한 경우, 내부제보 시스템을 통해 신고할 수 있도록 한다.

2. 내부제보자는 철저히 보호되며, 불이익 조치를 금지한다.

3. 모든 제보는 철저한 조사 후 자율준수 관리자 및 최고경영진에게 보고된다.

제4장 모니터링 및 감사

제11조 (CP 감사)

1. CP 감사를 반기 1회 이상 실시하며, 외부 전문가를 활용할 수 있다.
2. 감사 결과는 이사회 및 최고경영진에게 보고되며, 개선 조치가 즉각적으로 이루어져야 한다.

제12조 (부서별 자율점검)

1. 부서별로 자체적인 자율점검을 실시하며, 주관부서는 이를 점검하고 개선 조치를 권고한다.
2. 자율점검 결과는 CP 감사 시 반영된다.

제5장 공정거래 위반에 대한 대응

제13조 (징계 및 제재)

1. 공정거래 법령을 위반한 경우, 회사의 징계위원회에서 적절한 조치를 결정한다.
2. 위반 행위를 자진 신고한 경우, 감경 조치를 고려할 수 있다.

제14조 (시정 및 재발방지 조치)

1. 위반 사항이 발생한 경우, 즉각적인 시정 조치를 취해야 하며, 이를 문서화하여 관리한다.
2. 동일한 위반 행위가 반복되지 않도록 재발방지 프로그램을 운영한다.

제6장 CP 운영의 성과평가 및 개선

제15조 (CP 효과성 평가)

1. 연 1회 이상 CP 운영성과를 평가하며, 평가 항목에는 교육 이수율, 리스크 평

가, 내부제보 처리 결과 등이 포함된다.

2. CP 평가 결과는 이사회에 보고되며, 이를 바탕으로 개선안을 마련한다.

제16조 (CP 지속적 개선)

1. CP 운영의 개선을 위해 최신 법규 개정 사항을 반영하고, 실무자들의 피드백을 지속적으로 반영한다.

2. 외부 기관의 평가를 활용하여 CP의 경쟁력을 높인다.

제7장 문서관리 및 보고

제17조 (CP 문서관리)

1. CP 관련 모든 문서는 최소 7년간 보관한다.

2. 문서관리의 투명성을 확보하기 위해 디지털 시스템을 활용한다.

제18조 (보고 체계)

1. 자율준수 관리자는 CP 운영성과 및 주요 사안을 연 2회 이사회 및 최고경영진에게 보고한다.

2. 보고된 내용은 경영전략 수립 및 리스크 관리에 적극 활용된다.

제19조 (개정)

공정거래법 등의 변경 등으로 인하여 개정의 필요성이 인정되는 경우에는 변화된 사정에 적합하게 개정하여야 한다.

1. 자율준수 관리자가 개정안을 발의하는 경우에는 이사회에 안건으로 상정하여야 한다.

2. 이사회는 개정안이 발의되어 안건으로 상정된 경우에는 신속히 의결하여야 한다.

3. 부분개정의 경우에는 이회의 의결을 거친 후 대표이사의 승인을 받아야 한다.

4. 전면개정의 경우에는 전항의 절차를 거친 후 즉시 이사회의 승인을 받아야 한다.

제20조(사내 다른 규정과의 관계)

본 규정은 본문에서 명문으로 별도로 정하는 외에는 사내 다른 규정보다 우선한다.

부칙

제19조 (시행일)

본 규정은 2025년 5월 1일부터 시행한다.

이 운영 규정은 최신 AAA 등급 CP 기준을 반영하여, 기업의 공정거래 리스크 예방과 실효성 있는 Compliance 운영을 위한 필수 요소들을 포함하고 있다.

별첨 3. 공정거래 자율준수 가이드라인 요약(AAA 등급 기준)

Ver. 2025

제1장 서론

공정거래 준수는 기업의 윤리경영과 지속가능경영의 필수 전략 요소이다. 공정거래위원회는 기업의 자율적 준법경영을 유도하기 위해 공정거래 자율준수 프로그램 Compliance Program(CP) 등급평가 제도를 운영하고 있으며, AAA 등급을 획득한 기업은 최상위 수준의 공정거래 준수 체계를 갖춘 것으로 인정된다.

본 가이드라인은 기업이 공정거래 관련 법률을 철저히 준수하고, 내부적으로 공정거래 문화를 정착시키며, 실효적인 CP 운영을 통해 법 위반 리스크를 예방할 수 있도록 하는 데 목적이 있다.

제2장 공정거래 자율준수 프로그램 개요

공정거래 자율준수 프로그램CP는 기업이 공정거래법을 스스로 준수하도록 내부 통제 체계를 구축하고 운영하는 제도이다. 본 가이드라인은 공정거래위원회의 AAA 등급 기준을 반영하여 작성되었으며, 공정거래법 준수를 위해 기업이 반드시 실행해야 할 사항을 포함한다.

2.1 CP 운영의 기본 원칙

1. 최고경영자의 리더십과 참여
    - 최고경영자는 공정거래 자율준수를 기업문화로 정착시키기 위해 적극적으로 지원해야 한다.
    - CP 운영을 공식적으로 선언하고, 이를 지속적으로 강조해야 한다.
    - 준법경영이 조직 내에서 실질적으로 이행되도록 인적·물적 자원을 적절히 배분해야 한다.

2. 리스크 기반 접근법
    - 기업의 사업 영역과 거래관계를 분석하여 공정거래 관련 리스크를 사전 평가한다.
    - 위험도가 높은 사업 분야 및 거래 상대방에 대한 별도 관리체계를 구축한다.

3. 실효적 내부통제 시스템 구축
    - 내부 감시 및 감독을 통해 공정거래 준수 여부를 지속적으로 점검해야 한다.
    - 공정거래법 위반 사례 발생 시, 신속한 시정조치를 통해 재발 방지 대책을 수립해야 한다.

4. 교육 및 인식 제고
    - 모든 임직원이 공정거래법을 이해하고 준수할 수 있도록 정기적인 교육을 시행해야 한다.
    - 실무자가 쉽게 활용할 수 있는 공정거래 가이드라인 및 체크리스트를 제공해야 한다.

5. 제보 및 보호 시스템 운영

  - 공정거래 위반행위를 신고할 수 있도록 내부제보 시스템을 운영하고, 신고자의 신원을 보호해야 한다.

  - 신고된 내용은 독립적으로 조사되고, 필요한 경우 외부 전문가의 검토를 거쳐야 한다.

6. 강력한 법 위반 대응 및 제재

  - 공정거래 위반행위 발생 시, 신속한 내부 조사를 통해 원인을 분석하고 실질적 개선 조치를 시행해야 한다.

  - 위반행위가 확인될 경우, 관련 직원에 대한 적절한 징계 조치를 취해야 한다.

제3장 주요 공정거래법 준수 가이드라인

3.1 담합(부당공동행위) 방지

  - 경쟁사와 가격, 생산량, 시장 점유율 등을 협의하는 행위 금지 등

  - 경쟁사와의 공식·비공식 회의에서 담합 가능성이 있는 발언을 자제하고, 회의록을 반드시 남길 것 등

- 경쟁사 간 가격 및 시장 정보 교환 금지 등

3.2 대리점 및 협력업체 거래 공정화

  - 대리점과의 계약체결 시 서면 계약을 의무화하고, 불공정한 가격 결정 및 판매 목표 강제 금지 등

  - 하도급 계약 시, 부당한 단가 인하 및 대금 지연 지급 금지 등

  - 기술자료 요구 시, 하도급업체의 동의를 받은 후 서면 계약을 통해 진행

3.3 내부거래 및 계열사 간 거래 준수

  - 내부거래 시 정상가격 준수 및 공정거래법상 공시의무 준수

– 총수일가 사익편취 방지를 위해 계열사 거래의 적법성을 점검하고 내부감사
   강화

3.4 리스크 예방을 위한 교육 및 신고 시스템
   – 전 임직원을 대상으로 연 2회 이상 공정거래법 교육 시행
   – 영업, 구매, 유통 등 리스크가 높은 직군을 대상으로 별도 맞춤형 교육 제공
   – 익명성이 보장된 내부신고제도 운영 및 신고자의 신분 보호

제4장 모니터링 및 내부 감시 시스템
4.1 내부감사 및 점검 프로세스
   – 연 1회 이상 내부 점검을 수행하고, 위반 사례 발생 시 즉각적인 시정조치 시행
   – 외부 전문가를 통한 정기적인 감사 수행 및 공정거래 준수 여부 평가

4.2 공정거래 준수 실태 보고 및 개선
   – 공정거래 준수 여부를 이사회 및 최고경영진에게 정기적으로 보고
   – 외부 평가 결과 및 법 개정 사항을 반영하여 CP 운영체계를 지속적으로 개선

4.3 법 위반 발생 시 대응 조치
   – 위반행위 발생 시, 즉각적인 원인분석 및 시정조치를 시행
   – 법 위반 사례를 사내 공유하여 재발 방지 대책 수립

제5장 결론 및 지속적 개선 방향
   공정거래 준수는 기업의 지속가능한 성장을 위한 필수 요소이며, 자율준수 프로그
램[CP]은 기업이 공정거래 법규를 체계적으로 준수하도록 돕는 역할을 한다. 본 가이
드라인은 기업이 공정거래 문화를 조직 내에 확립하고 실효적으로 운영할 수 있도록
지원한다.

기업은 윤리적 경영을 내재화하여, 공정하고 투명한 거래 환경을 조성하는 데 적극적으로 참여해야 한다. 이를 위해 다음과 같은 방향으로 지속적인 개선을 추진해야 한다.

1. 최고경영진의 적극적 지원 및 지속적 관심
2. 내부 리스크 평가 및 관리체계 강화
3. 공정거래법 개정 사항 반영 및 교육 시스템 고도화
4. 실효적인 내부제보 시스템 운영 및 보호 강화
5. 외부 감사 및 평가를 통한 지속적인 CP 개선

이러한 노력이 뒷받침될 때 기업은 신뢰받는 조직이 될 것이며, 공정하고 투명한 거래 관행을 통해 장기적인 경쟁력을 확보할 수 있을 것이다.

별첨 4. 공정거래 자율준수편람 요약(AAA 등급 기준)

다음은 다양한 기업들의 편람을 참고하여, 공정거래 CP 등급평가의 AAA 기준을 반영한 CP를 작성하였습니다. 이 편람은 기업들이 CP를 효과적으로 운영할 수 있도록 돕기 위해 만들어졌으며, 주요 법률 준수 사항과 실무적 가이드를 포함하고 있습니다.

1. 서문

공정거래의 중요성은 현대 기업 환경에서 갈수록 커지고 있다. 글로벌시장에서 경쟁력을 유지하고 윤리적인 기업으로 성장하려면, 자율적으로 준법 문화를 실천하는 노력이 필요하다. 본 편람은 기업의 자율준수 프로그램Compliance Program(CP)을 체계적으로 운영할 수 있도록 지원한다. 본 편람은 기업들이 공정거래법의 주요 내용을 쉽게 이해하고 실무적으로 적용할 수 있도록 설계되었다. 또한, 공정거래 CP를 기업의

내부 규정과 연계하여 효과적으로 운영할 수 있도록 필요한 가이드라인과 사례를 제공한다.

2. 공정거래 자율준수 개요

1. 공정거래법의 목적
- 자유롭고 공정한 경쟁을 촉진하여 시장 기능을 활성화하고 소비자 후생을 증진하는 것
- 기업이 시장에서 경쟁력을 유지하되, 법과 윤리를 준수하는 기반을 마련

2. 자율준수 프로그램^{CP}의 정의 및 역할
- 기업이 공정거래법을 자율적으로 준수하도록 하는 내부통제 시스템
- 법 위반 리스크를 사전에 예방하고, 내부 모니터링 및 교육을 통해 지속적 개선

3. 공정거래법 위반 시 주요 제재
- 시정명령, 과징금 부과, 형사처벌, 행정제재 등
- 기업 신뢰도 및 브랜드 가치 하락, 거래 제한 및 공공입찰 참여 제한 가능성 등

3. 공정거래법 주요 내용

1. 부당한 공동행위(담합) 금지
- 가격, 생산량, 시장분할, 입찰담합 등 경쟁 제한 행위 금지 등
- 경쟁사를 배제하기 위한 협정 및 부당한 정보 교환 금지 등

2. 시장 지배적 지위 남용 금지
- 부당하게 가격을 조작하거나 경쟁사의 사업 활동을 방해하는 행위 등
- 기술 혁신 또는 소비자 이익을 저해하는 행위 등

3. 불공정거래행위 규제
  - 거래상 지위 남용, 차별적 취급, 부당지원, 경영 간섭 행위 금지 등

4. 하도급법 준수
  - 하도급 대금의 적정 지급, 부당 감액 및 부당한 기술자료 요구 금지 등

5. 표시·광고의 공정화
  - 소비자에게 오해를 유발하는 허위·과장 광고 금지 등

4. 공정거래 자율준수 프로그램 운영 기준

효과적인 CP를 기업이 갖추어야 할 주요 요건은 다음과 같다.
1. 최고경영진의 확고한 의지와 지원
  - CEO 및 경영진의 공정거래 준수를 위한 강력한 의지 표명 등
  - 내부 윤리강령 및 CP 방침을 명확히 수립 등

2. 자율준수 관리체계 구축
  - CP 전담 조직 운영 (준법감시팀, 법무팀 등) 등
  - 기업 내부 보고 체계 및 대응 프로세스 수립 등

3. 정기적인 임직원 교육 및 내부감사
  - 연간 공정거래 교육 필수 이수제도 운영 등
  - 주요 리스크 영역에 대한 정기적 점검 및 내부심사 이행 등

4. 신고 및 제보 시스템 운영
  - 내부 직원 및 이해관계자가 익명으로 법 위반 사례를 제보할 수 있는 채널

마련 등

　　– 제보자 보호 및 신고 내용에 대한 신속한 조사 및 대응 등

5. 위반 예방 및 시정조치 강화

　　– 법 위반 가능성이 높은 영역 사전점검 등

　　– 위반 발생 시, 즉각적인 시정조치 및 후속 개선방안 마련 등

5. 자율준수 실천 가이드라인

(1) 임직원 행동 수칙

　　– 경쟁사와의 부당한 접촉 금지 등

　　– 가격, 시장 점유율 관련 정보 교환 금지 등

　　– 공정한 계약체결 및 거래 관행 유지 등

(2) 협력업체 및 이해관계자 준수 기준

　　– 모든 협력업체에 공정거래 준수 의무 고지 등

　　– 하도급업체 및 대리점과의 거래에서 불공정 행위 금지 등

(3) 공정거래 리스크 관리 체계

　　– 주요 거래 및 계약검토 절차 강화 등

　　– 사전 리스크 평가 및 예방 조치 시행 등

(4) 표시·광고 준수 가이드

　　– 객관적인 근거 없이 제품의 효능이나 성능을 과장하는 광고 금지 등

　　– 경쟁사 제품을 부당하게 비교하거나 비방하는 행위 금지 등

6. 공정거래 위반 시 대응 프로세스

(1) 위반 사항 식별 및 신고

　　－ 내부감사, 제보, 외부감사 등을 통해 위반 사항 파악 등

　　－ 익명 신고 채널을 활용한 위반 사례 접수 등

(2) 사건 조사 및 조치

　　－ 위반 사실 확인 후 해당 부서와 협의하여 조치 등

　　－ 필요 시 공정거래위원회 및 외부 법률 자문 활용 등

(3) 재발 방지 대책 마련

　　－ 해당 사건과 유사한 사례가 재발하지 않도록 내부 정책 개선 등

　　－ 임직원 대상 추가 교육 및 가이드라인 업데이트 등

7. 자율준수 관련 주요 서식 및 양식

CP 운영과 관련된 내부 서류 및 절차를 표준화하여, 실무에서 쉽게 활용할 수 있도록 서식 및 양식을 제공한다.

　　－ 공정거래 자율준수 서약서(이사회, 대표이사, 팀장, 협력사, 임직원 등)

　　－ CP 운영 규정 및 업무절차

　　－ 리스크 평가 체크리스트

　　－ 내부감사 보고서 양식

　　－ 위반 사례 보고 및 대응 기록 등

별첨 5. 공정거래자율준수 교육운영지침

1. 목적

이 지침은 임직원들의 자율준수 풍토가 정착되도록 지속적이고 체계적인 교육실

시로 경쟁법 위반행위의 식별, 인지능력 향상을 목적으로 한다.

  2. 적용범위
  본 지침은 당사에서 운영하는 공정거래 관련 교육을 실시하는 경우에 적용한다.

  3. 용어의 정의
  이 규정에서 사용하는 용어의 정의는 다음 각 호와 같다.
  ① 정기교육은 경쟁법 위반 가능성이 높은 분야의 임직원에게 반기당 2시간 이상
     실시하는 교육을 말한다.
  ② 수시교육은 자율준수관리자의 판단에 의하여 필요한 경우 실시하는 교육을 말
     한다.

  4. 책임과 권한
  자율준수관리자의 책임과 권한은 다음 각 항과 같다.
  ① 자율준수 규정의 주요 내용이 변경되거나 경쟁법령의 개정에 따라 임직원이 인
     지하여야 할 사항 등 필요하다고 판단되는 경우 교육을 실시하여야 한다.
  ② 교육 및 평가를 실시하고 그 결과를 인사고과에 반영토록 한다.
  ③ 교육과 관련하여 필요한 세부 사항은 별도로 정할 수 있다.
  ④ 자율준수 규정과 관련하여 본 지침의 개정을 할 수 있다.

  자율준수담당자의 책임과 권한은 다음 각 항과 같다.
  ① 교육실행 전에 과정별 계획을 품의하여 보고한다.
  ② 교육과정별 대상자를 선정하여 대상자에게 교육일정을 통보한다.
  ③ 교육에 대하여 교육결과보고서 및 교육실적보고서를 작성하여 보관하여야 한다.

5. 업무절차

자율준수 관련교육은 특별한 경우를 제외하고 아래의 기본 원칙에 입각하여 실시한다.

① 교육계획수립

　　- 자율준수 실태에 대한 점검, 조사

② 교육대상자 통보

　　- 경쟁법을 위반한 사항에 대한 개선, 시정요구

③ 교육대상자 확정

　　- 직무를 수행함에 있어서 필요한 자료 및 정보의 제출요구

④ 교육진행

　　- 교육진행은 자율준수관리자가 진행하는 것을 원칙으로 한다.

　　- 자율준수관리자는 교육진행 전에 교육실, 강사, 자료 등을 점검하여야 한다.

　　- 교육에 참여한 교육대상자의 출석을 확인하여야 한다.

자율준수담당자는 해당 교육과정의 일정을 관리하여야 한다.

교육 실시 후 교육결과보고서를 작성하여 자율준수관리자 승인 후 보관하여야 한다.

6. 기록관리

본 지침과 관련한 모든 기록은 공정거래 자율준수 프로그램 운영규정과 문서관리규정에 따라 유지, 관리하여야 한다.

7. 교육프로그램

정기교육 : 연 1회(구분: 집합교육 / 위탁교육 / 사이버교육 등)

- 대상: 임직원

- 교육 주기: 연 1회

- 교육 시간: 2시간

- 교육 내용: 공정거래법 관련 / CP의 이해

수시교육 : 필요시(구분: 집합교육 또는 부서방문 교육 / 위탁교육 / 사이버교육)

　－ 대상: 임직원

　－ 교육 주기: 수시

　－ 교육 시간: 필요시

　－ 교육 내용: 법 위반 가능성이 많은 하도급법 및 공정거래법 주요 내용

부칙

이 지침은 200 년 월 일부터 시행한다.

별첨 6. 공정거래자율준수 내부 감독 지침

1. 목적

이 지침은 내부감사를 통해 공정거래법규의 위반행위 방지 및 공정거래자율준수 프로그램의 적합성과 유효성을 평가하여 지속적으로 개선시키는 데 그 목적이 있다.

2. 적용 범위

본 지침은 공정거래자율준수 예방활동의 절차 및 공정거래자율준수 이행실태를 확인하는 감사의 계획수립·실시·보고 및 후속 조치에 대해 적용하고, 모니터링[HoT-Line]의 조사에 준용한다.

3. 책임과 권한

자율준수관리자의 책임과 권한은 다음 각 호와 같다.

　－ 임직원의 사전협의에 대한 적법 여부를 검토하여 답변을 하여야 한다.

　－ 임직원의 제보에 대하여 원인을 파악하고, 시정조치를 하여야 한다.

　－ 감사계획서 및 보고서를 승인하여야 한다.

　－ 감사보고서를 검토하고 그 결과를 대표이사에게 보고하여야 한다.

- 자율준수 프로그램의 준수 여부를 반기 1회 이상 확인하여 이사회에 보고하여야 한다.
- 임직원의 자율준수실태 등에 대하여 점검 및 조사한다.
- 각 부서별 체크리스트를 검토 및 확인한다.
- 신고서·보고서·각종 자료 등을 검토 및 확인한다.
- 자율준수 규정과 관련하여 본 지침의 개정을 할 수 있다.

자율준수담당자의 책임과 권한은 다음 각 호와 같다.
- 매 분기마다 임직원에 대하여 사전협의를 주지시켜야 한다.
- 임직원의 사전협의 및 제보에 대한 내용과 조치 결과를 자율준수관리자에게 보고한다.
- 감사계획서를 작성하고 감사 요원을 구성하여야 한다.
- 법 위반행위 등에 대한 감사보고서를 작성하고 자율준수관리자에게 제출한다.

각 부서 및 수감부서의 책임과 권한은 다음 각 호와 같다.
- 활동이 원활히 수행될 수 있도록 적극 협조하여야 한다.
- HOT-Line 제보 조사 및 감사 시 지적된 법 위반행위 등에 대한 적절한 시정조치 계획을 수립하여 자율준수담당자에 통보하고 시행하여야 한다.

임직원의 책임과 권한은 다음 각 호와 같다.
- 임직원은 중요업무 수행 및 계약체결 전 또는 경쟁사와의 미팅에 앞서 자율준수관리자나 자율 준수담당자와 사전에 협의를 하여야 한다.
- 임직원은 공정거래법규의 위반행위 발견 시에는 지체 없이 Hot-Line 등을 통해 자율준수관리자에게 제보하여야 한다.
- 제보자의 신분은 비밀이 철저히 보장됨을 원칙으로 한다.

4. 업무절차

(1) 사전협의

- 자율준수담당자는 사전협의에 대한 주지의 안내를 매 분기마다 실시하여야 한다.

- 임직원은 중요업무 수행 및 계약체결 전에 반드시 자율준수관리자 또는 자율준수담당자와 협의를 한다.

(2) 사전협의의 진행

- 자율준수관리자는 협의내용에 따라 관련 부서에 자료를 요청할 수 있으며, 필요시 관련자를 소집하여 회의를 개최할 수 있다.

- 자율준수관리자는 관련 사안의 적법 여부를 신중히 검토하고 그 내용을 해당 부서에 통보한다.

- 해당 부서장은 검토 결과에 따라서 업무가 수행되도록 조치하여야 한다.

- 자율준수담당자는 협의내용과 그 검토 결과를 문서로 작성 보관하여야 한다.

- 자율준수담당자는 해당 부서가 통보 내용에 따라 업무가 수행되었는지 확인하고 그 결과를 자율 준수관리자에게 보고하여야 한다.

(3) Hot-Line 제보

- 임직원은 공정거래법규의 위반행위 발견 및 예견 시는 지체 없이 Hot-Line을 통해 자율준수관리자에게 제보하여야 한다.

- 자율준수관리자는 임직원의 제보에 대하여 원인을 파악하고, 시정조치를 하여야 한다.

- 자율준수관리자는 위반자에 대해서 제재조치를 할 수 있다.

(4) 제보에 따른 업무처리

- 자율준수관리자는 제보 내용에 따라 관련 부서에 자료를 요청할 수 있으며,

필요시 관련자를 소집하여 회의를 개최할 수 있다.

- 자율준수관리자는 제보의 사실 내용과 위반 여부를 확인하고 해당 부서에 시정조치를 요청한다.
- 해당 부서장은 제보시 지적된 법 위반행위 등에 대한 시정조치를 한다.
- 자율준수담당자는 제보 내용과 시정조치 사항을 문서로 작성 보관하여야 한다.
- 자율준수담당자는 해당 부서 시정조치 결과를 확인하고 자율준수관리자에게 보고 한다.

(5) 감사

- 자율준수관리자의 위임으로 자율준수담당자가 수행한다. 자율준수관리자는 감사자의 감사업무 지원을 위해 감사요원을 위촉할 수 있다.

(6) 감사의 구분

- 정기감사는 년 1회 이상 실시하며 이사회에 보고하여야 한다.
- 특별감사는 자율준수 프로그램 관련 문제의 발생 또는 적합성을 검토할 필요가 있다고 판단될 경우 대표이사 또는 자율준수관리자의 지시에 의해 적당한 시기에 실시한다.

(7) 감사팀 구성

감사팀은 자율준수관리자와 감사 목적 달성에 적합한 수의 감사요원으로 구성하며 필요한 경우 감사업무에 관련된 전문가를 포함시켜 감사 실시 또는 필요한 자문을 구할 수 있다.

(8) 감사 실시

가. 감사 시작 전 다음을 위하여 감사팀과 수감부서장이 참여한 회의를 개최한다.

- 감사 범위와 목적

- 감사 일정을 포함한 세부계획 소개

- 기타 불분명한 내용 확인

나. 감사는 계획서와 점검표를 작성·활용하여 실시하며 점검표상에 없는 것 이라도 공정거래자율 준수 이행의 확인과 적합성을 판단하기 위한 조사를 할 수 있다.

다. 감사는 객관적이고 사실적인 자료를 통해 실시하며 각각의 위법행위·불공정 거래행위의 사항에 대해 보고서를 작성하여 수감부서장의 확인을 받는다.

라. 감사가 끝나면 회의를 개최하여 법 위반사항을 설명하고 자율준수관리자는 필 요한 경우 시정조치를 위한 조언을 한다.

(9) 감사 후속조치

가. 감사팀은 각각의 법 위반 사항에 대해 보고서에 회신일을 기입하여 수감 부서 장에게 통보한다.

나. 수감부서장은 법 위반 사항에 대한 시정조치 계획을 수립하고 그 내용 및 완료 예정일을 보고서에 기입하여 자율준수담당자에 회송한다.

다. 자율준수담당자는 시정조치 완료 결과를 확인 후 보고서상에 기록함으로써 감 사는 종결하고 관련된 자료를 보관한다.

(10) 보고서 작성

가. 자율준수담당자는 계획서, 점검표, 지적보고서, 기타 관련 자료를 기초로 보고 서를 작성하여 자율 준수관리자의 승인을 획득한 후 수감부서장에게 통보한다.

나. 보고서에는 다음의 사항이 포함된다.

- 감사 목적과 구분

- 감사 일시와 대상 부서

- 감사 및 수감부서 대표

- 감사 기준이 되는 규정 및 표준

- 감사 범위 및 내용
- 법 위반 및 불공정거래행위 사항

다. 자율준수관리자는 지적보고서, 보고서 등에 근거한 결과를 대표이사에게 보고하며 필요한 경우 문제의 해결책을 입안하여 시행한다.

(11) 기록 보관

가. 감사활동 관련 서류 일체는 자율준수담당자가 보관한다.

나. 자율준수담당자는 매 감사시마다 지적된 지적사항을 연속해 기재함으로써 이력관리가 가능하도록 관리대장을 작성한다.

5. 기록관리

본 지침과 관련한 모든 기록은 공정거래자율준수 운영규정과 문서관리규정에 따라 유지·관리하여야 한다.

부칙

이 지침은 0000년 00월 00일부터 시행한다.

별첨 7. 공정거래자율준수를 위한 제재 및 인센티브 지침

1. 목적

이 지침은 임직원의 경쟁법 위반행위에 대해 제재조치와 준수행위에 대한 장려조치의 형평성과 투명성을 유지함으로써 향후 법 위반행위가 재발되지 않도록 하는 데 그 목적이 있다.

2. 적용 범위

본 지침은 경쟁법 위반행위 및 준수행위의 임직원에 대해 자율준수운영위원회에서 심의하고 회사의 인사규정 및 취업규칙에서 정하는 상벌기준의 범위 내에서 적용한다.

3. 용어의 정의

제재조치라 함은 임직원의 구조적, 반복적으로 발생하는 경쟁법 위반행위에 대하여 엄정한 징계를 시행함으로써 임직원들에게 공정거래자율준수 의식을 고취시키고자 하는 행위를 말한다.

장려조치라 함은 임직원의 경쟁법 준수행위로 인하여 회사에 이익을 위한 공적이 있거나 또는 회사명예에 기여한 경우에 대한 포상을 시행함으로써 임직원들에게 공정거래자율준수의 자긍심과 실천의식을 고취시키고자 하는 행위를 말한다.

4. 책임과 권한

자율준수관리자의 책임과 권한은 다음 각 호와 같다.

- Hot-Line 제보 또는 감사 시 경쟁법 위반행위 현황을 분석하고 이를 토대로 시정 및 예방조치를 요구하여야 한다.
- 경쟁법 준수여부 점검 및 확인 결과 위반자에 대해서는 자율준수운영위원회에 제재조치를 상정하여야 한다.
- 경쟁법 준수 여부 점검 및 확인 결과 우수 준수자에 대해서는 자율준수운영위원회에 장려조치를 상정할 수 있다.
- 자율준수 규정과 관련하여 본 지침의 개정을 할 수 있다.

자율준수담당자의 책임과 권한은 다음 각 호와 같다.

- 법 위반행위 유형별 제재 및 장려기준을 수립하여야 한다.
- 법 위반행위의 위반자에 대하여 제재조치를 시행하고 결과를 확인하여 자율준수관리자에게 보고하여야 한다.
- 법 준수행위의 준수자에 대하여 장려조치를 시행하고 결과를 자율준수관리자에

COMPLIANCE 공정거래 CP & ISO 37301 실무가이드

게 보고하여야 한다.

 - 제재조치 및 장려조치의 결과를 인사관리부서에 통보하여야 한다.
 - 제재조치 및 장려조치 내용의 발행 및 현황 유지관리

임직원의 책임과 권한은 다음 각 호와 같다.
 - 임직원은 매년 경쟁법 위반 시 제재에 관한 서약서를 작성하여야 한다.

5. 자율준수운영위원회 운영
자율준수운영위원회 구성
 - 회사는 제재와 포상에 대한 사항을 심의 의결하기 위하여 자율준수운영위원회
   를 둔다.
자율준수운영위원회는 자율준수관리자가 위촉하는 다음의 인원으로 구성한다.
가. 위원장(자율준수관리자): 1명
나. 위원(임원 또는 부서장): ○명
다. 간사(자율준수담당자): 1명

자율준수운영위원회 권한
 - 의장은 자율준수운영위원회를 대표하고 회의를 관장하며 제재에 대한 징계에
   관한 사항과 포상에 관한 사항의 심의·의결권을 가진다.
 - 위원은 위원회에 회부된 안건을 심의한다.
 - 간사는 자율준수운영위원회의 회의록 및 서류 작성 등 일반사무를 담당한다.

자율준수운영위원회의 소집 및 의결
 - 위원회는 의장이 소집하며 소집일시, 장소, 의안 등을 회의 1일 전까지 각 위원
   에게 통고함을 원칙으로 한다. 단, 부득이한 경우에는 예외로 한다.
 - 위원회는 확실한 조사를 통하여 신중·공정한 심의 의결을 하여야 하며 출석위

원 과반수 찬성으로 의결한다.

- 가부동수인 경우에는 위원장이 결정한다.

제척

- 제제조치의 사안에 대하여 위반자와 직접 관련이 있는 위원은 그 심의에 참여하지 못한다.

6. 업무절차

제재조치

- 자율준수담당자는 Hot-Line 제보조사 또는 감사 시 경쟁법 위반행위에 대하여 제재조치의뢰서를 작성하여 자율준수관리자에게 보고하여야 한다.
- 자율준수관리자는 제재조치의뢰서의 경쟁법 위반행위 현황을 분석하여, 자율준수운영위원회에 상정하여야 한다.
- 자율준수위원회는 상정된 안건을 심의 의결하고 그 결과를 대표이사에게 보고한다.
- 자율준수담당자는 제재조치 결과를 관련 부서 및 임직원에게 통보하여 처리 방안을 시행하도록 한다.
- 자율준수담당자는 처리 방안에 대한 실행이 완료되면 그 결과를 확인한 후 제재조치보고서에 확인 내용과 서명, 일자를 기록한 후 자율준수관리자에게 보고하여야 한다.
- 법 위반 내용이 경미하고 즉시 수정이 가능한 경우에는, 위원회 의결 없이 자율준수관리자가 단독으로 경고장을 발행하고 그 결과를 확인하여야 한다.

장려조치

- 자율준수담당자는 제보 또는 모니터링 활동 및 감사 수행 시 경쟁법 준수행위에 대하여 장려조치 의뢰서를 작성하여

- 자율준수관리자에게 보고할 수 있다.
- 자율준수관리자는 장려조치의뢰서의 경쟁법 준수행위 현황을 분석하여, 자율준수운영위원회에 상정하여야 한다.
- 자율준수위원회는 상정된 안건을 심의 의결하고 그 결과를 대표이사에게 보고한다.
- 자율준수담당자는 장려조치 결과를 관련 부서 및 임직원에게 통보하여 처리방안을 시행하도록 한다.
- 자율준수담당자는 처리방안에 대한 실행이 완료되면 그 결과를 확인한 후 장려조치보고서에 확인 내용과 서명, 일자를 기록한 후 자율준수관리자에게 보고하여야 한다.
- 자율준수관리자는 경쟁법 준수행위의 모범사례를 공지하여 위반행위가 발생 되지 않도록 홍보한다.

7. 제재기준

법 위반행위로 공정거래질서를 크게 문란시키거나 회사 또는 협력회사에 중대한 손실을 입힌 경우에는 손실발생 또는 위법, 부당행위의 관련금액과 사회적 물의의 정도에 따라 제재기준을 차등하여 반영한다.

8. 장려 기준

임직원의 경쟁법 준수행위의 장려 기준은 다음과 같다.
- 사전협의 또는 Hot-Line 제보의 결과로 경쟁법 위반행위의 예방 공로에 기여가 큰 경우
- 감사 시 경쟁법 준수행위가 지속적 및 현저히 우수하여 타의 모범이 되는 경우
- 경쟁법 준수행위로 회사 발전에 공적이 크거나 또는 회사 명예에 기여가 큰 경우

9. 기록관리

본 지침과 관련한 모든 기록은 공정거래자율준수 프로그램운영규정 및 문서관리 규정에 따라 유지·관리하여야 한다.

부칙

이 지침은 0000년 00월 00일부터 시행한다.

별첨 8. ISO 37301과 연계된 준법통제 기준

다음은 ISO 37301 및 CP 관점에서의 준법통제 기준이다. 이 기준은 상법 제542조의13에 근거하여 도입된 준법지원인 제도를 실질적으로 뒷받침하며, ISO 37301의 주요 요구사항과도 깊이 연결된다. 다음은 본 준법통제 기준의 조항별 핵심 요소를 전문가 시각에서 해석한 구성이다.

제1장 총칙

제1조(목적)

기업이 준법경영 문화를 정착시키고, 조직 전반에 체계적인 리스크 대응 시스템을 마련하기 위한 기본 틀을 제시한다.

→ ISO 37301 4.1~4.2 조직의 맥락 이해 및 이해관계자 요구사항 반영과 연결됨.

제2조(용어의 정의)

'준법통제', '준법지원인', '법적 위험' 등 핵심 개념을 명확히 정의하여, 조직 내 공통 언어로 정립.

제3조(적용 범위)

모든 임직원을 포괄 대상으로 하며, 이 기준은 기업의 모든 법적·윤리적 리스크 대응체계의 최상위 문서로서 위치함.

제4~6조(제정/개정 및 세부규정)

이사회 결의에 따른 기준 수립과 실무 운영을 위한 세부규정 정비 시스템을 명시함.

제2장 준법지원인 제도

제7조(구성)

실효적인 운영을 위해 전담 조직구성과 인적 · 물적 자원 확보를 강조.

→ ISO 37301 5.3 자원 할당, 7.2 역량요구와 직결.

8조(역할과 책임)

이사회와 대표이사의 책임 분담을 명확히 하며, 준법지원인의 실질적 운영 책임을 규정.

제3장 준법지원인

제9조(자격요건)

전문성과 독립성을 갖춘 인물(변호사, 법무 전문가 등)을 선임하여 제도 실효성 확보.

제10~11조(임면 및 지위)

임기 보장 및 해임 제한, 간부급 직위 부여 등 독립성과 조직 내 위상을 확보하기 위한 장치.

제12조(권한과 의무)

문서 접근권한, 점검 · 조사 권한, 시정요구권 등 실질적 권한 부여를 명시.

→ ISO 37301 5.3, 9.1 내부 점검 프로세스와 일치.

제13조(독립성 보장)

준법지원인이 조직 외부 압력 없이 활동할 수 있도록 인사상 불이익 금지 명시.

제4장 준법지원인의 업무

제14조(점검 및 조사)

정기·수시 점검을 통한 선제적 리스크 대응체계 강조.

→ ISO 37301 9.2 내부심사와 동일 축.

제15조(일상적 지원)

현업 자문 및 사전 협의 시스템 운영.

→ 준법이 '업무 내재화'로 작동되기 위한 기반.

제16조(세부규정 제정)

준법지원인의 실무적 권한을 강화하고, CP 시스템의 실질적 실행력을 확보.

제17조(제보제도 운영)

내부고발자 보호 장치 명시. 익명성 보장, 보복 금지, 포상 제도까지 포괄함.

→ ISO 37301 6.3, 8.3 신고 및 고발채널과 일치.

제18조(교육)

교육과정의 체계화. 사전 이해도 증진과 실효적 교육운영 강조.

→ ISO 37301 7.3, 7.4 인식 및 커뮤니케이션 요소와 연결.

제19조(위반 시 조치)

사후 조치 및 제재 요청 프로세스 명시.

→ PDCA 사이클의 'Act' 단계 구현.

제20조(이사회 보고)

정기/수시 보고로 이사회 감독 기능 실질화.

→ CP 평가 및 ISO 인증 준비 시 핵심 자료 역할.

제5장 기타

제21조(포상제도)

CP 문화 확산을 위한 긍정적 인센티브 제공 방안 마련.

참고문헌

- 공정거래 자율준수 프로그램 지표 출처, 컨설팅 방향, 전중열 컨설턴트
- 등급평가 대비 체크리스트(현장평가 질의대응), 전중열 컨설턴트
- OECD Anti-Corruption Handbook (2013)
- 미국 DOJ, SEC 최신 기준
- 김지은 외(2020), 『기업의 컴플라이언스 조직 인력 규모와 내부통제 실효성』
- 윤기태(2022), 『ISO 37301 적용과 컴플라이언스 인력 재배치 방안』, 대한법무관리학회지
- 김철수. 기업의 준법경영을 위한 CP와 ISO 37301의 통합 운영 방안. 기업윤리연구, vol. 35, no. 2, 2023, pp. 45-67.
- 이정민. ISO 37301 도입을 통한 CP의 효과적 구현 전략. 경영혁신학회지, vol. 29, no. 1, 2024, pp. 89-112.
- 박지훈. 공정거래 자율준수 프로그램(CP)과 ISO 37301의 비교 분석. 법과 경영 리뷰, vol. 12, no. 3, 2023, pp. 123-140.
- 황인학. CP와 ISO 37301 비교 및 연계방안. 한국준법진흥원 웨비나 발표자료, 11 Apr. 2024.
- 삼성중공업. 2024 지속가능경영보고서. 삼성중공업, 2024.
- 공정거래위원회. 공정거래 자율준수 프로그램(CP) 운영 및 평가 기준. 2023.
- ISO. ISO 37301:2021 Compliance Management Systems — Requirements with guidance for use. International Organization for Standardization, 2021.
- U.S. Department of Justice. Evaluation of Corporate Compliance Programs. Criminal Division, March 2023.
- 한국상장회사협의회. 기업 준법통제 및 내부통제 가이드라인. 한국상장회사협의회, 2023.
- 전중열. ISO 37301 기반 기업 준법경영 시스템 도입 전략. 한국경영학회 발표논문, 2023.
- 세계은행(World Bank). Global Best Practices in Corporate Compliance Programs. World Bank, 2023.

COMPLIANCE 공정거래 CP & ISO 37301 실무가이드

- OECD. Anti-Corruption and Compliance Standards for Multinational Enterprises. OECD, 2023.
- 한준성. Compliance 경영의 국제 표준화와 CP의 발전 방향. 법무학연구, vol. 21, no. 2, 2024, pp. 77-95.
- 조현식. ISO 37301과 한국 공정거래 CP의 연계방안 연구. Compliance & Ethics Journal, vol. 8, no. 1, 2023, pp. 33-56.
- 법무부. 상법 및 기업 내부통제 시스템 개선안. 법무부 보고서, 2023.
- 금융감독원. 금융기관의 내부통제 및 Compliance 가이드라인. 금융감독원, 2023.
- Global Compliance Institute. Integrating Compliance and Risk Management Systems: A Guide for Multinational Enterprises. GCI, 2023.
- CP와 ISO 37301 비교 및 연계방안. 공정거래 CP와 ISO 37301_25.02.02_용석광.pdf. 2024.
- 황인학. CP와 ISO 37301 연계방안. 한국준법진흥원 발표자료, 2024.
- 공정거래위원회. 공정거래법 및 CP 운영 가이드라인. 공정거래위원회, 2024.
- 한국표준협회. KS A ISO 37301:2021 한국어 번역본. 한국표준협회, 2023.
- 한국 Compliance협회. 기업 Compliance 경영시스템 구축 전략. 한국Compliance협회, 2024.
- 김도현. 기업 내부통제 시스템과 ISO 37301의 시너지 효과. Compliance & Governance Review, vol. 10, no. 1, 2024, pp. 58-79.
- 유튜브 채널 "Compliance & Ethics Insights." ISO 37301과 CP 비교 분석 및 실무 적용 사례. 2024.
- KPMG. Compliance Program and Risk Management Integration: A Framework for ISO 37301 Implementation. KPMG, 2023.
- Deloitte. ISO 37301과 CP의 글로벌 동향 및 사례 연구. Deloitte Insights, 2023.
- PwC. Compliance & Risk Management in a Digital World: Implementing ISO 37301 in Multinational Corporations. PwC, 2023.
- 한국경제연구원. 기업 규제 대응을 위한 CP 및 ISO 37301 도입 방안. 한국경제연구원 보고서, 2023.
- Harvard Business Review. Building an Effective Compliance Management System: The Role of ISO 37301 and Corporate Compliance Programs. HBR, 2023.

- New York Times. The Evolution of Corporate Compliance: From CP to ISO 37301. NYT Business, 2023.

- 육태우. 미국에서의 기업 Compliance의 발전: 제도적 진화과정 및 최근의 판례법상의 적용. 강원법학 39 (2013): 133-173. 강원대학교 비교법학연구소.

- 조창훈, 이정진. 효과적인 Compliance 기능 운영에 관한 소고. 강원법학 38 (2013): 695-739. 강원대학교 비교법학연구소.

- 조창훈. ESG 지배구조와 연계한 Compliance 기능 및 제도 검토: 기업의 ESG 와싱 리스크 최소화를 위한 Compliance 기능 강화. 한국기업법학회지, 2022.

- 윤지훈. 은행의 Compliance Program 운영에 관한 고찰: ISO 37301(2021) Compliance Management System을 중심으로. 금융법연구, 2023.

- 김재득. 미국의 실효적 기업 Compliance 운영 유인정책과 국내 시사점. 기업법연구, 2021.

- 정준혁, 김슬기. 사내변호사에 대한 비밀유지권 도입 검토: 기업범죄 억제를 위한 Compliance 강화를 중심으로. 법학연구, 2022.

- 조창훈. 미국과 우리나라의 기업범죄, 기업윤리와 Compliance 관련 제도 비교. 강원법학, 2021.

- 육태우. 미국·일본·독일에서의 기업 Compliance 개념 및 제도의 발전과 우리 법제에 대한 시사점. 법학논총, 2020.

- 육태우. 기업 Compliance의 발전 및 집행주체. 법학연구, 2023.

- 육태우. 미국에서의 기업 Compliance의 발전: 제도적 진화과정 및 최근의 판례법상의 적용. 강원법학, 2013.

- 조창훈, 이정진. 효과적인 Compliance 기능 운영에 관한 소고. 강원법학, 2013.

- 2024년판 공정거래백서_공정거래위원회(24.05.21)

- 공정거래위원회, 공정거래조정원

- 각 단체 및 협회(한국공정경쟁연합회 등)

- 각 기업의 홈페이지와 공시자료

- 언론 보도자료, 뉴스칼럼

- YouTube

- Wikipedia(영문)

COMPLIANCE 공정거래 CP & ISO 37301 실무가이드